中国纺织科技发展报告

（2021年）

中国纺织工业联合会科技发展部
纺织工业科学技术发展中心　编著

中国纺织出版社有限公司

内 容 提 要

《中国纺织科技发展报告（2021年）》由中国纺织工业联合会科技发展部、纺织工业科学技术发展中心编著。该书涵盖了"十三五"时期纺织行业科技发展情况、重点领域研究进展、重点纺织材料及前沿关键技术研发与应用等内容，可以为纺织行业"十四五"时期的科技发展提供思路和参考。

图书在版编目（CIP）数据

中国纺织科技发展报告. 2021年/中国纺织工业联合会科技发展部，纺织工业科学技术发展中心编著. --北京：中国纺织出版社有限公司，2021.8
ISBN 978-7-5180-8763-1

Ⅰ. ①中… Ⅱ. ①中… ②纺… Ⅲ. ①纺织工业 — 技术革新 — 研究报告 — 中国 —2021 Ⅳ. ①F426.81

中国版本图书馆 CIP 数据核字（2021）第 154626 号

责任编辑：孔会云　　特约编辑：陈怡晓　　责任校对：寇晨晨
责任印制：何　建

中国纺织出版社有限公司出版发行
地址：北京市朝阳区百子湾东里A407号楼　邮政编码：100124
销售电话：010—67004422　传真：010—87155801
http://www.c-textilep.com
中国纺织出版社天猫旗舰店
官方微博http://weibo.com/2119887771
三河市宏盛印务有限公司印刷　各地新华书店经销
2021年8月第1版第1次印刷
开本：889×1194　1/16　印张：25.5
字数：698千字　定价：360.00元

凡购本书，如有缺页、倒页、脱页，由本社图书营销中心调换

《中国纺织科技发展报告（2021年）》
编委会名单

主　　编　张传雄

副 主 编　张慧琴　孙锡敏

成　　员（以姓氏笔画排序）

　　　　　王　宁　　王兵兵　　王国建　　王　勇　　王浦国　　丛宗杰

　　　　　冯　丽　　田琳琳　　白　莹　　安浩杰　　李　璐　　吴桂林

　　　　　张志成　　张放军　　赵永霞　　赵兴雷　　赵翠琴　　蒋冠森

　　　　　童再再

序 Foreword

科技是国家强盛之基，创新是民族进步之魂。党的十九届五中全会提出"坚持创新在我国现代化建设全局中的核心地位，把科技自立自强作为国家发展的战略支撑"，这一重要论断将科技自立自强的重要性提上了历史的新高度，也为纺织行业高质量发展提供了科学指导。纺织行业的科技创新是新时期我国纺织工业构建新发展格局的内在要求，是推动社会经济高质量发展的必然需要，也是提升自身应对外部挑战能力的关键力量。纺织行业的科技创新必须坚持自主创新与全球开放合作相结合，必须坚持需求牵引拓展与产业链自主安全可控相结合，必须坚持关键核心技术突破与产业基础高级化相结合。

我国纺织工业自改革开放以来，紧跟国际创新步伐，形成了全球体量最大、产业链最完备的产业体系，成为国民经济与社会发展的支柱产业、解决民生与美化生活的基础产业、国际合作与融合发展的优势产业。长期以来，我国纺织行业处于改革的第一梯队，纺织科技创新和技术进步成效显著，行业创新成果竞相涌现，纺织科技实力正在从量的积累迈向质的飞跃，从点的突破迈向系统能力提升，行业发展已经到了由"制造"向"创造"的关键转型期。同时我们也清醒地认识到当前纺织科技工作中存在的短板与挑战：部分关键核心技术受制于人的局面仍未根本改变。"十四五"作为纺织行业高质量发展的关键期，如何总结分析"十三五"科技发展所取得的成绩与存在的问题，在哪些重点技术领域实现突破，是需要行业认真研究的重要课题。

2021年是"十四五"规划的开局之年，《中国纺织科技发展报告（2021年）》的出版正当其时。作为中国纺联科技发展部组织编制的第一部综合反映纺织行业科技发展情况的出版物，该书收录了重点领域科技发展报告12篇、行业亟须发展的关键技术21篇和《纺织行业"十四五"科技发展指导意见》等，全面反映了纺织行业科技现状和重点关键技术的发展情况，为"十四五"行业科技进步提供了有益探讨和重要参考。

相信在《中华人民共和国国民经济和社会发展第十四个五年规划和2035年远景目标纲要》指引下，通过《纺织行业"十四五"科技发展指导意见》中30项关键技术的攻关和八大重点工程的实施，将打造一条从科技强到产业强的科技强国之路，实现当代纺织人的强国梦。

李陵申

2021年6月

目录 Contents

附　录 ·· **303**

综述篇

"十三五"纺织科技创新发展综述及展望

张传雄　王　宁

（中国纺织工业联合会科技发展部　纺织工业科学技术发展中心）

从先进基础纤维材料的研发、生产和应用，到功能纺织品、产业用纺织品的关键技术突破，从绿色制造技术和可持续产品的新进展，到高端装备国产化水平提高，从标准体系优化，到专利数量、质量的提升，从支撑国防军工、航空航天事业，到有力服务疫情防控……纺织科技的创新发展脉动，触及社会生活的方方面面。"十三五"期间纺织科技的进步和成就，为我国世界纺织强国建设奠定坚实基础。

一、"十三五"纺织科技创新发展综述

（一）科技投入持续增加，企业创新主体地位突出

"十三五"期间，在一系列强有力科技政策及措施保障下，纺织行业的研发投入持续增加，研发经费规模持续扩大，研发经费投入强度屡创新高，企业技术创新的主体地位进一步强化，纺织行业已成为研发活动参与非常踊跃的领域之一。

2015~2019年，我国纺织行业规模以上工业企业科学研究与试验发展（R&D）经费支出从376.3亿元增长到495.2亿元，研发投入强度从0.54%增长到1.02%，翻了近一番，如图1、图2所示。

在纺织科技创新中，企业的创新主体地位越来越突出。中国纺织工业联合会科技发展部对服装、家纺、产业用、棉纺、化纤、印染行业近500家骨干企业的研发投入情况进行统计结果显示，产业用纺织品行业重点骨干企业的研发投入强度位于三大终端产业之首，达到2.65%，服装和家纺研发投入强度分别为1.20%和1.98%；上游原材料棉纺、长丝、化纤研发投入强度分别为1.62%、1.78%和1.76%，中游的印染行业研发投入最高，超过了3%（表1）。

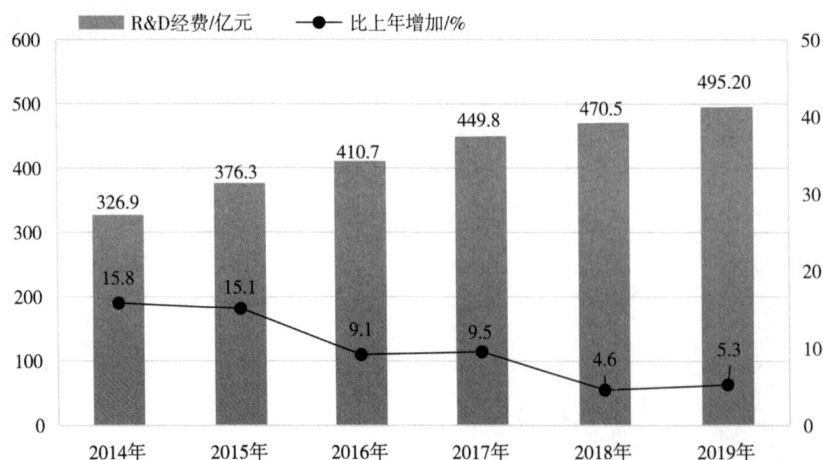

图1　2014~2019年我国纺织行业规模以上工业企业R&D经费投入情况

投入强度/%

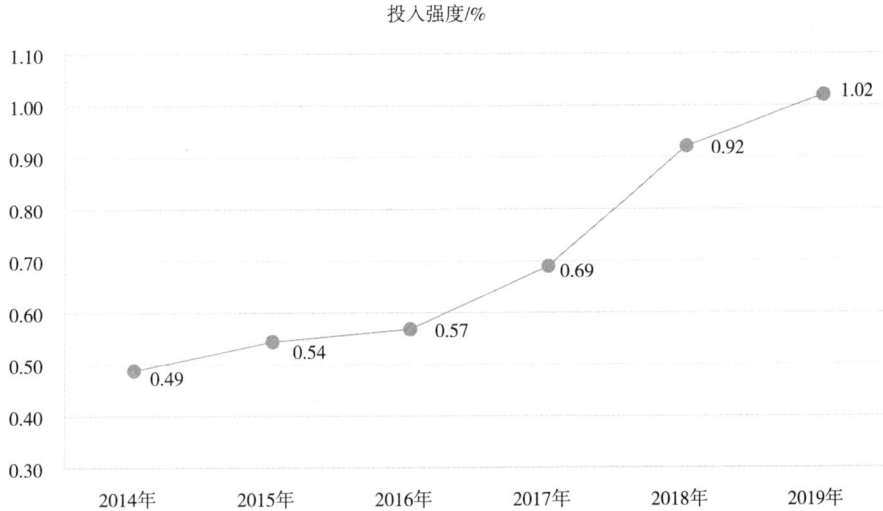

图2　2014~2019年我国纺织行业规模以上工业企业R&D经费投入强度

数据来源：国家统计局

表1　2019年纺织各专业分领域研发投入强度情况

序号	分领域	样本量/家	投入强度/%	序号	分领域	样本量/家	投入强度/%
1	服装	60	1.20	5	长丝	50	1.78
2	家纺	30	1.98	6	化纤	70	1.76
3	产业用	150	2.65	7	印染	35	3.33
4	棉纺	100	1.62				

数据来源：中国纺织工业联合会科技发展部。

（二）科技环境持续优化，科技平台建设不断完善

五年来，不断改善的科技发展宏观环境，激发纺织行业在基础材料研究、高新技术和先进装备研究、科技基础条件建设等多个方面不断发力，推动了行业科技实力的跨越式提升。不断增加的科技投入使科研基础条件大为改善，形成了国家制造业创新中心、国家重点实验室、国家工程研究中心（国家工程实验室）、国家企业技术中心以及纺织行业重点实验室、纺织行业技术创新中心等较完备的科研条件。截至2020年底，纺织行业具有国家制造业创新中心2个、国家重点实验室6个、国家工程研究中心2个、国家企业技术中心81家（含5家分中心）、中国纺织工业联合会认定的行业重点实验室59个、技术创新中心37家，基本涵盖了纺织行业未来发展的重点领域，纺织行业的科研硬件设施得到持续改善，中国纺织工业联合会科技服务平台概况如图3所示。

（三）创新能力不断提升，科技成果转化成效显著

"十三五"时期，纺织行业积极推进创新驱动发展战略，科技创新能力和科技产出水平均实现了较大跨越，在纺织纤维新材料、纺织绿色加工、先进纺织制品、纺织智能制造与装备等领域取得一系列具有重大影响的创新成果。

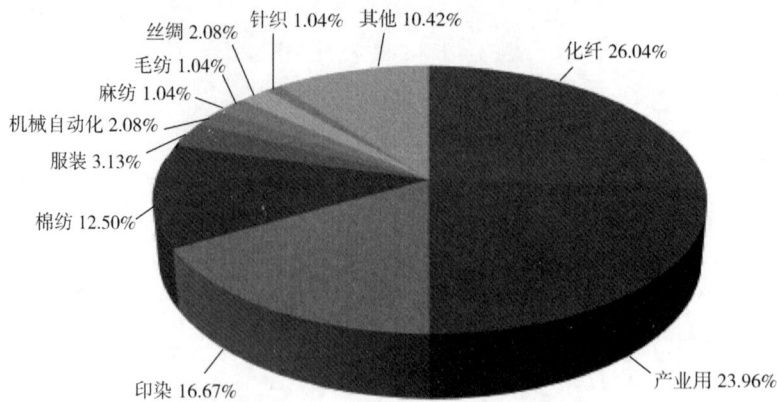

图3　中国纺织工业联合会科技服务平台概况

2015~2019年，纺织行业共有13项科技成果获得国家科学技术奖（表2），其中"干喷湿纺千吨级高强/百吨级中模碳纤维产业化关键技术及应用"获国家科技进步一等奖；2015~2020年，578项成果获得"纺织之光"中国纺织工业联合会科学技术奖，其中2020年评出一等奖17项、二等奖62项、特别贡献奖4项。奖励结构进一步优化，科技奖励项目质量进一步提升，2020年项目获奖率降低至44.62%（图4）。这些获奖项目既有面向产业巨大需求的，也有直接服务生产、民生和国家战略的，不仅为纺织行业的持续健康发展提供了有力的支撑，使纺织行业可以抓牢国家重大发展机遇，也增强了纺织行业应对风险挑战的信心、决心和能力。这些获奖项目多数为产学研用合作项目，将高校的基础研究、重大原始性创新研究和企业的技术研究、工艺研究充分结合起来，共同合作实现关键技术突破。这种联合创新模式已成为纺织行业科技创新成果转化为现实生产力的主流趋势，成效非常显著。

表2　2015~2019年纺织行业成果获国家科学技术奖情况

序号	年份	项目名称	第一获奖单位/发明人	获奖等级
1	2015	PTT和原位功能化PET聚合及其复合材料制备关键技术与产业化	盛虹控股集团有限公司	科技进步奖二等奖
2	2015	高精度圆网印花及清洁生产关键技术研发与产业化	愉悦家纺有限公司	科技进步奖二等奖
3	2016	管外降膜式液相增黏反应器创制及熔体直纺涤纶工业丝新技术	陈文兴（浙江理工大学）	技术发明奖二等奖
4	2016	苎麻生态高效纺织加工关键技术及产业化	湖南华升集团公司	科技进步奖二等奖
5	2016	干法纺聚酰亚胺纤维制备关键技术及产业化	东华大学	科技进步奖二等奖
6	2016	支持工业互联网的全自动电脑针织横机装备关键技术及产业化	浙江师范大学	科技进步奖二等奖
7	2017	超高速数码喷印设备关键技术研发及应用	陈耀武（浙江大学）	技术发明奖二等奖
8	2017	干喷湿纺千吨级高强/百吨级中模碳纤维产业化关键技术及应用	中复神鹰碳纤维有限责任公司	科技进步奖一等奖
9	2017	工业排放烟气用聚四氟乙烯基过滤材料关键技术及产业化	浙江理工大学	科技进步奖二等奖

序号	年份	项目名称	第一获奖单位/发明人	获奖等级
10	2018	废旧聚酯高效再生及纤维制备产业化集成技术	宁波大发化纤有限公司	科技进步奖二等奖
11	2018	高性能特种编织物编织技术与装备及其产业化	东华大学	科技进步奖二等奖
12	2019	高性能工业丝节能加捻制备技术与装备及其产业化	宜昌经纬纺机有限公司	科技进步奖二等奖
13	2019	纺织面料颜色数字化关键技术及产业化	鲁泰纺织股份有限公司	科技进步奖二等奖

资料来源：国家科学技术奖励工作办公室。

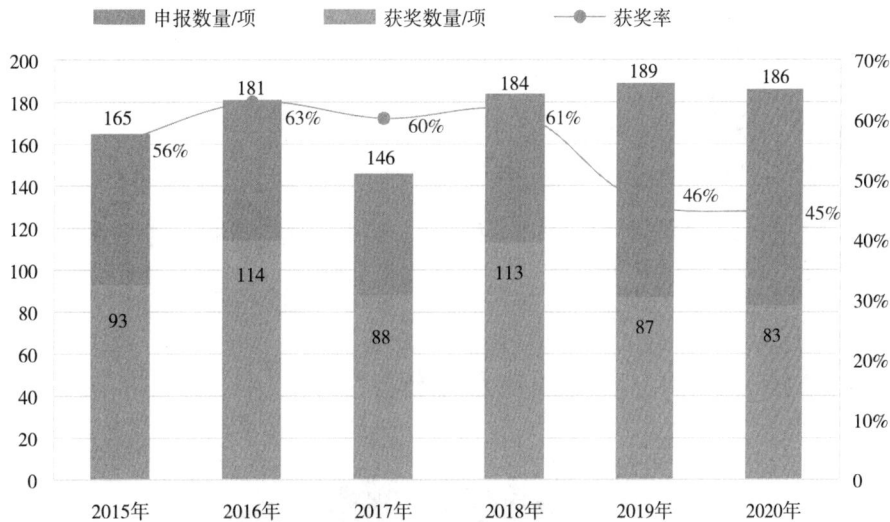

图4 2015~2020年中国纺联科技奖获奖率情况

（四）科技队伍不断壮大，行业人才结构优化明显

"十三五"时期，纺织行业积极贯彻实施人才兴国、科技强国战略，把发现、培养和稳定科技人才作为重要任务，不断完善人才发展机制和人才评价体系，营造良好环境，通过政府、行业组织、大专院校、中高职学校和企业、科研机构共同参与的方式，培养专业技术人才和高技能人才，使我国的纺织科技队伍不断壮大，人才结构进一步优化。2016~2020年，纺织行业评出桑麻学者10人、纺织学术大奖6人、纺织学术带头人25人、纺织技术带头人17人，一批领军人才和创新团队涌现，青年科技人才逐步成为科研主力军和生力军。

国家级高层次科技人才方面，截至2020年，纺织行业共有两院院士10人、创新人才推进计划30人、全国优秀科技工作者16人、全国创新争先奖3人、中国青年科技奖10人、何梁何利科学技术奖11人。国家级高层次纺织科技人才在相关领域都取得了卓越的创新性成就，对推动纺织科技创新发展和促进经济社会发展做出了杰出贡献。

（五）专利质量有效提升，标准化建设持续推进

"十三五"时期，我国纺织行业专利的质量和数量都得到了有效提升。2016~2020年，发明专利每年新增量在0.63万~0.81万件（图5），行业发明专业授权量保持快速增长，共授权有效发明专利近3万件，较"十二五"期间授权发明专利增加28%。截至2020年末，我国纺织行业专利有效量为20.2万件（外观设计专利除外），授权发明专利有效量5.5万件，占比31.12%，2020年新增授权专利量5.9万件。我国纺织行业主要八大类产品的授权发明专利分布情况如图6所示。

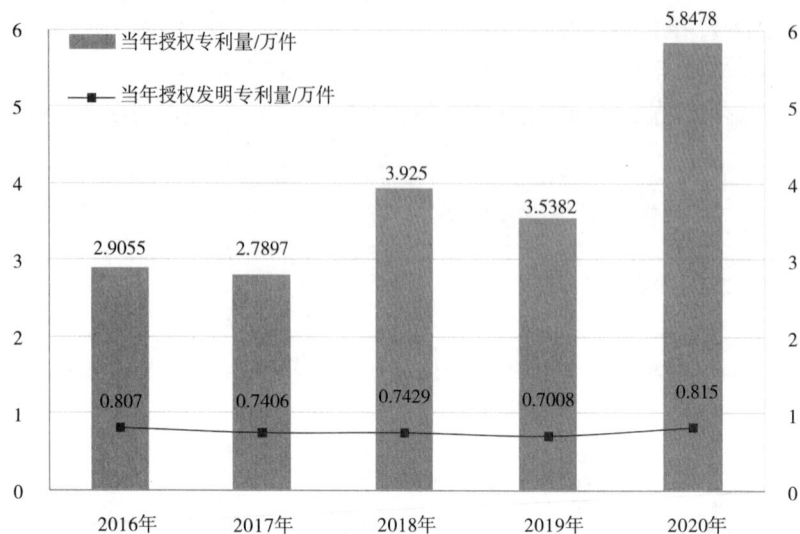

图5　2016~2020年我国纺织行业授权专利及授权发明专利当年新增量趋势图
数据来源：国家知识产权局

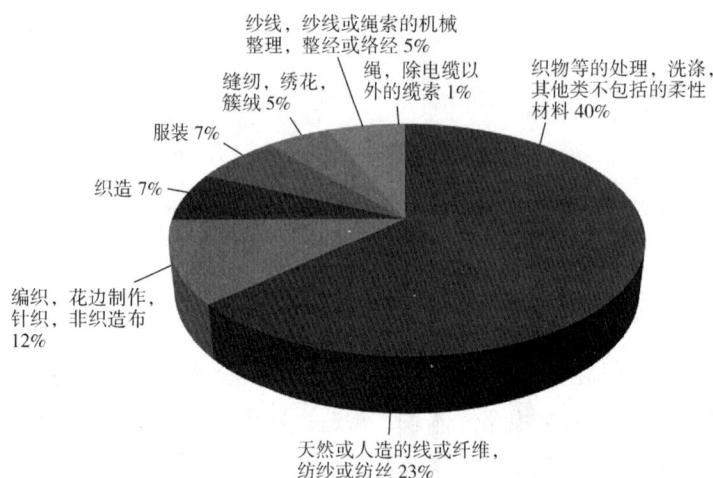

图6　我国纺织行业授权发明专利分布情况

　　五年来，纺织行业标准化以国内标准、国际标准制/修订两方面工作为重点，推动国内标准迈上新台阶、国际标准取得新突破。截至2020年12月底，我国纺织行业标准总量2455项，其中国家标准808项，行业标准1647项。按产业领域和标准技术归口（TC）分，纺织品领域524项，棉纺织199项，毛纺织127项，麻纺织61项，丝绸116项，化学纤维316项，针织108项，服装89项，运动服装10项，印染60项，家用纺织品127项，产业用纺织品136项，纺织机械566项，其他16项（图7）。中国纺织工业联合会共批准发布78项团体标准，其中基础通用标准25项，方法标准21项，产品标准29项，管理标准1项，标准样品1项，其他1项（图8）。

国际标准方面，截至2020年12月底，我国牵头制定纺织领域国际标准共28项，承担国际标准化技术组织秘书处5个，担任国际标准化技术组织主席3位，工作组召集人3个。

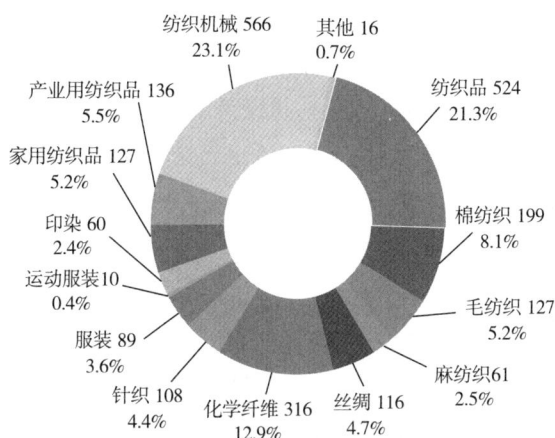

图7 我国纺织行业标准领域分布

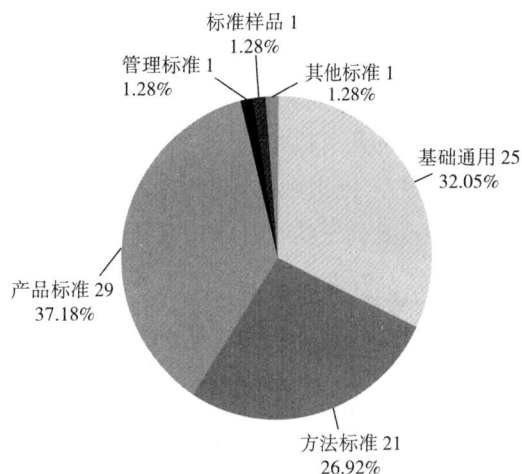

图8 中国纺联团体标准分布

"十三五"时期，我国纺织科技创新和技术进步取得了显著成效，纺织科技实力正在从量的积累迈向质的飞跃，从点的突破迈向系统能力提升。同时，我们也应清醒地认识到当前纺织科技工作中存在的短板与挑战：部分关键核心技术受制于人的局面仍未根本改变，以企业为主体、市场为导向、产学研深度融合的技术创新体系亟待进一步完善和加强，技术创新内生动力和体系化能力仍有待提高。"十四五"期间，纺织行业应深入实施创新驱动发展战略，面向世界科技前沿、国家重大需求和国民经济主战场，以增强原始创新能力为核心，加强协同创新，把握行业科技创新发展的新态势，全面提升科技创新供给能力、质量和效率，推动纺织行业的高质量发展。

二、"十四五"纺织科技创新发展趋势

（一）理解发展内在要求，把握纺织科技发展脉搏

1. 基础研究原创科技引领未来

我国纺织工业自改革开放以来，紧跟国际创新步伐，形成了全球体量最大、最完备的产业体系，已充分具备大力实施基础科学研究的经济基础，已经到了由"制造"向"创造"的关键转型期。纺织行业需充分认识基础研究对于技术进步和经济发展的深远意义，建立符合基础研究规律和特点的评价机制，强化以学术贡献和创新价值为核心的评价导向，坚持需求导向和问题导向，面向行业科技前沿的基础地位和牵引作用加强前瞻部署，聚焦行业原创理论、原创发现和共性关键技术，激活行业科技创新内生动力。

2. 数字经济赋能产业创新变革

数字化作为制造业升级的重要手段，不仅是全球先进制造业创新发展的主流方向，同时也成为催生新一轮工业革命的关键。数字技术对纺织行业提升产品和服务质量、降低市场交易成本、创建新业态有着重要意义。数字化技术已逐步渗透到纺织行业的研发、生产、营销、服务等环节，在推动纺织行业全要素生产率整体提升的同时，使消费越来越精致、智慧和高效。纺织行业的数字化转型有助于促进制造优势与网络化、智能化的叠加效应，是实现柔性化、绿色化、智能化生产，转变行业发展方式、推动行业高质量发

展的重要途径。

3. 绿色制造推动行业可持续发展

从纺织行业多年的绿色发展实践经验中不难发现，纺织行业不仅为经济社会打赢蓝天绿水保卫战提供过滤防护新材料，而且全面推行的绿色制造相比实施末端治理，具有明显的经济优势。实践证明，绿色制造并不代表着高投入低产出，新的节能降耗技术、再生循环利用技术、短流程和非水介质印染技术、污染物减排技术等带来的还有成本的进一步优化降低和获得长期的稳定收益；同时，产品的绿色属性也有助于打破国外绿色贸易壁垒，并成为影响消费者偏好的重要选择。新型绿色纤维、绿色染化料和助剂等化学品的开发应用，还进一步提高了纺织品的功能属性，赋予产品价值再造。

（二）明确行业发展方向，优先发展四大重点领域

根据国家中长期科技发展规划和"制造强国"重点产业技术创新发展路线图，"十四五"期间，纺织行业需深入实施创新驱动发展战略，充分发挥科技创新对行业的支撑和引领作用，加强重点领域基础研究、前沿技术研究，加快推动关键技术突破和推广应用，不断满足服装、家用纺织品健康、舒适、安全、功能、智能和个性化需求，以及基础设施建设、应急与公共安全、医卫健康、环境保护、航空航天、海洋工程、国防建设等领域应用需求。"十四五"时期我国纺织产业优先发展的方向主要集中在纺织纤维新材料、纺织绿色加工、先进纺织制品和纺织智能制造与重大装备四个方面。

1. 纺织纤维新材料

重点发展功能纤维、生物基纤维、可降解纤维等基础纤维材料，突破聚酯纤维、聚酰胺纤维、氨纶等基础纤维品种高效柔性制备技术；重点开发碳纤维、芳纶1414、超高分子量聚乙烯纤维、聚酰亚胺纤维、连续玄武岩纤维、碳化硅等高性能有机、无机战略纤维材料；开发纳米纤维、智能纤维、生物医用纤维等前沿纤维材料。力争在"十四五"末期，基础纤维材料差别化、功能性达到国际先进水平，战略纤维材料规模化制备技术接近国际先进水平，重点前沿纤维材料实现规模化生产。

2. 纺织绿色加工

重点发展纤维用油剂助剂及催化剂、环保型PVA替代浆料、绿色表面活性剂、染料、功能整理剂等绿色纺织加工化学品；研发低温节能前处理、分散染料免（少）水洗染色印花、高速喷墨印花等高效低耗及短流程印染技术，超临界CO_2流体和活性染料新介质染色等非水介质印染技术；发展废旧纺织品成分识别、资源化及高值化利用关键技术，建立化纤化学法再生纤维生产线和天然纤维制品物理法再生连续生产线。力争在"十四五"末期，突破环保型PVA替代浆料等绿色化学品制备关键技术，研发并推广高效低耗及短流程和非水介质印染技术，建立废旧纺织品资源化分级分类标准评价体系。

3. 先进纺织制品

重点开发高品质、功能纺织消费品，发展纺织、印染、缝制等全产业链精细化加工、先进纺织产品设计和印染加工技术等；攻克智能纺织品设计与加工技术，建立智能纺织品性能检测评价体系；重点发展高端医卫个体防护用纺织品，土工建筑、应急救援、海洋工程、工业过滤用等工业用纺织品，纺织基增强复合材料、高性能纤维基复杂异型材、碳纤维预浸料等战略新材料纺织品。力争在"十四五"末期，先进纺织制品开发实现重大突破，适应不断升级的居民消费需求，基本满足下游应用市场需要。

4. 纺织智能制造与高端装备

重点发展基于大数据、人工智能和工业互联网平台等新一代信息技术的纺织智能工厂、车间和纺织生产专用制造执行系统；开发化纤、纺纱、织造、非织造、印染、服装和家纺等高效短流程、自动化数字化成套装备和关键零部件；研发关键工艺环节机器人和纺织在线质量检测系统等。力争在"十四五"末期，大数据、人工智能和工业互联网等新一代信息技术应用取得突破，实现纺织生产的自动化、数字化和网络化制

造，建立并完善智能制造标准体系。

（三）推进创新平台建设，凝聚行业科技创新力量

科技创新平台是国家、区域和行业科技创新体系的重要组成部分，是集聚高端创新资源、提升综合竞争力的关键支撑。"十四五"期间，纺织行业将积极配合国家创新战略的总体部署，全力推进科技创新平台建设，夯实科技创新的物质技术基础，加快建设以重点实验室和技术创新中心为引领的创新基础平台。

1. 建立科技创新平台建设的协同机制

国家相关部委、地方政府和行业协会学会发挥各自作用和功能，对纺织行业科技创新平台进行统筹规划和系统布局，以制约行业发展的重大关键技术为突破口，以提高行业科技创新能力和竞争力为目标，统筹人才、科技、产业的协同发展，建立共享机制，形成高水平有特色的纺织行业协同创新网络和平台，成为科学新发现、技术新发明、产业新方向、发展新理念的重要策源地，源源不断提供高水平科技供给。

2. 促进各类创新要素向企业集聚

强化企业创新主体地位，促进各类创新要素向企业集聚，支持企业牵头组织创新联合体，承担重大科研项目，推动企业成为技术创新决策、研发投入、科研组织和成果转化的主体。发挥企业家在技术创新中的重要作用，鼓励企业加大研发投入。发挥大企业引领支撑作用，支持创新型中小微企业成长，为创新提供重要发源地。

3. 最大限度发挥现有创新平台作用

加强资源整合，积极引导行业创新平台合理分配人力、财力和设备，保证重点领域、特色优势产业的科技攻关和服务，打通技术从开发到转移扩散再到首次商业化应用的创新链条，切实提高行业的自主创新能力，最大限度地发挥现有创新平台作用。

4. 跨界合作共建科技创新平台

积极寻求与其他相关行业的跨界合作，探索研发新模式。明确各行业科技创新平台的建设目标，紧密结合交叉领域，共建高层次的科技创新平台，实现行业科技创新平台之间资源共享及相关跨界平台的资源整合，联合攻关突破产业科技发展瓶颈。

（四）强化科技成果转化，打造行业创新发展引擎

"十四五"时期，纺织行业要充分发挥科技创新的作用，需强化科技成果的转化力度。行业应集聚市场力量、科技力量、资本力量和人才力量，以市场需求为导向，构建纺织行业科技成果转化新机制、新模式、新体系，打造行业创新发展新引擎。

1. 打破科技创新与市场供需之间的障碍

让科学研究面向经济生产，让经济生产依靠科学研究，建立科技创新和市场需求之间的联系，通过产学研用的紧密结合，形成高校、科研院所与企业主体之间的创新合力，建立有效的合作创新体系，通过科技创新有效供给来解决纺织行业发展中的实际问题。重视多种形式的中试基地建设，通过加强中试和工程化研究，提高成果的成熟度以加快转化应用。

2. 建立科学规范的科技成果评价体系

对科技成果的评价以能否创造经济效益和社会效益的指标来考核，确保最终科技成果的应用价值和市场价值，确保科技成果的成熟度。对技术指标符合生产要求、具有良好应用价值的科技成果，加大宣传、推广力度，促进成果尽快有效地转化为现实生产力。

3.加强科技成果转化市场化服务

强化市场化服务对科技成果有效转化的支撑作用，建立纺织行业产学研用信息交流服务平台，积极扶持、培养一批行业科技成果转化服务机构。利用纺织行业现有博览会、地方展览会等适时举办和开展纺织科技成果展示、推介和交易活动，利用互联网技术建立现代纺织技术交易网络市场，最大限度促进高校、科研院所与企业对接，为科技成果转化创造良好的环境和条件。

4.构建多种形式的产业技术创新联盟

围绕相关纺织行业的国家重点产业发展战略以及区域发展战略部署，发挥行业协会的引领作用和行业骨干企业主导作用，联合上下游企业和相关高校、科研院所等构建多种形式的产业技术创新联盟，加强行业共性关键技术研发和推广应用，推动跨行业、跨领域的协同融合创新，支持联盟承担重大科技成果转化项目，通过联盟的优势切实提高科技成果转化效率。

5.加强纺织科技成果转化人才培养

借鉴发达国家科技成果转化人才培养经验，结合行业科技成果转化实践，鼓励和支持纺织领域的企业、高校、科研院所、科技社团等联合建立科技成果转化人才培养机制，加强对科技成果转化管理人员、技术经纪人、技术经理人等人才队伍的建设。

"十三五"纺织行业标准综述及展望

王国建　田琳琳

（中国纺织工业联合会科技发展部　纺织工业科学技术发展中心）

"十三五"是我国纺织强国建设的决胜阶段，也是纺织标准化工作改革创新的机遇期。2016年以来，全行业以《深化标准化工作改革方案》《消费品标准和质量提升规划（2016—2020年）》和《纺织工业发展规划（2016—2020年）》等文件与规划为指引，紧密围绕深化标准化改革与服务产业发展两大主题，以国内为主体、统筹国内国际两个领域，全面推进政府类标准精简优化、市场类标准培育发展、国际标准共商共建和标准化支撑体系建设，新型纺织标准体系建设取得重要进展，为纺织强国的基本建成和高质量发展提供了重要的基础支撑。

一、深化标准化改革有力推进

（一）整合精简强制性标准

为贯彻落实国务院办公厅《强制性标准整合精简工作方案》，根据工业和信息化部办公厅《关于扎实做好工业和通信业强制性标准整合精简工作的通知》要求，2006年3月，中国纺织工业联合会启动纺织领域强制性标准整合精简工作。按照"将强制性标准限定在保障人身健康和生命财产安全、国家安全、生态环境安全和满足社会经济管理基本要求的范围之内"的基本原则，对归口管理的46项强制性标准和2项强制性国家标准制/修订计划项目给出了精简的结论，即对归口管理的46项强制性标准继续保留2项（GB 18401—2010和GB 31701—2015），转化为推荐性标准43项（GB 9994—2008、FZ 92065—2006和41项特种纺织品标准），废止1项（FZ 90058—1994）；对2项强制性计划项目，1项废止，1项转推荐。

此外，与纺织行业密切相关的GB 5296.4—2012《消费品使用说明　第4部分：纺织品和服装》转化为推荐性标准，GB 18383—2007《絮用纤维制品通用技术要求》以及纺织原料等强制性标准也同步进行了整合精简。强制性标准的整合精简，压缩了标准数量，扩大了标准的适用范围，优化了强制性标准体系。一方面，解决了强制性标准交叉重复矛盾的问题，厘清了政府职责，有助于政府转变职能，更好发挥作用；另一方面，明确了强制性标准适用范围，有助于政府调整市场监管的重心，将该管的管住管好管到位。

（二）优化完善推荐性标准

根据国家标准化管理委员会《推荐性标准集中复审工作方案》和工信部《关于开展工业和通信业推荐性标准集中复审工作的通知》要求，2016年，中国纺联组织对2031项现行推荐性标准和591项在研计划项目进行集中复审，形成如下结论：2031项现行推荐性标准中，继续有效实施的为1562项，占比76.9%；修订381项，占比18.8%；转化（行标转国标）10项，占比0.5%；废止78项，占比3.8%。591项在研计划项目中，继续有效实放的为482项，占比81.6%；调整（延期等）81项，占比13.7%；终止28项，占比4.7%。通过对现行推荐性标准及在研计划的集中复审，直接废止78项不适用的现行标准，终止28项"僵尸"计划项目，并对381项现行标准提出了修订或整合修订要求。

2019年，受国家标准化管理委员会委托，中国纺联承担了《纺织服装领域标准体系精简优化评估研究》试点任务，对纺织服装领域1821项现行推荐性政府标准及222项在研制订计划项目开展体系精简优化研究，提出如下结论：1821项现行标准，保留1199项，其中继续有效实施的有1030项，修订了169项；整合了506项，其中主整合84项，被整合127项，系列化295项；转化的89项，其中转行标15项，转国标45项，转团标29项；废止的27项。222项在研计划，保留149项；整合了58项，其中主整合2项，被整合9项，系列化47项；转化4项，其中转行标2项，转团标2项；废止11项。经评估，被整合、转团标和废止标准共205项，全行业净减少10.0%；通过系列化整合342项标准，标准编号将减少277个，减少13.6%；全行业共精简482项，标准总量将由评估前的2043项减少为1561项，共精简减少23.6%。

通过集中复审和精简优化评估，一是对政府标准的公益性定位有了更清晰的认识，明确了回归公益的方向；二是减少了政府标准数量规模，达到了"确认一批、修订一批、整合一批、转化一批、废止一批"的目标；三是更加明晰了各项标准在体系中的位置，使国行标的布局更加优化，基础方法标准与产品标准的比例更加合理，协调配套性更强。

（三）培育发展团体标准和放开搞活企业标准

培育发展团体标准，是深化标准化改革的重要改革举措之一，也是新型标准体系建设的重要着力点。随着《深化标准化工作改革方案》等一系列政策文件的印发，尤其是新《标准化法》的颁布，团体标准如雨后春笋，快速发展。据全国团体标准信息平台大数据显示，截至2020年12月31日，共有4334家社会团体在全国团体标准信息平台注册，在平台共计公布21350项团体标准。"十三五"时期，以中国纺联为代表的纺织类社会团体，积极响应国家新型标准体系建设改革号召，根据纺织产业、市场、贸易需要，按市场化工作机制，由各类市场主体自主提出并广泛参与，大力推进团体标准化工作。经初步统计，有50多家纺织相关社会团体在全国团体标准信息平台注册，共计公布600余项纺织相关团体标准。在短短的几年时间达到如此规模，充分显示了团体标准的蓬勃生命力。

企业产品（服务）标准自我声明公开和企业标准"领跑者"制度，是强化纺织企业市场主体责任、推动企业标准管理制度改革的重要举措。根据国家标准化管理委员会《关于开展企业产品和服务标准自我声明公开和监督制度建设行业试点工作的通知》要求，中国纺织工业联合会从2015年9月起在纺织服装领域开展了企业产品标准自我声明公开的试点工作：从纺织纤维、纱线、织物、服装服饰、家用纺织品、产业用纺织品及其他等七个方面，梳理提出了相关产品的国家标准和行业标准清单共700余项，并编制了《纺织品 企业产品标准自我声明公开指南》系列CNTAC团体标准，为企业制定产品标准提供关键技术指标体系参考；起草了《纺织品 企业产品标准水平评价指标体系及评价方法》CNTAC团体标准，并联合中国家用纺织品行业协会、中国航空综合技术研究所等于2016年11月发布了全国首批床上用品企业标准"示范榜"。根据市场监管总局等八部门发布的《关于实施企业标准"领跑者"制度的意见》，中国标准化研究院从2018年开始组织开展企业标准"领跑者"评估工作，针织内衣列入2018年企业标准"领跑者"试点领域，蚕丝被、衬衫等8类产品列入2019年度实施企业标准"领跑者"重点领域，棉纺纱加工产品、棉印染精加工产品等11类产品列入2020年度实施企业标准"领跑者"重点领域。

二、服务产业发展效果显著

（一）政府标准制修订

1. 量质并行，体系结构不断优化

从标准数量来看，"十三五"期间，纺织行业共发布政府标准800项，其中国家标准230项，行业标准570项；首次制定标准522项，修订标准278项，并通过复审废止或调整归口共84项。截至2020年12月31日，纺织行业归口的政府标准共2455项，与2015年相比增加429项，增幅为21.2%，较"十二五"期间下降18.2%。政府标准制/修订不断从数量增长向质量提升转变（图1）。

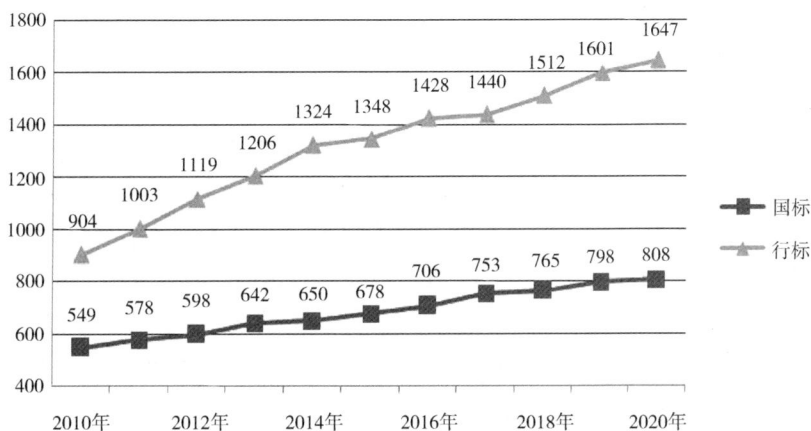

图1　2010~2020年标准数量变化图

从标准体系结构看，现行2455项标准中，国家标准808项，行业标准1647项，占比分别为32.9%和67.1%；强制性标准3项（含1项工程建设标准），推荐性标准2448项，指导性技术文件4项，占比分别为0.1%、99.7%和0.2%；基础标准306项，方法标准723项，产品标准1399项，管理标准27项，占比分别为12.5%、29.5%、57.0%和1.1%，标准的内部结构更趋合理。从产业领域分布看，纺织品通用领域524项、棉纺织199项、毛纺织127项、麻纺织61项、丝绸116项、化学纤维316项、针织108项、服装89项、运动服装10项、印染60项、家用纺织品127项、产业用纺织品136项、纺织机械566项、其他16项，涵盖了纤维原料到终端制品以及纺织装备各个产业门类。同时，通过及时复审与加快修订，标龄5年及以内的标准为2291项，占比达到93.3%，大幅提升了标准的有效性。

2. 聚焦重点，支撑产业高质量发展

2016年，中国纺联牵头组织编制了《纺织行业"十三五"技术标准体系建设方案》，提出了纺织行业和各专业领域的技术标准体系框架与标准体系表，明确了"十三五"技术标准体系的发展目标和主要任务。"十三五"期间，纺织标准化工作更加聚焦产业发展中心任务和重点领域，制/修订发布实施一批重要标准，有力支撑了产业高质量发展。一是聚焦产品安全，GB/T 20388—2016《纺织品邻苯二甲酸酯的测定　四氢呋喃法》、GB/T 18886—2019《纺织品色牢度试验　耐唾液色牢度》和GB/T 18885—2020《生态纺织品技术要求》等一批由强制性国家标准引用的标准和有害物质限量标准的制/修订，进一步巩固了纺织产品安全底线；二是聚焦质量提升，GB/T 21655.2—2019《纺织品吸湿速干性的评定　第2部分：动态水分传递法》、GB/T 24252—2019《蚕丝被》和GB/T 2662—2017《棉服装》等功能性评价标准和典型产品标准的制定发布，进一步规范了市场秩序，促进了重点产品的高质量发展；三是聚焦绿色制造，GB/T 35611—2017《绿色产品评价

纺织产品》、FZ/T 07004—2019《纺织行业绿色工厂评价导则》和FZ/T 07005—2020《纺织行业绿色供应链管理企业评价指标体系》等绿色标准的出台，为以责任为导向的绿色纺织产业发展提供了支撑；四是聚焦传统文化，GB/T 35444—2017《蜀锦》、GB/T 22703—2019《旗袍》和FZ/T 43047—2017《缂丝》等具有中国传统文化特色标准的制定，进一步推动了传统文化的认知、继承、创新和发扬。"十三五"期间，GB/T 31888—2015《中小学生校服》、GB/T 17780—2012《纺织机械　安全要求》7项系列标准获得中国标准创新贡献奖二等奖；GB 31701—2015《婴幼儿及儿童纺织产品安全技术规范》等20项标准获得中国纺织工业联合会科学技术进步奖二等奖、三等奖或优秀奖。

（二）中国纺联CNTAC团体标准

"十三五"期间，中国纺联CNTAC团体标准立足构建纺织新型标准体系，坚持市场标准与政府标准协同发展、协调配套基本要求，以"纺织行业市场标准体系的主体成分、政府标准的有益补充"为定位，以"服务行业发展、助推产业升级"为使命，以"协同共建、协调共融、自主自律、共享共赢"为基本思路，聚焦国家重点战略和政策，以市场和创新需求为导向，2016年以来共制/修订发布78项CNTAC团体标准，其中基础通用标准15项，方法标准38项，产品标准23项，标准样品1项，其他标准1项。这78项标准围绕行业以及社会关注的疫情防控、消费升级、新材料、绿色制造、智能制造以及检测新技术等热点，以市场和创新需求为导向，为满足消费质量提升和产业转型升级提供了市场标准有效供给，发挥了有力的支撑作用。

为促进CNTAC团体标准的应用实施，中国纺联以"线上"和"线下"两个平台加强标准推广应用，推动CNTAC团体标准在政府采信、向国标行标转化、为其他标准引用、企业采用、纳入检测机构资质许可等方面得到应用实施，并取得了一定成效。截至2020年底，T/CNTAC 21—2018《纤维中石墨烯材料的鉴别方法　透射电镜法》等10项标准列入工信部百项团体标准应用示范项目，T/CNTAC 38—2019《绿色设计产品评价技术规范　羊绒产品》等9项标准被列入工信部"绿色设计产品标准清单"，T/CNTAC 24—2018《电加热服装》成为地方市场监管部门开展风险监测的依据；T/CNTAC 6—2018《捐赠用纺织品通用技术规范》等2项标准转化为国家标准，T/CNTAC RM 1—2019《纺织品耐摩擦色牢度试验用棉摩擦布》成为我国第一个市场标准样品，同时列入工信部2020年百项团体标准应用示范，并正在转化为国家标准样品，T/CNTAC 33—2019《绿色设计产品评价技术规范　聚酯涤纶》等5项标准转化或正在转化为行业标准；T/CNTAC 8—2018《纺织产品限用物质清单》、T/CNTAC 66—2020《纺织用染化料助剂限用物质清单》等6项标准被多项标准作为规范性引用文件引用；T/CNTAC 7—2018《婴幼儿布书》等13项标准被企业明示采用或在企业标准信息公共服务平台公开；T/CNTAC 55—2020《民用卫生口罩》等9项标准被多家检测机构纳入能力资质许可。中国纺联团体标准作为国家第二批团体标准试点，因试点工作中表现突出，被选为试点典型并入选国家标准化管理委员会《中国标准化发展年度报告（2019）》优秀案例，品牌影响力进一步增强。

三、标准国际化稳步推进

（一）国际标准转化

纺织行业对口国际标准化组织ISO/TC 38（纺织品）、ISO/TC 72（纺织机械与附件）和ISO/TC 133（服装尺寸系列——尺寸代号、尺寸测量方法和数字化试衣）3个技术委员会。2016年以来，我国共完成国际标准转化71项，其中国家标准70项，行业标准1项。截至2020年底，对口的三个技术委员会共归口管理标准544项，其中与我国纺织行业对口的标准共501项，目前已转化373项（等同采用117项，修改采用256项），已列转化计划22项，拟转化55项，暂不宜转化51项，对口ISO标准转化率约84%。分技术委员会来看，ISO/TC38归口管理标准391项，其中对口标准365项，目前已经转化260项（等同采用67项，修改采用193项），已列转化计划14项，拟转化47项，暂不宜转化44项，对口标准转化率约81%；ISO/TC 72归口管理标准144项，其中对口标准127项，目前已经转化112项（等同采用50项，修改采用62项），已列转化计划5项，拟转化7项，暂不宜转化3项，对口标准转化率约90%；ISO/TC 133归口管理标准9项，均为对口标准，目前已经修改采用转化1项，已列转化计划3项，拟转化1项，暂不宜转化4项，对口标准转化率为20%。

（二）国际标准制/修订与技术机构承担

2016年以来，我国提出并立项ISO提案16个，牵头制定并经ISO批准发布ISO标准15项（表1）。截至2020年底，我国累计提出并立项ISO提案38项，牵头制定发布ISO标准28项。其中，我国主导制定的ISO 14389：2014《纺织品　邻苯二甲酸酯的测定　四氢呋喃法》获得中国纺织工业联合会科学技术进步奖一等奖，ISO 15625：2014《丝生丝疵点、条干电子检测试验方法》等7项标准获得中国纺织工业联合会科学技术进步奖二等奖或优秀奖。

表1　"十三五"期间我国纺织行业牵头制/修订的国际标准清单

序号	标准编号	标准名称
1	ISO 17881—1：2016	纺织品　某些阻燃剂的测定　第1部分：溴系阻燃剂
2	ISO 17881—2：2016	纺织品　某些阻燃剂的测定　第2部分：磷系阻燃剂
3	ISO 17751—1：2016	纺织品　山羊绒、绵羊毛、其他特种动物纤维及其混合物定量分析　第1部分：光学显微镜法
4	ISO 17751—2：2016	纺织品　山羊绒、绵羊毛、其他特种动物纤维及其混合物定量分析　第2部分：扫描电镜法
5	ISO 20754：2018	纺织品—化学纤维—截面形状参数的测定方法
6	ISO/TR 17881—3：2018	纺织品　某些阻燃剂的测定　第3部分：氯化石蜡阻燃剂
7	ISO 21046：2018	丝　蚕丝纱线纤度试验方法
8	ISO 20920：2018	纺织品　化学纤维　阳离子染料可染改性涤纶上色率的测定
9	ISO 10290：2018	纺织品　棉纱线　规格
10	ISO 2307：2019	纤维绳索　有关物理和机械性能的测定
11	ISO 2370：2019	纺织品　亚麻纤维细度的测试　气流法
12	ISO 1833—28：2019	纺织品　定量化学分析　第28部分：壳聚糖纤维与其他纤维的混合物（乙酸法）
13	ISO 22992—2：2020	纺织品　某些防腐剂的测定　第2部分：三氯生的测定（LC—MS/MS法）
14	ISO 5079：2020	纺织纤维　单纤维断裂强力和断裂伸长率的测定
15	ISO 2647：2020	羊毛　投影显微镜测定有髓纤维的百分率

此外，我国承担或联合承担了ISO/TC 38、ISO/TC 133两个TC和ISO/TC 38/SC1、ISO/TC 38/SC2、ISO/TC 38/SC 23三个SC秘书处。2018年，苏州大学关晋平教授开始担任ISO/TC 38/SC1主席职务，2020年中国纺织科学研究院赵庆章研究员、中国服装协会杨金纯教授级高工分别开始担任ISO/TC 38、ISO/TC 133主席职务。通过承担国际标准化技术机构秘书处和主席职务，贡献中国智慧，助推国际标准体系向着更加包容的方向发展。

（三）标准外文版翻译

2016年以来，纺织行业提出并立项外文版翻译出版计划43项，完成翻译并发布41项（表2）。截至2020年底，纺织标准外文版翻译项目达到78项，已发布外文版纺织标准44项，主要涉及强制性标准及其配套的检验方法标准、重要的大类终端产品标准和我国优势特色产品标准等。标准外文版的翻译，为推动落实"一带一路"国家战略，加强国际交流，促进国际贸易，推动实施加快国际产能合作，助力我国纺织企业"走出去"提供了支撑。

表2 "十三五"期间纺织标准外文版翻译项目汇总

序号	外文版标准计划号	标准编号	中文标准名称
1	W20130067	GB/T 1797—2008	生丝
2	W20130068	GB/T 1798—2008	生丝试验方法
3	W20150307	GB/T 9994—2018	纺织材料公定回潮率
4	W20150308	GB 31701—2015	婴幼儿及儿童纺织产品安全技术规范
5	W20150309	GB/T 14644—2014	纺织品　燃烧性能　45°方向燃烧速率的测定
6	W20150310	GB/T 20388—2016	纺织品　邻苯二甲酸酯的测定
7	W20150311	GB/T 23344—2009	纺织品　4-氨基偶氮苯的测定
8	W20150312	GB/T 24279.1—2018	纺织品　某些阻燃剂的测定　第1部分：溴系阻燃剂
9	W20150313	GB/T 29862—2013	纺织品　纤维含量的标识
10	W20150314	GB/T 30157—2013	纺织品　总铅和总镉含量的测定
11	W20150315	GB/T 31702—2015	纺织制品附件锐利性试验方法
12	W20150316	GB/T 2660—2017	衬衫
13	W20150317	GB/T 2662—2017	棉服装
14	W20150318	GB/T 2664—2017	男西服、大衣
15	W20150319	GB/T 2665—2017	女西服、大衣
16	W20150320	GB/T 2666—2017	西裤
17	W20150321	GB/T 8878—2014	棉针织内衣
18	W20150322	GB/T 14272—2012	羽绒服装
19	W20150324	GB/T 18132—2016	丝绸服装
20	W20150325	GB/T 21294—2014	服装理化性能的检验方法
21	W20150326	GB/T 21295—2014	服装理化性能的技术要求
22	W20150327	GB/T 22701—2019	职业服装检验规则
23	W20150328	GB/T 22703—2019	旗袍
24	W20150329	GB/T 22796—2009	被、被套

序号	外文版标准计划号	标准编号	中文标准名称
25	W20150330	GB/T 22797—2009	床单
26	W20150331	GB/T 22844—2009	配套床上用品
27	W20150332	GB/T 22849—2014	针织T恤衫
28	W20150333	GB/T 22853—2019	针织运动服
29	W20150334	GB/T 22864—2020	毛巾
30	W20150335	GB/T 23314—2021	领带
31	W20150336	GB/T 31888—2015	中小学生校服
32	W20170003	GB/T 15551—2016	蚕桑丝织物
33	W20201243	GB/T 38462—2020	纺织品　隔离衣用非织造布
34	W20201244	GB/T 38014—2019	纺织品　手术防护用非织造布
35	W20201245	GB/T 32610—2016	日常防护型口罩技术规范
36	W20201246	GB/T 38413—2019	纺织品　细颗粒物过滤性能试验方法
37	W20201247	GB/T 12704.1—2009	纺织品　织物透湿性试验方法　第1部分：吸湿法
38	W20201248	GB/T 5455—2014	纺织品　燃烧性能　垂直方向损毁长度、阴燃和续燃时间的测定
39	W20201249	GB/T 12703.3—2009	纺织品　静电性能的评定　第3部分：电荷量
40	W20201250	GB/T 24120—2009	纺织品　抗乙醇水溶液性能的测定
41	W20201286	GB/T 38880—2020	儿童口罩技术规范

四、标准化组织和制度建设取得新突破

（一）标准化"国家队"不断完善

"十三五"以来，经国家标准化管理委员会、工业和信息化部批准，中国纺联先后筹建了纺织服装物联网应用标准工作组、全国化学纤维标准化技术委员会、纺织行业节水标准化工作组3个国家和行业标准化技术机构，分别负责纺织服装物联网应用、化学纤维、纺织节水等领域标准化工作；对纺织品、服装、家用纺织品、纺织机械与附件等15个标准化技术委员会进行了换届，对各有关技术委员会进行了委员调整，壮大了标准化队伍。纺织工业标准化研究所郑宇英研究员被评为2016年中国标准创新贡献奖（个人奖）突出贡献奖，江苏阳光集团有限公司被评为2018年中国标准创新贡献奖组织奖。此外，国家标准化管理委员会对纺织行业5个技术委员会进行了评估，丝绸标准化技术委员会被评为一级并通报表扬，纺织品、家用纺织品、纺织机械与附件标准化技术委员会被评为二级，服装标准化技术委员会被评为三级，云锦产品标准化技术委员会评估不合格并于2020年被公告撤销。截至2020年底，纺织行业共有6个全国标准化技术委员会，19个分技术委员会，2个标准化工作组，标准化技术机构进一步完善，标准化队伍进一步壮大，为国家标准和行业标准的制修订工作提供了强大组织保证。

（二）中国纺联团体标准化技术组织体系初显

2016年以来，为推动中国纺联CNTAC团体标准的发展，中国纺联建立了专业标准化工作组织机构。一是形成了中国纺联理事会为决策机构、中国纺联科技发展部为管理与协调机构，中国纺联标准化技术委员会及13个工作组为标准制定机构的组织架构；二是成立了由21名专家组成的专家咨询机构，对中国纺联团体标准发展战略与体系建设等重大事项提出咨询建议，为中国纺联团体标准的科学、民主决策提供重要参考；三是建立中国纺联团体标准化工作支撑体系，包括6家标准验证机构、8家地方工作站，同时与8家全国性协会、4家地方协会形成战略合作，打造协同制定团体标准生态圈。目前，中国纺联标准化技术委员会共有167家单位委员，80名个人委员，13个工作组有正式委员330余名，"CNTAC团体标准工作平台"注册用户750余人，为团体标准化工作提供了有力的组织和人才保障。

（三）标准化工作机制更加优化

在政府标准管理层面，为进一步规范标准制/修订工作程序，解决标准制/修订过程（尤其是立项环节）的争议问题，中国纺联修订印发了《纺织标准争议协调管理办法》，进一步优化了标准争议协调机构、协调原则和协调程序。在中国纺联团体标准方面，先后制定或修订印发《中国纺织工业联合会团体标准管理办法》《协同制定中国纺联团体标准暂行办法》《CNTAC标准样品管理办法（试行）》，规范了CNTAC团体标准（含标准样品）制定工作程序、专利政策、知识产权政策以及申诉投诉等制度，倡导以共同提出、共同归口、双编号等多种形式协同制定团体标准，推动形成广泛协作，合力打造团体标准品牌。

五、总结和展望

回顾"十三五"，纺织标准成绩斐然——已经成为我国标准化工作改革的先行者和实践者，对标准体系优化和综合性标准的探索具有典型性和超前性，不断向消费体验、绿色、智能等领域进行深耕，具有开创引领性，在国际标准化领域的表现提升了中国贡献率。但是，也必须看到纺织标准存在的问题和不足，即对产业新技术、新产品、新模式、新业态的快速迭代发展还不适应，政府标准精简优化任务需进一步落地，团体标准的集中度与企业标准的效用还需进一步加强，分割管理的技术委员会格局面临科技与产业融合发展的新挑战等。

展望"十四五"，站在纺织强国基本建成的新起点上，纺织标准将把握新阶段，践行新理念，融入新格局，担当新使命，努力发挥好服务产业高质量发展的基础支撑作用。

（一）围绕国家标准化改革大局，全面构建纺织新型标准体系

"十四五"时期，随着我国标准化发展战略纲要的制定，我国标准化改革必将进入深水区。政府标准的职能定位将更加精准，市场标准将迎来更大发展空间。纺织标准要顺势而为，统筹处理好政府标准与市场标准的关系，扭转政府与市场的角色错位，推动建立政府主导制定的标准与市场自主制定的标准协同发展、协调配套的新型标准体系，健全统一协调、运行高效、政府与市场共治的标准化管理体制，形成政府引导、市场驱动、社会参与、协同推进的标准化工作格局。

（二）围绕纺织产业发展重点任务，抓好重点领域标准制定

纺织标准要围绕纺织工业"十四五"发展中心任务，开展以用户体验为基础的终端消费品以及配套纤维、纱线、织物等标准研究，加快新型纺织纤维材料、功能性纺织品、智能纺织品、高技术产业用纺织品等

标准研制，为产业高质量发展提供支撑；加快纺织装备互联互通、数字化车间、智能工厂、智能服务等标准研制，提升行业智能制造水平；积极推进纺织产品全生命周期评价，加快建立以绿色原料、绿色设计、绿色生产、循环再利用为内涵的纺织绿色制造标准体系；加快推荐性标准整合修订步伐，强化市场标准对新技术、新产品、新模式、新业态的快速响应，及时满足行业的标准化需求，加快标准供给侧结构改革。

（三）围绕纺织强国建设新定位，推进纺织标准国际化迈向新台阶

我国纺织工业按照从站起来到富起来、强起来的历史发展逻辑，必将为世界纺织经济发展提供更多中国智慧。纺织标准要围绕"十四五"纺织产业新定位，即国民经济与社会发展的支柱产业、解决民生与美好生活的基础产业、国际合作与融合发展的优势产业，在做好国内标准化工作的同时，深度参与国际标准化工作，将我国的自主标准、优秀人才和先进技术推向国际舞台，发出"中国好声音"，为国际标准共商共建共享贡献中国智慧。

"十三五"纺织重点行业专利分析及展望

王玉萍 吉 鹏 田会双 吴 杏

（国家先进功能纤维创新中心 东华大学）

一、"十三五"期间纺织行业整体发展情况

纺织工业是我国传统支柱产业、重要民生产业和创造国际化新优势的产业，是科技和时尚融合、生活消费与产业用并举的产业，在美化人民生活、增强文化自信、建设生态文明、带动相关产业发展、拉动内需增长、促进社会和谐等方面发挥着重要作用。

回顾"十三五"，我国纺织业规模已经超过全球50%，化纤产量占世界70%；贸易占全球33%；具有最完整的产业链，产品品种最齐全；纤维原料、纺纱织布、服装家纺的工艺制造和装备水平大都已处在国际先进水平[1]。我国纺织行业基本实现《2020建设纺织强国纲要》相关目标，成为我国制造业进入强国阵列的第一梯队。"十四五"的大幕已拉开，在这样一个新历史关口，中国纺织工业需要明晰变局、审时度势，顺应时代的要求，在全球经济一体化的国际竞争之中，进一步加快产业转型升级步伐，不断提高产业的价值创新能力，全力推进行业由大变强。

纺织行业专利分析主要从化纤新材料，自动化、数字化、智能化纺织装备，产业用纺织品，纺织绿色制造，染整加工等领域[2-3]，以促进行业发展为目标，以创新驱动发展战略为核心，将专利信息分析和专利运用融入行业技术创新、产品创新、组织创新和商业模式创新的过程中，从而提高行业自主发展实力、增强企业参与国际市场的核心竞争力。

二、纺织重点行业专利态势分析

（一）纺织重点行业专利分析

"十三五"期间，全球纺织重点行业专利申请量分布如图1所示，在所检索出的专利中，产业用纺织品的专利数量最多，有8476件，占总数的36%，产业用纺织品广泛应用于医疗卫生、环境保护、土工建筑、交通运输、应急安全、航空航天等领域，技术含量高、应用范围广、市场潜力大，是战略性新材料的组成部分，也是全球纺织领域竞相发展的重点[4]。

自动化、数字化、智能化纺织装备占比28%，在这五年内纺纱织造设备和针织设备需求量较大，也一直是研究领域探索的热点问题。

化纤新材料占比25%，细分的领域主要包含高性能纤维领域的碳纤维、芳纶、聚酰亚胺纤维品种开发及应用，低蠕变超高分子量聚乙烯纤维、连续玄武岩纤维、聚甲醛、高性能聚四氟乙烯纤维等产业化及应用；差别化、多功能纤维；生物基及可降解纤维领域的聚乳酸纤维、生物可降解聚酯等重要专利。

纺织绿色制造和染整加工等领域专利申请数量较少，分别为7%和4%。纺织工业发展规划（2016~2020年）内容要求加快绿色发展进程，对全球纺织绿色制造相关技术如节水技术、节能技术、清洁生产技术、污染物治理及资源综合利用技术、废旧纺织品循环利用共性技术、纺织化学品开发及应用技术进行检索，染整

加工领域也正向绿色可持续方向迈进。

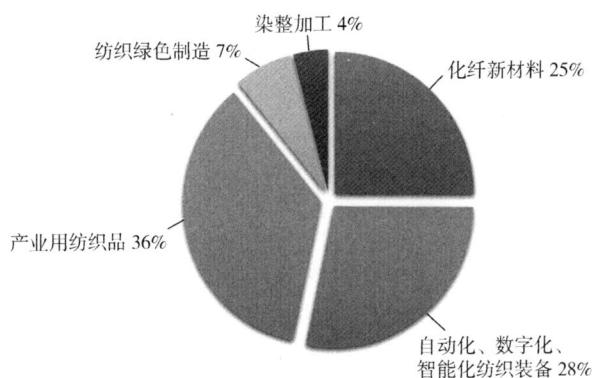

图1　全球纺织重点行业专利申请量分布

（二）全球专利申请人分布

"十三五"期间全球纺织重点行业主要专利申请人分布（图2）。专利申请大国主要是中国，达18411件；国外纺织行业的主要研发国家是美国、韩国、日本，说明纺织行业在各国的研发投入受重视且前景较好。

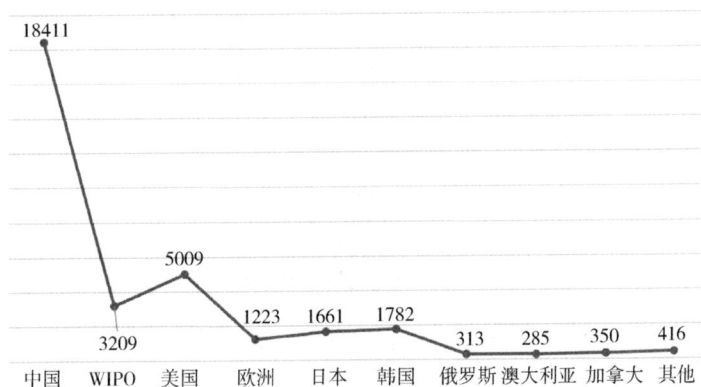

图2　主要专利申请人分布

WIPO—世界知识产权组织

主要专利申请人在五个行业的专利申请量分布如图3所示。在"十三五"期间，产业用纺织品在五个主要申请国的占比都是最高的，且我国产业用纺织品的专利申请量居世界之首。其次中国较为重视化纤新材料和自动化、数字化、智能化纺织装备这两个方面，而国外较为重视的两个方面则是化纤新材料和纺织绿色制造。

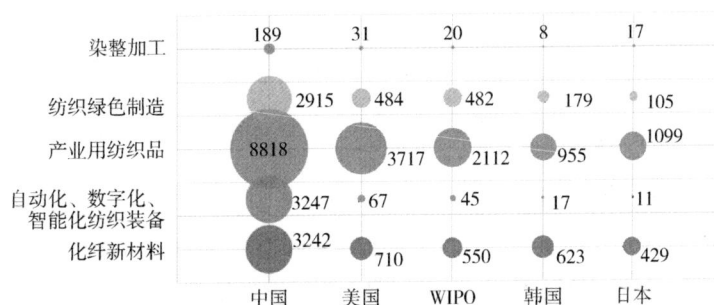

图3　主要申请国重点行业专利分布

化纤新材料申请的专利主要围绕功能材料和功能纤维制备技术领域的研发，功能、有色差别化纤维的产品开发。日本的碳纤维技术专利保护最为严密，其专利涉及碳纤维技术的各方面，目前在产的大部分产品都能找到日本专利。由于碳纤维生产工艺复杂、技术含量高，再加上政治因素限制引进技术和设备等，目前全球碳纤维生产技术和方法仍主要掌握在日本和美国手中。

在自动化、数字化、智能化纺织装备专利保护方面，美国布局较多，目前在产的大部分设备都能找到美国专利。从知识产权的角度看，产品打入美国市场有一定难度。日本是自动化、数字化、智能化纺织装备最为先进的国家，具有大量顶尖企业，掌握着大多数的核心技术，技术应用广泛，市场占比很大。

在产业用纺织品结构布局中，我国应急和公共安全用纺织品领域的专利申请量占比最大，而从全球来看，战略性新兴产业用纺织品是全球产业用纺织品的热点领域。从区域布局来看，东华大学、苏州大学是我国产业用纺织品申请专利量最多的机构，东华大学在阻燃、生物医用纺织品、电池隔膜等诸多领域都有所涉及，而苏州大学主要研究丝绸的阻燃技术。

（三）专利主要申请人分析

纺织重点行业专利申请人分布如图4所示。纤维新材料的生产工艺复杂、技术含量高，化纤新材料的生产技术和方法仍主要掌握在日本、美国等发达国家手中；且我国申请人排名前十的主要来自高校和科研院所，排名前十的企业有不少主要是研究化纤新材料的应用。

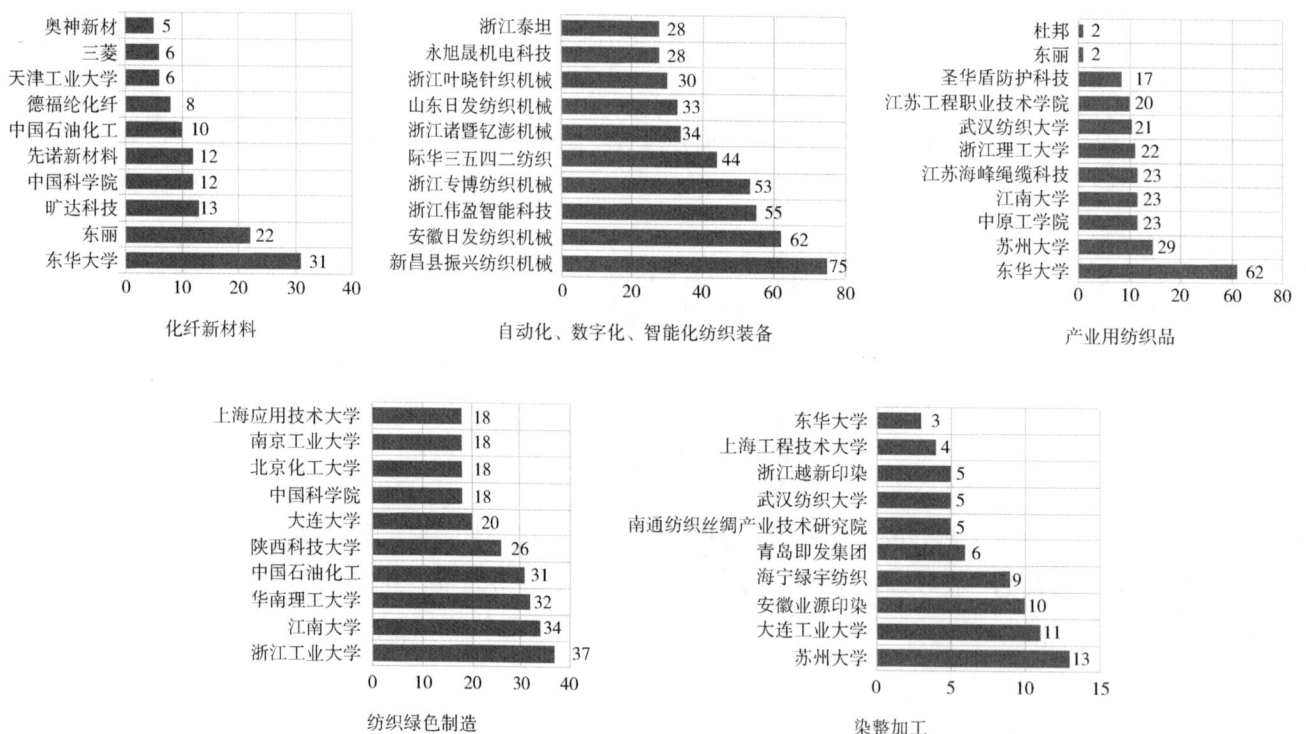

图4　纺织重点行业专利申请人分布

聚酰亚胺纤维的开发最早由美国和日本主导，但因为种种原因，目前在美国和日本均未见聚酰亚胺纤维的产业化。目前真正实现产业化生产并销售的耐高温聚酰亚胺纤维只有德国Evonik的P84纤维、江苏奥神新材料的甲纶和长春高琦的轶纶，我国进行聚酰亚胺纤维的研究主要集中在北京化工大学、东华大学和长春应化所等重点大学及科研院所，并取得了一定的实验成果。江苏先诺新材料科技有限公司以12件的专利申请量排名第一，这与我国聚酰亚胺纤维的发展历程一致。

自动化、数字化、智能化纺织装备专利绝大多数来自本土研发力量。随着中国社会对自动化、数字化、智能化纺织装备重视程度不断提升，各相关机构投入了大量的人力物力，专利申请呈现快速发展态势。安徽日发纺织机械有限公司生产设备精良、加工工艺先进、检测手段齐全。先后从德国、意大利、日本等国家引进先进的生产及检测设备，拥有专业的高速锭子、纺纱器、针织及机织核心零部件加工生产线。目前安徽日发的技术研究热点是转杯纺纱，即运转表面系一个纺纱杯，横动装置的创新稍显薄弱。

产业用纺织品的产业链多集中于华南、华东、京津等经济发达区域，华南和华东区域综合性企业和制品生产企业布局和研发较为集中。江苏海峰绳缆科技有限公司是国内绳缆技术专利申请量最多的企业。而静电纺丝技术被广泛应用于高性能高温滤料、高效常温滤料等纺织品的制造中。

对于全球纺织绿色制造相关专利知识产权保护，中国高校、企业申请量比较多，对小浴比间歇式染色、全自动筒子纱染色、数码喷墨印花等少水或无水染整技术进行专利探索分析。如无锡意中达纺织有限公司公开了一种节水环保的筒子纱染色系统（CN201911377699.2），整个流程步骤为络筒、卸纱、105～110℃的温度下漂白、小浴比染色、水洗、脱水、烘干，缩短了染色周期，实现环保节能节水。

利用微胶囊化的染料以水为介质，是一种清洁染色方法。可在传统的高温(140℃)染色机上工作，仅适合于分散染料对疏水纤维的染色[5]。安徽亚源印染有限公司在主要技术集中微胶囊染色方面，公开了一种涤棉混纺织物分散还原染色工艺（CN201610404625.3），还有一种涤棉织物活性染色用微胶囊活性染料及染色方法（CN201811250472.7）。一些具有前瞻性、创新性和实用性的新工艺被开发出来，极大地提高了印染业的环保水平。

三、纺织重点行业专利技术分析

纺织行业在"十三五"期间重点发展的方向有化纤新材料、自动化、数字化、智能化纺织装备、产业用纺织品、纺织绿色制造等。本文着重介绍了化纤新材料在"十三五"期间的专利发展态势。

（一）高性能纤维

1. 碳纤维

中国大陆以外、中国大陆碳纤维专利申请量分布情况如图5所示（不包括中国专利，下同）。"十三五"期间，中国大陆以外碳纤维专利申请量在2017年达到最大值，为107件，此后每年逐渐减少；中国大陆的碳纤维专利申请量在2016~2018年都保持较高的水平，之后开始下滑，整体趋势与中国大陆以外地区碳纤维专利申请量一致。

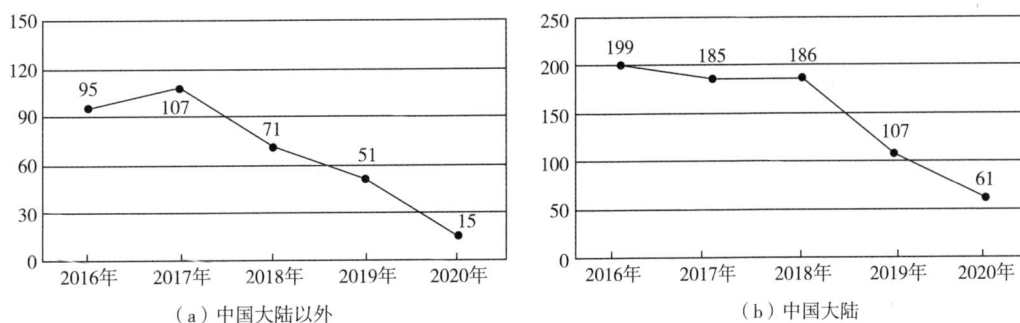

（a）中国大陆以外　　　　　　　（b）中国大陆

图5　碳纤维专利申请量分布

2. 芳纶

中国大陆以外、中国大陆芳纶专利申请量分布情况如图6所示。在"十三五"期间，中国大陆的专利申请分布趋势与中国大陆以外地区一致，皆在2018年达到最大申请量。这主要是因为近年来，随着芳纶技术壁垒的不断攻破，对位芳纶的产业化开始蓬勃发展。

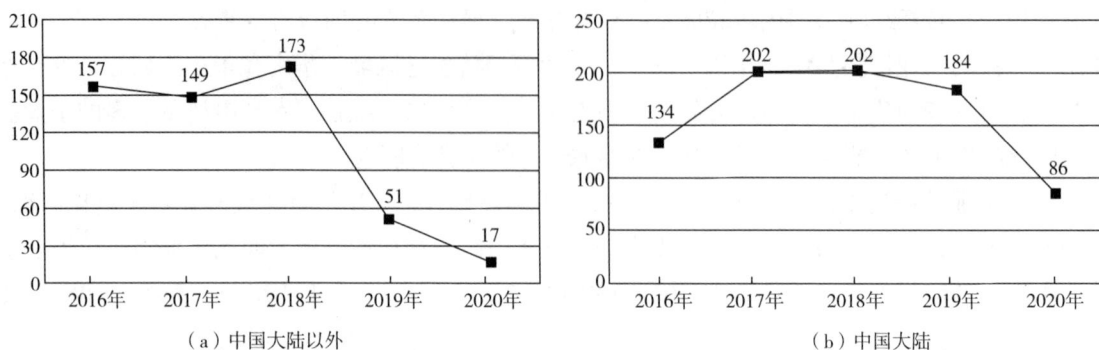

（a）中国大陆以外　　　　　　　　（b）中国大陆

图6　芳纶专利申请量分布

3. 聚酰亚胺纤维

中国大陆以外、中国大陆聚酰亚胺纤维专利申请量分布情况如图7所示。中国大陆以外聚酰亚胺纤维专利申请量随着时间的推进在逐年减少，反映出中国大陆以外地区对聚酰亚胺纤维的研究较早，热潮逐渐褪去；而中国大陆聚酰亚胺纤维专利申请量在2017年和2018年仍保持较高的申请量，这与我国聚酰亚胺纤维的发展现状相关。

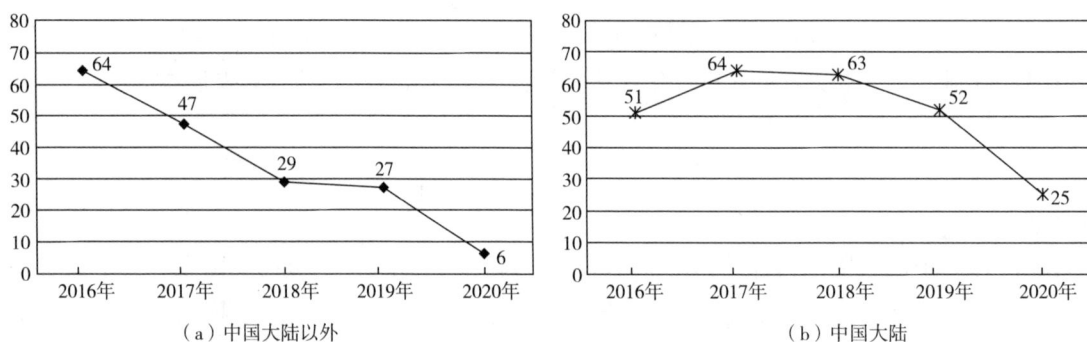

（a）中国大陆以外　　　　　　　　（b）中国大陆

图7　聚酰亚胺纤维专利申请量分布

4. 超高分子量聚乙烯纤维

中国大陆以外、中国大陆超高分子量聚乙烯纤维专利申请量分布情况如图8所示。"十三五"期间，中国大陆的超高分子量聚乙烯纤维共申请262件专利，申请量迅速增加，在2018年达到最大申请量76件，中国大陆以外地区超高分子量聚乙烯纤维专利申请量分布平均，预计未来几年依旧保持良好的热度。

5. 连续玄武岩纤维

中国大陆以外、中国大陆连续玄武岩纤维专利申请量分布情况如图9所示。我国是除俄罗斯、美国之外少数几个具有一定规模工业化生产的国家，连续玄武岩纤维产品得到军工和民用领域的用户认可。近几年专利申请量持续下降，反映出全球对连续玄武岩纤维还未实现技术攻关，使连续玄武岩纤维的应用领域进一步扩大。

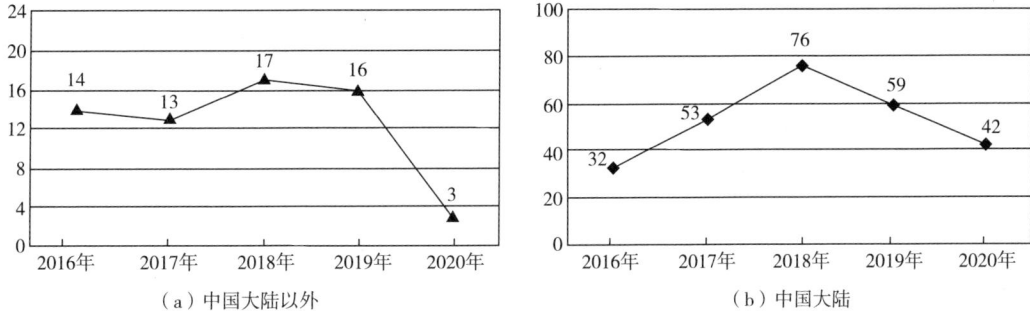

（a）中国大陆以外　　　　　　　　　　　（b）中国大陆

图8　超高分子量聚乙烯纤维专利申请量分布

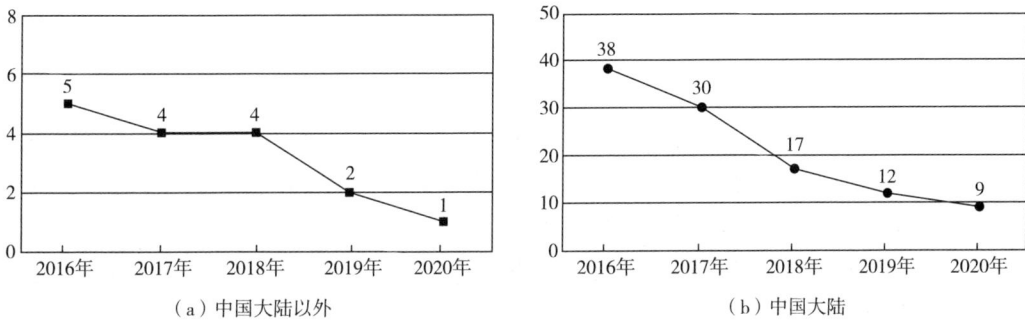

（a）中国大陆以外　　　　　　　　　　　（b）中国大陆

图9　连续玄武岩纤维专利申请量分布

6. 聚甲醛纤维

中国大陆以外、中国大陆聚甲醛纤维专利申请量分布情况如图10所示。中国大陆以外聚甲醛纤维专利申请量总计12件，中国大陆总计19件，年均申请量均较少，这与聚甲醛纤维未能工业化生产有关，国外如旭化成等虽然较早开始聚甲醛纤维的制备，但均未能实现聚甲醛纤维大规模工业化生产，我国仅有东华大学等少数科研机构研究聚甲醛纤维的制备方法，未来聚甲醛工业将会在世界范围内得到更快的发展。

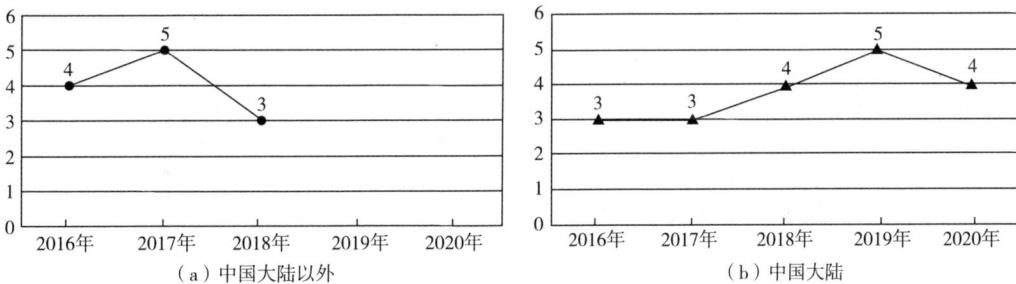

（a）中国大陆以外　　　　　　　　　　　（b）中国大陆

图10　聚甲醛纤维专利申请量分布

7. 聚四氟乙烯纤维

中国大陆以外、中国大陆聚四氟乙烯纤维专利申请量分布情况如图11所示。"十三五"期间，中国大陆以外地区的聚四氟乙烯纤维的专利申请量有所下降，从2016年的34件专利申请量下降至2020年的4件，中国大陆的聚四氟乙烯纤维一直保持着较高的专利申请量，年均26件。这主要是因为目前我国生产的PTFE纤维产量已占全球总量的50%以上，我国已经形成100% PTFE滤料的工业化生产，将PTFE纤维用于长纤维编织基布，短纤维覆盖基布表面经加工制成针刺毡。

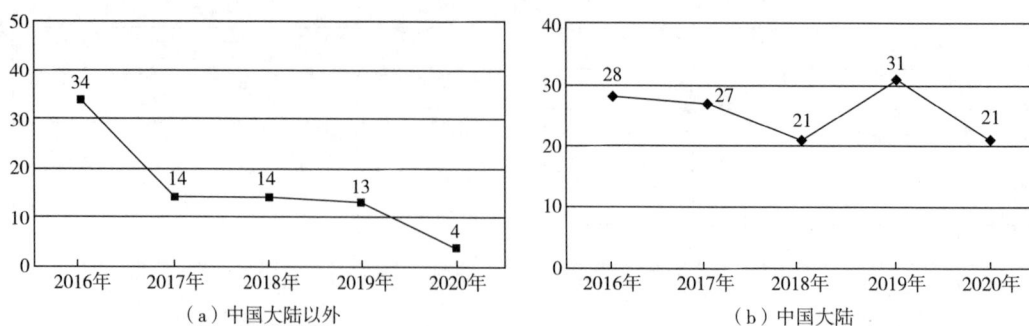

图11　聚四氟乙烯纤维专利申请量分布

（二）差别化、多功能纤维

中国大陆以外、中国大陆差别化、多功能纤维专利申请量分布情况如图12所示。"十三五"期间，中国大陆以外的差别化、功能纤维专利申请量先增加后下降，这与中国大陆的差别化、功能纤维的专利申请趋势一致，一方面是由于差别化、功能纤维发展至今越来越成熟，各个国家都在调整产业结构，扩产领域；另一方面由于我国现代纤维科学的进步，功能纤维大力发展，很多企业开始申请国外专利，功能纤维是高科技纤维的重要品种，对缓解和解决水资源短缺、环保、节能、提高工作效率、维护身体健康、开发纺织品的新领域等有着极其重要的作用。

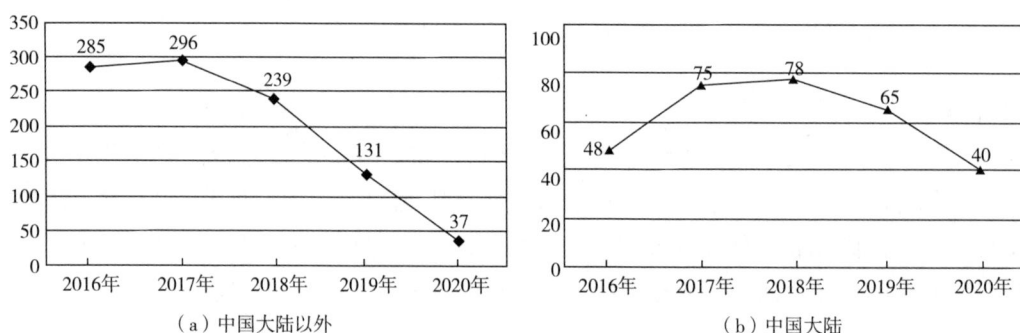

图12　差别化、多功能纤维专利申请量分布

（三）生物基及可降解纤维

1. 聚乳酸纤维

中国大陆以外、中国大陆聚乳酸纤维专利申请量分布情况如图13所示。"十三五"期间，中国大陆以外

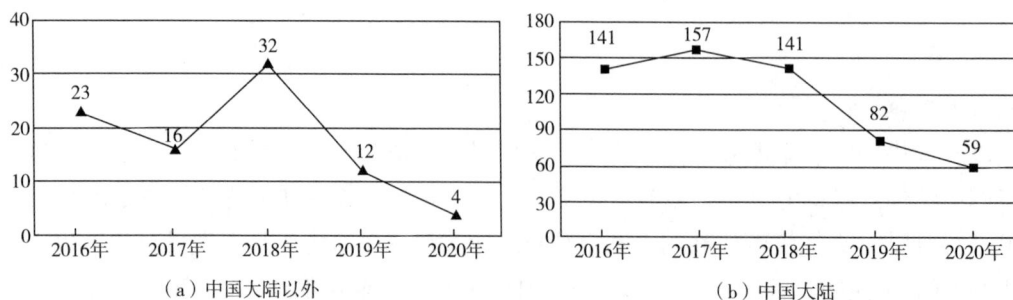

图13　聚乳酸纤维专利申请量分布

聚乳酸纤维专利申请量总计87件，近两年专利申请量有所降低；中国大陆聚乳酸纤维专利申请量总计580件，近两年专利申请量也有所降低，这与中国大陆以外地区申请趋势一致。这主要是因为我国还未实现聚乳酸纤维的产业化，此外低成本、L-乳酸发酵、高效分离、提纯和聚合技术，聚乳酸纤维熔体直纺产业化生产技术，聚乳酸纤维耐热和面料染色技术等重点攻关项目未被攻克。

2. 生物可降解聚酯纤维

中国大陆以外、中国大陆生物可降解聚酯纤维专利申请量分布情况如图14所示。"十三五"期间，中国大陆以外生物可降解聚酯专利申请量总计417件，在经过2017年的涨幅后持续下降；中国大陆生物可降解聚酯专利申请量总计40件，涨幅趋势与中国大陆以外地区一致。

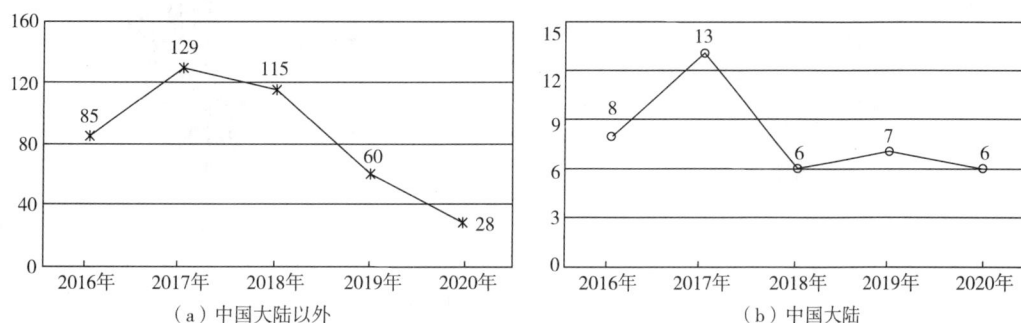

（a）中国大陆以外 　　　　　　　　　（b）中国大陆

图14　生物可降解聚酯专利申请量分布

四、专利申请区域专利布局分析

（一）高性能纤维

1. 碳纤维

中国大陆以外碳纤维专利申请区域分布、中国大陆申请量按地区分布如图15所示。中国大陆的申请量中，安徽省最多，超过总申请量的四分之一。江苏省与安徽省作为我国碳纤维发展的重要基地，也是碳纤维产业的聚集地，是碳纤维产业的发展大省，5家单位先后建立起不同规模的碳纤维制备生产线，形成了原丝与碳纤维制备较完整的产业链，具备了十吨级到千吨级的生产能力。

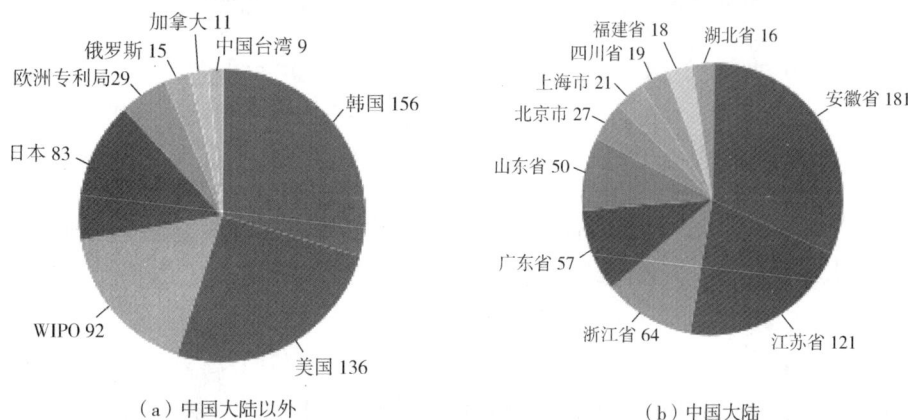

（a）中国大陆以外 　　　　　　　　　（b）中国大陆

图15　碳纤维专利申请区域分布

2. 芳纶

中国大陆以外芳纶专利申请区域分布、中国大陆申请量按地区分布如图16所示。中国大陆以外地区，从专利申请量可以看出，"十三五"期间芳纶的技术专利主要集中在韩国、美国和日本这三个发达国家，他们对芳纶专利保护也最为严密，涉及芳纶纤维技术的各方面。

从图16（b）可看出，中国大陆的申请量中，江苏省最多，这与国内的纺织产业发达地区相关。

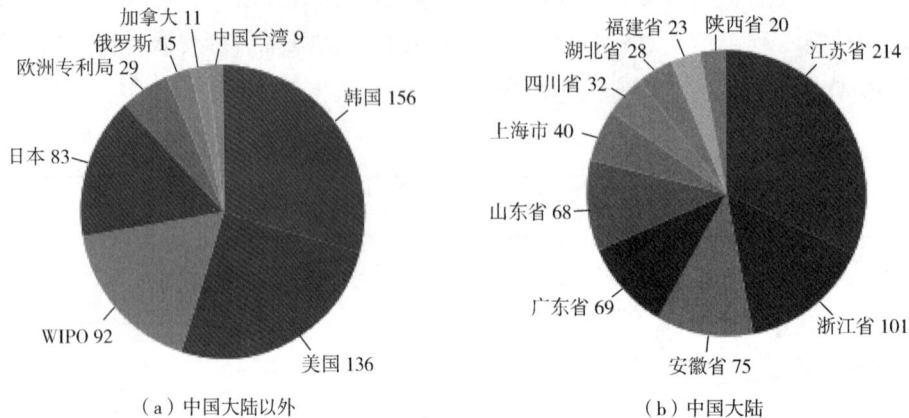

（a）中国大陆以外　　　　　　　　　　（b）中国大陆

图16　芳纶专利申请区域分布

3. 聚酰亚胺纤维

中国大陆的大陆以外聚酰亚胺纤维专利申请区域分布、中国大陆申请量按地区分布如图17所示。目前世界上的聚酰亚胺生产厂家有美国杜邦公司、日本三井东亚公司、日本宇部兴产公司、德国赢创工业公司、沙特基础工业公司等。

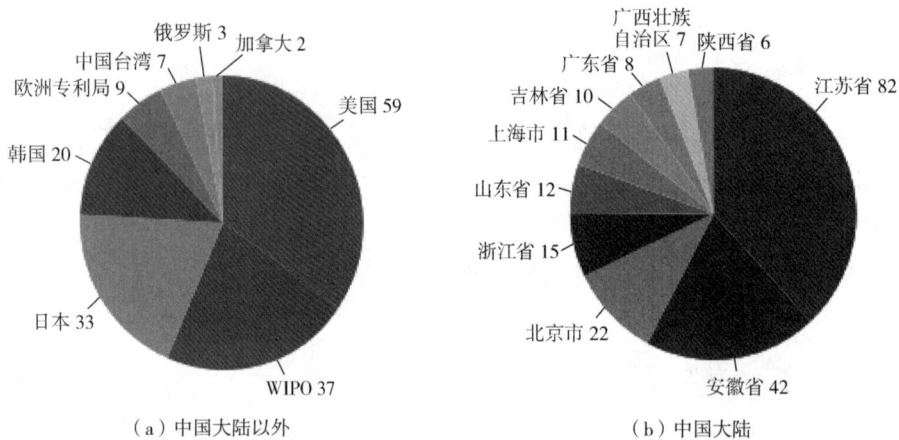

（a）中国大陆以外　　　　　　　　　　（b）中国大陆

图17　聚酰亚胺纤维专利申请区域分布

中国大陆的申请量中，江苏省共申请了82件，在聚酰亚胺的研究发展方面走在全国前列。目前，我国聚酰亚胺的开发研究已基本形成格局，研发了均苯型、双酚A二酐型、单醚酐型以及酮酐型等聚酰亚胺，并得到了初步应用。

4. 超高分子量聚乙烯纤维

中国大陆以外超高分子量聚乙烯纤维专利申请区域分布、中国大陆申请量按地区分布如图18所示。中国大陆以外，在所检索出的62件专利中，美国专利有29件，接近总数的二分之一，这主要是由于UHMWPE纤维较为成功的工业化生产商为美国的霍尼韦尔、荷兰的帝斯曼和日本三井产物。

中国大陆的申请量中,江苏省共申请了56件,在超高分子量聚乙烯纤维的发展方面走在全国前列。各省都在大力发展超高分子量聚乙烯纤维,未来会是高性能纤维领域较为重要的一个争夺领域。

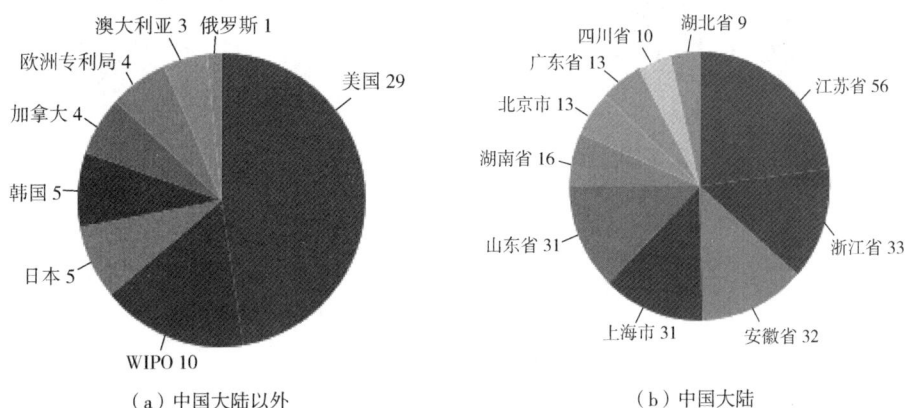

（a）中国大陆以外　　　　　　　　　（b）中国大陆

图18　超高分子量聚乙烯纤维专利申请区域分布

5. 连续玄武岩纤维

中国大陆以外连续玄武岩纤维专利申请区域分布、中国大陆申请量按地区分布如图19所示。

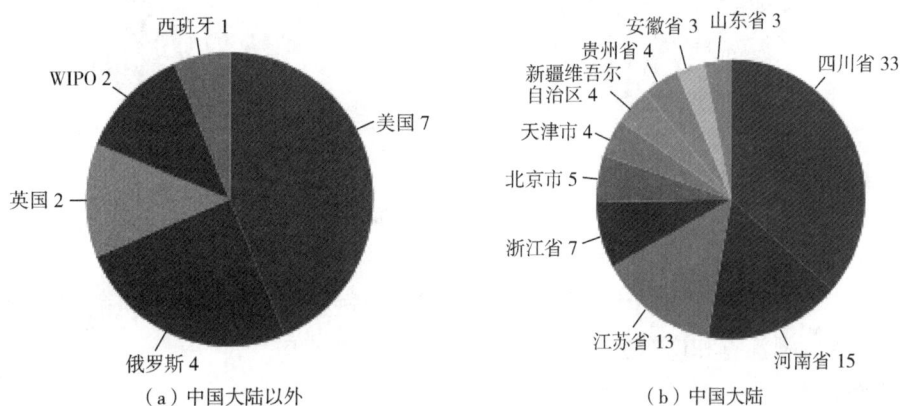

（a）中国大陆以外　　　　　　　　　（b）中国大陆

图19　连续玄武岩纤维专利申请区域分布

由于玄武岩纤维具有有别于碳纤维、芳纶、超高分子量聚乙烯纤维的一系列优异性能,而且性价比好,引起了美国、欧盟等国防领域的高度重视。

中国大陆的申请量中,四川省共申请了33件,在连续玄武岩纤维的发展方面走在全国前列。

（二）差别化、多功能纤维

中国大陆以外差别化、多功能纤维专利申请区域分布、中国大陆申请量按地区分布如图20所示。中国大陆以外,韩国专利的申请数量保持领先水平;中国大陆的专利申请中,江苏省的申请数量较多,这与其产业集群效应有关。

（三）生物基及可降解纤维

1. 聚乳酸纤维

中国大陆以外聚乳酸纤维专利申请区域分布、中国大陆申请量按地区分布如图21所示。中国大陆以外,WIPO专利申请较多,其次是日本、韩国、欧洲及中国台湾等。

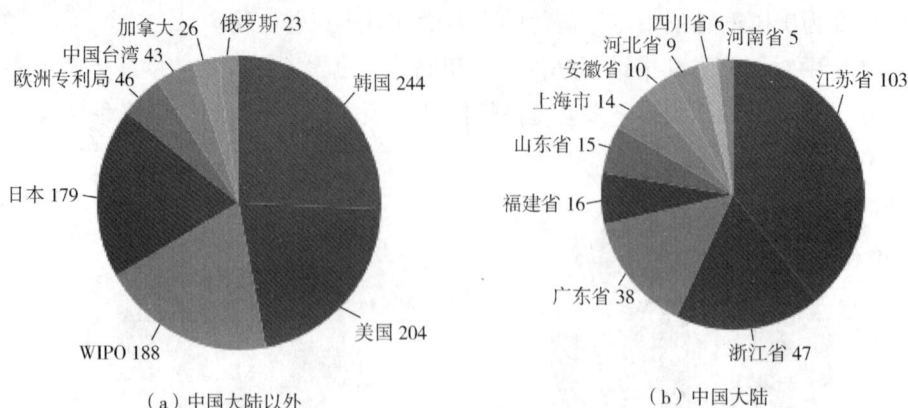

图20 差别化、多功能纤维专利申请区域分布

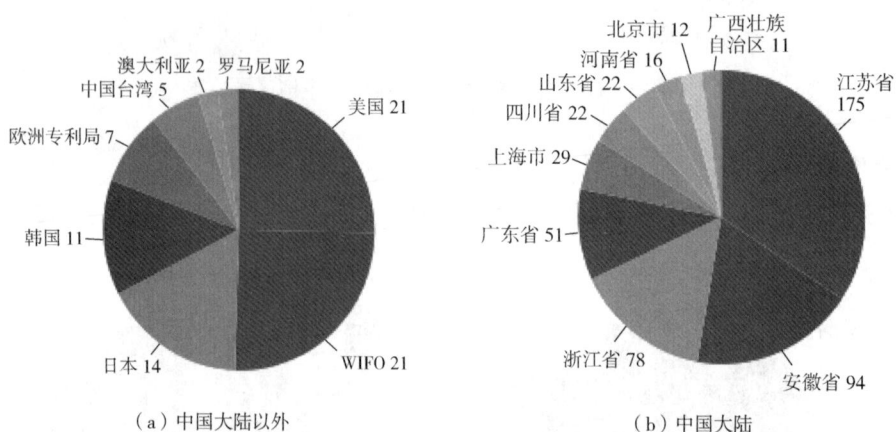

图21 聚乳酸纤维专利申请区域分布

中国大陆的申请量中，江苏省专利申请处于领先位置，超过中国大陆总申请量的三分之一。其他的主要申请区域依次是安徽省、浙江省和广东省。

2. 生物可降解聚酯纤维

中国大陆以外生物可降解聚酯纤维专利申请区域分布、中国大陆申请量按地区分布如图22所示。中国大陆以外，美国专利申请数量较多，占中国大陆以外总申请量的三分之一，此外依次是WIPO、澳大利亚、欧洲、日本、韩国、加拿大和中国台湾。

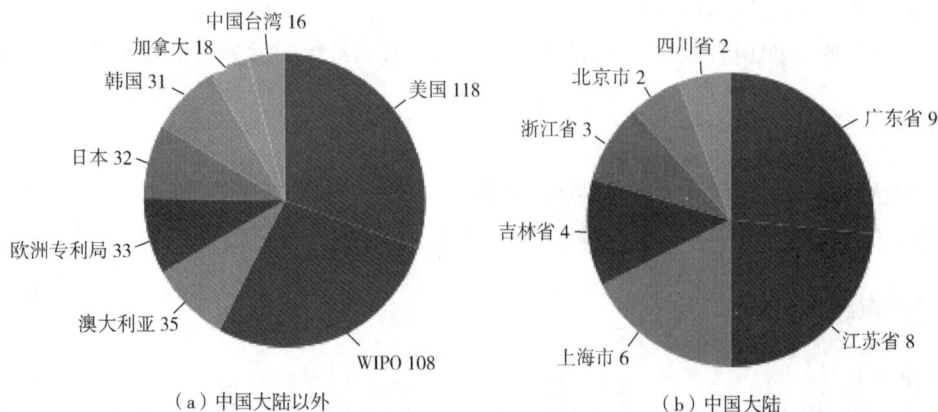

图22 生物可降解纤维专利申请区域分布

五、专利主要申请人概况分析

（一）高性能纤维

1. 碳纤维

中国大陆以外碳纤维专利主要申请人按专利量排名见表1。中国大陆碳纤维专利主要申请人按专利量排名见表2。

表1　中国大陆以外碳纤维专利主要申请人按专利量排名

序号	申请人	申请人专利量	序号	申请人	申请人专利量
1	KAO CORP	22	6	NICCA CHEMICAL CO	
2	BOREALIS AG	21	7	SUMIKIN CHEM CO	
3	FAT CO LTD	15	8	ADEKA CORPORATION	
4	LION CORP	6	9	DOW GLOBAL TECHNOLOGIES LLC	
5	DAIKIN IND LTD	5	10	LG CHEMICAL LTD	

表2　中国大陆碳纤维专利主要申请人按专利量排名

序号	申请人	申请人专利量	序号	申请人	申请人专利量
1	天津工业大学	6	6	中国科学院山西煤炭化学研究所	4
2	昆明理工大学	6	7	北京化工大学	4
3	陕西拉发纪新材料科技有限公司	6	8	彭超	4
4	中国科学院宁波材料技术与工程研究所	5	9	王尧尧	4
5	蚌埠市方阵商品混凝土有限公司	5	10	中南大学	3

中国大陆以外，碳纤维相关技术的申请人主要集中在韩国、美国和日本。专利申请量最多的是日本花王株式会社，宝丽来排名第二，高松油脂株式会社排名第三，之后依次是狮王公司、大金实业有限公司和尼卡化学公司。

由于国外对碳纤维实行严格的技术封锁，严重制约了我国碳纤维工业的发展，因此与国外相比还有很大差距。"十三五"期间，中国大陆范围内的碳纤维专利申请量快速增加，但研制生产高性能、高质量的碳纤维，以满足军工和民用产品的需求，扭转大量进口的局面，依然是我国碳纤维工业发展亟待解决的问题。

2. 芳纶

中国大陆以外芳纶专利主要申请人按专利量排名见表3。中国大陆芳纶纤维专利主要申请人按专利量排名见表4。

中国大陆以外，芳纶相关技术的申请人主要集中在韩国、美国和日本，代表性的公司有三菱、帝人、晓星、东丽、可隆等。

中国大陆针对芳纶制备技术的研究开发起步较晚，但发展迅速，尤其是江苏、上海两地的高校和企业，积极引进国外先进技术，进行自主创新与研发，打破国外垄断，形成自主研发与销售基地。在国内专利申请方面，申请国内芳纶专利数量最多的是上海伊贝纳纺织品有限公司。烟台泰和新材料股份有限公司是世界第二大间位芳纶制造商，"十三五"期间，其延伸产业链条、做大产品集群，壮大芳纶领域。

表3　中国大陆以外芳纶专利主要申请人按专利量排名

序号	申请人	申请人专利量	序号	申请人	申请人专利量
1	MITSUBOSHI BELTING LTD	6	6	KOLON INDUSTRIES, INC.	4
2	TAESAN IND CORPORATION	6	7	TORAY INDUSTRIES	4
3	TEIJIN LTD	6	8	COMMSCOPE TECHNOLOGIES LLC	3
4	HYOSUNG CORP	5	9	CONS METCO INC	3
5	Hitachi Metals, Ltd.	4	10	Certicable, Inc.	3

表4　中国大陆芳纶专利主要申请人按专利量排名

序号	申请人	申请人专利量	序号	申请人	申请人专利量
1	上海伊贝纳纺织品有限公司	8	6	烟台泰和新材料股份有限公司	6
2	株洲时代新材料科技股份有限公司	7	7	东华大学	5
3	苏州华纵纺织新材料科技有限公司	7	8	哈尔滨工业大学	5
4	苏州大学	7	9	山东鲁普科技有限公司	5
5	东莞市鸿鑫光缆科技有限公司	6	10	陕西科技大学	5

3. 聚酰亚胺纤维

中国大陆以外聚酰亚胺纤维专利主要申请人按专利量排名见表5。中国大陆聚酰亚胺纤维专利主要申请人按专利量排名见表6。

表5　中国大陆以外聚酰亚胺纤维专利主要申请人按专利量排名

序号	申请人	申请人专利量	序号	申请人	申请人专利量
1	II-VI Incorporated	5	7	DOW GLOBAL TECHNOLOGIES LLC	3
2	SABIC GLOBAL TECHNOLOGIES B.V.	4	8	SUMIKIN WELDING CO LTD	2
3	UBE INDUSTRIES	4	9	TECH	2
4	ACA CO LTD	3	10	CHANGCHUN INSTITUTE OF APPLIED CHEMISTRY CHINESE ACADEMY OF SCIENCES	2
5	BOEING CO	3			
6	Battelle Memorial Institute	3			

表6　中国大陆聚酰亚胺纤维专利主要申请人按专利量排名

序号	申请人	申请人专利量	序号	申请人	申请人专利量
1	江苏先诺新材料科技有限公司	12	7	中国石油化工股份有限公司上海石油化工研究院	5
2	江南大学	9			
3	北京化工大学	8	8	江苏奥神新材料股份有限公司	5
4	广西丰达三维科技有限公司	6	9	苏州洛特兰新材料科技有限公司	4
5	东华大学	5	10	成都新柯力化工科技有限公司	3
6	中国石油化工股份有限公司	5			

中国大陆以外共检索出173件专利，前三名申请人分别为Ⅱ-Ⅵ公司、沙伯基础全球技术有限公司和日本宇部工业，并未出现单一垄断聚酰亚胺纤维技术专利的现象，中国大陆以外的申请人比较分散。其中，宇部所申请的专利主要集中于聚酰亚胺纤维和聚酰亚胺膜的制造，制备的纤维具有优异的耐热性和机械强度等。

4. 超高分子量聚乙烯纤维

中国大陆以外超高分子量聚乙烯纤维专利主要申请人按专利量排名见表7。中国大陆超高分子量聚乙烯纤维专利主要申请人按专利量排名见表8。

表7 中国大陆以外超高分子量聚乙烯纤维专利主要申请人按专利量排名

序号	申请人	申请人专利量	序号	申请人	申请人专利量
1	Asahi Kasei Kabushiki Kaisha	6	4	HONEYWELL INTERNATIONAL INC.	3
2	RIVERPOINT MEDICAL, LLC	5	5	Travel Caddy, Inc., d/b/a Travelon	3
3	DSM IP ASSETS B.V.	3	6	HONEYWELL INT INC	2

表8 中国大陆超高分子量聚乙烯纤维专利主要申请人按专利量排名

序号	申请人	申请人专利量	序号	申请人	申请人专利量
1	长青藤高性能纤维材料有限公司	15	6	成都捷冠科技有限公司	6
2	上海化工研究院有限公司	10	7	浙江千禧龙纤特种纤维股份有限公司	6
3	湖南中泰特种装备有限责任公司	10	8	青岛信泰科技有限公司	6
4	江苏工程职业技术学院	8	9	同济大学	5
5	东华大学	7	10	江苏锦尼玛新材料股份有限公司	4

超高分子量聚乙烯纤维强度和模量较高，仅次于碳纤维，但其存在一个明显的缺点，即不耐高温，而且抗压缩和蠕变性能较差，从而限制了超高分子量聚乙烯纤维的使用范围。目前，中国大陆以外都在针对这几个缺点进行研究。"十三五"期间，申请量最多的是日本旭化成。其中，DSM和Honeywell是目前超高分子量聚乙烯纤维较成功的工业化生产方法（凝胶纺丝-高倍热拉伸工艺）的生产商。

中国大陆针对超高分子量聚乙烯纤维的研发与工业化生产较晚，前期增长也较为缓慢，随着技术的发展及各大企业积极创新，现在对超高分子量聚乙烯纤维的专利申请量在迅速增加，"十三五"期间，长青藤高性能纤维材料有限公司位居榜首，上海化工研究院有限公司和湖南中泰特种装备有限责任公司并列第二。

5. 连续玄武岩纤维

中国大陆以外连续玄武岩纤维专利主要申请人按专利量排名见表9。中国大陆连续玄武岩纤维专利主要申请人按专利量排名见表10。

表9 中国大陆以外连续玄武岩纤维专利主要申请人按专利量排名

序号	申请人	申请人专利量	序号	申请人	申请人专利量
1	Americas Basalt Technology, LLC	3	4	KOCHETOV OLEG SAVELEVICH	2
2	CleanNG, LLC	2	5	SANEXEN ENV SERVICES INC	2
3	Global Energy Sciences, LLC	2			

表10　中国大陆连续玄武岩纤维专利主要申请人按专利量排名

序号	申请人	申请人专利量	序号	申请人	申请人专利量
1	四川航天五源复合材料有限公司	24	6	安徽忆特斯阻燃科技有限公司	3
2	郑州登电玄武石纤有限公司	15	7	康富	3
3	东南大学	4	8	浙江石金玄武岩纤维股份有限公司	3
4	中国科学院新疆理化技术研究所	3	9	贵州中科玄武岩纤维创新孵化研究院有限公司	3
5	天津工业大学	3	10	中国科学院地球化学研究所	2

由表可知，申请量最多的为美国的美洲玄武岩技术有限公司，其次是全球能源科学有限责任公司和日本桑松。全球的连续玄武岩纤维的专利申请人主要集中在美国、德国和俄罗斯，这与连续玄武岩纤维的发展背景密切相关。

"十三五"期间，中国大陆申请量最多的为四川航天五源复合材料有限公司，郑州登电玄武石纤有限公司排名第二。

6. 聚甲醛纤维

中国大陆以外聚甲醛纤维专利主要申请人有德国塞拉尼斯、泰科纳股份有限公司等。塞拉尼斯是全球领先的化工技术和特种材料公司，其在聚甲醛纤维领域进行研发与销售。

中国大陆聚甲醛纤维专利主要申请人按专利量排名见表11。由于我国聚甲醛纤维的研发工作起步较晚，受生产设备和聚甲醛特殊性能的影响，目前我国还没有规模化生产。"十三五"期间，中国大陆主要申请人中，唐山开滦化工科技有限公司排名第一，江苏苏博特新材料股份有限公司排名第二，说明我国聚甲醛纤维的发展还有很大的空间。

表11　中国大陆聚甲醛纤维专利主要申请人按专利量排名

序号	申请人	申请人专利量	序号	申请人	申请人专利量
1	唐山开滦化工科技有限公司	5	4	中国矿业大学	1
2	江苏苏博特新材料股份有限公司	2	5	南通大学	1
3	东华大学	1	6	四川大学	1

7. 聚四氟乙烯纤维

中国大陆以外聚四氟乙烯纤维专利主要申请人按专利量排名见表12。中国大陆聚四氟乙烯纤维专利主要申请人按专利量排名见表13。

表12　中国大陆以外聚四氟乙烯纤维专利主要申请人按专利量排名

序号	申请人	申请人专利量	序号	申请人	申请人专利量
1	CHONGQING RUNZE PHARMACEUTICAL COMPANY LIMITED 重庆润泽医药有限公司	4	5	CU Aerospace, LLC	3
			6	Earth Renewable Technologies	2
2	SAINT-GOBAIN PERFORMANCE PLASTICS CORPORATION	4	7	GM GLOBAL TECHNOLOGY OPERATIONS LLC	2
3	EAGLE IND CO LTD	4	8	KOREA INST IND TECH	2
4	NITTO DENKO CORP	3	9	KOREA TEXTILE DEVELOPMENT INST	2

表13　中国大陆聚四氟乙烯纤维专利主要申请人按专利量排名

序号	申请人	申请人专利量	序号	申请人	申请人专利量
1	中国科学院兰州化学物理研究所	5	6	上海灵氟隆膜技术有限公司	2
2	安徽元琛环保科技股份有限公司	3	7	华东理工大学	2
3	西安热工研究院有限公司	3	8	含山县科宇环境工程有限公司	2
4	上海市同仁医院	2	9	殷红平	2
5	上海市纺织科学研究院有限公司	2	10	江苏丰鑫源环保集团有限公司	2

中国大陆以外聚四氟乙烯纤维相关技术专利申请人主要集中在日本、韩国、美国。

目前，我国已形成100%聚四氟乙烯滤料的工业化生产，已将聚四氟乙烯纤维用于长纤维编织基布，短纤维覆在基布表面经加工制成针刺毡。不过，由于聚四氟乙烯纤维易产生静电、摩擦系数低，目前还存在梳理、成网困难等问题，我国的聚甲醛纤维的发展很有很大的空间。

（二）差别化、多功能纤维

中国大陆以外及中国大陆的差别化、多功能纤维专利主要申请人按专利量排名见表14、表15。

表14　中国大陆以外差别化、多功能纤维专利主要申请人按专利量排名

序号	申请人	申请人专利量	序号	申请人	申请人专利量
1	TORAY INDUSTRIES	19	6	HEALTH CARE LTD	8
2	DAI ICHI KOGYO SEIYAKU CO LTD	15	7	NIKE INNOVATE C.V.NIKE, INC.	7
3	DAIO SEISHI KK	11	8	NIKE, Inc.	7
4	Henkel AG & Co. KGaA	9	9	SHIN DONG SOO	7
5	OJI HOLDINGS CORP	9	10	CO KGAA	6

表15　中国大陆差别化、多功能纤维专利主要申请人按专利量排名

序号	申请人	申请人专利量	序号	申请人	申请人专利量
1	东华大学	14	6	中山市蝶安芬内衣有限公司	4
2	旷达科技集团	13	7	成都磁动势科技有限公司	4
3	华南理工大学	6	8	浙江和也健康科技有限公司	4
4	邯郸派瑞电器有限公司	5	9	苏州金泉新材料股份有限公司	4
5	闽江学院	5			

中国大陆以外的差别化、多功能纤维的专利申请主要集中在日本、韩国和美国。日本东丽排名第一，日本大一工业株式会社排名第二，大精工业株式会社排名第三，从表中可知，中国大陆以外的差别化、多功能纤维专利申请量排名前三的均为日本企业，这与日本高度发达的纺织业功能纤维的发展密不可分。

由于功能纤维的特殊性、差别性、功能针对性，逐渐受到行业的关注、市场的欢迎和消费者的需求，功

能纤维材料一直以来都是纺织纤维领域发展的重点。目前我国已成功生产阻燃、抗静电、导电、荧光、抗菌、活性炭吸附和防辐射等功能纤维，其中阻燃、远红外和抗菌纤维等已有一定的生产规模。"十三五"期间，中国大陆专利申请量在阻燃、抗静电、导电、荧光、抗菌、活性炭吸附和防辐射等功能纤维排名中，东华大学以14件专利申请量排名第一，旷达科技集团以13件专利申请量排名第二，华南理工大学以6件专利申请量排名第三。

（三）生物基及可降解纤维

1.聚乳酸纤维

中国大陆以外聚乳酸纤维专利主要申请人按专利量排名见表16。中国大陆聚乳酸纤维专利主要申请人按专利量排名见表17。

表16　中国大陆以外聚乳酸纤维专利主要申请人按专利量排名

序号	申请人	申请人专利量	序号	申请人	申请人专利量
1	Earth Renewable Technologies	5	6	FUTIN DESIGN OUE	2
2	BIOWORKS CORPORATION	4	7	HUVIS CORP	2
3	3M INNOVATIVE PROPERTIES COMPANY	3	8	JIANGNAN UNIVERSITY 江南大学	2
4	HUANG CHIEN CHUNG	3	9	OHKI CO., LTD.	2
5	OJI HOLDINGS CORP	3	10	TAEYOUNG IND CORP	2

表17　中国大陆聚乳酸纤维专利主要申请人按专利量排名

序号	申请人	申请人专利量	序号	申请人	申请人专利量
1	安徽科邦树脂科技有限公司	26	6	河南省龙都生物科技有限公司	7
2	东华大学	12	7	安徽亚源印染有限公司	6
3	如皋市芳崛工艺编织有限公司	9	8	田纹绮	6
4	上海德福伦化纤有限公司	8	9	芜湖森爱驰生物科技有限公司	6
5	姚景城	8	10	合肥洁诺无纺布制品有限公司	5

目前，对聚乳酸纤维的研究主要集中在美国、日本等国家，地球可再生技术排名第一，百威公司排名第二。

聚乳酸纤维作为新型聚酯纤维、生物基化学纤维的优势品种，有着广阔的市场前景和发展空间。我国聚乳酸纤维工程化基本处于起步阶段，无论从研究队伍、资金投入以及成果均与国外存在较大差距。"十三五"期间，中国大陆聚乳酸纤维专利申请量安徽科邦树脂科技有限公司排名第一，东华大学排名第二。

2.生物可降解聚酯

中国大陆以外生物可降解聚酯专利主要申请人按专利量排名见表18。中国大陆生物可降解聚酯专利主要申请人按专利量排名见表19。

中国大陆以外生物可降解聚酯专利申请人中，麦丹赛尔和NOVOMER INC并列第一，巴斯夫排名第二，科技有限公司排名第三，先进材料有限责任公司排名第四。

表18　中国大陆以外生物可降解聚酯专利主要申请人按专利量排名

序号	申请人	申请人专利量	序号	申请人	申请人专利量
1	MEDINCELL	15	6	Kingfa Sci. & Tech. Co., Ltd.	8
2	NOVOMER INC	15	7	KINGFA SCI.	6
3	BASF SE	14	8	Novamont S.p.A.	6
4	TECH CO LTD	9	9	HUHTAMAKI MOLDED FIBER TECH BV	5
5	INTRINSIC ADVANCED MATERIALS LLC	8	10	Kaneka Corporation	5

表19　中国大陆生物可降解聚酯专利主要申请人按专利量排名

序号	申请人	申请人专利量	序号	申请人	申请人专利量
1	长春工业大学	4	5	广州新诚生物科技有限公司	2
2	中国石油化工股份有限公司	4	6	江苏江南高纤股份有限公司	2
3	东华大学	3	7	上海朗亿功能材料有限公司	1
4	中山大学	2			

与传统合成纤维相比，生物可降解聚酯存在抗水性差、力学性能差和加工性能差等问题，很难满足工业化生产要求，另外生物可降解聚酯的降解时控性、用后快速降解性、彻底降解性以及边角料的回收利用技术等还有待进一步加强和完善。"十三五"期间，中国大陆专利申请量最多的为长春工业大学和中国石油化工股份有限公司，其次是东华大学，中山大学等。

（四）自动化、数字化、智能化纺织装备

目前，自动化、数字化、智能化纺织装备发展十分迅速，相关技术也已经逐渐成熟。例如为了解决地毯丝在制造的过程中可能或多或少的掺杂杂质，这会影响地毯成品的品质，影响用户的使用体验和使用舒适度。江苏凯普特新材料科技有限公司提出的一种地毯丝加工用杂质去除设备（CN201920529404.8），通过升降柱上周向设置的四个放置盒可以一次对更多的地毯丝进行除杂处理，地毯丝中掺杂的杂质可以被晃荡地经由放置盒底部的密布微孔震下来，最大程度上保证地毯成品的品质。

（五）产业用纺织品

我国产业用纺织品从原料来看，生物基纤维、芳纶、涤纶、锦纶、丙纶、聚乙烯纤维、碳纤维均衡发展，从应用技术领域来看，已完成了产业用纺织品向中高端应用的升级。战略新兴产业用纺织品国内申请的专利中，主要通过网格状或平行排列的纤维作为骨架结构增强材料（CN111254581A），其他用作结构增强的纤维有海藻酸纤维、玻璃纤维、碳纤维、玄武岩纤维、聚酰胺纤维等，也有配合3D打印技术制作汽车仪表、工艺品等（CN105904728A）。

健康养老用纺织品关键技术是指高端生物医用敷料、医用植入型纺织材料，老年疾病保健、缓解和康复等功能型纺织品，功能型纸尿裤，成人失禁用品，可穿戴体征监测智能型纺织品，推广纺织基运动健身器材等。该领域的关键技术是复合，或者通过静电纺丝技术生产生物医用敷料。静电纺丝技术也被广泛应用于高性能高温滤料、高效常温滤料等纺织品的制造中。

（六）纺织绿色制造

节水技术、节能技术、清洁生产技术、污染物治理及资源综合利用技术、废旧纺织品循环利用共性技术、纺织化学品开发及应用技术，针对行业内高效环保型浆料、染料和印染助剂、高效环保化纤催化剂、油剂和助剂的研发及应用，开发推广绿色环保型阻燃、防水等功能性后整理助剂，推广生物酶技术在羊毛无氯丝光和防缩处理中的应用。

（七）染整加工

染整加工领域的主要技术主要有低给液染色技术、针织物平幅连续加工技术、非水介质染色技术、微胶囊染色技术、数码印花低成本墨水及绿色助剂及功能性整理技术，而且越来越重视环保领域。随着环保要求的日益严格，染整领域逐渐向可持续发展方向迈进。在信息产业的推动下，现代纺织工业正向技术密集型、知识密集型产业发展，新的染整工艺、技术等层出不穷。知识产权的发展在染整领域尚在起步阶段，加强对染整领域的知识产权的保护尤为重要。

六、纺织重点行业发展展望

"十三五"期间我国纺织行业取得了长足的发展。无论是行业增长、科技创新、结构调整、质量品牌、绿色发展的发展目标，还是提升产业创新能力、大力实施"三品"战略、推进纺织智能制造、加快绿色发展进程、促进区域协调发展、提升企业综合实力等方面的重点任务都取得了令人欣慰的进步。纺织产品已经进入人类生活的方方面面，纺织行业的科技创新和技术进步明显提升，结构调整不断深化，质量品牌不断提升，国际影响力持续加大。

我国纺织业从规模上看已经超过全球50%，化纤产量占世界70%，出口总额约占全球33%；从产业完整性看，产业链最完整，产品品种最齐全；从制造水平看，纤维原料、纺纱织布、服装家纺的工艺制造和装备水平大都已处在国际先进或领先水平。

2021年是"十四五"开局之年，我国将进入新发展阶段，我国纺织工业将跨入强国的新征程。在新的发展阶段和新的发展格局中，我们在"十四五"时期仍需继续努力。坚持自主自强的科技创新发展战略，推动产业基础高级化。

（一）加快纤维新材料及配套装备自主创新，补齐产业链短板

加快关键技术自主研发突破，实现碳纤维、对位芳纶、聚酰亚胺等高性能纤维及其复合材料的更优性能、低成本、规模化生产，发展配套专用技术装备，填补产业链尖端技术空白。发展聚乳酸、新溶剂法纤维素纤维、生物基聚酰胺、壳聚糖等生物基纤维，突破单体、原料规模化生产技术，建立更加多元化的纤维原料技术路线。发展功能性、生物可降解脂肪族聚酯等纤维新材料，强化基础纤维材料长板优势。

（二）坚持提升绿色制造能力，打通可持续发展路径

大力研发并推广应用纺织绿色制造技术，着重推进生态印染加工关键技术突破，发展高效低耗及短流程印染技术、非水介质印染技术、印染废水高效低成本深度处理及回用技术等，降低能耗、水耗和污染物排放量。加快废旧纺织品再生利用关键技术研发突破，建设绿色纺织工厂，开展绿色供应链试点示范。布局开展碳排放相关计量管理、碳中和前沿基础研究等工作，为我国在2030年前实现碳排放达峰和2060年实现碳中和目标做出有益贡献。

（三）发展高端纺织制成品，提升产业链、价值链分工地位

加强纺纱、织造、非织造、染整、缝制等全产业链精细化加工技术的研发应用，融合新材料、新技术与内需消费升级趋势，开发具有高舒适度、易护理、抑菌保健等功能性及多功能复合的高端纺织制成品，高品质天然纤维产品，具有感知、调节等功能的智能纺织品。大力推动非织造技术、复合材料技术进步。

（四）大力发展纺织智能制造，持续优化生产效率与生产模式

加强工业互联网、人工智能、工业机器人、大数据等智能制造共性关键技术应用研发加快发展纺织智能制造系统集成商，推动专用装备、自动化、软件、信息技术等跨领域企业协同创新，形成龙头企业先行推进、大批"专精特"企业深度参与的智能制造发展生态。

当前，全面建设社会主义现代化国家的历史序幕正在拉开，"十四五"新征程已经开启。身处"两个百年"的历史交汇点，站在纺织强国建设取得决定性成就的高地上，"十四五"未来可期。纺织人一定会续写产业高质量发展新篇章，为建设社会主义现代化国家新目标做出的新贡献！

参考文献

[1] 陈楠. 中国纺织业的现状与未来[J]. 纺织科学研究，2019(12):48-49.

[2] 曲希明，王颖，邱志成，等. 我国先进纤维材料产业发展战略研究[J]. 中国工程科学，2020，22（5）：104-111.

[3] 高小林，李华，唐维强. 新型纺织纤维及其纺织品的性能研究[J]. 纺织报告，2019（9）：25-27.

[4] 陈殿根. 新材料技术在纺织面料的应用发展初探[J]. 轻纺工业与技术，2021，50（1）：25-26.

[5] 李慧霞. 非织造功能性整理技术及整理剂的发展现状及趋势展望[J]. 纺织导报，2018（10）：92+94-96.

"十三五"纺织行业智能制造综述及展望

吴　迪

（中国纺织经济研究中心）

"十三五"期间，纺织工业在多年来信息化建设的基础上，积极开展智能制造，在多个领域全面推进，各个细分行业的智能化生产线取得明显进展，智能制造系统试点示范企业卓有成效，个性化定制走向实际应用，服务型制造转型步伐加快，互联网、大数据、人工智能应用全面开展，在各个方面取得了重大进展。因此，智能制造日益成为纺织工业转型的重要内容和发展趋势，是加快发展方式转变，建设纺织强国的重要举措，也是新常态下打造行业新的国际竞争优势的必然选择。

一、国家和行业大力推进纺织智能制造项目

2015年5月，国务院印发了《中国制造2025》，部署全面推进实施制造强国战略。《中国制造2025》明确指出，以加快新一代信息技术与制造业深度融合为主线，智能制造是主攻方向，也是中国制造业所要占据的一个制高点。

在新形势下，各级政府部门为深化落实产业政策，加快新动能引领，将智能制造作为制造业转型升级的突破口，加大了对各个行业智能制造项目的支持力度，"十三五"期间纺织行业在多个领域获得了支持。

工信部、财政部2016年10月印发《智能制造发展规划（2016—2020年）》，明确了"十三五"期间中国智能制造发展的指导思想、目标和重点任务。工信部从2015年开始，每年评选智能制造试点示范企业，到2018年，共有山东康平纳、青岛红领、宁波慈星、报喜鸟、泉州海天、安徽华茂、华纺股份、山东南山、晋江华宇、奥美医疗等20家纺织企业相继入选；2016年设立智能制造综合标准化与新模式应用专项，3年间由浙江理工大学、福建百宏、杭州开源、中复神鹰、陕西长岭、安徽华茂、迪尚集团等单位牵头承担的20个项目得到了支持；2017~2020年，山东康平纳、北自所、青岛环球、杭州开源、宁波圣瑞思等9家企业获批工信部智能制造系统解决方案供应商。

2018年开始，中国纺织工业联合会（简称中国纺联）在全行业开展了智能制造试点示范征集活动，近40家企业入选。这些试点示范，覆盖了化纤、棉纺织、印染、针织、服装、家纺、产业用等行业，毛纺和长丝织造行业的试点示范也初露头角。

这些项目成果、试点示范企业和解决方案供应商，在所属专业领域均处于国内领先或国际先进水平。通过试点示范，树立起样板工程并向全行业推介宣传，带动全行业智能制造发展。

二、纺织智能制造在多个领域取得重大进展

（一）装备的数字化、网络化、智能化达到较高水平

数字化、智能化装备是智能制造的基础。"十三五"以来，纺织装备越来越多地采用数字化控制技术，配置网络接口，实施在线监测，使纺织装备具有很高的数字化、自动化水平，同时也具备了智能化功能。

企业通过技术创新研发的喷气涡流纺纱机、高效精梳机、全自动落纱粗纱机、自适应数码印花机、高速双针床经编机和全自动电脑横机等装备，具备了不同程度的自动化、数字化和智能化功能。通过新一代数控技术的应用，筒子纱数字化自动染色成套技术与装备、新型智能环保高速退煮漂联合机、高效能棉纺精梳机、自动落纱粗纱机及粗细联输送系统和纱库型自动喂管自动络筒机等取得突破，并在企业应用，大大提升了新型纺织装备和工艺的数字化智能化水平与效能，为设备联网、生产线智能化提供了基本条件。

根据中国纺联信息化部的调研，在试点示范企业中，80%的企业数字化设备占比超过50%，20%的企业数字化设备占比超过80%。

（二）生产过程智能化取得明显进展

生产过程智能化是纺织智能制造的核心，一直备受关注，是投入最大的领域，在纺织工业的各个细分行业都取得了明显进展。

1. 化纤智能化物流系统取得显著成效

化纤生产线向高速、大型化、连续化方向发展，生产线一直保持很高的自动化水平。进入"十三五"时期后，化纤生产中落丝、包装、入库等环节的智能化物流系统投入应用，并获得大面积推广，补上了整条生产线的短板。大型龙头企业自动落丝、自动检测、自动立体仓库等智能化环节应用已经成熟；智能示范工厂和智能车间实现了送配切片、卷绕自动落丝、在线检测、自动包装、智能仓储等全流程智能化生产。盛虹集团、新凤鸣、福建百宏等大型企业与北京机械自动化研究所合作，在这一方面取得了显著成效。恒逸集团的基于单锭数据流的智能制造工厂新模式、义乌华鼎的锦纶智能化生产集成技术等智能制造技术的应用，也达到较高的水平。

2. 纺纱智能化生产线表现突出

棉纺织企业的装备水平已经大幅度提高，尤其在纺纱环节，智能化生产线的应用在整个纺织行业智能制造中表现突出。无锡一棉、山东华兴、江苏大生、安徽华茂、武汉裕大华、山东魏桥等一批大型企业走在了行业前列，通过对原有设备的数字化改造，实现设备联网，通过信息化系统实现了对整个生产过程进行实时监控，并将生产与其他系统进行融合；一些棉纺企业新建的智能化全流程纺纱生产线，支撑先进的装备体系，做到了全流程在线质量监测，各个工艺间实现了自动化物流衔接，构建了大数据平台，整体上达到了更高的水平。经纬纺机、青岛环球等设备供应商可以提供智能化解决方案，在行业中起到了积极的示范作用。

3. 印染智能制造注重绿色化

智能化、绿色化成为印染行业"十三五"智能制造的重要指标。一些企业采用印染生产工艺在线采集、智能化配色及工艺自动管理、染化料中央配送、半制品快速检测等系统，现场数据采集与分析系统，实现车间各设备与企业信息系统数据无缝连接。如华纺股份以数字印染工厂为突破口，打造创新型的生产模式，主要在智能设备、智能在制品、智能成品与自我进化四个层面进行转型升级；恒天立信与烟台业林共同研发印染全流程绿色数字化工厂，在生产车间实现自动化和数字化；山东康平纳的筒子纱染色智能生产线不断升级，向智能化工厂方向发展；杭州开源、常州宏大等供应商也为不同需求的印染企业提供智能化解决方案。

4. 针织行业实施智能制造特点明显

随着新一代信息技术的普遍应用，针织生产流程短的特点日益显现，针织设备自动化和网络化水平迅速提高。通过由浙江理工大学、江南大学牵头的国家项目的开展，针织机械联网管理、集中管控的生产模式已见雏形；各类针织设备的控制系统供应商均提供联网管理功能，并在主要产业集群的部分企业开始实际应用；浙江恒强、泉州佰源、常州五洋等针织机械企业参与建设横机、圆纬机和经编机数字化生产示范车间，形成毛衫、纬编织物、经编布料的智能制造示范。

5. 服装智能制造集成化水平不断提升

"十三五"期间，服装行业已初步形成了包含测体、设计、试衣、加工的自动化生产流程及检验、储运、信息追溯、门店管理等在内的信息化集成管理体系。雅戈尔、海澜、九牧王、柒牌等企业建成了集智能化裁剪单元、自动化缝制单元、模板自动缝制系统、智能吊挂系统、柔性整烫系统、RFID自动仓储系统和物流配送系统于一体的西服、西裤和衬衫智能化生产车间。上海威士、宁波圣瑞思、天泽盈丰等供应商为服装企业提供了更多的选择。服装智能制造中缝制生产环节的自动化和智能化是关注焦点，示范企业在"三衣两裤"生产流程中，自动机的使用率达到了较高比率，除了正装西服上袖，休闲西服止口缝，西裤裤腰缝以外，其他所有缝制均可由自动缝制单元完成。

6. 家纺智能化生产线成效显现

家纺智能化生产线主要采用智能悬挂、运输、仓储等技术。随着毛巾自动连续化缝制生产线运营水平和生产效率不断提高，自动化智能化被子生产线、枕芯生产线及件套产品生产线建设取得突破性进展。梦洁家纺建成了第一条自动化智能化被子生产线和枕芯生产线，在引进关键设备的基础上，通过消化吸收和创新改造，自主研发组装完成了全自动被服绗缝生产线，其应用效果日益显现。滨州亚光、罗莱家纺、无锡万斯等一批企业在这一方面成效突出。

7. 产业用纺织品智能制造取得明显进展

产业用纺织品行业是纺织工业新的增长点，"十三五"以来在智能制造方面取得了明显进展。骨干企业纷纷引入ERP系统，对企业的供应链、生产、销售、财务和人力资源进行管控，规范了流程，提高了效率。纺粘、水刺生产线已经具备了质量在线监测及自反馈处理，同时引入了生产制造执行系统（MES），提高了生产的精细化管理程度和产品质量。聚酯纺粘胎基布生产线智能升级改造项目已经取得成果，提高了自动化水平和精细管理能力。恒天嘉华、晋江兴泰、奥美医疗等企业在这方面都取得明显成效。

（三）大规模个性化定制走向实际应用

随着电子商务的蓬勃兴起，服装、家纺等消费品个性化定制业务逐步走向实际应用。"十三五"期间，纺织行业的定制化服务在多个领域逐步扩展，其主要内容是基于信息化技术的服装、家纺、印花产品的个性化定制、依托互联网的新型制造模式，实现委托外包，远程控制，协同生产等。三维人体测量设备及三维虚拟试衣系统、成衣智能缝制设备与吊挂系统等智能制造系统推广应用，大规模个性化定制整体解决方案日趋成熟。

服装的大规模个性化定制率先得到发展，涌现出一批先进的智能化系统平台，如青岛酷特"C2M"平台、宁波慈星"织可穿"平台、报喜鸟"云翼智能"平台等。这些企业在开展定制化业务前已经具备稳定的面辅料供应关系，或者掌握较全的服装设计、生产和销售的供应链，具有自己的品牌，资金实力较为雄厚，在快速反应生产线和信息化系统上投入较高。家纺、印花等产品的个性化定制也获得了一系列可喜的进展。一些企业开展了网络协同制造的尝试，如泉州海天利用互联网技术连接供应链，打造协同制造生态，实现敏捷柔性制造，构建纺织服装网络协同制造新模式和新业态。

（四）管理智能化发挥重要作用

随着智能制造的不断开展，企业数据的实时性、完整性、准确性不断提高，必然要求管理更加准精确、更加高效、更加科学，进而要求提高管理智能化水平。生产过程智能化要取得经济效益，必须与管理智能化系统集成，通过管理决策支持功能来实现。

纺织企业在多年来推广应用MES、ERP、CRM、SCM等管理软件的基础上，将综合集成应用也作为关键技术开展了攻关。借助云计算、大数据等技术开展建模分析，对售出产品进行跟踪和追溯，优化客户服务，改进产品设计与生产；纺机企业建立面向用户的远程运维平台，通过云端软件与现场装备进行交互，并提供在线监测、远程升级、故障诊断等增值服务；软件服务商通过云平台，根据纺织企业需求，提供行业化软件的SAAS租用服务等。企业管理智能化正在深入推进，新的企业运营与管理模式正在形成。

（五）纺织智能制造标准化工作逐步开展

按照《国家智能制造标准体系建设指南》的总体要求，中国纺联于2018年成立了中国纺联标准化技术委员会纺织智能制造标准化工作组，并制定印发了《纺织行业智能制造标准体系建设指南（2018年版）》，提出了纺织行业智能制造标准化工作的指导思想、基本原则和建设目标。

2015年以来，《棉纺设备网络管理通信接口和规范》《喷气织机数字控制系统》《服装定制通用技术规范》等国家标准和行业标准相继发布实施，《纺纱智能车间》等27个项目立项为中国纺联团体标准。这些标准项目的提出和制定，总结提炼了纺织智能制造的成功经验和范式，为纺织智能制造技术的推广应用提供了标准支撑。

三、"十四五"纺织智能制造发展趋势展望

（一）明确了"十四五"纺织智能制造的新目标

通过"十三五"期间的不懈努力，纺织强国建设取得决定性成就。2020年底发布的《中国制造业重点领域技术创新绿皮书——技术路线图（2019）》指出，预计到2025年，通信、轨道交通、输变电、纺织、家电五个行业将整体步入世界领先行列，成为技术创新的引导者。纺织行业中的优先发展领域：纤维新材料、绿色加工、先进制品、智能制造与装备四个领域的发展，推动我国纺织制造业从"大而强"走向高端引领。这些阐述明确了"十四五"期间纺织智能制造的新目标就是推动整个纺织工业核心创新能力的提升，发挥高端引领作用。

中国纺织工业具有创新发展的良好基础，具备产业链配套完整和成熟的竞争优势，在此基础上进一步提高智能制造的水平，形成推动转型升级的新动力，推动新产业新业态不断成长，实现高端引领的战略目标。

（二）纺织智能制造将进入新的发展阶段

智能制造在纺织行业已经形成许多试点示范，在降低人工依赖，提升生产效率和产品质量，优化产业链、供应链配置水平等方面发挥了优势。在新的发展阶段，要重点培育更多领域的试点示范企业，大范围推广大规模个性化定制，加快服务型制造转型步伐，有规划地开展数字车间、智能工厂的建设，推动企业的数字化转型。

1. 加快研发智能制造关键共性技术

针对智能制造流程中关键技术装备、智能化车间/工厂、智能服务的开发和应用，突破大数据、人工智能、工业机器人、区块链等一批关键共性技术，研发形成重大科技成果，提高我国纺织智能制造自主创新水平。

2. 大力开展面向各个行业的智能制造产业化推广

推动装备、自动化、软件、信息技术等不同领域企业协同创新，推动纺织产业链各环节企业分工协作、共同发展，逐步形成纺织各个行业龙头企业先行推进、一大批定位于细分领域的"专精特"企业深度参与的智能制造发展生态。

3.着力提高智能制造系统的智能化水平

下一阶段，借助人工智能、大数据、云平台等新一代信息技术，在生产过程特征提取、生产工艺优化、生产计划调度、设备排产算法、生产过程优化控制、质量巡回检测和管理、生产作业和搬运智能化衔接、设备故障定位和诊断、生产管理决策等多个方面深化应用。只有在自动化、数字化、网络化的基础上，提高智能化水平，才能使智能制造名副其实。

"十三五"纺织行业绿色制造综述及展望

董延尉

（中国纺织工业联合会环境保护与资源节约促进委员会）

"十三五"时期是建设纺织强国的冲刺阶段，纺织行业贯彻落实《建设纺织强国纲要（2011~2020年）》《纺织工业发展规划（2016~2020年）》等文件要求，基本实现纺织强国可持续发展和"十三五"纺织行业绿色发展目标。"十三五"以来，全行业在节能节水、污染防治、资源综合利用、绿色制造体系建设等方面取得了明显成效，为基本建成纺织强国做出了积极贡献。"十四五"时期，在世界经历百年未有之大变局和我国构建"双循环"新发展格局背景下，在国家碳达峰、碳中和目标导向下，纺织行业推动绿色低碳循环发展、促进行业全面绿色转型将成为大势所趋和重要之策。

一、时代背景下的绿色发展

（一）科技创新激发绿色新动能

实现纺织行业高质量发展和纺织强国可持续发展目标，离不开科技创新带来的技术突破和效率提升。"十三五"时期，绿色纤维材料、高端纺机装备、绿色工艺技术等领域取得众多创新成果。绿色纤维材料和生物基化学纤维制备技术方面取得新进展，莱赛尔（Lyocell）纤维、生物基聚酰胺（PA56）纤维、聚乳酸（PLA）纤维等均突破技术瓶颈，初步实现规模化生产。高端纺织装备方面，全数字化棉纺成套设备已实现产业化应用，万锭用工可降至20人以下；无梭织机速度和节能性大幅提升，喷气织机占比提高到82%，产品适应性进一步提高；间歇式染色机浴比降至1:3.5~1:4.5，比传统染色机节能节水40%左右；双层节能热风拉幅定形机显著提高了能源利用效率；基于机器学习的织物疵点自动检测设备也逐渐在企业中得到应用。绿色工艺技术方面，活性染料无盐染色技术、液态分散染料染色、低尿素活性染料印花等技术取得突破，并实现产业化应用，超临界二氧化碳流体染色、张力敏感织物全流程平幅轧染、涤纶织物少水连续式染色、高盐高浓度有机物印染废水处理等前瞻技术的研发取得重要进展，在循环再生聚酯纤维关键工艺、技术与装备等方面也形成多项创新成果。

（二）产业协同催生绿色新活力

实现纺织行业高质量发展和纺织强国可持续发展目标，需要着力解决产业发展和生态环境保护协同共生问题，涉及投资、消费、清洁能源、区域发展等多个领域。"十三五"时期，纺织行业投资结构有所调整，更多社会资金被引导流向技术装备更新改造、污染防治以及清洁能源等领域，各级政府也专门设立了电机能效提升、节能减排技改等专项资金。消费升级对于工业稳增长的支撑作用不断增强，在一批龙头企业带动下，中高端绿色纺织品供给能力明显提升，251种绿色设计产品纳入工信部绿色制造体系，绿色设计和绿色消费的理念得到更多认可。能源结构持续优化，屋顶光伏发电技术在棉纺、印染等工厂得到广泛应用，天然气和生物质锅炉大量替代传统燃煤锅炉，短流程工艺、节能装备更新、能源梯级利用、余热回收等节能技术的推广应用，促使行业节能降耗，能源消耗总量增速逐年放缓，万元产值综合能耗下降25.5%。产业布局良性发展，喷水织造、印染等产业集聚化特征明显，清洁生产水平和环境保护要求成为新、改扩建项目的约束条件和前置条件，长三角、珠三角等纺织产业聚集区在生态环境保护的力度和能力建设方面表现尤为突出。

（三）开放合作迎接绿色新机遇

实现纺织行业高质量发展和纺织强国可持续发展目标，需要在应对绿色贸易壁垒、打造可持续供应链等问题时拓展国际视野，加强国际合作。在全球经济一体化浪潮下，拥有合法性、合理性、有效性三大特点的绿色贸易壁垒正逐步替代关税壁垒，成为贸易保护的新手段，如欧盟REACH法规、欧盟产品环境足迹（PEF）、欧盟纺织品生态标签（EU-Eco-label）、OEKO-TEX standard100等法规标准。"十三五"期间，纺织行业对现行的《生态纺织品技术要求》（GB/T 18885—2009）进行了修订，制定了《绿色设计产品评价技术规范　丝绸制品》（FZ/T 07003—2019）等10余项以生命周期评价（LCA）理论为基础的纺织领域绿色设计产品评价标准，各项技术指标与欧盟生态标准相关要求接近或持平，且标准体系仍在逐步完善。特别是在绿色贸易壁垒的基础研究和有害物质检测技术的标准化方面，我国纺织品服装出口已经形成有效的立体化监管网络，走在世界前列。产品全生命周期绿色管理在行业内受到极大关注，在产品设计、原材料选择、生产加工、运输、营销等全过程推进产业链、供应链绿色化，尤其在国际国内纺织服装品牌企业的带动下，供给端绿色化改造动力持续增强，绿色化改造领域不断延展，各生产要素配置更加合理，绿色技术装备也从"引进来"逐步实现"引进来、走出去"并存的格局。国际合作与交流持续深入，中欧之间开展多轮次、深层次工业产品绿色设计交流活动，中国生态文明论坛、世界绿色设计论坛、斯德哥尔摩世界水周、全球纺织服装供应链大会等也为共同应对环境领域新挑战、推进循环经济、推动工业低碳转型提供了更广阔的交流平台。

（四）行业行动展现绿色新责任

实现纺织行业高质量发展和纺织强国可持续发展目标，需要践行绿色发展理念，采取积极行动，创造绿色成果。"十三五"时期，纺织行业在面对成本上升、消费升级、市场不振、新冠疫情等严峻挑战的同时，不但保持强大供给保障能力，产业绿色发展同样取得不俗成绩。我国纺织行业加速向责任导向的绿色产业迈进，以往粗放经营、偷排漏排、不达标排放等现象得到明显遏制，绿色转型内生动力不断增强。除强硬的环保政策压力外，以绿色责任为导向的社会价值观对消费市场的影响力逐年提升，正向驱动企业在技术改造和转型升级上的投资意愿，使得环保投入的价值体现愈加明显。

行业机构围绕绿色转型开展各具特色的宣传活动，如中国纺织生态文明万里行、旧衣零抛弃、地球表白日、时尚气候大会等，组建了再生纤维素纤维行业绿色发展（CV）联盟、非织造产业绿色发展创新联盟、中国纺织服装行业全生命周期评价工作组等平台，推动开展了绿色纤维标志认证、节水型企业评价、绿色技术研发应用、绿色制造体系建设等项目，这些工作有力配合了以绿色发展为基调的科技进步、人才建设和品牌打造行动。

"十三五"期间，行业清洁生产水平大幅提高，单位产品能耗、水耗和各项污染物排放明显下降。其中，印染行业单位产品能耗水耗下降比例均超过10%，COD_{Cr}、氨氮等主要污染物排放量逐年下降，水重复利用率提高到40%左右。行业挥发性有机污染物得到有效治理，印染污泥资源化利用水平进一步提高；企业的化学品管控意识不断提升，产品生态安全性普遍增强；取得"绿色纤维"标识认证企业规模扩展至34家，绿色纤维消费量快速增长等。

（五）展望"十四五"，绿色发展任重道远

《国民经济和社会发展第十四个五年规划和二〇三五年远景目标纲要》中明确提出，要坚持绿水青山就是金山银山理念，持续改善环境质量，推动经济社会发展全面绿色转型，建设美丽中国。尽管行业绿色发展

取得一定成效，但从问题角度入手，仍有诸多难题有待攻克，如绿色环保创新投入偏低，缺乏创新型人才和培育机制；产业链绿色协同发展相对较弱，产品全生命周期绿色管理能力有待提升；数字化、智能化与产业发展融合不深，信息化带来的产业变革仍未发挥出应有潜能；支持和服务企业碳减排的基础性核算工作和行业公共平台建设滞后，引导绿色可持续消费力度不够等。我们应该清醒地认识到，在新发展格局下，特别是在全球应对气候变化共同推进低碳发展的大背景下，我国纺织行业完成绿色转型挑战巨大，应积极谋划、尽早行动，开启绿色低碳循环发展新征程。

二、能源节约促进低碳发展

（一）行业低碳发展面临前所未有的大机遇

根据有关资料显示，我国工业占全社会能源消费总量比例接近70%，工业领域能否率先实现碳达峰是落实"双碳"目标的关键。尽管纺织行业能源消费总量在工业中占比较小，仅为3.49%，但节能减碳对实现行业高质量发展意义重大。2021年召开的中央财经委员会第九次会议指出，要完善绿色低碳政策和市场体系，完善能源"双控"制度，完善有利于绿色低碳发展的财税、价格、金融、土地、政府采购等政策，加快推进碳排放权交易，积极发展绿色金融。《全国碳排放权交易管理暂行条例》今年底也有望出台，条例将从国家层面更加科学、权威地给出碳排放、碳汇的计算方法，避免由于各地核算方法的不同带来的碳排放权计算误差，为引导各类市场主体企业有序参与交易扫清障碍。"十四五"期间，围绕碳达峰、碳中和目标节点，推动行业优化能源结构、淘汰落后产能、加强能源管理、开启低碳行动势在必行。

（二）大力推动能源结构优化和能效提升

根据国家统计局数据，纺织行业使用煤、油、天然气等一次能源比例约27.5%，使用电力、热力等二次能源比例约为72.5%，化石能源比例达到98%。"十四五"期间，应鼓励企业或园区使用天然气、电能、蒸汽替代燃煤和燃油，持续提高二次能源比重。鼓励具备条件的企业或园区利用太阳能、风电等可再生能源作为补充能源，加大绿电采购比例。鼓励企业实施老旧设备节能改造工程，逐步替换高耗低效电机、风机、水泵、压缩机等设备。鼓励重点用能企业加强主要用能设备保温保养，提高机台能效及余热利用水平。鼓励企业采用智能化纺纱、织造、染整、服装加工等技术装备，提高劳动生产率。支持企业优化和完善企业能源管理体系和能力建设，定期开展能源计量自查、能效评估和对标、设备管理人员节能培训等，发掘节能潜力。推动棉纺、化纤、印染等行业实施能效领跑者引领行动，推行智能化能源管理试点示范，加强生产过程精细化管控，带动行业整体能效提升。加快完善行业能耗限额、重点用能设备能效评价、温室气体排放核算方法等节能低碳标准，鼓励厂房绿色设计，建设低能耗厂房或公共建筑。

（三）加强低碳标准和减碳技术研究

推动纺织产业绿色转型，需要强化节能环保标准约束，严格控制高耗能、高耗水、高污染排放项目建设，需要运用能耗限额、取水定额、行业规范条件等标准规范，积极稳妥推进落后产能、过剩产能的腾退与升级改造。加大力度鼓励和支持棉纺、化纤、织造、印染等行业改造升级，积极落实"三品"战略，着力提高绿色产品设计开发能力，增加高附加值、低消耗、低排放纺织产品的有效供给。应充分利用国家专项资金和金融支持，加快绿色纤维制备、高效节能印染装备、废旧纤维循环利用等低碳技术的研发、示范与推广。鼓励大专院校、科研机构和龙头企业开展碳核算方法学、减排路线图、减排成本分析等标准及规范体系方面的研究，推动企业做好二氧化碳排放量核算，同时关注国内外二氧化碳捕集、利用及封存等前沿技术研究进展，助推行业尽快纳入全国统一碳市场。

三、防治污染保障绿色发展

（一）生态环境保护进入减污降碳协同治理新阶段

2021年全国生态环境保护工作会议的报告中指出，"十四五"时期，我国生态环境保护将进入减污降碳协同治理新阶段。在继续加强大气、水、土壤污染等传统环境问题解决和常规污染物治理的同时，治理重点将逐步拓展到应对全球气候变化、生物多样性保护、化学品环境风险防控等更广泛的领域。污染防治攻坚战由"坚决打好"向"深入打好"根本转变，形成"提气、降碳、强生态，治水、固土、防风险"大格局。在生态环境保护发生深刻变革的背景下，纺织行业应从多方面提高发展的绿色化程度，逐步形成减污降碳的牵引力和带动力。

（二）清洁生产仍是污染防治的最佳手段

深化生产全过程和纺织园区系统化污染防治，应以清洁生产技术驱动产业链各环节降低污染物产排量为核心，重视新兴污染物和有毒有害污染物排放。制定纺织行业有毒有害物质替代目录，引导企业在生产过程中使用无毒无害或低毒低害化学物质，从源头削减污染物产生，推进有毒有害物质替代。在棉纺织行业推行无PVA上浆或少浆料上浆，在化纤行业推行无锑环保聚酯产品，在印染行业严格控制染化料助剂使用等。大力推广先进适用的节水工艺、技术和装备，推进水资源循环利用和污水资源化，创新委托营运、合同节水管理等新模式，推动纺织园区和企业水系统集成优化。

（三）防范区域环境风险是产业健康发展的基础保障

深刻认识新阶段污染防治工作的新形势、新特征，以持续改善生态环境质量为核心，围绕产业链开展减污治污工作，将温室气体和污染物排放控制相协同，推进京津冀、珠三角、长江经济带、黄河流域等重点区域流域"三废"排放总量和强度控制。在产业集聚规模不断扩大背景和趋势下，加快推进集群或园区集中供热、供汽，统一进行污水处理，推进无组织废气收集和处理技术改造，控制挥发性有机物排放，完善环境基础设施升级及配套管网建设，构建区域生态环境风险预警机制。

四、绿色设计助力循环发展

（一）循环经济产业在探索中谋求变局

我国纺织循环经济产业尚处于初级水平，仍存在"产业规模不大、利用效率不高、行业规范不强"等问题，小体量再生企业较多，一些企业由于环保问题而被清理整顿。整体上看，循环经济产业仍缺乏行之有效的政策引导，自发形成的再生企业缺少行业规范约束，产业布局存在一定不合理性，市场内生动力明显不足。我们应充分认识到，再生资源是纺织产业的"绿色富矿"，大力发展循环经济是解决资源供需紧张、减轻原料对外依存度、降低环境污染、实现低碳经济的重要手段。"十四五"时期，纺织行业应积极探索推动循环经济产业发展的不同模式，寻求绿色化、循环化、系统化设计路径，完善行业规范和标准体系，加强技术装备和再生产品研发，强化社会引导和绿色消费理念传播，推动产业发展从"资源—产品—废弃物"的单向直线过程向"资源—产品—废弃物—再生资源"的往复式循环过程转变。

（二）再生循环与绿色制造体系深度融合

我国制造业总体上尚未摆脱高投入、高消耗、高排放的发展方式，生态环境问题和形势依然十分严峻，迫切需要加快构建科技含量高、资源消耗低、环境污染少的绿色制造体系。"十四五"时期是构建完善绿色制造体系的关键期，加强产品全生命周期绿色管理，将循环经济理念融入绿色制造体系建设中，开展纺织产品绿色评价，能够有效促进绿色生产与绿色消费良性互动。鼓励企业和园区实施绿色发展战略，建设绿色工厂和绿色园区，构建从采购、生产、物流、销售、回收等环节的绿色供应链管理体系，培育绿色供应链示范企业。同时，着力强化标准引领约束，推动绿色标准贯彻实施，引导企业运用绿色技术进行升级改造，推进标准实施效果评价和成果应用。研究制定综合利用领域标准体系和行业发展规范，建立鼓励和约束机制，让企业有法可依、有规可循。深入研究行业废旧资源价值核算方法和评价指标，逐步探索构建支撑再生产品生态价值的市场机制。适时推出一批再生资源行业规范条件、能源限额、取水定额、污水资源化、废旧纺织品再利用等标准和规范。

（三）着力推进废旧纺织品综合利用规范化发展

加快对现有纺织园区的循环化改造升级，推动废旧纤维再利用企业集聚化、园区化、区域协同化布局，建设以中心城市为载体的废旧纺织品回收分拣示范基地，与市场化回收和工业化再利用对接，促进废旧纺织品资源循环产业链发展，助力城市垃圾再生利用体系建设。支持再生资源企业利用大数据、云计算等技术优化物流网点布局，建立线上线下融合的回收网络，在重点城市逐步建设废旧纺织品在线回收、交易平台，建立"互联网+"回收模式，培育新型商业模式。建议尽快开放和建立合法合规的旧衣"二手市场"和再生产品认证体系，加快落实生产者责任延伸制度，建立重点产品全生命周期追溯机制。引导和加强相关关键技术及成套设备研发和成果转化，鼓励纺织服装龙头企业与高等院校、专业科研机构等开展产学研合作，加快先进相应技术地推广应用，推进废旧纺织品再生资源产业规模化、规范化发展。

五、产业合作实现共享发展

（一）绿色成果是对民生福祉的有益反哺

十九大报告指出，我国社会主要矛盾已经转化为人民日益增长的美好生活需要和不平衡不充分发展之间的矛盾。习近平生态文明思想也提到，良好生态环境是最普惠的民生福祉。"十四五"期间，纺织行业应继续深化供给侧结构性改革，推进绿色制造体系建设，转变绿色生产方式，增加绿色产品和服务有效供给。同时应加大宣传力度，鼓励和引导绿色消费，加强国际合作，实现绿色成果共建共享发展。

（二）交流合作推动全球治理和成果共享

在"一带一路"、澜湄流域产能合作等国际合作中贯彻绿色发展理念，着眼于全球资源配置，加强境外纺织生产基地建设绿色化水平，推动绿色技术和绿色服务走出去。加强工业绿色转型、应对气候变化等领域国际科技合作研究，吸引全球顶尖研发资源和先进技术向国内转移，推动多边政府部门、研究机构、行业协会、相关企业间的交流互动，支持开展具有国际影响力的绿色交流活动。积极营造绿色发展良好氛围，采取多种形式开展政策解读和科普宣传，及时回应社会关切。系统总结纺织行业践行习近平生态文明思想实践成果，完善宣传渠道和长效宣传工作机制，树立生态文明宣传教育和实践成果优秀典型。深入开展生态环境保护宣传活动，引导公众践行绿色生活理念，引导绿色消费，推动构建全民参与的生态环境保护新格局。

（三）平台建设为绿色发展提供强力支撑

做大做强现有的行业智库、协会组织和各类绿色发展联盟，以绿色产业补短板、强弱项、锻强链为宗旨，为行业提供宣传展示、评价咨询、行业研究等公共服务。支持高校、科研院所、领军企业等共同开展重大科技项目攻关，加速绿色技术和产品的创新开发和推广应用。支持行业开发绿色发展信息服务平台，构建绿色数据库和案例库，逐步弥补生态环境保护数据信息难以获取和数据信息严重滞后的短板。支持行业开设学习课堂和专项培训，让企业明晰各地生态环保政策底线，同时将样板企业绿色引领上线便于学习。支持研究重点纺织产业集群所在地生态环境状况和环保要求，开展综合生态环境影响评估，加强环境应急预警领域的合作交流，提升生态环境风险防范能力。支持研究重点出口国或出口地区的生态环境政策和产品技术要求，指导企业在"走出去"过程中履行环境社会责任，降低贸易风险。

"十三五"棉纺织行业科技发展综述及展望

杨晓慧　景慎全

（中国棉纺织行业协会）

"十三五"期间，我国棉纺织行业进入了调档转换期，科技进步从多方面推动着行业向前发展。一是大量新型高效设备投入使用，各类先进设备所占比重不断提升。现有设备技术改造不断推进，企业的信息化建设和落后设备改造升级步伐加快。二是在设备硬件提升基础上，智能制造探索取得初步成效。三是产品品类不断丰富，产品结构发生显著变化，常规品种比重逐步减少。四是节能减排技术广泛应用，生产过程中的能源消耗逐步下降，污染排放大幅降低。五是科技投入成果显现，涌现出一大批科技成果，企业知识产权保护意识逐渐增强，产品标准体系不断完善，为棉纺织行业的高质量发展夯实基础。

一、技术进步提升设备性能

"十三五"期间，我国纺纱、织造产能保持着"十二五"以来优化提升的趋势，产能逐步下降，各种高效设备拥有量增加，提高了生产效率。据中国棉纺织行业协会（以下简称"中棉行协"）统计，截至2020年底，我国纺纱产能为1.1亿锭、织造产能104万台，分别占全球的50%和45%以上，见表1。

表1　棉纺织产能发展变化

项目	2010年	2015年	2020年
纺纱产能/万锭	13500	12000	11000
织造产能/万台	126	118	104

数据来源：中国棉纺织行业协会。

（一）纺纱设备

"十三五"期间，我国纺纱设备水平全方位提升，特别是大量新型设备的应用，如新型高产梳棉机、新型自调匀整并条机、自动落纱粗纱机、自动落纱细纱长车、自动络筒机等先进设备的占比不断提升，其中自动络筒机占比从2015年的85%上升至2020年的98.9%。

另外，在工序的连续化方面，环锭纺清梳联、粗细联、细络联、自动打包入库等连续化技术被大量采用，截至2020年底我国粗细联、细络联数量已达到1060万锭，与此同时，新型转杯纺和喷气涡流纺的数量也在持续增加，环锭纺、转杯纺和喷气涡流纺三种纺纱方式折算的比例由2010年的88∶11∶1，调整到2020年的74∶22∶4，主要的纺纱设备的数量变化情况见表2。

纺纱设备的技术改造，主要包括两个方面，一是设备自动化改造，如粗纱机、细纱短车集体落纱改造等；二是设备的数字化改造，通过添加传感器等方式收集设备运行数据，实现设备数字化、信息化。据中国棉纺织行业协会调查显示，参与调查的企业79%进行了不同程度的设备自动化改造，39%和28%分别进行了设备的数字化和连续化改造，纺纱设备自动化、信息化水平的全面提升，万锭用工从"十二五"末的60人，降至"十三五"末的48人，劳动生产率大幅提升。

表2　纺纱先进设备应用情况

名称	2010年	2015年	2020年
喷气涡流纺/万头	7.95	13.5	25.6
粗细联、细络联/万锭	25	230	1060
新型转杯纺/万头	33	85	187

数据来源：中国棉纺织行业协会。

（二）织造设备

"十三五"期间，织造企业积极进行设备更新换代，生产水平明显提高，高速化、自动化成为主流，整经自动装筒、自动穿经机（穿经速度可达150根/min）、高速织机等先进设备与技术逐步被企业采用。企业使用的新型织机普遍具备品种适应性强、高速低振、高效节能、电子开口、电子送经、电子卷取及智能故障自我诊断等功能。

在技术进步和市场需求的影响下，除特殊品种需要，有梭织机正逐步被企业淘汰，无梭织机占比提升，"十三五"末我国棉纺织行业无梭织机占比为82.7%，比2015年提高13%以上。虽然进步较大，但全行业整体自动化水平仍有进步空间，如国内整经自动装筒应用合计约30台套，自动穿经机约为510台，主要先进设备应用情况见表3。

织造设备的技术改造主要集中在实现自动化方向上，如整经断纱自停、自动穿经等，主要目的是降低工人劳动强度，提高生产效率；其次是数字化改造，实现设备数据实时提取、集中，实现可视化管理等。

表3　织造先进设备应用情况

名称	2010年	2015年	2020年
自动穿经机/台	30	330	510
无梭织机数量/万台	65	81.84	96

数据来源：中国棉纺织行业协会。

二、智能制造助力企业转型升级

在棉纺织企业积极开展智能制造探索实践中，对信息化管理的应用水平和认知水平有很大的提升，特别是MES系统的引入，实现了整个生产系统的实时监管，同时各类自动化、连续化新型设备使用，为智能制造提供了软件和硬件基础，并在应用实践上取得突破性的成果。MES系统、质量专家系统、能源管理系统、自动仓储系统等与ERP系统的深度融合，实现多个系统间的数据交流、共享和融合，消除了"信息孤岛"。将业务层面的资源配置和车间级生产协调调度紧密结合，实现了以订单流程为核心的调度，可实现优化排产，并可对订单进度、设备状态、质量指标等进行预警，实现了企业生产"管控一体化"，企业运行效率和产品质量均明显提升。

中棉行协对企业智能制造调查情况，如图1所示，参与调查企业认为"十三五"期间，行业在ERP系统的应用上取得的成就最大，之后依次是网络营销和产品信息溯源系统的应用。另外，从不同类型企业反馈情况看，织造企业对ERP系统的认可度高达73%，而纺纱企业对于产品信息溯源系统的应用认可度比织造企业高12%，可见纺纱与织造企业在"十三五"期间信息化建设的侧重点也有所差异。

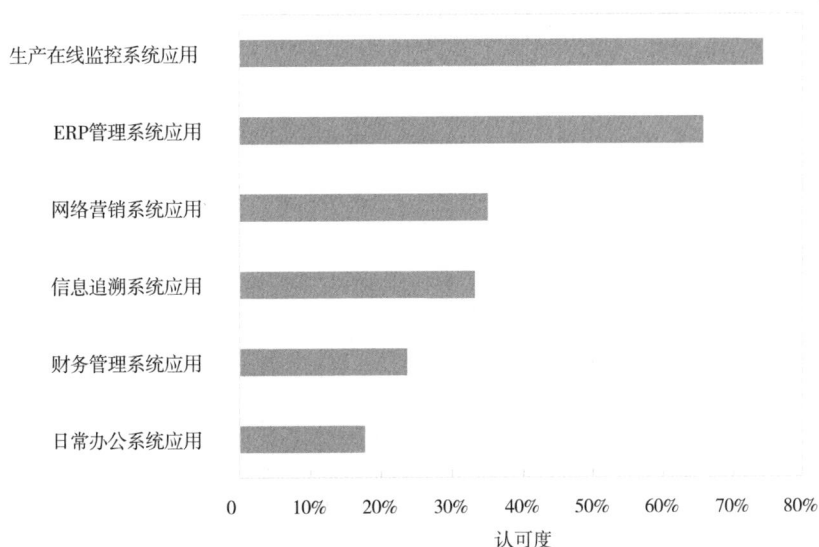

图1　棉纺织行业信息化建设成就的调查情况
数据来源：中国棉纺织行业协会

三、产品品种不断丰富

（一）纱线

1. 差异化发展明显

企业为响应市场需求的变化，高度重视产品研发，各类新产品不断涌现。得益于国内化学纤维行业的发展，我国棉纺织行业化学纤维加工量持续增长，如图2所示，行业纤维加工总量中化纤比重从2011年的51%提高到2020年的65%。"十三五"期间，化纤用量保持相对稳定，纯化纤纱与化纤混纺纱占全部纱线产量的比重也基本稳定。

随着化学纤维的产品差异化程度不断提升，棉纺织行业所使用各类新型纤维的品种和数量逐步增加，为纱线产品开发提供了更多的选择。纺纱企业针对不同纤维的特性，通过纯纺、与其他纤维混纺或使用不同纺纱技术等方式，开发出众多的新型差别化纱线。据中棉行协统计，差别化纱线的总产量持续上升，"十三五"末差别化纱线占比较"十二五"末增长6%以上，如图3所示。

纱线结构方面，以环锭纺为基础的紧密纺纱、紧密赛络纺纱、包芯纱、竹节纱等纺纱技术的广泛应用，使得环锭纺新型纱线产量上升。此外，喷气涡流纺、新型转杯纺设备不断增加，根据市场需求，这两种纱线的产量也保持较大幅度的上升。

2. 环保理念增强

"十三五"期间，随着全球消费者可持续发展环保理念的普及，环保类纱线产品快速发展，可再生、循环再利用成为关键词。再生涤纶纱线、消费再利用纱线、环保型色纺纱等品种的产量大幅增加。同时，随着技术改造不断推进，纺纱加工的能耗与物耗均有所下降，纺纱行业不断向环保绿色可持续迈进。

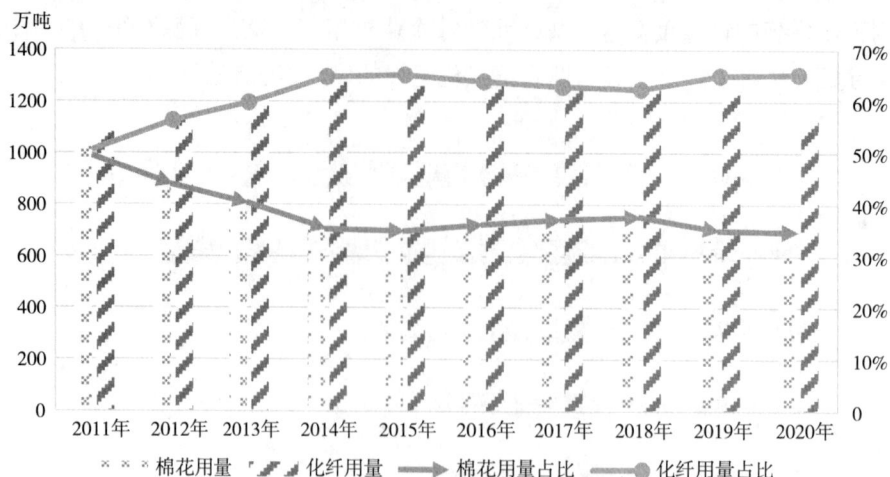

图2　棉花与化纤使用量及占比变化
数据来源：中国棉纺织行业协会

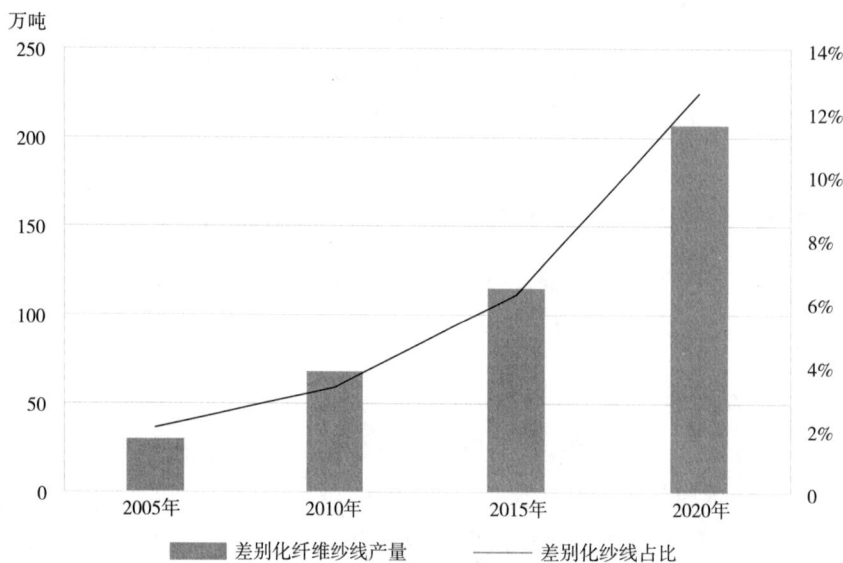

图3　差别化纱线产量及占比情况
数据来源：中国棉纺织行业协会

（二）织物

1. 无梭布产量增长明显

"十三五"期间，我国棉织物产量基本稳定在550亿~600亿米，得益于无梭织机数量的增长，无梭布的产量不断增加，2015年我国无梭布产量占总产量的86%，到2020年增长到93.1%，增长了7%。

2. 新型面料品种增多

伴随着消费者对产品舒适度、功能性、环保及个性化方面需求的增长，织造企业在通过采用新型纱线、不同工艺设计等方式，赋予面料新的性能，开发出大量符合市场需求、附加值高的新产品。

四、践行绿色发展

在国家绿色发展理念的指导下，"十三五"期间，行业持续推动节能减排、绿色生产工作，企业采用新工艺、新技术及新材料以减少废水的排放；通过设备改造、能源管理减少能源消耗，并取得显著成果。

（一）节能技术

新设备使用、能源监控系统以及各类节能改造的实施，使产品生产能耗逐步下降。"十三五"期间，棉纺织企业进行了大量以节能为目的的技术改造。同时，对能源消耗进行全方位管理，引入能源管理系统，监控主要耗能设备的运行情况，减少能源浪费，提升能源利用效率。

（二）减排技术

"十三五"期间，随着新型浆料的使用和上浆工艺改进，浆料的消耗总量和PVA的使用量逐年下降，PVA等难以降解的浆料产品使用比重从"十二五"末的20%下降到"十三五"末的15%左右，年浆料总消耗量减少10万吨。染色新工艺应用及新型染料的研发、使用，色织布及牛仔布耗用染料总量不断下降，减排效果明显。

五、研发投入效果显现

随着企业对科技重视程度的提高，研发投入在不断地提升。中国棉纺织行业协会跟踪企业数据显示，"十三五"期间棉纺织企业的平均研发投入强度为0.8%左右，较"十二五"末提高了约0.2%，其中重点企业三年内的研发投入强度约为3.5%。行业内许多企业建设了高水平的研发中心，为技术改造、产品研发提供了有力的技术支撑，通过长期的投入积累，科技创新成果逐步显现。

（一）纺织之光科技奖授奖项目

2009年以来，棉纺织企业在"纺织之光"中国纺织工业联合会科技进步奖获得奖项（表4）。

表4 棉纺织企业"纺织之光"科技奖获奖项目数　　单位：项

年度	一等奖	二等奖	年度	一等奖	二等奖
2009~2010	2	4	2016~2020	7	22
2011~2015	3	2	合计	10	22

数据来源：中国纺织工业联合会科学技术奖奖励办公室。

进入"十三五"时期，棉纺织行业获得"纺织之光"一等奖、二等奖的数量持续增加，获奖项目主要涉及装备与智能化技术开发与应用、产品研发关键技术创新等方面，包括棉纺成套设备数字化、色织颜色数字化、环锭纺智能化、废棉纤维循环利用的点子纱开发与褶裥大提花机织面料的研发等。

（二）专利保护

随着技术研发、品牌建设的不断深入，企业的知识产权保护意识不断增强。专利是科技研发与智力成果的集中体现。"十三五"期间，百强企业发明授权数量共计162项，实用新型552项，外观设计215项。到"十三五"末，百强企业专利申请有效量累计达6000项，占行业总量的80%以上，发明专利授权累计630多项，纺纱相关的专利3400余项，约占棉纺织行业的57%，整个行业提升空间较大。

（三）标准化建设

标准化工作对强化行业工业基础及技术创新能力，规范生产和贸易的健康发展有重要作用。通过标准体系优化，制/修订急需标准等方式推动行业标准化建设，共完成70项标准，其中，国家标准修订3项，行业标准制定35项、修订26项，团体标准制定6项。"十三五"末，棉纺织品标准共有157项，其中，国家标准13项，纺织行业标准138项，团体标准6项。

（四）企业技术中心建设

"十三五"期间，企业构建协同创新网络、推进技术创新的意识不断增强。对技术中心的申报热情一定程度上反映了企业对技术研发和培养创新人才等方面的重视。"十三五"末，中国棉纺织行业协会会员中共有10家企业获得"国家认定企业技术中心"认定。除国家级技术中心外，各省、市的技术中心评定也在高质量推进中，据中棉行协汇总统计，共有近50家棉纺织企业获得省级技术中心认定。

六、"十四五"棉纺织科技发展展望

"十四五"时期棉纺织行业将继续立足新发展阶段、贯彻新发展理念、构建新发展格局，推动科技水平进一步提升，致力于打造保证行业发展的支撑体系，在智能制造、绿色环保、产品研发等方面继续发力，实现棉纺织行业的科技、绿色、时尚目标。

"十四五"时期棉纺织行业将努力推动基础共性问题研究，继续优化产品标准化体系，探索符合行业特点的创新研发模式，同时加强人力资源建设，培养适应行业发展需求的人才，为高质量发展提供坚实支撑。

在智能制造方面，继续深入行业智能制造探索。通过搭建智能制造推广发展平台，制订智能制造共性、关键技术标准和应用标准与规范等方式，推动智能制造发展。先进设备的比重将进一步提升，企业整体信息化程度也将不断提高，在此基础上，纺纱与织造的智能制造模式将逐步走向成熟。

绿色环保方面，棉纺织行业在降低资源消耗、减少污染，提升资源循环利用率等方面将有更大的作为。在各项节能环保技术快速推广的背景下，我国纺纱平均吨纱耗电和织造百米布综合能耗将持续下降，绿色工厂和绿色产品建设取得较好成果。同时，环保再生纤维纱线和消费再利用纱线的生产量也将大幅增长。

产品研发方面，随着企业自身各项能力的增强，对产品的原料、结构、功能、绿色生产、下游应用等方面的研究将更加深入，差异化纱线和新型面料产量将不断增长，产品附加值也会进一步增加。小批量、多品种在色纺纱、差别化纱线、花式纱、差别化面料生产将成为常态，企业将探索出一套适合自身发展的、有助于稳定产品质量的快速反应机制。

七、结语

科技是第一生产力。"十三五"期间，棉纺织行业在科技进步的推动下取得了长足的进步。"十四五"时期，棉纺织行业将继续以科技为支撑，补足发展短板，全方位地推进行业高质量发展，巩固行业的国际竞争优势。

"十三五"化纤产业科技发展综述及展望

陈新伟　吕佳滨　李增俊　万　雷　刘　青　原　野

（中国化学纤维工业协会）

当前，全球科技创新正加速推进，与多个领域展开深度融合，并广泛渗透到各个领域，已成为经济社会发展的支持与引领。经过多年发展，我国已成为世界第一化纤生产大国，2020年我国化纤产量为$6.025 \times 10^7 t$，占全球比重超过70%。涤纶、锦纶、再生纤维素纤维和循环再利用化学纤维等常规化纤品种规模持续保持世界领先地位。碳纤维、芳纶、超高分子量聚乙烯纤维等高性能纤维发展不断取得新进展，工艺技术水平持续提高，下游应用领域逐渐扩大。

一、取得的成绩

经过"十三五"时期发展，我国化纤工业科技实力大幅增强，技术创新水平加速迈向国际第一方阵，多功能性纤维、生物基纤维、循环再利用纤维制备技术，正在进入由以"跟跑"为主逐步转向"并跑"的新阶段。

（一）纤维新材料技术不断突破

1. 先进基础纤维材料技术持续升级

随着更高效率、更短流程、更广适应性、更少能耗的化纤装备的研发与推广，涤纶、锦纶、氨纶、丙纶等行业已逐步采用柔性高效生产工艺技术，进一步提高生产效率，降低生产成本；超细旦、阻燃、抗静电、抗紫外、抗菌、相变调温、光致变色、原液着色等功能性纤维的高效柔性化制备技术进一步优化，化纤差别化、功能性产品种类更加丰富，应用领域更加广阔，产品附加值逐步提高。

2. 生物基纤维材料技术显著提高

Lyocell纤维产业化技术实现国产化，工艺逐渐成熟，纤维性能优良。聚乳酸（PLA）纤维突破乳酸—丙交酯—聚乳酸技术，实现聚乳酸纤维全产业链技术。生物基聚酰胺（PA56）纤维突破生物法戊二胺技术瓶颈，建立了万吨级生产线。海藻纤维规模化制备技术突破，纤维服用性能提升。纯壳聚糖纤维原料技术进一步优化，产品向高端敷料、战创急救、修复膜材、药物载体、组织器官等多领域应用。生物法制备1，3-丙二醇（PDO）实现国产化，PTT纤维加工和应用技术成熟，产品形成品牌效应。

3. 高性能纤维新材料技术稳步提升

聚丙烯腈基碳纤维原丝生产工艺体系更加多元化，干喷湿纺和湿法纺丝工艺技术逐渐完善，纺丝速度大幅提高；24K以上工业用大丝束碳纤维关键技术实现突破；碳纤维应用技术逐步提升，国内碳纤维消费量超过$4 \times 10^4 t$，广泛应用于风电叶片、体育休闲、建筑补强、压力容器等领域，在航天航空、国防军工等领域用量逐步提高。对位芳纶突破了千吨级产业化关键技术，高强型、高模型对位芳纶产品实现国产化；超高分子量聚乙烯纤维差别化技术进一步提升，超高强、高模、细旦、耐热、抗蠕变等新产品制备技术实现突破；聚酰亚胺纤维突破了聚合物合成、纤维成形、后处理、生产装备等一系列关键技术，形成了高耐热型、耐热易着色型、高强高模型三大系列；聚苯硫醚纤维开发了细旦化产品（1.1D），可进一步提高过滤材料的过滤精度；连续玄武岩纤维规模化池窑、一带多漏板技术取得新进展，漏板技术实现较大水平提升。

4. 循环再利用纤维技术不断创新

物理法、化学法、物理化学混合法的回收再利用关键工艺、技术、装备取得突破，其中废旧纺织品预处理、分离、分拣工艺技术装备、循环再利用纺丝工艺技术装备等为产业升级提供了支撑；原料清洗线高速分色、分材质装置，物理法的连续干燥、多级过滤，物理化学法的液相增黏、低熔点/再生聚酯皮芯复合纤维熔体直纺技术、在线全色谱补色调色及高效差别化技术等，化学法的解聚、过滤分离、脱色、精制、缩聚技术及功能性改性技术的创不断创新，大幅提升了我国循环再利用聚酯纤维产业链技术装备水平。

5. 前沿纤维新材料技术快速发展

目前以导电和蓄热储能与能量转换、光致和温致变色、传感与响应等为代表的智能纤维逐渐起步；高纯石墨烯、碳纳米管、微晶纤维素等纳米纤维宏观制备、静电纺制备纳米纤维、生化制备细菌纤维素纤维、相分离与离心纺丝制备纳米纤维在安全防护、分离过滤及生物医用等方面有所突破；可生物降解的聚乳酸、聚乙醇酸、丝蛋白等生物基纤维、纤维基凝胶、纤维3D打印等在医用纤维与植入材料及人工合成器件等应用不断扩展。

6. 化纤油剂助剂催化剂技术进步明显

化纤油剂助剂催化剂染化料等创新要素制备技术得到快速发展，DTY用国产油剂基本满足化纤高质量纺丝要求，涤纶FDY及POY用油剂初步实现进口替代；成功开发的新型环保无烟纺丝油剂，使纺丝企业生产过程中油烟排放量降低90%，保护了车间工作环境，提升了工程的环保水平。再生纤维素纤维上浆剂助剂有效地减少了纤维的毛羽数量，提升断裂强度、断裂伸长率、耐磨性能；碳纤维等高性能纤维的上浆剂及树脂取得初步应用。钛系催化剂涤纶长丝实现万吨级装置连续生产，产品色值满足下游客户织造和染色的需求，后道印染无重金属析出，提升了产业链的清洁生产水平；国产钛系催化剂实现在熔体直纺短纤、瓶级切片装置上的连续化运行。

（二）化纤行业智能制造技术发展迅速

化纤行业智能车间建设进展显著，智能检测及操作、化纤长丝落卷（筒）机器人、长丝生产自动生头机器人已逐步应用，自动送料、自动清板、自动检板等技术及系统在行业龙头企业中得到应用，基于机器视觉技术实现了卷装外观的在线智能检测。个别龙头企业开发出制造执行系统（MES）、企业资源管理软件（ERP）互通集成平台，构建了基于工业互联网的信息共享及优化管理体系，建立生产模型化分析决策、过程的量化管理、成本和质量的动态跟踪系统。内外系统协同联动实现数据收集与共享，智能仓储系统实现无人化作业。

（三）化纤标准体系建设逐渐完善

"十三五"以来共制/修订化纤相关国家标准15项，行业标准45项，化纤协会标准21项，合计81项，占化纤行业全部标准数28%。标准范围全面覆盖碳纤维、芳纶、高强高模聚乙烯纤维等高性能纤维以及涤纶、黏胶、锦纶、腈纶等化纤主要品种，团体标准集中在生物基纤维、高性能纤维、循环再利用纤维及功能性纤维品种，占团体标准标准化工作的87%，有力促进了先进技术向标准的转化，引领化纤行业创新发展方向。

二、存在的问题

我国化纤工业科技水平特别是在纤维性能提高、关键制备、品质提升等核心技术方面，与国外先进水平还有一定差距，原因主要是我国化纤行业自主创新能力、科技成果转化和核心技术研发还有待加强。

（一）自主创新能力仍需全面提高

一是支撑纤维向更高性能、更多功能、更好品质发展的一系列基础理论研究仍需深入和系统性研究。二是全行业研发投入强度仍需进一步提高，特别是基础研究占比偏低问题仍较突出，同时处于不同梯队的化纤企业研发投入出现了明显分化。三是行业内创新资源相对分散，难以统筹协调，产学研合作效率以及产业链上下游集成创新能力、协同创新能力，仍需进一步提高。

（二）关键核心技术仍需加强攻关

一是新型功能纤维的聚合技术、在线添加及高效柔性化纺丝技术、高效高品质再生利用技术、纳米纤维宏量制备及调控技术、智能纤维设计与制备及应用一体化技术、高性能纤维连续稳定制备技术等关键技术与生产装置水平仍需进一步提高。二是生物基单体、功能添加剂、阻燃剂、催化剂、油剂等关键原材料制备技术还存在短板。三是智能制造技术、绿色制造技术仍处于初级应用阶段，缺乏整体解决方案，提供商、核心软件、数据系统、关键装备、专用器件等软硬件基础相对较弱。

三、化纤工业科技发展展望

总体来看，"十三五"期间我国化纤工业多功能性纤维、生物基纤维、高性能纤维、循环再利用纤维制备技术，生产自动化和智能化技术等方面进步显著。面对国内外严峻的发展形势，化纤工业在"十四五"期间，要立足新发展阶段，贯彻新发展理念，着力补齐核心技术短板，掌握关键技术和共性技术，提高行业可持续发展能力和核心竞争力，为解决化纤行业高质量发展中的迫切问题提供科技支撑。

（一）纤维新材料领域

1. 先进基础纤维制备技术

推进聚酯及涤纶高效柔性化制备技术，开发差别化、功能性聚酯的连续共聚改性；研究阻燃、抗静电、抗紫外、抗菌、相变调温、光致变色、原液着色等差别化、功能性涤纶纤维的高效柔性化制备技术；开发智能化、超仿真等功能性纤维生产技术；研发锦纶6熔体直纺工艺、锦纶6化学法回收、生物基聚酰胺产业化等技术；研发超耐氯氨纶、耐高温黑色氨纶、易定型可染氨纶等新产品制备技术。优化高强高模、水溶性纤维纺丝技术水平，研发新产品生产技术，扩大产品应用领域，推动产业链合作发展。重点开发具有超高模、超低温水溶、高强阻燃、抑菌等差别化功能化维纶生产技术。

2. 生物基化学纤维制备及应用技术

重点攻克莱赛尔纤维的专用浆粕和NMMO溶剂、1，5-戊二胺、1，3-丙二醇、丙交酯等规模化制备技术；攻克高光纯乳酸、丙交酯等重要原料国产化低成本制备技术，降低聚乳酸生产成本；攻克L/D乳酸立构复合技术、提高聚乳酸纤维的耐热性、染色性和手感，提升聚乳酸纤维的物理性能，拓展应用领域；大力推进生物基PA5X纤维、PTT纤维熔体直纺技术，实现规模化、低成本化生产。

3. 高性能纤维制备及应用技术

进一步优化高性能碳纤维制备技术，提高现有生产技术成熟度，提升产品质量一致性、批次稳定性、应用适用性，满足下游产业的应用需要；突破48K以上大丝束碳纤维、T1100、M65J、高强高模高延伸碳纤维、高导热中间相沥青基碳纤维制备技术，满足新一代航天航空装备需求。研发芳纶、超高分子量聚乙烯纤维、聚苯硫醚纤维等有机高性能纤维稳定化、高效化生产技术，提高技术成熟度，突破更高性能纤维制备技术，整体技术接近国际先进水平。研发连续玄武岩纤维等无机高性能纤维高效化生产技术、差别化产品制备技术，提高生产效率，降低生产成本，扩大应用领域。

4.循环再利用纤维制备技术

加强高效、高值化制备技术研发力度，建立废旧纺织品资源化分级分类标准评价体系，提高废旧纺织品再生循环技术整体技术水平，增强产品附加值和竞争力。重点突破化学法再生聚酯产业化技术，实现对苯二甲酸乙二醇酯直接聚合及共聚改性、酯交换和对苯二甲酸二甲酯脱色与精制关键技术的产业化。推进循环再利用锦纶、丙纶、氨纶、腈纶、黏胶以及高性能纤维等品种的关键技术开发、中试和产业化。

（二）绿色制造领域

着力培育化纤产品的绿色设计能力，加强化纤绿色设计关键技术应用，提高企业绿色发展意识和绿色设计能力，促进绿色设计与产品创新开发、技术工艺改进相结合。全面提升生产过程的绿色化水平，采用节能设备，开发节约能源及利用绿色能源的工艺，提高能源利用效率；采用少污染、无污染的绿色工艺装备技术，积极开发无锑催化剂聚酯纤维，减少甚至消除废、污物的产生和排放，对排放的污染物进行"三废"综合治理。

（三）智能制造领域

进一步推动设备互通互联和生产环节数字化连接，加强智能车间示范推广，建设数字化网络智能化示范工厂。在制造端发展数字化全过程生产技术，全面收集从原料采购、计划调度到生产执行的数据流、MES与控制设备和监视设备之间的数据流、现场设备与控制设备之间的数据流，提高监测追溯、质量管控、供应链预判、能源管理、自动预警等智能化服务能力；发展智能化仓储物流技术，采用RFID、二维码、标签等技术，使原材料、辅助物料、在制品、制成品等在各个生产工序间顺畅流转，提高仓储作业的灵活性与准确性、合理控制库存总量；发展数字化销售管理技术，建立客户信息库，自动调整客户纤维加工能力和需求信息，并据此制订精准企业销售计划。在智能端发展生产装备数字化技术，推进智能络筒、智能包装、智能外检系统、智能立体库等设备及技术应用，实现全流程产品及物流追溯；加强系统间互联互通技术，实现生产设备间的互联互通与信息采集、发送，生产管理与企业管理系统的互联互通。

"十三五"长丝织造产业科技发展综述及展望

黄潇瑾　贾慧莹　张巍峰

（中国长丝织造协会）

　　"十三五"以来，我国纺织强国建设取得决定性成就，科技创新和技术进步取得显著成效。化纤长丝织造产业是我国纺织工业中发展较快的新兴产业，是最具市场活力和技术活力的产业之一，是为化纤高新技术材料提供应用支撑的新材料产业。"十三五"期间，化纤长丝织造产业大力推动科技创新和数字化改造，科技成果实现量质齐升，科技实力大幅增强，高质量发展取得新成效。

一、"十三五"期间的科技发展情况

（一）取得的成就

1. 科技创新成绩斐然

　　"十三五"以来，长丝织造产业规模以上企业的研发经费占主营业务收入的比例从不到1%，增长到了1%以上，部分重点骨干企业的研发投入占比超过了3%；"十三五"期间，行业推广了82项科技创新项目，表彰了52篇技术创新论文，大量科技创新成果获得行业认可，"喷水织造智能化技术的研发与应用""智能型分条整经机"等一批前沿科技项目成功通过验收，已在部分企业推广应用，创造了较高的附加值。"超仿棉聚酯纤维及其纺织品产业化技术开发"等2个项目获得了"纺织之光"中国纺织工业联合会科技进步奖一等奖，"喷水织造异经异纬涤纶织物生产关键技术研究及其产业化"等7个项目获得了二等奖，"涤纶新型休闲服用面料的研发及产业化"等6个项目获得了三等奖，较"十二五"期间科技创新取得明显进步。

2. 生产设备实现关键突破，数字化程度显著提升

　　（1）国产喷水织机性能得到较大提升

　　"十三五"以来，国产新型喷水织机在高速化、稳定性、可靠性、节能性和自动化、数字化等方面都显著提高，正在行业中快速推广和普及。

　　①产品适应性更强。新型喷水织机突破了原喷水织机对品种和原料的局限，发展为不仅可以织常规丝，还可以织粗旦丝、超细旦丝，及各种变形丝、复丝、金属丝等多种原料；不仅可以生产单层织物，还可以生产各种多层织物及特殊规格的纺织品，产量、质量和效率显著提升，产品的适应性更加宽泛。

　　②开口技术日益成熟。"十三五"以来，全行业喷水织机开始从简单的连杆开口机构快速地向凸轮、多臂、大提花等多种开口技术拓展，落后的开口装置正在被逐步淘汰。随着国产积极式共轭凸轮、电子多臂、电子大提花开口技术的不断发展成熟，喷水织机生产品种的复杂性、翻改品种的快速化以及运转的高速度、稳定性显著提高。这大大节省了品种更换时间和人力，减少了消耗，提高了生产效率，更好地满足了纺织品多品种、小批量和个性化的需求。

　　③织机速度大幅提升。随着共轭凸轮开口、高速电子储纬器等先进技术在喷水织机上推广应用，辅助设备不断优化改进，织机的运行更加平稳高效。"十三五"期间，国产喷水织机的实际生产转速提高了40%。

　　④自动化、数字化水平显著提升。随着永磁直驱电机技术的推广，喷水织机的精细控制和机电一体化程

度显著提升。越来越多的织机设备安装信息采集装置和数据传输接口，把织机从纯机械手动控制变为数控面板控制，借助ERP等管理系统实时采集数据，传输到监控室或手机端，解决数据孤岛，实现"云检测"，大大提升了织机的自动化、数字化水平，有效提高了生产效率和产品质量，为企业精细化管理打下基础。

（2）数字化整经系统得到应用

随着变频技术、数字化控制等先进技术在整经系统的应用，整经机普遍开始采用多套PLC、多套交流数字伺服变频控制，实现了运行恒线速、恒张力、高速度，定位准确，操作便捷。高精度控制的整经机在织造超细纤维织物，特别是锦纶长丝织物中获得了广泛应用，降低了物料消耗、提高了产品质量和品种适应性，为生产高端纺织面料提供了硬件保障。

（3）自动穿经机应用更加广泛深入

"十三五"以来，针对长丝细旦特性专门研制的化纤长丝自动穿经机已在企业中得到普及。生产效率上，每台自动穿经机工作量可相当于15~20名熟练工人，全行业投入使用的自动穿经机织机覆盖率已达到35%；国产自动穿经机装备研发水平显著提高，凭借高性价比逐步获得企业认可，应用占比进一步加大。

（4）浆丝机国产化率明显提升

"十三五"期间，具有自动控制功能的新型浆丝机普及率已达到20%，浆丝机自动化程度及国产化率也大幅提升。另外，随着科技的不断发展，长丝织造并浆联合技术得到突破，并实现了产业化应用。并浆联合机不仅解决了张力不均的问题，还大幅度地提高了生产效率和产品质量。

（5）智能立体仓储技术得到推广

目前，一些有条件的大型企业均已建立智能织轴存储系统、坯布存储管理系统等智能化立体仓储系统。该系统为每匹布办理"身份证"和通行证，可完成上千批次坯布的随时存放和调取管理，可实现单匹布的数字追踪，及时了解生产、运输进度，为进一步实现企业供、产、存、销的一体化数字管理做好准备。

（6）各工序信息化、数字化基础持续向好

随着长丝织造产业规模的进一步扩大，长丝织造企业对产业自动化、智能化的需求度越来越高，同时大数据技术发展也渐渐走向成熟，伴随着数字化科技公司的成长和发展，越来越多的纺机设备企业及信息技术企业主动选择与织造企业合作，共同投入长丝织造全流程的信息化、数字化改造中来，并取得了一定的成果，为未来实现智能制造迈出了坚实的步伐。

当前，智能化软件和在线控制系统已逐步走向成熟，并在整个行业规模企业中大面积使用，提高了企业数字化管理水平，明显提升了生产效率和生产质量，取得了较好的效果。江苏德顺纺织有限公司的"喷水织造智能生产线"，被中国纺织工业联合会评为"2019年纺织行业智能制造试点示范企业"。其他重点骨干企业也积极探索、主动实践，初步建成了数字化车间并投入使用。

3. 科技创新体系建设初见成效

"十三五"以来，为突破关键技术，解决行业生产中的难点和瓶颈，长丝织造企业纷纷与高校、研究院所及军方合作，建立了院士工作站和技术创新中心、重点实验室等技术创新机构。长丝织造企业主动邀请院士、教授等高级技术专家给予技术指导，促进产、学、研深度融合，并取得了丰硕成果。

4. 标准建设稳步推进

"十三五"期间，根据我国长丝织造行业的发展形势和要求，依据轻重缓急的原则，行业标准化建设迈出了坚实的步伐，取得了较好的成绩。先后组织相关单位制/修订了19项标准，占行业总标准的近60%，其中国家标准4项，行业标准15项。标准体系得到不断完善，为提升行业的技术水平、产品质量及国际竞争力发挥了积极作用。截至2020年底，长丝织造行业现有标准32项，多数为产品标准，其中国家标准9项，行业标准23项，标准体系初步建成。

（二）存在的问题

"十三五"期间，我国长丝织造产业科技进步取得了较快发展，但由于长丝织造产业以中小企业为主，量大面广，也出现了研发投入不足、标准化建设仍有待加强、专业人才供不应求、生产管理粗放等问题，一定程度上影响了我国长丝织造产业的高质量发展。

二、科技发展展望

当前，创新已居于我国现代化建设全局中的核心地位，科技自立自强正成为国家发展的战略支撑。以制造业为核心的实体经济，是保持国家竞争力和经济健康发展的基础，已成为世界各国的共识。制造业的科技创新是全球新一轮科技革命和产业变革的前沿阵地，数字化、信息化、智能化作为制造业升级的重要手段，不仅是全球先进制造业创新发展的主流方向，同时也成为催生新一轮工业革命的关键。

在此背景下，我国长丝织造产业比过去任何时候都更加需要科学技术解决方案，更加需要增强创新这个第一动力。"十四五"期间，长丝织造产业将进一步激发科技创新活力，加快产业数字化转型，促进产业向智能化迈进，实现中国长丝织造产业的高质量发展和创新驱动发展，为完善国家创新体系，建设纺织强国、科技强国中发挥更为重要的作用。

（一）新技术应用将更加深入，产业数字化基础将更加牢固

未来，"技术—经济范式"将加速从工业化向数字化演进，数字经济与实体经济必将深度融合。习近平总书记明确要求要"抢抓数字经济发展机遇"。这就要求长丝织造企业加快全行业落后设备的淘汰改造步伐，积极采用新技术，夯实产业数字化、智能化基础。

"十四五"期间，电子送经、电子卷取、电子多臂开口、电子大提花开口、永磁直驱电机等一些运行成本低、加工质量好、品种适应能力强的先进技术将在产业中大面积使用。

高效率、低能耗、自动化、数字化、智能化纺织装备，高速喷水织机、特种纤维织造装备等机织设备，节水型喷水织机引纬系统、断经自停机构等关键装置，在技术成熟后将逐步在全行业推广。

高速稳定、自动化程度高、节能降耗水平高的先进喷水织机的应用水平将逐步提高，低档次的简易喷水织机将逐步被淘汰，长丝织造产业将向智能化、高效率、高质量制造技术方向继续发展。到2025年，行业使用具有国际先进水平的织机比重将达到50%，全自动穿经设备的织机覆盖率将超过50%，具有自动控制功能的新型浆丝机、整经机的普及率提高到60%以上。

数字化平台将更加完善。通过ERP、MES管理软件，长丝织造企业可实现业务接单、核价、原料采购、物流调配、研发测试、计划调度、在制品流转、质量检验、入库、销售出库等无缝对接，实现在人流、物流、资金流最优匹配下的产、供、销一体化、高效化管理。

在生产设备自动化、数字化水平进一步完善的基础上，长丝织造产业将形成领域成熟的智能制造系统化解决方案，进而实现长丝织造企业数字化、信息化、智能化转型，为行业高质量发展赋予新动能。

（二）创新体系将更加完善

习近平总书记指出，针对产业薄弱环节，要实施好关键核心技术攻关工程，尽快解决一批"卡脖子"问题，在产业优势领域精耕细作，开发出更多"独门绝技"至关重要。长丝织造企业将持续加大研发投入，加强与高等院校、科研院所和行业上下游企业紧密合作，集中优势资源共同对行业急迫需要和长远需求的"卡脖子"关键技术进行攻关，解决行业部分关键元器件、零部件、原材料依赖进口的难题。长丝织造产业以企

业为主体、市场为导向、产学研用深度融合的科技创新体系将进一步完善。

（三）更加适应"双循环"格局，提高供给质量

习近平总书记强调，构建经济双循环，必须坚持供给侧结构性改革这一主线，提高供给体系质量和水平，以新供给创造新需求，科技创新是关键。未来，长丝织造企业将尽快适应当前社会个性化、差异化、品质化消费需求，推动生产模式和产业组织方式创新，持续扩大功能性、差异化优质纺织品供给，提升产品服务质量和客户满意度，推动行业对国内需求的适配性。

（四）更加注重人才培养，增强竞争软实力

创新驱动实质是人才驱动，数字经济时代的到来使企业对人才的要求达到了新高度。从一线工人到技术人员再到管理层，无一不需要适应性强、学习能力好、综合素质高的新型人才。企业需进一步建立健全人才引进机制和培训制度，完善岗位晋升体系和职工保障体系，培养人才、引进人才、留住人才。

（五）产业标准更加完善

根据《中国长丝织造产业"十四五"发展指导意见》，"十四五"期间，长丝织造产业将加快行业标准体系建设，全面推进行业标准化工作，力争将"化纤长丝机织物产品分类标准""绿色设计产品评价技术规范化纤长丝织造产品""喷水织机废水处理回用技术"和"喷气织机节能降耗"等长丝织造行业"十四五"重点标准研制项目列入国家标准制订项目。引导企业积极制订高于行业标准的企业标准。到2025年，行业中拥有一批特色产品的企业标准、尝试性制订化纤长丝织物CNTAC团体标准6项、新增行业标准15项、国家标准2项。

（六）重视科学规划，培育现代产业集群

"十四五"期间，长丝织造产业集群和产业园区将按照布局合理、产业协同、资源节约、生态环保的原则进行规划布局和功能定位。有条件的产业园将建设多层标准厂房，高效开发利用土地。产业园将更加合理规划能源供应、给排水、排污综合治理等基础设施，积极推广节能减排技术，推动绿色低碳循环发展。新集群政府将根据产业发展制定更加科学合理的创新发展政策，在招商引外资之余引导人才返乡创业、回家工作。从而夯实产业"基"，形成创新发展"策"，筑好人才队伍"巢"，最终构建创新能力强、信息化水平高、公共服务好、专业市场完善的现代集群体系。

当前，全球新冠肺炎疫情尚未得到完全控制，外部环境的不稳定不确定性依然很大，我国长丝织造产业正面临着诸多挑战。以制造业数字化、网络化、智能化为核心，结合新能源、新材料等方面的新突破而引发的产业变革，也为我国长丝织造产业带来了新机遇。站在新的历史起点，我国长丝织造产业面临着新的历史任务和时代课题，需勇于置身世界大格局之中，树立全球视野，在危机中育先机，于变局中开新局。我国长丝织造产业需要坚定信心，聚焦全产业链各环节，加快科技创新步伐，实现自立自强，提升行业数字化、信息化、智能化水平。这既是立足当前、着眼长远的战略布局，也是应对错综复杂国际环境带来的新矛盾、新挑战的必然选择。长丝织造产业将顺应时代发展潮流，打造创新驱动新引擎，实现数字经济下发展新业态，为"纺织强国""科技强国"建设以及全面建设社会主义现代化国家贡献来自长丝织造的力量。

"十三五"印染行业科技发展综述及展望

林 琳

（中国印染行业协会）

印染是纺织品生产链中产品深加工过程，是提升纺织产品品质的关键环节，在赋予纺织面料"颜色"主导属性的同时，增加其功能和价值。印染行业工艺技术复杂、产品附加值高，具有技术密集型产业的显著特点。印染行业是纺织工业"科技、时尚、绿色"创新发展的重要体现，也是纺织工业高质量发展的关键技术支撑。先进印染技术是提高纺织品品质的关键，是推动纺织工业绿色可持续创新发展的重要途径，是成为世界纺织强国必须占领的科技创新高地。

一、"十三五"印染科技发展取得的成效

"十三五"时期，我国印染行业在新工艺技术开发应用、新产品设计开发、信息化自动化等领域取得了一系列创新成果，实现了部分关键、共性技术的突破，科技创新和技术进步取得显著成效，行业自主创新能力、技术装备水平和产品开发能力稳步提升，有力地支撑了产业结构调整的持续深入、质量效益的稳定增长和行业创新发展不断深入。

（一）技术创新能力建设取得较大进展

"十三五"时期，我国印染行业深入实施创新驱动发展战略，行业科技创新体系日趋完善，对行业技术进步的支撑作用不断加强。

1. 研发体系建设加速

"十三五"时期，印染行业加快构建产学研用深度融合的技术创新体系，推动建立了国家印染技术创新中心、重点实验室、产业技术联盟等创新平台，研发行业共性关键技术，促进技术创新成果转化。一些印染企业成为国家级、省级高新技术企业，设立了技术开发中心、博士后流动站。截至2020年，与印染行业有关的创新机构包括：国家先进印染技术创新中心1个，国家及省部级工程技术研究中心8家，国家及省部级重点实验室11家，国家认定企业技术中心25家。这些创新资源分布在相关高校、企业及科研机构，通过持续的发展，已在先进技术的研发与应用等方面取得了突破性进展，为先进印染技术的自主创新提供了支撑，对引导印染企业提高自主创新能力起到了重要示范作用。

2. 标准体系进一步完善

标准化建设为印染产业发展提供了基础支撑，发挥了推动行业转型升级和供给侧结构性改革的保障作用。2016~2020年，印染行业共完成制、修订并发布印染标准36项，其中国家标准修订3项，行业标准制定18项、修订15项。在"十三五"末期印染行业产品和方法标准总量达到60项，比2015年净增加18项。

3. 研发投入强度增加

"十三五"时期，全行业创新意识进一步增强，大中型印染企业研究与试验（R&D）经费投入强度提高，创新能力稳步提升。2019年，35家重点骨干印染企业研发投入强度为3.33%，位于纺织产业链各行业骨干企业研发投入强度之首。

（二）科技成果助推产业新发展

"十三五"以来，印染行业坚持科技创新和技术进步，不断深入新技术的研究和应用。2016~2020年，印染行业共有3项成果获得国家科学技术奖，"纺织面料颜色数字化关键技术及产业化"和"苎麻生态高效纺织加工关键技术"获得国家科学技术进步二等奖，"超高速数码喷印设备关键技术研发及应用"获得国家技术发明奖二等奖。印染行业共有159项成果获得的"纺织之光"中国纺织工业联合会科技进步奖，其中一等奖19项、二等奖77项、三等奖63项。获得纺织科技奖的技术主要集中在以全流程数字化与智能化技术等为代表的数字化、智能化关键技术，高性能、功能化纤维、差异化纤维、复合材料等应用技术，以及绿色环保、生态安全技术等领域，跨界融合、协同创新成为印染行业科技创新成果的重要体现和创新形式。获得科技奖励的大批优秀成果，对于促进印染行业科技进步和可持续发展发挥了重要作用。

2004~2020年我国纺织行业累计获得国家科学技术奖64项，其中印染项目13项，占比20%。在纺织工业链条上印染行业具有明显的高技术产业特点。

（三）技术创新持续推进助力行业升级转型

"十三五"时期，在创新驱动战略推动下，一批具有较高技术含量、制约行业发展的共性技术实现突破和产业化应用，印染行业技术进步成效显著，有效推动了行业绿色发展，也使行业数字化制造和产品竞争水平得到提升。

1. 高品质印染产品制造技术进步明显，产业基础优势得到巩固

"十三五"时期，印染行业以市场为导向，加强印染技术工艺研究，优化生产工艺流程，加强与上下游产业协同开发，突破新型纤维染整技术、生态友好功能整理剂及其应用技术、多功能整理技术、印染复合工艺技术等染整加工技术，产品品种不断丰富，性能和品质不断提升，更好满足了消费者在服用性能、生态环保、自身健康与安全防护等方面的需求。

一是环境友好原料的印染技术有新突破。天丝、莫代尔、聚乳酸等新型纤维纺织品的印染加工技术不断成熟，攻克了天丝纤维染色过程中原纤化等技术难题，新型纤维纺织品的比重不断提高，产品性能明显提升，风格也更加多样化。再生涤纶、再生锦纶、再生纤维素纤维等生态环保再生原料的印染加工技术瓶颈实现突破，如再生涤纶纤维匀染性等问题，使其应用日益广泛。PTT、索罗娜等生物基纤维的印染加工技术不断完善，开发的高弹性品质感面料更好地满足休闲装和运动装的服用要求。

二是印染工艺流程及加工技术不断优化提升。在生产实践中，不断探索影响产品质量和品质的原因及影响因素，持续优化改进传统工艺技术，解决长期影响产品质量的技术难题，包括涤纶纤维染色过程中低聚物析出导致布面产生色点色斑问题、纱线产生白色粉末问题；一些品种的布面色差色花、染色牢度差等印染"老大难"问题等。多组分纤维面料的印染技术不断进步，短流程加工技术、不同纤维组分的同浴染整技术逐步提高，既能充分发挥各纤维优点，获得独特风格和功能的面料，又能实现加工过程的高效率和清洁化。一些典型生产工艺流程通过系统设计、优化、改造实现流程再造，生产效能大幅提升。

三是高性能、多功能、环保型的染化料助剂应用技术取得进展并推广应用。植物染料染色和印花技术不断获得突破，在部分企业实现了产业化应用。纱线涂料染色技术进一步成熟，涂料印花技术实现手感和牢度兼顾的效果。活性染料高固色率染色技术进步及普遍应用，提高了产品染色牢度和颜色重现性。分散染料的耐热迁移染色技术，提高了聚酯纤维及其混纺织物的洗涤牢度、汗渍牢度等色牢度指标；分散染料的高光牢度染色技术，使汽车用和家纺用聚酯织物具有高温下的超耐光牢度。低温、高性能、专用性和多功能等新型助剂的应用技术，在赋予面料多种功能的同时，保证产品的生态安全，改善面料的白度、手感和染色性能，产品品质明显提升。

四是印染制造技术手段更加多样化。印染复合工艺应用越来越普遍，双绉、缎纹、哔叽等基础结构的面料通过表面整理，兼具了悬垂感、舒适手感和挺括身骨等风格；印染与织绣等工艺结合，印染工艺与花型、图案和流行色等时尚元素的融合，使产品的差异化、个性化特征更加突出。数码喷墨印花技术取得巨大进步，印制速度和精度大幅提高，OnePass设备、数码+网印联合机、双面数码印花机等新型数码喷墨印花技术不断突破并得到应用。

五是高技术纺织品、功能性及智能型纺织品生产技术稳步提高。当前人们更加关注身体健康，越来越多的人投身到休闲、户外运动中，带动了功能性面料的发展。为顺应市场消费需求，印染行业功能性及智能型面料的生产加工技术不断完善，开发了吸湿快干、防臭抗菌、抗皱免烫、抗紫外线、抗静电等功能性面料，防辐射、防病毒、适应极端环境等高性能防护面料，具有气候调节、相变温控、蓄热调温、记忆功能等智能化面料。

2. 绿色先进技术与成果持续更新，行业应用逐步深化

"十三五"时期，一大批先进适用的节能减排技术取得进展和突破并实现推广应用，生物酶前处理、冷轧堆前处理、棉及其混纺织物低温前处理、针织物连续平幅前处理、化纤机织物平幅前处理等技术不断完善，在行业内得到普遍应用；小浴比和低能耗的气流染色、气液染色、溢流染色、无导布轮喷射染色、大容量低张力卷染等技术应用面扩大，成为间歇式染色的主流技术；低盐低碱活性染料染色、低尿素活性染料印花、无氟防水整理、水性聚氨酯涂层整理、机械柔软整理等技术进一步完善，应用面扩大；活性染料无盐染色、涤纶织物少水连续轧染、液态分散染料染色、分散染料碱性染色等技术得到突破并实现产业化应用。印染行业污染物治理和资源回收利用技术取得进展，中压蒸汽、天然气等清洁能源得到普遍应用；印染废水清污分流、分质处理回用得到普遍应用，常规处理技术不断优化，出水稳定性提高，生物膜深度处理及回用技术的应用面进一步扩大；定形机废气高效收集处理及余热回用技术不断进步、处理效率提高。绿色先进印染技术的进步和应用，促进印染行业整体清洁生产水平大幅提升，单位加工水耗能耗大幅降低，资源利用效率大幅提升，对全行业绿色发展起到重要支撑作用，印染行业环境友好成果初步呈现。与此同时，超临界CO_2等非水介质染色、张力敏感织物全流程平幅轧染、高盐高浓度印染废水源头减量及处理、低成本印染废水净零排放等前瞻技术研发取得重大进展。

3. 智能化、信息化技术获得巨大进步，产业化应用进程加快

随着技术进步和产业发展，印染企业智能化发展的内生动力增强，数字化制造在印染企业得到不同程度的推广应用。工艺参数在线监测与控制、染化料自动称量配制和输送、印花自动调浆、染缸集控、自动滴液等实验室打样系统、智能仓库等印染自动化装备和系统在行业内逐步推广应用，提高了加工制造能力，保证了生产稳定和质量一致性。自动化筒子纱染色进一步向大容量、高效、全流程方向发展，在部分企业得到实施，实现了从化料、上料、染色、脱水、烘干及物料转运全过程监控与自动化作业。骨干企业相继构建了自身的数字化生产体系、管理体系和服务体系，生产计划排单系统（APS）、资源计划管理系统（ERP）、制造执行系统（MES）、颜色的管理和异地传输等数字化管理系统在印染企业得到不同程度的应用，推动了生产、管理与服务的升级，企业运行效能得到大幅提升。部分企业初步建成了数字化生产车间、数字化工厂应用示范，走在了智能化印染领域的前沿。

4. 印染行业科技发展薄弱环节

"十三五"以来，我国印染行业科技实力和创新能力取得了长足发展，生产技术和主要设备处于国际先进水平，部分技术和设备已经处于领先水平，为印染行业持续健康发展提供了有力的支撑，但也面临着新的发展瓶颈和短板挑战：

一是随着印染行业发展对绿色、环保、生态要求的不断提高和中国环保政策法规的日益健全，众多中小印染企业在污水处理和回用、废气排放和治理、节能降耗减排等方面存在成本难题和相关处理控制技术瓶颈。

二是相对于生产工艺技术，数字化、信息化技术还有较大的现实需求和进步空间。装备的数字化和自动化程度偏低，在线检测和控制技术如智能验布等不能很好地满足生产需要，影响产品全生产过程的品质管理和控制；APS、ERP、MES、颜色的管理和异地传输等数字化管理系统不够完善，不能满足集研发、生产、展示、销售、系统集成与服务为一体的全球化智能工厂的发展需求。

三是在高端及功能、高性能防护和智能纺织面料领域国内外差距明显，与世界顶尖水平有较大差距。在高端面料和高级定制面料，功能性纺织产品和户外运动面料等领域，我国与意大利、法国、美国、日本、韩国等具有世界领先水平的国家还有较大差距。在热防护、辐射防护、化学品防护、微生物防护、弹道防护、核武器防护、生化防护、伪装防护以及光击、电击、极端环境防护等高性能防护纺织品的研究开发上，美国处于领先水平，我国在理论研究、原料开发、材料加工和功能检测方面取得了重大发展，但与国外先进水平相比仍存在不少差距，专用防护服装面料生产的系统问题尚需解决。在温敏、压敏、光敏、湿敏智能纺织品和电子智能纺织品的研究和生产应用上，美国处于领先地位，尤其是商业化应用的电子智能纺织品，如运动—健康检测类智能纺织品、电致发热类智能纺织品、能量收集类智能纺织品等，我国在光敏变色等纺织品方面取得了一些研究成果，但整体上缺乏自主创新的产品和技术。

四是还存在一些"卡脖子"技术，在特殊印染、高端印染装备和高端功能纺织化学品领域一些关键核心技术受制于人。计算机测配色系统是降低染料成本、提高产品质量、缩短生产周期必不可少的手段，我国印染企业使用的测配色软件和硬件，全部从美国的DATACOLOR公司和X-Rite公司进口。喷墨印花技术所用喷墨喷头目前全部依赖进口，我国在数码喷墨印花喷头方面的技术还不过关，在生产喷头的部件，如压电陶瓷、面板、胶水等方面技术储备不足，在材料选择、精密机械加工水平方面也有待提高。对提高纺织品品质具有重要作用的液氨后整理设备及液氨回收装备，技术全部掌握在日本和意大利手中，目前生产线全部依赖进口。高精度织物密度在线检测设备和自动纬纱调整器等，绝大部分控制在德国玛诺公司和莱默尔公司手中。在高色牢度及高鲜艳度染料、功能整理助剂和易生物降解纺织化学品等方面，我国还有较大差距，印染企业对国外产品依赖性高。印染技术研发的实验仪器和小样设备对国外产品依赖高，我国相关装备落后于欧洲先进水平，材料方面存在差距，也缺乏对染整加工工艺和技术进行系统研究的区域、行业平台，不能满足目前小批量、个性化、多品种、短交期、高品质的柔性化印染生产需求。

二、印染行业科技发展态势

随着新一轮科技革命和产业变革，印染技术日益凸显融合、绿色、时尚、智能的特征，未来发展主要体现在以下几个方面。

（一）以功能性、时尚化产品加工技术推动产业向价值链高端延伸

随着消费者生活质量的提高，消费者对印染产品的功能性和时尚元素的要求越来越高，功能化、时尚化正在成为印染产品的主要增长点。未来，印染技术将更加注重功能性纺织品印染技术、差别化高性能纤维印染技术、新型纤维印染技术和智能型纺织品印染技术的发展，并通过色彩管理及产业链的融合创新，赋予产品时尚元素。通过提高面料的科技含量和时尚元素，使纺织面料向舒适化、时尚化、环保化、多元化、个性化、多功能化和智能化方向发展，更好地满足消费者时尚美学、服用性能、生态环保、自然健康等多层次需求。

（二）以绿色化、生态化技术推动产业绿色发展

从全球范围来看，绿色发展正成为重要的价值来源，印染先进技术将继续向绿色化、生态化发展。通过研发使用生态环保型染料及助剂，突破一批关键共性技术；研发低能耗、低水耗、低污染物排放的印染清洁技术，降低印染加工过程中的资源消耗和污染物排放量，提高资源利用率；研发低成本高回用率的三废治理技术，提高资源循环利用水平，逐步实现印染业原料无害化、生产清洁化、产品生态化、废物资源化。

（三）以信息化、数字化技术赋能产业智能制造

信息化与制造业深度融合已成为重要趋势，智能制造将对全球印染转型升级发挥越来越重要的作用。物联网、移动互联、人工智能、云计算、大数据技术、区块链等新一代信息技术将与印染业深度融合，印染MES系统、ERP系统应用会更加广泛，装备数字化、网络化、智能化的升级改造进程加快。印染信息化、数字化、智能化技术的不断发展将促进印染产业在产品设计、生产制造、经营管理、物流配送、市场营销等各环节的信息化建设，推动生产模式向柔性化、智能化、精细化、高度集成化转变。

三、印染行业科技发展重点

"十四五"时期是我国纺织工业全面提升核心创新能力，发展成为创新驱动的科技产业的重要时期。印染行业将把握全球印染发展趋势，跟踪前沿和高端技术，加强关键技术研究和跨学科跨界融合创新，提升行业科技实力和创新能力，以科技创新催生行业发展新动能。

（一）加强高品质印染产品设计、制造技术的研发应用

进一步提高常规产品的印染加工技术，提高产品的品质和附加值。加大高性能染料和绿色环保印染助剂的研发应用，包括高固色率的活性染料、色谱齐全高上染率的酸性染料、高水洗高升华牢度的分散染料、高日晒牢度的阳离子染料，绿色生态安全性与应用性能兼顾的高性能、多功能性印染助剂。进一步突破差别化纤维、功能性纤维及其混纺、交织织物的染整加工关键技术，研发推广生物基纤维、再生纤维的染整加工技术，突破弹力纤维纱线的染色技术和高弹织物的松式印染加工技术，突破长丝纱线的经轴染色技术，研发圆网、平网高精度印花以及与数码喷墨印花的协同印花技术等。通过印染加工技术进一步提升完善，使印染产品布面光洁、手感符合消费者需求；染色产品色光纯正、饱满，色牢度优良、重现性好；印花产品图案清晰，富有层次感，颜色鲜艳明亮，色牢度优良，同时满足生态、安全要求，从而提高印染产品的外观品质和内在质量，改善产品服用性能和舒适性能，赋予产品更多价值。

加强功能性、智能型纺织品印染技术的研究，开发高端纺织消费品。进一步研发具有自清洁、抗菌防臭、防辐射、防水、防风、吸湿快干、透气、透湿、隔热、阻燃、抗静电等功能性整理技术和复合整理技术，提升功能纺织品性能，使产品具有优异的耐久性。突破温敏、压敏、光敏、湿敏智能纺织品和健康检测类电子智能纺织品的研究开发技术，开发具有调温、变色、长余辉发光、运动传感、生理健康指标自检测等功能的智能纺织品。

（二）深化绿色印染技术攻关和应用推广

低温、少水、少化学品、连续、高速、高效是绿色印染技术发展方向，进一步加大印染清洁化生产技术的研究开发。突破超临界CO_2流体染色、有机溶剂染色等非水介质染色技术、针织物平幅染色技术、活性染料无尿素印花技术、染液在线添加浸渍染色技术、多组分面料短流程印染加工技术。加大液态分散染料免

水洗染色技术、耐碱分散染料碱性染色技术、纳米涂料染色印花技术、活性染料低温少盐染色技术的研发推广。

低成本高效率是印染污染物治理技术发展方向，应持续开发污染物治理及资源综合利用技术。突破低成本高回用率印染废水深度处理技术，研究定形机、涂层废气，如气凝胶废气高效处理技术，研究碱减量PTA、丝光淡碱、活性染料染色无机盐等资源的回收利用技术，推进印染生产过程的废物资源化循环利用。

（三）提升自动化、数字化、智能化技术的专业化应用水平

印染行业作为制造业的一部分，有制造业的共性特征，也有自身的特殊性与专业性，印染智能制造技术将进一步向专业性方向发展。针对当前适应印染行业的MES等系统开发不够的现状，将智能化的共性技术与印染行业专业技术有机融合，开发适合印染行业的专用MES等制造系统，实现自动排产，设备参数自动采集，工艺—成品参数自动对应，生产周期和成本测算，部门间信息共享等功能。针对装备不互联、工艺不互通、产品不互动的情况，要推动智能制造标准体系建设，促进装备间的信息互联互通和数据共享，打通装备间信息壁垒，实现设备互联互通、边缘端和云端相互协调，接口标准化，数据协议标准化，数据实时传送、远程控制等。

（四）努力突破"卡脖子"技术领域的关键核心技术

尽管我国纺织印染工业总体已属世界强国，但在一些特殊印染及高端印染装备领域存在着明显的短板，仍有一些关键核心技术受制于人，成为我国印染产业安全和构建新发展格局的制约性因素。亟须在数码喷墨印花喷头、计算机测配色系统、液氨后整理设备及液氨回收装备、高精度织物密度在线检测设备和自动纬纱调整器、高色牢度及高鲜艳度染料、功能整理助剂和易生物降解纺织化学品等领域加大基础研究和关键核心技术攻关，实现重大突破。在保持我国常规印染技术世界领先地位的同时，推动我国印染行业形成产业链控制力和竞争新优势，解决"卡脖子"关键技术，突破行业薄弱环节，补齐发展短板。这也是实现印染科技自主可控，增强产业链、供应链自主可控能力，从根本上提升行业经济发展韧性，保障产业安全稳定发展的战略支撑。

"十三五"产业用纺织品行业科技发展综述及展望

李昱昊　李桂梅　黄景莹　季建兵　李冠志　白　晓

（中国产业用纺织品行业协会）

一、"十三五"期间行业基本情况

"十三五"期间，产业用纺织品行业贯彻落实《纺织工业发展规划（2016~2020年）》《产业用纺织品行业"十三五"发展指导意见》和《纺织工业"十三五"科技进步纲要》等，行业得到快速发展，创新能力稳步提升，科技进步取得显著成效。2015年我国产业用纺织品行业纤维加工总量1341万吨，2020年达到1916万吨，年均增长7.4%，占我国纺织纤维加工总量的比重由25.3%提高到33%。2016~2020年我国产业用纺织品行业工业增加值年均增长15.21%，行业有超过10家企业完成主板和创业板IPO。根据中国产业用纺织品行业协会（以下简称"中产协"）测算，2015年我国产业用纺织品行业的工业总产值1万亿元人民币，2020年达到1.6万亿元人民币，年均增长9.9%。2020年，行业骨干企业研发投入强度达到2.92%，比2015年增加0.57%；2019年，中产协跟踪的22家行业上市公司的研发投入强度超过3%；2020年，行业有5家中国大陆非织造企业进入全球非织造布40强。

（一）行业科技成果

2016~2019年，产业用纺织品行业共获得3项国家科技奖项（表1），1项专利获得中国专利奖金奖，15项专利获得中国专利奖优秀奖（表2）。"十三五"期间，行业共有100余项成果获得"纺织之光"中国纺织工业联合会科学技术奖。

表1　产业用纺织品行业获得国家科技奖情况表（2016~2019年）

奖项名称	奖项级别	项目名称	年度
国家技术发明奖	一等奖	高性能碳纤维复合材料构件高质高效加工技术与装备	2017年
国家科技进步奖	二等奖	工业排放烟气用聚四氟乙烯基过滤材料关键技术及产业化	2017年
国家科技进步奖	二等奖	高性能特种编织物编织技术与装备及其产业化	2018年

表2　第十八至第二十一届中国专利奖产业用纺织品行业获奖情况表

	级别	专利号	专利名称	专利权人
第十八届	优秀奖	ZL200910216913.6	制备间位芳纶纸所用的浆料、生产方法及由该浆料制成的间位芳纶纸及生产方法	烟台民士达特种纸业股份有限公司
	优秀奖	ZL200910227056.X	大型复合材料风电叶片及其制备方法	株洲时代新材料科技股份有限公司
	优秀奖	ZL201010527555.3	多轴向经编织物生产工艺	常州市宏发纵横新材料科技股份有限公司
	优秀奖	ZL201010590152.3	一种聚偏氟乙烯复合增强型液体分离膜的制备方法	天津膜天膜科技股份有限公司

续表

	级别	专利号	专利名称	专利权人
第十九届	优秀奖	ZL200910028171.4	多轴向经编增强复合材料的生产工艺	常州市宏发纵横新材料科技股份有限公司
	优秀奖	ZL201110293027.0	钻石型多轴向塑料拉伸土工格栅及其制造方法	泰安路德工程材料有限公司
	优秀奖	ZL201210067489.5	提高聚酯成形网亲水性的方法及聚酯成形网	江苏金呢工程织物股份有限公司
	优秀奖	ZL201210085342.9	一种同质增强型聚偏氟乙烯中空纤维膜的制备方法	天津工业大学
第二十届	优秀奖	ZL200310112092.4	一种纤维编织层加强的防渗土工膜及其制备工艺	佛山佛塑科技集团股份有限公司
	优秀奖	ZL201110119197.7	带单丝支撑材料的聚偏氟乙烯中空纤维膜的制备方法	浙江开创环保科技股份有限公司
	优秀奖	ZL201110432253.2	聚酯（PET）塑料土工格栅及其制造方法	泰安路德工程材料有限公司
	优秀奖	ZL201210044897.9	添加医用或保健辅料的卫生敷料生产设备及生产方法	奥美医疗用品股份有限公司
	优秀奖	ZL201310492612.2	一种抗污染中空纤维膜及其制备方法	天津膜天膜科技股份有限公司
第二十一届	金奖	ZL201310542807.3	一种高透气量非织造布覆膜滤料、其制备方法及其所用的覆膜装置	中材科技股份有限公司
	优秀奖	ZL201110041792.3	一种聚合物纳微纤维非织造布的制备方法	天津工业大学
	优秀奖	ZL201611163819.5	一种分次断裂的缓冲保护绳索及其制备工艺	山东鲁普科技有限公司

（二）行业标准化工作

标准作为产业发展和质量技术基础的核心要素，意味着行业话语权和主导权，是规范企业生产、提升产品质量、维持市场秩序、提升行业竞争力的重要手段。近年来，产业用纺织品行业以国家标准化改革和行业标准体系清理整顿为契机，深化落实行业标准化系统战略，强化标准示范引领，构建符合行业发展需求的标准化体系，充分发挥标准化工作在行业创新驱动和技术引领等方面的作用，有效推进行业高质量发展。

"十三五"期间，在中产协和产业用纺织品标委会的共同努力下，进一步完善了行业标准体系建设，截至2020年底，产业用纺织行业共有国家标准54项，行业标准82项；中产协根据行业需要组织制定并发布了11项团体标准，其中3项团体标准入选了工信部团体标准应用示范项目。行业初步建立了跨部门、跨行业的沟通协调机制，通过机制解决了相关标准的制/修订事宜，积极推动上下游行业间标准化工作；行业积极参与ISO标准工作，中产协获批担任国际标准化组织土工合成材料技术委员会（ISO/TC221）国内技术对口单位，以积极成员（P成员）身份参加相关国际标准化活动（表3）。

表3 "十三五"期间中产协团体标准情况表

序号	标准号	标准名称	备注
1	T/CTT 17001—2016	染色机织黏合衬	入选工信部"2017年百项团体标准应用示范项目"
2	T/CTT 17002—2016	拒油防污机织黏合衬	
3	T/CNITA 03101—2017	植绒面料复合地板	
4	T/CNITA 16102—2017	汽车装饰用植绒面料	
5	T/CNITA 16101—2017	高铁列车用植绒面料	
6	T/CNITA 16001—2018	汽车内饰用纺织品挥发性有机物和醛酮类物质的测定—袋子法	
7	T/CNITA 05101—2018	滤袋用聚四氟乙烯缝纫线	入选工信部"2020年百项团体标准应用示范项目"
8	T/CNITA 05103—2018	袋式除尘用非织造水刺滤料	入选工信部"2020年百项团体标准应用示范项目"
9	T/CNITA 09102—2018	一次性卫生棉条	
10	T/CNITA 09104—2020	民用卫生口罩	
11	T/CNITA 15104—2020	口罩带	

（三）行业科技平台建设

产业用纺织品行业现有7个国家企业技术中心，5家国家技术创新示范企业。"十三五"期间，行业成立了壳聚糖材料医卫应用技术、中国碳纤维复合材料应用技术、中产协非织造产业绿色发展等创新联盟，行业新成立了"中国汽车纺织内饰及声学材料技术研发测试中心——上海申达股份有限公司""中国产业用纺织品行业协会医卫用纺织品检测中心（广东）——佛山中纺联检验技术服务有限公司""中国卫生和母婴用品研发测试中心——浙江优全护理用品科技股份有限公司"等公共服务平台（表4），对相关领域产品的产业链协同创新、检验检测和市场拓展等起到了积极作用；行业建立了以企业为主体的多家产品研发基地（表5），这些研发基地加强与高校和产业链上下游企业合作，围绕行业共性关键技术开展项目研究，实施产学研用、校企合作创新。

表4 产业用纺织品行业国家企业技术中心名单

序号	企业名称	企业技术中心名称	地区
1	连云港中复连众复合材料集团有限公司	连云港中复连众复合材料集团有限公司技术中心	江苏省
2	新兴际华集团有限公司	新兴际华集团有限公司技术中心	河北省
3	中材科技股份有限公司	中材科技股份有限公司技术中心	江苏省
4	福建恒安集团有限公司	福建恒安集团有限公司技术中心	福建省
5	威海光威复合材料股份有限公司	威海光威复合材料股份有限公司技术中心	山东省
6	青岛明月海藻集团有限公司	青岛明月海藻集团有限公司技术中心	青岛市
7	重庆国际复合材料股份有限公司	重庆国际复合材料股份有限公司技术中心	重庆市

表5　产业用纺织品行业国家技术创新示范企业名单

序号	企业名称	序号	企业名称
1	北京东方雨虹防水技术股份有限公司	4	湖南鑫海股份有限公司
2	青岛明月海藻集团有限公司	5	威海光威复合材料股份有限公司
3	连云港中复连众复合材料集团有限公司		

（四）行业科技助力抗疫工作

自2020年初新冠肺炎疫情发生以来，中产协在国资委党委和中国纺织工业联合会党委领导下，挺身而出、积极行动、扎实工作，认真学习贯彻落实习近平总书记重要指示精神和党中央、国务院决策部署，第一时间投入抗击疫情战斗中。

一方面，中产协充分发挥扎根行业、贴近企业的优势，全力以赴保障口罩、防护服、熔喷布、纺粘布等抗疫物资应急生产；另一方面，根据疫情需要，中产协在最短时间内组织参与完成了《儿童口罩技术规范》（GB/T 38880—2020）国家标准、《民用卫生口罩》团体标准，发布了《熔喷法非织造布分类与标识要求指南》，配合国标委进行了儿童口罩、民用卫生口罩、日常防护型口罩、熔喷法非织造布分类与标识要求指南等标准、规范和文件的宣贯、解读等工作，完成了《日常防护型口罩技术规范》《儿童口罩技术规范》国家标准英文版报批工作，完成了市场监督管理总局《疫情防控应急医用物资标准体系研究》课题，进行了国内外口罩标准体系比对分析，以行业科技基础全力支持全国抗疫工作，得到了国务院领导和工信部、发改委、国资委、民政部、市场监管总局等国家部委充分肯定，得到了行业企业、疫情防控一线人员、社会公众等充分认同，有力地服务了疫情防控工作大局。在全国抗击新冠肺炎疫情表彰大会上，产业用纺织品行业共有5人获全国抗击新冠肺炎疫情先进个人、7个集体获全国抗击新冠肺炎疫情先进集体、3个集体获全国先进基层党组织荣誉。中产协被国务院国资委评为抗击新冠肺炎疫情先进集体。

二、行业重点领域科技发展情况

"十三五"期间，我国产业用纺织品行业持续进行科技创新和产业结构调整，多项鼓励引导政策落地实施，对纺织新材料产业的支持力度不断加强，我国产业用纺织品行业在科技创新、新产品开发、标准化工作和产品质量方面与发达国家的差距逐步缩小，在智能制造和绿色制造方面取得阶段性成果，行业各重点领域的科技创新工作都取得了进展。

（一）医疗卫生用纺织品领域

我国医疗卫生用纺织品一直在医用防护和卫生保健用品领域的应用较多，"十三五"期间，行业产品和工艺技术不断进步，逐步向防病毒、防渗透、高阻隔、抗静电、轻量化、超薄舒适、高透气和可降解等多样化方向发展，并从个体医卫防护材料逐渐发展到医疗用敷料、手术洞单、手术服、手术包、手术缝合线等高技术含量制品。我国自主开发的人造血管具有良好的力学性能、缝合性和长时间通畅率，目前已通过中国药品监督管理局备案，未来2~3年将进行临床使用，有望在3年内推广使用；聚丙烯单丝疝气补片，孔径大小及孔隙率可调、结构稳定、安全可靠，能促使胶原纤维的有序生长，已应用于外科手术修补；在抗击新冠肺炎疫情的过程中，行业研发突破了熔喷布水驻极、静电纺丝、聚四氟乙烯纳米纤维膜、可重复使用医用防护服等技术产品的产业化应用，积极助力口罩和防护服产品技术进步，为抗疫工作取得阶段性胜利做出了贡献；

智能健康纺织品方面，高智能感知的功能性材料及服装方面取得了一定进展，如开发了智能心电监测服，通过面料柔性生物电极结合可穿戴结构，将人体心电信号提取到云端后通过算法还原，可实现持续心脏监测功能。纳米导电纤维在智能服装中得以应用，能够有效采集身体动态信息，实时监控使用者健康状态。

（二）环境保护用纺织品领域

"十三五"期间，我国高温过滤材料已达到5mg/m³甚至超净排放水平，过滤压降≤800Pa，在控制颗粒物排放的同时降低了使用能耗，达到世界领先水平；高温过滤企业在制造业服务化、滤袋的远程运维等方面进行了有益的探索和尝试，企业通过过滤系统设计、施工、后期维护、废旧滤袋回收等方式，向用户提供"一揽子"解决方案，取得了较好效果；高温袋式除尘技术开发与应用公共服务平台开发了兼顾过滤效率、透气性和清灰周期等因素的新型高效过滤材料，完成了加速老化条件下纤维分子结构与性能变化的关联性研究；工业强基"高温除尘先进技术应用示范"项目深入实施，逐步由燃煤电厂等工程，拓展应用到钢铁厂超低排放等领域；行业中空纤维膜组件设备，已广泛应用于市政、印染、化工、制药、钢铁、食品、垃圾渗滤液、养殖等污染污水处理和城市生活用水净化等领域；矿山生态修复用、重金属污染治理、生态护坡加固绿化等土工纺织材料应用日益广泛，尤其是聚乳酸非织造布等可降解纺织品的推广应用范围正逐步扩大，这对于推动沙漠治理和棉田环境保护非常重要，并能使农作物明显增产。

（三）土工建筑用纺织品领域

"十三五"期间，土工用纺织品企业积极参与工程设计、工程施工和后期维护，由单纯的材料供应商逐步向综合服务商转换。我国自主研发的聚酯长丝纺粘针刺胎基布技术及装备，打破了发达国家垄断，产品达到国际先进水平，在"十三五"期间成为我国新型防水材料的主流胎基产品，提升了我国防水材料水平，被广泛应用于土木工程防水领域，提供了工程质量、降低了工程造价、延长了工程寿命；我国攻关研发的聚丙烯纺粘针刺土工布，不到0.6mm的一层土工布，能够同时满足耐酸碱性、耐低温冻融、抗拉伸强度和延伸性等要求，目前已运用于我国建设的最高规格机场——北京大兴国际机场跑道建设项目中，并在西安咸阳机场、安哥拉卡宾达国际机场扩建等项目中应用；双组分纺粘聚酯非织造材料，已建立试验生产线并完成了产业化验证，与传统防水卷材基布相比，具有更高强力和延伸率，可有效避免传统防水卷材胎基的脱胶现象，延长使用寿命；高强土工管袋已成功应用于河道湖泊污水清淤治理和围海造田海岸防护等工程建设。

（四）航空航天用纺织品领域

在航空航天领域，国产碳纤维复合材料、芳纶蜂窝材料已经运用到国产新型运输机、战斗机和直升机上；各类阻燃面料，降落伞绳、索、带已经运用到新型运输机和战斗机上，并部分运用到航天探测器的着落回收系统上；经编金属星载天线应用于神舟飞船以及各类卫星，采用极细金属丝合股及经编技术，使得天线重量减少90%以上；纺织材料还在载人飞船宇航服、仓内生活设施中得到了较多的应用。2017年4月20日，我国自主研制的第一艘货运飞船"天舟一号"发射进入预定轨道，并于4月22日与天宫二号完成首次对接，"天舟一号"使用的"半刚性电池基板玻璃纤维网格"技术成果，是航天器太阳能电池基板的重要部件；"天舟一号"货船环境对货包强力、有害气体逸出量、抗菌防霉性能、阻燃性、燃烧产物、抗静电性能等提出较高要求，柔性纺织材料制成的货包满足了相应要求，个别货包的最大装载重量可达180kg，顺利完成了"天宫一号"货运飞船的"太空快递"任务。2016年10月17日发射升空的"神舟十一号"飞船，是我国第六次载人飞行任务，也是创造我国载人航天在轨飞行时间新纪录的重要里程碑，为了适应严酷飞行环境和减轻结构重量，"神舟十一号"飞船的关键部位选用了高性能复合材料，三维立体纺织增强材料具有重量轻、强度高、抗烧蚀的优异性能，成为复合材料关键部件的首选增强骨架材料，显著提高了飞船性能。

（五）安防应急产业用纺织品

产业用纺织品行业作为高技术产业，相关产品主要用于自然灾害、煤矿事故、交通事故、公共卫生事件、社会安全事件等方面的监测预警、预防防护和处置救援。行业智能集成化复合土工格栅具有受力形变信息采集功能，可对土木工程主体进行受力形变情况采集和分析，对服役性能进行监测和预警预防；高强柔性矿用支护网，应用于国内外600余座矿井，近8000个综采工作面的回撤，节能降耗和安全生产效果显著；行业积极将核生化防护技术、野营帐篷、大口径储排水管罐等应用到应急管理项目中，提高了应对疫情和自然灾害的能力。

（六）军民融合产业用纺织品

行业积极开展军民融合军地需求对接，召开多次高层次会议，解读政策、沟通需求、展示技术，使军方更全面地了解纺织行业科技进展，通过组建涵盖总体设计、成型加工、织造及功能整理、关键纤维原材料和研究机构的合作体，承接了陆军装备部项目。将行业研究成果成功应用于新型航天器、重点型号军用飞机、大型舰船等项目，并在伪装屏蔽、航空救生、武器封装等领域发挥了重要作用；产业用纺织品行业企业参与国庆七十周年阅兵，在战略装备、飞机、携行具、单兵防护、阅兵国旗等方面都做出积极贡献；行业编织物特种编织技术与装备等成果已经应用到航母、神舟飞船、深海潜航器、大洋移动雷达、钻井平台等国家重大项目。

三、行业绿色发展和智能制造工作

（一）行业绿色可持续发展情况

"十三五"期间，产业用纺织品行业积极推进基于责任导向的绿色生产和企业可持续发展，行业内企业加大了节能减排的技术改造与创新的投入力度。

行业加快推进绿色可降解产业用纺织品的应用。短纤维类可降解产品应用取得进展，如以木浆纤维、黏胶纤维为原料，并通过湿法成网工艺，制备可降解、可冲散的非织造材料；以壳聚糖、海藻、蚕丝纤维制成的皮肤创伤修复材料及高档女性卫生用品。纯棉脱脂技术有了大幅提升，纯棉水刺非织造敷料没有磨脱的纤维屑，避免了由此引起的伤口感染，且手感柔软，具有良好的吸收性。

行业成立了中产协非织造产业绿色发展创新联盟（非织绿盟，NGA），启动非织造相关绿色标准，尝试相关认证吊牌工作，推动绿色可降解纤维和母粒在非织造布行业的应用，行业发布了非织造行业社会责任报告，积极引导全行业绿色可持续发展。

（二）行业两化融合和智能制造

"十三五"期间，行业重点推动纺粘、水刺、针刺非织造布生产线的全流程自动化，已经基本实现了纺粘非织造布自动料仓，非织造布卷材在线检测、自动分切、包装和物流，大幅降低了劳动强度和用工量；积极引导各领域重点企业和装备、软件企业建立战略合作关系，共同开发推动核心装备和工业软件的开发和推广应用，使ERP、MES等软件在企业中的应用逐渐提高；积极推动信息化和智能工厂工作。"十三五"期间，共有11家行业重点企业和1家产业集群加入行业智能制造试点示范工作，行业召开了两次非织造行业智能制造大会，促进了智能制造前沿技术、标准、实施经验的推广交流。

四、行业科技发展展望

（一）行业科技发展面临的问题

基础创新能力不足制约行业高端提升。产业用纺织品是技术密集型的行业，欧美日等国在此领域具有很强的优势，主要体现在高端装备、专用纤维和高附加值产品。相比于发达国家，我国在纤维材料领域的技术积累不足，装备的生产速度、质量稳定性、能耗和智能化水平与国外都有较大的差距，企业的技术力量比较薄弱，高校的研究成果难以有效转化，一些关键技术和产品迟迟未获突破，这制约了我国产业用纺织品的高端化发展。

重点领域尚未建立完整的产业链协同创新体系。产业用纺织品的发展和竞争是从原料到应用的产业链竞争，部分领域的发展受制于专用纤维和装备，市场拓展和质量提升需要加强与应用端的紧密合作。由于我国的产业用纺织品企业规模相对较小，产业集中度不高，单个企业难以承担协调产业链上下游的任务。目前行业推动建立的技术创新联盟在实际运行中都面临不少挑战，特别是在技术协同创新、产品应用推广使用等方面仍存在较大问题。

行业缺乏国家级科技创新平台和全国标准化技术委员会。目前，行业研发主要集中在产品开发和工艺调整上，创新资源相对分散，难以形成合力，科技创新的顶层设计和效率有待提升。全国纺织品标准化技术委员会产业用分技术委员会，承担着产业用纺织品领域的国内和国际标准化工作，其组织形式已经不利于标委会管理和专业化、系统化运行，不利于产业链上下游和行业间协调和交流，制约了行业标准化体系建设。同时，发达国家对我国高技术纺织品从技术、标准等方面都实施封锁，难以进行参照和对标，不利于通过标准引领促进我国产业用纺织品行业掌握国际话语权、形成国际竞争新优势。

（二）行业科技创新发展重点工作

完善科技创新体系，提升自主创新能力。加强行业创新体系的顶层设计和规划，充分发挥企业在行业科技创新中的主体地位，建立以高校、科研院所、行业重点实验室、区域创新平台、企业创新中心、检测认证机构为结点的矩阵式自主创新体系。推进国家高技术纺织品创新中心建设，重点突破医疗用纺织品、应急与公共安全用纺织品、环境保护用纺织品、航空航天用纺织品、国防军工用纺织品等领域的基础材料、重大装备、关键产品的研发和应用推广。

完善行业标准体系，加强重点领域标准化工作。继续完善建立结构合理、重点突出、协调配套、科学高效、适应发展需要的产业用纺织品标准体系，积极参与国际标准制/修订工作，提高标准国际化水平和国际话语权，推动全国产业用纺织品行业标准化技术委员会建设；突破重点领域标准化工作瓶颈，推动新材料、新技术、新工艺和新装备等工业基础技术标准体系建设，加快绿色制造、智能制造、军民融合等标准化工作。

加强行业关键共性技术攻关。充分发挥纤维材料、纺织机械、加工生产工艺、复合技术、后整理工艺等全产业链协同创新攻关能力，针对行业关键共性技术和薄弱环节进行重点突破。提升工艺技术装备的生产速度、稳定性和加工精度，提高核心零部件的国产化率，促进专用原料品质高端化和品类系列化，加快行业科技攻关成果的转化、推广和产业化示范应用，实现持续迭代改进。

深化行业智能制造和两化融合。持续开展智能制造试点示范工作，全行业生产向数字化、网络化和智能化有序推进，推广具备全流程自动化、生产状态在线监测和负反馈调整、智能管理等特征的生产线，开发和推广具有行业特点的工业大数据模型和生产管理系统，提高智能装备的国产化水平，加快智能制造技术应用和示范企业经验推广，通过智能制造技术提高行业生产效率，提高产品质量，降低生产和运营成本，培育发展产业新形态。

加快发展军民两用技术产品。加强与装备、后勤、军兵种、科研单位以及主要军工企业的合作，建立高层次对接交流平台，完善需求生产机制，定期编制纺织军民两用技术产品目录，推动行业在后勤保障、单兵防护、核生化防护、伪装屏蔽、武器装备和航空航天等领域装备研制、生产配套中发挥重要作用。整合行业优势资源，成立纺织军民融合重点实验室、工程中心和检测中心，推动纺织标准军民融合建设，加快军民两用技术的双向转化。

推动绿色可持续发展技术研发和产品应用。建立非织造绿色制造体系，制定实施非织造节能减排和清洁生产标准，推广应用先进节能、节水技术，进一步降低非织造生产工序的能耗水平。在卫生用品、擦拭材料、医用敷料等一次性产品和包装材料、农业用纺织品领域，加大可降解纤维及原料的应用比例、推动废旧纺织品的高值化应用。

（三）行业重点领域科技创新方向

1. 非织造纺织品

大力发展双组分纺粘、双组分熔喷、静电纺丝、聚乳酸纺粘、新型驻极等工艺技术及产品，加快闪蒸法非织造产业化技术攻关，提高非织造功能性整理水平，提高绿色可降解原料在非织造纺织品中的应用技术水平。

2. 医卫大健康用纺织品

大力发展可吸收缝合线、人体管道、人造皮肤、疝气补片、血液透析等纺织基医疗产品的研发应用，加快可降解卫护纺织品、可复用医用防护纺织品、可穿戴智能纺织品等的研发和产业化应用。

3. 环境保护用纺织品

大力发展超高温、超低排放、高效低阻、高精度大通量等过滤产品的研发应用，加快脱硝除尘一体化、反渗透膜、可降解空气过滤材料等技术产品的研发攻关，加快废旧过滤材料综合利用技术攻关。

4. 应急安防用纺织品

加快提升产品阻燃、防生化、防暴、防电弧、防核沾染、防刺防割等性能，加快柔性路面、输送软管、储液罐、油囊、应急救援帐篷、救援绳索、逃生救援通道等产品的推广应用，逐步形成面向不同应用场景的全维度系列化技术产品体系。

5. 新能源与复合材料用纺织品

大力发展中空夹心、芳纶蜂窝、囊体蒙皮、电池隔膜等纺织基复合材料设计加工技术的攻关研发应用；加快发展复合材料低成本制造技术，加快纤维基复合材料在轨道交通、风电叶片、高端装备等领域的推广应用。

6. 土工与建筑用纺织品

强化与下游应用领域的合作，大力发展具备高强、低伸缩、抗老化、抗紫外、耐腐蚀、绿色环保等功能和特点的产品技术研发攻关和应用推广，逐步完善产品开发、工程材料设计理论和施工规范，完善产品检测、认证和应用评价体系。

7. 国防军工与航空航天用纺织品

提升单兵个体防护产品的综合防护性能和舒适性，建立单兵防护系统综合评价体系，开发适应不同场景要求的纺织基伪装材料，开发应用于电磁屏蔽吸收、武器封装、飞艇飞行器等领域的高性能柔性复合材料。

8. 海洋产业与渔业用纺织品

加强海洋产业用大直径、定伸长、高强度、耐腐蚀、高抗污等功能型绳缆网产品技术攻关，大力发展特种海工缆、特种海洋用绳缆、无结网、节能捕捞网、深远海养殖网箱、深水系泊缆绳等产品技术。

"十三五"服装产业科技发展综述及展望

韩　婧　杜岩冰　杨金纯

（中国服装协会）

"十三五"是服装强国建设的重要时期，也是产业转型的重要时期。随着新一轮科技革命和产业变革蓬勃兴起，以信息技术、人工智能为代表的新科技浪潮，对服装行业的生产方式、发展模式和产业生态等方面都带来重大影响，重塑着设计、生产以及使用产品与服务的方式，为服装产业的升级发展带来了前所未有的历史机遇。在国际经济复苏乏力，中国经济进入新常态的背景下，我国服装产业明晰"科技、时尚、绿色"的新定位，在推动中国社会经济发展，满足人民对美好生活的向往上都发挥了重要的作用，同时也成为了世界服装产业平稳运行的重要力量。

一、"十三五"时期服装产业科技发展综述

"十三五"时期，行业科技创新动力显著增强，智能制造取得了突出成绩，企业装备水平、信息化建设明显进步，初步实现了全产业链上下游生态体系的优化，高效协同的行业创新体系日渐形成。

（一）科技创新动能显著增强

"十三五"时期，中国服装行业在由大转强必然的锻造过程中，全行业对于科技创新有了深刻的认识，并进行了一系列富有成效的实践，行业科技进步工作取得了开创性进展，推进了制造技术、制造系统和制造范式的产业革新，行业运行发展质量得到了明显提升。

"十三五"期间，中国服装协会组织行业围绕科技发展的关键点，开展了一系列如"中国服装科技发展会议""中国服装杭州峰会暨首届中国服装智能制造大会""中国服装定制高峰论坛""中国服装定制智能制造示范工厂参访活动""中国时尚产业定制新模式研讨会"等具有行业影响力的专题交流活动。其中，"第四届中国服装科技发展会议"通过汇集行业科技资源，评选并表彰了28项行业优秀科技成果；"第五届中国服装科技发展会议"对24项行业科技创新实践进行了表彰，并对47项优秀科技成果进行了推广。这些活动通过搭建有效的行业科技资源平台，有力地推动了行业科技创新及创新成果的产业化应用，增强了行业企业的科技创新意识，促进了协同研发，引导和推进了行业工业化和信息化的深度融合。

（二）生产装备水平明显提升

"十三五"以来，在两化深度融合和自主创新的推动下，服装企业与关联产业企业紧密合作协同创新，服装行业通过整合或借力各种优良科技资源，积极开展与关联产业企业的协同创新工作，推动了机电一体化、精密传感、工业机械手、计算机图像识别和云计算、大数据分析等技术在缝制机械的集成创新应用，服装制造装备按照人工转机械、单机转单元、机械转自动和智能的原则，呈现多样化、专业化、精细化、自动化和功能智能化发展趋势。服装生产设备的单元自动化和智能化水平明显提高，在单机层面和服装制造流程层面取得了众多创新成果，形成了包括智能服装设计裁剪系统、全自动缝制单元系统、服装全品类自动整烫流水线、以RFID为核心技术的全自动立体仓储物流配送系统等在内的智能化系统。单元机全自动上料和收

料装置普遍应用，机器人或机械手抓取及传送技术取得积极进展，吊挂及带式智能衣片输送技术与自动缝制单元、模板缝制系统的集成应用全面推广。在西服、衬衫、T恤、西裤、牛仔裤的生产示范企业生产流程中，自动机的使用率已达到80%，专用自动缝制机和单元自动缝制系统具备产线配套供货能力。

（三）信息化建设应用稳步推进

近年来，服装行业通过基础制造装备改造和各环节管理信息系统的优化集成应用，提高了系统功能与企业业务流程再造的适应度，基本实现CAD、CAM、FMS、WMS、SCM、MES、ERP等信息系统的无缝连接，实现了生产订单自动导入、现场数据采集及可视化分析、设备能源分析、故障预测、产品质量检测等，初步实现服装企业数字化、信息化、网络化。此外，服装3D虚拟技术取得迅速发展，已基本实现服装三维设计、三维试衣、CAD+CAM、三维虚拟供应链平台的系统集成；"互联网+"技术应用加快，线上线下全渠道融合发展在行业企业普及；企业级数据中心、知识库、供应链平台快速推进，设备的数据采集与控制技术得以应用，设备运维云平台、PLM云服务平台、"系统+物联网+MES"管理平台等服务云平台不断涌现，服装行业智能制造整体解决方案日趋成熟，工业互联网平台建设进入实质性阶段，全行业两化深度融合和综合应用水平大幅提升。

（四）服装生产制造模式创新发展

服装消费具有多品类、快频率和个性化特征。随着我国经济社会的持续快速发展，多元化的弹性需求成为新的消费特征，单一企业单一产品无法满足个性化的服装消费需求。服装大规模定制实现了以客户定制需求完成服装定制的快速高质量的生产，其作为一种现代先进制造模式日趋成熟，在行业内实现了有序推广。2017年，《服装定制通用技术规范》（GB/T 35447—2017）、《服装用人体测量的尺寸定义及方法》（GB/T 16160—2017）等大规模定制相关标准的正式发布实施，计算机辅助三维人体测量、款式和样板设计系统不断完善，计算机控制自动传输设备和生产制造数控集成系统在裁剪、缝纫、整烫等生产过程中应用覆盖面逐步扩大，服装大规模定制企业在单量单裁、自动裁床、柔性生产加工、自动化仓储物流、基于互联网的信息交互平台等单元技术的应用已经成型，服装3D可视化及模拟技术取得了一定进步，形成从客户订单，到定制生产，再到物流，最终将定制产品送达客户手中的闭环。大规模定制生产模式利用工业互联网技术构建以客户为中心，按需生产的新型消费和产业形态，推动了服装产业的全面转型升级。

（五）智能制造发展实践成绩显著

2015年7月，中国服装协会组织专家正式启动"服装行业智能制造专题研究"，并于2016年编制完成《中国服装智能制造2020推进计划》。为"十三五"期间行业科技工作的开展方向提供了重要的指导。

随着行业智能制造工作的深入，智能制造发展方向得到了全行业的高度认同和重视，服装企业积极行动，以智能制造作为企业转型升级的目标和方向，进行了一系列探索和实践，智能制造实践成绩显著。CAT/CAD/CAM系统的集成运行，大幅缩短缝前段的准备时间，提高了生产效率和产品质量，实现快速反应；在缝制段，柔性制造系统、自动化缝制单机、单元机及自动缝制模板系统快速普及，企业通过生产流程再造，使装备与工艺完美匹配，基本实现了单元自动化生产和生产流程自动化；在缝后段，自动整烫流水机、自动柔性整烫流水线和以RFID为核心的全自动立体仓储物流配送系统广泛应用。

在制造流程自动化、智能化的基础上，智能车间、工厂整体解决方案日趋成熟，一批行业优势企业启动智能化生产车间、智能工厂建设，重点打造智能制造平台，针对技术瓶颈，整合信息技术和分析系统，已初步形成了包含测体、设计、试衣、加工的自动化生产流程，及包括检验、储运、信息追溯、门店管理等在内的信息化集成管理体系，并通过自动化、柔性化、智能化的高度集成，建成了集自动化缝制单元、模板自动缝制系统、智能吊挂系统、柔性整烫系统、RFID自动仓储系统和物流配送系统于一体的西服、西裤和衬衫智能化生产车间。

"十三五"期间，服装行业入选工信部智能制造试点示范项目5个，入选工信部智能制造综合标准化与新模式应用项目2个，并有2家企业获得工信部制造业单项冠军。

（六）行业科技创新体系日渐形成

近年来，服装行业积极贯彻落实中央关于工业转型升级、供给侧结构性改革、中国制造2025等战略部署，积极推进创新体系建设，不断增强行业转型升级发展的科技创新驱动力。

2016年5月，中国服装协会在国家工业和信息化部消费品工业司的支持下，牵头成立了中国服装智能制造技术创新战略联盟（以下简称联盟）。"十三五"期间，联盟通过优化行业科技创新领域的资源配置、加强跨界协同创新、加速成果产业化应用，对服装行业科技创新发展起到了重要的引领和推动作用。联盟选取属于智能制造发展基础、创新条件较好的生产加工段为主攻方向，围绕"'三衣两裤'（西服、衬衫、T恤衫、西裤、牛仔裤）大类品种流程自动化研究与实现"开展工作，推进成员间的协同创新。联盟第一阶段任务"'三衣两裤'单机与流程自动化"已于"十三五"期间基本实现，第二阶段任务"'三衣两裤'部分智能功能的流程自动化"已启动，计划在"十四五"期间实现部分智能自动化制造。联盟目前拥有成员55家，包括4家协会、8家研究机构、19家服装企业和24家设备/软件供应商。

2018年，中国服装协会依托中国服装智能制造技术创新战略联盟，在杭州艺尚小镇牵头成立了中国服装科技创新研究院（以下简称研究院），并于2021年3月实现正式运营。研究院聚焦服装科技创新领域，致力于服装科技创新领域的成果研发，着力建设中国服装AI大数据、5G智能柔性生产、快反供应链、智能可穿戴、中小企业SAAS应用等研发中心和咨询培训、供应链协同、技术合作等服务平台，深入开展人工智能、大数据、智能零售、AI设计、绿色材料、区块链等技术的研究和应用，将加快以政、行、产、学、研、用相结合的方式，开展推动成果扩散应用的资源优化配置、信息交流传递、实践教育培训等服务，逐步成为服装行业整体进入科技自主转型创新的崭新起点。

截至"十三五"末，服装行业拥有国家级企业技术中心12家，新增两化融合管理体系贯标试点企业10家、国家技术创新示范企业2家、服务型制造示范企业1家、绿色制造示范工厂10家。此外，5家企业入选工信部双创平台试点示范项目，1家入选工信部工业互联网试点示范项目。服装企业的知识产权意识和研发实力显著增强，授权专利数量较"十二五"末增长超过两倍。

（七）标准体系优化进展明显

"十三五"期间，服装行业（全国服装标准化技术委员会归口管理）标准数量大幅增长，5年共完成54项标准制/修订工作，其中国家标准36项，行业标准18项，较"十二五"期间增长116%；标准结构进一步优化，新增标准项目更加关注行业创新发展，更加聚焦测试方法、技术要求、婴幼儿健康安全及服装数字化相关领域。新型标准体系建设成绩显著，中国服装协会团体标准化技术委员会成立，并累计完成28个标准计划立项，19项团体标准的制定发布，特别是服装企业诚信管理体系、服装企业信息化和工业化融合管理体系、依托中国服装智能制造技术创新战略联盟制定的9项服装智能制造系列团体标准的发布实施，使服装领域标准体系更加完善，对行业发展支撑作用更加明显。

二、服装产业科技发展展望

"十四五"时期，服装行业将掀起高质量发展的新篇章，以提质增效为主要目标，以数字化转型、智能制造和质量品牌提升为主攻方向，着力提高行业企业持续创新能力，把服装行业打造为数字经济时代具有国际竞争新优势的新型产业生态。

（一）科技创新体系发挥重要支撑作用

"十四五"时期，行业科技创新体系将日渐完善，推动行业形成以科技创新带动全面创新的新局面。中国服装智能制造技术创新战略联盟将进一步增强对行业科技创新工作的推进和引导作用，与中国服装科创研究院形成合力，整合科技创新资源，建立与各类科技创新主体紧密联系并有效互动的科技创新体系，有效提高产业链各环节协同能力，减少信息孤岛；开展应用研究及基础标准制订，推动产业链标准体系建设，完善服装行业标准化支撑体系；引导企业与科研院所、高等院校联合，建立企业自主创新的基础支撑平台，提高自主创新与集成创新能力，加强工程实验室、工程中心、企业技术中心建设，增强企业科技创新活力，促进科技成果转化。

（二）智能工厂建设由"顶层设计"向"落地实施"转变

"十四五"末是"中国制造2025"的收官之际，我国服装业将在"互联网+服装产业"和"人工智能+服装产业"推动下，实现具有自感知、自学习、自决策、自执行、自适应的智能制造。企业运营机制将进一步完善，制造环节的自动化、网络化、智能化水平全面提升，"机器换人"关键技术取得突破、智能协同缝制单元形成产业化应用，物联网、云计算和自动化控制等技术广泛应用，促进生产装备和生产流程实现优化更新，设计、生产、物流、仓储等环节高效协同。以行业龙头企业、互联网平台企业为主导，建成服装加工智能模块化单元集成生产线，智能生产线、智能车间、智能工厂有序建立，使智能制造水平大幅提升。

（三）规模化定制生产模式大范围应用

规模化定制产业技术改造、模式创新、供求交互等关键领域标准和规范的进一步完善，将有效提升定制产品的质量和生产效率，形成完整全面的服装规模化定制管理体系；数据驱动的新型服务模式将推动高效的响应式生产及服务体系建设，规模化定制服务体系进一步健全；交互平台技术、模块化设计、便携式三维人体测量技术和装备、服装3D虚拟现实技术下的设计与研发技术的突破，推动定制需求获取、敏捷设计、人体数据采集、虚拟试衣、样版和工艺的自动生成、柔性生产加工的无缝连接；企业运营能力、产品质量、合体度有效提升，推动产品从合体向时尚转变。

（四）工业互联网平台推进服装制造整体素质大幅提升

服装行业工业互联网建设具有横向产业链协同特点，也具有纵向的数据采集、数据管理、数据应用等特点。自动识别技术和无线通信设备将加快物联网缝制设备的互联和数据采集，推动企业研发设计、生产制造、检验检测、技术标准、工程服务、数据管理等应用信息"上线上云"；5G、大数据、云计算、边缘计算、人工智能、区块链、数字孪生成为工业互联网平台建设的有力支撑，企业生产经营各环节的资源集聚与连接能力增强，以新型工业操作系统和工业APP架构为核心的智能服务生态初步构建，工业互联网平台将支持服装行业信息化管理，推动服装工业要素、价值链和产业链重构，服装制造整体素质大幅提升，逐步形成大中小企业各具优势、竞相创新、梯次发展的数字化产业格局。

我国纺织品检测行业和技术的发展及展望

冯　文　陈加亮

（广州检验检测认证集团　福建省纤维检验中心）

一、行业发展历史

正所谓"往事者所以知今也"，准确分析我国纺织行业检测技术的现状，就要厘清我国纺织检测行业的发展历史。改革开放40年来国内经济社会的快速发展，我国纺织检测行业的发展也可以以改革开放为主要节点分为三个阶段：萌芽期、起步期、发展竞争并行期。

（一）萌芽期

改革开放之前，为了保障生产、解决穿衣问题，国营纺织厂和行业管理部门成立相关的内设部门或机构开展纺织原料和半成品的检测，此时的检测主体具体有三类：国营纺织厂内部的检测部门，原纺织工业部和地方纺织工业局所属的一些检测机构，原国家标准局和地方标准计量局下属的纤维检验所。除了纺织厂保障生产的检测外，其他检测以计划经济年代下的行政管理为目的。如广州市原棉检验所（现广州市纤维产品检测研究院）成立，一个重要的原因是20世纪60年代从外地调入广州的纺棉商标不符，导致需要降等降级使用，造成了经济损失、影响了质量稳定，设置地方原棉检验所的初衷是对外地调入的原棉进行公证检验，并与当时的中央纤维检验机构对口。由于纺织检测机构数量较少，纺织检测市场也还未诞生，这个时期其实并没有纺织检测行业的概念，但是这些检测机构对检测技术进行了前期积累，部分机构成了当今国内检测市场的中坚力量。因此，这个时期是我国检测行业的萌芽期。

（二）起步期

改革开放之后，随着我国发展重点转向经济建设和工业建设，资金、技术、人力和土地等资本要素优化组合推动了世界纺织工业在我国落地，并得到蓬勃发展，我国纺织工业原料棉、毛、丝、麻和化纤产量大幅增加，纺织服装产量从过去长期偏紧转变为供应充裕，纺织工业在解决全国人民"穿衣"问题后开始走出国门，参与世界分工和市场竞争并成为我国当下最具竞争力的产业之一。西方等发达国家不甘于我国主导全球纺织品贸易市场，在21世纪初，设置各种技术性贸易壁垒，对纺织产品通过建立法规、出台指令、设立标准等手段，提出一系列有害物质限量类的质量达标规定，并要求出口产品能提供符合的检验报告证明，由于之前我国检测技术的发展主要是为了保障生产，因此国内检测机构的人员、设备、技术、经验、标准等方面在初期难以满足服务出口产品质量检测的需要。此时，国外一些检测机构，如SGS、ITS等看准时机，登陆中国市场，为出口产品提供质量检验服务并获得丰厚的利润。技术壁垒造成我国出口受损、对国外技术法规的研究促使我们认识到产品质量的重要性，国内标准体系的逐步完善和出口需要，使国内检测需求的逐步增加，我国检测机构在底子薄、技术弱、装备差的条件下艰难起步。

（三）发展竞争并行期

2010年以来，随着我国经济实力进一步增强，人民生活水平得到了极大的提高，社会的质量意识、环保意识和品牌意识也极大增强。同时在国家实施质量强国战略导向下，中央政府将检验检测定位为能培育壮大战略型新兴产业和促进产业结构升级的高技术服务业，并予以重点支持和发展，各级政府质量主管部门也将推进检验检测机构市场化改革，作为整合检测资源、支撑提升产品质量监管服务能力和水平的重要抓手。借此时机，一批嗅觉灵敏的民营企业家迅速购置检测设备、招募技术人员开办检测实验室，甚至一些原来在事业单位的骨干人员也趁机下海经商开办检测实验室，大量资本也闻风而动、带着回报期望紧跟进入检测领域，这些都导致了国内检验检测行业在近10年获得了极大的发展。当今纺织检测行业组成已经从原来单一的行政加国有转变为民营居多、国企事业单位占少的结构。另外，从事纺织品检验的机构数量也在不断增多，一批原来仅开展纺织品检测的机构已经从单一的纺织品检测扩大到皮革产品、电器产品、家具等产品的检测；一些原本不开展纺织品检测的实验室也进入纺织品检测行业。整个行业交叉快速发展使纺织检测行业很快进行一个拼价格、拼周期、拼服务的激烈竞争时期。

二、检测行业现状

检测在我国发展的历史就是一段检测机构数量由少到多，检测范围和对象由点到面，检测能力由弱到强，支撑行业质量发展的作用由小到大的曲折历程。随着2012年原国家质量监督检验检疫总局发布的《质量监督检验检疫统计管理办法》的施行，国内检测机构的数量、营收、规模等信息才作为一个行业摸底数据被真正统计整理出来，检测行业的概念被广泛接受。

（一）机构数量

对中国合格评定认可中心认可的、在国内运营的纺织品实验室进行统计，截至2020年底，全国检验机构中从事纺织品检测的机构有418家，分布在国内31个省级行政区（图1），其中广东、浙江、江苏、上海、山东、北京、福建检验机构数量较多。这些地区经济相对比较发达、纺织产业集中度较高，对检测技术服务的需求较大，相应检测机构也较多，因此检测机构的分布和地方经济以及产业关联度较高。

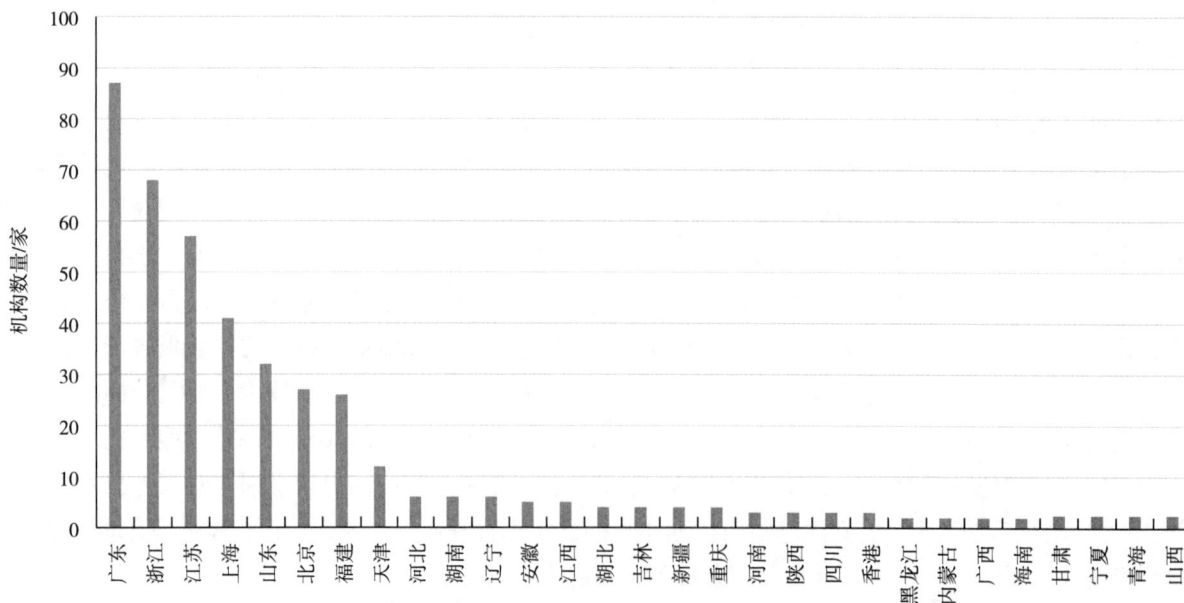

图1　2020年31个省级行政区纺织品检验机构数量

（二）机构体制

对纺织品检测机构体制分析，当前我国纺织品检验检测服务业是事业性质、民营性质、外资性质和国企性质并存的局面（图2），其中事业单位和民营机构数量最多，占比接近；外资机构较少，占比接近16%；国企数量最少，约为10%。在数量最多的160家事业单位性质的纺织品检验机构中，9成是原质检系统下属的质量监督检验检测机构，而其中3成又是专业的纤维检验机构，总数为48家。

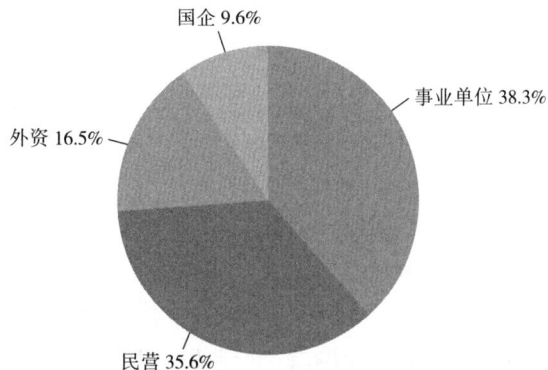

图2　我国纺织检测机构体制构成

（三）机构规模

对当前分布在全国的418家纺织品检测机构从业人数的不完全统计分析，纺织品检测行业中专门从事纺织品检测的机构数量不多；综合型检测机构中专业从事纺织品检测的人数也不多。检测机构的发展使得纺织品检测逐渐成为其检测事业线中的一部分。从事纺织品检测小于50人的单体实验室占了绝大部分，约占机构总数的69%。50~100人的约占20%。100~200人的占比不足10%，大于200人、专门从事纺织品检测的单体实验室屈指可数。目前，纺织品检测行业年人均营收约为30万，与同为检测的其他行业，如食品检测、电器检测、医疗检测还是有不少的差距。

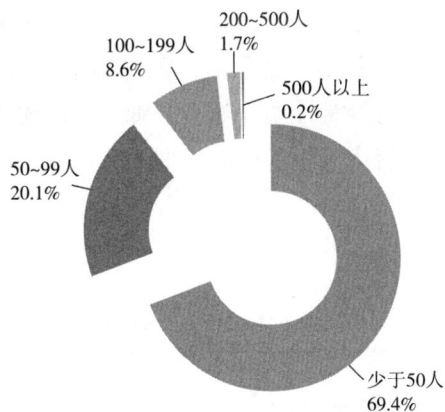

图3　机构从业人员数量构成

（四）存在问题

尽管这几年我国检测行业的经济体量在不断增大，年均增长速度一直跑赢其他传统行业，但仍然存在一些不容忽视的行业问题。整个检测行业"小""散""弱"的总体特征在纺织检测领域尤其明显。小主要是指纺织品检测机构普遍人员数量、实验室面积、设备台套数、营收规模比较小；散主要是指纺织检测机构地理位置分散、条块分割严重，没有形成集团化规模化经营；弱主要是指检测能力不强、技术服务水平不高，离推动行业发展、支持质量创新和提升的期望相差甚大。

由于纺织品检测机构"小""散""弱"的特征，当前纺织检测行业竞争异常激烈。在广东省，从事纺织品检测机构的有80多家，在上海市，从事纺织品检测的机构就超过了40家，市场过度饱和和检测机构"弱"的特征，通常竞争的手段就只剩下价格。当前，在纺织品检测领域中一些大宗的测试项目，如纤维成分含量和色牢度等项目，一份检测价格已经跌至几十元，一份报告合计起来价格可低至300元。这些给当前纺织检测行业良性发展造成了一些问题。

三、检测技术发展

影响纺织品检测技术发展的是检测需求，具体而言，和检测的对象、检测所执行的标准、检测所使用的设备以及科学技术的发展等相关。根据检测行业的发展历史，检测技术的发展相应地也可以划分为：行业发展萌芽期，主要依靠人感官评价加一些简单仪器测试；行业发展起步期依靠现代分析仪器测试；行业大发展期，主要基于现代分析测试技术之上全方位技术服务。

（一）萌芽期

在行业发展萌芽期，检测的对象主要是棉纤维、纱线等中间产品。因此，检测技术的发展和这些产品的质量指标密切相关，如检测棉纤维的线密度、回潮率、疵点、马克隆值、含杂率、断裂比强度、分级等。检测棉纱的捻度、均匀度、断裂强力、疵点，线密度等。检测棉布的断裂强力、断裂伸长、长度幅宽、密度、疵点等。由于检测的目的是保障生产和防止最终产品出现一些外观上不能接受、耐用度不够的质量问题，加之当时工业技术发展的落后，因此检测技术主要是眼看手摸外加简单的物理性能的测量。如皮辊棉，其重要的品级质量主要根据色泽特征和轧工质量的外观来评价，由于外观评价中的一些描述带有经验性质，如"色呈洁白、乳白或略带奶油色，富有光泽""稍有叶屑，轧工好，黄根少"等。这些质量描述难以量化，测试非常依赖人员经验，因此又由相关有经验的人员制作了不同品级的实物标准，传递给各检验机构在测试时进行实物比照。还有棉花的长度采用手扯尺量法，检测时由检验人员双手平分，抽取纤维，反复整理成没有丝团、杂质和游离纤维的平直棉束，由于手扯这一过程影响测试结果，因此检验人员需要反复训练才能掌握。对于布料而言，一些质量检测也同样具有经验性质，如有关疵点的描述"竹节、百脚、浪纹、云织、修正不良、星跳……"等不仅不好理解，即使有生产经验的人员理解并进行准确检测，也存在不少困难。还有织物的密度主要依靠人眼在放大镜下进行识别计数或者手工拆解计数。目前，仍有不少纺织品的质量测试依赖人员经验和手工操作，具体见表1。

表1 纺织品中依赖人工测试的项目

质量指标	检测方式	检测仪器
棉花品级、棉结杂质、条干均匀度、织物密度、布面疵点、色差	目测	
棉花长度、织物长度幅宽	手扯+尺量	尺子
棉花中异性纤维	手工挑拣+称量	天平
棉花含杂	估验	

（二）起步期

在行业发展的起步期，纺织工业繁荣发展、各种日用纺织品层出不穷，出口形势的良好、消费意识的苏醒以及标准体系的建立，使各类纺织制成品有着现实的检测需求，一些关乎产品质量的新检测项目被纳入标准和测试中，如纺织制成品中的纤维含量、耐磨性能、毛织物含油率、胀破强度、色牢度、汽蒸尺寸变化、水洗尺寸变化率、干洗尺寸变化率、起毛起球等。在改革开放之后国内经济好转，化纤工业、农业种植业、畜牧业也发展起来，纺织材料的来源也逐渐多样化，丝、毛、麻、各种化纤等也作为纺织加工用原料进行纯纺或者混纺，或者与传统棉纤维进行混纺或交织，纺织制成品的风格、性能变得多样化。由于原料与成品价值相关或作为产品的使用说明，对成分或者毛纤维的含油率进行检测成为需求。同样由于洗衣机作为可以购买得起消费品逐渐进入当时的日常生活，水洗尺寸变化成为很受关注的质量项目；一些高档的毛衣由于日常维护如干洗、整烫的需要，其相关的干洗尺寸变化率、汽蒸尺寸变化也需要予以规定和测试。还有使用中的各种问题如洗涤掉色、容易磨破、撑破、起毛起球等，为评价这些质量指标，对应的检测技术也发展起来。总体而言，这些检测和相关的检测技术还是基于纺织品的物理机械性能的考核评价，使用的设备是一些常规的物理测试设备，这些测试设备所依赖的工业技术并不复杂，有些完整的测试还要人机协同完成，如起毛起球的测试，需要使用仪器对织物进行一定程度的起毛、起球摩擦完后，还需要肉眼对测试完的织物表面的起毛起球程度进行评级。

（三）大发展期

纺织品测试技术的大发展是在近10年，由于国外设置的技术贸易壁垒中提出了很多化学限量物质的需求，如纺织品中的甲醛、有害染料、邻苯二甲酸酯、铅、镉、有机锡、氯化苯和氯化甲苯、含氯苯酚、多环芳烃、全氟化合物、表面活性剂、阻燃剂等，这些需求在最开始提出来的时候，国内纺织品测试机构对其如何测试还知之甚少，技术储备人才的缺乏也使相关的测试难以开展。

对有毒有害物质的测试涉及现代分析化学应用较为前沿的仪器分析方法和技术，是基于物质微观世界中原子、分子的光吸收或发射、质核比等的物理化学性质的测量。了解这些原理还仅仅只是基础，最为关键的是，国内工业技术与发达国家的巨大差距，迄今为止，很多高端分析仪器我们还无法生产，很多需要使用的化学标准物质国内也无法提供，测试所依赖的分析仪器和耗材等"卡脖子"技术成为制约国内纺织品检测机构发展的重要因素，设备昂贵买不起，仪器精良高端不会用，技术复杂用不好等现象还不同程度的存在于国内纺织品测试机构中。

尽管化学分析技术和现代分析仪器在纺织品测试中得以推广应用，拼齐了纺织品测试技术的基本版图，但纺织品测试技术当前还处于人、物理机械测试设备、分析仪器三个阶段技术混合运用的阶段，由于测试项目的多样性和测试过程的多变性，纺织品检测作为生产型服务业，还无法完全跟上部分现代工业生产中实现全过程信息化、自动化的步伐，纺织检测技术也只有努力往高端仪器分析、智能检测、自动化生产方向发展，这个行业才能褪去检验过程手工操作的色彩，才能缩短从劳动密集型向知识技术密集型转变的时间。

技术篇

高性能纤维材料研究进展

吕佳滨 靳高岭 杨 涛 袁 野

（中国化学纤维工业协会）

高性能纤维是新材料产业的重要组成部分，是我国化纤行业重点发展的关键材料，其发展水平关系到国民经济发展和国家战略安全，对航空航天、国防军工、风力发电、土木建筑、汽车轻量化、海洋工程等领域的高质量发展发挥着重要作用。

一、行业发展成绩

"十三五"期间，我国高性能纤维行业狠抓关键技术攻关，着力拓展下游应用，在产业规模、技术进步、体系建设等方面取得了明显成就，为我国制造业核心竞争力提升注入了新动力。

（一）产业整体规模稳步扩大

2019年我国高性能纤维总产能约15.4万吨，碳纤维、芳纶、超高分子量聚乙烯纤维和连续玄武岩纤维等产品产量已突破万吨，主要高性能纤维产能情况见表1。聚苯硫醚纤维、聚四氟乙烯纤维等产品稳步发展，年产量均突破5000t。聚醚醚酮纤维、碳化硅纤维、聚对苯撑苯并二噁唑纤维、液晶聚芳酯纤维等制备关键技术取得新进展，可小批量供应市场。目前，我国已成为全球品种覆盖面最广的高性能纤维生产国，高性能纤维产能产量均已居世界前列。

表1 2019年我国主要高性能纤维产能情况汇总表 单位：t

纤维	产能	产量	纤维	产能	产量
碳纤维	26500	12000	聚酰亚胺纤维	3300	700
芳纶	19600	13800	聚四氟乙烯纤维	6000	2800
超高分子量聚乙烯纤维	33000	23000	连续玄武岩纤维	35000	25000
聚苯硫醚纤维	28000	5500			

资料来源：中国化学纤维工业协会。

（二）技术装备水平显著提高

近年来，高性能纤维产业技术水平不断提升，纤维质量以及系列化、差别化水平有了显著提高（表2）。

1. 高性能碳纤维

聚丙烯腈基碳纤维原丝生产工艺体系更加多元化，干喷湿纺和湿法纺丝工艺技术逐渐完善，纺丝速度大幅提高；24K以上工业用大丝束碳纤维关键技术实现突破，自主创新开发的基于湿法工艺T700级碳纤维产品已应用于航空领域，T800级、T1000级碳纤维可小批量供应市场。

表2 "十三五"期间高性能纤维项目获得"纺织之光"科技进步一等奖情况

年份	项目名称
2016年	千吨级干喷湿纺高性能碳纤维产业化关键技术及自主装备
2018年	静电喷射沉积碳纳米管增强碳纤维及其复合材料关键制备技术与应用
2019年	基于湿法纺丝工艺的高强PAN基碳纤维产业化制备技术
2019年	对位芳香族聚酰胺纤维关键技术开发及规模化生产
2019年	多轴向经编技术装备及复合材料制备关键技术及产业化
2020年	百吨级超高强度碳纤维工程化关键技术

资料来源：中国化学纤维工业协会。

2. 有机高性能纤维

对位芳纶突破了千吨级产业化关键技术，高强型、高模型对位芳纶产品实现国产化，高强型对位芳纶在个体防护装备上完成应用验证。超高分子量聚乙烯纤维差别化技术进一步提升，超高强、高模、细旦、耐热、抗蠕变等新产品制备技术实现突破。聚酰亚胺纤维突破了聚合物合成、纤维成形、后处理、生产装备等一系列关键技术，形成了高耐热型、耐热易着色型、高强高模型三大系列。聚苯硫醚纤维开发了细旦化产品（1.1D），可进一步提高过滤材料的过滤精度。聚四氟乙烯纤维通过形态结构控制，创新纤维制造技术和成套生产设备，提高了聚四氟乙烯纤维滤料的过滤精度和强度。

3. 无机高性能纤维

连续玄武岩纤维规模化池窑、一带多漏板技术取得新进展，漏板技术实现较大提升，寿命提高，生产成本消耗不断下降；同时，计算机模拟技术开始初步应用，实现对窑炉内温度、电流，气体及熔体流速等参数判别，提升窑炉熔制技术水平。连续碳化硅突破第二代产业化技术，产品已在航空发动机、核电ATF事故容错材料组件等领域开展复合材料试验。

（三）产品应用能力不断提升

随着国内对高性能纤维认识理解不断深入，国产高性能纤维质量不断提高，应用水平也持续提升。一是产品应用领域逐步拓展。目前高性能纤维已应用于航空航天、国防军工、风力发电、土木建筑、汽车工业、轨道交通、海洋工程、光缆通信、安全防护、环境保护、体育休闲等领域，并已形成特定领域的稳定应用。二是产品应用规模逐步扩大。2019年我国高性能纤维总消费量约12.8万吨，其中碳纤维用量3.7万吨，芳纶用量超过2万吨，超高分子量聚乙烯纤维用量约2.3万吨。

（四）创新平台作用持续发挥

目前全行业已初步形成涵盖基础研究、关键技术研发和应用示范的科技创新平台体系。现有国家碳纤维工程技术研究中心、碳纤维制备及工程化国家工程实验室、国家芳纶工程技术研究中心等平台，以及北京化工大学、中科院山西煤化所、中科院宁波材料所、山东大学、东华大学等高校和科研院所，进一步深化产学研合作，积极开展"卡脖子"核心技术攻关，增加技术创新有效供给，在高性能纤维的基础理论研究、关键技术研发和应用示范推广取得显著成果，对高性纤维质量提升、高端产品研发、技术升级发挥了重要作用。

（五）产业政策环境日益完善

为加快突破高性能纤维行业技术瓶颈、缓解国外进口依赖、促进产业高质量发展，国家出台了一系列支持产业发展的政策，为高性能纤维行业发展营造了良好环境。《"十三五"国家科技创新规划》《"十三五"国家战略性新兴产业发展规划》《新材料产业发展指南》《工业强基工程实施指南（2016~2020年）》《"十三五"材料领域科技创新专项规划》等产业政策，进一步明确了关键新材料产业发展的目标和任务，并细化到具体材料、产品、技术指标等，为高性能纤维材料持续发展奠定了基础。高性能纤维的科技攻关、产业化及重点领域应用示范也被列入增强制造业核心竞争力、技术改造、工业强基等专项，为高性能纤维行业提高产业化发展水平，推动高性能纤维应用示范发挥了重要作用。

二、行业存在的问题

我国高性能纤维产业虽然取得明显进步，但与国外发达国家相比，在质量一致性和稳定性、标准检测、应用设计与拓展、产业规模效益等方面还存在差距，究其原因主要是基础理论研究、技术人才队伍、产业配套能力等方面仍有不足。

（一）基础理论研究仍有待提高

目前我国几乎所有高性能纤维均实现了国产化与产业布局，但支撑纤维性能向更高发展的一系列基础理论研究，包括聚合物分子量及其分布有效控制、液晶行为与纺丝工艺的关联性、高速纺丝动力学以及热处理过程中结构演变规律等仍需深入和系统性研究，以进一步提高纤维均匀性与质量稳定性，满足下游产业使用要求。

（二）产业规模层次仍有待优化

个别高性能纤维品种仍出现低水平产能一哄而上局面，且产品质量参差不齐，导致同质化竞争严重，不利于我国高性能纤维行业产业体系良性发展，影响行业整体水平提升。此外，国内企业对品牌培育认知不足、推广手段匮乏，特别是对下游用户服务能力较弱，参与国际标准化程度不高，同类产品国产和进口价格差较大未能有效改善，制约产品档次和附加值提升。

（三）技术人才结构仍有待完善

近年来，我国高性能纤维及其复合材料领域相关企业、高校、科研院所培训了一批优秀专业人才，但行业人才队伍规模有限，且掌握关键技术的人才依然严重匮乏。同时人才分布不均，特别是大量复合材料设计和工艺技术人才主要集中在国防军工领域，工业应用领域的设计和工艺技术人员缺乏，直接影响了高性能纤维复合材料在工业领域的推广应用，难以支撑我国高性能纤维及其复合材料行业的整体发展。

（四）产业配套能力亟待加强

一是支撑高性能纤维开发的高品质关键原辅材料依赖进口，包括超高分子量聚乙烯纤维、聚苯硫醚纤维用高品质树脂，碳纤维用油剂、上浆剂、树脂等。二是关键装备尚不能满足使用需求，碳纤维用高低温碳化炉、收丝机等，对位芳纶用双螺杆挤压机、高精度计量泵等，国内虽有企业生产，但设备运行稳定性、精确性和生产效率仍有不足。三是在标准化、检测评价方面缺少技术支撑和专业化管理机构，下游使用规范、法规认证、数据库与标准体系等也未建立，制造与应用技术衔接不紧密，市场应用拓展困难。

三、"十四五"发展重点

在新一轮科技革命和产业变革进入深度拓展期的背景下，高性能纤维行业要进一步提高关键核心技术创新能力，加强产业链协同发展，增强国际市场竞争力，为纺织强国、制造强国发展提供有力支撑。

（一）发挥科研院所作用，夯实理论基础

1. 加强基础理论研究

进一步支持国内科研院所、高校加强对高性能纤维基础研究，为提高产品稳定性，提升产品性能提供理论支撑；引导行业内生产和应用企业结合实践开展理论研究，深化对高性能纤维构效认知，进一步优化生产、拓展应用。加快发展高性能纤维及其复合材料前沿技术，加强先进技术布局。

2. 完善行业创新体系

进一步发挥各类高性能纤维重点实验室、工程（技术）研究中心、检验检测中心等专业机构作用，持续提供技术支撑和培育高质量技术人才。推动建设国家级碳纤维创新中心，打造碳纤维行业多层次、网络化制造业创新体系。推动企业与高等院校、科研机构等合作，共建各类研究开发机构和联合实验室，加强企业实验室与高校、科研院所实验室紧密衔接和实质性合作，促进基础研究、应用基础研究与产业化对接融通，提高企业研发能力。

（二）突破核心技术装备，支撑行业发展

1. 高性能碳纤维及应用

研发48K以上大丝束碳纤维制备技术，实现大丝束碳纤维规模化高效低成本化生产；提高已实现工程化、产业化的高强、高强中模、高模、高模高强型碳纤维技术成熟度，特别是提高产品质量稳定性和应用适用性，满足下游应用需求；开发相匹配的纺丝油剂、碳纤维上浆剂和纤维评价表征技术，提升产品适用性，扩大产品在国防、风电、轨道交通、土木工程等领域的规模化应用。

2. 有机高性能纤维及应用

重点攻克芳纶聚合物分子量有效控制、原液高效脱泡、高速稳定纺丝、高效溶剂回收等技术，提升纤维性能，实现产品系列化；研发耐热抗蠕变、超高强度和模量及高耐切割性能的超高分子量聚乙烯纤维的关键制备技术和专用设备，加强细旦、高耐磨、抑菌防臭等差别化产品研发力度；提升聚苯硫醚纤维连续化高效生产技术，研发细旦、异形截面、高卷曲等差异化纤维，提高聚苯硫醚改性技术水平，优化复合纺丝技术；优化聚酰亚胺纤维高效生产技术，提高生产效率，降低生产成本；加强聚四氟乙烯纤维高强耐用混纺混织滤料、表层过滤除尘滤料、高效吸附滤料和高效脱除滤料的研制与应用。

3. 无机高性能纤维及应用

进一步加强连续玄武岩纤维原料多元均配、多孔拉丝漏板、规模化池窑、工艺自动化控制、新型浸润剂、纤维表面改性等技术研发，降低生产成本，研发耐高温、耐碱及高强高模等差别化玄武岩纤维，加强下游制品研发和产业化生产。突破第二代连续碳化硅纤维生产工艺，提高纤维的耐高温、抗氧化、耐腐蚀、防老化和力学性能，扩大纤维在宇航、导弹、兵器等高技术领域应用。研发第三代连续碳化硅纤维制备技术。

（三）开展技术成熟度评价，提高创新能力

1. 明确高性能纤维行业技术发展路线

以碳纤维行业为切入点，针对重点产品对重点企业开展技术成熟度评价，梳理关键技术，明确技术成熟度等级，形成评价实施指南，结合国内外碳纤维行业发展实际情况，找准技术差距，明确重点研究方向，厘

清技术发展思路，确定优先技术需求和技术发展路线，支撑我国碳纤维行业科技发展。

2. 推进高性能纤维行业关键技术攻关

基于技术成熟度评价结果，开展关键技术梳理及难度评估，形成行业技术攻关计划，并推动行业技术攻关计划列入有关部委重点研发计划，化纤行业发展规划、指南等，实现对关键技术的有效监控和有序推进。以碳纤维行业为例，联合航天航空、汽车工业、土木建筑、风电叶片等碳纤维重点应用领域相关企业及机构，结合团体标准相关内容和评价工作实践，制定该领域用符合国产碳纤维特性的相关标准，共同推动国产碳纤维规模化应用。

（四）创新产业合作模式，增强配套能力

1. 进一步提高产业集中度

一是支持鼓励具有较强创新实力、规模优势的骨干企业加快发展，通过开展兼并重组，培育产业集聚区，优化资源配置，明显提高产业集中度，推动行业向更高阶段迈进。二是继续发挥高性能纤维行业龙头企业带动效应，拓展自身产业链，吸引更多相关企业集聚，构建从原材料、高性能纤维、中间体材料至复合材料的全产业链，打造高性能纤维产业链竞争优势。

2. 推动产业链协同发展

一是推动高性能纤维行业上下游企业间的加强合作，积极拓宽高性能纤维在风力发电、新能源汽车、建筑补强、输电电缆、防护等领域的应用，推进高性能纤维研发制备与应用需求相结合，建立若干高性能纤维应用示范工程，搭建高性能纤维与下游应用领域的设计制造技术体系和产业链体系，形成从纤维及其复合材料到零部件再到最终产品的标准及检测体系。二是加大单体、油剂、上浆剂、树脂、浸润剂、模具等研发力度，保障自主供给，防范供应链风险，同时全面提高高性能纤维及复合材料制造水平。

无机高性能纤维技术现状及应用

司银松

（浙江理工大学）

一、引言

无机高性能纤维结合了纤维的可纺织加工特性和陶瓷的优异性能，具有轻质耐火、耐高温、耐腐蚀、隔热性好等优异特性，在纺织加工、航空航天、交通通信、建筑及能源、催化和环境净化、生物医学等领域得到了广泛的应用。近年来无机纳米纤维的研发进入高速发展阶段，使无机高性能纤维在催化和环境净化、生物医学等领域的应用进一步拓展，而且无机高性能纤维还能在航空航天器上等特殊领域发挥出聚合物纤维所没有的独特优势；此外，无机高性能纤维在民生领域的广泛应用，也逐渐成为纺织等领域发展的重要新动力之一[1]。

尽管如此，目前该领域还有众多的问题亟待突破，针对目前无机纤维的新应用而产生的新问题，归纳无机高性能纤维的研究现状、技术瓶颈，对我国相关领域的高质量发展具有重要意义。报告通过重点阐述碳纤维、石墨烯纤维、玻璃纤维、碳化硅纤维、氮化硼纤维、金属纤维等主要无机高性能纤维的技术现状和应用进展。

二、无机高性能纤维的种类及技术现状

无机纤维是以无机物为原料制得的化学纤维，可分为两大类：一是无机物和无机化合物纤维，如玻璃纤维、碳纤维、玄武岩纤维、陶瓷纤维等；二是金属纤维，如不锈钢纤维、铜合金纤维等[2]。无机连续纤维根据不同的加工工艺可以通过一定的成纤方法将无机原料直接加工而成；还可以通过基本化工原料合成而制得，也称为无机合成纤维[3]。无机纤维的制造方法主要有熔融纺丝法、前驱体法、溶胶—凝胶法、化学气相沉积法、晶体生长法等。无机纤维除了强度和模量比有机纤维高外，更重要的是其优异的耐高温性[4]。

（一）碳基纤维

1. 碳纤维

碳纤维是一种含碳量在95%以上、直径在微米级的纤维状无机非金属材料，其在力学性能上具有优异的比强度和比模量，导电能力超高，质量轻，抗腐蚀、耐磨损、耐高温性能优异，惰性环境下在2000℃能保持强度不发生明显变化。与其他无机纤维相比，碳纤维在非氧化的条件下以及温度低于400℃的有氧条件下具有良好的力学性能、比强度和比模量高，导电导热、耐化学侵蚀和电磁屏蔽性能优异，表现出最好的综合性能。碳纤维基复合材料可以显著减轻机器设备的自重并增加结构强度，在国防及民用领域发挥重要作用。

碳纤维根据力学性能可分为高强度碳纤维、超高强度碳纤维、高模量碳纤维、超高模量碳纤维、高性能碳纤维和通用碳纤维；根据丝束可分为1~24K的小丝束纤维和48~480K的大丝束纤维；根据前驱体的不同可

以分为聚丙烯腈（PAN）基碳纤维、沥青基碳纤维、黏胶基碳纤维和酚醛基碳纤维[5]。PAN基碳纤维是PAN原丝经过预氧化、碳化及表面处理后制得的高性能纤维材料，是目前发展最快、应用最广泛的高性能纤维材料之一。工业化制备碳纤维所使用的前驱体是PAN。国产碳纤维逐步向高端化、生态化发展[6]。碳纤维的实际强度和模量远远低于单晶石墨的理论强度和模量（180GPa和1000GPa）。碳纤维的径向分子间作用力弱，抗压性能较差，轴向抗压强度仅为抗张强度的10%~30%，而且不能结节[7]。

2. 活性碳纤维

与上述碳纤维不同，活性碳纤维一般具有较低的抗拉强度（1000MPa）和较低的碳产率（20%~25%），然而具有非常高的比表面积（超过3000m²/g），以及高达1.6mL/g的微孔体积，因此具有显著的吸附能力和吸附动力优势。与活性碳相比，活性碳纤维的细纤维形状和短而直的微孔，使其具有比活性碳更快的吸附动力学，而且，活性碳纤维更容易加工成所需的形式和不同的结构。活性碳纤维具有较大的吸附量和较高的吸附/解吸附传质速率，是一种很好的气体吸附材料[8]。

3. 石墨烯纤维

石墨烯纤维是一种新型碳质纤维，自2011年浙江大学高超教授团队基于氧化石墨烯（GO）的溶致液晶现象，利用湿法纺丝和化学还原过程，制备了石墨烯纤维以来就备受关注[9]。此外，制备石墨烯纤维的方法还有限域水热组装法、薄膜卷绕法、模板辅助化学气相沉积法等。

与碳纤维相比，石墨烯纤维主要是由sp²杂化碳原子构成，其晶区尺寸可达几十微米，大约是碳纤维中纳米石墨晶区尺寸的1000倍，因此，能更有效地促使石墨烯微观尺度的优异性质在宏观尺度上展现。研究者通过调控石墨烯尺寸、片层规整性、界面相互作用、取向度等参数，将石墨烯纤维的拉伸强度提升至2200MPa，杨氏模量达到400GPa，并逐步形成了提升石墨烯纤维机械性能的方法。目前，石墨烯纤维的电学和热学性能已经超过碳纤维和碳纳米管纤维，并逐渐在高性能导线、功能织物、传感器件、致动器件、纤维状能源器件等领域展示出应用潜力。可以预见，石墨烯纤维有望发展成为结构—功能一体化的纤维材料，不仅可以和碳纤维一样，用于结构增强的复合材料，还可以在轻质导线、柔性传感、智能织物等领域发挥巨大的应用潜力[10]。

（二）硅基纤维

1. 玻璃纤维

玻璃纤维具有比强度大、弹性模量高、伸长率低等特点，同时还具有电绝缘、耐腐蚀等优点[1]。玻璃纤维的软化点为550~580℃，热膨胀系数为4.8×10⁻⁶℃；200~250℃以下，玻璃纤维强度不变。玻璃纤维几乎对所有化学药品和有机溶剂有很好的化学稳定性（氢氟酸、浓碱、浓磷酸除外）。玻璃纤维已经成为全球用量最大、应用最广泛的无机纤维材料之一，玻璃纤维是复合材料中使用量最大的一种增强材料，在增强、绝缘、隔热、防腐等领域具有不可动摇的地位[11]。

玻璃纤维的化学组成主要是SiO₂、N₂O₃、CaO、Al₂O₃等，并可通过计算进行精确调控。国外大部分生产线均将继续进行技术改造和产品升级，生产高性能玻璃纤维。生产技术上，提高生产效率、节约能源、趋零排放、减少资源消耗、降低生产成本，营造玻纤绿色经济是发展方向。我国玻纤发展较国外起步较晚，中碱玻璃纤维仍然占大多数，正向粗纤维方向发展，池窑拉丝工艺正在推广，新型偶联剂不断出现，改善了纤维—树脂界面，目前比较重视纤维—树脂界面的研究[12]。

2. 石英纤维

石英纤维是制备原料为高纯度SiO₂或天然的石英晶体，它保持了固体石英的部分性能和特点，是一种良好的耐高温材料（熔点可达1700℃），并可作为先进复合材料的增强体[13]。石英纤维的纯度很高（≥99.9%），使其具备抗烧蚀性强、耐温性好、导热率低等良好特性，其化学稳定性好，介电性能也较为优良，可实现宽频透波，非常适合用作透波材料增强纤维[14]。但石英纤维处于热力学不稳定状态，是一种玻璃态材料。超过900℃时，析晶致使石英纤维强度迅速下降至原有强度的20%左右，且纤维最高热处理温度不能超过1050℃，否则纤维的脆化将弱化纤维和基体界面结合，复合材料的力学性能达不到设计要求[15]。

3. 碳化硅纤维

航空、航天、原子能、高性能武器装备及高温工程等诸多领域，迫切需要高比强度、高比模量、耐高温、抗氧化、耐腐蚀的陶瓷基复合材料，来代替高温合金与单相陶瓷[16]。SiC陶瓷纤维具有高强度（1~4GPa），高模量（150~400GPa）、耐高温（>1200℃）、抗腐蚀、抗氧化、低密度（<3.5g/cm^3）和电阻率可调控等其他无机纤维无法比拟的优异性能，主要用于耐高温的复合材料，是金属基和陶瓷基复合材料的首选材料。SiC纤维有着其他纤维无可替代的作用，发达国家纷纷投入大量资金致力于此类陶瓷纤维的研制与开发，以期在航空、航天、汽车、体育用品和环保方面实现广泛应用[16]。

碳化硅纤维属陶瓷纤维类，是以有机硅化合物为原料经纺丝、碳化或气相沉积而制得具有β-碳化硅结构的无机纤维。目前制备连续SiC纤维的方法主要有化学气相沉积法，活性炭纤维转化法，先驱体转化法等。目前国内外研究者主要从控制C、Si原子比、减少纤维中游离碳的含量[17]；改进工艺、在制备过程中避免氧的引入[17]；添加异质元素，维持纤维的无定型结构[18]；引入烧结剂，利用高温脱除杂质反应制备高纯多晶SiC纤维[17]等四个方面提高SiC纤维耐高温、抗氧化性能。

先驱体转化法制备SiC陶瓷纤维是日本东北大学矢岛教授1975年开发成功。目前使用改法制备连续SiC纤维的单位主要有：日本碳公司、宇部兴产公司、美国道康宁公司和德国Bayer公司等。国防科技大学是国内最早从事先驱体转化法连续SiC纤维研究与开发的科研单位，现在已经具有一定的规模[17]。此外，西北工业大学张立同院士等研制的"连续纤维增韧碳化硅陶瓷基复合材料"，打破了国际高技术封锁，在2005年获得国家技术发明一等奖。厦门大学、中国科学院宁波材料技术与工程研究所、航天特种材料及工艺技术研究所等单位也在SiC纤维的制备研究上取得了较好的成绩。纺织类院校中浙江理工大学陈建军教授课题组一直致力于SiC纤维及其增强陶瓷的研究，并取得了较好的研究成果。SiC纤维不仅是国防高科技领域极其重要的战略材料，也具有巨大的商业价值，目前商品化规模生产技术只被日本和美国掌握，且对我国实行严密封锁技术及限制产品出口，独立自主开发和研究SiC纤维尤其是耐超高温SiC纤维，才能保证我国先进复合材料和武器装备的发展研制[19]。

4. 氮化硅纤维

氮化硅纤维具有与碳化硅纤维类似的性质，具有很好的服役性能，作为一种性能优良的高温结构材料，主要应用于金属基、陶瓷基复合材料的增强材料和防热功能复合材料的制备。氮化硅纤维极佳的抗辐射性能使其编织成的电缆可在核聚变实验反应器等极端环境中应用；氮化硅纤维较高的电磁波透过率来源于其本身的低介电常数和低介电损耗，使其在超高音速飞行器天线罩等航空航天高温透波材料中具有广泛的应用前景。近年来，氮化硅陶瓷材料已成为国内外高温透波材料研究的重点[20]。

美国Dow Corning公司在1987年首先开发了高纯度的Si_3N_4纤维[21]。日本东亚燃料公司、法国Domaine大学、日本原子能研究均研究出各自制备Si_3N_4纤维的方法[22-23]。国内对氮化硅纤维的制备研究开展相对较晚，目前对氮化硅纤维开展系统研究的单位主要有厦门大学和国防科技大学，技术路线与日本原子能研究所类似。

（三）铝基纤维

氧化铝纤维主要成分为Al_2O_3，大多为多晶纤维，拉伸强度最高可达到3.5GPa，包括α-Al_2O_3、硅酸铝纤维和莫来石纤维。纯的氧化铝纤维由于线膨胀系数大、介电常数高且耐烧蚀性差，一般不用作高温透波复合材料的增强体[24]。而莫来石纤维和硅酸铝纤维中均含有SiO_2，可提高介电性能。

1. 氧化铝纤维

氧化铝纤维是以Al$_2$O$_3$为主要成分（＞70%）的一种高性能无机纤维，并含有一定量的添加剂，具有优良的耐热性、抗氧化性能和低的热导率。氧化铝短纤维一般用作高温绝热材料，长纤维一般用作复合材料中的增强材料，氧化铝晶须还具有特殊的电、磁、光学性能，可用作功能材料[25]。但是氧化铝纤维的密度较大，约为3.20g/cm^3，为其最大缺点。

氧化铝纤维的制备方法有熔融法、溶胶凝胶法、浸渍法等。由于氧化铝纤维与金属晶体的浸润性好，界面反应小，不需要进行表面处理，即能与树脂和金属复合，因此氧化铝纤维常用作金属基或陶瓷基复合材料的增强材料。用氧化铝增强的复合材料具有优良的抗压性能和抗疲劳性能，其力学性能、耐磨性、硬度均有提高，线膨胀相互降低。多晶氧化铝纤维还可用作催化剂载体，另外，氧化铝纤维增强聚合物复合材料具有透波性、无色性，还有望在电路板、雷达罩等领域使用[26]。

国外发达国家已经生产出高性能的氧化铝陶瓷纤维，并进行了大规模生产。我国技术水平与国外相差较大，生产设备相对落后、工艺单一，产品质量与国外水平存在差距，我国已经实现了熔融法氧化铝短纤维的工业化生产，但纤维强度、耐高温性能还与国外有较大差距[25]。

2. 硅酸铝纤维

当氧化铝含量＜70%且纤维中的SiO$_2$含量较高时，工业上称为硅酸铝纤维。硅酸铝纤维是将富含硅、铝的矿石在2000℃左右融化，在流出过程中用高压蒸汽吹成直径为2.8~10μm的分散纤维[27]。其耐高温性能好，可在800~1450℃环境下稳定使用，由于硅酸铝纤维为长径比较高的细纤维，即使在温度剧烈变化的环境下应用，也不会产生明显的结构应力；硅酸铝纤维本身的热导率很低，在300~500℃以下为0.05~0.15W/（m·K）；硅酸铝耐火纤维可用作工业窑炉、高温高压蒸汽管道等设备的隔热材料，还可提高建筑防火等级[27]。

3. 莫来石纤维

莫来石是SiO$_2$—Al$_2$O$_3$体系在常压下唯一稳定存在的晶态化合物，其化学组成一般为3SiO$_2$·2Al$_2$O$_3$。莫来石具有较高的高温强度、抗热震性、高温抗蠕变特性和较低的密度、热导率、热膨胀系数，是一种优良的耐高温陶瓷材料。由于其较低的电导率和介电常数，还可用作电子封装材料。莫来石纤维在氧化或还原气氛中具有更高的热稳定性及化学稳定性，被广泛用作高温结构材料和金属基、陶瓷基复合材料的增强体等[28-29]。

国外对莫来石纤维的制备方法做了大量研究工作，并形成了商品化的产品，国内也在干法和溶胶—凝胶法上有了重大进展。多晶莫来石纤维的制备方法有浆料挤出法、溶胶—凝胶法等，采用湿化学尤其是溶胶—凝胶法制备多晶莫来石纤维得到了广泛的研究，制备出的纤维表面光滑、无微裂纹等缺陷产生，纤维强度在900MPa左右。由于多晶莫来石纤维高温下发生晶粒长大并造成非弹性变形破坏，降低力学性能，制备单晶莫来石纤维可消除晶界扩散所造成的蠕变影响，提高其高温抗蠕变性能[29]。单晶莫来石纤维的制备方法有：非黏性熔体纺丝法、内结晶法、激光加热浮区法。

（四）硼基纤维

1. 硼纤维

硼纤维具有很高的弹性模量和强度，密度为2.4~2.65g/cm^3，拉伸强度为3.2~5.2GPa，弹性模量为350~400GPa，具有耐高温和耐中子辐射性能。硼纤维可与金属、塑料或陶瓷复合，制成高温结构用复合材料。化学气相沉积方法是制备高模量硼纤维最常用的方法，但是制造工艺复杂，不易大量生产，价格昂贵，限制了其应用。采用碳芯代替钨芯丝，可降低25%成本，但强度下降5%。硼纤维的结构与性能取决于沉积温度和沉积速度，其性能受沉积条件和纤维直径的影响[30]。

2. 氮化硼纤维

氮化硼纤维结构类似于石墨，但耐氧化性能比石墨优越，在惰性或还原性气氛中，直到2000℃纤维的性能是稳定的，强度和模量接近于玻璃纤维，密度为1.4~2.0g/cm³，具有优良的机械性能、耐热性能、抗氧化性能、耐腐蚀性能以及独特的电性能，可用作金属基、陶瓷基、聚合物基复合材料中的增强材料，用其制备的复合材料具有轻质高强的特点[31]。氮化硼纤维具有强度高、密度低、耐腐蚀、透波性强等特点，在核工业、电子及复合材料等方面有很好的应用前景[32]。目前氮化硼纤维的制备还没有完全产业化，如何能够制备出性能优良的氮化硼纤维并且可以产业化一直是该领域研究的热点[32]。

（五）矿物和矿渣纤维

1. 石棉纤维

石棉纤维是天然硅酸盐或铝硅酸盐矿物纤维，是由单根石棉纤维（直径19~30nm）按接近六方形堆积结合而成的石棉纤维结晶束。虽然石棉纤维在耐热、耐碱、电绝缘等方面已有长时间的应用，但由于石棉纤维破碎体容易被吸入人体肺部引起硅沉着病，因此在世界范围内已经公开限制或禁止石棉纤维的使用[33]。

2. 玄武岩纤维

玄武岩纤维是由玄武岩矿石在1500℃温度下熔融拉丝而成的矿物纤维[34]。玄武岩纤维的断裂强度高，耐酸碱，耐水、耐氧化性好，为不燃纤维。玄武岩连续纤维是以天然玄武岩单组分矿物为原料、采用熔融纺丝而制成的一种无机纤维材料。目前俄罗斯、乌克兰、加拿大等少数几个国家掌握了玄武岩连续纤维的生产技术[35]。

3. 粉煤灰纤维

粉煤灰纤维的主要原料是粉煤灰、氧化钙，经高温熔融、甩/喷丝、冷却等工序制成无机纤维。粉煤灰纤维耐腐蚀、化学稳定性强、密度小、导热系数低、吸声性能好、无毒、无污染、防蛀，经处理后具有较好的亲和力，可用于制造特种用途纸张（耐热纸、防火纸、防潮纸、档案用纸等）[36]。

4. 白泥纤维

白泥纤维是一种原料成本极低的新型特种纤维，将制浆造纸行业产生的副产物白泥、粉煤灰和煤矸石等工业废料经高温熔融、喷丝、冷却等工艺制成的无机质纤维。白泥纤维应用在造纸工业中可替代部分植物纤维，而且能减少制浆过程的环境污染及资源浪费[36]。

（六）金属纤维

金属纤维是由金属或合金通过熔融纺丝、线材拉伸、机械切削等方法制得[37]。金属纤维独有优良的导热耐热性、导电性、柔韧性、高强度、耐磨好，烧结性好等优点[38-39]。上述3种制备方法制备的金属纤维通常在微米级以上。目前，纳米级金属纤维的制备方法有有机凝胶—热分解法、模板法、物理/化学气相沉积法以及静电纺丝法等[40]，其中常用是静电纺丝法。金属纤维主要应用在纺织制品、过滤、吸音、防伪、电池电极、纤维增强复合材料等[1]。

（七）其他无机纤维

1. 特种无机纤维

晶须主要是在人工条件下，以单晶形式生长成的一种纤维，其直径一般为几微米，长径比在5~1000，是一种无缺陷的理想完整晶体[41]。晶须是目前已知纤维中强度最高的一种，其机械强度几乎等于相邻原子间的作用力，比如直径为1.6微米的铁晶须抗拉强度高达13400MPa，是工业纯铁的70多倍，但是实用的只有几种，分别为陶瓷晶须、金属晶须和有机晶须三类。

2. 无机纳米纤维

纳米纤维直径小，长径比大，具有很好的结构性能，在很多领域有着广泛的应用。目前可采用多种方法制备形貌各异、均匀的无机纳米纤维，代表性的合成方法包括拉伸法、模板合成法、自组装法、微乳液法和静电纺丝法等[42]。其中，静电纺丝法由于操作简单、生产效率较高、适用范围较广等优势，是最具潜力实现纳米纤维工业化应用的方法[43]。近年来，静电溶吹技术被认为是一种能够高效、连续制备无机纳微纤维的有效方法。该技术将静电场与气流场相耦合，实现对溶胶凝聚纺丝射流的充分拉伸和快速固化，大大提高了无机纳微纤维的生产效率，单孔喷丝头的产量可达10~30g/h[44]。

三、无机高性能纤维的应用

无机纤维通常以优异的环境稳定性、耐化学性、热稳定性为特征，而且具有高的抗撕裂性和低的断裂伸长率，使其适合用作各种复合材料的增强结构。例如，玻璃纤维具有良好的热阻，适用于高达550℃的应用场合，而且具有很高的性价比；在550~1000℃的温度范围内，碳纤维是合适的增强材料，但仅在惰性气氛下才适用；若在高于1200℃的高温应用和氧化性气氛中使用，一般只能选择陶瓷纤维作为增强材料。可见，根据纤维材料种类和生产工艺的不同，其适合的应用领域也不相同，除了用作复合材料的增强材料外，本报告将重点阐述无机高性能纤维在纺织、航天、建筑、环境、能源、医学等领域作为功能材料的应用进展。

（一）纺织产品

1. 电磁屏蔽织物

电磁屏蔽织物在军工领域和日常生活中占据越来越重要的位置。电磁屏蔽织物可分为金属纤维织物、金属镀层织物、导电涂层织物等。市场销售的电磁屏蔽纺织品主要是采用金属纤维电磁屏蔽织物制成的。当前研究较多的为不锈钢纤维、银纤维、铜纤维的混纺织物。今后，应致力于降低金属纤维的细度，进一步优化织物结构设计，改进织物后整理技术，在赋予织物良好屏蔽性能的同时，提高织物的服用性能及其他综合应用性能[45]。

2. 高温过滤

无机纤维滤料使用温度高，可以用在有机纤维滤料无法满足的高温工况环境下工作，而且价格较低。玻璃纤维、玄武岩纤维、陶瓷纤维和金属纤维常在滤料行业中使用[46]。陶瓷纤维（石英纤维、碳化硅纤维、氧化铝纤维等）的耐高温性能优异、热稳定性好、化学稳定性好，如3M公司生产的ABS纤维滤料可以在760℃条件下连续地工作[47]。金属纤维滤材通常是采用烧结工艺或针刺工艺得到烧结毡或针刺毡，可在600℃高温下连续工作，滤材主要有304不锈钢、316不锈钢、310S不锈钢、铜基合金、铁铬铝、GH30高镍合金和GH4高温合金等[48]。尽管无机纤维滤料的使用温度高，但是其过滤精度和耐用性方面不如有机纤维滤料，因此有待开发综合性能优异的有机—无机新型耐高温复合纤维滤料[46]。

3. 吸声

在众多控制噪声污染的方法和途径中，利用吸声材料来消音降噪是最基本的物质手段。玻璃棉、岩棉和矿渣棉等是最常见的无机纤维吸声材料，有良好的吸声、绝热、保温、防火、化学稳定性，且原材料丰富。玻璃纤维是最典型的无机纤维吸声材料，但无机纤维材料有易飞扬、易产生固体废弃物、不易降解的缺点，在实际使用中受到一定局限，近年来集中于对玻璃纤维的开发以及回收再利用的研究[49]。硅酸铝陶瓷纤维不仅具有较好的环境服役性能，而且对低频噪声的黏滞能力较强，可用于城市中心变电站噪声污染的有效防控[50]。

4. 特种纱线和织物

玻璃纤维的主要产品有：合股无捻粗纱、直接无捻粗纱、短切原丝、无捻粗纱布、缝编短切毡、短切原丝毡、缝编复合毡、细纱、膨体纱、拉挤纱、缠绕纱、喷射纱、玻璃纤维方格布、无碱玻璃纤维带等。

近年来玻璃纤维增强材料已从早期使用的长丝逐渐发展为各种织物。单轴向经编织物由于采用独特的预定向编织技术织造而成，使织物中某一方向的性能得到最大化的应用，其拉伸性能与传统的增强材料有较大的提高。有研究人员主要从玻璃纤维增强材料的角度出发，研究了不同的纱线规格，不同的织物克重和不同的织物成型工艺对复合材料力学性能的影响[51]。近年来，不少学者都相继对多轴向经编织物展开了一系列研究，如Cai等人通过对单轴与双轴平纹织物分别施加4个方向（0°/15°/30°/45°）的载荷，探究玻璃纤维/环氧树脂的失效特征与机制[52]。

（二）航空航天

1. 超高温隔热复合材料

能耐得住高温的结构材料寥寥无几，目前主要有碳纤维增强或碳化硅纤维增强的陶瓷基复合材料能满足这样的条件。但碳纤维增强的陶瓷基复合材料在高温下仍存在高温氧化的危险，SiC纤维具有高强度（1~4GPa）、高模量（150~400GPa）、耐高温（＞1200℃）、耐化学腐蚀、低密度（＜3.5g/cm³），使得SiC纤维增强的金属基和陶瓷基复合材料成为高温结构材料的首选。SiC纤维用作增强材料时，常与碳纤维或玻璃纤维合用，以增强金属（如铝）和陶瓷为主，如做成发动机叶片、喷气式飞机的刹车片、着陆齿轮箱和机身结构材料等，还可用做体育用品，其短切纤维则可用做高温炉材等。

2. 透波材料

若电磁波透过某种材料后其传输率≥95%，则可称此材料为高性能透波材料。玻璃纤维具有较低的介电常数和优异的力学性能，玻璃纤维增强树脂基复合材料被广泛应用在高电磁波透射性能材料中，实际生产中广泛应用于雷达罩材料，应用频段主要在10GHz范围内[53]。此外，以氮化硼纤维为增强剂的陶瓷基复合材料在航空航天的天线罩等关键部位显示出优异的透波承载性能，因而氮化硼纤维的研究成为新型陶瓷纤维领域的研究热点之一[54]。氮化硼纤维具有良好的热稳定和化学稳定性，所以其可用作火箭燃烧室的内衬、宇宙飞船的天线罩、磁流体发生器、热雾喷射器。六方氮化硼具有良好的电绝缘性，如在2000℃的高温下，其电阻率可达1900Ω·cm，因而被广泛用于绝缘材料。利用其导热系数几乎不随温度变化的特性，以及其具有很好的透波率，被广泛应用于雷达的天线窗[55]。

3. 吸波隐身材料

研究者使用介电损耗和磁损耗材料制造了单层微波吸收材料，碳纳米纤维被用作介电损耗材料，而NiFe颗粒被用作磁损耗材料。对其在2~18GHz范围内的雷达吸收性能的评估显示，混合的单层雷达吸收材料（RAM）在更薄的匹配厚度的情况下具有改善的吸收特性。混合RAM在X波段（2.00mm厚）具有4.0GHz的10dB吸收带宽，在Ku波段（1.49mm厚）具有6.0GHz的10dB吸收带宽[56]。此外，SiC涂覆碳质纤维复合材料充分利用了碳纤维优异的高温力学性能和SiC的优异介电性能，在军事战略武器和日常电子设备具有广泛的应用前景，是目前最有发展前途的高温结构功能一体化吸波材料之一[57]。

（三）基建交通和通信

1. 建筑节能

我国是能耗大国，建筑能耗在总能耗中占比约30%。利用无机纤维喷涂将特殊工艺加工的无机纤维喷射在被喷物的表面上，形成具有一定强度的三维状保温、吸音纤维层的制品，同时兼备防火、保温、隔热、隔音、吸音、无毒、无味、无放射性、抗菌不霉变、耐腐蚀、耐老化和装饰性等诸多性能，是十分优异的多功能新型环保节能保温吸声产品[58]。这项新技术解决了具有防火要求的公共建筑的隔音问题，如地下车库顶棚，电梯井道和防火通道等[59]。

2. 玻璃钢和玻璃纤维筋

以玻纤织物为增强材料、以高聚物为基体制备的复合材料，具有强度高、刚性好、密度低、不吸水等优异性能，获得了广泛的应用和发展。玻璃纤维筋因其自身强度高、抗腐蚀性能好且在一定的受力范围内，玻璃纤维筋的受力机理与普通钢筋相似，目前已广泛应用于土木工程结构设计当中代替传统钢筋。玻璃纤维筋的重量是相同条件下螺纹钢25%，但玻璃纤维筋的强度增大2倍多；耐腐蚀性能优越，比起普通钢筋更适合在潮湿环境使用。玻璃纤维筋强度高、易切割的特性使其可以很好地在地铁工程中代替普通钢筋。目前玻璃纤维筋在国内的生产工艺成熟、成本相对较低、施工周期短，安全可靠[60]。

3. 光纤通信

光纤通信具有通信容量大、传输距离远、信号串扰小、抗电磁干扰小等特点，是通过一条光纤将一个信号传递到远端的接收机上，在发送端电信号被转换成光域，并且在接收端被转换回原来的电信号。光纤是一种直径纤细的透明玻璃纤维丝，一般由纤芯、包层、缓冲层和保护层组成，纤芯的成分是高纯度SiO_2，并掺有极少量的掺杂剂（提高纤芯对光的折射率）；外套的折射率较内芯小，激光由一端进入经过多次全反射后在另一端射出[13]。光纤用作通信传输材料已有多年应用历史，由它制成的光缆已用于洲际间信号跨洋传输通道。

（四）环境和能源

1. 污染物降解和去除

研究者采用静电纺丝技术制备出TiO_2纳米纤维，对罗丹明B可达到较高的降解率[61]。另外，利用静电纺丝技术制备了SnO_2/ZnO异质结复合纳米纤维，其一维纳米结构特性有效地增加了纳米纤维和底物的有效接触，在紫外照射下对罗丹明B表现出很好的光催化降解活性[62]。某些重金属污染物可以使用陶瓷膜从工业废水或河流中分离出来，研究发现陶瓷纤维膜是去除废水中铜和铅等重金属杂质的理想选择，而且过滤材料中的纳米纤维结构构造增强了其去除重金属杂质的能力[63]。

2. VOCs吸附

挥发性有机污染物（VOCs）被公认为是颇具环境以及人体健康危害的污染物之一。在去除VOCs的吸附材料中，活性碳纤维依靠其稳定的性质、廉价易得的特点备受关注。研究者已采用特定的活化方法对活性碳纤维表面进行修饰、调控其孔径分布，在提高纤维吸附能力的同时，增强纤维针对特定VOCs的吸附能力[8, 64]。

3. 电化学生物传感

电化学生物传感器在环境监测、生物与食品分析等领域应用广泛。研究者采用静电纺丝法制备了氧化锌微纳米纤维材料，并负载酪氨酸酶构建了检测邻苯二酚的生物传感电极。该电极对邻苯二酚的检测范围为5~50μmol/L，检测限为1.9041μmol/L，灵敏度为376.31μA/（mmol·L·cm^2），在尿素、多巴胺和葡萄糖3种电化学活性相近物质存在的情况下，仍对邻苯二酚的检测有较好的选择性，且具有良好的循环稳定性[65]。

4. 风力发电叶片

风能是一种清洁无污染的可再生能源，具有常规化石能源不具有的优势。叶片是风力发电机中最基础和最关键的部件，目前叶片面临材料轻量化、质量稳定化、成本控制等方面的挑战。玻璃纤维、碳纤维等均可用于风力发电叶片的制备，后者在轻量化制备方面具有优势，但是成本相对较高。研究者采用大丝束碳纤维增强环氧树脂制成高性能碳纤维复合材料挤拉板材，该产品具有强度高（≥1500MPa）、模量高（≥140GPa）、质量轻、成本低等特点，用于制造大型风力发电机叶片的大梁，可替代传统的玻璃纤维增强的复合材料制作的叶片大梁，显著降低风机叶片的重量，提高发电效率[66]。考虑到降本和减重的需求，研究者通过研究碳/玻混编织物的拉伸、压缩与剪切性能，发现与玻璃纤维、碳纤维相比，碳/玻混编织物具有更广阔的设计空间、更好的综合利用性能[67]。

（五）医学领域

1. 医疗外科

近年来玻璃纤维增强复合材料（GFRC）成为一类备受关注的人体植入材料，其是一种由玻璃纤维和树脂基质组成的无定形、均质的高分子材料[68]。具有与骨组织相当的弹性模量和机械强度，以及良好的生物相容性。国内外已成功将GFRC应用于颅脑整形外科、硬组织损伤等医疗外科领域，进行颅组织修复、口腔修复等应用，并取得了良好的临床效果[69-70]。

2. 医学检测诊断

光纤在医学监测辅助诊断领域具有广泛的应用，以光纤为基础的医学成像技术为疾病的早期诊断提供了重要依据，在胃镜检测等领域已经得到广泛应用。光声成像方法结合了光学成像的高对比度优势和超声成像的高穿透深度特性，是当今生物医学研究的热点。光纤超声传感器具有较高的探测灵敏度和抗电磁干扰的特性，能够克服传统压电式传感器灵敏度相对较低、响应带宽窄、不利于实现高性能成像的缺点[71]。此外，研究者通过在光纤头端2.5mm的部位不规则打孔来改变光纤前端的形状，使激光束由向前传导转变为立体发射，从而更好地锁定能量，利用其靶点处理椎间盘组织，可减少对治疗区周围组织的损害，并取得了良好的临床应用效果[72]。

3. 药物控释

临床应用中需要同时具有可控药物释放和药物递送灵敏检测特性的纳米纤维，这样不仅可以调节药物释放速率，还能获得药物释放量与治疗效果之间的实时信息。研究者利用静电纺丝技术获得了有机—无机杂化纤维，并通过再氧化方法，在无须传统高温煅烧的条件下获得柔性增强的$NaYF_4$：Yb^{3+}，Tm^{3+}@SiO_2纳米纤维，该纳米纤维具有可调多色上转换荧光，可实现绿色与红色比例从5到0.3的变化，在对两种药物的表现出很广的监测范围和优异的监测灵敏度，显著优于传统的单药监测系统[73]。

4. 骨组织修复

不规则形状骨组织的修复一直是这一领域的难点，研究者制备出兼具生物活性和优异柔韧性的三维组装SiO_2—CaO纳米纤维支架，使用壳聚糖交联后，其力学性能更加优异，具有80%的压缩回复弹性形变和超过1000次循环的水下抗疲劳性。而且，植入后的弹性纤维支架能够变形并适应不规则形状的骨缺损，可以进行自展开行为，实现与受损腔体的完美匹配。当应用于大鼠模型中的骨质疏松性颅盖骨缺损的修复时，该支架显示出显著促进骨再生和血管形成的作用[74]。

（六）其他应用

1. 气凝胶增强

SiO_2气凝胶因其具有低密度、低热导率等性能而在隔热保温领域拥有巨大的应用前景，但其存在力学性能较差的问题。引入无机纤维作为增强相，可以显著改善SiO_2气凝胶的力学性能。以长纤维作为增强相时，可以制备出具有良好隔热和力学性能的SiO_2气凝胶隔热复合材料，并且可以根据需要制备刚性材料或柔性材料[75]。

2. 特种纸张

传统植物纤维制备的纸张易吸潮霉烂，易燃烧等，在潮湿或高温等环境条件下的应用明显受阻。无机纤维具有不易燃、不焦黑、抗霉变的特点，无机纤维纸在工业生产及高新技术发展领域有着重要的应用价值[36]。

3. 体育休闲用品

目前，文化和运动产品碳纤维的应用数量正在上涨。碳纤维在高尔夫、自行车、划船等运动中得到了用武之地。碳纤维网球拍比木材或铝更轻，更坚硬，更耐用并且更能吸收冲击和振动。在球拍使用的舒适性、球感方面更卓越[76]。

四、结论与展望

报告重点阐述了碳纤维、石墨烯纤维、玻璃纤维、石英纤维、碳化硅纤维、氮化硅纤维、氧化铝纤维、硅酸铝纤维、莫来石纤维、硼纤维、氮化硼纤维、矿物和矿渣纤维、金属纤维、无机纳米纤维等主要无机高性能纤维的技术现状，总结了无机高性能纤维在纺织产品、航空航天、基建交通和通信、环境和能源、医学等领域的应用进展。通过本报告可以发现，各种无机高性能纤维的制备、性能和应用上虽有相通之处、可以有所借鉴，但也各具特点，总体上看是相对独立的，因此要实现一种无机纤维技术上的突破，有必要针对该纤维的特性进行专项攻关。

虽然无机纤维具有耐高温阻燃、强度大、模量大、质轻、化学性稳定、吸声隔音、透电波、抗震、介电绝缘等一系列优良性能，但各自也存在一定缺陷。比如，碳纤维表面化学性呈惰性，表面能低；玄武岩纤维表面光滑且呈惰性，复合黏结性差；玻璃纤维硬度过高、耐磨性能差；陶瓷纤维力学性能和高温抗氧化能力略差；石棉纤维有致癌性，环保性差等[1]。一方面要求在应用上有所取舍或几种材料进行复合，另一方面要加大基础研究，以期实现更好性能和应用。比如，石墨烯纤维具有很大的应用前景，但其性能仍有较大的提升空间，需要提高其片层规整性和取向度、增强片层间的相互作用；在军工领域急需的SiC纤维，其力学性能难以提高也是困扰研究者的一大难题，实现突破就要从先驱体的制备、纺丝工艺、不熔化处理等各个流程实现创新发展；无机纤维普遍存在的脆性问题也急需解决，其增韧机理亟待突破，可见基础研究仍然任重道远。

无机高性能纤维的广泛应用要求其必须实现连续纤维的规模化制备。相对于聚合物纤维，不少无机高性能纤维的批量化制备研究仍处于起步阶段，面临不少的挑战，束丝纤维易断裂、易熔合、易黏附以及纤维的连续性和均匀性差等问题时常存在，需要继续优化和探索制备体系、技术和工艺。

此外，除了玻璃纤维、碳纤维等传统优势纤维外，其他无机高性能纤维在纺织领域的应用还相对较少，纺织工业今后有必要引入更多无机高性能纤维，拓展其更广泛和更深层次的应用，为纺织工业注入新活力和新的增长点。另外，也要考虑无机纤维，尤其是无机纤维增强复合材料的回收处理相对困难的问题，以更好实现纺织工业的绿色健康发展。

参考文献

[1] 郭昌盛，杨建忠，朱明辉. 几种常见无机纤维改性研究进展[J]. 纺织科技进展，2015（2）：11–18.

[2] 孙晋良. 纤维新材料[M]. 上海：上海大学出版社，2009.

[3] 李东风，王浩静，王心葵. 高性能无机连续纤维[J]. 合成纤维工业，2005，28（2）：40–43.

[4] 王德刚，仲蕾兰，顾利霞. 高性能无机纤维[J]. 化工新型材料，2001，29（10）：23–26.

[5] 唐佳，陈玉祥. 碳纤维研究及发展现状[J]. 化工设计通讯，2017，43（10）：63.

[6] 王云峰. PAN预氧纤维皮芯结构对碳纤维结构的影响[D]. 北京：北京化工大学，2020.

[7] 齐业雄. 纬编双轴向多层衬纱织物增强复合材料力学性能的实验研究[D]. 天津：天津工业大学，2012.

[8] 梁峰. ZnCl₂活化酚醛基活性炭纤维的制备及其VOCs及CO₂吸附性能研究[D]. 大连：大连理工大学，2019.

[9] XU Z, GAO, C. Graphene chiral liquid crystals and macroscopic assembled fibres[J]. Nature Communications，2011，2：571.

[10] XU Z, LIU Y, ZHAO X, et al. Ultrastiff and strong graphene fibers via full-scale synergetic defect engineering[J]. Advanced Materials, 2016, 28（30）：6449-6456.

[11] 毛海亮. 玻璃纤维织物及其树脂复合材料的电性能研究[D]. 上海：东华大学，2015.

[12] 黄丹. 缠绕成型玻璃钢管的制备及冲击韧性研究[D]. 哈尔滨：哈尔滨工业大学，2012.

[13] 陈晨. 新型石英纤维的表征及其石英基复合材料的制备与性能[D]. 长沙：国防科学技术大学，2014.

[14] 邹春荣，张长瑞，肖永栋，等. 高性能透波陶瓷纤维的研究现状和展望[J]. 硅酸盐学报，2013，32（2）：274-279.

[15] 唐云. 先驱体转化法制备SiBN陶瓷纤维研究[D]. 长沙：国防科技大学，2009.

[16] 陈建军，彭志勤，董文钧，等. 先驱体制备SiC纤维的发展历程与研究进展[J]. 高科技纤维与应用，2010，35（1）：35-42.

[17] 胡天娇. 聚铝碳硅烷溶液及其沉淀性能的研究与应用[D]. 长沙：国防科技大学，2006.

[18] 王海哲. 碳纳米管增强碳化硅纤维和复合材料的基础研究[D]. 长沙：国防科技大学，2012.

[19] 成林锋. 碳-硅纤维耐蚀性与抗热震性研究[D]. 苏州：苏州大学，2012.

[20] 胡暄. 连续氮化硅纤维的组成、结构与性能研究[D]. 长沙：国防科技大学，2017.

[21] 夏文丽. 聚碳硅烷热解氮化法制备氮化硅纤维的性能研究[D]. 厦门：厦门大学，2012.

[22] 孙逊. 基于微观力学参数的氮化硅纤维增强碳化硅基复合材料微宏观力学关系构建[D]. 长沙：国防科技大学，2019.

[23] 王小宙. SiBN透波陶瓷纤维的制备[D]. 长沙：国防科学技术大学，2008.

[24] 蔡德龙，陈斐，何凤梅，等. 高温透波陶瓷材料研究进展[J]. 现代技术陶瓷，2020，41（1-2）：1-98.

[25] 田敏. 氧化铝纤维的胶体法制备与表征[D]. 济南：山东大学，2012.

[26] 贾玉娜. 氧化铝纳米结构纤维的制备及性质[D]. 济南：山东大学，2011.

[27] 蒋颂敏. 无机纤维增强SiO₂气凝胶保温材料的制备与性能[D]. 武汉：武汉理工大学，2018.

[28] 王炜，吴晓东，王斌，等. 无机莫来石连续纤维材料制备研究进[J]. 科技导报，2010，28（19）：93-97.

[29] 乔健. 溶胶-凝胶法制备氧化铝纤维和纤维板及其性能的研究[D]. 长沙：国防科技大学，2015.

[30] 张旺玺，王艳芝. 高性能无机纤维的性能及应用[J]. 合成纤维工业，2011，（2）：38-41.

[31] 邓橙，宋永才，王应德，等. 甲胺/二甲胺共取代合成氮化硼前驱体聚硼氮烷[J]. 化学学报，2010，68（12）：1217-1222.

[32] 周莹莹，张昭环，孙润军，等. 氮化硼纤维及其复合材料的研究进展[J]. 合成纤维工业，2017，40（2）：52-54.

[33] 姚穆. 纺织材料学[M]. 3版. 北京：中国纺织出版社，2009.

[34] 吴磊，赵志曼，朱伟民，等. 短切玄武岩纤维对磷石膏抗折强度影响研究[J]. 非金属矿，2017（6）：9-11.

[35] 薛巍. 连续玄武岩纤维材料的辐射热防护性能分析[J]. 山东纺织科技，2008（1）：9-11.

[36] 吕檬夷，苏秀霞，郑小鹏. 无机纤维在造纸工业中的应用[J]. 纸和造纸，2014，33（8）：60-63.

[37] 石丹. 金属纤维的生产方法、应用及展望研究[J]. 中国金属通报，2018（5）：221-222.

[38] 陈衍夏，肖红艳，施亦东，等. 金属纤维材料的改性及应用新进展[J]. 产业用纺织品，2010（10）：1-7.

[39] 庾莉萍. 金属纤维的特性及其开发应用[J]. 金属制品，2009（3）：45–49.

[40] 闵福贵，李涛，张立红. 纳米金属纤维的湿化学法制备技术[J]. 洛阳理工学院学报（自然科学版），2011（2）：8–11，16.

[41] 周健. 硫酸盐晶须改性ABS复合材料的性能与微观结构[J]. 化工学报，2010（1）：243–248.

[42] 司银松. 柔性二氧化硅纳米纤维膜的制备及其在隔热领域的应用[D]. 上海：东华大学，2015.

[43] 丁彬，俞建勇. 静电纺丝与纳米纤维[M]. 北京：中国纺织出版社，2011.

[44] LI L，KANG W，ZHUANG X，et al. A comparative study of alumina fibers prepared by electro–blown spinning（EBS）and solution blowing spinning（SBS）[J]. Materials Letters，2015，160：533–536.

[45] 吴依琳，李永贵，麻文效. 金属纤维混纺电磁屏蔽织物的研究进展[J]. 纺织科技进展，2020（6）：1–4，11.

[46] 陈昌江，陆振乾，杨加左. 耐高温除尘滤料的研究进展[J]. 纺织科技进展，2019（1）：1–3.

[47] 彭孟娜，马建伟. 无机耐高温纤维的生产及其在滤料中的应用[J]. 产业用纺织品，2018（2）：35–38.

[48] 王凡，刘冠颖，杨军军，等. 金属过滤材料在高温除尘中的应用与发展[J]. 粉末冶金技术，2018，36（3）：230–238.

[49] 栾巧丽，邱华，成钢，等. 纤维吸声材料的研究进展[J]. 化工新型材料，2017，45（7）：7–11.

[50] 颜涛，樊超，王云辉，等. 陶瓷纤维板结构参数对吸声性能的影响研究[J]. 中国环保产业，2020（8）：69–72.

[51] 夏晓林，余万平，杨阳，等. 探究不同因素对单轴向玻璃纤维经编织物增强复合材料性能的影响[J]. 玻璃纤维，2020（3）：15–18.

[52] CAI DA，TANG J，ZHOU G，et al. Failure analysis of plain woven glass/epoxy laminates：Comparison of off–axis and biaxial tension loadings[J]. Polymer Testing，2017，60：307–320.

[53] 杨开道，郑天勇，范金土，等. 孔隙率对玻纤织物电磁波透射性能的影响[J]. 上海纺织科技，2019，47（12）：78–81.

[54] 邓橙. 氮化硼纤维先驱体–聚硼氮烷的合成及热解特性研究[D]. 长沙：国防科技大学，2009.

[55] 彭雨晴，韩克清，赵曦，等. 新型耐高温氮化物陶瓷纤维研究进展[J]. 合成纤维工业，2011，34（4）：39–43.

[56] PARK K Y，HAN J H，LEE S B，et al. Fabrication and electromagnetic characteristics of microwave absorbers containing carbon nanofibers and NiFe particles[J]. Composites Science and Technology，2009，69（7–8）：1271–1278.

[57] 张路平. SiC包覆改性碳质纤维复合材料的制备及吸波性能研究[D]. 西安：西安建筑科技大学，2020.

[58] 宋小强. 超细无机纤维保温喷涂在建筑节能中的应用[J]. 工业建筑，2013，43：74–76.

[59] SHAO J Y，WANG D. The integration of new technology research on composite inorganic fiber acoustic insulation spray in engineering construction[J]. Applied Mechanics and Materials，2014，580–583：2239–2243.

[60] 魏森，黎良青，董俊杰，等. 玻璃纤维筋在火车站改造项目中的应用研究[J]. 科学技术创新，2020，34：153–154.

[61] 王艳丽，张立斌，潘婧，等. TiO$_2$纳米纤维光催化降解罗丹明B溶液[J]. 化学工程与装备，2013（9）：5–7.

[62] 刘帅. 静电纺丝法制备无机纳米纤维及其性能研究[D]. 青岛：青岛大学，2014.

[63] WU N，WEI Q. Inorganic functional nanofibers：processing and applications. Functional nanofibers and their applications[M]，Woodhead Publishing Series in Textiles，2012.

[64] 姜林妤. 高比表面积活性碳材料的制备及其吸附处理VOCs的研究[D]. 北京：清华大学，2015.

[65] 李纯，孙丽霞，孙建华，等.静电纺丝法制备ZnO构建酪氨酸酶生物传感器检测邻苯二酚[J]. 化工进展，2020，39（7）：2795-2801.

[66] 余木火，许向前，严兵，等.风电叶片碳纤维复合材料大梁板材高效拉挤制备技术及产业化［J/OL］. 2019.中国纺织科技网，http://www.cntextech.org.cn/cgzs/hxcyy/index_2.html.

[67] 张华华，陈文光，李军向，等. 风电叶片碳/玻混编织物的性能研究[J]. 玻璃纤维，2019（1）：22-27.

[68] KHAN A S，AZAM M T，KHAN M，et al. An update on glass fiber dental restorative composites：a systematic review[J]. Materials Science and Engineering C，2015，47：26-39.

[69] CHAN Y H，LEW W Z，LU E，et al. An evaluation of the biocompatibility and osseointegration of novel glass fiber reinforced composite implants：In vitro and in vivo studies[J]. Dental Materials，2018，34（3）：470-485.

[70] 王敬超，乔爱红，周珊，等. 玻璃纤维增强复合材料在口腔医学中的研究进展[J]. 医学综述，2021，27（3）：545-549.

[71] 王岫鑫. 基于微纳光纤法布里-珀罗干涉仪的生物医学光声成像技术[D]. 广州：暨南大学，2015.

[72] 王世杰. 改良光导纤维在经皮激光椎间盘减压术中的应用研究[D]. 青岛：青岛大学，2017.

[73] 李胜. 静电纺无机纳米纤维的制备及监控药物释放的研究[D]. 青岛：青岛大学，2019.

[74] WANG L，QIU Y，SI Y，et al. Smart，elastic，and nanofiber-based 3D scaffolds with self-deploying capability for osteoporotic bone regeneration[J]. Nano Letters，2019，19（12）：9112-9120.

[75] 关蕴奇，姜勇刚，冯军宗，等. 无机纤维增强SiO_2气凝胶隔热复合材料的研究进展[J]. 材料导报，2017，31：429-434.

[76] 于梦贤，薛光宇，王浩任，等.碳纤维的合成及应用研究进展[J]. 山东化工，2019，（15）：65-66.

生物基化学纤维研究进展

赵永霞　韩俊霞

（中国纺织信息中心）

生物基化学纤维及其原料是我国战略性新兴生物基材料产业的重要组成部分。现阶段生物基化学纤维的研究与开发主要聚焦于两类，一是由生物基单体原料聚合加工而成；二是通过新溶剂法、离子液体、TBAH（四丁基氢氧化铵）/尿素体系、生物制浆等加工而成。本文主要探讨其中的代表性品类。

一、生物基聚合物及其纤维的研究与开发

根据欧洲的分类方法，目前生物基聚合物主要有两类产品：生物基但不可生物降解的聚合物，如生物基聚乙烯（PE）、生物基聚丙烯（PP）、生物基聚对苯二甲酸乙二醇酯（PET）、生物基聚对苯二甲酸丙二醇酯（PTT）、生物基醚酯型热塑性弹性体（TPC–ET）等；生物基且可生物降解的聚合物，如聚乳酸（PLA）、聚羟基脂肪酸酯（PHAs）和聚丁二酸丁二酯（PBS）等。目前主要的生物基聚合物研究对象如图1所示[1]。

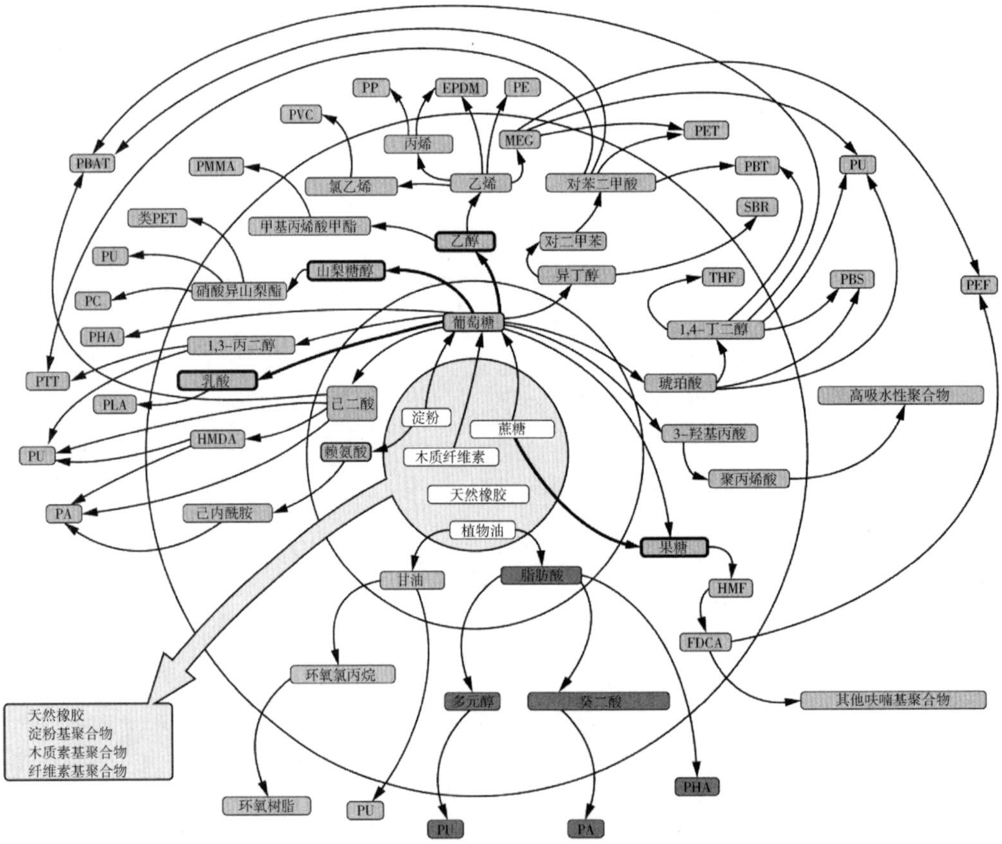

图1　生物基聚合物的研究网络

资料来源：nova研究院

生物降解是由针对不同环境的不同机构定义的。这种性质由材料的化学结构决定，而非其原料来源决定。因此，并非所有可生物降解的产品都由可再生资源制成。反之亦然，并非所有基于生物的产品都可生物降解。

（一）生物基聚合物市场的最新进展

根据欧洲nova研究院的统计和预测，2020年，全球生物基聚合物的总产量为420万吨，第一次实现了8%的年均复合增长率（CAGR），大大高于聚合物的整体增长率（3%~4%），这种趋势预计将持续到2025年。

从主要品类来看，2019年，PLA、生物基PP及PHA等新型生物基聚合物显示出较快的增长步伐。目前，包括PLA、PHA、淀粉共混物等在内的可生物降解聚合物约占全球生物基聚合物生产能力的60%（超过120万吨）。预计到2025年，可生物降解聚合物的产量将增加到180万吨，这主要是由于PHA的显著增长率以及美国、欧洲等对PLA生产设施的新投资。

目前生物基不可生物降解的聚合物约占全球生物基聚合物产能的40%左右（近89万吨）。由于对可生物降解聚合物产量的预测显示出更高的增长水平，预计到2025年这类聚合物产能的份额将进一步小幅下降至37%左右（约100万吨）。

从应用领域来看，包装、日用品、消费电子产品、汽车/交通、农业/园艺、玩具、纺织品及其他几个细分市场中，生物基聚合物得到了越来越多的应用。其中，包装仍是生物基聚合物最大的应用领域。据nova研究院预测，2020年该领域所用生物基聚合物约占生物基聚合物总市场的47%，其次分别为日用品（25.85万吨）和纺织领域（24.1万吨）。随着功能性聚合物产能的增加，汽车和运输、建筑、电气/电子等细分市场的应用在不断增长[2-7]。

从产能分布来看，现阶段全球生物基聚合物生产能力的大约25%位于欧洲。但考虑到生物基聚合物的实际生产和区域能力的发展，亚洲将继续处于领先地位。到2020年，亚洲预计生产了全球46%的生物基聚合物，该地区在未来5年仍将是主要的生产中心。

以下将对重点品种及其代表性品类进行介绍。

（二）生物基聚酯类的研究与开发

1. PLA

利用现代生物技术及化学催化系统，可生产多种100%或部分生物基聚酯产品。目前市场上最炙手可热的生物基聚酯材料是PLA，其源于甘蔗、玉米、甜菜和木薯等可再生生物基原料，具有良好的加工性能和优异的生物相容性，可利用常规的热塑性材料的加工工艺加工。由于可以通过常规的工艺与设备完成材料的深加工，因而近年来受到纤维生产商的青睐。目前，以PLA为原料的长丝、短纤以及纺熔非织造布、膨体连续长丝（BCF）、双组分纤维等产品均已见诸市场，而PLA纤维的应用也已涉及阻燃纺织品、抗菌纺织品、医用敷料、农用敷根织物和3D打印单丝以及高端纳米纤维产品等。

目前，国外实现商业化生产PLA纤维的企业中，德国Trevira（特雷维拉）、日本东丽（Toray）、美国Minifibers和Fiber Innovation Technology（纤维创新技术公司）是其中的代表。其中，特雷维拉利用NatureWorks提供的PLA——Ingeo™生产了各种类型的纤维，包括双组分纤维，其纤维产品适用于梳理、水刺、湿法成网、气流成网等多种非织造布加工工艺，应用领域则涉及个人护理、食品包装、纸业、填充等领域；东丽提供的Ecodear® PLA纤维，线密度为26~33dtex，断裂强度为3.0~4.0cN/dtex；德国PHP fibers公司（泰国Indorama下属企业）生产的Diolen® 150BT纱线是以PLA为原料制成的可生物降解的工业用高性能纤维，具有低吸湿性、优良的抗紫外线、不易燃烧、色牢度佳及可生物降解性等特点。

我国工业化生产PLA纤维主要采用熔融纺丝法，从事相关纤维生产的企业包括新能、新高、同杰良、上海德福伦、安徽同邦伟业、苏州金泉、安徽丰原等。除此之外，中国科学院长春应用化学研究所研究团队与常熟市长江化纤有限公司合作，2006年已经实现了直纺PLA长丝的生产。2019年，中国恒天长江生物有限公司建成2000吨/年的连续聚合熔体直纺PLA长丝生产线，正在建设1万吨/年的生产线。由于熔体直纺技术不需切片造粒、干燥等中间过程，大大降低了PLA纤维的生产成本，是未来发展的重要方向。

PLA纺粘非织造布和熔喷非织造布是近年来研究较多的技术和产品。目前，国内从事PLA纺粘非织造布生产的企业主要有温州昌隆、美亚等。但还没有企业规模化生产PLA熔喷非织造布，只有一些科研院所有相关的研究性报道，距离产业化生产尚有一定距离。

全球对PLA应用研究和市场拓展的投入不可谓不多，但受限于传统聚酯产业链已在消费市场中占据主导等现实因素，PLA纤维被市场完全接受尚需时日。此外，PLA生产链目前还存在一些问题：一是材料耐热性差、成本较高（主要是高纯度原料成本高），今后将朝着规模化、低成本、高效率连续聚合技术发展；二是纤维均匀性差、细旦化程度低、缺乏耐热型产品，发展趋势是高品质细旦化和耐温型PLA纤维；三是染色整理技术欠缺，安全评价标准缺乏，发展重点为PLA纤维专用染料与染色整理技术，以及在不同应用领域的产品开发。

PLA纤维具有良好的堆肥降解性，根据用途不同，其生物降解性能可用多种方法予以测定，如填埋、海水或河水中浸渍或通过活性污泥处理，及标准肥料堆放法等进行测试。据研究，通常其废弃物在土壤中1~2年后强度逐渐降低，最后分解成水及二氧化碳。

作为一种生物基聚合物，其最佳使用温度为-10~40℃。根据EN 13432，PLA是可生物降解的，但还需要一些环境因素的配合。另外，这种材料在室温和常规环境下并非完全稳定，因此其认为PLA并不足以成为减少废水中微聚合物的解决方案。聚合物的生物降解性还取决于化学成分以及其他所用的共聚物。例如，通过添加己二酸/对苯二甲酸丁二酯（PBAT），PLA在微生物条件下可实现降解。

2. PTT

PTT主要由来源于甘蔗、甜菜、玉米、土豆及小麦等中提取的1，3-丙二醇合成，是一种半结晶、热塑性聚合物，性能优良，与其他聚酯如PET、PBT相当，强度和刚性可与高性能PBT媲美。可以说，PTT纤维是一种综合了常规涤纶和锦纶优点的纤维，同锦纶一样，具有良好的弹性和弹性回复性，抗拉强度比常规涤纶稍低，但断裂伸长率稍高。该纤维的另一个优势体现在其羊毛般的触感上，且染色性更好，目前多应用于服装、家纺及地毯领域。当前，DuPont（杜邦）在全球生物基PTT领域仍处于垄断地位，其产品Sorona®采用了非食物来源的原料。国内张家港美景荣化学工业有限公司和盛虹集团等企业自2010年起与高校合作，逐渐突破了生物基1，3-丙二醇（PDO）的关键技术，实现了PDO万吨级生产；在PTT聚合方面也连续攻关，初步实现了产业化[3]。

3. 全生物基PET

全生物基PET虽然是当今的研发热门，但是生物基PTA的高效制备技术还远未建立。Anellotech公司研发的生物质热解制芳烃工艺、Virent公司研发的生物基氢解糖类经催化转化制备对二甲苯（PX）工艺以及Gevo公司开发的生物质异丁醇制芳烃工艺目前均处于验证、中试阶段。因此，生物基PET的生产能力并未如预期那样增长。相较而言，聚乙烯呋喃酸酯（PEF）在开发热度上更胜一筹，该聚合物有望在2023年投放市场。与PET媲美，PEF是100%生物基材料，据称具有出色的阻隔性和热性能，因此是饮料、食品及一些非食品产品的理想包装材料。德国亚琛工业大学纺织技术研究院进行了PEF纤维的试生产，研究结果令人满意。其采用Avantium公司的瓶级PEF加工的复丝，线密度为130dtex，拉伸强度为22cN/tex[4]。

4. 聚丁二酸丁二醇酯（PBS）

PBS由1，4-丁二醇和琥珀酸合成。可变聚合物牌号由PTT MCC BIOCHEM公司等供应商提供，不同等级的产品有不同的属性。同PLA一样，PBS也是一种可堆肥的生物基聚合物，其纺丝无疑是一个全新的课题，目前相关文献主要集中于静电纺丝或共混纺丝[5]。由亚琛工业大学纺织技术研究所和比利时纺织研究中心（Centexbel）联合开展的PBSTex研究项目评估了PBS在纺织工业中的应用潜力。根据其研究，纺制的PBS复丝达到了22cN/tex的强度，长丝可进一步加工成针织物或非织造布，表明PBS在纺织领域具有较好的应用潜力；添加10%的PLA与PBS共混纺丝后，PBS复丝的强度可进一步提升，达到31cN/tex，但如继续升高PLA含量，其强度会有所下降，可能是PBS与PLA之间存在的不兼容所致。

5. PHAs

PHAs是一类通过细菌发酵生产的聚合物，预计在未来5年其生产能力将有显著增长。其为100%生物基，且可在多种环境下生物降解，根据其化学成分具有良好的力学性能。

新型生物高分子3-羟基丁酸酯和3-羟基戊酸酯的共聚物（PHBV）是一种典型的PHAs材料。它以淀粉为原料采用发酵工程技术制造而成，具有与聚丙烯相似的性质。它在潮湿的环境下是稳定的，但在有微生物的情况下，可以降解为二氧化碳和水。

PHBV具有良好的生物相容性和对水、气的高阻隔性等，可以应用在医用材料（缝线、骨钉）、薄膜材料（地膜、购物袋、堆肥袋）、一次性用品（笔、餐具）、包装材料（特别是食品包装）等多个品类中。

天安集团与中国科学院微生物研究所、中科院宁波材料技术与工程研究所、香港理工大学等多家知名院校与研究机构合作研发，将PLA和PHBV两种生物基可降解高分子树脂通过流变改性，反应性共混和熔融纺丝制备成一种新型生物基合成纤维——禾素纤维。禾素纤维是我国为数不多的自主研发的生物基合成纤维产品之一，不仅具有从原料到生产工艺的绿色环保优势，且具有良好的抗菌性、耐热性和吸湿排汗功能。目前，禾素纤维已在宁波天安生物材料有限公司实现了产能规模500 t/年的规模化生产[8-9]。

聚羟基丁酸酯（PHB）也是PHAs的一种，是将海藻通过微生物工艺加工而来，可生物降解。目前，可提供聚合物级PHB的企业包括BIOMER、巴西PHB工业公司和Telles有限责任公司。由于其在土壤中经过微生物作用后能发生自然降解，因此多用作农业地膜。但PHB纺丝性能不佳，在熔融状态下热稳定性差，但通过添加PLA可改善可纺性，纤维的脆性较大，目前其单丝多用作牙刷刷毛和渔网的制作。

6. 聚己二酸对苯二甲酸丁二醇酯（PBAT）

PBAT最初完全通过石油基原料生产，工业化产品如德国巴斯夫股份公司的Ecoflex®、美国杜邦公司的Biomax和意大利Novamont公司生产的Origo（其原料部分来自可再生资源）。关于其生物降解性目前尚存争议。国外有研究表明其可完全生物降解；国内相关研究也表明，在合适的土壤中，其易完全生物降解。但也有一些观点认为，PBAT并非完全生物降解材料，其降解产生的中间产物——PTA有生物毒性，在自然界中无法进一步生物降解，并且PTA在土壤中累积，改变土壤的菌群并导致土壤荒漠化，进一步污染水体。

目前尚无PBAT长丝的工业化生产报道。德国亚琛工业大学曾在实验室成功将PBAT聚合物纺成复丝。据报道，其最大拉伸强度为10~14 cN/tex，伸长率可达90%~200%[10]。

（三）生物基聚酰胺（PA）的研究与开发

生物基PA可作为传统PA的替代品，并且可采用原先的熔纺PA的生产装备进行加工。对于大多数生物基PA来说，蓖麻油是非常重要的原料。据了解，目前市场上尚未有真正意义上的商业化PA66，这同时也意味着巨大的商机，无论是全生物基产品还是部分生物基产品。表1是目前市场上出现的主要生物基PA品种[1]。

其中，生物基PA56与PA66一样具有出色的综合性能，其强度高、耐热性能优异、耐溶剂性能良好。除此之外，PA56具有奇碳结构，其纤维在吸湿透气性上与棉花非常相近，具有优异吸湿性能、柔软舒适性及低温可染等特性，因而在高档舒适性服装上具有广阔的应用前景。凯赛生物科技有限公司对生物基1,5-戊二胺和PA56进行了系统研究，实现了生物基1,5-戊二胺和PA56的规模化生产，其5万吨/年生物基1,5-戊二胺及10万吨/年生物基PA56生产基地正在新疆乌苏建设，处于世界领先地位。该公司开发的PA56据称性能可媲美PA6或PA66，可用于熔融纺丝，吸湿性及隔热性能良好，目前最大的挑战在于其生产成本。

表1　目前市场上出现的主要生物基PA品种

生物基聚酰胺主要品类	商品名	所属企业	生物基原料含量/%
PA610	Grilamid 2S	EMS-Chemie	62
	VESTAMID® Terra HS	Evonik（赢创）	
	Rilsan® S	Arkema（阿科玛）	
	Ultramid® S Balance	巴斯夫	
	Zytel® RS	杜邦	
PA1010	VESTAMID® Terra DS	Evonik	最高可达100
	Rilsan® T	Arkema	
	Grilamid 1S	EMS-Chemie	
PA11	Rilsan®	Arkema	100
PA410	EcoPaxx®	DSM（帝斯曼）	最高可达70
PA56	Terryl®	上海凯赛生物技术股份有限公司	最高达45

　　法国阿科玛位于新加坡裕廊岛的新工厂于2017年宣布投产，意味着其在全球的PA11产能增加了50%。Fulgar可提供100%的生物基PA纤维EVO®。该产品含有PA1010，最大特点是具有超快干性能，透气性能优异，所加工的织物具有抗皱性能。2018年1月23日，意大利锦纶纱线生产商Aquafi与美国生物工程公司Genomatica联合宣布：双方已签署了一项为期多年的合作协议，将合作研发"环保己内酰胺"，用于加工100%生物基锦纶。其中，Genomatica是此次合作过程中GENO CPL™生物制造工艺的授权方，而Aquafil主要为研发合作提供资金。此次合作旨在将环保可持续的生物制造工艺——GENO CPL™进行商业化。利用该制造工艺，生产商可以用以植物为基础的可再生原料替代传统锦纶制造使用的化石基材料来生产己内酰胺，同时，实现原材料来源的多样化。此外，这种新型的生产过程不需使用特殊装备，也无须在锦纶生产链做任何调整。

　　EcoPaxx是荷兰帝斯曼开发的生物基高性能PA410，属于长链PA系列产品，具有优异的耐化学性、低吸湿性以及高熔点（高达250℃，在所有生物基PA中属最高）和高结晶速度（接近于PA66和PA46等工程材料）。经过独立第三方结构检验，EcoPaxx的生物基含量超过70%[6]。C4即1，4-丁二胺，是帝斯曼独有的产品。该公司利用特殊的合成技术将其与源于蓖麻油的长链癸二酸聚合生成PA410，在其结构中实现了"取长（癸二酸）补短（C4）"。因此，EcoPaxx兼具长碳链脂肪族聚酰胺耐化学性、低吸水率、耐水解性和尺寸稳定的特点以及短碳链脂肪族聚酰胺高熔融温度、高强度、优异韧性和优良流动性的特点。据测试，与PA66相比，EcoPaxx的吸水率低30%，尺寸稳定性更佳，湿热老化后比PA66具有更高的模量，翘曲降低50%，水/乙醇老化后熔接线强度比PA66高5倍且使用寿命长3倍。

　　PHP Fibers利用EcoPaxx开发的生物基锦纶Enka® Nylon BIO，其强度-拉伸表现性能与石油基PA66相当，甚至有些性能优于后者。该产品具有较高的热稳定性、耐化学品性及耐水解性，吸湿率较低，当相对湿度为50%时其拉伸模量比PA66高40%。

　　纯电动汽车研究开发企业SIM-Drive开发的电动汽车SIM-CEL的两个关键外观部件（车身板件和车轮护罩）也使用EcoPaxx制造。测试结果证明，使用EcoPaxx制成的车身板件比钣金件至少轻50%。此外，EcoPaxx

· 112 ·

优异的流动性可提供极佳的表面光洁度，而其耐高温性可使其与动力总成其他部件一起在涂装线上进行喷漆；车轮护罩或挡泥板盖在后轮拱上，有助于提高车辆的空气动力特性和美感，同时进一步减轻汽车重量。

著名户外运动品牌Salomon采用EcoPaxx打造出了新一代轻型登山鞋。该材料提供了在极端潮湿和寒冷的山区环境中使用所需的力学性能和韧性。此外，优异的流动特性使得EcoPaxx成为设计这款登山鞋所需的复杂注塑成型工艺的最佳材料，且大幅降低了成本。

二、生物基再生纤维的研究与开发

利用纤维素、淀粉、壳聚糖、海藻、蛋白质等天然高分子材料开发生物基再生纤维，既能节约纤维材料资源，又由于这些材料本身为生物质材料，可自然降解，基本不会对人和环境造成不利影响，因此生物基再生纤维也是新型纤维材料研发的重要领域。受碳达峰、碳中和相关政策的影响，这类纤维的开发与应用受到广泛而持续的关注。因篇幅限制等原因，本文主要介绍再生纤维素纤维的开发与应用现状。

再生纤维素纤维取材广泛，可以来自木材纤维（桦木、榉木、松木等）、棉纤维（棉短绒）、禾本科织物纤维（竹、芦苇、玉米秆等），其性能及环境友好程度重点取决于其生产方法。目前，再生纤维素纤维的生产方法主要有溶剂法、纤维素氨基甲酸酯法、离子液体法、增塑纺丝法和液晶溶液法等。对于再生纤维素纤维的生态可持续开发主要体现在两个方面：一方面是原材料的控制，除使用木浆外，可使用棉短绒、秸秆等农业废弃物，以及以纤维素纤维为原料的废旧纺织品、生产废料等作为生产原料；另一方面是采用新型环保纺丝技术节能降耗减排，降低对环境的负担。

（一）黏胶纤维的绿色化开发

目前，再生纤维素纤维的主要生产方法还是以黏胶法为主，产量占90%以上。为了使黏胶的生产更具有生态可持续性，许多企业采用可持续木浆和技术革新使黏胶的生产工艺更加节能环保，相继推出环保型黏胶纤维——兰精™环生纤™品牌黏胶纤维、优可丝™系列纤维、唐丝®EcoTang™等。

同时，以废旧纺织品为原料生产再生纤维素纤维成为相关企业的重点开发方向，如奥地利Lenzing（兰精）公司率先推出了悦菲纤™Refibra™技术及其产品天丝™悦菲纤™莱赛尔纤维，唐山三友集团、印度Birla（博拉）和Sateri（赛得利）也先后推出了各自的回收再生黏胶产品——唐丝®ReVisco™、Liva Reviva™、纤生代™Finex™等。此外，一些企业通过加入追踪剂实现了环保型黏胶的可追溯，使纤维经过繁多的加工流程及转换步骤之后仍然能够在最终产品中识别出来，促进了供应链的透明化。

（二）新溶剂法纤维素纤维

新溶剂法为目前技术最为成熟且具有环境友好特点的再生纤维素纤维生产方法，其代表产品为莱赛尔纤维（Lyocell）。莱赛尔纤维具有比黏胶更稳定的物理和化学性能，其干、湿强度接近，能较好地承受机械作用力和化学药剂的处理，不易使织物造成损伤，织物尺寸稳定性更好。由于它本质是天然纤维素，所以还具有良好的生物降解性。

目前国内外莱赛尔纤维的研究开发主要集中在短纤领域。其中，国外莱赛尔纤维品牌主要有兰精公司的Tencel™Lyocell、德国TIKT（图灵恩纺织和塑料研究院）的Alceru®、韩国Hanil的Acell®、博拉公司的Birla Excel®以及俄罗斯制造的Orcel®等；国内主要有中纺院绿色纤维股份有限公司采用其自主研发的技术生产的希赛尔®、上海里奥纤维企业发展有限公司用竹浆开发的里奥竹®、山东英利实业公司生产的瑛赛尔®、保定天鹅新型纤维有限公司的元丝®等。近年来，我国莱赛尔短纤行业发展迅速，据统计，2020年国内莱赛尔短纤总产能（含在建）已达22万吨/年以上，根据各企业规划，预计到2023年产能将超过180

万吨/年（表2）。

表2　国内莱赛尔短纤产能发展情况

单位：万吨/年

地区	企业	2020年产能	2023年规划产能
河南	中纺新乡绿色纤维科技股份有限公司	9	30
河北	保定天鹅新型纤维有限公司	3	
山东	山东英利实业有限公司	3	
江苏	江苏金荣泰新材料科技有限公司	2	30
山东	亚太森博（山东）浆纸有限公司	2.5	
江苏	南京法伯耳化纤股份有限公司	4（在建）	
湖北	湖北金环股份有限公司	2	
湖北	湖北新阳特种纤维有限公司	0.25	
宁夏	宁夏恒利集团科技有限公司	2（在建）	
河北	唐山三友集团兴达化纤有限公司	0.5	6
河南	河南恒通莱赛尔纤维科技有限公司		5
山东	鸿泰鼎新材料科技有限公司	10（在建）	30
江苏	赛得利（常州）纤维有限公司		40
江苏	赛得利（南通）纤维有限公司		20
吉林	吉林化纤股份有限公司		6
山东	华泰（东营）化工集团有限公司		16
合计		22.25	183

数据来源：根据公开资料整理。

　　从莱赛尔纤维用浆粕来看，目前国内生产莱赛尔纤维所用的木浆粕仍以进口为主，存在一定的贸易安全风险。由于竹浆、麻浆、秸秆浆纤维素来源丰富且成本低，结合我国林业及农业的产业特色，业内预计竹浆、麻浆、秸秆浆及其与木浆共混的再生纤维素纤维后续将会有较大的发展空间。

　　在生产技术方面，当前我国莱赛尔纤维关键制备技术及装备仍面临"卡脖子"风险，大容量莱赛尔纤维制备技术、核心装备（薄膜蒸发溶解与纺丝干喷湿纺等）均为国外公司设计制作。而大容量莱赛尔纤维制备技术可大幅降低项目建设投资，实现低成本产业化生产，是莱赛尔纤维生产技术先进与否的重要标志与考量，是技术发展趋势。据了解，目前兰精公司已采用单机3万吨反应器，单线产能6.7万吨/年，其在泰国的10万吨/年产能项目，采用单机5万吨反应器；保定天鹅、山东英利、中纺绿纤等企业采用1.5万吨反应器，单线产能1.5万吨/年；江苏金荣泰、亚太森博等开始采用2万吨反应器。

　　虽然近几年莱赛尔短纤发展如火如荼，但莱赛尔长丝却鲜有耳闻。有报道称兰精公司曾投产一条200t/年左右的莱赛尔长丝生产线，但市场上鲜少看到相关产品。我国在这方面已实现重大突破。据了解，浙江华丰龙赛尔纤维科技有限公司利用完全自主研发的技术及装备开发了国内第一款新溶剂法再生纤维素纤维长丝——龙赛尔®纤维，该产品具有环保、强度较高、吸湿透气性好等特点[8]。据介绍，该纤维的干、湿强分别可达3.0~4.0cN/dtex、2.4~3.0cN/dtex，回潮率能达到14%且排湿快；用活性染料易染出多种颜色，且色牢度高；纤维表面光滑，无原纤化现象；亲肤性好，尺寸稳定性佳。目前，龙赛尔公司可提供50D/30f、80D/40f、120D/60f及12 D/80f等规格的莱赛尔长丝产品，还可根据个性化需求定制其他品种及规格。在后道加工方面，龙赛尔®纤维既可100%应用，也可与其他纤维并股或交织应用，视下游企业的要求进行搭配。生产规模方面，龙赛尔公司已经在浙江安吉开工建设规划产能为2万吨/年的新工厂，一期2000吨/年预计将于2021年9月顺利投产，并于5年内完成2万吨/年产能投产。

从终端应用来看，以莱赛尔纤维为代表的再生纤维素纤维在服装、家用纺织品等领域的应用日趋广泛，市场前景良好。此外，由于纤维素纺丝成网产品柔软性、吸湿性优异，并表现出良好的屏蔽性能，在医疗和卫生保健用品领域也具有十分好的应用潜力。进入21世纪以来，众多制浆造纸企业、聚合物研究院所和具有丰富经验的设备厂家相继开展了基于"Lyocell"原液系统的纤维素直接成网课题的研究，取得了可喜的进步。在2019年多恩比恩全球纤维大会（Dornbirn—GFC）上，兰精公司介绍了其纤维素直接成网技术"Web Technology"，这种技术可开发100%纤维素纤网，克重15~60g/m^2，网材的单纤直径范围为5~40μm，产品具有完全的生物可降解性和可堆肥性，是一种符合循环经济发展理念的生产方法。该产品综合了兰精公司等多个研究团队取得的成果，主要包括：一是美国Biax公司基于NMMO溶剂系统，开展了熔喷法纤维素纤维研究；二是德国Fraunhofer研究所与设备厂家Reicofil公司、制浆造纸企业Weyerhaeuser公司合作开发了纤维素直接成网技术，选择使用埃索的熔喷头，制得的100%纤维素网材克重分别为22g/m^2、45g/m^2、65g/m^2，单纤直径小于10μm，试验过程的溶剂回收系统采用两步法工艺；三是美国田纳西大学的研究人员利用纤维素作为熔喷非织造布的原料，以NMMO和离子液体为溶剂进行纤维素直接成网的开发，该项研究基于NMMO-Lyocell原液系统，纺丝液质量分数为14%。

（三）醋酯纤维

醋酯纤维又称醋酸纤维，先由纤维素经乙酰化反应得到醋酸纤维素再经纺丝制得，属于纤维素衍生纤维，是广义范畴的再生纤维素纤维之一。醋酯纤维的分子链以纤维分子为主体，由于经乙酰化反应与水解反应后，纤维素的大部分羟基被乙酰基取代，分子链的空间结构发生改变，纤维结晶度和取向度降低。根据乙酰基取代度的不同，醋酯纤维可以分为二醋酯纤维（取代度75%~92%）和三醋酯纤维（取代度92%以上）。醋酯纤维多采用干法纺丝生产——将醋片溶解于纺丝溶剂制成纺丝浆液，其中，醋片制作中产生的稀醋酸和纺丝溶剂的回收率很大程度决定了其纤维生产的生态可持续性。

醋酯纤维具有良好的过滤吸附性，一直以来多用于高档香烟的过滤嘴材料。纺织用醋酯纤维约占醋酯纤维总量的6%，且以长丝为主。醋酯纤维的长丝及其织物光泽好，手感柔软爽滑，回潮率低，弹性好，并具有良好的悬垂性、热塑性和尺寸稳定性。不过，由于醋酸纤维长丝的干、湿强度较低，对织造、印染技术要求高，一般需要采用细度较高的纱线，织造时也以偏厚重的织物结构为主。在实际的面料开发中，常常采用涤纶与醋酯纤维交织以提升面料的强力，且两者都是分散染料染色，有利于染色时一浴上染；醋酯纤维与黏胶纤维交织则可以通过色织实现一浴双色的效果，且两者都具有良好的亲肤舒适性，可以获得良好的穿着体验；还有其他纤维如桑蚕丝、棉、莱赛尔纤维、莫代尔纤维、锦纶、铜氨纤维等，也可以与醋酯纤维交织或混纺，获得各具特色的面料风格。

美国Celanese（塞拉尼斯）与Kosa公司合作，推出采用聚酯纤维和醋酯纤维织成的Cel-Aire系列产品，其主要特点是常压下就可以获得良好的染色一致性。意大利Novaceta公司在醋酯长丝产品的细特化、混纤和多组分复合纱技术上取得了不错的成果，开发出一系列高品质的醋酯长丝产品。日本三菱开发了二醋酯和三醋酯系列产品，获得了良好的服用效果[2, 11]。美国Eastman（伊士曼化工）公司自2017年推出了醋酯纤维品牌Naia™后，先后推出了长丝和短纤两种规格的二醋酯纤维，通过Naia™纤维产品开发技术创新联盟、天猫新制造等项目，开发了各种风格的醋酯面料，并已成功开发出服装和家纺产品。我国从20世纪50年代开始通过技术引进已成功开发出应用于烟用过滤嘴的醋酯纤维，但据了解，目前国内尚无企业生产纺织用醋酯纤维。

三、结语

目前，以生物质资源替代化石资源，并进行深加工利用，已成为国内外企业和科研院所的研究热点。其中，以生物质资源为原料开发生物基聚合物及单体必将成为未来材料领域的重要发展方向，尤其是以木屑、秸秆等农林废弃物为原料，通过生物催化或化学催化，制备生物基合成纤维单体将具有良好的经济效益和应用前景。但现阶段来看，全球生物基聚合物产业的发展尚处于初级阶段，社会、环境和战略价值要大于实际的经济价值。因此，政府的引导和支持对于生物基相关产业的发展十分必要，应适时制定符合生物基纤维发展的战略。

聚焦国内，我国生物基合成纤维领域正处于实验室技术向工业化生产的转化阶段，可以预见，未来其生产成本和销售价格有望进一步降低，同时凭借优良的使用性能和环保理念，会呈现出广阔的发展前景。未来，除了加强基础研发，还要注重生物基单体的制备、聚合、纺丝、印染等生物基纤维产业链的发展。再生纤维素纤维（以莱赛尔纤维为代表）已突破技术瓶颈，并形成一批完全自主知识产权的技术，但也面临"大干快上"、产能利用率不高等问题，希望企业能科学评估，谨慎对待，理性投资。同时在一些关键技术与装备上还要保持攻关力度，加强对跨国巨头专利的分析，确定自己专利战略，进行标准、专利布局，形成完善知识产权体系[5]。

生物基化学纤维及其原料从研发、技术、工程化到产业化，科技和工程交叉复杂，所涉及的基因技术、工业微生物技术、生化技术等多处于产业化前期基础研究阶段，难度大，流程长，关键环节较多。因此，我国企业应承担起生物基纤维产业产、学、研的责任，为实现生物基纤维"三个替代"（原料替代、过程替代、产品替代）的目标提供技术支撑，这对推动我国绿色经济增长、建设资源节约型和环境友好型社会意义重大。

参考文献

[1] 赵永霞. 全球化纤产业的最新进展（上）[J]. 纺织导报，2019（2）：25-26.

[2] 芦长椿. 醋酯纤维的开发与应用新进展[J]. 纺织导报，2016（3）：36-42.

[3] 董奎勇，杨婷婷，王学利，等. 生物基聚酯与聚酰胺纤维的研发进展[J]. 纺织学报，2020，41（1）：174-183.

[4] 芦长椿. 生物基聚酯的技术现状与趋势[J]. 纺织导报，2020（9）：57-60.

[5] 乔凯. 生物基合成纤维单体发展现状及展望[J]. 纺织导报，2017（2）：32-38.

[6] 芦长椿. 生物基聚酰胺及其纤维的最新技术进展[J]. 纺织导报，2014（5）：64-68.

[7] 崔玲潇. 生物基聚酯纤维产业链发展现状及展望[J]. 合成纤维，2016，45（5）：41-45.

[8] 赵永霞. 龙赛尔：厉兵秣马，成就莱赛尔长丝行业典范[J]. 纺织导报，2021（4）：21.

[9] 张娜. 禾素时代：引领绿色抗菌新风潮[J]. 纺织导报，2021（4）：18.

[10] PIA SKOCZINSKI, MICHAEL CARUS, DORIS DE GUZMAN, et al. Bio-based Building Blocks and Polymers - Global apacities, Production and Trends 2020 – 2025[Z]. Huerth：nova-Institut GmbH，2021.

[11] 韩俊霞，王新力. Naia™醋酯纤维素纤维产品开发方向分析[J]. 纺织导报，2019（9）：22-25.

生态印染加工关键技术发展综述

宋富佳　刘　正　刘凯琳

（中国纺织信息中心）

印染是纺织品生产链中产品深加工、品质提升的关键环节。"十三五"以来，印染行业从建设生态文明新高度推动纺织工业节能减排，发展低碳、绿色、循环纺织经济以推动行业转型升级，印染行业大力发展节水技术、节能技术、清洁生产技术并取得长足进步。

具体而言，近年来我国印染行业的工艺技术水平紧跟国际步伐，得到了快速发展，部分企业的染整工艺已经达到了国际先进或领先水平，在推动节能减排、提质增效等方面的进步得到了广泛认可。在染色领域，染色加工技术仍以水介质染色为主，工艺成熟；小浴比间歇式染色技术的应用比例在不断提高，气流染色浴比可达到1：3~1：4，能够满足各种纤维、纱线以及面料的染色加工；棉冷轧堆染色技术、活性染料无盐染色技术、超临界二氧化碳无水染色及溶剂染色技术等一批关键技术取得突破，并实现产业化应用。在印花领域，目前圆网印花和平网印花技术依然占据主导地位，工艺也非常成熟，但随着市场对个性化、定制化以及环保要求越来越高，数码印花、冷转移印花、无尿素印花、免水洗印花等一些新型印花技术的应用比例进一步提高，在后整理领域，仍以传统的浸轧整理、涂层整理以及覆膜等常规技术为主，一些新型整理技术如纳米技术、微胶囊技术、生物酶技术、石墨烯整理技术等在高附加值纺织产品开发中的作用越来越明显。

一、生态前处理工艺技术

前处理是印染加工过程中重要的生产工序，随着技术的进步，前处理设备也在不断地发展，新工艺、新技术正在逐步推广应用，推动了前处理工艺向高效、连续化、自动化、节水节能方向发展。

（一）针织物平幅前处理工艺

平幅前处理工艺在机织物染整加工中应用广泛，但在针织物染整过程中多采用间歇式绳状加工，这种加工方式能耗高[1]。此外，随着针织向高支高密方向发展，染缸前处理时纱线收缩不均匀，低水比染缸在染色时织物很容易出现折痕。为解决此问题，一些染厂采取入缸前预缩或折痕出现时拉幅的方式，但会增加染厂的成本，平幅煮漂机则可以很好地从源头上解决前处理时纱线收缩不均匀的问题。

恒天立信旗下高乐公司研发了一款Sintensa Cyclone型低张力平幅针织连续煮漂机（图1），它是一款低张力、高水洗效能的前处理设备，适用于棉及其混纺类针织物前处理加工，主要的作用是去除纤维上的蜡质、果胶物质、色素、矿物质等杂质，为后道染色提供需要的白度和毛效。不仅解决了煮练时产生的折痕问题，也解决了某些布种因卷边导致的边花问题，相比染缸煮漂有高效、低水耗的巨大优势。

（二）低温等离子体前处理工艺

低温等离子体技术是近几十年来发展起来的一种高新技术，通过高能粒子对织物表面的刻蚀作用除去纤维表面杂质，不会损伤织物，相比传统的退浆、精练、漂白工艺，最大程度保留了纤维原有的力学性能，是节能、节水、高效、环保的加工技术。

图1　高乐Sintensa Cyclone型低张力平幅针织连续煮漂机

传统的等离子体技术要求高度真空条件，对加工设备的要求很高，价格昂贵，连续化生产的难度大，这也是该技术在20世纪80年代就已经成熟，但产业化迟迟未能实现的主要原因。随着制造技术的进步，等离子体设备相继问世。中国科学院微电子研究所和中国纺织科学研究院江南分院联合研制出了平幅、连续、大功率、高效的常压等离子体设备，应用于棉织物轧染的前处理流程可节能减排约30%。桑德森力玛推出了一款名为SperottoRimar PLA-NA的商业化常压等离子体处理设备，可用于羊毛等天然纤维的前处理，能够显著提升纤维的润湿性，降低后续染色工序的工艺要求，例如温度、用水量和化学品用量，改善织物的防毡缩性能。国内一家花式纱生产企业采用常压等离子体技术处理纱线，而后进行涂料喷染，但目前等离子体技术在印染行业的普及应用仍面临着巨大挑战，未来其应用拓展仍有赖于一些高附加值产品的特殊加工需求。

二、生态染色工艺技术

生态染色是一个系统工程，首先要合理选用原材料，包括纤维、染料、助剂和化学品；其次要建立生态生产，减少染料、助剂和化学品、水和能源的消耗，并对"三废"进行有效治理，污水达标排放；最后对产品要有严格的监测和控制其生态标准，生产安全健康的产品。目前要完全满足生态染色的要求还存在着一定程度的困难，但是随着近年来印染行业的绿色转型以及一些环保新产品的开发，生态染色工艺技术也取得了不少进展。

（一）少水染色技术

1. 泡沫染色技术

20世纪70年代泡沫染整开始逐渐应用于印染加工。泡沫染色是在染液中加入发泡剂，将染液加工成泡沫形状后施加到织物上的一种方法。由于泡沫施加过程中存在均匀性和稳定性的问题，泡沫染色很容易出现染色不匀。目前，对泡沫染色的研究集中在工艺优化以及设备的改进上。为了提高泡沫染色的均匀性，很多企业对泡沫染色设备进行了改进。

泡沫技术不仅用于染色，还可应用于纺织品染整的各个环节，如泡沫上浆、泡沫丝光、泡沫增白、泡沫印花、泡沫整理等。DTC科技（香港）有限公司推出了AUTOFOAM泡沫整理系统，能将功能纺织化学品制造成内含大量空气的泡沫，整理后的织物带液率只有10%~30%，而普通后整理加工的织物带液率则高达

65%~70%，对于降低用水，提升设备效率有巨大的环境和经济效益。广东溢达纺织有限公司的"泡沫整理技术的工业化应用研究"项目利用泡沫对纯棉机织物进行单面施加防水剂或树脂，开发出了单亲单防面料和单面免烫产品，与此前的工艺相比，泡沫整理技术可节能30%~40%。泡沫染整技术符合节能减排和生态环保的要求，极具推广应用价值，但其工艺控制和产品质量控制有一定难度，因此目前尚未大规模产业化应用[2]。

2. 小浴比染色技术

小浴比染色技术在节水方面有重要的优势，近几十年来一直在迅速发展，尤其体现在设备方面。在以浸渍处理为主的染整加工过程中，小浴比的加工设备已经成为印染厂的首选。

小浴比溢喷染色机可应用于棉及其混纺织物的染色，也可用于前处理及柔软整理过程，技术比较成熟，设备成本低于气流染色机，目前在许多印染企业都有应用。例如，恒天立信旗下的特恩SMARTFLOW TSF染色机，能耗和耗水率较低，在缸体体积缩小的情况下，载布量可达到300kg，染棉时浴比低于1：3.5，染化纤时浴比为1：2.5。特恩的另一款AIRJETWIN高温气流染色机（图2）具有强大的喷嘴组合功能，利用前后雾化喷嘴与溢流喷嘴的不同开关组合，使织物达到了理想的上染效果，而且水、电和汽的用量大大减少，产品整体品质获得较大提升。目前，该设备已经在我国多家印染企业成功运行多年。德国第斯公司研发的超小浴比筒子纱染色机iCone，可进行传统的循环往复式染色，也可进行单向液流及超小浴比染色，最小浴比可达1：3.6，节水省电省助剂，还节省蒸汽30%左右。该技术与山东康平纳集团智能化筒子纱染色服务系统相配套，可进行筒子纱数字化自动染色[3]。

图2　AIRJETWIN高温气流染色机

3. 其他少水染色技术

热熔染色设备以往多用于涤纶箱包布的染色加工，随着环保压力的加大和先关技术的进步，目前业内有多家纺机企业将这一技术引入常规涤纶面料的染色中，并开发一些配套的设备和染化料。2019年，英国Alchemie公司推出了一款新型染色设备（图3）也采用了热熔染色的原理，但与常规的轧染方式不同，其采用了全新的数码喷涂方式来施加染料，因此节水节能效果更加明显。

图3　Alchemie新型染色设备

Alchemie染色设备基本原理是通过一种特殊的喷头将雾化的染料颗粒渗透于织物纤维内部，实现较高的染料吸收率、均匀的染料分子分布率以及优异的固色率。采用这项工艺的织物无须特殊前处理过程，染色后的织物无须进行水洗等后处理工序即可获得最终成品，而且不会影响面料的手感。通过对系统的内部结构改造，该技术还可应用于印花、功能整理等工艺。由于摒弃了传统的浸轧工艺，采用非接触式喷头在室温条件下将微米级的液体染料高速喷射到织物表面完成染色，该设备可减少95%以上的废水，降低85%能耗，综合成本降低50%以上。该新型工艺技术已成功用于机织物的染色，目前该公司已在国内建厂并进行推广。

（二）无水染色技术

1. 超临界二氧化碳染色技术

超临界CO_2同时具备液体和气体的特性，其与液体相比拥有较高的扩散系数和较低的黏性，可同时作为溶剂和溶质。因为以上特性，超临界CO_2表面张力很小，极易渗进纤维内部，使聚合物纤维膨胀，并作为载体将染料带入纤维。

荷兰DyeCoo公司开发了全球首个且商业化比较成功的超临界CO_2染色设备DyeOx（图4），该设备染色单元由3台染色机并联而成，可同时染3种颜色，单台最大载量200kg，整机日均可染24个批次，日产能最高达4t。该套设备无须用水和助剂，上染率达98%，可节能80%左右，且CO_2可回收利用达95%。近年来，虽然技术层面没有明显革新，但其生产灵活性有所提高，且商业化应用持续扩大。

2018年，我国山东即发集团经过多年的产学研合作研发，建成并成功运行世界首条1200L拥有自主知识产权的无水染色产业化示范生产线，标志着我国无水染色工艺技术实现重大突破，并在后来实现了产业化应用，但依然存在稳定性差、使用寿命等方面的问题有待提升。

目前关于超临界CO_2染色的研究已经很多，尤其是对聚酯纤维的染色机理已经很成熟，并且与工业化有关的大多数技术问题已经得到解决，但是天然织物染色方面还没有取得重大突破，仍然需要在染料中加入表面活性剂、改性剂等辅助剂以提高织物的色深和色牢度。

2. 有机溶剂染色技术

溶剂染色是以有机溶剂为介质对纤维或织物进行染色的一种方法，优点是不需要水，溶剂可回收循环利

图4　DyeCoo DyeOx设备图及采用该技术制成的终端产品

用。在成本与环保等压力的双重叠加下，我国溶剂染色技术的水平持续提高。上海工程技术大学王际平教授负责的"非水介质染色关键技术研究与产业化示范"国家重点研发计划项目，采用两种不同的原创性关键技术体系（硅基非水介质染色关键技术和极性/非极性二元非水介质染色关键技术）来实现染色全过程节水95%、污水零排放的目标，该项目已经成功立项和实施，关键技术路线的可行性已经得到验证，大规模产业化应用正在推进中。

3. 磁控溅射技术

结构生色是指固体物质利用自身特殊的微结构与自然光发生干涉、衍射、散射、反射等作用产成的颜色效果，形成的颜色称结构色。磁控溅射技术则是一种结构生色技术，不需要使用水、蒸汽和化学品，所制备的复合织物镀层致密均匀，结构稳定，不仅保持了织物原有的柔软性和服用性，还赋予纺织品各种功能[4]。

磁控溅射技术在织物着色加工中同样有用武之地，将金属材料及其氧化物、半导体材料或非金属材料转化为复合纳米粒子，直接溅射到织物表面，可以产生不同的色彩和图案。北京斐摩科技有限公司推出的"纳米生色技术"就是采用了磁控溅射技术，将金属材料及其氧化物、半导体材料或非金属材料转化为纳米粒子，直接溅射到织物表面，产生色彩和图案（图5）。总体而言，磁控溅射具有基体温度低、不损伤纺织基材、溅射沉积效率高、成膜质量纯、适合大面积生产的特点，但设备要求高、靶材价格高，导致加工成本高，产业化应用推进缓慢。

图5　磁控溅射结构生色产品

（三）针织物平幅冷轧堆染色工艺

目前国内针织物的染色加工多采用间歇式，这种染色工艺相对成熟，加工设备比较简单，整个染色过程可以在一台机器上完成，但是该工艺浴比大，助剂用量大。经平幅冷轧堆染色后的织物无折痕、布面挺括，不起毛起皱，能够减少印染污水处理费用，降低染化料助剂消耗等方面具有显著的特点和优越性。与传统绳状间歇式印染相比，可节水60%、节能50%、降低生产成本20%以上。

瑞士贝宁格公司的针织物冷轧堆CPB染色机从进布到打卷设定了准确而恒定的织物输送路线，染色过程中不需用盐，浴比较低。近年来国内越来越多的染整企业将针织物平幅冷轧堆染色工艺用于灯芯绒的前处理和染色，取得了较好的经济效益。然而冷轧堆染色工艺也存在一些问题有待解决，例如，染深色高支高密织物时，匹与匹之间的缝头处由于机械作用，常常会造成染色不匀，另外打卷堆置过程中易产生压痕。

（四）活性染料低盐无盐染色工艺

活性染料是印染用最重要的染料类别之一，但其染色过程中用盐量大、染料利用率低、能耗和水耗高[5]。长期以来，活性染料无盐染色技术一直是业界研究的重点方向。活性染料低盐无盐染色工艺的研究主要集中在开发新型低盐无盐活性染料、纤维素纤维阳离子化改性、添加代用盐染色助剂等方面。其中开发新型低盐无盐活性染料方面，近年来市场上已经出现了一些直接性高、活性高的活性染料，染色过程中只需少量的盐进行促染，但容易出现染色不匀现象。纤维素纤维阳离子化改性后，纤维与染料间的亲和力提高，可以在低盐或无盐染色条件下达到较高上染率，但是添加的阳离子化学试剂，例如，胺类化合物对环境有一定影响，因此现阶段难以大规模生产。

由青岛大学牵头的活性染料无盐染色关键技术突破了传统染色理论和无盐染色技术瓶颈，首次实现了无盐染色的产业化应用，织物染色一次成功率能达到98.5%，与两相法染色相比，成功率提高5.5%，节能27%，减少污染物排放74.2%；与常规散纤维染色相比，生产成本降低32%，节约化学品67%，减少废水排放量46%[6]。

（五）电化学牛仔染色

靛蓝是牛仔染色中最常用的染料，靛蓝染色一般需要先使用大量碱剂和还原剂将其还原成水溶性隐色体，导致了废水处理难度大，容易造成环境污染。随着环保要求的提高以及牛仔染色污染事件的曝光，相关染色设备制造商和染料制造商提出了一些绿色解决方案，提高了牛仔染色加工的生态环保性。2019年，SEDO公司推出针对靛蓝染色研发的SEDO Smart-Indigo™设备（图6），通过电还原的方式产生靛蓝隐色体，替代保险粉。

从工作原理来看，Smart-Indigo™采用的是直接电化学还原方式，其核心部件为电极反应装置，每个装置主要由阳极室和阴极室组成，之间由离子交换薄膜隔开。运行时，NaOH溶液流经阳极室，在电极作用下，Na⁺通过离子交换薄膜进入阴极室，与染料悬浮体结合形成隐色体钠盐，之后隐色体溶液被注入密闭的储存罐中备用（图7）。为了增加反应效率，阴极室内置导电网格以增加反应面积。

图6　SEDO Smart-Indigo™电化学还原设备模拟图

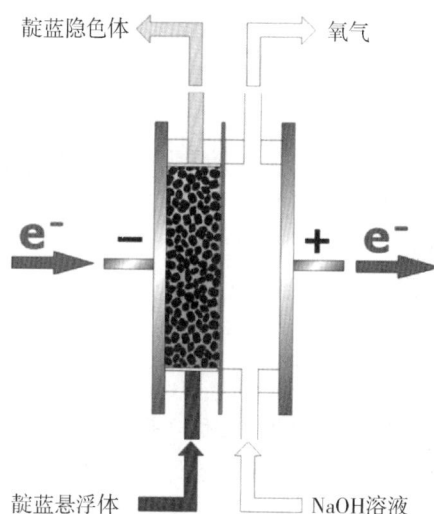

图7　SEDO Smart-Indigo™的工作原理示意图

一套Smart-Indigo™设备一天能生产1t隐色体溶液，其中隐色体钠盐浓度为30%，用电量为650kW·h，能源消耗量为传统工艺的16.7%，碳排放降至传统工艺的10%，且排放物为氧气，极具环保优势。

三、涂料墨水数码印花技术

在印花领域，部分国产平网印花机和圆网印花机在深入学习国外先进技术的基础上进行再创新，在研发水平和市场化方面已走在世界前列。此外，数码喷墨印花不需要丝网印花的制版、调浆、废浆处理等生产工艺过程，能够减少废水产生，符合生态环保要求，增长势头明显，各种型号的数码印花设备保有量由2017年的约25000台增至2019年的约29100台，其中直喷设备由约2000台增至约3100台。

纺织品数码印花墨水主要分为分散、活性、酸性和涂料墨水4种。目前市场上，分散墨水约占60%，活性约占30%，酸性约占7%，涂料占2%左右。

分散墨水目前主要用于热转印，主要成分为低温型分散染料，其数码印花工艺简单，无污水排放。热转印市场目前正趋于饱和，分散数码印花未来发展趋势是采用匹布直喷的生产模式，使用高温型分散染料墨水，不需要热转印纸，降低生产成本。

活性数码印花工艺最为成熟，未来的发展方向是进一步提高印花速度，主要通过更多高速工业喷头的装配实现。另一个方向是宽幅化，加宽至3.2m，满足家纺市场需求[7]。

涂料印花具有诸多优点，在传统印花领域已被广泛采用。目前，世界上超过50%产量的印花织物是采用涂料印花工艺加工的，而在数码印花领域，涂料的应用比例还相当低。以卷对卷高速数码印花机（印花速度高于300m²/h）为例，主流机型普遍使用活性、酸性和分散墨水，涂料墨水的使用占比可能还不到5%。仅在成衣数码印花领域，涂料墨水的使用量比较大。涂料墨水几乎可以用于所有面料的数码印花，特别适合混纺织物，而且很多类型的混纺织物只能通过涂料墨水印花。涂料数码印花的优势是工艺简单，印花后直接通过高温焙烘即可加工出成品，一般无须水洗（图8），没有污水排放，是真正节能环保的纺织品印花方式。

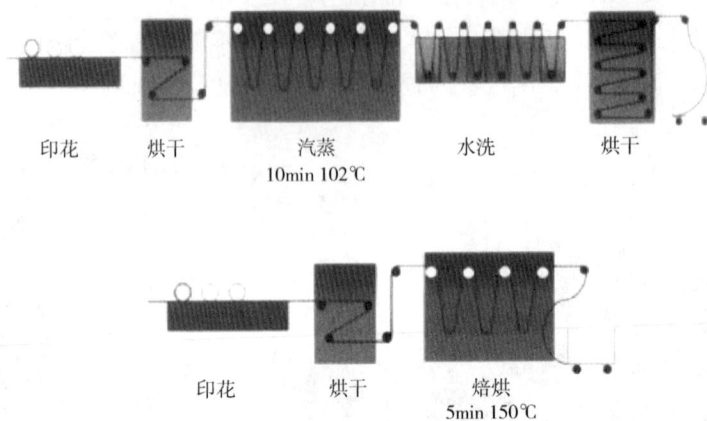

图8　活性印花与涂料印花工艺流程对比

具体而言，同样是棉织物印花，涂料印花工艺省去了水洗等工序，相比活性印花，能够节水67%以上。与常规印花工艺相比，数码印花则可以节水约60%，因此采用涂料数码印花能够进一步节约用水，更环保。相比活性数码印花，涂料数码印花的另一个优势在于印花织物的耐光色牢度更优异。但涂料数码印花也存在一些问题有待解决，例如，印花织物色彩不够鲜艳，耐摩擦色牢度和耐水洗牢度较差，手感不够好等。但随着技术的进步，涂料墨水的色密度和色牢度也在逐步提升，随着在一些对色彩要求不高的行业，如窗帘、装饰布等行业的应用，涂料数码印花正在逐步扩大市场份额。

四、生态后整理工艺技术

随着非织造布和产业用纺织品行业的发展，拉幅定形机的应用面不断延伸，设备的升级也主要体现在一些部件和模块的更新上。牛仔后整理技术进步则主要集中在激光和臭氧的运用上，以及在不使用浮石的情况下，通过在成衣染色机中增加摩擦部件来实现传统石洗效果。此外，商品化的泡沫整理设备、等离子体处理设备等也在推广中。

此外，后整理装备技术也呈现出新的发展方向，2019年以来市场上出现了多款采用非接触式设计理念的设备。与传统浸轧方式相比，非接触式设计有诸多优点，例如，不会产生布面损伤，化学品能够更均匀地分布在织物上，整理效果始终一致，可实现单面整理和双面异功能整理，甚至能对织物的特定区域进行整理，且节水节能效果显著。

（一）液氨丝光技术

液氨表面张力比水小很多，能快速到达纤维的无定型区和结晶区，使棉纤维结构发生变化。用液氨代替烧碱丝光整理，整理后的织物缩水率将大大下降，织物抗皱性好，具有一定的免烫效果，织物的力学性能也得到了进一步提高，整理后面料的pH在5~7之间，符合生态纺织品的安全要求。

2010年以来，全球范围内的液氨整理设备几乎都来自欧美和日本，而广东瑞拓环保机械有限公司研发的新型链条式液氨丝光机打破了国外设备的垄断局面。该新型液氨丝光机采用美国罗克韦尔先进的双安全系统，链条传动系统使该机组适用于各种牛仔布、衬衫等梭织面料及各种针织面料。其回收系统可选择搭配液氨蒸馏单元，从而大大降低液氨和硫酸的流失。

（二）牛仔后整理技术

在牛仔后整理领域，Jeanologia公司通过TWIN HS双头高速激光雕印机、G2臭氧水洗机和e-Flow泡沫处理设备的组合，打造了"零排放加工中心"（图9）。该套解决方案能够实现牛仔服装水洗废水100%回用，可避免污水排放以及浮石的使用。得益于激光、臭氧、泡沫等技术的综合运用，Jeanologia的"零排放加工中心"能够减少水和化学品的用量达90%，节约能源50%。这套处理系统具有可持续性强、自动化程度高、生产过程透明等特点，可完全满足生态环保的要求。

图9　牛仔零排放加工中心示意图

（三）非接触式后整理加工技术

美国宝德温公司推出的TexCoat G4精密喷涂装置为一种非接触式精密加工系统，可实现持续的高质量的纺织品单/双后整理加工工艺，能极大减少水和能源消耗，且多余的化学品可100%回收，不排放任何化学废物。TexCoat G4由喷涂单元（图10）、供液单元和中控台组成，其核心部件为分布于喷涂单元两侧的高精度喷雾阀，即使在厚重织物上也能实现高喷涂强度和深度渗透。该装置可以应用各种低黏度（8mPa·s以下）水溶性化学品，如防水剂、防水剂、柔软剂等。

使用TexCoat G4时，由于仅对织物使用必要用量的化学品，因此给湿量可降低50%，减少水和能量的消耗达50%。低给湿量与单面喷涂方法相结合，可完全消除干燥工序，达到简化工艺的效果，例如加工层压织物和墙布等装饰用纺织品时无须干燥。

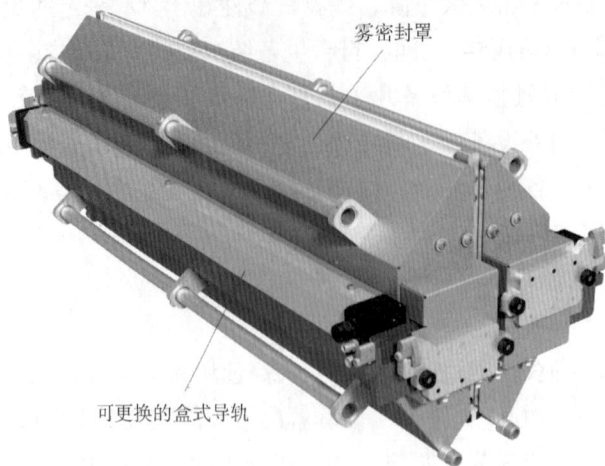

图 10　宝德温TexCoat G4精密喷涂装置的喷涂单元

德国WEKO公司的液体施加装置WFA（图11）同样采用了非接触式的加工方式，适用于纺织品和非织造布的功能性整理，工作幅宽最宽可达7m。其工作原理是液体经高速旋转的转盘加速后在离心力的作用下以超细微液滴的形式抛洒到织物表面（图12）。WFA可根据需要进行单面或双面整理，适用于亲水/疏水或亲油/疏油、柔软、阻燃以及抗菌等各类功能整理。

图11　WEKO WFA小样机

图12　WEKO WFA液体施加单元及工作原理示意图

WFA仅使用最小量的化学品进行生产，织物的带液率可低至45%~55%，在减少水和化学品消耗的同时，也降低了烘干工序的能耗，最高可节约60%的化学品用量、70%的能耗。由于降低了烘干工序的要求，生产效率也得到明显提升。

除了以上非接触式设备和装置，意大利Ferraro公司也推出了基于高速转盘工作原理的液体施加装置，与WFA不同之处在于，其两组转盘模块采用了分离式的设计，上下安装。另一家意大利公司NEXIR则针对牛仔成衣染色机开发了一套喷淋装置NDrop，工作时，NDrop通过高压泵和2/4个雾化喷嘴将染液或整理液以小液滴的形式喷入染色机内，用于牛仔成衣的染色和后整理，可节约60%的用水、50%的化学品以及40%的能源。

五、生态型水洗工艺技术

水洗设备的技术进步主要体现在减少用水的同时提高水洗效率，降低能源消耗，尤其是随着针织物平幅加工方式受到企业欢迎，连续式平幅水洗设备的推广应用取得了明显进展。市面上几款创新型水洗设备多为连续式平幅水洗设备，通过新式喷淋装置或气流技术来提高水洗效率和效果，且适用范围较广。

（一）连续式酶洗和化学处理生产线

意大利Pentek公司的DREAMAIR连续式酶洗和化学处理生产线（图13）采用了绳状加工方式，可对多种类型的针织物和机织物进行化学处理，包括丝绸，衬衫面料，牛仔面料以及莱赛尔纤维、木代尔纤维及其混纺织物，涤纶织物等，能够进行酶处理、碱减量以及开纤处理，且不易产生折痕、亮光和织物损伤。

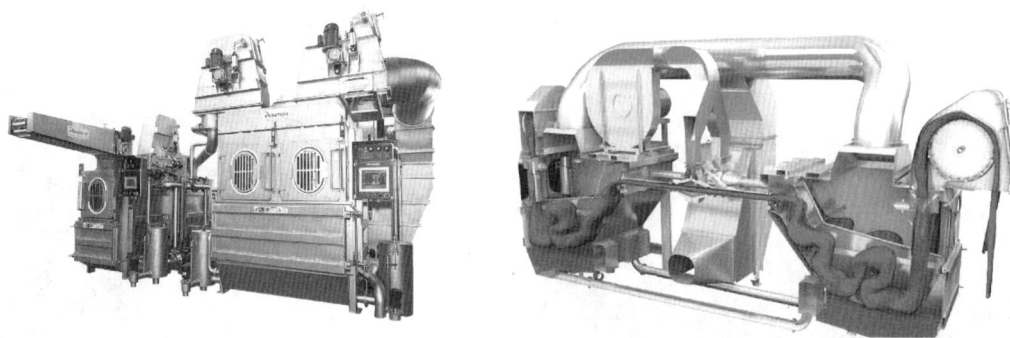

图13　Pentek DREAMAIR连续式酶洗和化学处理生产线及其工作原理示意图

DREAMAIR每个模块配备4个溢流喷嘴，其中两个以逆流的方式工作，工作液与织物逆向运动，可确保水和助剂的均衡渗透，提高处理效果。织物运动的动力源自高速气流，在避免织物损伤的同时能够通过织物抖动提高工作液的渗透，实现更好的湿处理效果。此外，织物往复运动与格栅发生撞击，能够进一步提高处理效果。DREAMAIR处理每千克织物的耗水量在3~6L，与传统非连续工艺相比可节水50%~60%，节能化学品多达50%，节约能源50%以上。

（二）连续式平幅水洗技术

FERRARO 公司的ROTOCLEAN水洗机（图14）适用于各类机织物的前处理，配合前处理助剂使用，可高效去除天然纤维的蜡质和化学纤维油剂。其核心部件为9组喷淋管组成的喷淋系统，有别于高乐、贝宁格针织物平幅水洗机中喷淋装置的设计，ROTOCLEAN的喷淋系统配备了电动机，喷淋管和喷头可以上下来回摆动，从而增加液体的交换和水洗强度，有利于提高处理效果。

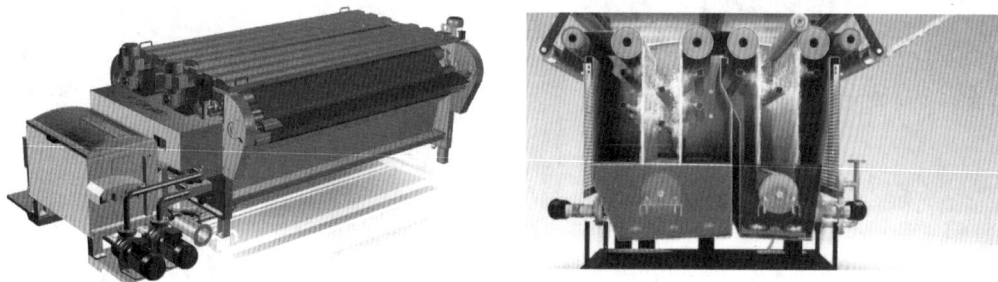

图14　FERRARO ROTOCLEAN水洗机模拟图及工作原理图

意大利Biella公司推出的KINETIKA动态水洗线（图15）的主要构造与ROTOCLEAN类似，但处理效果和适用范围上更胜一筹。洗涤效果的提高主要通过增加液体的有效交换实现，KINETIKA配备了16根高压喷淋管，密布有700多个喷嘴，3台泵中有两台负责向喷淋管供液，预过滤网和自清洗旋转过滤器用于去除杂质，保证喷嘴的畅通。

KINETIKA广泛适用于各类机织物、针织物和产业用纺织品等水洗工艺。两台高压泵能够产生1.6×10^5L/h的流量，在30m/min的运行速度下，喷淋到织物上的液体总量高达90L。其标准运行速度为60m/min，此时，液体以32m/min的速度喷射到织物上，水洗效果与4~5个传统水洗单元相当。

高速水流冲击布面会影响织物的质量，容易形成褶皱和折痕或产生经向伸长的问题。对此，Kinetika配备了两条透水输送带，运行时织物以三明治夹心的形式被送入喷淋区域（图16），可以有效避免织物伸长，同时使织物在经过高数冲洗后依然保持布面平整。此外，通过不同位置的张力传感器与补偿辊传感器的结合使用，KINETIKA能够保证准确的织物张力控制，将织物的伸长率降到最低水平。

图15　Biella KINETIKA动态水洗线

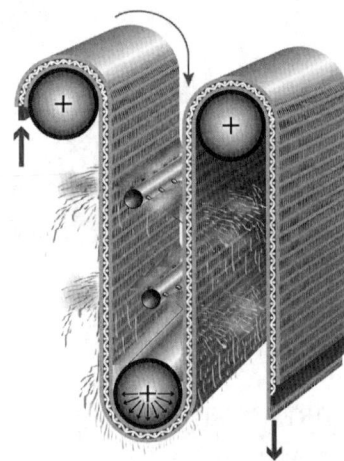

图16　Biella KINETIKA工作原理示意图

意大利白卡拉尼AQUARIA®连续式平幅水洗机（图17）结合了Airo®气流技术，其主体为两个储布槽和连通二者的风道。织物浸渍工作液后在气流的带动下作高速运动和充分抖动，随后撞击不锈钢格栅落入储布槽的工作液中，根据工艺需要，运行过程中织物可按以上过程多次往复。

AQUARIA®适用于各类织物的松式水洗，也可用于织物的松式酶洗、退浆、碱减量等工艺，并节省大量的水、化学品和能源。白卡拉尼还计划进一步扩大该机的应用范围，将其用于织物的后整理中。

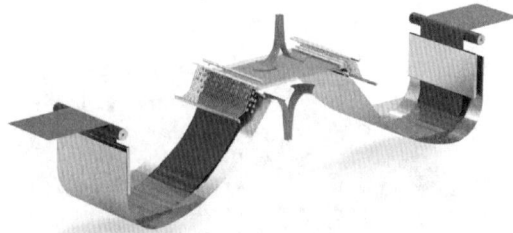

图17　白卡拉尼AQUARIA®连续式平幅水洗机及其工作原理示意图

六、结语

国家"十四五"规划纲要指出，要坚持生态优先、绿色发展，同时要全面提高资源利用效率，实施国家节水行动。我国计划要在2030年前实现碳达峰，2060年前实现碳中和这一重大战略决策被写入了政府工作报告。这无疑给各行各业尤其是工业部门带来了革命性的变化与挑战。印染行业是耗能、用水和排污较大的工业部门之一，正面临着前所未有的挑战和机遇。在"碳中和"的时代背景下，生态印染加工已成为纺织行业可持续发展的必由之路。未来的染整技术趋势将会是生态染整、物理染整、仿生染整、无水少水染整、智能化染整等，并朝着低温、少水、少化学品、连续、高速、高效的方向发展。

参考文献

[1] 中国纺织工业联合会科学技术进步奖获奖项目选载（2017年度）[J]. 纺织科技进展，2018（6）：3-5.

[2] 乐德忠. 染整技术与纺织产品开发创新[J]. 纺织导报，2018（4）：30-38.

[3] 宋富佳. 全球数码喷墨印花市场及技术现状与发展趋势[J]. 纺织导报，2017（11）：37-47.

[4] 宋富佳，刘凯琳. 环保染整技术盘点[J]. 纺织导报，2018（11）：64-67.

[5] 房宽峻，刘曰兴，舒大武，等. 活性染料电中性无盐染色理论与应用[J]. 染整技术，2017（12）：50-54.

[6] 赵永霞，宋富佳，张荫楠，等. 世界纺织科技新进展（一）[J]. 纺织导报，2018（1）：29-36.

[7] 朱振旭. 活性染料在非极性介质中染色及机理研究[D]. 杭州：浙江理工大学，2017.

[8] 王济永. 浅议染整装备技术开发应用现状及未来发展趋势[J]. 纺织导报，2016（11）：57-65.

[9] 宋富佳，王新力. 从ITMA 2019看印染装备的发展[J]. 纺织导报，2019（11）：35-44.

医用防护纺织材料及制品的发展现状及前景

张 娜 赵永霞

（中国纺织信息中心）

目前，全球医用纺织品市场主要由美国、欧洲（以欧盟国家为主）、日本等发达国家和地区主导。可降解、复合化、功能化、微创化、智能化已然成为国际医用纺织品的发展方向。发达国家在高端医用纺织品的研制开发方面投入巨大，配有众多专门的研究机构和企业，并已形成完善的技术和生产体系。

其中，因全球传染性疾病的不定期爆发，作为医用纺织品重要组成部分的医用防护纺织品的需求不断增长。我国医用防护纺织品虽起步较晚，但近年来产品品类和应用领域不断拓展，已由简单的个体卫生用品，逐渐发展到手术洞单、手术服、隔离衣、防护服等技术含量较高的制品。现阶段，医用防护纺织品已经成为产业用纺织品行业重点投资方向之一。与医用防护纺织品行业的高速发展一致，国内相关领域的非织造企业成长也非常迅速。随着新工艺的开发、新技术和新材料的应用，医用防护纺织品拓展了新的领域，满足了市场需求，呈现出产品多样化、高端化的发展趋势和产业集群化的发展态势。但总体来看，我国医用防护纺织品行业仍存在企业规模较小、产业集中度不高、原创性核心技术匮乏等问题，行业核心竞争力不足，目前产品主要集中在卫生保健领域，在高附加值医用防护纺织品的研究开发上，与发达国家差距明显[1-4]。

一、医用防护纺织品的分类和性能要求

医用防护纺织品，通常指应用于医疗、防护、保健及卫生用途的纺织品。医用防护纺织品是医用纺织品中的一个大类，是集纺织、医学、高分子等多个学科相互交叉融合的高附加值产品。

按照不同的分类标准，医用防护纺织品主要有4种分类方法。按防护部位可分为手术衣、手术洞巾、手术盖（铺）单、防护服、隔离衣、防护口罩等；按照按生产原料可分为棉纤维、常规化学纤维（聚丙烯等）、超细纤维、功能纤维（抗菌纤维、抗静电纤维等）；按材料制备工艺方法可分为非织造布、机织布、涂层材料、层压材料以及静电纺材料；按照使用的期限可分为一次性使用材料和可重复使用材料（图1）。

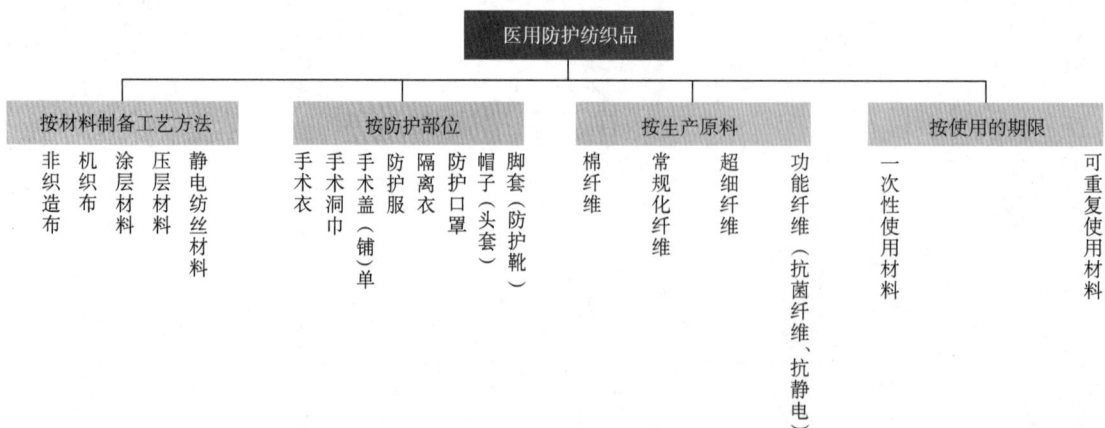

图1 医用防护纺织品的分类

二、医用防护纺织材料行业的新进展

目前，我国医用防护纺织品主要采用棉纤维、涤纶纤维、涤棉纤维混纺织造成机织物和非织造布。机织材料主要用于加工可重复使用的医用防护服，包括传统机织物、高密织物、涂层织物和层压织物。传统机织物主要是采用棉纤维或涤纶纤维等合成纤维与棉的混纺纱加工而成，具有良好的舒适性，主要用于织造日常工作服，如白大褂等；高密织物是利用高支棉纱或其他超细合成纤维长丝织成，主要用作需要较好防水效果的手术衣材料；涂层织物是运用高聚物材料制成的，对病毒、血液和化学药品阻隔效果都非常好。但是目前聚乙烯、聚氯乙烯及其他高聚物材料透气性能较差；层压织物是将织物与一层特殊薄膜（如聚乙烯透气膜等）通过层压工艺复合在一起[2]。

传统的医用防护纺织品一般是棉织物经过后整理而成，加工工艺复杂，流程及周期较长，成本较高；另外棉织物防护性较差，医用防护制品经消毒处理后其阻隔过滤病菌的能力会下降，同时在洗涤过程中也存在交叉感染的可能性。与传统医用防护纺织品相比，经过抗酒精、抗血、抗油处理后的医用非织造布具有优良的阻隔性能和物理屏障性能，可避免引起交叉感染，同时省去了洗涤消毒处理程序。此外，非织造布纤维来源广泛，适应性强，大部分化学纤维都可用于生产非织造布；非织造布生产工艺灵活多变，可以生产具有各种功能特点的纺织品；非织造布还具有生产流程短，用工数量少，生产成本相对较低的优点。

随着非织造技术的发展及改进，对于能满足医用防护材料要求的非织造医用防护纺织品，目前其加工方法已相对成熟，根据其制备技术的不同，目前主要有水刺法、纺粘法、熔喷法、复合法、闪蒸法及静电纺丝法等制备技术[5-7]。

（一）医用非织造材料的市场需求

近年来，随着需求的不断增加，非织造布行业逐渐成为全球纺织业中成长最快、创新最活跃、受关注最密切的领域之一，非织造材料成为现代经济、社会发展必不可少的重要新型材料。尽管非织造材料产业在我国的发展历史不长，但发展速度惊人，呈现出爆发性的增长。目前，我国非织造材料产量占全球总产量40%以上，居全球首位，我国已成为全球最大的非织造材料生产国、消费国和贸易国。2020年全球新冠疫情的暴发，非织造材料及制品作为医用口罩、医用防护服等医用防护纺织品的主要原材料，增长迅速。中国产业用纺织品行业协会数据显示，2020年我国非织造布的产量达到8.78×10^6t，同比增长35.9%[8-10]。

此外，我国人口老龄化程度不断加剧，研究数据显示，近10年，我国60岁及以上老年人口不断增长。2020年第七次全国人口普查数据显示，我国60岁及以上人口的比重达到18.70%，其中65岁及以上人口比重达到13.50%。许多老年疾病如中风、痴呆、糖尿病、膀胱疾病等，易造成短期或长期失禁，引发褥疮、溃疡等疾病，使成人失禁卫生用品等产品的需求持续不断地增长。另外，微创与低感染手术的发展也在一定程度上增加了一次性产品的需求，而新的护理和处理伤口方法，加之非织造复合工艺的发展和新型纤维的广泛应用，让非织造材料可以更好地实现个性化需求，提供更加无微不至的医护服务。

（二）医用非织造材料的性能要求

医用非织造材料是指医疗机构在医疗、预防、保健等相关活动中使用的消耗型辅助用品，主要起到隔离防护、促进创面愈合、包扎固定等作用，如图2所示。

医用非织造材料的性能要求主要包含以下几个方面：

1. 阻隔防护性

阻隔防护性是指材料能够有效阻隔微生物、颗粒物质及液体（水、血液、酒精等），防止液体渗透造成交叉感染。

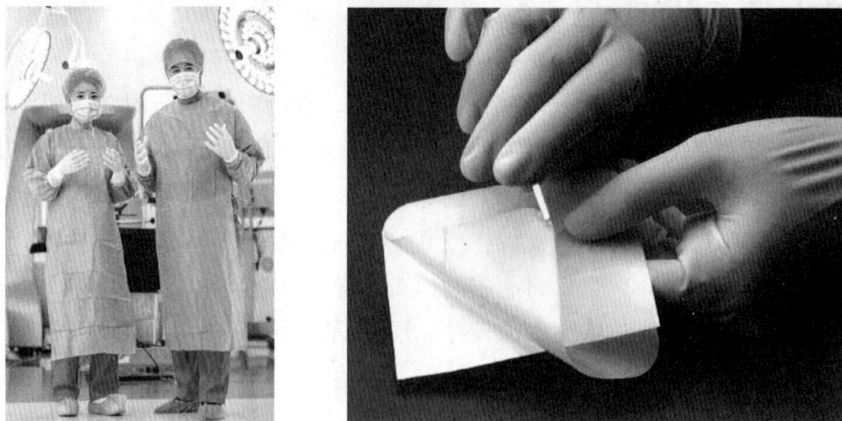

图2 非织造材料在医用防护领域的应用

2.舒适性能

舒适性能是指材料要让患者或医护人员在使用过程中感到舒适的性能，可通过材料的厚度、透气透湿性、悬垂性、抗静电性、亲肤性等来表现，其中透气透湿性能决定着人体与服装内部的湿热环境，尤为重要。

3.服用性能

服用性能是指要保证材料在医护人员在临床应用过程中具有一定的抗撕裂和耐磨损性能，使医护人员和患者在穿着的过程中，避免材料由于强度不足而断裂、被尖锐物体刺破以及材料本身或连接处发生破裂，为病菌传播提供通道，增加感染的概率。

4.其他性能

除上述性能要求外，高防护性的医用非织造材料还需要具备抗化学试剂的性能；可重复使用的防护服需要具备经过多次洗涤或消毒处理后，阻隔性能和防护性能仍能达到规范要求。

（三）新冠肺炎疫情对医用非织造材料行业的影响

新冠肺炎疫情的暴发，使医用纺织品产生巨大需求，也带动了上游材料的消费量，如医用口罩的原材料聚丙烯、熔喷非织造布，医用防护服的原材料聚烯烃、聚四氟乙烯材料等。尤其是熔喷非织造布需求量激增，对全球熔喷非织造布市场的供求秩序造成了极大的冲击。

据英国《金融时报》报道，在疫情严重期间，由于货源紧缺，海外熔喷非织造布的价格一度疯涨超过了10倍。中国产业用纺织品行业协会纺粘法非织造布分会的统计数据显示，2019年国内熔喷非织造布的实际产量大约为5.6×10^4t，在2020年疫情暴发的背景下，为适应社会及民众对于个人防护产品的需求，行业内熔喷非织造布企业积极扩产、上游企业新增生产线及部分相关企业改造生产线等，在3月上旬就实现了熔喷非织造布日产量超过600t。

疫情暴发后，国内非织造布龙头企业，如大连瑞光、恒天嘉华、欣龙控股、大连华伦等快速扩大熔喷非织造布的产能。除上述上游相关企业新增生产线以扩大产能外，国内生产基础较好的机械制造及科技公司如比亚迪、广汽集团、三枪、爹地宝贝等，也在强大的市场需求驱动下，跨界生产口罩等医用纺织品。

面对全球疫情，国外众多非织造布生产企业及机械制造商也积极投入抗疫中。美国DuPont（杜邦）公司在疫情发生后，将常规产品的产量增加了3倍，并推出"Tyvek Together"计划以满足全球市场对个人防护设备的需求。国际知名的非织造材料生产制造商，如德国Reifenhäuser（莱芬豪舍）和Oerlikon Nonwoven（欧瑞康非织造业务单元）都通过缩短熔喷非织造布生产线交货时间的手段来缓解全球供应短缺的问题；为确保欧洲范围内熔喷非织造布关键供应链的安全，德国制定了"Nonwovens Production"补助计划，政府承担企业熔喷非织造布生产线成本的30%，以更好地满足当地民众对于口罩等个人防护产品的需求。欧洲非织造布协会（EDANA）在疫情期间联合非织造布供应商、设备供应商、口罩制造商及检测等机构，全力为欧盟提供自给自足的个人防护产品供应链。

三、医用非织造材料的主要生产工艺

随着非织造技术的不断发展和进步，医用非织造材料的生产技术日趋成熟，目前主要应用的医用非织造材料生产技术包括纺粘法、熔喷法、针刺法、水刺法、复合法、闪蒸法及静电纺丝法等。

（一）纺粘非织造工艺

20世纪50年代末至60年代初，杜邦公司和德国Freudenberg（科德宝）公司分别发明了纺粘法非织造技术。1986年中国引进了第1条纺粘非织造布生产线，经过30余年的发展，目前我国已成为纺粘非织造布生产大国。纺粘法非织造技术是将聚合物（聚丙烯、聚酯、聚乙烯等）经过高温熔融后，直接由熔体纺丝成网制造非织造布的工艺，具体生产工艺包括：切片烘燥—切片喂入—熔融挤压—纺丝—冷却牵伸—分丝铺网—纤网加固—卷取（图3）。

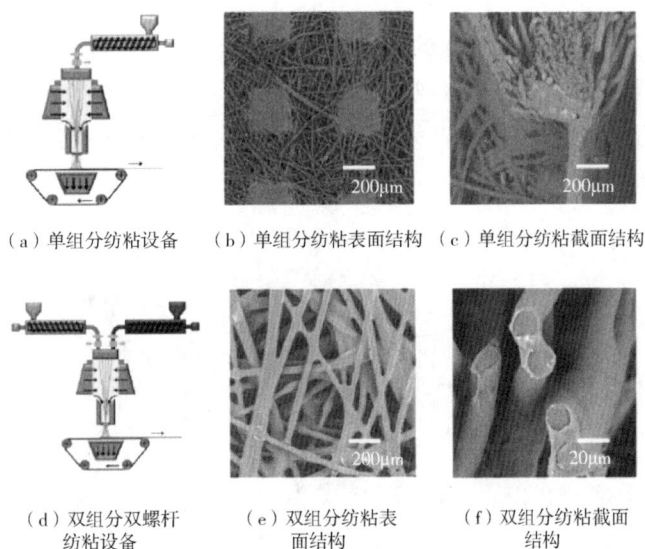

（a）单组分纺粘设备　（b）单组分纺粘表面结构　（c）单组分纺粘截面结构

（d）双组分双螺杆纺粘设备　（e）双组分纺粘表面结构　（f）双组分纺粘截面结构

图3　纺粘设备和纺粘非织造材料结构

此外，人们对于双组分纤维（如海岛型、橘瓣型、皮芯型双组分纤维）的生产与应用越发关注，如以聚丙烯/聚乙烯并列型双组分纤维为原料的非织造材料不仅可实现纤网结构蓬松，且其手感和柔软度比单组分纤维或同组分皮芯型纤维制品更好。

纺粘法非织造材料作为防护材料其强度和舒适性能满足要求，但是在阻隔防护性能上相对较弱。对此，研究学者借鉴熔喷法的超细纤维技术，采取一定的措施使纺粘法非织造纤维兼具强度和细度两方面的要求。细旦化纺粘技术成为纺粘技术的一大研究热点，应运而生的是双组分纺粘水刺技术。此技术由科德宝公司率先发明，其利用中空桔瓣型纺丝组件，在熔体细流从喷孔挤出之后，经冷却吹风、气流牵伸形成长丝铺置在成网帘上，再利用高压水刺技术进行开纤及固网，开纤率能达到70%。

土耳其Mogul公司于2017年推出的Madaline双组分微丝纺粘水刺非织造布（图4），通过具有专利的双组分技术挤出超细纤维长丝，经高压水射流，使纤维成纤、缠结并形成非织造布。超细的致密结构提供了良好的阻隔和过滤性能，另外材料具有保湿性能好、吸水性强、干燥速度快、透气性佳的优点，可用于制造手术衣。

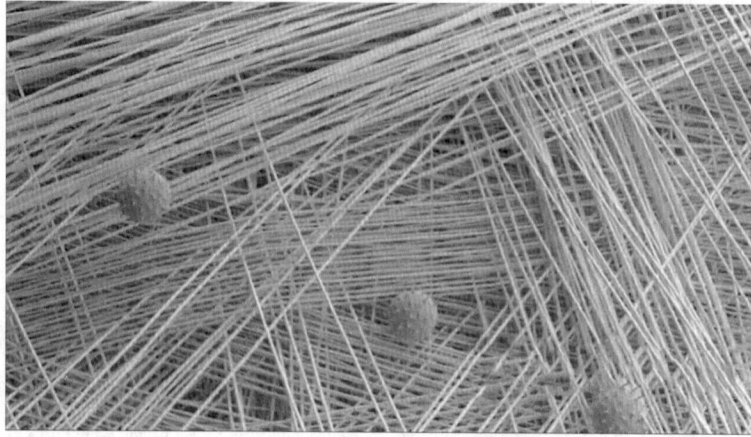

图4　Madaline双组分微丝水刺非织造布

（二）熔喷非织造工艺

熔喷非织造工艺是聚合物挤压成网方法的一种，利用高速热空气对模头喷丝孔挤出的聚合物熔体细流进行牵伸，由此形成超细纤维并凝聚在凝网帘或者滚筒上，并利用自身黏合而形成非织造布，如图5所示。与纺粘法非织造材料相比，虽然熔喷法非织造材料强力比纺粘法非织造材料低，但其纤维更细，比表面积大，结构蓬松，具有优良的阻隔性能。

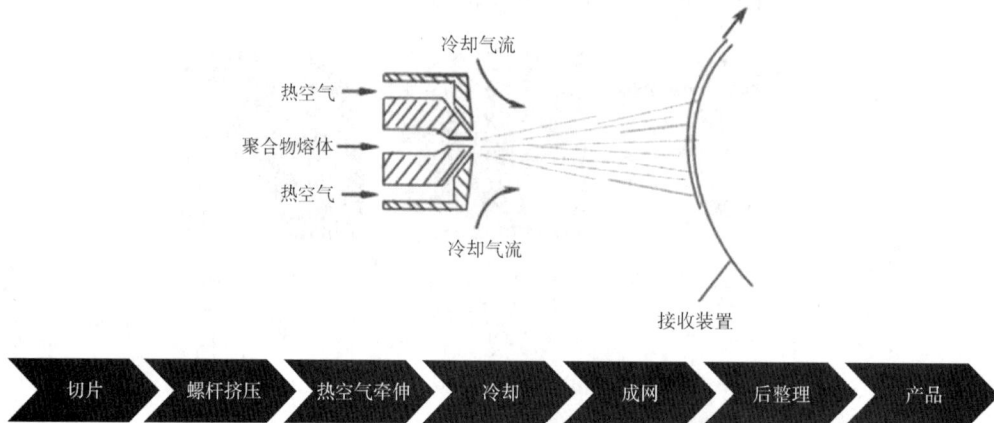

图5　熔喷非织造工艺示意图及流程图

聚丙烯是熔喷工艺应用最多的一种聚合物原料，聚丙烯熔喷非织造布中纤维平均直径通常为2~4μm，若采用新的工艺技术，可制备出平均直径<0.3μm的纤维。与普通聚丙烯熔喷法非织造布相比，采用高熔体指数（MFI=800~1400g/10min）聚丙烯为原料制备的熔喷法非织造材料具有弯曲刚度低、手感柔软、悬垂性好等特点。除了聚丙烯外，聚酯、聚酰胺、聚乙烯等聚合物也是熔喷非织造工艺中常用的原料。

针对熔喷非织造材料压缩回弹性差的问题，美国3M公司开发了插层熔喷技术（图6）。插层熔喷技术是在传统熔喷生产的过程中，向熔喷纤维流中喷吹入中空弹性短纤维，在同样的克重下，产品的压缩回弹性提高，结构变得更为蓬松，透气透湿性能也有所提高；此外，颗粒物在材料中通过的路程变长，增加了拦截作用，对颗粒的阻隔效果大大提高。另外，可通过将熔喷布固网成形后，通过一个高压电晕放电电场给熔喷非织造材料进行驻极处理，经过驻极处理后的熔喷法非织造材料可以通过静电吸附机理，捕捉更多与其电荷相反的颗粒，从而增强其过滤性能（图7）。

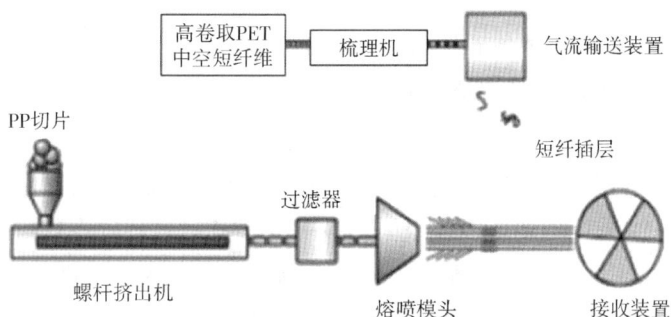

图6　插层熔喷示意图及插层熔喷非织造材料

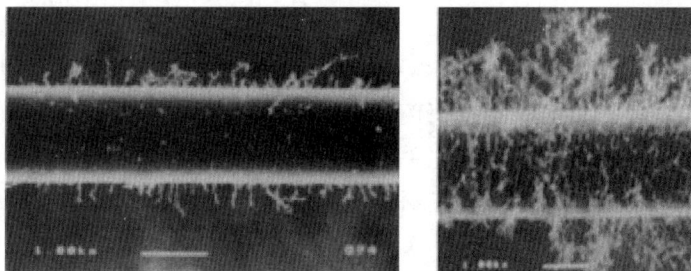

图7　熔喷布驻极前后效果对比

（三）针刺非织造工艺

针刺法非织造工艺利用带有钩刺的针，对纤网进行反复针刺，刺针插入纤网后带动纤网表层和里层的纤维刺入纤维网，使纤维在运动的过程中相互缠结，同时由于摩擦力的作用和纤维上下位移对纤网产生一定的挤压，使纤网受到压缩。刺针随着针板刺入后再回升，在回升的过程中，钩刺为顺向，纤维脱离刺针留在纤网内部，使压缩的纤网不会回复为原形态。经过反复针刺，大量的纤维束在纤维内部缠绕，形成具有一定厚度和强度的针刺非织造材料。针刺机原理如图8所示。

针刺加固纤网为缠绕结构，由其制得的非织造材料通常为中厚型，克重范围在80~2000g/m^2。由于采用针刺法生产的非织造材料为机械缠绕，成网后纤维的特性保留，因此纤网的强度和尺寸稳定性较好。材料过滤性能与机械性能优良，成为口罩等医用防护用品的重要材料。

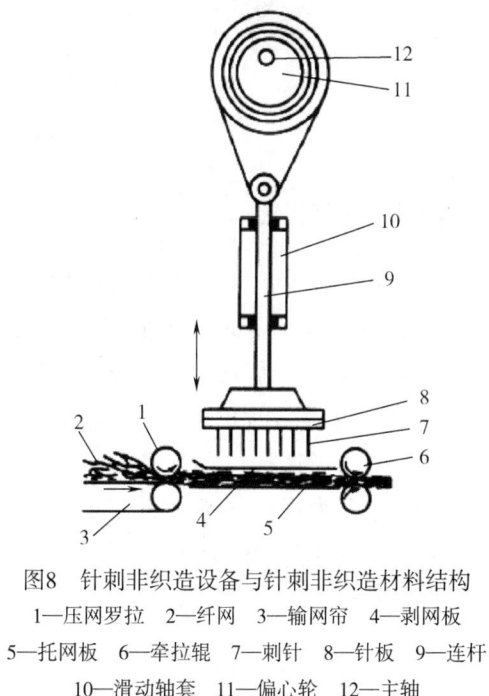

图8　针刺非织造设备与针刺非织造材料结构
1—压网罗拉　2—纤网　3—输网帘　4—剥网板
5—托网板　6—牵拉辊　7—刺针　8—针板　9—连杆
10—滑动轴套　11—偏心轮　12—主轴

（四）水刺非织造工艺

水刺工艺路线主要包括纤维成网系统、水刺加固系统、水循环及过滤系统和干燥系统。水刺工艺与针刺工艺类似，均是机械加固，水刺工艺是利用高压水，经过水刺头中的喷水板，形成微细的高压水针射流，对托网帘或转鼓上运动的纤网进行连续喷射，在水针直接冲击和反射水流双重作用力下，纤网中纤维相互位移、穿插、缠结抱合，形成无数的机械结合，从而加固纤网。水刺工艺利用高压高速的微细水针射流不断的冲击纤网，水针结构基本呈圆柱状，单位面积内冲带的纤维量很高，而且不受纤维的排列方向和纤网运动方向的影响。水刺非织造工艺的加固原理如图9所示[11]。

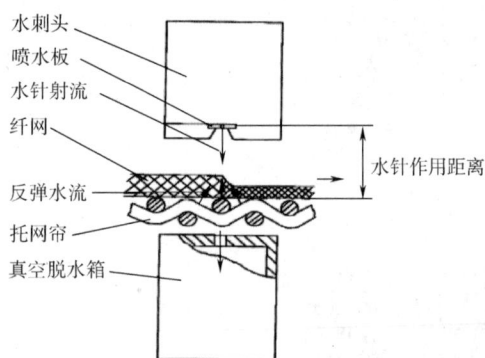

图9　水刺非织造设备与产品

水刺非织造材料具有强度高、手感柔软、悬垂性好、无化学黏合剂及透气性好等特点，在医用防护领域，主要应用于手术衣、伤口敷料、医用帘、口罩包覆材料等产品。其中，作为手术衣材料时，水刺非织造材料需要进行拒水整理，以防止手术过程中血液等液体对医护人员造成感染；作为某些卫生材料使用时，还要进行抗菌整理。

英国University of Leeds（利兹大学）利用针刺非织造工艺开发了一款门把手防交叉感染材料（图10），此材料是在水刺加工过程中利用特殊的装置使水刺非织造材料形成空穴结构，并在空穴结构中添加缓释消毒剂胶囊。将该装置放于医院与人体接触的门把手、扶手等场合，当人体给予把手压力时，微胶囊便会释放消毒剂，有效杀死病菌。

图10　门把手防交叉感染水刺非织造材料

（五）复合法非织造工艺

复合法非织造工艺是将两种或两种以上性能各异的非织造材料通过化学、热和机械等方法复合在一起的一项技术。采用此工艺加工出来的复合产品以非织造材料为主体，通过与所复合的材料结合，在性能上取长补短，形成集多种材料的优异性能为一体，综合性能优秀的产品。随着复合技术的不断发展，生产医用制品时也常将纺粘法与其他非织造技术复合，如复合工艺中的纺粘-熔喷-纺粘技术（SMS复合技术）、纺粘与水刺复合技术等。在纺粘-熔喷-纺粘生产线上，纺粘系统可以是单组分或双组分，单组分多为聚丙烯纤维，双组分则包括聚乙烯/聚丙烯（PE/PP）纤维、聚乙烯/聚酯（PE/PET）纤维、聚酯/聚酰胺（PET/PA）纤维等；而熔喷系统多采用聚丙烯纤维等单组分原料[12-13]。目前市面上较常见的SMS类产品是指SSMS、SMMS、SMMMS等SMXS多模头组合纺熔非织造工艺加工而成的复合产品，如图11所示。

外层：PP纺粘非织造布

夹层：两层PP熔喷布

内层：PP纺粘非织造布

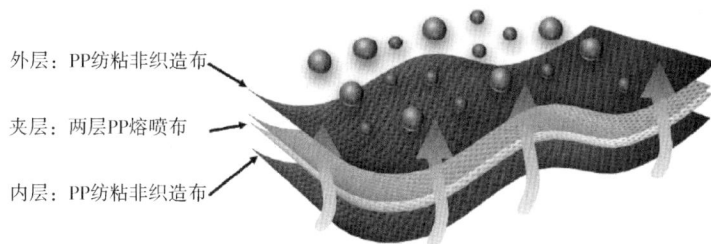

（a）SMS材料示意图

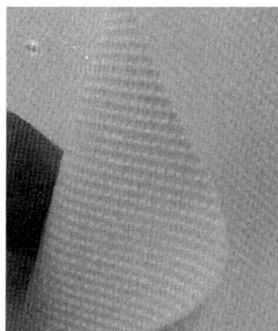

10μm

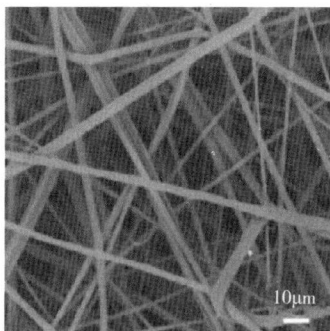

（b）SMS材料实物　　　　　　（c）SMMS材料电镜

图11　SMS非织造复合材料

（六）闪蒸法非织造工艺

闪蒸法与干法纺丝工艺类似，是杜邦公司开发的一种新型非织造纺丝成网工艺，也叫瞬时溶剂挥发纺丝成网法。闪蒸法是将高分子聚合物在高温高压条件下溶于适当的溶剂中，纺丝时溶体从喷丝口喷出，由于压力突然降低使溶剂急剧挥发，引起聚合物高度原纤化而成为超细纤状结构，由速度梯度产生的拉伸力，会使纤维进一步拉伸变细。同时，在纤维成型过程中，使用静电分丝原理使纤维进一步分离，以利于均匀凝聚成网和加固（图12）。闪蒸法产品具有强度高、耐压、耐磨、屏蔽性好、透气透湿等特点，在医疗、卫生、民用和产业领域中都有着广泛的用途。该技术目前被杜邦公司垄断，其Tyvek®（特卫强）闪蒸法防护服（图13）具有防护性、舒适性和耐用性，可防护小至微米级颗粒的侵害，是目前国际上应用最多的应对突发公共卫生事件的装备。

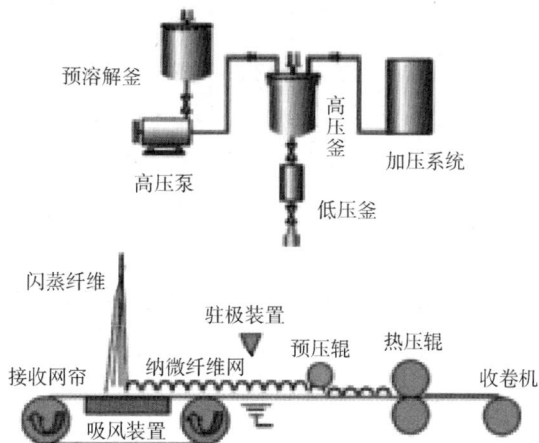

预溶解釜

高压泵

高压釜

低压釜

加压系统

闪蒸纤维

驻极装置

接收网帘

纳微纤维网

吸风装置

预压辊

热压辊

收卷机

图12　闪蒸非织造工艺的原理

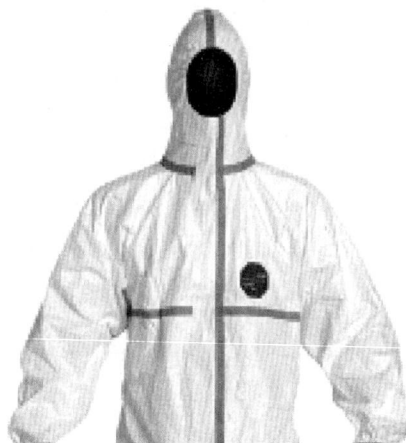

图13　Tyvek®闪蒸法防护服

（七）静电纺丝工艺

静电纺丝工艺（图14）是利用电场力对位于高压电场中的纺丝溶液或熔体射流进行牵伸的纺丝方法。由此工艺生产出的纳米纤维材料具有超细结构、高孔隙率和大比表面积特性，产品具有极高的表面吸附和过滤隔阻性能。国外已经开发了静电纺工业化生产设备，如日本MECC半工业化静电纺丝设备和捷克ELMARCO公司工业化静电纺丝设备[14-15]。

虽然静电纺丝具有众多优点，但静电纺丝机产量低，难以大规模应用；纳米纤维的强度较低；另外，静电纺丝的工艺过程没有明确的理论指导，电纺过程中的纤维很难控制，故其产业化应用受到限制。

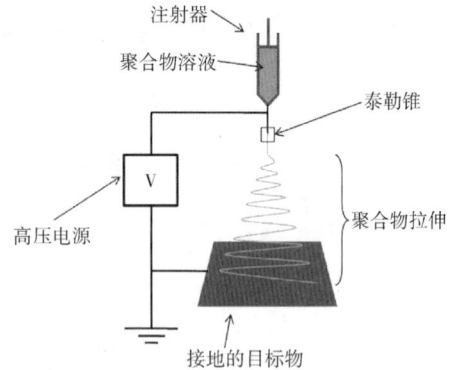

图14　静电纺丝工艺示意图

四、医用防护纺织材料与技术在医用防护领域中的应用

新型冠状病毒的暴发在给行业发展和正常运行带来巨大压力的同时，也助推了医用防护纺织新材料、新技术的快速发展和应用。

浙江理工大学联合湖州禾海材料科技有限公司等5家公司，开发了高效低阻聚四氟乙烯（PTFE）复合纤维膜防护材料，此材料突破了传统PTFE微孔薄膜阻力高的局限，创新性发明PTFE微纳纤维膜为阻隔表层，通过复合技术开发出稳定的高效低阻PTFE复合纤维膜，广泛应用于各类防护产品，获得2020年度"纺织之光"中国纺织工业联合会科学技术奖 —— 科技进步奖一等奖。获得培育和推广2020年度十大类纺织创新产品的ACT溅镀抑菌防护口罩采用ACT抗菌技术，利用氩气离子撞击银铜钛，使金属材料纳米化，直接溅射镀于被镀物表面。产品利用银铜原子的电位差，产生微电流破坏细菌细胞膜以及病毒表面蛋白质，使细菌死亡、病毒失去活性。此外，钛原子在空气中氧化后，转为二氧化钛（TiO_2），受到阳光照射后会产生光触媒反应，可强效分解各种具有不稳定化学键的有机化合物和部分无机物，将这些有机化合物和部分无机物最终降解为H_2O、CO_2等无害的小分子物质，并可破坏细菌的细胞膜和凝固病毒的蛋白质载体。东华大学在疫情初期迅速开展新型冠状病毒医卫防护材料应急专项行动，通过与企业的合作，先后研发出系列Rowelk®有限使用次数的医用防护服，防护服由通过瞬时释压纺丝成形设备制备的具有高阻隔、高耐磨、高透湿的防护材料制成，部分物化指标达到杜邦"特卫强"材料的指标；开发了聚四氟乙烯纳米纤维高性能口罩滤芯膜（Hyproof），产品过滤性能高、性能稳定、可重复使用，在复工复产关键时期提供了急需物资保障。

国外众多机构和公司也主要围绕口罩等防疫物资的过滤性能进行了研究，纳米级过滤介质、抗菌滤材、可替代熔喷非织造布的功能性双组分纺粘非织造布、生物基熔喷纤维过滤介质以及可清洗、可重复使用的防护口罩、呼吸器产品陆续进入市场。日本Zetta公司在疫情暴发期开发了Z—Mask口罩，Z—Mask中纳米纤维的直径为0.08~0.4μm，粗细是N95口罩纤维材料的1/10，而且，Z—Mask纳米纤维材料利用分子间的相互作用力，可防护粒径小至0.1μm的微粒。测试结果显示，Z—Mask口罩能阻挡近乎100%的大小与新冠病毒相当的微粒。Berry（贝里）在欧洲市场基于Synergex™系列产品开发出一种用于口罩过滤介质的新型材料Synergex ONE，这种材料可替代常规驻极熔喷材料。加拿大阿尔伯塔大学（University of Alberta）研究了一款无须清洗、可重复使用的口罩，其口罩的面层和中层的涂层中含有特殊溶液，可溶解穿透到口罩内的飞沫，并能在5min之内迅速杀死飞沫中的细菌或病毒。另外，加拿大i3 BioMedical公司宣布，其研发的TrioMed Active Mask抗菌涂层能够在几分钟之内使至少99%的COVID-19的SARS-CoV-2病毒失活，能有效保护易受到病毒污染的医护人员。

为了防止疫情的传播,口罩等产品几乎是以数十亿为单位的数量被大规模地生产出来,疫情引发了全球性的塑料消费,遗弃的口罩不仅造成了环境的污染,其携带的病毒、细菌等也威胁着人类的健康。在新冠疫情的大环境下如何开发可降解的医用纺织品,成为了众多科研人员关注的新课题。加拿大英属哥伦比亚大学(UBC)生物研究所的研究人员研发出一款可降解Can—Mask口罩,此口罩的框架为植物纤维、木质纤维,可有效避免口罩对环境的污染。济南圣泉集团股份有限公司用食品级、高透气量的天然纤维素复合滤纸代替口罩内外层非织造布,用熔喷非织造布或纳米纤维膜作为高效过滤元件,生产出一款兼具高过滤性和可降解性的一次性使用医用口罩。随着研究人员对口罩等医用产品的持续关注,未来更多兼具高防护性与环保性的产品将会不断面世。

五、医用防护纺织品的标准体系建设

早在20世纪80年代,国际上就已经重视医护人员在手术中被感染的问题,并针对医用材料的性能制定了相关标准和政策。我国从2003年SARS流行才开始意识到制定医用纺织品标准的重要性,紧急制定了GB 19082—2009《医用一次性防护服技术要求》及GB 19083—2010《医用防护口罩技术要求》等强制性国家标准。之后随着甲型H1N1流感病毒的全球暴发,进一步提升了人们对医用材料的重视与依赖程度。中国是目前全球最大的一次性手术服、防护服生产与加工国。据统计,全球约有20%的医用纺织品在中国生产,其中60%左右的一次性手术服在中国生产加工。但由于医用纺织品市场上防护材料种类繁多,性能差异很大,中国医用纺织品标准建设还存在一定程度的滞后甚至缺失,产品质量缺乏监管,制约了中国医用纺织品行业的规范和发展。目前我国医用口罩及防护服的标准与规范如下。

(一)医用口罩相关标准与规范

面对重大传染疾病时,医用防护口罩是防护性能最好,也是医护人员最紧缺的物资。目前国际上常见的医用防护口罩标准有中国的GB 19083—2010《医用防护口罩技术要求》、美国国家职业安全与健康研究所(NIOSH)制定的NIOSH—42 CFR Part 84《呼吸防护装置》、ASTM F2100—2019《医用口罩材料性能规格》及由欧盟标准委员会制定的呼吸防护装置认证标准EN 149:2001+A1:2009《呼吸防护装置 颗粒防护用过滤半面罩——要求、测试和标记》,其核心指标见表1。

表1 中国、美国和欧盟医用防护口罩核心指标对比

核心指标	中国	美国				欧盟
执行标准	GB 19083—2010	ASTM F2100—2019			NIOSH—42 CFR Part 84	EN 149:2001+A1:2009
细菌过滤效率/%	—	Level 1≥95	Level 2≥98	Level 3≥98	—	—
非油性颗粒过滤效率/%	1级≥95 2级≥99 3级≥99.97	≥95	≥98	≥98	N95≥95 N99≥99 N100≥99.97	FFP1≥80 FFP2≥94 FFP3≥99
合成血液穿透/mmHg	80	80	120	160	—	—

续表

核心指标	中国	美国				欧盟
呼吸阻力	吸：≤343.2Pa（35mm H$_2$O）	压力差：<5.0mm H$_2$O/cm²	压力差：<6.0mm H$_2$O/cm²	压力差：<6.0mm H$_2$O/cm²	呼：≤25mm H$_2$O/cm² 吸：≤35mm H$_2$O/cm²	FFP1：吸≤2.1mbar（95L/min）；呼≤3.0mbar（160 L/min） FFP2：吸≤2.4mbar（95L/min）；呼≤3.0mbar（160 L/min） FFP3：吸≤3.0mbar（95L/min）；呼≤3.0mbar（160L/min）
阻燃能力	所用材料不应具有易燃性	Class 1			—	所用材料不应具有易燃性

2020年COVID-19的全球性暴发，促使国内医用纺织品标准体系得到进一步的完善。2020年3月，由中国产业用纺织品行业协会牵头制定的《民用卫生口罩》团体标准正式发布。该标准围绕口罩材料及佩戴安全性、阻隔功能、佩戴舒适性等设定指标，并对儿童口罩进行详细分类和规定，适用于复工复产后普通民众大量使用的阻隔型口罩；为了满足疫情期间儿童出行、复学等迫切需要，2020年5月市场监管总局（标准委）正式发布GB/T 38880—2020《儿童口罩技术规范》推荐性国家标准，此标准从安全、防护、舒适性能 3 个方面对儿童防护口罩进行了要求，为正确选择和佩戴儿童口罩、规范行业竞争秩序、加强市场监管提供了依据，为儿童口罩生产企业提供了技术支持和标准保障。

（二）医用防护服标准与规范

我国关于医用一次性防护服的现行标准包括GB 19082—2009《医用一次性防护服技术要求》和YY/T 0506—2016《病人、医护人员和器械用手术单、手术衣和洁净服》系列标准。为应对普通防护服标准的缺失，由广州检验检测认证集团有限公司联合30家国内知名企业和技术机构起草的T/GDBX 026—2020《一次性使用普通防护服》团体标准于5月26日正式发布实施。该标准对一次性使用普通防护服的术语和定义、要求、试验方法、使用说明、包装、运输和贮存进行了规定，适用于以非织造布为主要面料，在日常环境中与他人密切接触时提供适当阻隔和防护作用的服装产品，为促进一次性使用普通防护服高质量市场供给提供了技术支撑。

国际上通用的医用防护服标准是美国NIOSH标准和欧盟EN标准。AAMI PB70：2012《医疗保健设施中使用的防护服和防护布的防液性能和分类》是由美国医疗器具开发协会（association for the advancement of medical instrumentation，AAMI）发布，主要规定了卫生用防护服装的阻隔性能的标准；美国防火协会（national fire protection association，NFPA）制定的适用于医疗急救防护服的标准NFPA 1999：2008《医用急救救助服（一次性或重复使用）》。2003年，英国标准协会（british standards institution，BSI）发布了EN 14126—2003《防病毒防护服（一次性或重复使用）》，此标准对防病毒防护服的性能要求和试验方法进行了规定；2011年发布了EN 13795：2011+A1：2013《外科用手术衣及手术单（一次性或重复使用）》，对干态和湿态下的手术衣的防护性和物理力学性能要求分别做出规定，包括检测方法和指标水平。从医用一次性防护服防护性分级指标来看，AAMI PB70：2012标准对手术衣、防护衣与手术铺单的液态阻隔性能与分级加以规范，将阻隔性能分为4级，其中4级（Level 4）为最高级别，要求手术衣或其他防护衣必须通过血液与病毒渗漏2项试验，而GB 19082—2009无抗液体冲击测试和全身液体喷淋的测试要求。在合成血液渗透方面，GB 19082—2009将一次性防护服分成了6个等级，AAMI PB70：2012仅对4级防护服进行了规定，NFPA 1999：2008和EN 13795：2011+A1：2013均无规定。GB 19082—2009对于防护服的微生物穿透性能没有进行规定，而是通过合成血液穿透性和对非油性颗粒的过滤效率来替代[16-18]。

六、结束语

尽管我国医用防护纺织品领域已取得了长足发展，但由于我国医用材料生产起步较晚、技术水平较低，尚未形成规模。目前80%以上的成果仍处于实验室研究阶段，约70%的高端生物医用纺织品依然需要进口。国际上医用防护纺织科技产品势必将朝着可降解、复合化、功能化、微创化、智能化方向发展。医用防护纺织品的发展除不断提升自主与集成创新能力，加强公共平台及人才队伍建设，强化产学研医结合等措施外，深化国际合作交流，时刻把握技术发展新动向，做到与国际、国内同领域同步，先并跑，最终实现领跑，也是我国医用防护纺织材料领域研究的突破和产业的转型升级的关键[19-20]。

参考文献

[1] 李桂梅，李冠志，李昱昊，等.中国防疫纺织品现状分析及创新发展建议[J].纺织导报，2021（2）：83-87.

[2] 安琪，付译鋆，张瑜，等.医用防护服用非织造材料的研究进展[J].纺织学报，2020，41（8）：188-196.

[3] 王佳莹，胡玲燕.医用纺织品的应用及发展趋势研究[J].天津纺织科技，2019（2）：62-64.

[4] 柯勤飞，靳向煜.非织造学[M].3版.上海：东华大学出版社，2016.

[5] 芦长椿.纺丝成网技术新进展及其在医用领域的应用[J].纺织导报，2020（11）：37-40.

[6] 张娜.医用纺织品市场的最新进展[J].纺织导报，2020（9）：22-27.

[7] 李彦，王富军，关国平，等.生物医用纺织品的发展现状及前沿趋势[J].纺织导报，2020（9）：28-37.

[8] 杨兆薇，张淑洁，伏立松，等.医用非织造材料的研究进展[J].产业用纺织品，2019，37（7）：1-5.

[9] 鲁谦之，刘颖，许晓芸，等.医用非织造材料生产技术及设备[J].纺织导报，2020（9）：45-50.

[10] 魏娴媛.医用纺织品的应用研究进展[J].毛纺科技，2020，48（9）：104-109.

[11] 谷程秀.水刺非织造布的现状与未来[J].产业用纺织品，2001（3）：3-11.

[12] 刘亚，吴汉泽，程博闻，等.非织造医用防护材料技术进展及发展趋势[J].纺织导报，2017（S1）：78-82.

[13] 张娜.医用纺织品[J].纺织导报，2021（1）：30-32.

[14] 沈嘉俊，许晓芸，刘颖，等.医用防护服的研究进展[J].棉纺织技术，2020，48（7）：79-84.

[15] 田光亮，张文馨，靳向煜，等.非织造材料用纤维的研究进展及发展趋势[J].产业用纺织品，2019，37（9）：1-6.

[16] 程浩南.纺织材料在医用纺织品设计中的应用和发展[J].产业用纺织品，2019，37（1）：1-4，11.

[17] 程浩南，李芳.纺织材料在医学领域的应用和发展[J].产业用纺织品，2017，35（9）：28-31.

[18] 贠秋霞.医用纺织品的发展及应用[J].合成材料老化与应用，2015，44（4）：142-144，147.

[19] 邵萌，甘亚雯，苑淑花.浅谈医用纺织品及其标准体系[J].中国纤检，2014（24）：46-47.

[20] 李毓陵.生物医用纺织材料的研究和发展前景[J].棉纺织技术，2010，38（2）：65-68.

特种防护服最新技术进展及发展趋势

张荫楠　张　娜

（中国纺织信息中心）

特种防护服是指用于保护作业场所、产品或环境，免受人类带来污染和危害的服装，也指用于保护作业人员免受伤害或危害，有着某种防护功能的服装。随着世界经济的持续发展以及科技的突飞猛进，新的劳动方式不断更新，各国政府对于安全生产与环境保护越发重视，劳动者对于职业安全与自我保护也越来越重视，对防护用品的防护性能与服用性能要求也同步提高。

进入21世纪，人们在生产、生活中面临的威胁越来越复杂化，全球武装冲突数量增加，大气层人为改变以及不规范生产生活造成自然灾害频发，工业化在改变人们生产、生活方式的同时也带来更多的职业安全问题，新的细菌和病毒正以更短的周期不断出现，电子、通讯等产品的普及带来的辐射已经深入人们生活的方方面面。为了抵御这些威胁，发展公共安全产业已经成为当前世界各国的共识，德国、美国、日本等发达国家已经将安全应急产品和特种防护技术作为国家战略发展方向之一予以重点支持，我国也在近年来出台了公共安全及应急产业相关政策，推动公共安全相关产业的发展。

纺织品作为安全防护系统的最后一道屏障，保障人体免受环境危险因素侵害，在为人体提供特种防护功能方面发挥着不可替代的作用。在全球公共安全应急产业得到广泛关注的大背景下，未来特种防护服将面临良好的市场机遇。

一、特种防护服的分类及意义

特种防护服是针对作业者或者作业场所、环境、物品在职业场所中容易发生的某种危害因素而设置的具有一定防护功能的服装。其中"特种"包含两个层面的含义，一是其防护功能超出了普通工作服所要防护的物理机械损伤；二是指其防护功能具有专一性[1-2]。通常某特种防护服只针对（或主要针对）某一种危害进行防护，面临不同的危害因素，需要有不同的特种防护服装。

根据特种防护服所处环境危险因素的不同，特种防护服可以分为热（冷）防护、阻燃防护、化学防护、生物防护、电防护、辐射防护、外力冲击防护、高可视度防护等，其细分类别及应用领域如图1所示；根据防护功能，主要分为阻燃服、酸碱类化学品防护服、防静电服、焊接防护服、防油服、防水服、带电作业屏蔽服、X射线防护服、微波辐射防护服、森林防火服等。

由以上特种防护服的种类可以看出，使用特种防护服装的意义主要有以下几个方面：一是保护职业人员避免发生GB 6441—2009《企业职工伤亡事故分类》所规定的急性工伤事故；二是保护职业人员避免发生国家卫生计生委等部门颁发的《职业病分类和目录》所列的慢性积累的职业病；三是特种防护服装还需要对产品的安全发挥重要作用，例如在超净工作室使用的防静电工作服主要作用是保护微电子产品、微生物产品和药品的质量安全。

细分类别	作用	应用领域	
热防护 — 高温防护	避免热源对人体造成伤害	石油、化工、冶金、造船、消防等高温作用	
热防护 — 低温防护	避免或减少热损失，保持适宜温度	高山高原、水下、野外、低温车间等低温作业	
阻燃防护 — 阴燃防护	避免纺织品燃烧、熔滴或科普释放毒气	石化、消防、电力、加油站、近火作业等	
化学防护 — 特殊化学物防护	纺织化学危险品、腐蚀性物质等侵害	军事、消防、工业和应急处置等	
化学防护 — 农药防护	防农药污染、飞溅和卫生隔离	农田施肥、农药喷洒等农业作业	
化学防护 — 抗油拒水防护	防止油/水对内衣和人体的侵蚀	水产养殖、矿井作业、海洋石油污染处置等	
生物防护 — 医疗防护	防止病毒对医务工作者和病人的侵害	医务人员、生物制药和疫苗培养工业等	
生物防护 — （核）生化防护	防止生物病毒、核放射性气溶胶侵害	血源性病原调查、军事（核）生物战争防护等	
电防护 — 静电防护	防止静电积聚引起的火灾或爆炸	电子精密仪器、石油化工、电力、煤炭等	
电防护 — 电流（弧）保护	防止电线、电器设备电击或电烧伤	电力员工日常作业、潜在电弧环境等	
辐射防护 — 电磁辐射防护	阻隔无线电波、光波辐射对人体的伤害	民用、工业、军事等领域	
辐射防护 — 核辐射防护	对χ、γ、β、α粒子提供屏蔽	核事故抢险救援、军事特种防护等	
外力冲击防护 — 防弹和防刺	防止子弹、刀刃等对人体的伤害	士兵、安保人员防弹、防刺割服装等	
外力冲击防护 — 运动防护	纺织运动中摔伤、撞伤等意外伤害	民用、专业运动员防护服等	
外力冲击防护 — 交通安全防护	在发生交通事故时减少对人体的伤害	赛车服等	
高可视度防护 — 反光/荧光防护	在公路交通、人口密集、暗光环境中提高可见度以起到警示和防护作用	警察、交警、路政人员、公路养护人员、摩托和自行车的驾驶证、暗光下工作者等	

图1 特种防护服的分类

二、特种防护服装市场的最新进展

（一）特种防护服市场稳定增长

特种防护纺织品的特殊性决定了其发展与社会稳定程度、经济发展水平、社会文明程度有直接关系。从军事及国防安保领域、公共安全应急产业的刚性需求，到广受关注的职业安全防护，特种防护纺织品已经从"特殊需求产品"转变成为人们生产生活不可或缺的一部分。同时，随着航空航天等高新技术产业的发展，带动了特种防护用纺织品不断向新兴应用领域延伸；而当前社会大众生命安全意识及购买力的提高，也将进一步加快特种防护用纺织品向大众消费纺织品领域的拓展。可以预见，未来特种防护用纺织品产业还有很大的发展空间（图2）。

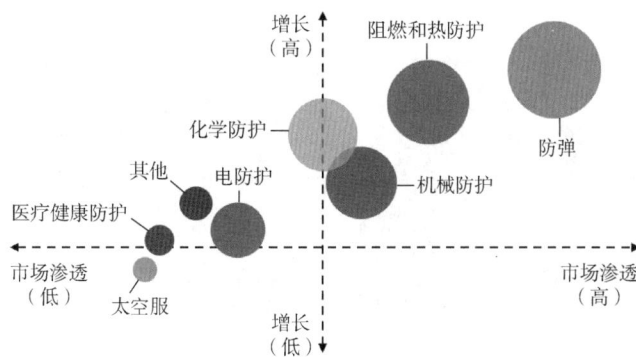

图2 各品类特种防护用纺织品的增长潜力
数据来源：Primary Interviews，GVR

20世纪90年代后期，以美国DuPont（杜邦）为代表的国际知名安全防护制品生产与研发企业进入中国市场，Nomex®及Kevlar®等特种纤维原料的引进及发展，促进和推动了我国特种防护服市场的发展。随着我国研制与生产的耐腐蚀性纤维、耐高温纤维、抗燃纤维、高强度高模量纤维、功能纤维和弹性体纤维等特种纤维的大量应用，我国特种防护服与国际防护服的差距正在逐步缩小。中国纺织品商业协会安全健康防护用品委员会资料显示，我国特种防护服的年需求量约占防护服装全球防护服需求量的35%，防静电服、酸碱类化学品防护服及阻燃服年需求量占据防护服装总量前3位，分别为40%、35%和20%。目前，我国已成为特种防护服生产大国，特种防护服的需求量以每年10%~15%的速度增长。

（二）军事及国防安保体系的刚性需求仍是最主要的增长动力

自古至今，为了维护国家的经济发展与国民生活的安全稳定，军事及国防安保一直处于重要地位。随着经济的发展和社会的进步，人权意识的觉醒，军事及国防安保系统从业人员的人身安全保障得到各国的高度关注。为了保护士兵的生命安全，早在第一次世界大战期间，就出现了以天然纤维织物为服装衬里，配以钢板制成的防弹服，1943年美国试制和正式采用的防弹服达到23种之多。如今防弹服已经成为必不可少的单兵防护装备，在保障士兵人身安全中发挥着日益重要的作用。特别是20世纪70年代对位芳纶Kevlar®纤维问世以来，以高性能纤维为核心的防弹产品不断升级，高性能纤维的出现及应用使柔性防弹服的性能大为提高。随后，美、德、英、法、以色列等国的军队和警察均广泛装备了高性能纤维防弹服。随着高性能纤维技术的突破及成本的降低，高性能纤维防弹产品也将进一步在全球各个国家的军队和警察系统普及，为防弹类纺织品的应用带来进一步增长的空间。尤其是近年来，在和平与发展的主旋律下，不对称作战、国家之间以及跨境的恐怖主义活动仍然存在，全球武装冲突数量和致命/非致命武器伤害数量不断增加，给军警执法人员和人民群众的生命安全带来了巨大威胁，这也将加快防弹类纺织品，尤其是采用高性能纤维的轻质防弹类纺织品，在保障士兵、警察、执法人员的生命安全方面的普及和应用。在此过程中，现代战争手段的多样性使得防护对象对防护服的需求趋向于多样化和复合化，具有防弹、防刺、耐热阻燃、防化等功能或多种功能复合的特种防护服将呈现良好的增长态势。

防弹类服装增长的另一大动力来源于其应用领域的拓展：随着高性能纺织纤维在该领域的进一步应用，高性能纺织纤维更加轻薄、柔软、舒适的特征也使得防弹服的应用范围由军队逐渐扩展到警察、执法及安保人员，甚至政界和普通民用领域。位于加拿大多伦多的男装定制品牌Garrison Bespoke已经可以提供高端定制的防弹西装。据悉，该防弹西装的定制价格高达2万美元，由Garrison Bespoke与美国第19特种部队（US 19th Special Forces）合作开发，采用了与美军在伊拉克战争中所穿防弹服相同的材料——碳纳米管材料，据称这种防弹西装比采用Kevlar®的防弹服还轻50%，可以阻止常用的9mm、5.56mm和11.43mm口径手枪的射击（图3）。

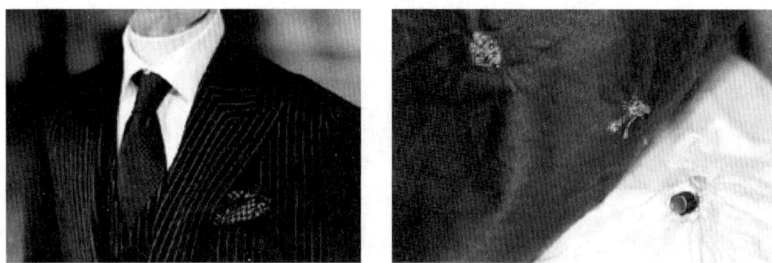

图3　Garrison Bespoke的定制防弹西装

图片来源：Garrison Bespoke

从全球防弹类纺织品的市场规模和未来的增长空间来看，根据GVR的统计，2016年防弹类纺织品市场规模为16.37亿美元，占整个安全防护用纺织品市场的近1/3，预测至2025年，市场规模将进一步扩大至23.28亿美元，预测期内的年均复合增长率为3.9%。其中，欧洲和北美地区仍是防弹类纺织品最主要的市场，2016年其市场规模分别为5.40亿和4.77亿美元，预测期内的年均复合增长率分别为3.7%和4.2%；2025年市场规模将分别达到7.54亿和6.94亿美元。相比于欧美市场的稳定增长，亚洲在预测期内的年均复合增长率则将达到4.7%，成为增长最快的地区，市场规模将由2016年的3.17亿美元增至2025年的4.81亿美元。

（三）职业特种安全防护领域蕴含巨大增长潜力

近几十年来，随着全球范围内对职业安全防护重视程度的提高，工作场所的安全防护措施和各项技术已取得重大进步，职业安全事故、职业病的发生率有所降低，较传统的危害和风险已经得到减少或消除，但新技术带来的新风险也日益显著，目前全球每年因职业致伤（亡）、致病的人数仍令人震惊。国际劳工组织统计数据显示，全球每年因职业事故和与工作相关的疾病而死亡人数约200万人。尤其是在中低收入的工业化国家，经济快速发展加速了其工业化的进程，但关于职业健康防护的政策法规和健康教育还存在很大程度缺失，加之为工人配置职业防护服会增加企业成本，因此职业致死的比率更高，对非直接致死职业病的预防也尚未在这些地区得到重视。与之相比，高收入国家的职业安全事故率非常低，但因高度工业化及未知新风险带来的职业病案例仍不在少数。据统计，在高收入的工业化国家，恶性肿瘤占职业病的比例高达53%。

近年来，各国政府对职业安全健康越加重视，纷纷从立法、标准等层面推进职业安全防护的开展，加之近年来造成职业伤害的赔偿成本，包括偿还工人家庭和承担重大伤亡及生命损失的医疗费用越来越高，迫使更多的最终用途行业将使用安全防护用纺织品纳入职业安全保障体系。同时，由于越来越多的工业领域表现出对特种防护服装备的更高需求，也促进了职业安全健康防护服市场的广泛创新，一些国际知名公司，如帝人（Teijin）、杜邦、Royal TenCate（皇家天佳集团）、PBI、Gore&Associates、Honeywell（霍尼韦尔）、Kimberly-Clark（金佰利）等将职业安全健康领域的防护服作为其主要业务之一。防护服品类涵盖化工、石油、天然气、建筑、制造业、消防和执法、采矿业、核能及风能、医疗保健、制药等终端行业，防护功能主要包括阻燃和热防护、化学防护、机械防护、电防护、医疗防护等。

从安全防护用纺织品在职业安全防护领域的总体应用情况来看，欧美地区由于建立了健全的职业安全法律法规、标准及实施监管体系，加之高度工业化下带动的市场需求，欧美地区仍是安全防护用纺织品的主要市场，发展中国家和地区仍与其存在很大差距。根据GVR 2016年的调研及预测数据，2016年阻燃和热防护、机械防护、化学防护、电防护、医疗健康防护的市场规模分别为12.13亿、9.38亿、9.22亿、5.09亿、1.63亿美元；未来10年其年均复合增长率将分别为3.7%、3.2%、3.5%、2.5%、2.3%，至2025年其市场规模将分别达到16.87亿、12.49亿、12.63亿、6.37亿、2.02亿美元。近年来，随着亚洲新兴国家工业化水平的不断提升，基础设施建设的拉动，以及韩国、中国、日本、印度等国家相继出台更加严格的危险环境工作健康安全法规，这些国家的职业安全健康防护类纺织品将具有较大的增长潜力，预测期内的年均复合增长率将达到4.2%，其与发达国家的差距将进一步缩小（图4）。

三、特种防护服的材料及技术研究现状

危害因素的多样性致使特种防护服的品种具有多样性，但仍有部分品种具有一定程度的通用性，例如阻燃防护服、阻隔生化毒物的隔离服、抗静电服、电磁屏蔽服等具有一定通用性。目前，我国已经拥有比较好的生产加工技术，某些产品也达到了国际领先或国际先进水平。接下来以防弹服、热防护服及电磁辐射防护服3个类别为例，展开介绍其所采用的原料、加工工艺以及应用案例等。

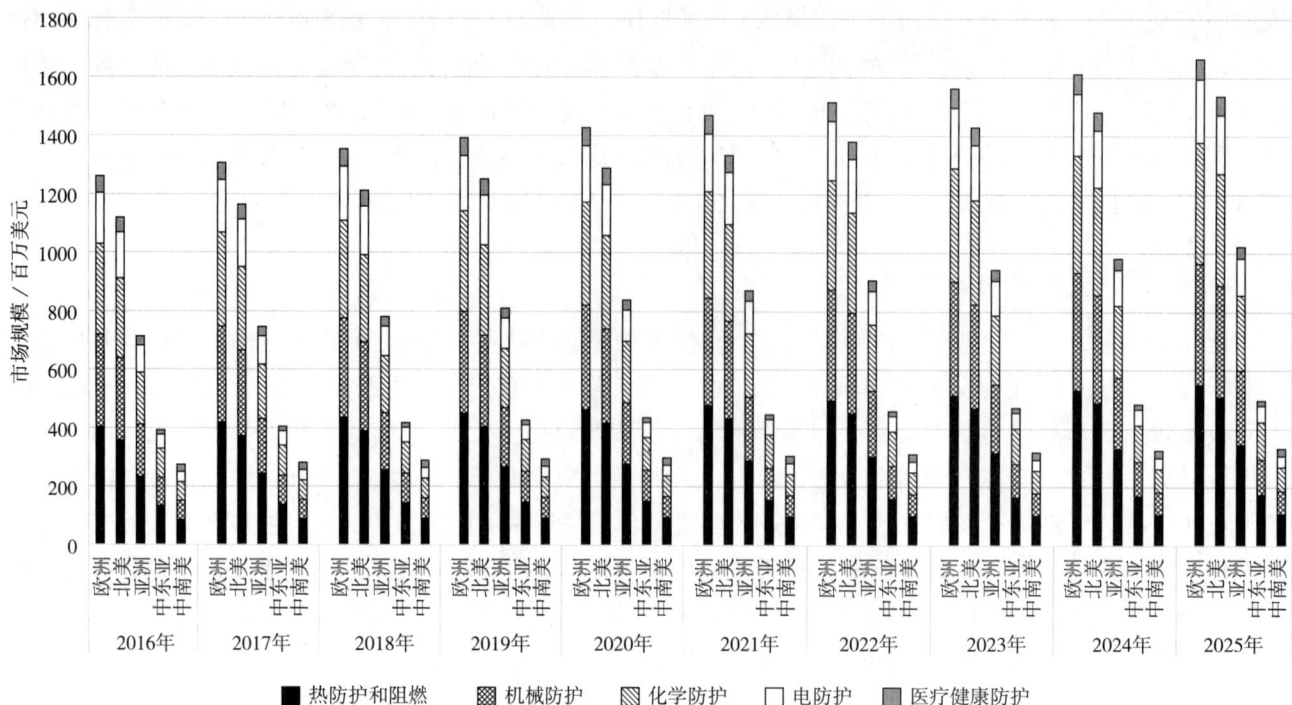

图4　2016~2025年全球各主要地区安全防护用纺织品市场规模及增长趋势

数据来源：Techtextil，EATP，AFSS，IGS，The Asian Textile Journal，Primary Interviews，GVR

（一）防弹服

在现在战争或枪械冲突中，防弹服能有效保护己方人员减少或者免受子弹或弹片的伤害。防弹服按照使用对象，可粗分为警用型和军用型；按照结构形式，可分为防弹背心、防弹T恤及防弹夹克等；根据防弹服材料和其发展历程，大致可分为硬式、软式、软硬复合体和液态4种类别。

1. 防弹服的材料选择

防弹服最初是由钢板或高强陶瓷制成，利用材料的高硬度高强度来抵御发射物的冲击。随着技术的突破，高性能材料的种类及应用越发广泛，软式防弹服面世。软式防弹服（图5）主要是利用芳香族聚酰胺纤维、超高分子量聚乙烯纤维（UHMWPEF）、高强聚丙烯纤维、聚对苯撑苯并二噁唑（PBO）纤维等高强高模纤维制成，可在子弹或者弹片冲击织物时，利用纤维将冲击波吸收，子弹受阻变形并穿透数层织物后，停留在织物夹层中。目前，国内UHMWPEF、芳纶等纤维的制备已实现国产化，产品性能接近国外先进国家技术水平，PBO纤维尚未实现规模化生产[3]。

高强玻璃纤维、芳纶、UHMWPEF等高性能纤维的技术突破，为人体防弹防刺技术的快速发展打下了基础。其中，芳纶1414具有极高的强度，是优质钢材的5~6倍，而重量仅为钢材的1/5，同时具有宽泛的连续使用温度范围，可在−196~204℃范围内长期正常运行，热收缩和蠕变性能稳定，并具有良好的绝缘性和抗腐蚀性，已广泛应用在各国军队的防弹服中；UHMWPEF兼具高强高模、耐低温、耐化学腐蚀及优良的耐冲击和抗切割等性能，是目前制造防弹服的主要材料之一。常见的用于制造防弹服的高性能

图5　软式防弹服

纤维的主要性能参数见表1。

表1　用于制造防弹服的高性能纤维的主要性能参数对比

纤维品种	Zylon HM	Zylon AS	对位芳纶	聚酯（高强）	Dyneema
断裂强度/（N·tex^{-1}）	3.7	3.7	1.95	0.79	3.53
模量/GPa	280	180	109	19.43	114.66
断裂伸长率/%	2.5	3.5	2.4	7~30	3.5
密度/（g·cm^{-3}）	1.56	1.54	1.45	1.38	0.97
回潮率/%	0.6	2	4.5	0.4	0
LOI/%	68	68	29	41	16.5
热分解温度/℃	650	650	550	255（熔点）	150（熔点）

　　软硬式防弹服的基本结构是软式防弹服，一般是在软式防弹服前的预留夹层中根据需要放置一定厚度的复合材料、钢板或陶瓷防弹插片，主要用于重火力重合，增强防弹功能，保护使用对象的安全。目前，Al_2O_3、ZrO_2、Si_2N_4、SiC等抗弹陶瓷均已实现了工程化应用。美国Pinnacle Armor（尖峰装甲）公司设计并研发的"龙鳞甲"防弹衣（Dragon Skin）便属于软硬式防弹衣。但与普通的软硬式防弹衣相比，并未采用整块的增强陶瓷插板，而是采用小块钛合金或陶瓷防弹瓦与新型防弹纤维进行编织，防护面积更大，且更为贴身与舒适。实验测试显示，该款防弹衣对于子弹具有极强的防护能力，在6m距离内被7.62mm口径标准军用弹连续击中40次后不会被击穿，在面对普通步枪与手枪发射的子弹时，该防弹衣仅外层尼龙被射穿，而内部无任何损伤。此外，该防弹衣还可抵挡7.62mm口径钢芯穿甲弹的射击。

　　目前，软式防弹服和软硬式防弹服已经得到大量推广与应用，但这两种结构的防弹服存在高性能防护与重量、舒适性之间的矛盾。进入21世纪后，材料界出现了液态性织物处理技术（shear thickening fluid，SFT），此技术通过将非蒸发性液体（乙二醇和聚乙二醇之类的剪切增稠液体）与高性能纤维材料有机结合，实现了对人体活动与碰撞保护的最佳结合。此材料在未受到撞击时，处于正常流动状态；当受到触发或碰撞，纳米颗粒材料便变硬，可提供很强的防护作用。这种防护眼平时柔软舒适，可以制造全套防弹服，保护使用对象的任何部位，在受到刀等利器或高速子弹、弹片冲击的瞬间会变得坚韧无比，且可迅速的分散子弹的冲击力，大大降低单位面积的压强。当冲击力消失之后，剪切增稠液体又恢复液体状态，防弹服也重新变软。我国制造的"液体防弹服"如图6所示[4]。

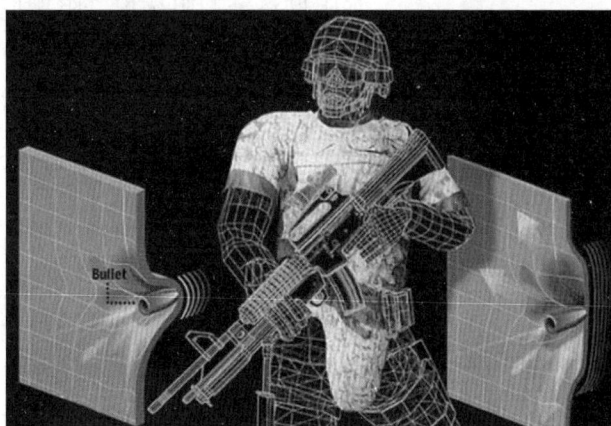

普通防弹服：由Kevlar纤维制成，无法迅速分散子弹的冲击力，易造成深度损伤。

液体防弹服：由Kevlar纤维与剪切增稠液体制成，可迅速分散子弹的冲击力，防弹效果更佳。

图6　普通防弹服与新型液体防弹服的对比示意图

2. 防弹服的结构设计

（1）UD布

UD布是采用超高分子量聚乙烯长丝或芳纶长丝，通过单向平行的方式均匀排列，经过与树脂基体复合后，再按照0°/90°的方向由上至下层压制成的。UD布根据采用的树脂基体形式分为干法制造和湿法制造；根据产品规格可分为连续式和滚筒式。目前先进UD布的制备工艺为连续式，制造工艺过程包括：纤维铺展→浸胶制备→UD叠层→收卷；复膜工艺连续制造工艺过程包括：制膜→纤维铺展→复膜制备→UD叠层→收卷。

研究人员发现采用抗弹纤维与柔性树脂制备的UD布能够消除织物中的纤维屈曲，既具有优良的物理机械性能，又具有良好的动能吸收性，防弹性能非常优异，是目前最先进的防弹织物结构形式，具有最好的防弹效果。

（2）二维织物增强材料

二维结构中的纤维束按照一定的规律在平面内相互交织缠结，提高纤维束之间的抱合力。此类结构既可以提高复合材料的面内强度，也改善了材料的面内抗冲击性能。但普通的二维织物制备复合材料通常采用传统的铺层加工方法进行制备，制备出的层合板层间性能差，如周熠等通过弹道实验测试，对比UHMWPE的UD结构及平纹结构单层织物的能量吸收性能，以及两种结构层合板的能量吸收性能，发现单层的平纹结构织物能量吸收性能优于UD结构织物，而层合板的能量吸收性能则相反。

（3）三维织物增强材料

三维织物增强材料中的纤维束在三维空间按照一定的规律相互交织而成，既能够克服层合板易分层和层间剪切现象，又具有极高的断裂韧性和较高的冲击损伤容限，能够使增强结构的稳定性得到提高。与UD布和二维织物增强材料相比，三维织物的结构更为紧密，整体性好，抗冲击性能强。

（二）热防护服

热防护服（图7）可对处于高温或超高温环境条件下的工作人员进行安全保护，从而避免各种火灾、爆炸、高温炉、电弧、熔融金属飞溅和焊弧等场所产生的热源对人体造成伤害。热防护服的防护原理是降低热转移速度，使外界的高热缓慢而少量转移至人体皮肤。热防护服必须具备阻燃性、燃烧时无熔滴产生、遇热时能够保持服装的完整性和穿着舒适性等性能[5]。生产热防护服的织物一般分为热辐射防护织物、热绝缘织物、阻燃织物和耐熔融抗金属溅射织物4种。

通常用于制造热防护服的材质分为后处理阻燃和本质阻燃两种。后处理阻燃（耐久性阻燃）包括经过阻燃改性的纤维，如阻燃涤纶、阻燃棉、阻燃尼龙等。由于该类纤维具有良好的吸湿透气性，在消防服、单兵战训服等服用面料中应用较多，但目前适用于纺织品阻燃整理的阻燃剂品类较少，并且此类织物普遍较厚较硬，存在阻燃性衰减、甲醛和有机磷排放、遇高温释放大量有毒烟雾等缺点。本质阻燃（永久性阻燃）选用具有良好阻燃、耐高温性能的纤维，此类纤维在高温下能保持常温时的力学性能，且长时间暴露于高温时不发生热裂解，具有可加工、难燃等性能。阻燃纤维主要包括间位芳纶、聚苯硫醚纤维（PPSF）等有机耐高温纤维和玻璃纤维、碳纤维、硅纤维等无机耐高温纤维。一般能适用于200℃以上的高温环境，极限氧指数（LOI）在27%以上。常见

图7 热防护服

阻燃纤维材料的燃烧性见表2。

表2 常见阻燃纤维材料的燃烧性能

分类	阻燃纤维	
	不燃纤维	难燃纤维
燃烧特性	明火不能点燃	遇火能燃烧或炭化，离火自熄
LOI/%	>35	26～34
纤维种类	玻璃纤维、金属纤维、石棉纤维、碳纤维等	氯纶、偏氯纶、芳纶、改性腈纶、酚醛纤维等

目前，国际上的消防服通常采用多层面料结构，主要包括阻燃层、隔热层、防水透湿层和内衬。阻燃层通常采用芳纶、聚苯并咪唑（PBI）纤维、PBO等高性能纤维制成，因以PBI纤维为主要原料织造的织物与其他织物相比，具有更优良的防火性和耐用性，正受到国内外市场的广泛关注；隔热层面料主要采用立体网眼针织物或非织造材料织造，如芳纶非织造布、预氧丝纤维毡等；防水透气层主要采用非织造布和阻燃纤维复合而成，能够使穿着者身体与服装环境中的水汽通过，并能阻挡外界环境中液态水进入，同时起到挡风和减少热量渗入的作用；内衬，也被称为舒适层，一般采用阻燃棉或阻燃黏胶，具有舒适性和阻燃性。

在战训服方面，美国NFPA 1971标准规定防护服应具有外壳层、蒸汽阻挡层和隔热层 3 层结构。美军陆军战训服（ACU）及其阻燃版（FRACU）是目前美国陆军装备的战训服。标准版ACU（50%锦纶，50%棉纤维）战训服具有质轻、透气好和快干的特点。阻燃版ACU材料由65%的阻燃黏胶、25%的对位芳纶和10%的锦纶组成。我军战训服面料一般采用阻燃涤/棉混纺织物，外层阻燃棉受热燃烧后，阻燃剂分解生成具有良好脱水作用的磷酸和多磷酸，使纤维脱水炭化；熔融的涤纶组分覆盖在热解的棉纤维表面，而热解棉的碳架阻止了涤纶的热收缩，使织物具有耐久的阻燃性能。

在防铝液喷溅防护服面料制备方面，目前工厂仍在使用普通纯棉或一般阻燃棉工作服，无防护效果，一旦发生事故，金属铝液容易在织物表面滞留，引起服装燃烧，造成人体烧伤，开发防金属熔滴喷溅的应急防护服势在必行。开发防铝液喷溅的防护服面料，可采用高性能阻燃纤维，如芳纶、芳砜纶等满足面料阻燃隔热的要求，同时要求铝液在织物表面停留的时间短，所以应合理设计织物表面的组织结构，使喷溅到织物上的熔融液滴快速滑落。

（三）电磁辐射防护服

电磁屏蔽织物是兼具轻质、柔性和强力的极佳屏蔽材料，且同时具有结构可控、编织灵活、轻柔耐洗等特点，成为军民用轻质柔性电磁屏蔽防护材料的首选，是国内外重点的关注屏蔽材料。除用于工业外，因此具有良好的服用性能，也可制备成电磁辐射防护服装，保护在超过电磁辐射暴露限值环境工作的劳动者，降低从业人员的职业风险[6-8]。

电磁辐射防护服根据织物成形方式可分为以下三类。

第一类织物是由金属纤维、表面镀覆金属的纤维、本征导电高分子纤维、碳纤维等具有金属特性的纤维形成的纱线织造而来。根据金属纤维纱线成形方式的差异，其可进一步分为金属长丝电磁屏蔽织物和金属短纤电磁屏蔽织物，分别如图8所示。

第二类织物是在织物表面均匀涂敷或镀覆了具有金属性（包括本征导电高分子）的功能层，每根纤维或纱线上都被均匀的金属层所覆盖，经纬交叉点处具有良好的导通，如图9所示。根据形成金属镀层的方法，电磁屏蔽织物的分类如图10所示。其中，采用化学镀、电镀等方式获得镀覆金属的纤维或织物已得到了商业化应用，如Xstatic®、亨通天银®等镀银纤维。磁控溅射制备金属镀覆的织物技术也日益成熟。根据镀层所用金属不同，又有镀银织物、镀铜织物、镀镍织物、复合镀织物等。根据基体织物的不同，又有金属化针织物、金属化机织物、金属化非织造布等。

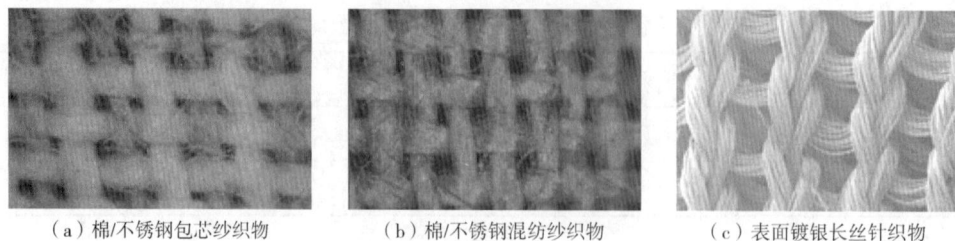

（a）棉/不锈钢包芯纱织物　　　　（b）棉/不锈钢混纺纱织物　　　　（c）表面镀银长丝针织物

图8　织造电磁屏蔽织物

（a）表面镀铜镍织物

（b）Fe-Ni合金化学镀-电镀织物

图9　金属化织物

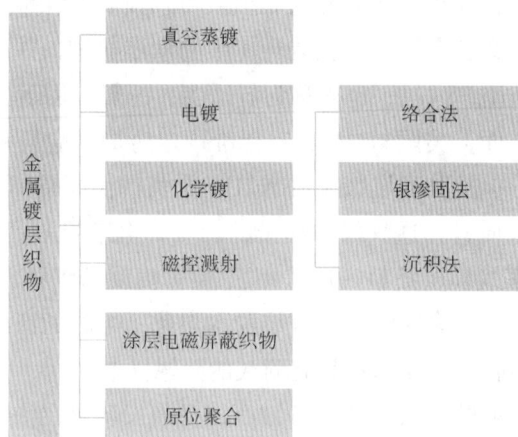

图10　按金属镀层方法分类的电磁屏蔽织物

第三类织物是由上述两类织物复合而成。通常，最上层采用透射性能较好的织物，中间层采用吸收性能良好的织物，底层采用反射性能良好的织物，并充分利用多层间的层间反射和吸收作用。比如，将含不锈钢的涤纶机织物、2层含铝粉的聚氨酯层以及含不锈钢和银纤维的涤纶针织物进行复合，可以获得多层屏蔽织物。

此外，还可以根据织物结构及产生电磁屏蔽作用的功能材料进行划分，前者可以分为电磁屏蔽针织物、电磁屏蔽机织物、电磁屏蔽非织造织布，后者可分为金属纤维电磁屏蔽织物、金属化电磁屏蔽织物、本征导电高分子（ICP）电磁屏蔽织物、其他电磁屏蔽织物等。具体分类如图11所示。

电磁辐射防护服装是由屏蔽织物构成的屏蔽腔体，其屏蔽效能由屏蔽织物的屏蔽效能及腔体的开口或缝隙结构共同决定。电磁波会通过领口、下摆或袖口等服装开口处进入衣服内部，开口处会泄漏电磁波。研究显示，服装的开口结构会显著影响其屏蔽效能，在防护织物屏蔽效能较高的前提下，防护服装的开口或缝隙结构较多会最终影响屏蔽效果。研究者发现，当电场极化方向与开缝垂直时最易发生电磁泄漏，且缝越宽电磁防护服的防护效能越低。这是由于防护服上的开缝切断感应电流从而降低了对电场的屏蔽效果。有开缝存在时，防护服的整体防护效能不佳，因此设计防护服时应尽可能减小影响防护效能的开缝宽度。在不影响穿着舒适性和功效性的前提下，应尽可能选用合体的服装尺寸，适度紧身，并将领口、袖口、裤脚口及上衣下摆适度收紧；尽量降低电场极化方向与开缝垂直的可能性。

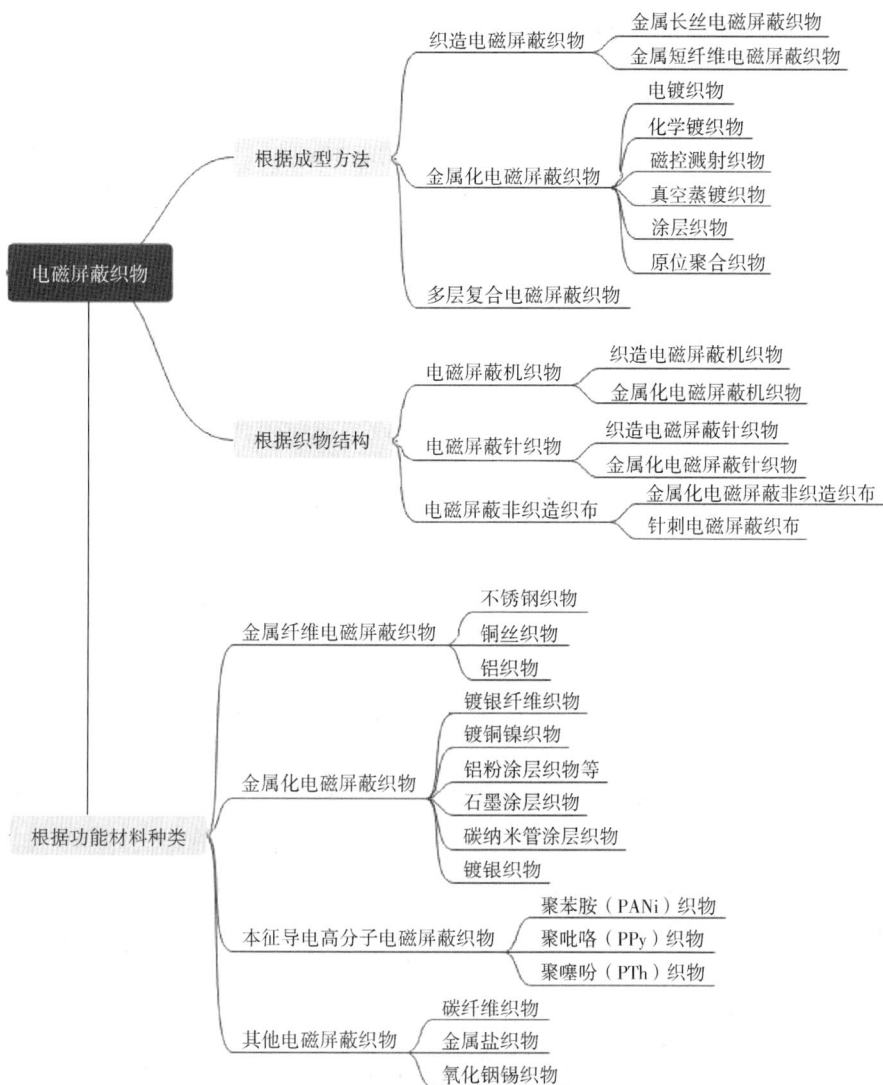

图11　电磁屏蔽织物的分类

圣华盾防护科技股份有限公司设计了一种电磁屏蔽防护服，改变以往环形松紧带的形式实现领口、下摆或袖口等防护服开口处的电磁屏蔽，采用新式收紧结构以降低电场极化方向与开缝垂直的可能性，所得防护服的整体防护效能能够达到30dB。

保定三源纺织科技有限公司开发的特高压1000kV带电作业用屏蔽防护服（图12）面层采用芳纶、阻燃黏胶、不锈钢纤维混纺，里料采用天然桑蚕丝。通过创新织物组织结构设计，形成各规格金属纤维的定量排列，组成多个串并联导流带，分散电流，提高面料的熔断电流和通流容量。各部位间无导流线，减轻了整套衣服的重量。采用整片裁剪和特殊的拼接工艺，保证衣服各部位连接良好。连体衣裤采用"风琴腰"结构设计，增加了衣裤灵活性，提高了穿着舒适性。

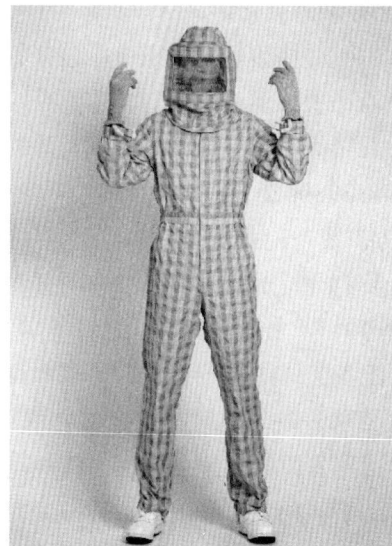

图12　特高压1000kV带电作业用屏蔽防护服

四、特种防护服的法规及标准

保障作业人员安全是安全生产标准化的核心目标。各个国家和地区都高度重视特种防护服的标准化建设，先后制定了多项法规及标准，对典型工作环境防护服的基本术语、选择和使用、防护性能、性能检测方法等提出要求，对人体安全防护起到规范和保障作用。

欧盟于1993年颁布了89/696/EEC指令，该指令规定了个体防护装备（personal protective equipment，简称PPE）投入市场所需条件，以及必须具备的能够确保使用者健康与安全的基本要求。2016年，欧盟通过了个人防护装备法规（EU）2016/425，取代89/696/EEC指令，自2018年4月21日起在欧盟国家生效。新法规对Ⅰ、Ⅱ、Ⅲ类PPE产品的认证要求进行了完善和变更。

美国国会于1970年通过了《职业安全与健康法案》，该法案对个体防护设备设定了最低标准。依据该法案，美国联邦政府还成立了职业安全卫生管理局（OSHA）、美国职业安全与卫生研究所（NIOSH）和职业安全与卫生审查委员会（OSHRC）三大联邦机构，逐步在北美形成了比较完善的职业安全与卫生管理机制。

国际标准化组织（ISO）通过不断制定和完善法规来进一步保障特种作业人员的生命安全，如阻燃隔热服有ISO 11611：2015《焊接用防护服及相关程序》、ISO 14116：2015《防护服 防止火焰 有限火焰蔓延的材料、材料组件和服装》等标准。化学防护服包括技术类的分类标签和性能要求（ISO 16602：2007《化学品防护服装 分类、标签和性能要求》）、固体颗粒物（ISO 13982-1：2004《防固体颗粒用防护服 第1部分 全身防气载固体颗粒用化学防护服的性能要求》）和液体农药（ISO 27065：2017《防护服 施用农药的操作人员和重返工作人员所穿防护服的性能要求》）防护性能要求标准；关于检测方法的标准除液体和气体化学物质渗透试验（ISO 6529：2013《防护服 化学品的防护 防护服耐液体和气体渗透性的测定》）外，还包括液体化学品防护服渗透性测定（ISO 6530：2005《防护服 对液态化学制品的防护 材料抗液体渗透性的试验方法》）等11项测定方法要求。

从1988年开始，我国开始制定特种防护服的强制性国家标准，1988年和1989年先后制定了GB 8965—1988《阻燃防护服》、GB 12012—1989《防酸工作服》、GB 12014—1989《防静电工作服》。几经修改，目前，我国已经建立了一系列特种防护服标准，具体包括GB 8965.1—2020《防护服装 阻燃服》、GB 8965.2—2009《防护服装 阻燃防护 第2部分：焊接服》、GB 12014—2019《防护服装 防静电服》、GB 24540—2009《防护服装 酸碱类化学品防护服》等。

2020年12月29日，国家市场监督管理总局、国家标准化管理委员会联合印发《关于批准发布〈摩托车轮胎〉等26项强制性国家标准和2项强制性国家标准修改单的公告》（2020年第31号），其中包括4项个体防护装备配备规范方面的强制性国家标准，即GB 39800.1—2020《个体防护装备配备规范 第1部分：总则》、GB 39800.2—2020《个体防护装备配备规范 第2部分：石油、化工、天然气》、GB 39800.3—2020《个体防护装备配备规范 第3部分：冶金、有色》及GB 39800.4—2020《个体防护装备配备规范 第4部分：非煤矿山》。此前，我国个体防护装备的配备标准有GB/T 11651—2008《个体防护装备选用规范》、GB/T 29510—2013《个体防护装备配备基本要求》。GB/T 11651—2008和GB/T 29510—2013分别对用人单位如何选择及配备个体防护装备进行了基本说明，但缺少用人单位及有关安全监管部门对个体防护装备配备的具体管理要求，缺乏实际指导意义。修订后的标准规定了个体防护装备（即劳动防护用品）配备的总体要求，包括配备原则、配备流程、作业场所危害因素的辨识和评估、个体防护装备的选择、追踪溯源、判废和更换、培训和使用等。

这些标准涵盖了特种防护服的质量测试方法和具体质量标准要求，对推动我国特种防护服的质量提升，加强特种防护服的市场监管，实现我国特种防护服的标准与国际接轨等均具有重要意义。

五、特种防护服的发展趋势

随着全球气候变暖，自然灾害频发，局部战争和日益严峻的恐怖袭击威胁，特种防护服行业面临着挑战和机遇。当前的特种防护服装产业正孕育着新一轮的技术革新，表现出以下几个趋势。一是特种防护服用纤维正在向差别化、功能化和高性能化方向发展，高性能纤维原料的更新换代将驱动特种防护服的防护性能不断提高。二是特种防护服向着多功能化、复合化与智能化的方向发展。特殊环境作业人员往往会面临多重危害因素，因此集多重防护功能于一体的特种防护服将成为发展趋势，如阻燃与防静电兼容的阻燃防静电服装等。同时，随着相变材料、形状记忆功能材料、纳米技术、微电子技术的发展，具有实时反馈、自我调节的智能防护服装也将成为今后防护服装的发展趋势。三是特种防护服向着健康舒适化、时尚美观化的方向发展。特种防护服装因使用环境恶劣，防护功能是其主要性能，但随着人们对于舒适性及时尚性的需求，未来特种防护服装将会更加强调功能性与舒适性、美观性并存，注重减轻个体负荷，关注服装与人体微气候调节等方面的需求[9-14]。

参考文献

[1] 古丽努尔·伊克然. 特种防护服的技术进展及发展趋势[J]. 数码世界，2020（12）：282-283.

[2] 崔荣钦. 服用纺织品燃烧性能标准及要求[J]. 纺织检测与标准，2019，5（3）：26-29.

[3] 胡敏，仲兆祥，邢卫红. 纳米纤维膜在空气净化中的应用研究进展[J]. 化工进展，2018，37（4）：1305-1313.

[4] 翟文，魏汝斌，甄建军，等. 高性能复合材料在人体防弹防刺技术领域的应用与展望[J]. 纺织导报，2017（S1）：66-72.

[5] 施楣梧. 特种防护服的技术进展及发展趋势[J]. 纺织导报，2017（S1）：49-51.

[6] 芦长椿. 功能性纳米纤维在个体防护服装上的应用[J]. 纺织导报，2017（S1）：52-56.

[7] 郑振荣，韩晨晨，赵晓明，等. 热防护织物技术的研究进展[J]. 纺织导报，2017（S1）：73-77.

[8] 肖红. 电磁辐射防护织物及服装的技术特点和标准分析[J]. 纺织导报，2017（S1）：87-93.

[9] 张荫楠. 全球安全防护用纺织品市场的最新进展[J]. 纺织导报，2017（S1）：10-26.

[10] 杨英清，李英建，谭臻，等. 防弹衣等人体防护制品市场发展概况[J]. 中国个体防护装备，2016（6）：16-21.

[11] 肖红，施楣梧，钞杉，等. 机织物有效结构模型的电磁屏蔽效能影响因素[J]. 纺织学报，2015，36（7）：42-49.

[12] 肖红，施楣梧. 电磁纺织品研究进展[J]. 纺织学报，2014，35（1）：151-157.

[13] 姜鹏. 棉用耐久型无醛阻燃剂的制备与应用研究[D]. 北京：北京服装学院，2012.

[14] 赵婷，林云周，傅佳亚，等. 中美纺织品燃烧性法规和标准体系[J]. 印染，2011，37（6）：37-40.

土工合成材料技术发展现状及趋势展望

刘凯琳　李　波　韩　竞

(中国纺织信息中心　中国产业用纺织品行业协会)

　　土工合成材料是一种新型的岩土工程材料，它以天然或人工合成的聚合物为原料，制成各类产品，置于土体内部、表层或各层土体之间，起到加强或者保护土体等作用。事实上，凡是应用于土木工程建设的材料，都可称之为土工材料。随着产品的不断丰富，应用领域的进一步拓展，土工合成材料的内涵和范围也有所外延，根据其应用及相关标准，可分为土工织物、土工膜、土工复合材料、土工格栅、土工网、土工格室、土工发泡材料、土工排水材料以及其他土工合成材料九大类。土工用纺织品是土工合成材料中的重要品类，也是产业用纺织品中用量较大的产品品类[1-2]。本文将基于我国土工合成材料行业的发展概况，以土工用纺织品作为重点研究对象，从原料、加工工艺、主要功能、市场应用及产品创新等方面进行阐述，并对土工合成材料的技术发展进行展望。

一、行业现状

（一）战略需求带来发展新机遇

　　当前我国正处在"两个一百年"奋斗目标的历史交汇点，也是"十四五"规划开局之年。为了促消费惠民生、调结构增后劲，2020年，国务院总理李克强代表国务院向十三届全国人大三次会议作的国务院政府工作报告中提出，重点支持"两新一重"建设，主要涵盖加强新型基础设施建设，发展新一代信息网络，拓展5G应用，建设充电桩，推广新能源汽车等；加强新型城镇化建设，大力提升县城公共设施和服务能力，新开工改造城镇老旧小区3.9万个，支持加装电梯，发展用餐、保洁等多样社区服务；加强交通、水利等重大工程建设，增加国家铁路建设资本金1000亿元。随着该战略的实施，我国将继续加大相应投资，为土工合成材料应用和行业持续发展带来了新的历史机遇。

　　同时，随着人类生活和生产方式的改变，全球气候变暖、土壤及水体污染、海洋微塑料颗粒等问题日益严重，环保问题越来越被重视。其中，污水的先处理再排放、固体垃圾的卫生填埋、尾矿渗滤液的防渗处理、被污染场地的修复治理等环保项目，也已经成为土工合成材料市场需求的新增长点[3]。据预测，近5年中国土工合成材料行业市场规模年复合增长率约13.75%，到2025年中国土工合成材料行业市场规模会接近800亿元。特别是在国家"一带一路"倡议及《区域全面经济伙伴关系协定》（RCEP）的推进下，土工合成材料还将在服务"一带一路"及RCEP成员国建设中有更加广阔的发展空间。

（二）行业发展规模持续壮大，产业集中度上升

　　近年来，我国土工合成材料制造企业数量及规模不断壮大，目前企业数量已超过1200家，其中规上企业数量在300家以上，遍布全国各个省份。产业集群的分布整体呈现出"集中＋零散"的特点。例如，在山东省的济南、德州、泰安，江苏省的宜兴、仪征、常州等地区形成了一定规模的土工合成材料产业集群，其他地区的土工合成材料生产企业则零星分布在全国各地。企业在产品技术水平和质量上存在较大差异，市场集

中度一般，但总体而言，国内制造企业基本杜绝了非标产品的生产。

随着铁路行业CRCC产品认证的逐步推进，企业的产品和服务质量、品牌意识进一步提升，不少企业正在逐步脱离单纯依靠低价竞争的中低端市场环境，整体实力相对较强、技术领先、产品体系健全、产品质量稳定的企业在高端市场占据明显优势，产业集中度逐渐上升。优势企业逐步成为优化行业生态和推动行业健康发展的引领者。由单一材料供应商向系统服务商转型、为工程应用提供系统解决方案，将逐渐成为中国土工合成材料企业转型升级的主要方向。

（三）行业结构复杂，管理体系仍需不断完善

土工合成材料上游供应商以石油化工行业为主。原材料价格受国际原油价格及石油化工产品供求影响较大，且诸多原材料生产企业仍处于去产能、调结构改造升级中，受全球新冠疫情及经济政治形势的影响，原材料价格动荡起伏较大。土工合成材料下游用户为交通、水利、市政、建筑、航运、电力、环保等关系国计民生的基础行业。2020年，我国土工合成材料在交通基础设施领域的应用占比为35.5%，在水利水电领域的应用占比为31.1%，在环保领域的应用占比为13.8%，在其他领域的应用占比为19.6%。应用行业的多元化为其自身持续快速发展奠定了基础，但用户对产品质量及售后服务等要求逐渐严格，各项管理规定也日趋完善，市场准入制度稳步推进。因此，土工合成材料制造企业应注重向产业链下游延伸，使发展渠道多元化。

由于土工合成材料已广泛应用于公路、铁路、水利、海港、生态景观等诸多领域，行业管理具有跨学科、跨行业、跨部门的特点。在产品应用领域，交通运输部、水利部、生态环境部、住房和城乡建设部、中国国家铁路集团有限公司等均制订了相关行业标准；国家市场监督管理总局也已经开展土工合成材料产品质量国家监督抽查工作。总体上，土工合成材料行业管理比较分散，行业管理体系仍在不断完善。

二、原材料

土工合成材料原料来源广泛，主要分为天然和人工合成的聚合物两大类。天然材料的产量小、应用范围狭窄，而合成高分子材料与传统建筑材料相比，具有密度低、比强度高、耐水及耐化学腐蚀性强等优点。所以，在合成高分子材料出现以后，土工合成材料主要以合成树脂、合成纤维以及合成橡胶为主。由于土工合成材料的原料种类繁多且复杂，下文主要以其中的土工用纺织品为例，介绍一些比较典型的原材料及其性能特点。

（一）天然纤维材料

天然纤维主要来源于自然界中的动植物，具有可生物降解、可再生等优点。虽然天然纤维土工布在土木工程中的用量不大，但在短期岩土工程中的临时保护、土地修复以及植被保护等方面具有天然优势。首先，天然纤维易与土壤混合，可增强土壤的肥力和有机质，有利于植被的生长；其次，天然纤维优异的吸湿能力在减少土地侵蚀中起到重要作用；此外，天然纤维的可降性能避免了废弃土工布的处理难题，相对合成纤维来说更具成本优势。

1. 麻纤维

麻纤维按照所在植物部位的不同可分为韧皮纤维和叶纤维两大类，在土工织物中主要采用韧皮纤维，包括黄麻、亚麻、苎麻等。其中，黄麻在吸湿性、机械强度以及与土壤的融合能力等方面优势明显，是土工织物中应用最多的天然纤维，尤其适用于农业覆盖和土壤保护等领域。经过涂层整理的黄麻土工织物，使用寿命可延长20年，曾被应用于机场跑道和斜坡上的植被保护。此外，黄麻织物在土壤中降解后可形成木质瘤，增加土壤的肥力。

2. 椰壳纤维

椰壳纤维性能与麻纤维相近，但手感更加柔软、条干更均匀，吸湿性及蓬松性均优于麻纤维，因此在土工织物中同样有着很好的应用前景。目前椰壳纤维土工布已被用于防止土壤侵蚀以及道路建设中，将其与沥青结合使用可用于路面的反射裂缝控制。印度、斯里兰卡、菲律宾等是椰壳纤维的主要供应国，尤其是印度的椰壳产量占全球的50%左右，在土木工程中应用较多。

（二）合成纤维材料

与天然纤维相比，合成纤维具有强度高、耐腐蚀等优点，现阶段几乎所有的土工织物中都会用到合成纤维，包括聚酯（PET）、聚乙烯（PE）、聚丙烯（PP）、聚酰胺（PA）、聚乙烯醇（PVA）等。其中，PP目前的使用量最大，PET次之；而PA由于整体性能和成本等原因，在土工织物中的应用较少。除此以外，聚氯乙烯（PVC）、乙烯共聚物改性沥青树脂（ECB）、氯化聚乙烯（CPE）等其他具有特殊功能的聚合物材料也有少量应用。例如ECB常被用于国内外隧道、堤坝防水工程的板材中。

1. PP

PP密度较小，而强度可与中强的PET、PA相媲美，标准状态下几乎不吸水，耐磨性仅次于PA，具有良好的耐腐蚀性，但对光、热的稳定性较差，易老化，易于蠕变，具有化学惰性和耐油性能。目前我国使用的织造型PP土工织物以机织产品为主，有长丝和扁丝两种产品，克重一般为100~300g/m²，通常加工成土工模袋。现阶段国内PP的价格较高，且加工技术与国外相比还不够成熟，一定程度上限制了其在土工织物领域的应用。

2. PET

PET是现阶段全球产量和用量最大的一类合成纤维，目前在产业用纺织品领域的应用十分广泛。PET的强度较高，抗蠕变能力强，保形性和尺寸稳定性优异，具有一般的化学惰性，但碱性条件下强度会降低。有研究证明，在pH为7~10的条件下，PET的使用寿命仅有50年。全球来看，PET在土工布中的用量仅次于PP，主要用于解决路基沉陷及翻浆冒泥等问题，如作为土石坝的排水系统、地下管道排水层、软弱路基加固层、各种堤岸的护坡垫肩等工程的滤层，以及各项工程中的加筋材料等。由于其价格较低，在我国的土木工程中用量较大。

3. PE

PE具有成本低，易于拉伸，其化学性质受密度、结晶度以及相对分子质量的影响较大等特点，以密度大小来分，主要有低密度聚乙烯（LDPE）和高密度聚乙烯（HDPE）两种。HDPE因具有良好的耐温变性、机械强度高、抗蠕变性能好，适用于土工格栅的生产，目前我国的土工格栅多以其为原材料。据统计，PE在全球土工织物中的使用量居第3位。

三、加工工艺与设备

土工合成材料的加工方式多种多样，可以采用机织、针织、非织造工艺等加工土工用纺织品，采用吹塑法、平挤法、延压法等加工土工膜，以及采用挤出、冲孔、拉伸工艺生产土工格栅等。下文主要对机织、针织以及非织造这3种加工土工织物的工艺及相关生产设备展开叙述。

（一）机织

机织土工布的强度高，断裂伸长率小，在加固、增强以及防冲蚀等对强度要求较高的领域具有优势。机织土工布按照使用原料的种类，常分为扁丝机织土工布和长丝机织土工布两种；按照成品的形态又可分为单层机织土工布和多层机织土工布。我国生产土工织物的织机一般是改造过的宽幅棉或毛织机，制备的产品性能与国外有较大差距。目前，机织土工布的工艺要点主要集中在加大幅宽、降低生产成本、提高生产速度等方面。

1. 片梭织机

片梭织机的显著特点之一是引纬时在机器中间位置无转接，消除了纬纱额外的加速和压力，在生产高性能土工用纺织品时具有一定优势。Itema（意达）的P7300HP系列全能片梭织机的引纬系统具有优异的稳定性和可靠性，其积极式传剑系统的独到之处在于可直接夹持各种纱线并引入梭口，引纬过程中纬纱可控性强，没有中间交接，大大提升了效率，为织造宽幅织物（幅宽最宽可达655cm）以及特性材料（如农用织物、土工织物和地毯衬垫）提供了很好的生产条件。P7300HP有RSP和R3两种配置可供选择，这两种机型配备了加强型主电动机和用于强大打纬力的箼座驱动，专用于织造高端滤布、重型土工布等，其主要技术参数见表1。

表1　P7300HP RSP和R3版本的主要技术参数

机构	主要技术参数
加强型主电动机和箼座驱动	RSP版本打纬力最高可达11000N/m，R3版本最高打纬力可达15000N/m 主机搭载多达6根皮带和7.5kW或12kW的超强主电动机 用于强大打纬力的箼座驱动（12mm箼条及9mm箼齿）
加强型张力器	根据机器的宽度增加额外支架 额外的导向后梁（R3）
加强型送经和卷取装置	加强型电子送经装置，适用于全部经轴规格 强大的电子卷取电动机 带中央支架的卷取辊（RSP） 带有140mm卷取辊的浮动式卷曲装置（R3） 额外卷布装置（须配备机外卷取）
开口机构	加强型多臂及宽链驱动 带有额外导轨的下部构建

2. 剑杆织机

剑杆织机的高效及灵活性使其在土工织物加工过程中也具有明显优势。意达的Hercules剑杆织机，幅宽为620cm，可加工纱线的线密度范围很广（10~48000dtex），最大打纬强度高达50000N/m，用于生产高性能土工用纺织品时，其高效的织造效率以及稳定性、可靠性可帮助生产企业大幅降低成本，为生产增加灵活性，其主要技术参数见表2。

表2　Hercules剑杆织机的主要技术参数

项目		主要技术参数	
机器主要规格	织机名义幅宽/cm	160，190，210，230，240，260，280，300，320，340，360，380，440，460，550，620	
	织造幅宽	最大织造幅宽	名义幅宽+60mm
		减幅	600mm（标准） 1000mm（可选） 超过1000mm作为特殊版本选择
梭口形成		史陶比尔电子多臂型3020用于8—10—12—16—20综框电子提花	

项目	主要技术参数
纬密/（根/cm）	5~200（标准） 2~100或0.2~50（可选择）
纬纱颜色	1色，2色，4色，6色，8色
经轴排列	单经轴800或1000mm 双经轴800或1000mm 上经轴800或1000mm 按织造要求的多经轴
停经装置	"超级"版本 通过称重传感器实现全程张力读取系统 可固定或旋转，采用镀铬或表面抛光的锡林 对于刚性纱线可增加补偿装置
电子控制机构	带有双处理器的史陶比尔控制单元（标准） 新一代VGA MMI系统（可选）

Lindauer Dornier（林道尔·多尼尔）近期推出的P2型剑杆织机（图1）拥有极佳的灵活性，凭借优化后的梭口形状和坚固的机架、灵活的引纬性能，生产过程更加高效、灵活、稳定。该机有3种型号可供选择：标准配置P2型；增强版织机P2N型，可以提供高达37kN的打纬力；重型织机P2S型，最大打纬力为50kN，适用于克重大且致密机织土工布的生产。

图1　P2型剑杆织机标准配置机型
图片来源：Lindauer Dornier

（二）针织

针织是将纱线制成土工织物最简单的方法之一，分为纬编和经编两种形式。纬编加工而成的织物拉伸性能较好，可一次成型为管状结构，用于过滤以及排水管袋制备，目前使用较少。经编织物相对而言更加稳定，具有较高的抗拉强度，在切割时也不会脱散，工业适用性很强。目前，用于加工经编土工织物的设备结构也较为复杂，德国Karl Mayer（卡尔迈耶）公司推出的专门用于生产土工格栅的3款经编机是其中的典型代表。

1. RS MSUS-G高性能经编机

RS MSUS-G高性能经编机带有平行铺纬系统以及与线圈横列对应的铺纬系统和经纱喂入装置，特殊的喂纱装置使其可用来加工玻璃纤维、碳纤维和其他高性能纤维，工作幅宽可达6.2m，可生产土工用纺织品的网格结构和结构比较密实的织物，其主要性能参数见表3。

表3　RS MSUS-G高性能经编机主要技术参数

项目	主要技术参数
工作门幅/英寸	138，176，213，245（所有幅宽均可扩展2）
工作宽度可调/英寸	138，176最小可缩至80；213，245最小可缩至100
机号	E3，E4，E5，E6，E9，E12，E14，其他机号根据需要提供
铺纬系统	铺纬小车可携带24根纱线
经轴/导纱梳栉数量	1或2把地梳，可用边盘直径最大为32英寸的盘头 1把衬经梳，可用边盘直径最大为40英寸的盘头
花型驱动装置	花盘，可选配电子横移机构
牵拉装置	2套独立驱动的3罗拉系统
卷取装置	表面摩擦卷取
选配	多速，铺纬循环，第二套ST罗拉系统，补偿式铺纬器

2. RS MSUS-V高性能经编机

RS MSUS-V高性能经编机同样带有平行铺纬系统，具有独特的成圈机构和导纱元件，纬纱与线圈横列相对应，适用于加工高性能纤维粗纱，可生产网格结构和密实结构。此外，其特殊的导纱元件适用于加工玻璃纤维、碳纤维或其他高性能纤维，其主要技术参数见表4。

表4　RS MSUS-V高性能经编机主要技术参数

项目	主要技术参数
工作门幅/英寸	176，213（所有幅宽均可扩展2）
工作宽度可调/英寸	176最小可缩至80；213最小可缩至100
机号	E3，E4，E5，E6，E9，E12，其他机号根据需要提供
铺纬系统	铺纬小车可携带24根纱线
经轴/导纱梳栉数量	1或2把地梳，可用边盘直径最大为32英寸的盘头 1把衬经梳，可用边盘直径最大为40英寸的盘头
花型驱动装置	花盘，可选配电子横移机构
牵拉装置	2套独立驱动的3罗拉系统
卷取装置	表面摩擦卷取
选配	多速，铺纬循环，第二套ST罗拉系统，加工玻纤，补偿式铺纬器，基布放卷装置

3. WEFTTRONIC® Ⅱ G高性能全幅衬经编机

WEFTTRONIC® Ⅱ G高性能全幅衬纬经编机是卡尔迈耶用于生产格栅结构、纬纱铺设与线圈横列相对应的高性能全幅衬纬经编机。它带有平行的全幅衬纬系统，两把成圈地梳，最大工作宽度达6.2m；针对不同的纱线线密度可以选择不同的衬纬链条；通过优化改进成圈区域和送经组件，能将脆性较大的纤维原料加工成双轴向面料，非常适用于土工用纺织品的生产，其主要技术参数见表5。

表5　WEFTTRONIC® ⅡG高性能经编机主要技术参数

项目	主要技术参数
工作门幅/英寸	213，245（可扩展2英寸）
工作宽度可调/英寸	可减少0~60
机号	E6，E10，E18，其他机号根据需求
铺纬系统	采用1/2英寸纬纱钩的铺纬小车可以一次铺设36根纬纱，采用1/2英寸纬纱钩的铺纬小车可以一次铺设30根纬纱
经轴/导纱梳栉数量	2把地梳，可用边盘直径最大为32英寸的盘头 1把衬经梳，可用边盘直径最大为40英寸的盘头
花型驱动装置	花盘
牵拉装置	2套独立驱动的3罗拉系统
卷取装置	表面摩擦卷取 选配：推布装置，张力罗拉，割刀装置，压辊装置，双传动电动机
选配	多速，花样铺纬

卡尔迈耶公司推出的上述经编机型可适用于不同的市场需求，产量高达2000m²/h，在原料、高效降低了人工以及空间成本，而且产品的抗拉强度更高，与其他产品的复合性能好。

（三）非织造

非织造土工布是指采用非织造工艺将短纤或者长丝直接制成网状或絮状物，采用这种工艺的好处是纤维在产品结构中可呈随机三维分布，产品具有一定的厚度和蓬松度，更有利于土工织物过滤、排水和防护等功能的实现。从成网方式来看，非织造土工布的加工主要有长丝成网和短纤维铺网两种，国外也有很多企业采用湿法成网的，但这种方法目前在我国尚未普及应用。从加固方式来看，主要有针刺、热熔黏合及化学黏合3种，其中针刺加固最常用，主要应用方式为长丝纺粘针刺和短纤针刺。

长丝纺粘针刺技术的工艺流程短、产量高，其产品在同等规格条件下的抗拉强度、撕裂强度、断裂伸长以及纵横向强力比等均优于短纤维针刺土工布，因此适用于增强和加固等工程。短纤针刺技术的产品厚度大、密度大、结构蓬松，吸水和透水性能好，抗形变能力强，尤其适合做反过滤材料。其工艺流程短，适用原料品种多，设备结构相对简单，一次性投资较少，是目前我国最常用的加工方式。短流程、高效率的非织造布短纤工艺备受土工布生产厂家关注，国内外设备生产商均有相关生产线的推出。

1. DI-LOOM

Dilo（迪罗）集团已向土工用纺织品行业提供了多条完整的生产线[4]。近期，其推出的DILO HyperLayer交叉铺网机在最新款设备上对多个细节进行了改进，据称是目前为止市场上唯一能实现在铺网宽度为4m左右时喂入速度达200m/min的设备（具体视纤维线密度、产品克重、纤网层数和铺网宽度而定），且能保持很高的铺网精度；Baltromix Pro型混纤设备具有更高的混纤速度，可精准控制纤维喂入量，实现更高产能和更低的能耗；DI-LOOM Hyperpunch HαV针刺机（图2）在其布针系统中配备了新型托网板6000X，可确保针迹均匀分布，对于土工布使用性能的提升具有重要作用。

图2　DI-LOOM Hyperpunch HαV针刺机
图片来源：迪罗集团

2. HyperTex新型针刺技术

在非织造土工布应用中，要求产品具有较好的耐蠕变性，通常利用增强网格、增强格栅或化学黏合、热黏合网格布来实现，但传统的加工方法耗时长、效率低，在生产过程中存在很多弊端。迪罗开发的新型针刺技术HyperTex很好地解决了这一问题。该技术利用Ontec自动化公司的网格布生产设备，使网格的短纤纱或长丝内联并松散排列于上下两层网之间。各针刺毡可进行在线预刺，网格布在两个退绕单元之间喂入，而后再一道进行针刺。这种工艺的优势在于生产速度高，网格布的加工和后道针刺速度均可达到40m/min，停机时间极短，工作宽度和网孔的尺寸可随意调整。

3. 安德里茨针刺土工布生产线

Andritz（安德里茨）能够提供相应的设备组合，专门为客户量身打造土工布全流程生产线。例如，在2018年为意大利的Manifattura Fontana公司提供了一条完整的针刺土工布生产线（图3）。该生产线包含了从开松混合到自动包装的所有设备：采用TCF-X型大容量喂入机构，对长丝和短纤都有一定的处理能力；aXcess梳理机的工作幅宽为3.5m；先进的ProDyn和Isolayer系统可实现纤维的均匀分布以及织物克重的均匀性控制；配备的Zeta牵伸器的高速针刺机可微调张力参数，并提高生产能力。

4. 欧瑞康PP生产线

近年来，市场对高效、低成本非织造加工工艺的需求日益增加。Oerlikon Nonwoven（欧瑞康非织造业务单元）从目前市场对PP土工布的巨大需求出发，推出了高性能、高克重纺粘非织造土工布的新生产技术。该生产线采用"纺丝+针刺+后整理+针刺复合"的形式（图4），最终产品的幅宽可以达到6m，克重可达到$1000g/m^2$。该生产线可生产中旦或者粗旦PP长丝非织造布，生产效率高，年产量达$1×10^4t$。产品的各向同性好，各项性能均高于同克重下欧洲标准产品的一般基准，有利于节省原料。

四、土工合成材料的主要功能及其性能要求

土工合成材料在土木工程中的应用范围非常广泛，功能多样，目前主要涉及隔离、加筋、排水、过滤、防护、防渗等六大功能，在不同领域应用，其性能要求也有所不同。随着技术的进步和应用领域的日趋复

（a）针刺土工布生产线

（b）针刺机

（c）Zeta牵引器

图3　安德里茨的针刺土工布生产线
图片来源：安德里茨

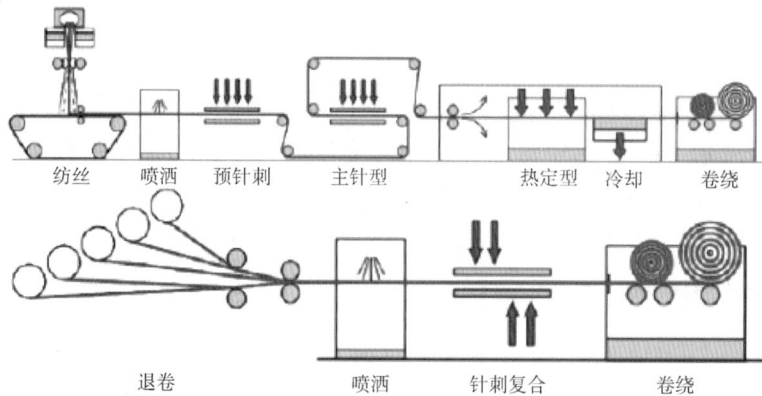

纺丝　喷洒　预针刺　主针型　　热定型　冷却　卷绕

退卷　　　　喷洒　　针刺复合　　　卷绕

图4　欧瑞康PP土工布生产线
图片来源：欧瑞康

杂，土工合成材料也逐渐从单功能向多功能方向发展。下文主要以土工用纺织品为例，对土工合成材料的六大功能进行详细介绍。

（一）隔离功能

将土工织物置于两种不同的岩土材料间，防止其相互混合或掺杂，形成稳定的界面，有利于两种岩土材料保持各自的整体性与完整性。隔离用土工织物必须具有较好的力学性能、耐高温性、耐酸碱性、耐久性、耐霉变性和耐磨性，主要应用于公路、铁路、机场等建设工程中不同地基层之间的隔离以及土石坝、河道治理等水利工程中。

（二）过滤作用

土工织物的过滤作用就是保证在有流体通过时，其周围的细小土壤颗粒能够被保持。作为过滤材料的土工织物一般应具有以下两个主要功能：一是良好的透水能力，保证液体在流过时不会被截留；二是较多的孔隙以及较小的孔径，可以阻止土体颗粒的大量流失，保护土体不被破坏。过滤作用是土工织物最常见的功能，主要用作土石坝黏土心墙或斜墙的滤层、水闸下游护坦或护坡下部的滤层、水利工程中水井或测压管的滤层等。

（三）排水功能

排水功能指的是土工织物可以收集和传输岩土工程中的水或者其他液体，使水流沿着材料平面排出。土工织物是良好的透水材料，在各个方向上均有较好的排水能力，用作排水材料时，还应具有一定厚度以及耐水解、耐酸碱、耐老化等性能，常与排水芯、穿孔管等其他元素结合使用。排水土工织物主要用于道路路基、挡土墙排水，水利工程中的土石坝排水以及城市排水等。

（四）加筋

土工织物可以埋在土体之中，依靠其与周围土体之间的界面摩擦阻力限制土体侧向移动，增加软土的承载能力，或者在有滑动风险的情况下增加土壤与其他光滑表面的摩擦力，增加其稳定性。在土木工程中，这种加固作用被称为加筋，常用于道路工程中。作为加筋材料时，土工织物应具有高抗拉强度和低伸长率，要求其抗拉强度不小于20 kN/m，伸长率应小于10%，同时具有低蠕变性能、耐磨性好、耐久性佳和界面摩擦系数高等特点。此外，土工织物也被用于边坡的加固以及软弱地基的处理等。

（五）防护

土工织物可以将集中的应力扩散开，防止土体等因外力作用而受到破坏。作为防护材料时，土工织物应具有优异的抗拉强度、刺破强度、撕裂强度、顶破强度，同时应具有良好的均匀性、耐磨性、耐温性、耐久性、耐水洗性和耐酸碱性能等。防护型土工织物主要应用于护岸、护坡、河道治理、海岸防潮以及地下工程等。

（六）防渗

土工织物的防渗作用主要体现为防止水或者有害液体的泄漏。此类土工布以非织造布和薄膜复合较多，一般用沥青、树脂、橡胶等作为涂层，增加其防水性及密闭性，主要用于水利工程中的堤坝和水库防渗，以及蓄水池、游泳池、污水池、垃圾填埋场等的防渗防漏。要求其具有较低的透水性，良好的力学性能、耐酸碱、耐气候、耐霉变等性能。

五、重点应用领域及产品创新

土工合成材料的应用领域涉及公路、铁路、水利、电力、建筑、海港、采矿、机场、军工、环保等各个领域。下文主要从道路工程、水利工程、环保工程、植被修复以及海绵城市建设等几个重点应用领域展开，分析相关土工合成材料的应用以及产品创新。

（一）道路工程

我国公路、铁路与机场的建设与养护已步入高峰期，土工合成材料在该过程中，可提供加筋、隔离、防护等作用，主要应用于软土地基上的道路建设（包括公路以及铁路建设等）。在临时道路或者施工平台上，由于其地基土壤太软无法支持初始的施工作业，采用土工织物加固可降低施工设备进入现场所需铺设的碎石厚度，维护路基的稳定性，是一种有效且低成本的处理方式[5-6]。土工织物用于道路建设，可降低路基厚度，提高道路寿命避免了长期使用后道路维护问题。

目前，要求用于道路工程的土工合成材料具有良好的力学性能、渗透性、耐穿刺性等，以保持较高的使用寿命，满足工程建设需求。例如，我国鲁南高速铁路较高的设计时速，对轨道沿线的路基强度和轨道稳定性有极高的要求，因此在路基中需采用强度高、使用寿命长、耐腐蚀、结构稳定性好的土工合成材料[7]。采用聚酯材料制造的经编土工格栅，极限强度是常规双向塑料土工格栅的4~6倍，达到200kN/m，在该类工况中起到了重要作用（图5）。

图5　用于铁路路基的经编土工材料
图片来源：Karl Mayer

2018年，俄罗斯Machina-TST公司开发了一种路基增强用土工合成材料INTERTEX（图6）。这是一种用玻璃纤维或玄武岩粗纱增强的针刺土工布复合材料。该土工织物可改善路基弹性模量，分散应力，防止反射裂纹产生，提高道路使用寿命。研究发现，使用该材料后路面形成反射裂缝所需时间比未使用时延长了1.3倍，沥青表面硬度增加了1.4倍。

图6　路基增强用土工合成材料INTERTEX
图片来源：Geosynthetica

当用于路基建设时，土工布需长期与水泥中的碱性物质接触，此环境下聚酯土工布的力学性能会急剧下降。为解决这一问题，天鼎丰控股有限公司推出了一种高强粗旦PP长丝土工布，该产品结合了PP优异的耐酸碱性和长丝土工布的高强度，与PET土工布相比，其耐磨性、疏水性以及过滤效果更好，有效保证了土工布的使用寿命和工程质量的安全，已被应用于北京大兴机场建设中（图7）。荷兰TenCate公司的Polyfelt® PGM-B土工合成材料（图8）采用了玄武岩纤维，具有很好的耐化学性，与沥青的融合性佳，非常适用于公路路基的加固。

图7 北京大兴机场应用的高强粗旦PP长丝土工布
图片来源：天鼎丰公司

图8 TenCate的Polyfelt® PGM—B土工合成材料
图片来源：TenCate

此外，由于土工合成材料在道路工程建设中的用量极大，因此，在保持相同力学性能的情况下减少材料用量，成为节约成本、提高经济效益的重要手段。DuPont™（杜邦）的Typar® SFPP长丝土工布改善了土工布的透气性能和初始模量，保证了在同等性能下可以使用更薄的材料，如在满足同样的1.15 kN的冲击阻力下，只需用克重为260g/m²的产品，而其他产品则一般要达到300g/m²。目前该产品已被应用于卢森堡的铁路加宽工程（图9）。

图9　卢森堡铁路加宽工程施工现场
图片来源：杜邦公司

随着科技的进步与发展，土工合成材料开始借助智能集成技术及装备向智能化方向发展，在道路的健康监测和维护中发挥了重要作用。TenCate的Geodetec®系列产品是光纤内置式智能土工布的典型代表[8]。例如，其Geodetec® S–BR产品是在复合土工布中嵌入光纤，并与软件、仪器仪表等结合，可通过温度和张力变化，监测土壤运动、沉降或滑动，满足多功能土工布的创新需求。目前已在SNCF（法国铁路公司）高速铁路的路基建设中得到应用验证。德国联邦材料研究与测试研究所（BAM）与STFI合作，将带有POF传感器的土工格栅安装在德国切姆尼茨附近的铁路路基中，其传感器的功能正在测试中（图10）。

图10　德国切姆尼茨附近的铁路路基安装和测试现场

（二）水利工程

水利工程设施对生产与发展具有重要影响。土工合成材料在水利工程中起到防渗、防护、加固等作用，常被应用于河道的边坡防护、堤坝防渗、河道生态治理等。目前，土工合成材料在水利工程中主要有两种应用形式：一种是单独作为防水排水材料或提高结构稳定性的材料使用；另一种是作为填充外壳，在其内部填充沙土等用作抗侵蚀和结构稳定材料，常以土工袋、土工管以及土工容器等形式使用[8]。

作为防水排水材料时，经编土工材料是较好的选择之一。通过其高效的防水与排水性能，能够提升防水层的强度，延长防水层寿命，目前被用于临海工程中（图11）。经编涤纶或经编玻璃纤维土工格栅的延伸率只有常规排水板的10%~15%，因此结构稳定性更好，将其用作加筋土结构的筋材或复合材料的增强体，可减小10%~31.5%的由高岸堤产生的沉降量，有效减小软土地基的沉降变形[9]。

图11　用于堤岸加固的经编土工材料

机织土工布强度较高且能排水保土。与传统的混凝土、钢板等建筑材料相比，在机织土工袋中填充疏浚材料或者泥浆等制成的土工模袋，具有降低工作量、缩短施工周期、节省工程成本等优点，因此，在堤坝中挡水中被广泛采用。例如，青草沙水源地的水库工程的堤坝建设过程中，设计人员采用了插打塑料排水带处理地基、水中抛填大沙袋，结合大尺寸高强土工布水力填充斜坡式堤坝的结构，充分解决了水中建坝的难题。在韩国仁川大桥人工岛建设过程中，采用了纤科土工合成材料有限公司的TenCate Geotube® GT 1000土工管袋建设回填堤坝（图12），该土工管袋由高韧性的PP纱线通过机织而成，抗拉强度可达1000kN/m。同时具有良好的防紫外线功能、耐酸碱腐蚀功能等。建设过程中，使用的土工管袋直径包括3m、4m、5m，长度在15~60m不等。用泥浆对土工管袋进行填充后，可以起到良好的挡水加固作用，且比其他建筑材料更经济。

图12　TenCate Geotube® GT 1000土工管袋被应用于回填堤坝建设

在需要进行大量蓄水及引水的水利工程建设中，最关键的是要进行防渗处理。土工合成材料大多由透水性很弱的材料制成，可以起到很好的防渗作用。在水利防渗过程中，应用的土工合成材料品种主要是土工膜、土工防水垫以及复合土工膜等。例如，英国ABG公司提供的膨润土防水毯（GCL）是一种3层复合结构，上下层均为PP材料土工织物，中间层是膨润土。该材料结构轻薄灵活，易于安装，中间层的膨润土遇水膨胀，阻隔防渗效果良好，目前已应用于水库防渗等多个领域（图13）。

图13　GCL应用于水利工程

天鼎丰生产的聚丙烯长丝针刺土工布单纤强度高，整体力学性能好；且丝粗，孔径大，垂直渗透系数能达到0.25cm/s，等效孔径能达到0.15mm，具有良好的透水性能与抗淤堵性能；耐化学性能好，能在pH在2~13范围内稳定使用，不会水解产生有毒物质；具有良好的抗冻融性能，在各项水利工程中得到了广泛的应用[10]。南水北调东线一期工程北延应急供水工程中就应用了该土工织物（图14）。

图14　天鼎丰聚丙烯长丝针刺土工布铺设中

此外，在水利应用中，也会有一些较为恶劣的自然环境出现，因此要求相应的土工合成材料应具有良好的防冻、耐腐蚀等性能。例如，在南水北调工程中，部分输水渠道地区气温较低，需要对渠道采取防冻胀措施。目前，常采用发泡聚苯乙烯（EPS）保温板作为混凝土输水渠道防冻胀材料。EPS保温板是以发泡聚苯乙烯为母料，通过熟化、膨胀、压制定型、板材切割、加工等工艺形成的板状保温材料，具有良好的防冻胀效果。

（三）环保工程

随着人类生活和生产方式的改变，全球气候变暖、土壤及水体污染、海洋微塑料颗粒等问题日益严重，环境保护工程成为当今世界最受关注项目之一。环保工程主要包括大气污染防治、水污染防治、固体废物的处理等内容，土工合成材料在污水处理、垃圾填埋、尾矿处理等场合起到了重要作用。在这些领域，废弃物长时间堆放后会产生气体和渗滤液等有害物质，对空气、土壤和地下水等造成污染，防渗复合土工合成材料能够有效防止此类现象的发生。目前主要应用的产品包括高密度聚乙烯（HDPE）膜、GCL以及土工排水网等。

在应用于液体防渗时，要求土工合成材料在焊接施工中具有良好的耐高温和无缝焊接性能；美国原GSE（现已被SOLMAX收购）、意大利AGRU、我国台湾地区的惠光等都是著名的HDPE土工膜生产企业，生产的HDPE土工膜具有良好的耐久性，在正常使用工况下其材料服役寿命能达数十甚至上百年。同时，生产企业还在努力通过技术创新提升土工膜的各项性能。例如，Layfield Geosynthetics公司推出的VaporFlex® Premium土工膜，是以乙烯/乙烯醇共聚物（EVOH）为芯层的7层土工膜，与高密度聚乙烯土工膜相比，该土工膜对甲烷的渗透性要低800倍，且对苯、甲苯、二甲苯等挥发性气体同样适用，还具有优异的耐化学性能，可广泛用于垃圾填埋、滤液收集以及污染土壤修复等领域（图15）。

图15　VaporFlex® Premium土工膜在工程中的应用

图片来源：Layfield官网

在环保工程中，土工合成材料的耐久性也是终端用户关注的重点之一。EPT公司研发了一种新型的线性低密度聚乙烯（LLDPE）增强土工合成材料，该产品具有非常好的柔韧性、延展性以及防穿刺性能，并且有较高的耐化学药品性和耐紫外线辐射性，适用于固体和危险废弃物填埋场、采矿、工业和市政污水处理等（图16）。

图16　EPT公司的线增强LLDPE土工合成材料的应用场景

图片来源：EPT

此外，环保处理过程会面对各种复杂情况，生产企业也在积极赋予土工合成材料更多的功能性。例如，Evoqua的土工膜能够自动捕获散发臭味的硫化氢，并通过一定的设计渠道以及其他辅助系统将其除去，应用于污水处理厂时，不仅阻隔了内部气体的渗透，同时对处理厂的臭味也进行了很好的控制，目前已在加拿大西部的大型污水处理厂（WWTP）得到成功应用（图17）。VANDENBOSSCHE等将壳聚糖接枝到PP土工布上，改性后的聚丙烯土工布可有效吸附污染液中的金属铜离子，减少污水对于土地和水资源的污染。

图17　Evoqua的土工膜应用于污水处理厂
图片来源：Evoqua

（四）植被修复

土工合成材料也可应用于植被修复。应用于植被修复时，要求土工合成材料能随植物的生长自然降解，并为植物提供一定的营养成分。基于土工合成材料的植被修复方法主要有挂三维网喷播植草绿化、土工格室绿化、土工格栅植草绿化、非织造生态袋植被绿化、钢筋砼骨架植草绿化（骨架内加筋填土植草绿化、骨架内加土工格室植被绿化）、生物可降解天然纤维土工布植被绿化法等[11]。

可生物降解纤维如麻、竹原纤维、椰壳纤维等天然纤维，以及聚乳酸（PLA）等合成纤维常被应用于路基、山体护坡等植被保护。英国的ABG公司致力于可降解土工合成材料的研究，Erosamat型可降解草皮用黄麻、椰壳纤维等作为原料，为植被的短期防侵蚀提供了良好的解决方案（图18）；德国NAUE的GreenLine一直强调绿色产品理念，推出了他们第1款由可再生原料制成的环境友好型土工布Secutex®Green，据悉该土工布是完全可生物降解的，但目前尚未公布更多产品信息。

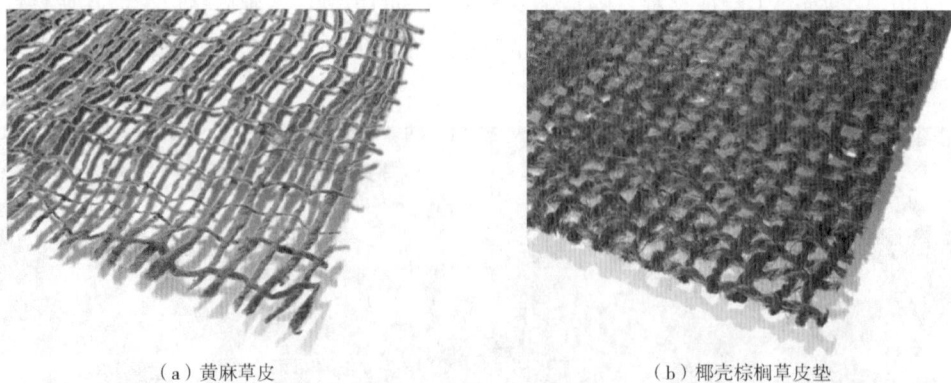

（a）黄麻草皮　　　　　　　　　　　　　（b）椰壳棕榈草皮垫

图18　ABG公司的可降解土工合成材料
图片来源：ABG公司

俄罗斯Machina-TST公司专为植被培护和土壤表面侵蚀控制开发了一款针刺土工垫LINOTEX ECO，该产品由亚麻制成，具有生物降解特性，降解后的有机物质可促进植物生长。目前主要应用于采石场和矿坑周围植被建立、填海造地和土地恢复等（图19）。

图19　Machina-TST公司的针刺土工垫

图片来源：Machina—TST

（五）海绵城市

海绵城市是我国新型城镇化建设的重要方向。海绵城市指的是城市能够像海绵一样，在适应环境变化以及应对自然灾害等方面具有良好的"弹性"，下雨时吸水、蓄水、渗水、净水，需要时将蓄存的水释放并加以利用。土工合成材料作为低影响开发设施的重要组成部分，针对海绵城市建设中的"渗、滞、蓄、净、用、排"措施，具有良好的下渗、反滤、蓄水、净水、排水等功能，可利用的土工材料类型主要包括土工布、土工膜、土工格栅、防排水板、蓄水模块等，应用前景广阔。

透水铺装系统是海绵城市建设的重要内容，目前已被广泛应用于城市中的公园、停车场、人行道、广场、轻载道路等。针对透水铺装系统基层容易积水问题，宏祥新材料股份有限公司在北京市海绵绿道建设中试用了"排防一体"的网膜复合结构（图20），使透过去的水迅速水平排到道路两边的集水沟，同时其防水层又避免了水对路基的侵蚀破坏。

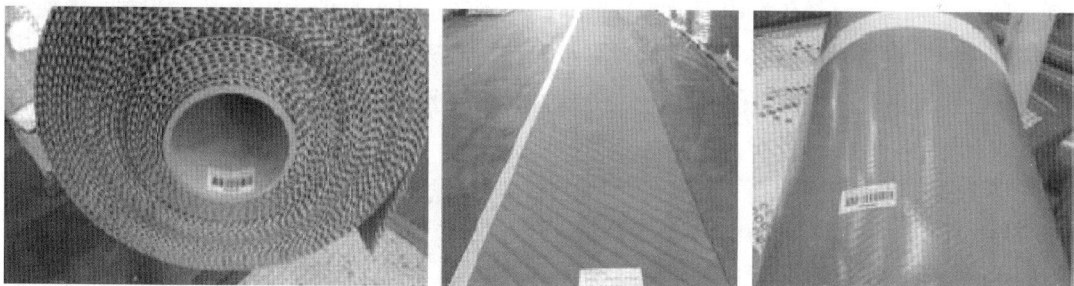

图20　网膜复合结构材料

在路基加筋方面，宏祥采用了超强锁扣连接的蜂巢网格（图21），该材料在土壤中不易被氧化，耐酸碱腐蚀性强，使用寿命可达60年，对填充材料要求低，与土石料之间的摩擦力大，排水能力强，且力学性能优异，稳定性好。在半刚性基层和透水铺装面层之间铺设锁扣加强型格室可有效地提高基层的抗疲劳能力，解决了透水铺装道路承载力不足的问题。

图21　锁扣加强型土工格室

意大利Tenax公司的新产品GRAVEL LOCK是一种由尖头的HDPE土工格栅和PP非织造布（克重200g/m²）热焊接而成的复合土工材料（图22），在应用于海绵城市建设时，易于铺设，其所需的碎石填充量与传统土工格栅相比减少了2/3，降低了工程成本，应用于城市道路排水时起到了美观耐用的效果。

图22　Tenax公司的GRAVEL LOCK复合土工材料
图片来源：Tenax

雨水收集也是海绵城市建设的重要单元。在雨水收集中多采用PP蓄水模块（构筑储水空间）、土工布、土工膜、复合土工膜等土工合成材料进行防渗和净化储存。宏祥针对海绵城市研发的滤水和蓄水模块（图23），净水效果好，配套土工布、土工膜等使用，可为雨水收集工程提供一站式解决方案。滤水模块可实现雨污分离，具有环保节能、经久耐用、过滤效果好、易清洗、可重复使用等优点。PP蓄水模块能将干净的雨水进行收集、存储，建立屋面雨水集蓄系统、雨水截污与渗透系统、生态小区雨水利用系统等，在承载能力、存储容量、使用寿命及耐酸碱性能等方面较经典的水泥蓄水设施有着较明显的优势。

（a）滤水模块　　　　　　　　　　　　　　（b）蓄水模块

图23　滤水和蓄水模块

六、总结及展望

我国土工合成材料行业虽起步较晚，但产业已初具规模，产品类型丰富，应用领域众多，产业链结构复杂。但同时也存在着技术创新能力不足、产品同质化严重、标准体系建设不够完善、在高端市场中占比较小等问题。随着国家持续推进高质量发展与建设，土工合成材料行业也迎来巨大的发展机遇，未来多样化功能性土工合成材料将成为重要的发展趋势。

在"十四五"开局之际，我国土工合成材料生产企业应抓紧历史机遇，以科技创新进一步夯实自身实力。在科技方面，完善协同创新体系，重点开展基础研究、关键材料、核心技术、高端装备及重点产品的研发，强化新材料、新技术、新工艺的发展；加快推进科技成果转化应用；推进制造技术向智能化与绿色化转变。在应用方面，强化土工合成材料在基础设施建设领域的应用创新；加强产需对接，提升服务范围和能力，构建新型产业供应链；帮助土工合成材料向产品设计、工程施工、运行监控、维护保养等环节延伸，形成系统化解决方案[12]。

参考文献

[1] 刘凯琳，赵永霞，张娜. 土工合成材料的发展现状及趋势展望[J]. 纺织导报，2019（S1）：6-28.

[2] 周大纲. 土工合成材料制造技术及性能[M]. 2版. 北京：中国轻工业出版社，2019：62-155.

[3] 周大纲，张鹏程，谢胜利. 我国土工合成材料行业的现状分析及发展对策（2020年）[J]. 塑料助剂，2020（3）：6-9.

[4] 赵永霞. 从ITMA 2019看非织造装备的发展[J]. 纺织导报，2019（10）：36-43.

[5] 郑祥增. 土工合成材料在公路工程施工中的应用的探讨[J]. 四川水泥，2020（9）：148-149.

[6] 蒋高明，高哲，周濛濛. 经编结构材料在土工和建筑领域的应用与发展[J]. 纺织导报，2019（S1）：35-39.

[7] 夏璐. 公路排水工程中土工合成材料的应用[J]. 决策探索（中），2018（2）：43-44.

[8] 赵彤. 土工合成材料在水利工程中的应用探讨[J]. 治淮，2018（10）：37-38.

[9] 位华瑞，丁彬，俞建勇，等. 功能性耐候型土工布的技术现状及发展趋势[J]. 纺织导报，2019（S1）：49-53.

[10] 张毅. 土工合成材料在内河航道整治工程中的应用[J]. 科技创新与应用，2020（12）：163-164.

[11] 周真佳，金平良，柯勤飞，等. 环境土壤修复用土工合成材料的研究及应用[J]. 纺织导报，2019（S1）：44-48.

[12] 张娜，赵永霞. 智能土工合成材料的应用新进展[J]. 纺织导报，2019（S1）：54-56.

过滤与分离用纺织品技术现状及趋势

李 波 张 娜 李昱昊

（中国纺织信息中心 中国产业用纺织品行业协会）

过滤与分离用纺织品（filtration and separation textiles）通常指应用于气/固分离、液/固分离、气/液分离、固/固分离、液/液分离、气/气分离等领域的纺织品，主要包含烟尘治理用袋除尘过滤材料、空气净化用过滤材料、液固分离用过滤材料等。

随着人口的增长和城市化进程的加快，全球对清洁能源、纯净水、食品供应、先进医用制品等的需求增多。另外，世界环保产业保持快速发展，各国的环保政策力度不断加大，尤其是美国、日本、德国等发达国家的环保产业，一直处于世界领先地位，形成了比较完整的环保法规和鼓励措施体系，一些发达国家甚至已经把环保产业列为支柱产业[1]。除了法律规定的强制性要求外，纳米纤维、经编间隔织物等技术的广泛应用也推动了过滤与分离用纺织品的快速发展。随着大众环保意识的不断增强和国家治理力度的不断加大，我国的环保产业也进入了快速发展期，人们对健康的用水和空气质量的要求也日益提高，汽车、工业废气排放等问题备受关注，为过滤与分离用纺织品提供了良好的发展环境。

一、全球过滤与分离用纺织品市场的发展现状

人们对空气和水资源安全环保意识的提高，推动了各种空气和水过滤器制造商进行创新制造。由空气和水等途径传播病菌概率的增加，是全球过滤与分离用纺织品需求增长的根本驱动力。此外，由各国政府实施的一系列保护环境的法律法规，如《汽车空气污染控制法》《环境保护法》等，也为过滤与分离用纺织品市场创造了机会。

非织造过滤材料作为一种新型的纺织过滤材料，具有优良的过滤效能、成本相对较低、易与其他滤料复合且容易在生产线上进行打褶、折叠、模压成型等深加工处理的优点，成为制造过滤与分离用纺织品的重要材料，对纸基过滤材料、机织过滤材料等具有很好的替代作用。除过滤性能外，非织造过滤材料还具有耐撕裂和穿刺、耐化学性、高持水度、高透气性、优良的耐磨性、阻燃性、吸收油脂、高流速、良好的拉伸强度等诸多应用优势，在过滤与分离用纺织品中广泛应用。

美国知名调查机构Grand View Research（GVR）发布研究报告，预计2016~2024年，全球非织造过滤材料市场将以7.7%的年均复合增长率（CAGR）增长，2024年预期达到83.2亿美元。其中，增长的主要动力来自于中国、印度等亚太地区新兴经济体，中东、非洲等环保产业快速发展的国家和地区，以及随着其经济快速增长，这里的居民对更清洁的空气和用水的需求提高。

对于美洲和欧洲，由于北美、欧洲等发达国家和地区高度工业化的经济及对环保的长期重视，将继续保持非织造过滤介质的重要市场地位，但由于市场的饱和程度较高，发达国家和地区的增速将放缓，其市场增长主要来源于中南美洲发展中国家，如巴西、阿根廷和智利等国对非织造过滤介质的需求。

以美国为例，为了大力发展环保产业，自20世纪70年代开始出台了与大气污染、水环境等26部有关环境保护的法律；20世纪80年代中期以后，美国每年都要拿出占GDP 0.5%~1.3%的资金用于污染控制。这些法律法规、财政投资及优惠政策推动了美国国内环保过滤产业的快速发展和成熟，目前其产业增速放缓的趋势

明显。

近几年，我国加大了对大气环境的整治力度，过滤与分离用纺织品行业也迎来了难得的发展机遇。尤其一系列涉及大气环保的政策文件出台进一步促进了行业的需求与发展，使国家在环保领域的投入与环保经济政策得到更好地执行与强化。

环保滤料行业是工业纺织行业的重要组成部分，也是控制污染物和改善空气质量的重要原料之一。从2013~2018年，我国用于过滤和分离的纺织纤维的加工量一直保持稳定增长的趋势。截至2018年底，用于过滤和分离的纺织纤维加工量达到1.416×10^6t，同比增长8.2%。

据统计，2020年我国袋式除尘滤料市场规模在90亿元左右，空气净化用过滤材料市场规模在50亿元左右，液体过滤材料市场规模在55亿元左右，这3个领域发展较快，产值增长率分别为5%、18%和15%。天台集群、阜宁集群以及部分优势企业都在持续加大过滤与分离用纺织品行业的技术改造投入，持续驱动着行业的创新和转型升级。

工业除尘主要面向钢铁、水泥、火力发电、垃圾焚烧等领域，提供高性能的袋式除尘产品。2019年，受宏观环境的影响，我国的环保设施技改项目放缓，部分滤料企业出现订单不饱和的情况，产品单价略有下降，因此滤料产量同比增加较多，但销售额与利润增长较少。由于产品利润率降低，小微企业的生存空间越来越小，市场集中度逐渐提高。目前，我国已经形成了以辽宁滤料集群、长三角滤料集群、阜宁滤料基地、天台滤料基地为主的产业化地域分布。当前，我国正在大力推广工业烟尘5mg/m³以下的排放浓度要求，并会逐步成为常态，这将有助于推动基于超低排放设计的超细纤维、高密面层滤料工艺技术不断进步，产品不断获得新应用。

空气净化产品主要面向室内空气过滤、楼宇空气过滤以及洁净车间的空气过滤，尤其是2020年新冠疫情的暴发，使空气净化产品的需求爆炸式增长。纳米纤维材料的研发和应用仍是行业的热点，如PP/PE双组分纤维网两级结构，又如PPS熔喷超细纤维的工艺开发，采用了微细旦熔喷纤维网材，单丝直径为0.5~1.0μm，在呼吸防护系统有较大的应用空间。

液体过滤是一个涉及面非常广泛的领域，在污水处理、饮用水净化，以及化工、食品、医疗等领域都得到应用，其过滤介质包括机织物、非织造材料、纤维束等。非织造材料和膜材料凭借其出色的过滤性能在液体过滤中的应用越来越广泛。

二、过滤与分离用纤维材料与技术的最新进展

（一）工业除尘滤料

1. 过滤介质用聚合物纤维

工业除尘滤料主要包括针刺毡滤料、水刺毡滤料、覆膜滤料和海岛纤维超细滤料等，应用领域除了常温尘气过滤和环境除尘，还包括燃煤电厂、钢铁冶金、水泥窑炉、垃圾焚烧、石油化工等高温、高腐蚀、氧化等场合。由于袋式除尘以过滤理论为基础，能通过扩散、截留、惯性、沉降等机理对颗粒进行捕获，因此具有过滤效率高、处理风量范围广、控制粉尘粒径小的优点，可在高温烟气、高湿烟气、高腐蚀气体等多种复杂条件下实现减排，大幅削减烟尘和粉尘的排放，日渐成为净化最有效的颗粒物高效技术。

袋式除尘滤料主要采用聚苯硫醚（PPS）纤维、聚酰亚胺（PI）纤维、聚四氟乙烯（PTFE）纤维、间位芳香族聚酰胺（PMIA）纤维、芳砜纶（PSA）、密胺纤维、聚噁二唑（PODZ）纤维、玄武岩（BA）纤维及玻璃纤维（GF）等高性能纤维来提高滤料耐高温、耐腐蚀等性能[2]。常见的过滤介质用聚合物纤维材料的性能见表1。

表1　常见过滤介质用聚合物纤维材料的性能

纤维材料	PTFE	PI	PMIA	PPS
强力/（cN·tex⁻¹）	15	35	40~45	＞50
断裂伸长率/%	13	30	25	＞16
连续使用温度/℃	280	240	195	190
LOI/%	95	37~38	42	43
耐水解性能	优	良	中等	优
耐碱性能	优	良	良	优
耐酸性能	优	良	中等	优
耐氧化性能	优	良	良	中等

PPS具有良好的热稳定性，在190℃时可长期耐温，热变形温度为260℃，200℃以下热收缩率为5%~7%，熔点为285℃，是一种耐高温、耐酸碱、抗水解性能极好的滤料，可抵抗多种酸、碱和氧化剂的腐蚀，具有较好的耐水解能力，特别适合在高湿的烟气中使用，典型用途是用于城市垃圾焚烧炉、燃煤锅炉、热电联产锅炉上的脉冲袋式过滤器中，满足耐热性能好、耐化学腐蚀和耐水解等要求[3]。

荷兰Doilen公司使用Ticona公司的PPS树脂，开发了强度为5.2~5.4cN/dtex的PPS长丝，其商品名为Diofort，规格为1100dtex/550f的产品广泛用于垃圾焚烧工厂、钢铁企业和水利装备制造企业的粉尘过滤；德国Nexis公司的Nexylene纤维是专门用于过滤介质的PPS短纤维，其线密度/切断长度为1.3dtex/60mm、2.0dtex/60mm，强度为38cN/tex、伸长率为40%，卷曲度为14%~16%，卷曲数为9~10个/25cm，热空气收缩率为5%，主要以短纤维梳理型非织造布形式使用；日本东丽（Toray）通过精选催化剂、聚合温度等参数开发了生产PPS树脂的创新聚合工艺，此工艺可缩短反应时间，并提高30%~40%的生产效率，将此工艺用于生产线性PPS；GE公司推出的新型PPS双组分纤维滤料，具有更高的强度和过滤效率。

我国对高温烟气过滤领域的研究起步较晚，进入21世纪之后，随着我国高性能纤维制备技术的提高，PPS、PI、PMIA、PTFE、BA及GF等耐高温纤维均实现了自主研发及批量生产。

2. 新型滤料工艺及滤袋形式

随着我国环保相关的法律法规的完善，特别是对钢厂、水泥厂、火力发电厂、垃圾焚烧厂等所排放的PM$_{2.5}$微粒等指标的监控，颗粒物的排放标准从30mg/m³降低到15mg/m³、10mg/m³，甚至设定了"超超低"限值5mg/m³[4]。在排放标准越加严苛的形势下，覆膜滤料受到更广泛关注，成为超低排放的护身符。覆膜工艺主要包括两种，一种是采用黏合剂将微孔膜黏附在基布上，但存在温度过高的情况下，黏合剂易熔化而从微孔中渗出或碳化脱胶，降低滤料过滤效果或使得滤料直接失效的缺陷；另一种是目前国际上通用的高温热压复合技术，该方法首先对GF织物进行表面处理，改善其与PTFE薄膜的结合性能和自身的化学稳定性，然后通过高温热压复合，使织物和PTFE薄膜在高温高压下复合。如美国Donaldson（唐纳森）公司研发的Tetratex®膨体聚四氟乙烯（e—PTFE）覆膜滤料，其薄膜孔径范围为0.07~7μm，薄膜厚度范围为5~250μm，运行过滤阻力＜1250Pa，滤料除尘出口烟气排放浓度为12.5mg/m³，使用寿命可达4年，可广泛应用于电力、水泥、钢铁、有色金属、采矿、化工等工业过滤领域。国产覆膜滤料受复合工艺及水平、滤袋制作、安装等因素的影响，品质不够稳定，初期使用效果很好，使用一段时间后易破损、磨蚀，寿命短。

静电增强滤料是一种高效低阻的过滤除尘方式，通过增加预荷电装置，使粉尘粒子带有荷电，增强滤料的捕集效率，还可通过使滤料纤维带电、涂覆带电材料等方式，形成驻极体，通过静电吸引，提高粉尘捕集效率。静电增强纤维过滤器主要包括Apitron静电袋式过滤器、TRI棒帷电极电场增强袋滤器、中心电场袋式除尘器、混合式电袋除尘器等。

新的滤袋形式也进一步提高了除尘滤料的过滤效率。褶皱滤袋，也被称为星形除尘滤袋，是一种可应用在脉冲袋式除尘器上的新型除尘滤袋，其可直接替代袋式除尘器中现有的除尘滤袋，无须对除尘设备主体结构做改造，过滤面积可以扩大30%~200%[5]。褶皱滤袋产品（图1）是唐纳森采用Ultra—Web®专利滤材研发的，能够将1μm的粉尘有效过滤在滤材表面，再通过反吹系统将粉尘吹落，延长滤材的使用寿命。毡类滤筒将毡材硬化处理，打折成滤筒，通过与骨架一体化设计，过滤面积扩大3~4倍，能显著降低风速，有有效降低排放的效果。

图1　褶皱滤袋
图片来源：Donaldson

3. 超高温气—固分离技术

在煤化工、脱硝前除尘等领域的反应器大多为流化床反应器，该反应器会产生大量气相产物以及固态颗粒，而传统分离设备的精度、耐温性和力学性能无法满足300℃以上的超高温气—固分离的需求，新型过滤介质开始出现。经过多年的探索，逐渐形成了陶瓷粉末、陶瓷纤维、金属纤维、金属粉末和金属丝网等多种高温气体过滤元件。同时，在超高温过滤元件的脉冲反吹循环再生、超高温过滤器结构设计及过滤基础理论研究方面都取得了重大的技术进展。使用金属颗粒或纤维烧结制成的金属过滤材料，具有耐温性好、过滤效率高、不易破损等优点，但价格昂贵、重量大、清灰效果差，仅在一些特殊领域小规模气量工程上应用；陶瓷管/陶瓷纤维管耐温可达到1000℃，且具有较高的过滤效率，可以除净1μm以上的固体颗粒，净化后气体浓度小于5mg/m³，但在成本、安装、运行稳定性等方面仍需进一步突破。金属及陶瓷过滤材料的特点见表2。

表2　金属及陶瓷过滤材料特点

分离器类型		过滤效率/%	压降	处理流量	适用温度/℃
陶瓷纤维滤袋		>99	低	低—中	370
刚性过滤器	陶瓷过滤管	>99.5	中—高	中—高	1000
	金属过滤管	>99.5	中—高	中—高	600

随着国家经济转型和环保排放要求的提高，超高温气体过滤技术在产品质量升级、高温余热利用和颗粒物排放控制等领域会具有更加广泛的应用前景。

4. 工业除尘滤料的制造工艺及设备

（1）成网工艺及设备

目前，干法成网技术是袋式除尘滤料成形的主要方式之一，包括梳理—交叉铺网和开松—气流成网技术，近期也有采用纺丝直接成网的方式。但梳理—交叉铺网技术仍然是制备高性能袋式除尘滤料的主要方式，在梳理—铺网的过程中如何保持纤维平行顺直，纤网具有良好的均匀度是此工艺的关键。

德国Dilo（迪罗）推出的新型驼峰式双夹持交叉铺网机Hyper-layer（图2）采用网格双网夹持式，最高铺网速度达到300m/min，其核心系统是机器人单元，是一组合为一体的两个直立式输网帘，在机器运转时，随着铺网帘不断地向水平方向伸缩，机器人单元的高度不断改变，铺网帘越长，其最大高度越大。该铺网机速度的提升以40根碳纤维辊筒、扭矩伺服电机为动力，特别是往复两变速时电机动力性能要强，全机配置了11

台电机；2条铺网帘光洁度极高，最大程度地避免了纤维的黏结；同时外加抽吸装置，使铺网速度在高速状态下确保纤网稳定，不受外界影响。

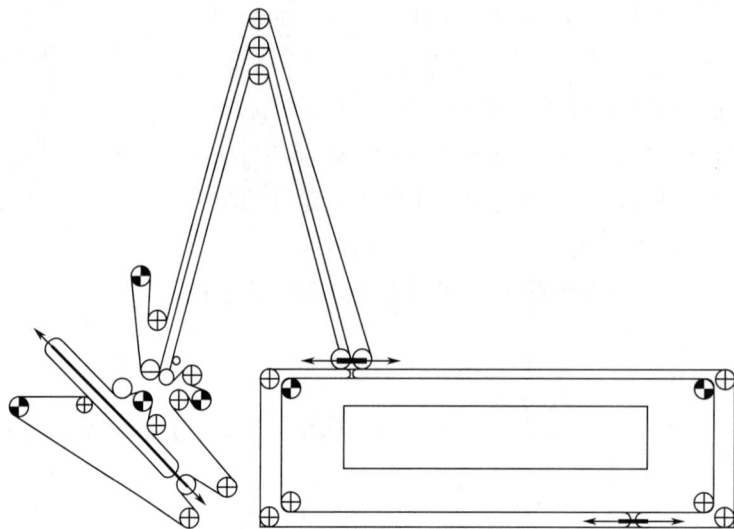

图2　驼峰式双夹持交叉铺网机

Autefa（奥特发）的Topliner系列交叉铺网机具有高的进给速度和精确的重量分布。铺网机以恒定速度剥取来自梳理机梳理后的纤网并柔和地带到输送帘。Topliner系列交叉铺网机配合纤网截面形态控制技术WebMax，通过铺网小车的控制，将梳理后的纤网沉积在分层带上，使边缘区域的纤网比中心区域重量轻。这种凹形的重量轮廓补偿了由于材料收缩造成的重量变化，从而保证了最终产品重量的均匀性。

ANDRITZ（安德里茨）公司推出了双闭环自动调节控制系统——ProDyn，该系统包含Servo X梳理机、铺网机、固结后自动检测系统及计算机自动控制系统等。其中，Servo X梳理机的喂入系统带有自调匀整装置，采用X射线检测喂入梳理机的纤维层厚度，调整喂给罗拉速度形成闭环系统。另外在纤网层固结后，在未卷绕前采用X射线检测每一段纤网的质量，经控制系统分析后改变梳理机和铺网机的工艺参数形成闭环系统。经过两部分的综合调节，纤网纵向和横向均趋于均匀，总CV值为0.5%~0.9%。

（2）加固工艺及设备

针刺是过滤材料的主要加固方式之一。针刺加固主要包括预针刺和主针刺两个过程，过滤材料的针刺过程需要既能满足产品的横向强力，又要不损伤纤维基布，因此针刺设备的生产速度、针刺频率等对过滤材料的品质影响很大。目前，用于生产针刺工业除尘滤料的、性能较好的生产设备主要来自国外知名企业，如Dilo（迪罗）集团、Andritz（安德里茨）、Autefa（奥特发）等。

安德里茨提供用于过滤材料的完整的针刺生产线（图3），包括纤维的开松、混合、铺网、针刺等各个工序，该生产线具有较高的成本效益、灵活性以及可靠性。其交叉铺网的喂入速度可达200m/min，具有大批量高速生产能力。针刺频率可达1800次/min，同时具备自清洁系统，最高生产速度可达50m/min，最大产能超过1700kg/h，可生产织物的克重范围为70~2000g/m^2，产品幅宽3.5~6.5m，优化运行时间，可用于韧性较高的工业除尘滤料的生产。

此外，在单机装备方面，安德里茨的新型PA 3000滚筒预针刺满足了滤料市场对于最大化产能的需求，在设计方面通过增加植针密度（1280针/m），对织物表面的加固效果提升了70%，其工作幅宽为3 ~ 6.75m，最高生产速度为18m/min或者40m/min。同时，PA 3000配备的坚固的碳纤维横梁，有利于实现更高的冲程速度和幅宽，且弯曲变形小，在生产滤料过程中最大程度地减少了使用其他预针刺设计时产生云斑的风险。

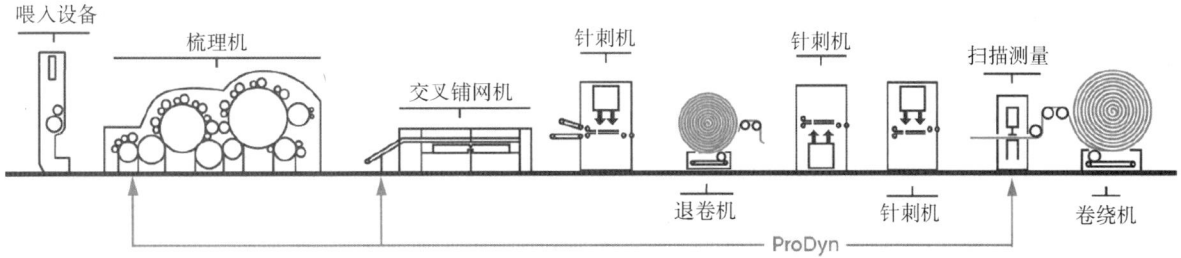

图3　安德里茨针刺生产线

迪罗的经典针刺工艺装备也在稳步发展中，DI-LOUR、DI-LOOP和Hyperpunch针刺（图4）等创新技术为针刺过滤材料的更高生产效率、更高产品质量提供了保障。Hyperpunch技术的椭圆形针刺运动轨迹在针刺过程中不会阻碍材料向前移动，有利于提高纤网的均匀性和表面质量，其优势特点也已在Hyperpunch Alpha针刺机上得到了更好的应用，是经典的Hyperpunch技术的经济版。

过滤材料对有针刺非织造布较高的耐低负荷能力要求，迪罗的新型针刺技术HyperTex（图5）是一种较好的生产解决方案。该技术与Ontec自动化公司的网格布生产技术相结合，首先对各针刺毡进行预针刺，然后网格布在两个退绕单元之间喂入，再与预针刺毡一道进行针刺，加工速度可达40m/min，具有停机时间短、生产速度高、工作幅宽可随意调整等优势，是生产三明治结构过滤材料的最佳选择之一。

图4　迪罗Hyperpunch针刺机

图5　迪罗HyperTex生产线

奥特发的Stylus系列针刺机具有可靠耐用性以及极高的产量也深受市场青睐。其优势在于利用创新的Variliptic驱动概念（椭圆针刺）以及垂直针刺的NL驱动，可实现无振动运行，减少生产过程尤其是预针刺过程中的纤维牵伸，有利于改善产品品质。Stylus系列针刺机的工作幅宽为1~16m，植针密度可达3万枚/m，针刺频率可以保持在3000次/min，可满足过滤材料的高产量要求。

（二）液体过滤材料

随着我国对污水处理重视程度日益提高，环保标准的提高以及环保监督和执行力度的加强，特殊排放和超低排放更加常态化，下游客户对液体过滤材料的需求进一步增长。膜材料所涉及应用领域十分广泛，可应用于建筑建材、节能环保、医药、电子、食品、交通、能源、化工等各个行业。其中，用于水处理领域的选择性分离膜得到了快速发展。

1. 水处理膜技术发展现状

水处理膜技术是利用生物膜的物质分离作用，将水中的杂质去除，实现净化处理的目的。经过多年的发展，我国的水处理膜产业已进入快速增长期，微滤（MF）、超滤（UF）、反渗透（RO）等膜技术在海水淡化、给水处理、污水处理与回用等领域得到了广泛应用。但行业内中小规模的企业较多，高端产品仍主要依赖进口。中国产业用纺织品行业协会《2018年我国过滤与分离纺织品行业运行报告》显示，2018年我国90%的RO膜、40%的UF膜和MF膜依靠进口，用于制作膜的原材料50%~70%需要依赖进口。

2. 新型水处理膜过滤技术

（1）超滤技术

超滤是一种由压力驱动的净化过程，使用超细膜介质将颗粒物质与可溶性化合物分离。通过向系统施加压力，让水和小分子物质透过超细膜，实现分离的目的。超滤膜的孔径范围通常为0.02~0.05μm，对病毒、胶体和淤泥等拥有超强的去除能力，但该过程并不能去除如溶解性盐分或有机物等小于膜孔径的颗粒。超滤膜的使用寿命为3~7年，市面上常见的超滤膜形式有中空纤维、管状、板框式以及螺旋卷式等。

（2）反渗透技术

在普通渗透中，当半透膜分隔不同溶质浓度的溶液时，浓度较低的溶液会流入浓度较高的溶液中，试图达到平衡，让膜两侧的溶质浓度相等。当高浓度一侧的溶液量增加时，该水柱的压力就会上升，根据渗透压的作用，直到压力足以阻碍低浓度溶液流过膜。而在反渗透中，通过向系统施加大于渗透压的压力，在压力作用下迫使浓度较高的溶液穿过半透膜返回，留下被半透膜阻挡的溶质。反渗透膜表面微孔的直径一般在0.5~10nm，一般可实现95%~99%溶解盐脱除率，具体脱除率要取决于膜类型、进水成分、温度和系统设计。

（3）纳滤技术

纳滤是一种介于超滤和反渗透之间的压力驱动膜分离过程，在压力差的推动作用下，促使盐及小分子物质透过纳滤膜，而截留大分子物质的一种液/液分离方法。纳滤技术可以脱除约1nm（10Å）范围内的溶解溶质，有效脱除溶解态有机物、除草剂、抗生素、金属离子等物质，是一种高效低能的压力驱动分离技术。纳滤对溶解盐类的脱除率为20%~98%，对含有一价阴离子的盐类（如氯化钠或氯化钙）的脱除率为20%~80%，对含有二价阴离子的盐类（如硫酸镁）的脱除率可达到90%~98%，跨膜压差通常为0.35~1.55MPa。

（4）离子交换技术

固体物质可通过过滤的方式从液体介质中分离出来，但可溶性物质则需要采用不同的处理方法。离子交换是指将含有可溶性电离物质的溶液与固体物（离子交换材料，如阳离子树脂）进行可逆的离子交换。离子交换过程通常为：使溶液穿过或流过含有可移动或可交换离子的离子交换树脂，溶质离子对树脂的亲和力比树脂上的离子更强时，溶质离子就会从溶液中去除，并被树脂上的可交换离子所取代。在水处理中，离子交换通常可以去除软化应用中的硬度和除盐应用中的所有溶解离子。离子交换还可用于去除饮用水中的硝酸盐、铬酸盐、砷和其他特定污染物。

离子交换工艺可以采用连续或分批模式进行，大多数水处理离子交换工艺采用连续模式。连续离子交换过程在含有离子交换树脂颗粒的管柱或容器所构成的深床中进行。目前，市面上大约85%的离子交换树脂由聚苯乙烯基质构成，10%是由聚丙烯酸酯基质构成的丙烯酸树脂，剩余5%是由苯酚-甲醛等特种聚合物基质构成。传统的离子交换树脂具有固定的交联聚合物基质，整个结构中的可移动离子活性位点分布相对均匀。基质中交联程度影响着树脂的强度等属性，因此交联程度的不同也决定了离子交换树脂的性能和紧密性或松散性。

（5）电去离子技术

电去离子技术是一种将电渗析与离子交换有机结合在一起的膜分离脱盐工艺，利用电渗析过程中的极化现象对离子交换床进行电化学再生，集中了电渗析与离子交换技术的优势。该技术通常用于精处理反渗透产水，是传统混床离子交换的有效替代品。使用电去离子技术，无须储存和处理用于混床树脂再生的危险化学品。由于电力是该技术唯一的消耗品，因此这种产水精处理方法不会产生危险的废水流。

3. 水处理膜过滤技术的应用

国外对于水处理膜技术的研究较早，在技术及应用方面更具优势。日本在水处理膜技术上位居世界领先水平。可乐丽（Kuraray）株式会社、东丽（TORAY）株式会社、旭化成（Asahi Kasei）等公司在MF、UF和RO等膜过滤技术的研究和应用上具有压倒性的优势。

可乐丽开发了中空纤维MF与UF膜产品，其以亲水性聚偏氟乙烯（PVDF）与聚砜（PSF）制成。其中MF滤芯与以往产品相比，单位时间和单位面积的流量提高了2倍以上，具有高渗透性，可处理高度浑浊的原水。另外，MF滤芯可使水处理所需膜与元件数减少50%以上，不需要使用储罐进行反冲洗或泵送，降低了设备成本。东丽从1967年开始生产卷式RO膜和NF膜元件，其TM系列RO膜可处理>1 000mg/kg的海水或高盐度水源，可广泛用于大型海水淡化厂、私人船只和商用船的造水机，以及处理矿山尾矿水以供再利用或排放。旭化成公司MICROZA®膜技术采用高结晶度的PVDF膜，该膜具有较高的化学稳定性和机械强度，产水浊度低（<0.1NTU），对细菌及病原性微生物去除率高。在中水回用及城市生活污水处理、工业废水处理等应用领域分别提供了加压式膜组件、水系浸入式膜组件和浸入式膜生物反应器。

杜邦的FilmTec™产品采用反渗透和纳滤技术，可分离水中的盐类、固体和其他物质，生产超纯水，解决了当今各种复杂的水处理需求；电去离子模块利用电流迫使污染物离子从进水中持续迁移到废水或浓水流，同时使用水分解产生的H^+和OH^-离子持续使离子交换树脂床再生。陶氏（Dow）化学公司在发展UF膜和RO膜的同时，研发出复合膜，该膜表现出能耗低、膜使用寿命长、可在较低的压力下提供高总截留率等优势，为水处理提供了丰富的原材料。另外，美国GE（通用电气）公司经过多年技术研发，在水处理膜方面有成熟的工艺技术，特别是液体零排放技术，在膜制备领域占比高达90%；荷兰、奥地利等国的膜技术公司也纷纷开展技术研究，开发出七孔超滤膜技术、膜生物反应器技术等创新技术产品，进一步优化水处理工程效果。

受膜技术探索与研究不足、膜材料处理废水成本较高等因素的影响，膜技术在我国的推广和应用受到一定限制。近几年，膜技术逐渐进入更多人的视野，一批专注膜技术应用开发的技术力量和专业化公司应运而生。如安徽引进了从事膜设备制造的日本久保田公司，进行MBR膜设备的研发、生产、销售以及污水处理工程建设；日本东丽与国内企业合资组建的蓝星东丽膜科技（北京）有限公司，引进东丽先进的制膜、卷膜生产技术，在中国建立反渗透全套产品生产基地；日本NOK株式会社与清华同方成立同方NOK（无锡）膜技术有限公司，提高了同方水处理产品的品质。目前，中国蓝星集团环境工程公司、深圳金达莱公司、北京碧水源公司、厦门威士邦公司、天津膜天膜公司等膜技术公司已在膜技术应用开发方面具备了较强实力，在一批膜技术处理废水的工程上取得了不俗业绩。

（三）空气净化材料

1. 纤维过滤器种类及作用机理

近年来，随着全球环境的恶化，空气污染问题日益受到人们重视。纤维过滤器采用纤维作为过滤器的滤元，滤料直径可达几十微米甚至几微米，具有比表面积大、过滤阻力小等优点，解决了粒状滤料的过滤精度受滤料粒径限制等问题。纤维过滤器按照过滤效率可分为粗效过滤器、中效过滤器、高中效过滤器、亚高效过滤器和高效过滤器。不同纤维过滤器的特点见表3[6]。

表3　不同纤维过滤器的特点

过滤器类型	特点
粗效过滤器	粗效过滤器滤料主要有易于清洗和更换的金属丝网、粗孔纺布、泡沫塑料等，主要用于5μm以上微粒的过滤，过滤效率也基于此进行评价
中效过滤器	中效过滤器滤芯形式与粗效类似，滤料主要是中细孔泡沫塑料、复合非织造布、玻璃纤维等主要用于1μm以上微粒的过滤，过滤效率也基于此进行评价
高中效过滤器	高中效过滤器与中效过滤器类似
亚高效过滤器	亚高效过滤器滤料主要采用玻璃纤维滤纸、棉短纤维滤纸等，主要用于0.5μm以上微粒的过滤，过滤效率也基于此进行评价
高效过滤器	高效过滤器（HEPA）滤料主要是超细玻璃纤维纸、合成纤维纸和石棉纤维纸等，主要用于0.3μm以上微粒的过滤，过滤效率也基于此进行评价

污染空气经过纤维过滤材料，主要受拦截效应、惯性碰撞、扩散效应、重力效应和静电效应5种基本机制的综合作用，对空气中的颗粒物以及附着在颗粒物上的细菌和病毒等微生物进行过滤。拦截效应作用机制是微粒沿流线运动到纤维表面附近，当运动到纤维表面的距离≤微粒半径，微粒会被纤维表面截留；惯性碰撞是指气流在结构复杂的纤维层穿过时，在流线激烈拐弯过程中，微粒因惯性作用脱离流线碰撞到纤维并滞留；扩散效应是指对于直径较小的微粒，其布朗运动较为剧烈，这种不规则运动使粒子有更大机会接触并沉积到纤维表面；重力效应为0.5μm以上的微粒在重力作用下沉积到纤维；如果纤维或微粒都带上电荷，则可以产生吸附作用，将微粒吸附到纤维上，即静电效应。

2. 纳米纤维在空气净化领域的应用

纳米纤维具有高孔隙率、独特的力学性能以及通过改性可赋予介质新的化学和物理功能的特征，因而在高效空气净化领域的应用越发广泛。

目前可用于静电纺制备纳米纤维的聚合物主要有聚乳酸（PLA）、聚酰胺（PA）、聚丙烯腈（PAN）、聚酯（PET）、聚甲基丙烯酸甲酯（PMMA）等，由静电纺制备的纳米纤维膜具有较窄的直径分布和较高的孔隙率，可提高纳米纤维膜材料在空气净化中对污染物颗粒的过滤效率[7-11]。但纳米纤维膜在实际应用过程中易受到微生物的侵袭，堆积在膜上的微生物会迅速繁殖，降低空气净化效果和膜的使用寿命。众多研究者对纳米纤维膜进行了功能化改性，如通过添加纳米银制备抗菌纳米纤维膜，利用纳米银的广谱高效抗菌性，赋予纳米纤维膜抑制金黄色葡萄球菌、大肠杆菌等细菌的功效；利用TiO_2、V_2O_5、ZrO_2、CeO、MnO_x等半导体金属氧化物光催化材料制备静电纺光催化材料纳米纤维膜或者通过添加活性炭的方式，使其纳米纤维膜去除挥发性有机物（VOCs）的作用[12]。

三、我国过滤与分离用纺织品面临的挑战及发展前景

近年来，我国一系列环保政策措施已经充分体现出国家对环保的空前重视和决心。"加强污染防治和生态建设，持续改善环境质量。深入实施可持续发展战略，巩固蓝天、碧水、净土保卫战成果，促进生产生活方式绿色转型"与"促进新型节能环保技术、装备和产品研发应用，培育壮大节能环保产业，推动资源节约高效利用"被列入2021年《政府工作报告》。国务院继2013年推出《大气十条》后，于2015年4月16日出台了《水十条》，被称为史上最严的《大气污染防治法》也于2016年1月1日起开始实施。随着我国环保产业的快速发展，作为环保产业重要组成部分的环保滤料产业也将迎来发展机遇期。"双碳"工作成为行业热点和未来发展方向，给行业带来挑战的同时，也带来了巨大的发展机遇。

（一）装备技术提升

2014年以来，我国经济进入新常态，在面临较大经济下行压力的背景下，产业用纺织品行业很好地承担起了纺织行业新的经济增长点的任务，虽然经济增速有所放缓，但是仍然实现了较平稳的增长。尤其是非织造布行业，成为产业用纺织品行业内增长最为活跃的领域之一。

与此同时，装备技术的提升为我国非织造过滤介质市场的进一步扩大奠定了基础。目前，我国在环保滤料产业化方面已经取得了一些成就，大体形成了以"南有浙江天台，北有辽宁抚顺，东有江苏阜宁，西有河北泊头"的产业集群分布格局，其中以阜宁县环保滤料行业发展最为突出。近几年，该县在发展产业链上下游配套企业上下功夫，强化技改创新，县内多家环保滤料企业与东华大学、东北大学、东南大学、天津工业大学等高等院校、科研院所结成产学研共同体，开展新产品研发、新工艺使用、科技成果转化等合作。目前，该县的环保滤料产业已初步形成从原料到环保滤料毡布及配套设备的完整产业链，集聚了东方滤袋、蓝天环保、华隆环保、恒生环保等一大批行业龙头企业，正加快建设全国产业链条最长、集聚度最高、品牌影响力最强、市场占有率最高的特色产业，形成环保滤料产业的"阜宁样本"。另外，排放标准的日益严格对行业企业提出了更高的要求，政府及社会的扶持力度加大，促进了企业对技术研究及产品开发的重视和投入，滤料设备、工艺水平均大幅提升，甚至向上驱动了纤维、基布、纺织机械的技术更新，并对产业、产品相关标准的制订起到了一定的推动作用。同时，企业更加注重品牌建设，一方面通过强化管理，另一方面通过技术手段管控产品品质，并通过营销宣传提升品牌知名度。目前国内部分企业的技术水平及产品品质已达到国际先进水平，打破了外企对高端产品的垄断格局。

1. 用于碳捕集工艺的滤料

碳达峰、碳中和作为未来10年乃至30年的国家战略，将影响并开启新的环保产业发展方向。碳减排的最有效措施之一，目前的烟尘超低排放滤料尚不能满足烟气直接进入碳捕集环节的洁净度，需要进一步深度净化或者袋除尘换用更高精度的滤料。

2. 焦化工艺用超耐温滤料

受钢铁行业良好形势的带动，焦化行业迅猛发展。焦化作为重污染型行业，受工艺特点所限，其烟气温度高、波动大（约为180~300℃），而且烟气成分复杂，不仅有SO_2，而且NO_x含量偏高，导致一定量的滤袋破损。从目前的工业应用来看，长期应用于焦炉300℃甚至更高烟温的纤维及滤料尚需研发。

3. 除尘/脱气态物的双效滤料

多年前已有可同时脱除尘/气态污染物的滤料，美国戈尔公司的用于垃圾焚烧烟气除尘/脱二噁英的Remedia双效滤料，采用玻纤布覆膜并复合催化剂，自1998年开始应用于现场，已有数十个成功案例，其粉尘排放在1mg/m³以下，PCDD/F去除效率在98%以上。尽管国内也在开发除尘/脱二噁英、除尘/脱硝的双效滤料，且取得了一定成果，但在应用案例数量、效果上仍有很大的进步空间。双效滤料的应用范围虽然受限，但在特定的现场条件下，比如，气态物虽浓度不高但超过排放标准，单独上一套净化装置经济性不高，使用双效滤料来达标净化具有很好的经济合理性。

4. 新结构型式过滤单元

随着烟气量增加、排放标准升级和除尘器体积无法增加而出现的褶皱滤袋、滤筒近年来发展很快，在钢铁行业、铝行业、燃煤电厂积累了不少应用案例。不仅解决了烟气量的问题，而且可以在除尘器不用扩容、仅更换袋笼、设备不用大改、工期不延长的情况下，保证行业的超低排放与可持续发展。但东北大学滤料检测中心的现场案例表明，褶皱滤袋由于袋笼结构特殊，中心袋笼孔隙小，有的袋笼支撑圆环处直径仅为5cm，清灰时喷吹压缩空气对滤袋上部清灰效果好，压缩空气很难到达滤袋深部，致使滤袋下部难以有效清灰。滤筒则存在喷吹气量不够、纺粘滤材易磨损等问题，在应用时需要特别关注。

5. 超耐温、耐强腐蚀过滤单元

有色金属冶炼产生的重污染烟气不仅腐蚀性很强，而且有些工艺温度超高，常规滤料难以适用。陶瓷滤筒、陶瓷纤维管、金属滤料近年来又进入人们视线，但由于这些硬质类滤筒单体长度短，目前的案例多集中在小规模烟气应用上。

（二）市场快速增长

内需市场的驱动是我国环保过滤材料市场不断增长的主要动力。以水过滤、交通运输、暖通空调、工业为代表的四大应用领域对环保过滤材料的需求将一进步走高，驱动环保过滤市场进一步扩大。据GVR公司预测，2015~2024年，我国非织造过滤介质在水过滤领域的增速将领先其他领域，达到年均9.5%的最快增速，交通运输、暖空空调、工业增速也将分别以8.1%、9.0%、8.5%的增速增长。

1. 水过滤领域

近年来，随着生活水平的提升，我国人民对洁净的生活用水的需求不断提升。中国产业信息网发布的一项报告显示，目前我国城镇污水处理和城镇供水已经成为膜法水处理技术的主要应用场所，绝大多数膜法城镇污水处理厂使用膜生物反应器（MBR）技术，全国投运或在建的万吨级MBR城镇污水处理系统已有上百个，未来在工业污水处理以及再生水领域，膜法技术也将有较大发展空间。随着技术的不断进步，非织造纤维膜材料将以低成本优势进入更加广阔的市场，在生产过滤安全洁净的饮用水领域发挥不可替代的作用。

液体过滤材料主要包括机织、纤维束、针织、三向织物和编织物滤料等，其中压滤领域主要以机织、针织和编织物为主；非织造过滤材料因三维结构而具备洁净高效、寿命持久的优势。

作为液体过滤的主力军，膜材料产业已经进入快速增长期，微滤、超滤、纳滤、反渗透等膜技术在海水淡化、给水处理、污水处理与回用等领域得到了广泛应用，中空纤维膜等相关技术在国内得到了长足发展。在高端膜领域，国外公司依然占据主导地位。在UF膜和MF膜领域，旭化成、东丽、三菱丽阳等日本企业拥有全球近一半份额。高性能膜材料可实现高通量、高选择性的化学品分离。膜的厚度可在20nm至数百纳米间调控，而且具有交联的网络结构极大地提高了材料的耐溶剂性能。

开发新型的液体过滤材料是人们一直致力解决的问题。经过表面接枝改性的熔喷非织造布的亲水性大大提高，可改进过滤效率和过滤效果。预计未来20年非织造过滤材料和膜技术方面的创新可以更有效地淡化海水，解决水资源短缺问题。静电纺丝纳米纤维过滤材料有较高的比表面积、孔隙率和通透性，容易吸附微小粒子，可用作各种高性能液体过滤材料，具有广泛的应用前景。

2. 暖通空调领域

我国的基础设施建设依然处于火热状态，城镇化建设不断深入，进一步推动了我国建筑业的发展。"十四五"期间我国房屋施工面积仍将保持较快增长，每年大量商业和居民住房投入使用，对暖通空调的需求强劲。而城市化水平和居民收入水平的不断提高，使人们的健康和环保意识增强，人们对空气质量的要求越来越高，空调过滤系统对针刺、热黏合等非织造滤料组合滤网的需求将为非织造过滤材料在暖通空调领域的应用带来巨大发展前景。

3. 交通运输领域

交通运输方面，我国汽车及其他交通运输设备的销售总体稳健，同时汽车售后服务需求巨大，未来几年汽车用过滤器仍将是我国非织造过滤材料市场增长的主要驱动力之一。另外，中华人民共和国环境保护部、国家质量监督检验检疫总局先后发布了《轻型汽车污染物排放限值及测量方法（中国第六阶段）》和《重型柴油车污染物排放限值及测量方法（中国第六阶段）》公告，进一步提高了对污染物排放的控制要求，其中国六B中氮氧化物（NO_x）的排放限值比国五标准严格了51%，颗粒物（PM）的排放限值严格了33%，CO的排放限值严格了30%~50%。排放标准的不断收紧也将对车用非织造过滤介质提出更高的要求，未来不断提高技术含量、开发高效过滤系统是必然趋势。

4. 工业领域

工业的发展是我国环保过滤市场的另一主要驱动力。袋式除尘技术在我国钢铁、电力、水泥、冶炼、化工、炭黑、垃圾焚烧以及食品等行业应用广泛。据中国环境保护产业协会袋式除尘委员会《2017年度袋式除尘行业发展报告》显示，我国袋式除尘行业在预荷电袋滤技术及应用、超细面层精细滤料、聚四氟乙烯基过滤材料关键技术及产业化、石油化工催化裂化烟气袋式除尘技术、高硅氧（改性）覆膜滤料及其应用等方面已取得了较大的创新和进展。随着国家对污染控制的要求越来越高，作为国际公认的处理粉尘、烟尘等最为有效的手段，袋式除尘器将以高效的除尘性能成为除尘设备的主流之一，具有较大的市场需求空间。另外，除尘滤袋属于消耗品，随着袋式除尘技术应用范围的扩大，除尘滤袋的周期性更换也为行业带来了比较稳固的订单。

（三）过滤行业整体水平有待提升

在宏观政策和强劲的内需市场的拉动下，我国非织造过滤产业在2010~2020年间已经有了长足发展。但由于我国非织造布行业起步较晚，在技术层面上，对过滤材料的研发工作重视不足，在原材料、梯度成型技术、膜复合技术、检测技术、模拟理论等方面的研究与国外差距较大，很多高性能过滤材料仍依赖进口；在标准体系和评价体系方面，过滤用产品标准与最终产品的应用标准衔接不够、技术指标和检测方法标准不统一的问题比较突出，产品质量缺乏规范监管；在产品层面上，由于国外非织造滤料产业已拥有完善的工业体系、先进的生产技术和研发水平，因此高端产品领域多被国外企业占领，如进口空气净化器占据我国空气净化器市场70%以上的份额，外资公司占据了国内高端耐高温滤料产品30%的市场。

近年来，多家滤材行业龙头企业和拥有滤材业务的非织造行业领先企业先后在我国建设了生产基地。如：德国Freudenberg（科德宝）公司在苏州、南通和长春等地投资或收购中国企业，建设非织造布生产基地，主要生产汽车发动机、车船坐舱内高效空气滤芯及水泥厂、火力发电厂等除尘设备的滤材、滤袋等产品；美国Johns Manville在上海和洛阳分别建设了全资子公司；美国H&V公司在中国的独资子公司贺氏（苏州）特殊材料有限公司已经成为我国HEPA和ULPA级洁净室、HVAC系统和室内空气质量控制系统、真空吸尘器、个人呼吸防护装置等高性能空气过滤材料最主要的供应商之一；英国Andrew Industries公司在上海市青浦区的工厂可生产各类针刺毡料；英国Low & Bonar公司最近也宣布将在中国建厂，生产他们的优质品牌产品Colback®，满足汽车行业对过滤用非织造布日益增长的需求。

除了滤材行业巨头外，一些领先的高性能纤维企业也早已在我国设立生产和销售基地，抢占中国高性能原材料市场。如：美国DuPont（杜邦）公司在20世纪90年代末就进驻我国市场，日本东丽也在2006年成立东丽高新聚化（南通）公司。国际巨头企业的进入对我国本土企业造成了一定冲击，未来我国非织造过滤材料企业要突破国际巨头垄断，还需要行业上下游企业的共同努力。我国非织造企业还要积极向服务化发展，重视质量管理和认证体系建设，加强技术工人的职业技能教育和在岗培训。

参考文献

[1] 张荫楠. 全球非织造过滤材料市场发展现状及趋势展望[J]. 纺织导报，2016（S1）：8–18.

[2] 吴海波. 袋式除尘滤料先进制备技术及应用展望[J]. 纺织导报，2016（S1）：41–45.

[3] 李朋朋. 耐高温过滤材料的性能研究[D]. 西安：西安工程大学，2011.

[4] 陈亏，高晶，俞建勇，等. 玻璃纤维/PTFE高温热压覆膜滤料的发展现状[J]. 产业用纺织品，2010，28

（2）：1-5.

[5] 赵金怀，钱磊. 褶皱滤袋技术在钢铁超低排放改造中的应用[J]. 工业安全与环保，2019，45（12）：85-87.

[6] 陈乾，钟小普，毛旭敏，等. 空气净化技术现状及发展趋势[J]. 制冷与空调，2020，20（2）：1-9.

[7] TIAN M J，LIAO F，KE Q F，et al. Synergetic effect of titanium dioxide ultralong nanofibers and activated carbon fibers on adsorption and photodegradation of toluene[J]. Chemical Engineering Journal，2017，328：962-976.

[8] 冯瑞华. 水处理膜材料技术及产业发展现状[J]. 新材料产业，2017（3）：40-44.

[9] 罗益锋，罗晰旻. 特种纤维过滤材料的创新发展[J]. 纺织导报，2016（S1）：34-40.

[10] MA L C，WANG J N，LI L，et al. Preparation of PET/CTS antibacterial composites nanofiber membranes used for air filter by electrospinning[J]. Acta Polymerica Sinica，2015（2）：221-227.

[11] 芦长椿. 合成纤维在过滤领域的应用[J]. 纺织科技进展，2009（5）：31-34.

[12] 胡敏，仲兆祥，邢卫红. 纳米纤维膜在空气净化中的应用研究进展[J]. 化工进展，2018，37（4）：1305-1313.

交通工具纺织品技术发展现状及趋势

吴双全

（旷达科技集团股份有限公司）

一、交通工具纺织品概述

交通工具用纺织品是产业用纺织品16大类产品中重要门类之一，通常指在汽车、轨道交通、飞机、船舶等交通工具中应用的纺织品。由于使用环境的差异，不同类型的交通工具上应用的纺织品其性能和技术要求也不同。根据纺织品所起作用进行划分，可分为两类，即装饰性纺织品和功能性纺织品[1-2]。

（一）装饰性纺织品

装饰性纺织品指的是在交通工具中起到装饰和美观作用的纺织品。根据应用部位的不同又可以分为装饰性内饰纺织品和装饰性外饰纺织品，其中内饰纺织品占整个装饰性纺织品的95%以上，主要应用于内饰座椅、顶棚、窗帘、门板、仪表板、地板、衣帽架等零部件区域的表面包覆；而外饰纺织品用量则相对较少，主要是一些敞篷车软顶、汽车遮盖布等。装饰性纺织品对色彩纹理设计搭配有着较高的要求，要符合整车的设计理念，同时还要兼顾舒适性与安全性，要有很好的耐摩擦性能、透气性、阻燃性和良好的触感[3]。

（二）功能性纺织品

功能性纺织品指的是在交通工具中起到特定功能的纺织品。这些功能涵盖了增强、防火、隔热、吸音、减震、过滤等，涉及汽车顶篷复合材料、轮胎增强材料、安全带织物、安全气囊织物以及部分管材和带材[4]。功能性纺织品需要满足强度高、韧性强、抗紫外线、耐磨等条件，一般多采用高性能纤维材料为原料，通过产品结构的设计以及特殊的制造工艺制备而成。

二、交通工具纺织品技术发展现状

（一）技术发展概述

近年来，随着中国经济的快速发展和基础设施建设的不断推进，我国的交通运输行业得到了长足的发展，截至2019年底，我国高速公路里程由2010年的7.41万公里增长至14.96万公里，复合增速达8.12%；截至2020年底，我国高速铁路营业里程达3.8万公里，位居世界第一；2020年，中国汽车生产销售分别为2522.5万辆和2531.1万辆，年产销量连续12年全球第一。汽车、高铁及飞机等交通工具产业的快速发展，为交通工具纺织品行业的发展提供了广阔空间。21世纪以来发展迅速，交通工具纺织品的设计研发能力、技术创新水平、装备制造体系和产业规模等都取得了长足的进步[5]。主要表现在以下几个方面：

1. 自主设计研发能力不断提升

拷贝和仿制模式已经逐渐被自主设计研发或联合开发模式所取代；部分企业已经可以提供定制化或成套化的设计研发服务；交通工具纺织品企业积极参与主机厂新项目全球竞争，并获得了许多国际品牌主机厂的认可和项目定点；同时，国内企业积极布局全球协同设计研发。

2. 专用纤维材料产业发展加速

交通工具纺织品多采用涤纶、锦纶等作为主要原料，随着国内化纤产业的发展，目前已经形成了比较完备的交通工具纺织品专用纤维研发生产体系；车用差别化纤维、花式结构纱线以及功能性、高性能纤维材料的技术创新取得了突破性进展，并已成功应用；原液着色纤维的广泛应用使车用纺织品生产制造过程实现了低碳环保、节能减排、绿色安全。

3. 制造装备水平专业化、国际化

交通工具纺织品生产企业加大装备投资，积极引进成套的研发及生产设备，装备技术水平比肩欧美、日韩等竞争企业；国内纺织机械装备产业的创新发展和技术能力快速提升，也为我国交通工具纺织品行业的发展提供了装备支持和保障。

4. 技术标准体系得到逐步建立和完善

国内主要的交通工具用纺织材料供应商基本都建立了内部的企业标准和管控体系，积极开展前瞻技术研究、技术标准体系建设工作，为新产品研发设计及生产过程中的技术质量问题解决提供支撑。《汽车装饰用机织物及复合机织物》《汽车装饰用针织物及复合针织物》国家标准已颁布实施，QC/T 236—2019《汽车内饰材料性能的试验方法》行业标准经完成修订并发布实施。目前，我国交通工具纺织品的技术标准已经涵盖企业标准、团体标准、行业标准以及国家标准等不同层面，形成了相对完整有效的标准体系。

5. 新材料新工艺的研发创新取得显著提升

碳纤维及复合材料、高强高模聚乙烯、聚酰亚胺、高强聚酯长丝、功能性纤维（如高阻燃、抗菌抗病毒、光催化等功能纤维）、超细海岛纤维等高性能材料已经在交通工具结构材料、内饰材料等领域得到开发应用。3D一体成型工艺、高频焊接、镭雕等新技术新工艺已经在交通工具内饰材料的产品开发中得以应用。

（二）汽车纺织品技术发展现状

作为最重要的交通工具之一，汽车产业的体量巨大，对纺织品的应用需求量也较大，远高于飞机、火车等交通工具。我国汽车纺织品的用量在整个交通工具纺织品中的占比要超过九成。从很大程度上讲，我国汽车用纺织品的技术发展现状代表了整个交通工具用纺织品的技术发展现状。当然，火车和飞机等交通工具因其自身的特殊性，所应用的纺织品无论在技术要求、产品研发、制造体系等方面都有着比较高的门槛。

1. 汽车用装饰纺织品

近年来，在化工工艺、新材料、纺织新技术、高端装备等专业领域的创新驱动下，汽车装饰用纺织品的制造工艺、研发能力和技术装备水平都得到了较大幅度提升，新产品、新工艺和新技术不断涌现。

（1）纤维材料制造技术

汽车装饰用纺织品的原材料以化学纤维为主，其中聚酯长丝占比超过95%，短纤应用较少。目前，内饰纤维材料的先进制造技术主要集中在原液着色纤维、高性能纤维、循环利用纤维、差异化纤维等领域。

近年来，原色着色车用纤维制备技术和工艺渐趋成熟，制备的有色纤维颜色批次一致性、稳定性好，适合批量生产制造，摩擦、耐光色牢度性能优异，同时无须染色加工工序，整个制造过程绿色环保、节能降耗[6-7]。原液着色技术还可以与纳米杂化技术与结合，开发出更多功能型和差异化的车用纤维。

汽车内饰面料应用环境具有特殊性，不同零部件对内饰面料的性能要求也有很大差异，应用高技术、高性能纤维来满足特殊的技术要求成为可能，例如高耐磨涤纶纤维适用于座椅面料、高日晒抗紫外纤维适用于遮阳帘或者仪表板包覆用面料，高弹高延伸纤维用于弧度较大的车顶面料，高阻燃纤维适用于营运客车、校车等专用车内饰面料的开发。采用夜光功能聚酯纤维可以开发出不同视觉效果的夜光面料，已用于概念车内饰中。

对于汽车材料的回收再利用，各个国家都有着明确的法规要求，随着社会责任意识的增强和法规监管的严格，回收再利用纤维材料备受汽车主机厂的青睐，在汽车内饰面料及零部件骨架复合材料中得到开发应用。极星Polestar Precept概念车中，座椅织物使用的再生聚酯100%由回收利用塑料瓶制备，其地毯面料则是以废弃的渔网中回收的尼龙6编织而成。全新奥迪A3座椅面料中89%的纤维材料为再生聚酯纤维，地毯、隔热材料、吸音材料等也都使用此材料。除了再生聚酯纤维外，意大利Aquafil公司通过回收利用废弃渔网、织物废料、地毯和工业废料或海洋垃圾和垃圾填埋场的废旧塑料等，开发出了一种环保再生尼龙纤维Econyl，捷豹路虎和领克汽车都在其最新发布的车型中使用了Econyl材料（图1）。

图1　极氪001中的Econyl环保材料汽车座椅

三角、扁平、十字等异形截面、全消光、超亮光等差别化纤维的应用，可以使汽车内饰面料产品呈现不同触感、光泽和丰富的视觉效果。细旦高孔聚酯纤维通过机织提花或者经编针织工艺制备出亲肤丝绒触感面料；以海岛纤维为原料，通过织造或者非织造铺网针刺，再进行树脂含浸和碱减量开纤，可以制备出具有高级柔软触感的仿麂皮面料，应用在中高端汽车内饰座椅、门饰板、仪表板和车顶等区域（图2）。此外，通过接枝共聚等方式制备出具有良好吸湿性能和光泽感的超仿棉聚酯纤维，用于仿棉型手感内饰面料的开发；也可采用具有高亮光的FDY长丝为原料，开发出具有丝绸般光泽和细腻顺滑触感的仿丝绸内饰面料。

图2　仿麂皮面料在汽车门板包覆中的应用

（2）内饰纺织品织造技术

汽车内饰纺织品的织造工艺主要有机织和针织两类。近年来，内饰纺织品的织造技术也得到了较快发展，机织细旦高密织造技术与双经轴织造技术、电子横移高速经编织造技术以及大隔距间隔织物成型技术、飞织技术等逐渐应用在汽车内饰纺织品中。

纤维材料细旦化和结构高密化是机织类内饰面料的开发方向。细旦高密织造技术使用的纱线粗细在75~150D，上机经密在800~1200根/10cm，织造过程中纱线张力的控制至关重要，同时要控制好车间的温湿度，减少静电及毛丝问题出现。

机织类汽车内饰面料的设计开发中，根据色彩纹理和视觉效果的设计需要，经常会遇到采用两种粗细、送纱量或者性能差异较大的纱线作为经纱，为了保证织造的顺利进行，一般多采用具有两套送经装置的双经轴织机进行织造。在超高经密的面料织造时，为避免出现经纱层叠问题，也常采用双经轴工艺进行织造。

随着经编机制造技术的发展，花盘、链块的机械式横移机构逐渐被电子横移机构所取代[8]。电子横移高速经编织造技术可以实现花形的自由更换，方便快捷，可以突破花型循环的限制，在高速条件下稳定运行，这些都是具有机械式横移机构的经编机所无法实现的。电子横移机构的应用为经编机实现高速高效发展奠定了技术基础。

大隔距间隔织物织造技术通过调整经编机前后针床间的隔距，实现不同厚度间隔织物的织造，一般多采用6把或者7把梳栉的经编机[9]。面层和底层多采用聚酯DTY低弹丝作为原料，为了保证成形需求及间隔织物的压缩回弹等性能，连接层多采用聚酯单丝作为原料。汽车用大隔距间隔织物的厚度范围为4~10mm，应用于座椅面料或者通风座椅骨架、仪表板或者门板基层等区域，还可以通过胶水或者胶膜复合，取代海绵，实现与织物面料或者皮革材料的多层贴合。

飞织技术，又称飞线技术，最早应用在运动鞋的设计开发中，可以实现面料丰富的组织纹理和结构变化，赋予面料非常好的织物弹性、延展性和优异的面料透气性。同时，根据实际需要，利用全自动的电脑横机，通过数据编程和自动编织，可以实现产品的一体成形，减少原有的裁剪与缝制加工工序，开发出半成形或者全成形的内饰飞织面料，革新原有的裁剪、缝制等工艺流程，实现内饰件的半成形包覆或者全成形包覆。Polestar概念车Precept中座椅就是采用3D飞织技术一体成型制备的，如图3所示。

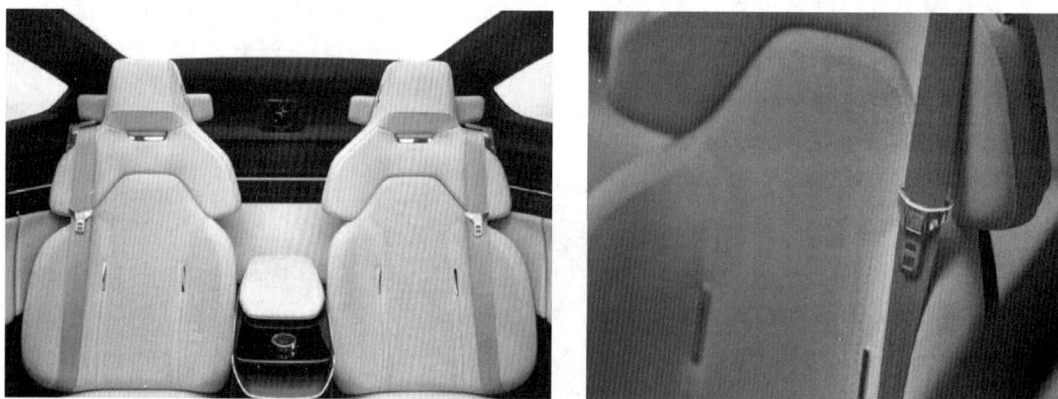

图3　3D飞织技术一体成型座椅

（3）内饰纺织品染整技术

汽车内饰面料选用的纤维材料多为聚酯纤维，聚酯纤维亲水性差，分子结构中缺少活性基团，分子排列紧密，因此染色上染的难度较大，需要在高温高压的条件下进行。

低温染色技术可以降低染色温度、减少能耗，减小染色成本，一直是行业内研究的热点问题。通过染色载体的引入，染色温度可以从目前的130~135℃降低到95~110℃，还可获得比较好的染色效果和色牢度。但对于染色载体的选择和应用需要比较谨慎，要充分考虑载体引入后对生态环境、产品健康安全的影响。

汽车内饰纺织品对日晒色牢度有着很高的要求，需要选择耐日晒的染料，配合合适的染色工艺。一般情况下，延长染色保温时间、降低升温速率、充分的后处理，是保证染色均匀性和染色牢度的关键点。根据具体产品和工艺的需要，可以添加适量的日晒增进剂。

汽车内饰面料常用的后整理技术，主要包括热定形、平幅水洗、干洗、机械预缩、汽蒸预缩、平幅气流洗、拉毛、剪毛、磨毛等整理工艺，根据不同的产品特点及开发需要可以进行工艺组合。对面料进行阻燃、抗静电、抗耐磨、硬挺、柔软、三防等整理，一般通过浸轧整理剂溶液的工艺进行；部分产品需要进行多种功能叠加的复合功能整理，则需对不同助剂间的相融性及浸轧方式进行优化[10]。此外，涂层整理也是汽车内饰面料的常用工艺，多采用刮刀涂层。涂层胶的类型以水基的丙烯酸类和聚氨酯类为主，丙烯酸最常用，聚氨酯类成本相对较高，但是具有较好的弹性。根据实际需求可以选择对涂层胶浆进行泡沫加工，也可在涂层胶中加入阻燃剂、抗菌剂等功能材料，对面料进行功能性的涂层整理。

（4）内饰纺织品后加工技术

近年来，汽车消费群体呈现年轻化的趋势，对内饰面料的需求也朝着时尚化、个性化和高品质化的方向发展，越来越多的加工技术和工艺被应用到汽车内饰面料的设计开发中，也为消费者提供了更多维度多重感官的价值体验[11-12]。

数码印花工艺因其所具有的生产高效、设计开发便捷等特点，随着车用级耐日晒墨水技术不断成熟，数码印花技术也开始在汽车内饰面中应用。除了可以在织物表面进行印花外，还可以在PVC革和PU革上进行印花。比亚迪"汉"中的印花PVC革汽车座椅如图4所示。

图4　印花PVC革汽车座椅

在仿麂皮面料或者丝绒面料表面，利用激光烧蚀进行镭雕，在织物表面形成特定的花型纹理，这个新技术也已开始在汽车内饰面料中使用。通过激光能量及速度等参数的调整，可以实现镭雕纹理深浅及视觉层次感变化。在PVC和PU革表面也可进行镭雕加工。

通过高周波的作用将热塑性的PVC或者TPU材料与纺织面料熔接，形成材质和色彩的对比，也是目前汽车内饰面料设计的一种创新手法，奔腾E01座椅如图5所示。

热烫印技术也为汽车内饰纺织品提供了更加丰富的视觉效果，在温度和压力作用下，将花版或花辊模具的纹理烫印到织物或者皮革表面，赋予织物和皮革3D立体视觉效果。纹理可以是极细的线条，也可以是较大的块面，可以是平面直压也可以实现带有一定坡度或者弧度的立体压纹。烫印纹理的层次感可以通过模具中纹理的高低不同进行设计。

图5　高周波焊接工艺在汽车座椅中的应用

汽车内饰面料通常需要与泡绵、非织造布、网布等进行多层贴合后使用。常用层合技术是通过火焰复合将泡绵与面料贴合。随着环保要求的提高，采用水性胶水进行复合或者采用PUR、PET热熔胶进行多层材料的贴合成为趋势。层合技术主要关注点在于贴合牢度以及对面料气味的影响。

2. 汽车用功能纺织品

汽车用功能纺织品的发展主要是依托于新型纤维材料的创新开发与应用。

目前汽车安全带的主要原料为涤纶工业丝，根据应用区域的不同，可以选择低伸长型和高伸长型涤纶工业丝。安全带用涤纶工业长丝要求具有优异的染色性能和耐磨性能，经过多年的发展，我国已经具备了汽车安全带用涤纶工业长丝技术研发与生产能力，实现了原材料的自主化供给。

随着国家对于汽车产品安全相关法规的完善以及消费者对汽车被动安全系统认识的增强，安全气囊的用量逐渐增多。安全气囊布的原材料以锦纶66纤维为主，要求材料具有耐冲击强度高、耐高温耐久性好、耐磨性强以及轻薄柔软、摩擦阻力小等优点，安全气囊袋的成形主要还是通过裁剪成片后再进行缝合成形，随着技术的发展，一种新型的气袋成形工艺OPW（one-piece woven）应运而生，该工艺通过大提花织机一次成形，袋子形状由电脑控制，气袋的缝合是由机台织造完成的，减少了裁剪、缝制过程中人为因素的影响，尺寸偏差下，缝合强度相对稳定。

黏胶纤维、锦纶、涤纶和芳纶是汽车轮胎帘子线的主要材料。锦纶纤维耐疲劳性好，易与橡胶黏合，在斜交胎和大型车辆轮胎上应用较多[13]。近年来，随着汽车子午胎的应用增多，随着高模低伸型的涤纶的开发，涤纶具有更高的模量（8cN/dtex以上）和更低的热收缩率，在轿车上，轮胎帘子线的材质也由锦纶向涤纶转变。芳纶纤维或芳纶与锦纶混纺材料，用在少部分高级轿车轮胎帘子线中。

此外，在电动化和轻量化的驱动下，纤维增强复合材料在汽车中的应用也越来越多。碳纤维复合材料能够使车身重量减轻40%~60%，可以应用在高强承载件上，如奔驰、宝马等汽车品牌的车身、门板、发动机盖等零部件区域都有使用碳纤维复合材料[14]。弹性模量高的黄麻、洋麻、苎麻等韧皮纤维，作为纤维增强塑料的增强纤维，越来越多地应用在门饰板、仪表板的成形上，实现汽车轻量化、环保等特性。

（三）火车/飞机用纺织品技术发展现状

1. 火车用纺织品

火车用纺织品主要指火车内部座舱空间中应用的装饰性纺织品，包括座椅面料、卧铺面料、窗帘面料和少量的地毯面料等[15]。火车面料的主要类型有机织平布、机织提花面料、机织双剑杆绒布、纬编提花绒布、经编双针床绒布等。这些装饰性纺织品由于使用环境的特殊性，对装饰性面料有着严苛的技术要求，这些技术要求主要涵盖结构性能、颜色相关性能、燃烧性能以及气味、VOC等性能。

近年来，随着火车特别是高铁行业的发展，火车用内饰纺织品的设计研发及应用也取得了长足的进步。我国已建立起完善的火车用纺织品技术标准，TB/T 3138—2018《机车车辆用材料阻燃技术要求》、TB/T 3139—2021《机车车辆非金属材料及室内空气有害物质限量》、TB/T 3237—2010《动车组用内装材料阻燃技术条件》等对火车用纺织品的技术要求做了明确的要求。此外，随着我国火车及高铁等轨道交通的出口量增加，符合特定国家或者地区技术标准要求的火车用纺织品需要被设计开发出来。

作为重要的公共交通工具，火车内部使用的纺织品有着严格的防火技术要求，如水平及垂直燃烧速率、极限氧指数及烟毒性等。制备满足防火技术要求的纺织品主要从纤维材料开发和整理工艺两个方面着手。火车内饰纺织品的原材料以聚酯涤纶纤维为主，因此纤维材料的研究开发重点是制备阻燃涤纶材料，采用含磷量在6000~6500mg/kg的共聚型磷系阻燃高黏聚酯切片为原料，通过熔融纺丝可以制备高阻燃性能的聚酯纤维，并根据具体的组织结构设计需要，选择高阻燃纤维应用在织物中的不同位置，如纬编针织绒布的地纱或者绒纱。火车内饰纺织品整理工艺的研究多集中在阻燃整理上，通过高性能阻燃剂或者高阻燃涂层胶的研发制备，实现火车面料的阻燃技术要求。此外，针对公共交通工具的使用环境特点，开发具有防污易去污、抗菌等功能型内饰纺织品也是火车用纺织品的重要发展方向。

2. 飞机用纺织品

飞机用纺织品多指飞机客舱内使用的纺织品，如座椅面套、毛毯等。与其他交通工具用纺织品相比，飞机用纺织品在阻燃性能上有着非常高的要求。目前飞机客舱纺织品一般采用羊毛纤维材料或者羊毛与合成纤维混纺，为了达到民航客舱阻燃及洗护要求，需要对纺织品进行化学改性或阻燃后处理，为了降低使用年限及洗涤带来的阻燃性能衰减，可以通过多种阻燃剂或多种后处理技术来达到阻燃效果。

近年来，高性能芳砜纶纤维逐渐在飞机座舱纺织品中应用。芳砜纶具有优异的阻燃性能，极限氧指数LOI可达33，燃烧时不发生熔融、基本不收缩，离火自熄；芳砜纶纤维作为一款新型的纺织面料，具有永久本质高阻燃特性，能有效阻止与降低火灾风险，保护客机人员的安全[16]。

三、交通工具纺织品技术发展趋势

纺织材料作为交通工具产品中重要的装饰和功能材料，未来交通工具纺织品将朝着材料轻量化、高性能化、智能化以及绿色生态设计、可持续发展等方向发展。

（一）轻量化

轻量化对于交通工具来说有着重要的意义，尤其是对于汽车来讲，可以节油降耗，提高续航里程，特别是随着汽车电动化时代的到来，汽车车身及零部件的轻量化将变得尤为重要[17]。碳纤维材料、玻纤增强材料、碳纤与玻纤混合材料以及天然纤维增强材料将会越来越多地应用到汽车、飞机等交通工具产品的设计开发中去。

（二）高性能化

未来舒适性、安全性和功能性是消费者对座舱环境关注的重点。交通工具内饰纺织品呈现出复合功能化和高性能化的特点，无烟高阻燃、抗静电、抗菌、抗病毒、负离子、高耐磨以及高耐老化纤维材料的开发应用成为重要的开发方向，也可通过高技术功能整理赋予纺织品优异的性能。

（三）绿色生态设计

产品的绿色生态设计将越来越被重视，这一理念将涵盖了原材料、制造过程、使用过程以及废弃回收等生命周期不同阶段的生态设计。可降解天然纤维材料、可回收再生材料如Recycle PET或者Recycle Nylon材料将会被更多使用，生物基材料的开发应用将会为交通工具纺织品的绿色生态设计带来新的契机。原液着色技术、水性助剂开发、环保型染料助剂的优化筛选、低气味低有机物散发材料与工艺的研发、可持续发展与循环利用材料的开发应用等将会是交通工具纺织品开发过程中的重点。

（四）智能化

消费者对交通工具座舱交互体验和沉浸式感官体验的新需求，推动了交通工具纺织品向智能化、科技化方向发展。织物的变色、发光、显示等成为了交通工具纺织品创新发展的求索方向，尤其在汽车内饰纺织品领域，光纤织物、透光织物、变色织物、智能控制织物的设计开发已经提上日程，相变储能调温织物或者涂层织物将会为消费者带来新的智能化体验。

参考文献

[1] 刘雁宇. 交通工具用纺织品现状及发展前景研究[D]. 上海：东华大学，2013.

[2] 冯庆祥，迈克·哈德卡斯特尔. 汽车用纺织品[M]. 北京：中国纺织出版社，2004.

[3] 刘伟军. 汽车内饰纺织品现状研究及数据库构建[D]. 上海：东华大学，2005.

[4] 周凤飞，柴雅凌. 车用纺织品的发展（一）[J]. 产业用纺织品，2002（6）：15-18.

[5] 吴双全，李雅，庄丽燕. 交通工具内饰用纬编针织产品的技术创新研究[J]. 针织工业，2018（11）：64-67.

[6] 吴双全. 原液着色车用聚酯纤维的开发及应用[J]. 针织工业，2015（11）：6-8.

[7] 邱志成，李鑫，金剑. 应用前景广阔的原液着色纤维[J]. 纺织科学研究，2020（1）：70-71.

[8] 孔震，蒋高明，夏凤林. 高速经编机电子横移原理探讨[J]. 针织工业，2007（9）：12-14.

[9] 蒋高明，高哲. 经编技术在航空航天领域的应用与展望[J]. 纺织导报，2018（S1）88-91.

[10] 吴双全，王楠，谢姗山，等. 汽车内饰纺织品整理技术研究与应用进展[J]. 针织工业，2020（7）：56-59.

[11] 吴双全，王楠. 汽车内饰表皮材料的多重感官设计[J]. 时代汽车，2020（3）：72-74.

[12] 吴双全，徐静静，田心杰. 新材料新技术在汽车内饰面料中的应用[J]. 上海纺织科技，2014（11）：4-7.

[13] 张大省. 汽车用纤维材料的发展及趋势[J]. 纺织导报，2009（6）：62-64.

[14] 王德诚. 汽车纺织品用纤维材料的开发[J]. 纺织导报，2011（5）：34-37.

[15] 高红. 城际列车座椅纺织品纹样设计及应用研究——以成渝城际列车为例[J]. 成都：西南交通大学，2012.

[16] 祝青青. 芳砜纶纤维染色性能及工艺研究[D]. 上海：上海工程技术大学，2010.

[17] 吴盼盼. 新材料新技术在汽车内饰面料中的应用[J]. 时代汽车，2019（19）：98-99.

纺织柔性复合材料技术现状及趋势

蒋金华　陈南梁

（东华大学产业用纺织品教育部工程研究中心　东华大学纺织学院）

一、前言

纺织柔性复合材料（textile flexible composite materials）和传统复合材料相同，由基体材料和增强材料复合而成，区别于传统复合材料的是柔性复合材料，一般以各种涂层作为基体，以各种纺织织物增强结构，如机织、经编、纬编和非织造等作为增强体。其中，增强结构决定柔性复合材料的承载能力并保障柔性复合材料的尺寸稳定性。涂层主要是用来保护增强结构不受外界条件（水、空气等）的侵蚀。

纺织柔性复合材料产品被广泛应用于工农业、能源、交通运输、土木建筑、航空航天、医疗产业等国民经济的许多领域，具有很大的发展前景。2017年全球涂层工业市场约1510亿美元（亚太涂层市场报告），其中亚洲市场约占45%，居主导地位。

纺织柔性复合材料由纺织增强材料经涂层等后整理工艺制得，具备高强高模、轻质柔软等性能，历经几十年的发展，目前已进入高速发展的阶段。早期由于纺织结构柔性复合材料耐环境性能不足、寿命较短，在产业用纺织品领域的应用未得到重视。后来美国杜邦等公司共同开发了永久性的纺织膜结构材料，纺织新材料、新工艺等技术的开发延长了纺织结构柔性复合材料的寿命，阻燃性、自清洁性等功能性也得到了长足的发展。纺织结构柔性复合材料是结构和功能的集成体，高性能化和功能化是其两大主要发展方向。如平面膜结构柔性复合材料广泛用于建筑膜结构、篷盖膜材、柔性广告材料等，早期形式多为涤纶织物复合材料，目前各种高性能纤维和功能涂层已得到广泛使用。另外，各类高端功能性充气结构柔性材料及产品，可广泛用于平流层飞艇、充气式飞机、充气式空间站的蒙皮材料等，是航空航天、国防军工等国家重大需求领域的关键基础材料，长期受制于发达国家的技术垄断，成为制约国家重大需求和航空航天等行业发展的"卡脖子"问题，而且我国在这一领域的研究起步较晚，纤维原料、关键技术和加工水平都相对落后，尤其在高端功能性充气柔性结构产品方面。因此，研究纺织柔性复合材料技术及产业发展具有重要的意义。

本文将从纺织柔性复合材料的发展现状出发，指出我国纺织柔性复合材料发展过程中面临的主要问题，总结行业发展过程中的经验，指导未来我国纺织柔性复合材料的发展方向，树立行业发展重点产品方向并制定相应对策，促进我国纺织柔性复合材料行业的蓬勃发展。

二、纺织柔性复合材料产业及技术发展状况

（一）纺织柔性复合材料产业发展状况

在贯彻落实产业用纺织品行业"十三五"发展指导意见，深化供给侧结构性改革的推动下，我国纤维和纺织柔性复合材料的产业化发展得到了很大的进步。2016年以来，我国的纤维和纺织柔性复合材料的产量不断增长，并且性能逐渐赶上世界领先水平。随着技术的提高，我国纤维的产量和性能也随之提升，2020年，我国化

纤产量为6025万吨，同比增长3.4%。其中，涤纶产量4923万吨，同比增长3.9%；锦纶产量384万吨，同比增长3.9%。2020年，化纤行业实现营业收入7984.2亿元，利润总额263.48亿元，化纤产品出口量为466万吨。

"十三五"时期，我国产业用纺织品行业坚持高质量发展理念，加速产业结构调整和升级，已成为全球最大的产业用纺织品生产国。据中国产业用纺织品行业协会2020年中国产业用纺织品行业发展报告统计数据，2020年我国产业用纺织品行业纤维加工总量达到1915.5万吨，同比增长18.2%，"十三五"期间的年均增长率为7.2%；与纺织柔性复合材料产业相关的几类产品也稳步增长，2020年篷帆类达到268万吨，结构增强用纺织品达到138.8万吨，建筑用纺织品达到88万吨，交通用纺织品达到71.7万吨等。

纺织柔性复合材料的应用十分广泛，实现国产化是重中之重。篷盖材料作为柔性复合材料中的一个大类，约占我国产业用纺织品的16%，但国内高档篷盖材料很少，特别是PTFE膜结构材料，虽然国内有少数企业在研发该类产品，但国产膜材在各项性能与国外存在一定的差距，而且在宽幅膜材方面还没有较大突破。在三维充气柔性膜结构材料、网格结构柔性复合材料方面，我国在技术方面仍处于跟跑追赶阶段，多项关键技术尚在攻关或初步应用阶段，离高端化还有一定的距离。

（二）柔性复合材料相关技术进展

1. 高性能纤维加工及应用技术

为满足纺织结构柔性复合材料的特殊性能，对其增强体中的纤维有着不同的要求，常常使用高性能纤维，如碳纤维、玻璃纤维等作为增强材料，有时也会使用化学纤维，如高强涤纶、锦纶、芳纶等，少数还会用到天然纤维。但无论是以高性能纤维、化学纤维或是天然纤维作为原料，都需要进行适当的设计，让纺织结构柔性复合材料能够发挥出各种纤维原料本身的特性，如纤维的轻质、高强，化学纤维的耐磨、耐热以及天然纤维的吸湿、透气等。

在柔性复合材料用高性能纤维技术领域，我国间位芳纶已达到规模工业化程度，其品种和质量也接近国际水平，应用范围也逐步扩大，具备了对位芳纶的生产能力。我国制备UHMWPE纤维技术得到广泛发展，产品质量大幅提升，部分性能指标达到甚至超过DSM同类产品性能，但更高端纤维产品国外对我国仍采取多种限制措施，例如，我国航空航天、医用材料等领域的高性能纤维，仍然对我国采取限制出口等多种措施。我国聚酰亚胺（PI）纤维产业得到迅猛发展，高强高模聚酰亚胺纤维已走出实验室，断裂强度达到3.5GPa，模量130GPa，在环境保护、航空航天、尖端武器装备及个人防护等领域发挥重要作用，也使得我国高性能聚酰亚胺纤维生产技术位居世界前列。国内聚对苯撑苯并双噁唑纤维（PBO）纤维方面，东华大学等则对PBO的合成工艺、PBO纤维的制备与性能、PBO纤维增强复合材料的性能和应用进行了研究，开发了PBO的合成挤出—液晶纺丝的一体化工艺，制得了高相对分子质量的PBO聚合物，并在国内首次成功纺制出性能优良的PBO纤维。在几种无机碳系纤维方面，我国研究学者做了较多的研究，如复旦大学彭慧胜教授课题组在碳纳米管纤维的连续化生产、浙江大学高超教授课题组在石墨烯纤维的制备等方面做了很好的基础工作，相应的技术也处于世界前列。但受到几种新型碳系纤维的成本、设备及下游应用等的限制，目前也尚处于基础研究阶段，距离实现产业化还有一段很长的路要走。热致液晶聚芳酯纤维打破了日本的垄断，基本形成了与日本Vectran纤维性能相当的国产化聚芳酯纤维生产线及产业化。

2. 增强织物加工技术

增强织物决定柔性复合材料的承载能力并保障柔性复合材料的尺寸稳定性。纺织结构柔性复合材料的增强织物常以高性能纤维为原料，配合现代纺织的织造技术，生产出具有一定强度、模量和稳定性的增强体基布。随着技术的发展和对纺织柔性复合材料性能要求的提高，新的增强织物制备技术被开发出来，如2.5D及3D增强织物及技术、特种编织材料与技术（六角形编织）、三维大隔距材料与技术、高密经编增强材料与技术、混编及多轴向经编装备等技术（图1）。

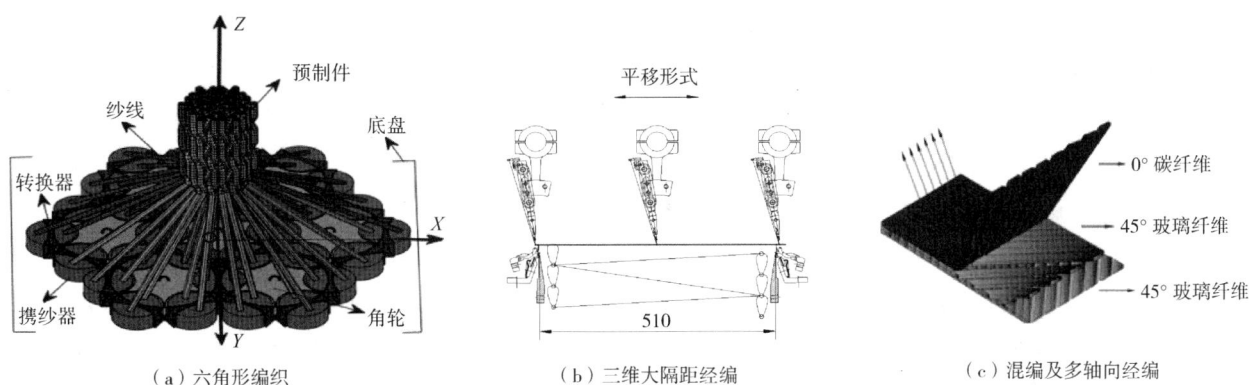

（a）六角形编织　　　　　　（b）三维大隔距经编　　　　　　（c）混编及多轴向经编

图1　新型柔性增强结构加工技术

三维编织材料是涉及以纤维立体织物纺织与成型为代表的多项先进技术，3D编织织物复合材料可以实现复杂型面的整体成型，不仅具有一次成型、曲面连接强度高、耐振动等特点，还具有可设计性强、功能化处理等优势，在生产结构—功能一体化材料方面优势明显。基于法国的Noveltex、Naxeco成功的开发出了缝合针刺工艺技术，我国也发展碳/碳复合材料预制体、碳布/碳纤维网胎针刺加工技术研究及航天功能复合材料产品，低成本快速立体织物成型技术及其复合加工技术正成为新的发展趋势。目前国内可实现立体机织、立体编织、立体针织、立体针刺的产业化生产，但企业数量较少，产能约1×10^{7} t/年，产品集中向军工及航天航空单位提供。我国的三维编织材料研发方面，多家高校及研究所开展了较多的研究，部分成果已成功应用于我国北斗卫星、神舟飞船、运载火箭、战略导弹及新型战机等重点型号中。随着国内其他科研院所、民营企业参与军工配套立体织物的研究、生产、试制，出现了新兴的立体织物生产企业，增加了立体织物编织的进口设备，克服了手工编织人为因素对织物精度造成的影响。但在复杂预制体加工制造环节，自动化程度仍存在问题，不能满足应用的要求。

3. 涂层技术与复合成型技术

涂层从根本上来讲是将一种高分子聚合物以一定厚度铺展在织物表面，形成连续的聚合物层。涂层织物的技术给制造功能型柔性复合材料提供了更多的可能性，大大拓宽了纺织品的用途。目前世界涂层纺织品已占纺织品总产量的20%，涂层剂消耗量以重量计已达到纺织总助剂量的50%，金额占30%。常用的涂层处理技术有刮刀涂层、层压复合、压延涂层、织物浸轧、滚筒涂层、转移涂层、圆网印花涂层、泡沫整理涂层和焊接复合技术。

随着经济的发展，传统的纺织品已无法满足人们的需求，多功能纺织品的发展为纺织品开辟了新的发展方向。为了将纺织品进行各种功能性整理，人们开发出了新的复合材料成型技术，如镀膜、静电纺丝、多层共挤成型和纱线涂层技术。镀膜是实现功能整理的一种常见方式，适用于纺织品上的镀膜技术主要有物理镀膜和化学镀膜法两大类。另外，为了实现多层功能膜一体化成型，新型的多层共挤技术可以膜材更轻薄、一体化高效制备，直接采用三种以上的塑料粒子（或者塑料粉末）作为原料，通过几台挤出机分别使每种塑料熔融塑化后，经过进一步加工处理，制得多层复合薄膜，不同于干法复合等复合技术，它不需要先将塑料粒子制成薄膜状的中间产品，代表了经济、环保的方向，采用此工艺生产相同结构的复合材料比其他工艺可以节省30%的生产成本。

4. 增强蒙皮膜材技术

平面膜结构柔性复合材料广泛用于建筑膜结构、篷盖膜材、柔性广告材料等。据中国产业用纺织品行业协会统计分析，2020年篷盖材料作为柔性复合材料中的一个大类，约占我国产业用纺织品纤维加工量总量的14%。高密经编增强材料作为新型的高性能、低成本织物增强材料，在平面膜结构柔性复合材料方面，无论是军事还是民用领域，均具有巨大的应用潜力。在平面膜结构柔性复合材料方面，国内的高技术、高附加值产品还很少，技术研发能力待补强。目前国内篷盖布材料生产专业基础水平较高的企业有数十家，以上海申达科宝新材料有限公司为代表的一批企业，具有较好的篷盖布材料生产专业基础水平，生产的聚四氟乙烯（PTFE）膜材、FEVE膜材、聚氯乙烯（PVC）膜材接近国外先进水平，但在一些高端装备用膜材方面存在一定差距，有关产品应用服役的研究和解决方案还不够完善。

近年来，随着应用领域的推广，出现了高性能纤维结构柔性复合材料，如凯夫拉（Kevlar）、聚芳酯纤维Vectran、PBO等高性能纤维增强膜结构材料。三维充气柔性膜结构材料的典型应用对象是浮空器囊体蒙皮材料，在临近空间浮空器蒙皮材料方面，日本企业的技术优势明显，在美国和欧洲浮空器方面得到较多应用（图2）。这些特种纤维成本昂贵，且国内生产技术尚不成熟，要提高增强织物性能，除了从纤维端入手，还可以从编织工艺端改进。高密经编技术是在常规多轴向经编技术基础上改进，实现增强纱线的高密度编织，能够在保证纱线强度利用率的基础上进一步提高织物的强度，且成本相对较低。在飞艇蒙皮材料的研究中，阻氦层、耐候层等功能涂层大多为进口膜材为主，我国在膜材技术及工程化应用方面仍处于跟跑追赶阶段，多项关键技术尚在攻关阶段。

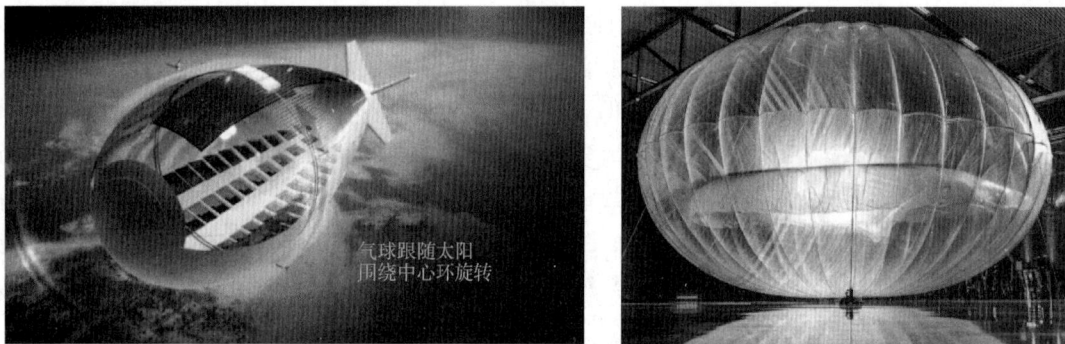

（a）Stratobus平流层客车　　　　　　　　　（b）Project Loon高空气球

图2　飞艇蒙皮膜材及浮空器材料

5. 三维大隔距柔性材料与技术

超大宽隔距三维立体织物也是较为新型的三维充气柔性复合材料，应用广泛，在军用、航天航空、建筑、农林、生物医用等方面都发挥出巨大的作用（图3）。三维大隔距材料与传统充气材料不同，内在的间隔拉丝能够帮助充气材料实现各种形状，同时优异的力学性能使其在军事、民用等领域都具有巨大的市场，如可用于制造充气式飞机、飞艇、巨型海上军用平台、海上太阳能发电站平台等。近年来，超大宽隔距三维立体间隔织物的应用迅速拓宽，已成为一种应用潜力巨大和研究价值极高的新型纺织品，国内外需求巨大，迫切需要专用高速智能化的生产装备。我国三维大隔距经编间隔织物技术及其装备得到快速发展，但大部分在现有设备上进行改造生产，现有的机械设备无法进行大隔距高效生产，研发专用的超大间距织物高速智能化的生产装备迫在眉睫。2020年，常州市赛嘉机械有限公司成功开发了智能控制超大隔距三维立体双针床经编机，已实现了量产和产业化推广。未来3~5年，市场仍然有2000台以上需求巨大，需要开发超大宽隔距经编间隔织物装备及稳定织造技术，300mm以上左右隔距难度高，需要进一步形成超宽隔距经编间隔织物生产装备全套技术。

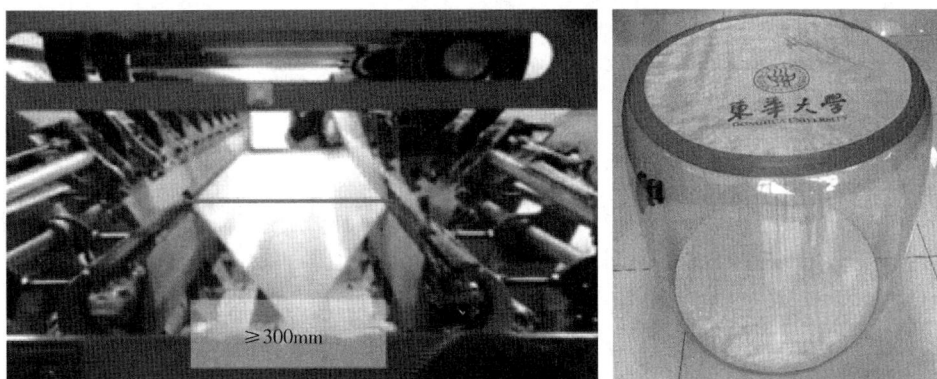

（a）超大隔距三维立体经编编织　　　　　（b）大隔距充气材料

图3　超大隔距三维立体经编织造及充气织物

三、纺织柔性复合材料面临的主要问题

（一）原材料研发和应用水平的问题

原材料应用技术方面，虽然我国产业用纺织品原料之一的高性能纤维国产化、产业化取得了明显突破，国产芳纶、PI纤维等某些领域基本取代了进口纤维，但专用纤维原料总体发展滞后。国外用于产业用纺织品的纤维品种多达400个，特别是高性能纤维在产业用纺织品中的应用十分广泛。而目前我国产业用纺织品的纤维原料品种，特别是国产高性能纤维品种及差异化产品还比较少，我国产业用纺织品使用的纤维原料还不能满足产业的高水平发展需要。

（二）加工工艺与装备的问题

目前，虽然与产业用纺织品相关的纤维、织造等国产装备已经基本涵盖各种工艺，但总体上产业用纺织品加工装备及工艺在自动化、信息化、智能化等方面与世界先进水平存在较大差异，表现为能力偏小、速度慢、效率低、在线监测缺乏等。复杂编织自动化生产技术有待提高，生产效率是目前制约其发展的重要因素，自动化三维立体编织设备数量稀缺，难以满足生产大规模商业化的纺织结构件。宽幅多层涂层工艺控制及稳定性技术成为制约柔性复合材料批量生产技术的关键，多层共挤复合成型方法和设备工艺与国外仍存在差距，装备工艺在自动化、智能化、信息化方面与世界先进水平存在差距。

（三）基础研究相对滞后

纺织柔性材料的基础研究方面相对比较薄弱，比如对芳纶、聚酰亚胺、Vectran等高性能纤维可编织理论及性能表征方面缺乏完整的体系，在纺织柔性复合材料增强结构设计理论与应用机理也没有成熟的理论支持产业的发展，在纺织柔性复合材料界面理论、多重复合及界面调控理论研究相对不足，不能应对复杂应用服役的要求和各类环境的要求，对于纺织柔性复合材料表面功能性整理技术方面和宽幅多层涂层工艺控制及产业化稳定性技术方面也相对滞后。在应用环境条件下柔性复合材料的服役行为与失效机理研究不足，对柔性材料的评价体系和标准还未建立完善。

四、我国纺织柔性复合材料重点发展方向及策略

（一）技术发展方向

1. 突破轻质高强纺织柔性材料结构整体设计技术

根据不同材料类别组织材料设计、性能测试、环境分析评价、改性和优化等研究工作，同时配合加工企业解决大批量纺织柔性材料工业化生产中的设备、工艺和复合等技术问题，进行纺织柔性材料结构整体设计技术。运用新材料或新的纺织工艺技术提高纺织柔性材料的强力，可以提高应用可靠性和低成本。

2. 加强宽幅多层涂层工艺控制及稳定性技术

突破膜结构材料结构设计、高功能化膜材料设计制备，构建纺织柔性复合材料功能层界面结合机理与多层复合成型方法。构筑多相隔离且结构稳定的一体化成型复合界面调控体系，研发多层共挤复合成型方法和设备工艺，以确保制备的材料具有良好的层间黏结性能，有效控制涂层内部及表面缺陷，优化改进涂布设备和宽幅多道涂层、烘干、定型一体化控制及复合成型工艺，保证涂层工艺及过程控制的稳定性，达到批量生产的工艺水平。

3. 加强专用装备研制及产业化生产技术

发展复杂结构一体成形装备、开发大尺寸构件以及微纳编织结构件的六角形编织装备，系统研究六角形编织成型规律。开发专用多轴向经编装备，突破细旦纤维、特种有机纤维铺丝以及编织成形技术，拓宽多轴向经编增强纱的应用品种；研制超大宽隔距（300mm以上）三维立体间隔织物的智能化成套装备；开发多层共挤复合成型方法和设备，实现多种功能层一体化成型加工及高效生产。

4. 纺织结构柔性复合材料复杂环境服役行为及机理

加强纤维、纺织、材料、化工、力学、工程等多学科共同合作，构建纺织结构柔性复合材料适用的耐摩擦、耐揉搓、耐折叠、大变形、耐紫外及耐原子氧等性能的检测标准及评价方法体系，研究纤维运动学规律、材料表面接触力学等，建立复杂环境服役行为预测模型，明确涂层结构及工艺与服役行为相互作用机制，探究应用服役性能调控模式。

（二）产品重点发展方向

随着纺织结构柔性复合材料技术的发展，纺织结构柔性复合材料性能以及功能的可设计性也会越来越强，能够根据应用条件的要求，灵活设计纺织结构柔性复合材料的结构、性能以及功能。纺织结构柔性复合材料优异的性能使其拥有广阔的应用前景，包括航空航天、体育休闲、储能传感等诸多领域。

1. 篷盖材料

篷盖材料是产业用纺织品中的大类材料，涵盖建筑膜结构材料、广告灯箱布、篷盖布、帐篷以及装饰中的背衬和地板膜等产品。随着商业广告的高速发展，广告灯箱布为纺织结构柔性复合材料贡献了巨大的经济利益，建筑膜结构材料的应用需求也推动篷盖材料技术走向高端。当前纺织结构柔性复合材料在提升力学性能的同时，也在加速向功能化、智能化、绿色化发展，开发具有自清洁、吸声降噪、透光、智能热管理、环境自适应、自响应以及兼具美学等功能的膜结构材料对推动建筑业以及柔性复合材料产业的发展均具有极高的价值。

2. 体育与交通用纺织品

纺织结构柔性复合材料在体育休闲以及交通运输等领域拥有广阔的应用前景，包括汽车内饰、安全气囊织物、防水油布、深海隔水管材及焊材、大口径深海输送软管。新型的大隔距三维立体间隔织物及柔性复合材料产品厚度均一、爆裂强度高、表面平整安全耐用，近年来，被广泛应用于飞机疏散滑梯、直升机安全气垫等方面。

3. 柔性膜结构及充气材料

膜结构材料是纺织柔性材料的典型产品，膜结构材料具有巨大的市场，应当根据不同领域的应用环境，开发不同系列的膜结构材料，满足不同的应用需求。开发新型的三维充气柔性复合材料，提升新型囊体材料的整体工艺技术水平，形成稳定批产能力，推动其在高档体育器材、充气汽车坐垫、方舱医院隔离舱、消防救护垫、轻质高悬浮桥、飞机救生滑道、飞机停车库、军用气垫船、航空器、充气结构太空舱等领域的应用。

4. 航空航天柔性材料

航空航天用纺织柔性复合材料是以高性能纤维、功能纤维和前沿纤维为材料，运用特定纺织技术加工而成的高性能航空航天纺织品，主要应用于大气层高空以及外太空空间环境，包括飞艇、高空气球、充气天线、雷达罩、空间飞网、空间站舱体、登陆缓冲系统、航天员的生命保障系统材料等航空航天产品等。在国际航空航天产业加速发展的背景下，能够满足高强重比和轻量化、耐空间各种特殊环境、柔性和近体仿形成型制造、功能性和智能化等要求的纺织材料及纺织品，参与航空航天产业建设的广度和深度已经逐步加大。

5. 军用柔性纺织品

纺织柔性复合材料应用到国防军工的产品主要有两大类。一类产品为军队的后勤供应提供保障，这些纺织品可以通过社会化采购来满足军队的需求。另一大类产品主要应用于军队的作战、训练和军事装备的配套，此类产品的品种比较繁杂，对纺织材料的性能要求非常高，主要包括便携行具、单兵防护系统、核生化防护服装、伪装和屏蔽材料、特种绳缆、高性能纤维复合材料、蜂窝材料、各种降落伞和减速伞、航空发动机喷管喉衬、航天员的生命保障系统等。除此之外，土工建筑用纺织品、医疗卫生用纺织品、隔离与绝缘用纺织品、过滤与分离用纺织品、工业毯呢在国防诸多领域也有较为广泛的应用。

6. 新兴智能柔性材料

结合织物结构特性，通过对织物涂覆具有预定特性的特种涂料，所制备的柔性复合材料能够获得响应外部或环境因素的能力，能够帮助纺织柔性复合材料实现自清洁、防水透湿、自加热、储能或者人体健康监测等功能。随着功能性涂层技术的进一步发展，纺织柔性复合材料也不再局限于功能性整理，逐渐走向智能纺织品阶段，自感知、自适应以及自驱动等材料越来越成为学术热点，也将是纺织结构柔性复合材料的重要发展方向。

五、结论与展望

在"十四五"发展新的时期，在能源危机和气候变化问题加剧的背景下，完成碳中和目标的时间越来越紧迫。纺织结构复合材料具有高性能、轻量化、结构可设计性等特点，能够适应各种产业链中结构件的生产制造和应用服役，在碳中和行动中具有巨大的应用潜力。纺织结构柔性复合材料虽然历史悠久，但真正高速发展的时间却并不长，依然是具有巨大发展潜力的材料。

纺织结构柔性复合材料横跨材料、纺织、工艺、力学、计算等多学科，在各领域都有着很大的研究空间，而纺织结构柔性复合材料优异的性能及其结构—性能可设计性等特点，也使其能够广泛应用于从日常生活到航空航天等诸多应用领域，拥有广阔的应用前景。整体发展趋势是呈现进一步高强轻质、多功能化、智能化、结构—功能一体化、长寿命以及个性化定制等特点，同时降低成本、精简工艺以及绿色环保可回收等特点，重点向高性能结构—功能一体化材料、航空航天、军民两用、基础建设等领域发展。纺织结构柔性复合材料的研究涉及纤维原料、织造工艺、树脂基体、涂层工艺、性能机理、建模仿真等诸多技术领域，各领域相互联系、相互制约，共同影响着纺织结构柔性复合材料的整体发展趋势，应当推进纺织结构柔性复合材料生产工艺流程的智能化、绿色化，突破材料的性能和成分调控、生产加工及应用等工艺技术，优化材料品种结构，提高产品质量稳定性及应用服役寿命，降低生产成本，提高国际竞争力。

废旧纺织品化学循环再生研究进展

陈 龙 周 哲 张 军 徐世美 倪延朋

（东华大学 中国科学院北京化学研究所 四川大学 青岛大学）

我国是纺织品生产和消费大国，"十二五"期间废旧纺织品累计产生量达1.4亿吨[1]，"十三五"末期将达2亿吨。2019年纤维加工总量9583万吨，其中涤纶4784万吨、棉1695万吨；据估算，废旧纺织品产生量将达到3500万吨，其中废旧涤纶占53%，废旧棉占30%，但再生利用率不足20%[2]（图1）。目前，国外知名品牌明确其使用再生涤纶比例将从30%提升到2025年的100%[3-5]（图2），对品质也提出了更高要求。废旧纺织品成分复杂，棉、涤纶、氨纶等纤维混杂，还有染化料、不明杂质等[6-8]。目前再生方法主要以物理法为主，但存在技术调控窗口窄、产品品质和附加值较低等问题[9-11]。相比而言，化学法是弥补物理法缺陷的有效途径，但技术难度大、生产成本高、回收利用率低、产品品质差，且"治废产废"程度有待进一步降低[12-14]（图3）。因此，开发废旧棉、涤纺织品清洁高效再生技术，制备高品质、高附加值纤维原料，对于提高资源利用率、减少环境污染具有重大意义[15]。

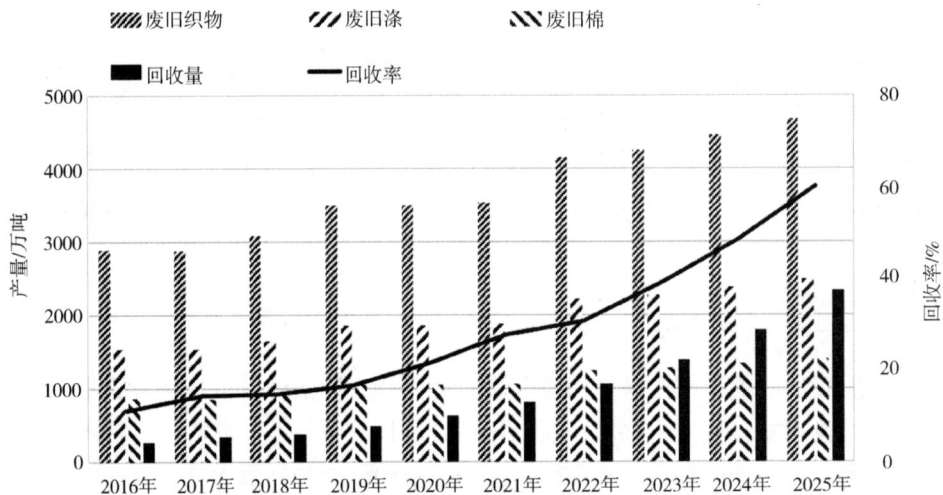

图1 2016~2025年废旧纺织品产生量及回收率

一、废旧棉纺织品化学法再生利用研究进展

（一）废旧棉再生浆粕制备技术研究进展

废旧棉再生浆粕的制备技术包括直接溶解法和蒸煮制浆法（表1）。直接溶解法存在聚合度不可控、杂质含量高且分离难度大、溶剂回收成本高等问题。蒸煮制浆法过程可控、杂质易分离且成本较低，产业化前景更为广阔，但仍然存在纤维素的降聚及聚合度调控机制、非纤维素杂质脱除机理不明晰且脱除不完全等问题，尚缺乏与废旧棉纺织品性质相匹配的专用技术，包括非纤维素杂质高效脱除、浆粕聚合度调控及分离纯化技术。瑞典Re：newcell[16]公司研制了废旧棉再生浆粕（图4），但杂质含量高、聚合度分布宽、颜色深，只能

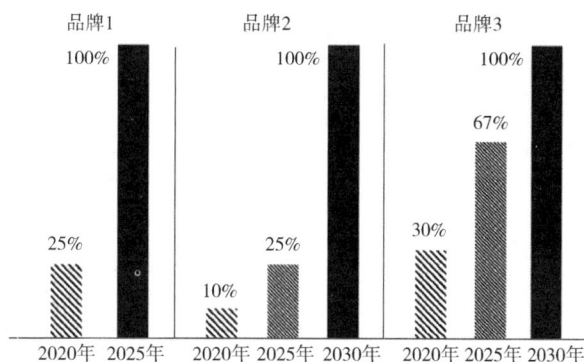

图2 国际知名品牌再生涤纶使用计划

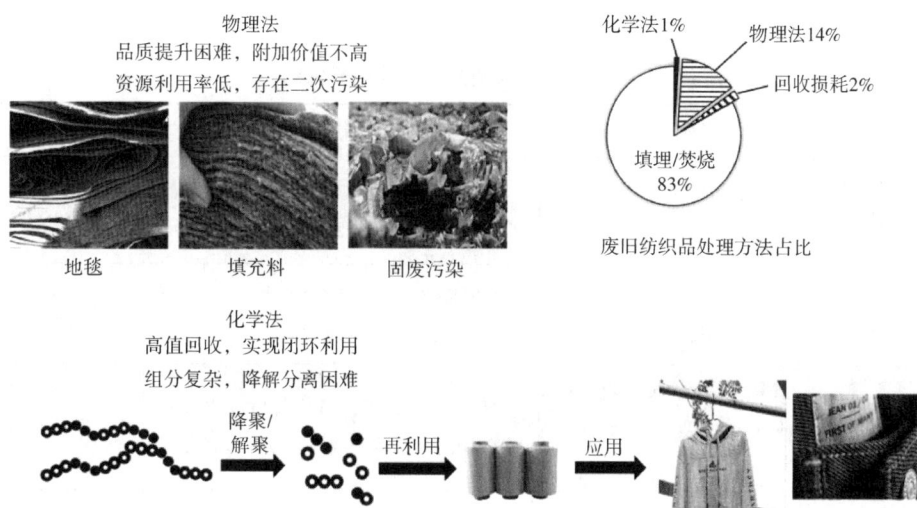

图3 废旧纺织品再生利用技术现状

与原生木浆混合后纺制成黏胶纤维，且无法制备Lyocell纤维。东华大学与齐鲁工业大学合作开展了蒸煮制浆法的研究（表2），采用温和蒸煮与梯度磨浆解离技术，有效提高了非纤维素等杂质的去除效率和浆料聚合度，但仍需进一步降低金属离子含量，提高再生浆粕在特定聚合度范围内的均一性。

表1 国外从事相关研究的主要机构

序号	机构名称	相关研究内容	相关研究成果	成果应用情况
1	芬兰VTT技术研究中心[45]	废旧棉纺织品的溶解	采用离子液体溶解废旧纺织品中的纤维素	研究阶段
2	奥地利Lenzing集团[24]	废旧棉再生浆粕及再生Lyocell纤维	废旧棉再生浆粕与木浆混合，制备了再生Lyocell纤维（REFIBRA™）	实现量产，其中消费后废旧棉再生浆粕占比为10%
3	日本帝人公司[30]	PET乙二醇醇解—甲醇酯交换	将废旧涤纶纺织品经乙二醇醇解得到BHET，再经甲醇交换得到高纯度DMT	已商用，但对非涤组分处理困难
4	美国杜邦公司	钛系催化剂	开发了Tyzor有机钛系催化剂，与锑催化剂相比，反应活性更高	工业化，应用于原生聚酯的生产

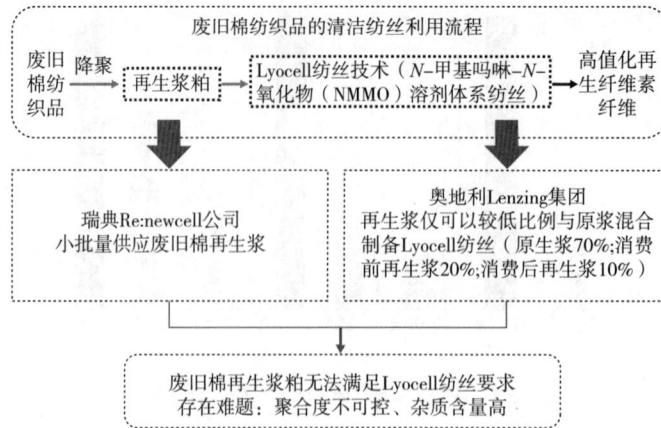

图4 废旧棉纺织品化学循环再生技术现状

表2 国内从事相关研究的主要机构

序号	机构名称	相关研究内容	相关研究成果	成果应用情况
1	东华大学/齐鲁工业大学	废旧棉纺织品蒸煮制浆及再生Lyocell纺丝	制备了废旧棉纺织品再生浆粕，并纺制了Lyocell纤维（干态断裂强度2.7cN/dtex）	实验室研究阶段
2	赛得利（中国）纤维有限公司	利用废旧棉浆再生粕制备黏胶纤维	废旧棉再生浆与木浆混合，实现了万吨级再生黏胶纤维的量产	成功量产
3	四川大学/青岛大学	聚酯绿色合成、化学循环回收的新催化体系和方法	开发的新型催化剂与方法可应用于PET、PBT聚酯的合成与高效化学回收	实验室研究阶段
4	浙江佳人新材料有限公司	废旧涤纶纺织品化学法循环再生技术	将回收的涤纶纺织品化学解聚，得到高纯度DMT，并通过酯交换和聚合反应制备了高品质纤维级再生PET切片	工业化阶段，但PET解聚效率和单体回收率较低，且副产物难以回收利用，再生PET切片中重金属含量高
5	东华大学	钛系催化剂	开发了有机无机杂化钛系催化剂，可应用于PET、PBT及其共聚酯的合成，树脂的b值优于锑系催化剂切片和更高的L值	小试阶段，已在佳人DMT法再生PET生产线试用，成功制备无锑再生聚酯

（二）废旧棉浆粕制备再生纤维素纤维研究进展

废旧棉再生浆粕制备再生纤维素纤维的技术路线主要有黏胶法和新型溶剂法[17]。唐山三友集团[18]和赛得利（中国）均已实现了废旧棉再生黏胶纤维的批量化生产。由于黏胶纤维生产工艺环境污染较大，因此再生纤维素纤维绿色加工技术的研发主要集中于N-甲基吗啉-N-氧化物（NMMO）/水、低温碱/尿素水溶液和离子液体等新型清洁溶剂体系方面[19-22]。相较而言，Lyocell生产工艺成熟度最高，且纤维综合性能优异，但仍局限于采用专用的Lyocell原生木浆[17]。2019年底，奥地利兰精（Lenzing）公司[23]利用废旧棉再生浆粕与常规Lyocell木浆混合的方式实现了废旧棉再生Lyocell纤维REFIBRA™的纺制（图4），但其所使用的消费后纺织品再生浆粕的比例仅能达到10%[24]。东华大学联合齐鲁工业大学在国内率先开展了再生棉浆粕制备Lyocell纤维的纺丝成形工艺研究，所制备的Lyocell纤维干态断裂强度可达2.7cN/dtex，但仍需要解决相关影响机理及调控手段不明确、纺丝难度大、纤维性能差等问题。

二、废旧涤纶纺织品化学法再生利用研究进展

（一）废旧涤纶纺织品解聚单体制备技术研究进展

废旧涤纶纺织品再生利用技术包括物理法、物理化学法和化学法[25]，化学法可实现从"聚合物—单体—聚合物"的闭环回收，获得高值化、多品种再生产品，主要有水解法和醇解法[26]。水解法原理简单，但技术实施难度大，短期内不能实现规模化工业应用[27]。故目前以醇解法为主，包括甲醇醇解和乙二醇醇解[28]（图5）。其中乙二醇醇解法工艺条件相对温和[29]，对设备要求较低，日本帝人、美国杜邦等公司拥有相关专利技术（表1），但解聚单体纯度低。为此，帝人进一步开发了乙二醇醇解—甲醇酯交换技术[30-31]，2013年浙江佳人公司[32-33]引进了该技术，并建成了中国第一家化学法再生聚酯纤维工厂，也是目前全球最大的化学法循环再生聚酯企业（表2）。该公司生产的对苯二甲酸二甲酯（DMT）产品纯度高，可以满足纤维级聚酯合成需要，其生产的再生聚酯切片和长丝在2016~2019年的市场占有率为100%。但因催化效率和反应传质效率低、非涤组分作用等因素影响，回收率尚需进一步提高。此外废旧涤纶纺织品中其他组分或转化产物难以分离，利用率不高，存在二次污染问题[34]。因此，发展解聚高效催化和传质技术，以及其他组分的有效分离和高值利用技术是实现资源高效循环利用亟待解决的核心问题。

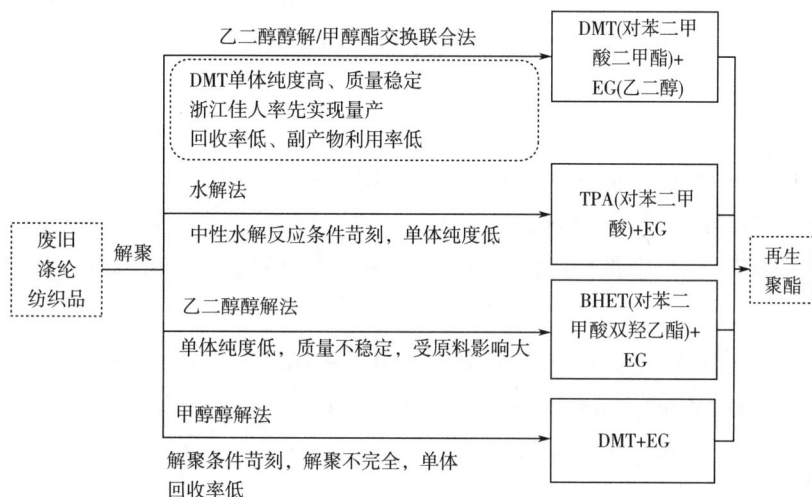

图5　废旧涤纶纺织品化学循环再生技术现状

（二）废旧涤纶纺织品解聚单体再聚合技术研究进展

废旧涤纶纺织品化学法回收得到的再生单体中，DMT纯度最高、质量最稳定，因此DMT酯交换法成为高品质纤维级化学再生聚酯生产的唯一工业化技术路线[32, 35]。但是DMT法需要使用醋酸锰、醋酸钴等酯交换催化剂和三氧化二锑、乙二醇锑等缩聚催化剂[36-38]，重金属残留量大，随着相关法规和标准对纺织品中重金属种类和含量的严格限定，再生聚酯产品面临严重的环保壁垒[39-41]。针对DMT法的绿色催化剂的研发工作鲜有报道。钛系催化剂高效环保，但普遍存在催化稳定性差、副反应剧烈等缺点，合成的聚酯（PET）色相差、

品质低[42-44]。东华大学开发的有机无机杂化钛系催化剂具有高效且活性可调的特点，在浙江佳人新材料有限公司DMT法再生PET生产线试用，成功制备了无锑再生聚酯（添加酯交换醋酸锰催化剂），取得了良好成效，但仍存在聚合工艺不适配和酯交换催化剂带来的重金属含量高等问题。因此，亟须开发绿色高效的兼具酯交换与缩聚催化活性的非重金属催化剂及适配的应用技术。

三、废旧纺织品化学循环再生利用技术展望

综上所述，通过攻克废旧棉纺织品制备Lyocell纤维和废旧涤纶纺织品化学再生制备纤维级聚酯切片两方面的共性科学和关键技术问题，建成规模化示范工程，将极大推动我国废旧纺织品资源化利用技术的重大突破与综合利用产业的规范化发展，为大幅度提高我国资源利用效率，为生态文明建设提供科技保障。

参考文献

[1] 中国工程院. 废旧化纤纺织品资源再生循环技术发展战略研究报告[R]. 北京：中国工程院，2018.

[2] 中国可再生资源回收协会. 中国废旧纺织品再生利用技术进展白皮书 [R]. 贵阳：中国再生资源回收利用协会，2019.

[3] Declaration. Declaration of extra-financial performance [R]. Declaration, 2019. https：//presse.decathlon.de/wp-content/uploads/2020/12/DECATHLON-Nachhaltigkeitsbericht-2019-engl..pdf.

[4] PROGRAMME EM FUE.The Global Commitment 2020 progress report[R]. Cowes：Ellen MacArthur Foundtion & UN Environment Programme, 2020. https：//www.newplasticseconomy.org/assets/doc/Global-Commitment-2020-Progress-Report.pdf.

[5] BARROWCLOUGH D, DEERE BIRKBECK C. Transforming the global plastics economy：The political economy and governance of plastics production and pollution [R]. Oxford：GEG Working Paper, 2020. https：//www.econstor.eu/bitstream/10419/224117/1/1701700611.pdf.

[6] 赵国樑. 我国废旧纺织品综合再利用技术现状及展望 [J]. 北京服装学院学报（自然科学版），2019，39（1）：95-100.

[7] BUKHARI M A, CARRASCO-GALLEGO R, PONCE-CUETO E. Developing a national programme for textiles and clothing recovery [J]. Waste Management & Research, 2018, 36（4）：321-331.

[8] HAHLADAKIS J N, VELIS C A, WEBER R, et al. An overview of chemical additives present in plastics：Migration, release, fate and environmental impact during their use, disposal and recycling [J]. J Hazard Mater, 2018, 344：179-199.

[9] SANDIN G, PETERS G M. Environmental impact of textile reuse and recycling – A review [J]. Journal of Cleaner Production, 2018, 184：353-365.

[10] HAMAD K, KASEEM M, DERI F. Recycling of waste from polymer materials：An overview of the recent works [J]. Polymer Degradation and Stability, 2013, 98（12）：2801-12.

[11] PENSUPA N, LEU S-Y, HU Y, et al. Recent trends in sustainable textile waste recycling methods：Current situation and future prospects [J]. Chemistry and Chemical Technologies in Waste Valorization, 2017：189-228.

[12] 陈烨，王少博，柯福佑，等. 废旧聚酯纤维制品资源再生循环技术发展 [J]. 纺织科学研究，2019，8：64-66.

[13] ELANDER M, LJUNGKVIST H. Critical aspects in design for fiber–to–fiber recycling of textiles [R]. Stockholm:IVL Swedish Envirometal Research Institnts, 2016.

[14] 张帆, 杨术莉, 杜平凡. 废旧纺织品回收再利用综述 [J]. 现代纺织技术, 2015, 23（6）: 56–62.

[15] LEAL FILHO W, ELLAMS D, HAN S, et al. A review of the socio–economic advantages of textile recycling [J]. Journal of Cleaner Production, 2019, 218: 10–20.

[16] NEWCELL. We make fashion sustainable [R]. Stockholm: newcell AB, 2017.

[17] PIRJO HEIKKILÄ T K, EETTA S, JUKKA P, et al.Recycled Cotton Fibres in Technical and Clothing Applications [R]. Finland: VTT Technical Research Centre of Finland, 2019.

[18] NEWCELL.H&M Conscious Exclusive becomes the first retail collection to feature Circulose® [R]. Stockholm: newcell AB, 2020.

[19] TENCEL. Lenzing unveils REFIBRA™ breakthrough technology strengthening their commitment to the circular economy in textiles [EB/OL]. Tencel, [2019–03–12]. https://www.tencel.com/news–and–events/lenzing–unveils–refibra–breakthrough–technology–strengthening–their–commitment–to–the–circular–economy–in–textiles.

[20] MEISTER G, WECHSLER M. Biodegradation of N–methylmorpholine–N–oxide [J]. Biodegradation, 1998, 9（2）: 91–102.

[21] CUISSINAT C, NAVARD P. Swelling and Dissolution of Cellulose Part Ⅱ: Free Floating Cotton and Wood Fibres in NaOH‐Water‐Additives Systems [J]. Macromolecular Symposia, 2006, 244（1）: 19–30.

[22] 郭京花. 唐丝和Re:newcell合作推出黏胶纤维新品: 50%的原料来自回收纺织品 [EB/OL]. 纺织服装周刊, [2019–06–28]. http://www.taweekly.com/zx/cjxw/201906/t20190628_3894580.html.

[23] REFIBRA™ technology: right out revolutionary. TENCEL, 2019. https://www.tencel.com/b2b/technologies/refibra–technology.

[24] Lenzing unveils REFIBRA™ breakthrough technology strengthening their commitment to the circular economy in textiles. Tencel, 2019. https://www.tencel.com/news–and–events/lenzing–unveils–refibra–breakthrough–technology–strengthening–their–commitment–to–the–circular–economy–in–textiles.

[25] BARTOLOME L, IMRAN M, CHO B G, et al. Recent developments in the chemical recycling of PET [M]. Rijeka: InTech, 2012.

[26] KOSLOSKI–OH S C, WOOD Z A, MANJARREZ Y, et al. Catalytic methods for chemical recycling or upcycling of commercial polymers [J]. Materials Horizons, 2021, 8（4）: 1084–1129.

[27] TENCEL. REFIBRA™ technology: right out revolutionary [EB/OL]. TENCEL, [2019]. https://www.lenzing.com/products/tenceltm.

[28] AL–SABAGH A M, YEHIA F Z, ESHAQ G, et al. Greener routes for recycling of polyethylene terephthalate [J]. Egyptian Journal of Petroleum, 2016, 25（1）: 53–64.

[29] ISSAM A M. A new approach to obtain Kevlar–49 from PET waste bottles [J]. Research on Chemical Intermediates, 2014, 40（8）: 3033–3044.

[30] NAKAO T, CHIKATSUNE T, NAKASHIMA M, et al. Method for recycling PET bottle: US, 7462649B2 [P]. 2008–12–9. https://patentimages.storage.googleapis.com/3c/70/dc/b7b3fc2fc44087/US7462649.pdf.

[31] ISHIHARA K, ISHIDA K, MIYAMOTO M, et al. Method for separating and recovering dimethyl terephthalate and ethylene glycol from polyester waste: US, 6706843B1 [P]. 2004–3–16. https://patentimages.storage.googleapis.com/66/ed/53/8b6aee6fda646b/US6706843.pdf.

[32] 余新健, 徐允武, 叶建荣, 等.废旧聚酯纺织品化学法循环再生技术探讨 [J]. 合成纤维工业, 2018, 41

（4）：34–37.

[33] 余新健，叶建荣，徐允武，等.废旧涤纶纺织品的化学解聚工艺 [J]. 合成纤维，2018，47（6）：34–36.

[34] ROTIMI E O O, TOPPLE C, HOPKINS J. Towards A Conceptual Framework of Sustainable Practices of Post–consumer Textile Waste at Garment End of Lifecycle：A Systematic Literature Review Approach [J]. Sustainability，2021，13（5）：2965.

[35] 牛方. 4亿吨废旧纺织品的新出路——佳人化学法再生聚酯成功降成本拓市场 [J]. 中国纺织，2018（1）：64–65.

[36] DI SERIO M, TESSER R, FERRARA A, et al. Heterogeneous basic catalysts for the transesterification and the polycondensation reactions in PET production from DMT [J]. Journal of Molecular Catalysis A：Chemical，2004，212（1）：251–257.

[37] 朱永群.金属化合物在酯交换和缩聚反应中的催化活性 [J]. 合成纤维，1981，5（10）：52–59.

[38] FLORES I, DEMARTEAU J, MÜLLER A J, et al. Screening of different organocatalysts for the sustainable synthesis of PET [J]. European Polymer Journal，2018，104：170–176.

[39] 孙芮.含锑废水在上海的行业分布特征及分析 [J]. 净水技术，2020，39（s1）：168–173.

[40] 周梅，赵瑞方，朱银，等.纺织品中的重金属问题及检测标准 [J]. 中国纤检，2019，532（12）：96–99.

[41] 董冲冲，蒋红，俞昊，等. 涤纶生命周期中重金属锑的来源解析及检测 [J]. 纺织检测与标准，2015（1）：25–30.

[42] 孙宾，王鸣义.钛系催化剂在PET合成领域的应用进展及趋势：下 [J]. 纺织导报，2019（10）：45–47.

[43] 孙宾，王鸣义.钛系催化剂在聚酯合成领域的应用进展及趋势：上 [J]. 纺织导报，2019（9）：37–48.

[44] 张大省.钛系催化剂在聚对苯二甲酸乙二醇酯合成中的应用 [J]. 纺织导报，2020（1）：48–52.

[45] PIRJO HEIKKILÄ T K, EETTA SAARIMÄKI, JUKKA P, et al. Recycled Cotton Fibres in Technical and Clothing Applications [R]. Finland：VTT Technical Research Centre of Finland，2019. https：//cris.vtt.fi/ws/portalfiles/portal/25229098/ICNF2019_141_Heikkila.pdf.

柔性智能可穿戴纺织品的研究进展

方 剑 任 松 夏广波 陈 钱 葛 灿

（苏州大学纺织与服装工程学院 现代丝绸国家工程实验室）

随着微电子器件的小型化和智能化，智能可穿戴电子产品正不断深入到人们的生活中，为我们的学习、工作、居家、娱乐以及医疗健康提供了不可或缺的便利。除了我们日常使用的佩戴式智能可穿戴电子产品外，电子器件及产品与纺织服装的结合也给我们带来了柔性智能可穿戴纺织品。特别是近几年来，智能可穿戴纺织品的研究方兴未艾，市场上也集中出现了大量的智能服装产品。我们通过对智能可穿戴电子产品衍变过程进行回顾，来了解智能可穿戴纺织品的发展、目前产品的分类和市场现状。针对智能可穿戴纺织品存在的问题和挑战，具体介绍目前各应用领域的研究进展和今后的发展方向。

一、智能可穿戴电子产品的发展

可穿戴电子不是一个新概念，早在20世纪就有人把电子产品捆绑式的连到人体上来展示电子和人类的结合，但是谈不上任何的实用性和智能性。现在我们所熟知的智能可穿戴电子产品是在电子器件实现微型化以后，为方便消费者携带而特定设计的。2007年发布的苹果手机（iPhone）开创了智能电子产品先驱，之后随着Fitbit在2009年推出智能手环，谷歌公司在2013年开始销售谷歌眼镜（Google Glass），直到2015年苹果手表（Apple Watch）的出现，才开始了智能可穿戴电子产品的高速发展。全球知名的国际数据公司（IDC）的报告显示，2019年全球可穿戴设备出货量为3.365亿部，在新冠疫情影响下的2020年仍然取得了28.4%的增长，显示出强劲的发展势头[1]。

现阶段的智能可穿戴电子产品主要包括智能手环、智能手表、无线耳机以及其他类智能监测设备。这些设备主要以佩戴的方式附着于人体来实现不同的电子功能。例如，在传感监测方面，集成各类传感器监测技术的小米智能手环，通过加速度传感器来监测人体的运动状态，贴肤的光电传感器通过检测血液的流速来监测心率，在身体发生异样的状况下，能够及时预警；具有监测关节运动功能的智能防护皮带，通过添加光纤布拉格传感器来监测并校准运动过程中膝关节的活动姿势，避免因姿势不当而造成膝关节的损伤[2]。在人机交流领域也有很多的智能电子产品，例如Surface Headphone在提供高品质音效的同时，可进行13级主动降噪，并且通过语音助手进行交流操控，完成播放音乐和拨打电话等指令[3]。如图1所示VOIXATCH智能耳机手表，是首款内置蓝牙耳机的智能手表，可安装SIM卡，几乎将手机、耳机和手表合为一体，同时装载语音助手，可通过人机交流进行多种操作。同样，基于热电技术的可穿戴电子产品，可便捷地对用户进行体表温度调节。例如基于热电技术的Reon Pocket是一款由智能手机控制的空调，小巧轻便，可放置在配套的短袖后背处，对人体进行降温。Prolivio智能冰敷头带可以利用热电技术实现瞬间降温，具有冰敷效果，有效缓解用户头疼等问题，并且可连接手机通过APP调节温度。

智能可穿戴电子产品使用各类传感器件可进行健康状况、运动姿态、睡眠质量等方面的监测和分析，为人们提供各种便利的服务[6]。目前用于传感监测的器件主要有以下几类：一是生物传感器，可进行生命体征类等身体信号的监测，对异样状况及时做出预警，可广泛应用于病号服和老年服等领域；二是加速度传感器、地磁传感器等运动类传感器，可有效监测人体在运动状态时的动作姿态、速度位置等信息，有效改善并强化运动质量；三是环境类传感器，具有进行环境温湿度监测、分辨周围障碍物或感知接触式伤害等功能。基于无线传输技术、电子集成技术和人工智能等各种新兴技术的高速发展，智能可穿戴产品在人们的生活中的应用越来越普遍[7]。

（a）VOIXATCH智能耳机手表[4]　　　　　　（b）Prolivio冰敷头带[5]

图1　智能可穿戴电子产品

未来智能可穿戴电子产品的发展，除了更加合理地结合人体工学，提供更舒适更便捷的服务外，应不断地融入大数据、人工智能以及无线传输等技术，通过智能可穿戴产品为用户构建一个智能物联网络。今后智能可穿戴设备对于用户来说，不再只是一个在特定时间内使用的单一设备，还将成为一个可以与用户进行互动，融入用户生活的集成元素[8]。

二、智能可穿戴纺织品的市场现状

随着智能可穿戴电子产品的快速发展，人们逐渐不仅满足于佩戴式可穿戴产品，也希望能够将电子产品与纺织服装进行融合，实现柔性智能可穿戴纺织品。通俗来讲，智能可穿戴纺织品，或称为电子纺织品，是一类特别的纺织品，兼有服装产品的服用、美观和耐用性能，又具有电子类产品的特殊功能，如传感、检测、显示、信息识别和提供、人机交互以及反馈控制等。学术界对智能纤维材料和智能纺织品的研究已进行多年，在众多原型产品推出以后，近年来市场上集中出现了一大批智能可穿戴纺织产品。从早期智能定位防走失的儿童服装，到智能内衣、智能运动装、智能防护服、智能加热服装及服饰，再到智能心电衣和智能瘦身衣。现在市场上产品种类繁多，样式五花八门[9]。

除了传统的纺织服装企业加大了对智能可穿戴纺织品的投入和开发，各大高科技公司，如谷歌、微软、苹果、华为、小米和三星等，均看好智能可穿戴纺织品市场，利用它们在智能电子硬件和软件上的优势，纷纷申请相关专利进行布局。例如国内的小米公司申请了一项智能围巾的专利[10]。不同于一般的电加热纺织品，这款智能围巾配有智能传感器，来实现对加热温度和围巾松紧程度的自动调节。在国外，苹果公司申请了"织物传感器件"的专利[11]，把导电纱线添加到不同结构的织物中起到应变传感的作用。此柔性压敏传感器可以集成到服装中以实现与其他个人电子设备的无线连接和交互控制。此外，微软公司也申请了"电子功能纱线"的专利[12]，在每根电子功能纱线内设计3根电极用以连接大量微型LED灯，再与普通纱线进行复合织造，通过电路控制实现在服装和手套上的智能显示。

2021年，日本专利局对全球近十年来在智能可穿戴纺织品方面发表的学术论文和申请的专利数量进行了调研[13]。结果显示（图2），虽然欧洲国家发表的学术论文接近中国和美国学术界论文发表数量的总和，但是中美两国在智能可穿戴纺织品专利申请方面大大领先。中美两国申请的专利数达到全球申请量的66%，凸显两国在智能可穿戴纺织品商业化方面的潜力巨大。特别是中国在专利申请的数量上超过了总量的40%，充分体现了中国纺织业的规模和对科技创新的日益重视。

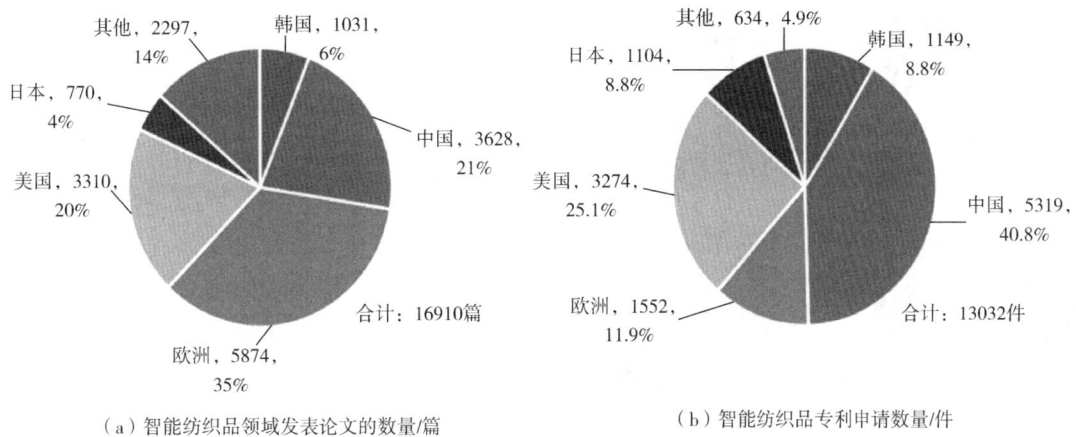

（a）智能纺织品领域发表论文的数量/篇   （b）智能纺织品专利申请数量/件

图2 近10年来智能可穿戴纺织品相关论文发表和专利申请情况[13]

传统微电子器件基于硅基半导体材料，其固有的硬质刚性限制了其在柔性电子产品上的直接应用。目前柔性微电子产业正处在起步阶段，能够大规模应用的柔性电子产品还比较少。因此现阶段智能可穿戴纺织品主要是基于微型化的传统电子产品或器件与纺织面料和服装的物理复合。例如，有很多智能监测服装，对穿着人员生理信号的检测仍然依靠缝制到服装内的金属电极，信号的传输也依赖于附着在服装上的硬质电子设备来完成。这些携带有微型电池的电子设备需要定期充电，并在清洗服装的时候要摘下以避免电路短路。

通过对市场上智能可穿戴纺织品的调研发现，现在的产品主要可以分为电致加热类、健康监测类和微电流刺激健身类三大类。目前的智能电加热纺织品主要是基于加热元件在通电过程中产生热量的原理进行加热工作，通常可充电或外接充电宝等电源设备。现阶段主要的加热元件有导电金属纱线、导电材料浸渍织物、碳纳米管、石墨烯和碳纤维等[14]。如利用石墨烯制成的可理疗加热腰带［图3（a）］，利用碳纤维加热的背心和裤子等，已经在市场上有了大量的产品。智能电加热纺织品可以帮助人体抵御外界温度的降低，有效满足人们在低温环境下工作和生活的保暖需求，同时局部保暖服装可一定程度上缓解关节疼痛，并帮助术后病人的康复[15]。

健康监测类的智能可穿戴纺织品主要通过在服装上集成多种传感器，进行各种生命体征的信息监测、运动状态监测和睡眠质量监测等。小米公司推出一款基于Cotech弹性尼龙基传感纤维的智能运动T恤，可精准快捷地监测用户心率，通过手机APP可直观查看心电图，掌握运动状态。Choi等人[16]利用运动、生理、Photoplethysmography（PPG）传感器研发了一款可监测驾驶员的运动和生理信号，分析驾驶员的压力、疲劳和困倦的腕带。目前，智能健康监测类智能可穿戴纺织品能够帮助人们更便捷地进行生理状况监测和预测，提供更全面的健康服务[17]。

随着人们对塑形和美体的需求不断增大，基于微电流刺激的健身类智能纺织品也发展成了智能服装里的热门产品。智能塑形服利用EMS（electronic muscle stimulation）技术，通过将微电流作用于人体，刺激肌肉收缩，达到健身的目的[18]。BODYTECH推出EMS智能燃脂衣，通过微电流贴片刺激肌肉，达到瘦身的效果。走运智能健身服［图3（b）］[19]，在微电流技术的基础上，将服装与手机连接，通过APP掌握身体状态，便于用户直观地了解自己的减肥塑身效果。

除了以上介绍的智能可穿戴纺织品外，智能降温服装也在一些特殊场合有着持续的需求。早制冷服装，大多数采用简单的传统降温手段。如图3（c）所示的降温马甲，在内部嵌入水管、微型水泵、冰袋和电池等设备，打开水泵可使被冰袋降温的水流在服装内循环流动，达到降温的目的。但此类制冷服装存在制冷时间短、温度不可控和穿着不便捷不舒适等问题。在服装内放置风扇是另外一种常见的制冷方式，如图3（d）所示的服装为内置风扇的制冷工作服。风扇置于衣服下摆处，可三档调节风力，使用简单便捷，但是简单的空气流动难以满足人体在高温环境下的降温需求。此类服装一般要求织物具有良好的防风性以形成人体和服装间的空气流动，因此紧密的织物结构也不利于热量的有效散发。

随着2020年的新冠肺炎疫情的暴发，全球对口罩的需求急剧增加，同时也出现了众多智能口罩的产品。普通口罩难以同时实现高防护效率和低呼吸气阻，而智能口罩加装了风机，能够在高效过滤的同时使用主动送风方式来保持使用者的呼吸顺畅。然而智能口罩需要配置可充电电池和送风系统，重

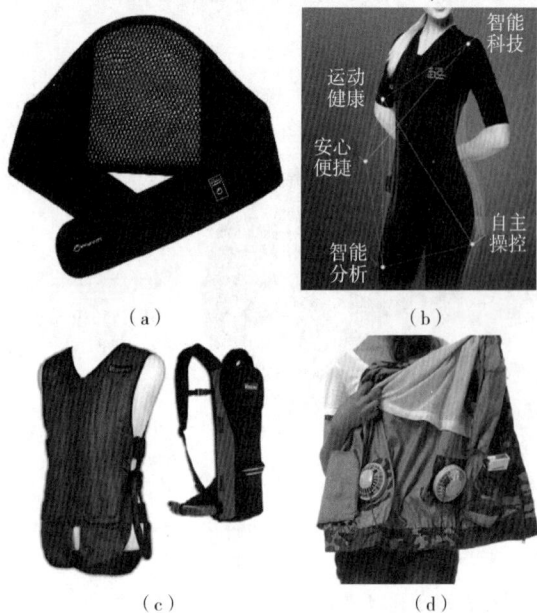

图3　智能可穿戴纺织产品
（a）石墨烯热护腰[20]；（b）智能健身服[21]；
（c）水管制冷马甲[22]；（d）风扇制冷服[23]

量和体积的增加必然会影响佩戴者的舒适感和方便性。同时，电池的续航性能、滤芯的更换以及风扇工作时的低频噪音也是推广时需要考虑的因素[24]。

三、柔性智能可穿戴纺织品的研究进展

除了将微电子产品或器件与传统纺织品进行复合，今后的智能可穿戴纺织品需要使用更加柔性的材料来实现电子功能，从根本上改变由于传统电子器件与纺织品的力学性能不匹配所带来的穿着不适感和加工不便性。除了寄希望于平面柔性电子材料和器件的发展外，纤维材料本身也可以被赋予电活性，通过制备电活性纤维材料来实现电学或者电子学功能。电活性纤维材料不仅是指导电纤维，还包括具有传感、离子传导、电荷生成、能量转换与存储以及各类催化活性的纤维材料。随着电活性纤维材料研究的不断进步，今后可以使用纺织材料和结构来取代现有的刚性电子器件，将纤维和纱线状器件通过纺织加工工艺集成到纺织服装上，使得服装本身也成了电子器件的一部分[25-26]。

电活性纤维材料的制备主要有两种途径：通过材料制备和加工工艺来赋予传统纤维材料电活性以及将具有电活性的材料加工成纤维结构。以导电纤维和纱线为例，传统的导电纤维主要用于防静电和电磁屏蔽，在纺丝过程中加入导电颗粒或者在纤维表面进行导电涂层即可。在柔性智能可穿戴纺织品应用中，导电纱线除了可以替代刚性材料来获得柔性传感器，也希望能够取代普通电线来提升柔软性、舒适性和集成性，因而对导电纱线的电导率和耐用性能有着更高的要求。各种具有高电导率纳米材料，如金属纳米线、碳纳米管、石墨烯和MXene片等，已在研究中被广泛应用于新型导电纤维的研制。除了对电导率的要求，柔性智能可穿戴纺织品在使用过程中会有一定程度的牵拉和变形，因此开发对应变不敏感的导电纤维作为柔性电路的连接也是目前研究的一个重要方向。有研究通过在预拉伸的弹性纤维表面涂覆碳纳米材料，牵伸回复后会在纤维表面形成一层有褶皱的导电涂层，从而实现涂层纤维电阻对机械形变的不灵敏性[27-28]。

（一）电致发光类柔性智能可穿戴纺织品

电致发光（EL）是指利用发光材料在电场作用下产生光的特性，将电能转换为光能。由于电致发光优异的环境性能和良好的显示质量，在图像显示和通信应用方面取得了长足的进步。近期，有研究团队使用工业剑杆织机编织导电纬线和发光经线，形成了一个长6m和宽25cm的织物显示器。织物的纬线和经线每交织一次构成一个EL单元，当向发光经线（镀银导电纱上涂覆ZnS磷光体）和导电纬线（熔融纺丝掺杂有离子液体的聚氨酯）施加交流电压时，产生的低微安培电流为单元供电［图4（a）］。该织物显示器具备较好的机械和发光稳定性，即使经过弯曲、拉伸和压缩，电致发光单元之间的亮度偏差也不会超过8％，同时能够保持结构的稳定。另外，该织物显示器柔软、透气、耐机洗，具有很好的实际应用潜力。由织物显示器，键盘和电源组成的智能纺织品集成系统与智能手机进行信息的输入与输出也得到证实［图4（b）和图4（c）］，表明这种大面积集成的电致发光系统在包括

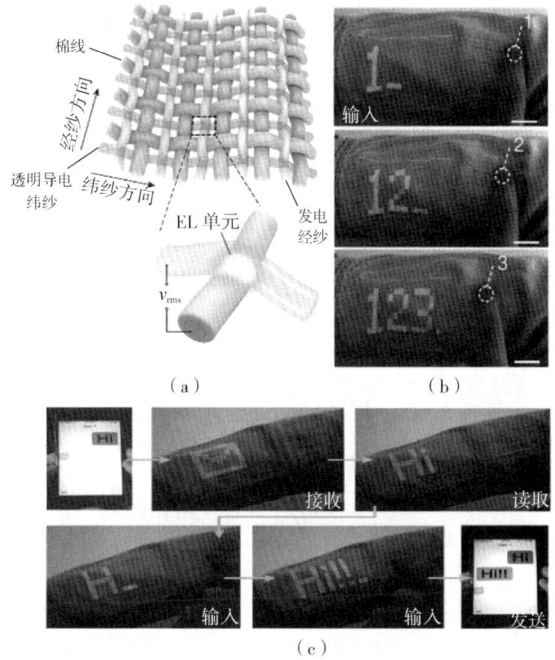

图4　发光类智能可穿戴纺织品
（a）织物的编织简图，发光经纱与透明导电纬纱接触形成EL单元（插图），外加交流电压（Vrms）打开EL单元；（b）通过按压输入面料中的按键输入信息；（c）收集和发送集成纺织系统和智能手机间的信息[29]

医疗保健在内的各种人机交互领域具有良好的发展前景[29]。此外，电致发光材料和发光颜色的种类很多，因此电致发光技术也可以用来实现多颜色变化的智能变色纤维。有研究人员通过自制设备连续制备出具有长距离可控和多环境耐用的智能电致发光纤维。该智能变色纤维采用平行双对电极结构，较粗的金属线在纤维的芯层部分充当工作电极，两条平行薄金属线在壳层同时作为对电极，而电致发光活性材料则旋涂在工作电极和对电极之间的氧化铟锡（ITO）层上来赋予纤维变色功能[30]。由于表面聚合物层和内部的ITO层的双重保护，制备出的智能变色纤维具有较好的弯曲稳定性，通过针织工艺可以集成大面积的变色织物或者赋予织物表面不同的图案，在可穿戴和适应性伪装领域表现出良好的应用前景[31]。

（二）生物传感类柔性智能可穿戴纺织品

生物传感器是通过传感材料和目标检测物质之间的化学反应来检测生物物质的组成和含量，通常以传感器电学参数的变化来间接反馈生理健康信息。由于具有良好的耐用性、穿戴舒适度和相对准确的检测效果，基于纤维/织物的柔性生物传感器已被广泛用于研究分析重要的生物标志物，例如血糖和体液（汗液，唾液和泪液）中的各种成分及含量。通过特异的生化反应来表征生物标志物的含量和组成是常规生物传感器的设计思路。有研究人员依据萤火虫荧光素酶与三磷酸腺苷（ATP）之间特异的生物发光反应来检测生物体中ATP含量。通过将萤火虫荧光素酶固定在活化的PVA-co-PE纳米纤维膜表面，荧光检测强度的结果表明，萤火虫荧光素酶对ATP表现出较高的催化灵敏度和效率，表面利用ATP和萤火虫荧光素酶之间的生物发光反应来表征生物体ATP含量具有良好的发展潜力[33]。除了对PVA-co-PE纳米纤维膜进行表面修饰来检测生物体的ATP含量，PVA-co-PE纳米纤维还被用来作为多巴胺（DA）检测生物传感器的最小感应单元。固含量2％（质量分数）的PVA-co-PE纳米纤维分散液被用来充分浸渍PA6长丝，使PA6长丝表面包覆一层纳米纤维，然后在纳米纤维/PA6复合物表面同位聚合PPy制得结构为PPy/纳米纤维/PA6的DA传感器［图5

（a）］。PVA-co-PE纳米纤维和PPy的引入有效改善了PA6长丝的亲水性和比表面积。制备的DA传感器表现出连续的循环稳定性和长期灵敏度，能够迅速响应1nm~1μm范围内不同DA浓度的变化，并且能在氯化钠、尿酸、抗坏血酸和葡萄糖存在的情况下实现对DA的准确检测，此外，该DA生物传感器还可以通过织造设备集成到医用纺织品中，实现医疗健康监测［图5（b）］[32]。

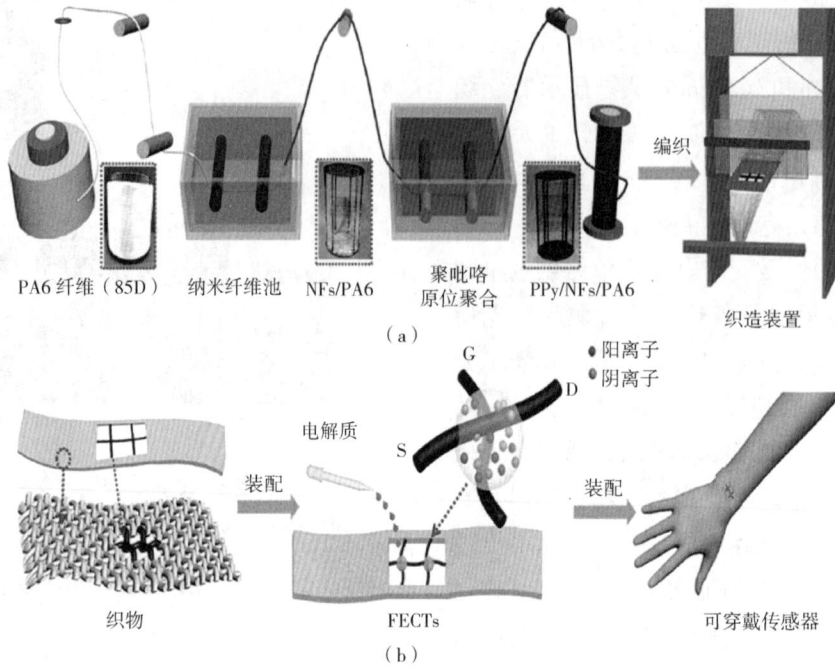

（a）

（b）

图5　编织纤维基有机电化学晶体管和可穿戴多巴胺传感器的组装[32]

（三）热电类柔性智能可穿戴纺织品

热电效应是指当两种不同导电体或半导体接成回路，因接触点的温度不同而引起电子由高温区往低温区移动，产生电流，或者电流在通过不同导电体或半导体组成的回路时，会在接触点产生吸热或放热的效应[34]。热电材料能够实现电能与热能相互转换，在温差发电和电热制冷领域有广泛的应用。有研究人员制备了涂敷沉积有Bi_2Te_3和Sb_2Te_3半导体材料的静电纺丝纤维[35]，将其捻成柔性并可编织的N型和P型半导体纱线。通过三种不同的编织方式：锯齿形线迹针织、平针针织和平纹梭织，织造成含有N—P结的柔性纺织品，可在通电后和进行放热和吸热，热通量密度为8.56W/m²，可以应用于汽车排气管、热废物流管周围进行排热。还有研究人员基于碳纳米管纱线，利用浸渍涂覆法，大规模制备了分段热电纱线，并织造成有机间隔织物形状的热电材料（图6），可利用温差产生电流，为智能可穿戴设备进行供电[36]。在温差为47.5K时，热电织物的输出电压为3.7V，电流为0.4mA，输出功率为51.5mW/m²，比热功率高达171.7μW/（g·K），同时，该织物

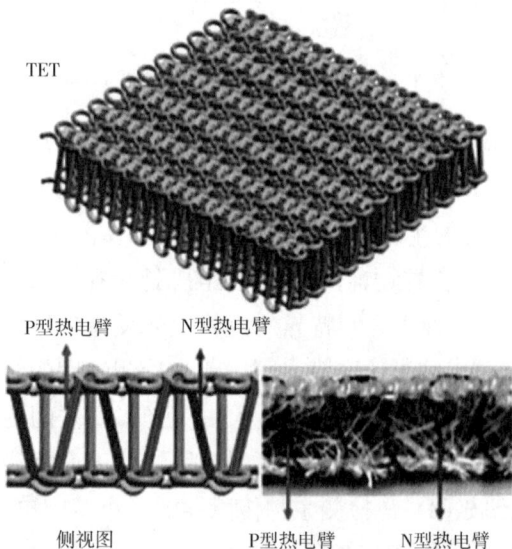

图6　经编间隔热电织物结构[36]

具有良好的耐磨性和稳定性，充分说明热电织物在医疗保健和环境监测领域智能可穿戴纺织品的应用前景。

（四）太阳能发电类柔性智能可穿戴纺织品

除了利用电活性纤维来实现柔性智能可穿戴纺织品的各项电子功能，可穿戴电子器件的供电问题也是需要研究的一个重要方向。在柔性电池产品尚未大规模应用的情况下，目前的可穿戴电子产品大多携带微型可充电锂离子电池，其续航能力和刚性结构也是智能可穿戴纺织品推广过程中急需解决的难题。在这个方向上，利用电活性纤维材料来进行能量转换和存储，也是学术界一个热门研究领域。

基于织物的太阳能电池兼具太阳能电池发电和织物柔软可拉伸的特点，能够很好地满足智能服装供能的需要。除了将太阳能电池与织物的简单复合，将太阳能电池各功能元件通过结构设计集成到单根纱线，能够得到柔软可弯曲的纤维状太阳能电池。有人基于此制备了纤维状的染料敏化太阳能电池，首先将多壁碳纳米管（MWCNT）紧密缠绕在500μm直径的橡胶纤维上得到弹性纤维状电极，接着缠绕一层二氧化钛纳米管处理过的弹簧状钛线工作电极，最后在其上涂覆一层光伏材料，从而制备出纱线型染料敏化太阳能电池（DSC）。该纱线型太阳能电池的能量转换效率（PCE）高达7.13%，同时还具有良好的拉伸性能和稳定性，在伸长30%的条件下拉伸20次，器件仍能保持稳定的电能输出[37]。除了纤维状的太阳能电池，通过工业化织机一体化制备的织物结构太阳能电池能够保持织物本身的柔性、可拉伸性及透气性，更加符合人体穿戴的舒适性要求。有研究团队在针织机上将线型光电极和对电极交织成光伏织物，在标准100mW/cm²光强下，光伏织物能产生4.6V的开路电压和7.87mA/cm²的短路电流。该光伏织物输出的电能能够在60s内将2mF的电容器充电至3V，还能直接为数字计算机供能和提供电解水所需要的能量[38]。

（五）摩擦发电类柔性智能可穿戴纺织品

压电和摩擦发电机在去过十年得到了飞速的发展，各种类型的能量收集器件被开发用于收集环境中的机械能量并转换为可使用电能。摩擦纳米发电纱线作为摩擦发电机的一种，是指将传统的摩擦发电机的基本结构设计到纤维或者纱线中，使其具有耐久性、灵活性、可拉伸性、柔软性、易于织造和低成本等优良性能。近年来，研究人员不再满足处于实验室的小规模样品制备，更多的研究致力于可上机织造以及可连续化生产的高性能能量收集纱线（图7）。

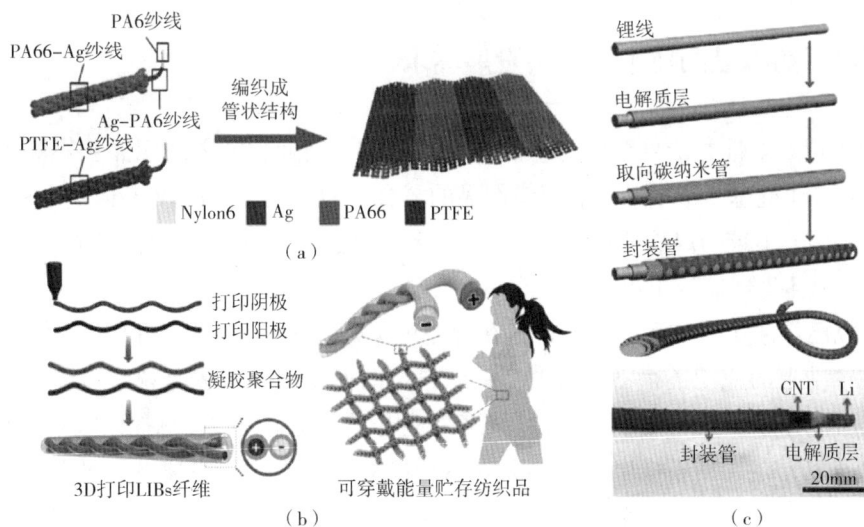

图7　高性能能量收集纱线的研究与应用

（a）可针织的摩擦发电纱线[39]；（b）3D打印制备的纱线型锂离子电池[40]；（c）可针织的新型全固态锂空气电池[41]

根据摩擦发电纱线的织造方式，可分为涂覆型纱线、缠绕型纱线、静电纺丝型纱线、3D打印型纱线以及复合型纱线等。如图7（a）所示[39]，可以采用编织缠绕的方法分别制备了尼龙66（PA66）包裹镀银导电纤维的摩擦发电纱线和聚四氟乙烯长丝（PTFE）包裹镀银导电纤维的摩擦发电纱线。再将制备好的摩擦发电纱线通过针织的方法织造成摩擦发电织物，为可穿戴电子设备提供电能，测得在拉伸和按压条件下分别得到$1484\mu W/m^2$和$7531\mu W/m^2$的输出功率。大部分的摩擦发电纱线的研究还处于初级阶段，无法满足大规模的产业化织造要求，因此连续制备高性能摩擦发电纱线成为目前亟待解决的难题。有人开发出一种在纱线上连续静电纺丝纳米纤维喷涂的方法[42]。通过该方法能将聚偏氟乙烯（PVDF）和聚丙烯腈（PAN）纤维均匀纺在镀银导电纱线上，并实现连续化生产，且所得纱线具有较高的能量转换性能（能量输出：40.8V、$0.705\mu A/cm^2$、$9.513nC/cm^2$）。最后将制备好的摩擦发电纱线机织成平纹织物，能从环境中收集能量用于检测人体和昆虫的细微运动信号。

（六）储能类柔性智能可穿戴纺织品

除了摩擦发电机这一类自供电设备，智能可穿戴设备都需要额外的储能器件供电才能正常工作，主要的储能器件包括超级电容器和各类电池。在储能器件柔性化的过程中，电活性纤维材料的用途也很广泛，可以被用于锂离子、钠离子、金属空气和锂硫等电池的制备。根据结构分类，柔性电池还可分为柔性纤维电池和柔性织物电池。纤维状柔性电池是指由纤维状电极组成的一类可弯折可编织的电池，根据后续需要可将纤维状柔性电池通过纺织的方法织造成二维或三维织物电池。如图7（b）所示，有研究人员采用3D打印技术制备了一种柔性纤维锂离子电池（LIB）[40]。使用含有碳纳米管和磷酸铁锂（LFP）或氧化钛锂（LTO）的高黏性聚合物油墨分别打印LFP纤维阴极和LTO纤维阳极。将印好的LFP和LTO纤维与凝胶聚合物作为准固态电解质缠绕在一起，即可组装成纤维锂离子电池。在电流密度为50mA/g的情况下，该纤维电池的比容量高达$110mA\cdot h/g$。为了提高柔性电池的容量和能量密度，可以将制备好的柔性纤维状电池编织成具有二维或三维结构的织物电池，为此需要纤维状电池具有较高的抗拉伸和耐磨强度，以满足织造的要求。纤维状电池可以编织成各种柔性织物，形成储能织物，并进一步集成到智能可穿戴纺织品。如图7（c）所示，有人设计了一种含有凝胶聚合物电解质和碳纳米管片的空气电极，研发出具有高性能和柔性纤维状的新型全固态锂空气电池[41]，在1400mA/g电流密度条件下，其放电容量高达$12470mA\cdot h/g$。通过针织的方法可以将该纤维状电池编织成织物电池，能适应人体运动中产生的各种形变（折叠和拉伸），用于柔性智能可穿戴纺织品供电。

四、柔性智能可穿戴纺织品的技术挑战与发展需求

随着不同应用领域对柔性智能可穿戴纺织品需求的激增，商业化智能纺织品正不断被推向市场。目前绝大多数的产品都是基于硅基集成电子产品与纺织品的复合，能够使用电活性纤维材料来取代传统电子器件的案例还很少见。其中一个较为成功的案例是使用含有银/氯化银涂层的纱线作为柔性电极来取代金属电极，用于智能服装中进行人体生理信号监测。

虽然实验室研究已经证实了电活性纤维材料在智能可穿戴纺织品应用上的巨大潜力，但是到目前为止，电活性纤维材料在商业上的应用还很不尽人意。一个典型的例子就是谷歌公司在智能可穿戴纺织品上的开发，其在2015年推出的Jacquard计划使用导电纱线来织造电子织物用作柔性触控面板来控制电子设备。通过与某牛仔品牌合作，双方在2017年推出了Commuter X智能夹克，通过触碰袖口就可以实现对手机的简单控制，然而其智能化的实现仍然依赖一个集成的硬件模块。使用类似的硬件模块，谷歌公司相继在2019年和2020年分别推出了一款和智能夹克功能相近的智能背包（Saint Laurent Cit-e）和一款智能运动鞋垫（Adidas GMR）来追踪运动员的踢球动作。可以看出，谷歌公司从最初在电子织物上的开发到现在使用传统硬件集成

到其他类个人消费品，凸显出柔性智能可穿戴纺织品的开发具有极大的挑战性。除了柔性电子相对于刚性硅电子产业发展的巨大差距，纤维材料与纺织结构所特有的一些特点也给柔性智能可穿戴纺织品的开发带来诸多技术挑战。首先，纤维和纺织材料都是曲面的，同时纤维集合体都是多孔结构，因此在进行电活性材料涂层时难以获得类似平面材料上的均匀性和牢固性，过多的增加涂层材料含量还会影响织物手感和纺织品的透气性。其次，现代的纺纱和织造工艺已实现了高自动化的高速运行，在面料和服装加工过程中的连续张力和摩擦也要求电活性纤维材料具有较高的机械强度和耐磨性能。再次，纺织服装在服用过程中需要经受不断的折叠、牵拉和变形，在清洗过程中需要具有较高的耐水洗性能，因此智能可穿戴纺织品除了在电子功能上能够满足应用需求，服装本身基本的服用便捷性和耐久性也需要同时得到保障。

柔性智能可穿戴纺织品今后的发展除了继续优化微电子设备和器件与纺织品的结合。在电活性纤维材料和器件开发上首先需要保证材料的电子功能性和长效稳定性，这不但要求在材料制备和加工工艺上有所突破，还需要多学科（包括材料、纺织、电子、设计、人工智能和生物医疗等专业）研究人员的共同努力。

此外，目前智能可穿戴纺织品基于传感技术的发展，监测信号的精准度、快捷度，以及可检测的信号种类在不断的增多，但是目前大多数智能可穿戴产品停留在将检测数据告知用户的水平，可对用户进行信息分析和反馈干预的产品还很少。以后对于智能监测类纺织品的发展，除了开发可分析信号的数据处理系统，也会强化发展对用户的信息反馈系统，会有更多反馈型产品出现，将监测的信号从人体到传感器的单向传递发展成可再从传感器反馈到人体的闭环系统。

最后，柔性智能可穿戴纺织品的检测和评价体系还很不完善。目前国内外都只是对智能纺织品的定义、分类和应用术语做了规范化的约定，而对具体功能的检测评价标准还没有建立。现在的标准仅有在2021年刚实施的由中国纺织工业联合会牵头制定的《服装及配饰用电加热片》行业标准（T/CNTAC 71—2020），柔性智能可穿戴纺织品在功能性、耐久性和安全性的评价标准上还需要不断完善。

五、结语

由于缺乏细分的数据处理分析系统、便携的能源系统和反馈元件，现阶段柔性可穿戴智能纺织品的发展仍聚焦于基于传感器的感知、信息识别、显示和简单的人机交互方面。从人体到传感器的单向传递发展成具备反馈回路的人体—传感器—人体的闭环系统仍存在挑战。

另外，能源器件和电子元件的纤维/织物化对集成的智能可穿戴纺织品的服用性提出了更高的要求。主要集中在几个方面：一是在服用中，可穿戴纺织品应具备正常服装的舒适度，根据季节的不同可设计纺织品的厚薄和透气性；二是在人体活动和运动时，智能可穿戴纺织品伴随着人体部位会出现不同程度的压缩和拉伸，所以要求纺织品要有足够的柔软度，并能保持良好的拉伸性；三是在日常的清洁过程中，要求在反复洗涤作用下可穿戴纺织品仍能够保持良好的织物结构，并且不损伤电子功能。在保持良好的服用性的同时，还要兼顾纤维/织物化电子元件和能源器件的性能，要求传感元件要有足够的灵敏度，能够快速的接收信号。同时能源器件能够自主的能量收集和储存能量，具备较高的输出能量上限，以适应不同电子系统的能耗要求。

纤维/织物化的电子元件和纺织技术相结合能形成柔软灵活、扁平化的智能纤维集合体，将造就越来越贴合穿戴者的高舒适性智能可穿戴纺织品。而纤维/织物化的可穿戴智能纺织品集成系统将感知外界环境或用户的信息，通过数据处理分析系统进行信息传递和处理，向使用者提供实时反馈，智能自主并安全高效地对外界刺激做出响应。相信在不久的将来会有更多更成熟的柔性智能可穿戴纺织品应用到医疗健康、生活娱乐、安全保护和体育运动等众多领域，为我们的生活提供更多的智能化和便利性。

参考文献

[1] IDC. Consumer Enthusiasm for Wearable Devices Drives the Market to 28.4% Growth in 2020, [EB/OL]. [2021-3-15]. https://www.idc.com/getdoc.jsp?containerId=prUS47534521.

[2] ABRO Z A, HONG C Y, CHEN N L, et al. A fiber Bragg grating-based smart wearable belt for monitoring knee joint postures[J]. Textile Research Journal, 2020, 90（3-4）: 386-394.

[3] 王栋, 卿星, 蒋海青, 等. 纤维材料与可穿戴技术的融合与创新[J]. 纺织学报, 2018, 39（5）: 150-154.

[4] 中国设计之窗. 这是一款内置蓝牙耳机的智能手表 [EB/OL]. [2020-07-20].http://www.333cn.com/shejizixun/202030/43495_167818.html.

[5] Prolivio公司网站首页[EB/OL].https://prolivio.com/

[6] KHOSHMANESH F, THURGOOD P, PIROGOVA E, et al. Wearable sensors: At the frontier of personalised health monitoring, smart prosthetics and assistive technologies[J]. Biosensors & Bioelectronics, 2021, 176.

[7] 王霁龙, 刘岩, 景媛媛, 等. 纤维基可穿戴电子设备的研究进展[J]. 纺织学报, 2020, 41（12）: 157-165.

[8] 张阿真, 郑瑞平, 刘皓. 电加热服装服饰的研究进展[J]. 材料科学与工程学报, 2020, 38（6）: 1032-1040.

[9] 张祥磊, 杨翠钰, 于维晶. 浅谈可穿戴智能纺织品的发展现状[J]. 棉纺织技术, 2020, 48（9）: 80-84.

[10] 北京小米移动软件有限公司.一种智能围巾及其控制方法: 中国, 201910365123.8[P]. 2019-04-30.

[11] PODHAJNY D, CREWS K P, SUNSHINE D D. FABRIC SENSING DEVICE, 2017.

[12] ELECTRONICALLY FUNCTIONAL YARN: US, 2019/0327832A1 [P].

[13] 日本专利局发布智能纺织品专利技术动向调查 [EB/OL]. [2021-5-24].https://www.jpo.go.jp/resources/report/gidou-houkoku/tokkyo/index.html#needs.

[14] FANG S, WANG R, NI H, et al. A review of flexible electric heating element and electric heating garments[J], 2020.

[15] 张麟丽, 胡雪峰, 刘岩, 等.智能纺织品的发展趋势与应用展望[J]. 纺织导报, 2020（08）: 69-77.

[16] CHOI M, KOO G, SEO M, et al. Wearable Device-Based System to Monitor a Driver's Stress, Fatigue, and Drowsiness[J]. Ieee Transactions on Instrumentation and Measurement, 2018, 67（3）: 634-645.

[17] 沈雷, 李仪, 薛哲彬. 智能服装现状研究及发展趋势[J]. 丝绸, 2017, 54（07）: 38-45.

[18] DELIGIANNI X, PANSINI M, GARCIA M, et al. Synchronous MRI of muscle motion induced by electrical stimulation[J]. Magnetic Resonance in Medicine, 2017, 77（2）: 664-672.

[19] 穿戴20分钟等于运动2小时 [EB/OL]. [2019-09-26].https://www.chinaz.com/news/mt/2019/0926/1050931.shtml.

[20] 华瑞墨石丹阳有限公司网站首页 [EB/OL]. http://verygraphene.com/products/reverse/94945.html.

[21] 走运公司网站首页[EB/OL].http://www.zouyun-cn.com/?page_id=17313.

[22] Mbike公司网站首页 [EB/OL]. http://www.mbike.com/news/2015/11/air-conditioned-motorcycling-clothing-a-new-era/.

[23] CHY MANUFACTURER公司网站首页 [EB/OL]. http://www.chygoing.com/Products_detail.asp?ID=362.

[24] 张柏洋, 郑雨欣, 邱悦, 等.智能口罩概述及新技术研究[J]. 天津纺织科技, 2020（3）: 1-6.

[25] 沈雷, 桑盼盼.不同领域技术下智能服装的发展现状及趋势[J]. 丝绸, 2019, 56（3）: 45-53.

[26] 吕秀君，孙艳丽，齐晓晓，等. 智能服装技术发展现状及建议[J]. 毛纺科技，2020，48（8）：96-99.

[27] SUN F, TIAN M, SUN X, et al. Stretchable Conductive Fibers of Ultrahigh Tensile Strain and Stable Conductance Enabled by a Worm-Shaped Graphene Microlayer[J]. Nano Letters，2019，19（9）：6592-6599.

[28] 王雪婷，蒋晓文，周楠，等. 智能服装发展现状、制约因素及应对策略研究[J]. 天津纺织科技，2020（6）：23-26.

[29] SHI X, ZUO Y, ZHAI P, et al. Large-area display textiles integrated with functional systems[J]. Nature，2021，591（7849）：240.

[30] 刘旭华，苗锦雷，曲丽君，等. 用于可穿戴智能纺织品的复合导电纤维研究进展[J]. 复合材料学报，2021，38（01）：67-83.

[31] FAN H, LI K, LIU X, et al. Continuously Processed, Long Electrochromic Fibers with Multi-Environmental Stability[J]. Acs Applied Materials & Interfaces，2020，12（25）：28451-28460.

[32] QING X, WANG Y, ZHANG Y, et al. Wearable Fiber-Based Organic Electrochemical Transistors as a Platform for Highly Sensitive Dopamine Monitoring[J]. Acs Applied Materials & Interfaces，2019，11（14）：13105-13113.

[33] WANG W, ZHAO Q, LUO M, et al. Immobilization of firefly luciferase on PVA-co-PE nanofibers membrane as biosensor for bioluminescent detection of ATP[J]. ACS Applied Materials and Interfaces，2015，7（36）：20046-20052.

[34] PRABHAKAR R, ZHANG Y, BAHK J H. Flexible Thermoelectric Materials and Devices[J]. Flexible Energy Conversion and Storage Devices，2018：425-457.

[35] LEE J A, ALIEV A E, BYKOVA J S, et al. Woven-Yarn Thermoelectric Textiles[J]. Advanced Materials，2016，28（25）：5038-5044.

[36] ZHENG Y, ZHANG Q, JIN W, et al. Carbon nanotube yarn based thermoelectric textiles for harvesting thermal energy and powering electronics[J]. Journal of Materials Chemistry A，2020，8（6）：2984-2994.

[37] YANG Z B, DENG J SUN X M, et al. Stretchable, Wearable Dye-Sensitized Solar Cells[J]. Advanced Materials，2014，26（17）：2643-2647.

[38] NANNAN Z, JUN C, YI H, et al. A Wearable All-Solid Photovoltaic Textile[J]. Advanced Materials，2016，28（2）：263-269.

[39] DONG S, XU F, SHENG Y L, et al. Seamlessly knitted stretchable comfortable textile triboelectric nanogenerators for E-textile power sources[J]. Nano Energy，2020，78：105327.

[40] WANG Y B, CHEN C J, XIE H. et al. 3D-Printed All-Fiber Li-Ion Battery toward Wearable Energy Storage[J]. Advanced Functional Materials，2017，27（43）：1703140（8 pp.）.

[41] ZHANG Y, WANG L, GUO Z, et al. High-Performance Lithium-Air Battery with a Coaxial-Fiber Architecture[J]. Angewandte Chemie-International Edition，2016，55（14）：4487-4491.

[42] MA L Y, ZHOU M J, WU R H, et al. Continuous and Scalable Manufacture of Hybridized Nano-Micro Triboelectric Yarns for Energy Harvesting and Signal Sensing[J]. ACS Nano，2020，14（4）：4716-4726.

阻燃纤维的现状与发展趋势

王　锐　朱志国　魏建斐　王文庆

（北京服装学院）

随着纺织品应用领域的日益扩大，纤维制品已经成为引发各类室内外火灾的主要隐患之一，因此开发阻燃纤维具有重要意义。阻燃纤维包括本征阻燃纤维（如芳纶、聚酰亚胺纤维、聚苯硫醚纤维、聚四氟乙烯纤维、聚对苯撑苯并二噁唑纤维、聚苯并咪唑纤维及无机纤维等）和改性阻燃纤维（主要包括阻燃聚酯纤维、阻燃聚酰胺纤维、阻燃纤维素纤维及阻燃维纶等）。

阻燃纤维除了具有良好的物理机械性能和纺织加工性能外，还具有优异的阻燃性能，使其在合成纤维中地位独特，它不仅可用于汽车、火车、飞机上使用的阻燃纺织品，而且还可以用于航天航空阻燃复合料，宾馆、饭店等公共场所的装饰纺织品，医院、军队、森林救火服务队的防护服及家纺产品等[1]。

一、阻燃纤维发展现状

欧洲各国新近开发并投入生产了多种高性能阻燃纤维，如德国巴斯夫公司生产的Basofil纤维[2]是一种三聚氰胺纤维，阻燃和隔热性能优异，遇到火焰时不收缩或很少收缩且无熔滴现象，离焰自熄；法国开发的Kermel纤维[3]是一种聚酰亚胺纤维，它在燃烧过程中不熔融，离火后不续燃且无余辉；奥地利Lenzing公司将无卤阻燃剂加到纺丝液中制成了阻燃黏胶纤维，具有与普通黏胶纤维相似的物理性能和优异的阻燃性能[4]。在未来很长一段时间内，欧洲在芳纶、阻燃改性涤纶方面的生产能力和投资将进一步增长，并将保持全球纤维发展技术创新领导者的地位[5]。美国的阻燃纤维研究也处于世界领先地位，例如：美国杜邦公司于20世纪60年代生产的Nomex本身具有优良的热稳定性和永久阻燃性，是美军防护服装的主要纤维原料[6]。日本在阻燃纺织新材料的产业化研发上也十分成功，尤其在碳纤维、芳纶、PBO纤维、PPS等领域处于领先地位[7]。其阻燃纤维的研究与生产主要集中在东丽、三菱、帝人、东洋纺等公司。除此之外，韩国晓星研发生产的Aramid纤维是从木材中提取的，在500℃的高温条件下也不会燃烧[8]。

（一）阻燃聚酯纤维

作为第一大合成纤维，聚酯纤维的应用领域十分广泛，如服用面料、装饰用面料，家居用品等。但是其极限氧指数只有21%左右，属于熔融性易燃纤维材料，而且聚酯纤维制品在燃烧或高温下会发生熔融滴落，也极易引起烫伤。另外，燃烧过程往往伴随生成浓重的烟雾，也会使人员窒息而造成人员伤亡[9]。因此，为了获得综合阻燃性能良好的聚酯纤维及其织物，阻燃、抗熔滴以及抑烟等改性技术均具有十分重要的实践意义。

一般而言，根据阻燃剂的添加方式可以将聚酯阻燃改性的方法归纳为以下四种：共聚阻燃切片纺或直接纺丝法、共混纺丝法、复合纺丝法和织物涂覆法[10]。

1. 共聚阻燃改性

共聚阻燃改性是将反应型阻燃剂作为合成聚酯的原料，在聚合过程中通过官能团反应将阻燃元素或基团以化学键形式结合到聚酯大分子链中，如图1所示，经过熔融纺丝制得纤维[11]。这种方法获得的阻燃聚酯的阻燃性能具有持久性，且阻燃成分的迁移性很低，但是开发成本相对较高。

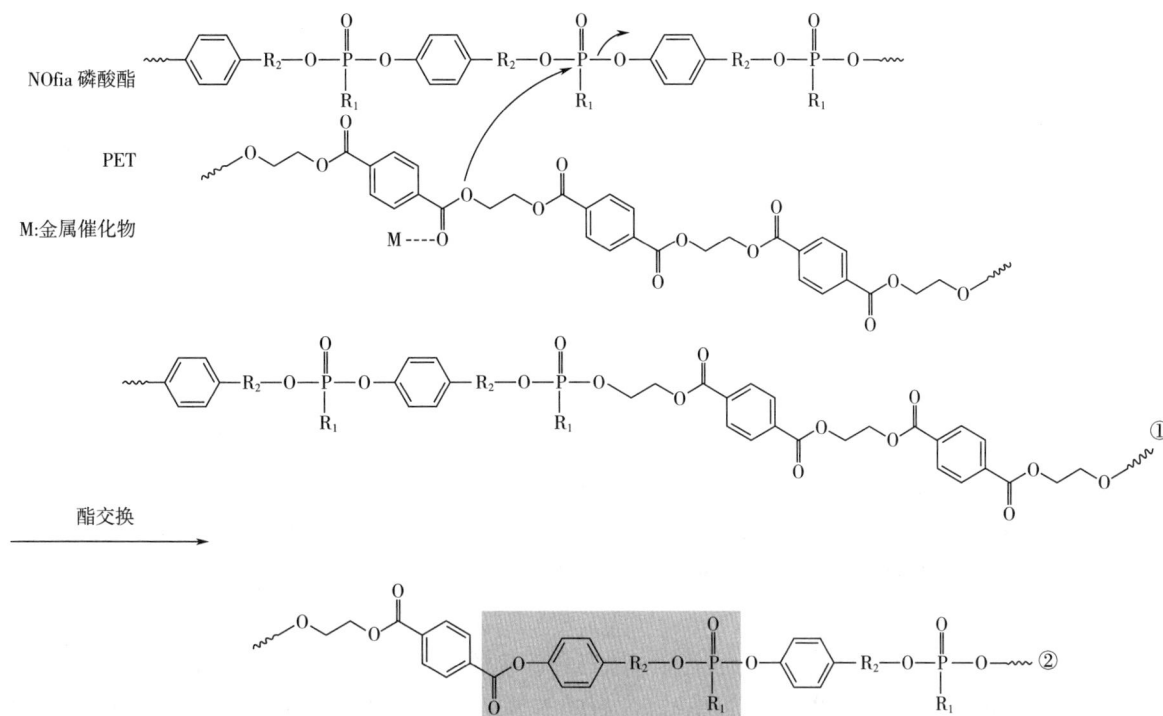

图1　聚酯的共聚阻燃改性示例

　　东丽纤维研究所（中国）有限公司有关阻燃聚酯的相关研究专利较多，报道了采用共聚法制备阻燃聚酯及阳离子阻燃聚酯，制得阻燃切片熔点为240~255℃，纤维中磷元素的含量为5000~7500mg/kg或更高。阻燃剂为含有DOPO单元的磷系阻燃剂、苯基次磷酸酯、磷酸酯或对位取代磷酸三苯酯等[11]。德国巴斯夫欧洲公司将次磷酸铝，次磷酸钙以及含N阻燃剂（三聚氰胺化合物）共同使用，采用共聚的方法获得的阻燃聚酯可用于生产纤维，模塑制品等；也有在阻燃聚合物中添加了二苯乙酮与其他阻燃剂如磷酸金属盐、含卤阻燃剂、三聚氰胺，金属氧化物等协同制备阻燃聚酯，同时二苯乙酮的添加增强了阻燃剂与聚酯的相容性。中国石化上海石化公司报道了共聚法制备阻燃聚酯及其纤维的方法，所采用的阻燃剂为含有双官能团（羟基或羧基）的DOPO型阻燃剂，添加的质量含量为2%~10%，得到的阻燃聚酯的特性黏数是0.6~0.75dL/g[12]。同时，将高岭土颗粒，研磨分散于乙二醇中，然后加入酯化或缩聚阶段，具有很好的成核效果，促进聚酯中由于含磷阻燃剂的存在而降低的成核结晶性，利于后续的纺丝加工，获得织物的LOI大于32%。四川大学发明了一种高分子量含磷阻燃无规共聚酯及其制备方法，阻燃剂采用磷系阻燃剂，可包括2-羧乙基甲基次磷酸、2-羧乙基苯基次磷酸、9，10-二氢-9-氧杂-10-磷酰杂菲-丁二酸、9，10-二氢-9-氧杂-10-磷酰杂菲-甲酸乙酸、双（对羧基苯基）苯基氧化磷，以上组分共聚后，得到0.03~0.08L/g的预聚物，干燥结晶后，进行固相缩聚，能够提高至0.12~0.22L/g，具有分子量高，力学性能好的优点，LOI在30%以上，V-0级别[13-14]。可用于制作薄膜，瓶类，帐篷和防火服等。北京服装学院[15]采用共聚阻燃改性的方法，获得了具有吸湿性、抗紫外功能的复合功能型阻燃聚酯。采用的阻燃剂主要为含磷反应型阻燃剂，同时添加有机吸湿性共聚成分和无机抗紫外颗粒。获得的织物的UPF平均为50+，极限氧指数为30%以上，纤维的回潮率大于1.0%，具有良好的复合功能，适用于制备纤维、帐篷以及防护服等，四川东材科技集团股份有限公司高品质阻燃聚酯切片成功实现产业化，其产品可用于民用、产业用高品质阻燃纤维，产品实现了出口创汇。江苏盛虹集团采用共聚法制得的阻燃聚酯切片及阻燃聚酯长丝已实现规模化生产，其产品远销国内外。

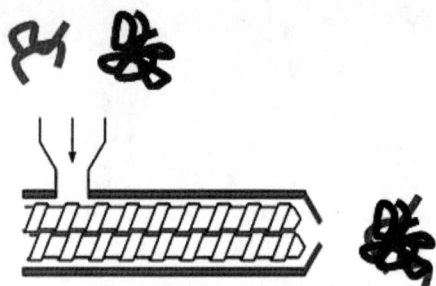

图2　共聚阻燃改性示意图

2. 共混阻燃改性

共混改性是将阻燃剂以物理共混的方式加入纺丝熔体或溶液中纺制阻燃纤维（图2）。共混法阻燃PET制备工艺简单，但热稳定性好、合适的阻燃剂很难找到，而且需要解决分散性、相容性、可纺性等性能问题，限制了它的应用，尤其是需要解决聚酯与阻燃剂共混后容易水解的问题[8]。

东丽纤维研究所（中国）有限公司采用共聚与共混相结合方法制备阳离子可染阻燃聚酯纤维，纺织品中包括至少50％的阳离子阻燃可染聚酯，其余为常规聚酯，二者采用熔融共混方式进行纺丝，耐光性能达4级以上，LOI在28％以上，适用于制成窗帘、车饰品以及制服等[16]。意大利Ital Match Chemicals制备了一种无卤阻燃聚酯复合物，所采用的线型聚酯可以是PET、PBT或者PTT等，通过熔融共混的方式加入三种类型的阻燃，包括次磷酸盐（铝、锌、钙）；N-系阻燃剂（三聚氰胺异氰尿酸酯），多羟基化合物（季戊四醇、二缩季戊四醇、聚季戊四醇等），所得的无卤阻燃聚酯产品能达到UL94测试的V-0级。荷兰帝斯曼公司发明了一种无卤阻燃聚酯复合物的制备方法，阻燃剂可采用三聚氰胺氰尿酸酯、含磷阻燃剂、无机阻燃协效剂（滑石粉、金属氧化物、如硼酸锌）和有机阻燃协效剂（含氟聚合物、聚乙烯基吡咯烷酮）作为防熔滴剂。

江苏裕兴薄膜科技有限公司报道了一种无卤阻燃聚酯薄膜的制备方法。采用共混挤出法将含磷阻燃聚酯切片（螺环状磷酸酯），无机纳米粒子（二氧化硅、硫酸钡等，粒径范围：10~80nm），聚醚型抗静电剂，以及成核剂一起熔融共混。得到的阻燃聚酯具有高结晶性，高熔点，阻燃性能优良，而且由于纳米粒子的存在，具有一定的抗熔滴性。北京理工大学的杜建新[17]等人将纳米Sb_2O_3与次磷酸铝，通过熔融共混，共同对PET进行阻燃，二者具有协同效应，以凝聚相交联成炭及吸热作用为主，兼具气相阻燃作用。所获得的阻燃PET的限氧指数高达34.6％，垂直燃烧等级为V-0级。东华大学的徐红[18]等人合成了六（4-醛基苯氧基）环三磷腈（HAPCP）作为阻燃剂，熔融共混添加到PET中。发现HAPCP能够有效促进PET的成炭，提高了复合材料的热稳定性能，LOI值最高可达34.1％；复合材料炭渣表面致密、内部多孔，是理想的隔热结构。

3. 复合纺丝阻燃改性

复合纺丝阻燃改性是指以共聚或共混阻燃聚酯为芯层，普通聚酯为皮层，制成皮芯型复合阻燃纤维[19]（图3）。采用皮芯复合纺丝法使阻燃剂位于纤维的内部，既可以充分发挥阻燃作用，又能防止阻燃剂的迁移问题，同时还能保持聚酯纤维的光稳定性、白度以及机械强度等[20]。

东丽纤维研究所（中国）有限公司采用复合纺丝法，将非阻燃聚酯切片与阻燃聚酯切片进行复合纺丝，纤维的截面形态为皮芯型。中国人民解放军总后军需研究所以普通聚酯为芯层，阻燃聚酯为皮层制备了皮芯阻燃涤纶，其阻燃聚酯含有磷阻燃剂，例如季戊四醇—螺环二苯基磷酸酯等，其特性黏数为0.08~0.12L/g。广东悦诚安纤维有限公司也有皮芯复合技术制备阻燃聚酯纤维的方法相关专利报道。阻燃聚酯切片的制备方法采用熔融共混的方式获得，阻燃剂为十溴二苯醚，四溴双酚A或红磷，阻燃性助剂是硼酸锌，水合氧化铝（镁），硅粉以及膨胀型石墨等，上述成分与PET树脂熔融共混造粒。天津工业大学的高晓东等人[21]研究了皮芯复合法多功

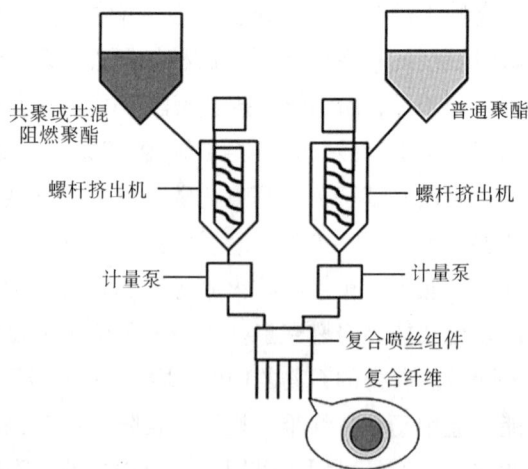

图3　聚酯的复合纺丝阻燃示意图

能疏防水性阻燃聚酯的制备工艺。芯层为有机磷阻燃剂G-77改性聚酯，皮层为聚偏氟乙烯疏水改性的阻燃聚酯，获得的阻燃复合纤维具有较高的阻燃性和防水性，牵伸丝的最大强度为4.2cN/dtex。

4. 织物的阻燃后整理

织物的阻燃后整理试制将纤维或织物浸泡在溶有阻燃剂的溶液中，然后经过浸轧、烘干等过程，使纤维或织物具有阻燃性能[10]，是聚酯纤维及其织物的阻燃改性常用方法之一。日本ADEKA公司将含有磷元素和异氰酸酯基团的聚氨酯水分散液对聚酯纤维进行浸渍处理，即可将阻燃性能充分赋予聚酯纤维，且用少量磷元素即可充分阻燃，阻燃机理属于磷氮协同阻燃机理。该法工艺简单，成本较低，适用面广，能满足不同程度的阻燃要求。但是经阻燃后整理的织物的力学性能往往会受到影响，手感变差，甚至造成环境污染。另外，织物的阻燃持久性也是需要关注的重要问题。

（二）阻燃聚酰胺纤维

聚酰胺纤维具有耐磨性好、断裂强度高、易染色和吸湿性相对较好等突出优点，是最早的合成纤维，也是目前合成纤维中产量第二的重要品种，在高端服饰、军用品和工业丝等领域具有不可替代的地位，占聚酰胺纤维总产量98%的是聚酰胺6和聚酰胺66纤维，而聚酰胺6和聚酰胺66的极限氧指数约为21%~24%，为易燃材料，而且聚酰胺6和聚酰胺66的着火温度大于530℃，熔点分别约为220℃和265℃，由于熔点与着火点温差大，燃烧时熔融滴落严重，熔滴物可引燃其他物质，在实际应用中具有较大的潜在危险，严重限制了聚酰胺的应用。因此，阻燃聚酰胺纤维的研究开发具有十分重要的意义。

阻燃聚酰胺纤维的研究技术难度很大，一是由于聚酰胺的酰胺键较活泼，在高达260~320℃的纺丝温度时，酰胺键与阻燃剂易发生化学反应，导致分子链降解，造成纺丝困难和纤维力学性能恶化；二是要赋予聚酰胺足够的阻燃性必须添加高含量的阻燃剂，而纺丝过程对高聚物材料可纺性的高要求导致对阻燃剂在聚酰胺中的分布形式和状态提出了严格限制[22]。所以国内外对阻燃聚酰胺研发大多集中于树脂领域，阻燃聚酰胺纤维研发近几年发展也较快。

目前市场上的阻燃聚酰胺产品以共混阻燃产品为主，BASF、Rhodia、DSM、东丽等国际化工巨头在聚酰胺6、聚酰胺66阻燃方面做了大量的开发工作。如BASF公司的PA6 H3CF牌号、PA66 A3X2G7牌号等，Rhodia公司的PA6 C50H2牌号、PA66 A20V25等，荷兰DSM公司的PA6 K225-KS牌号，日本东丽公司的CM1014牌号、CM3001G-15/20/30牌号等。共聚型阻燃聚酰胺产品见于BASF和Rhodia公司的个别玻纤增强工程塑料牌号，基于对共聚阻燃聚酰胺产品技术的垄断，产品价格高昂。而对于具有共聚阻燃性的聚酰胺纤维产品，瑞士EMS公司宣称具有该类产品。

国内神马公司的B890UN牌号以及其他公司的少数阻燃聚酰胺产品，该类产品通过机械共混的方式加入磷系或其他无卤阻燃剂，其阻燃性能均能达到UL94 V-0等级，广泛用于机械、通信、仪器仪表、电子电气、交通运输等领域。上海安凸塑料添加剂有限公司发明了一种高可纺性无卤阻燃锦纶纤维的制备方法。将锦纶切片、环状磷酸酯、三聚氰胺类化合物、纳米无机物、抗氧剂在双螺杆挤出机中共混造粒，得到无卤阻燃锦纶母粒，将无卤阻燃锦纶母粒与锦纶切片采用融纺丝法纺成无卤阻燃锦纶纤维即可。与现有技术相比，这一发明由于提高阻燃剂的分散性以及与聚合物的相容性，不仅具有良好的阻燃性，而且在很大程度上提高了锦纶纤维的可纺性，并且成本低，已实现工业化，所纺制得到的无卤阻燃锦纶飞机座椅套和航空地毯线，均通过了机舱内部材料可燃性测试。另外，江苏弘盛新材料股份有限公司、四川大学、中国纺织科学研究院、东华大学、太仓市宏亿化纤有限公司、黄河科技学院等均有共混法制备阻燃改性聚酰胺6切片或者纤维的报道，从而获得阻燃或者具有复合功能的阻燃聚酰胺。采用的主阻燃剂主要是磷或者磷氮协同体系。

采用反应型阻燃剂的聚酰胺共聚阻燃研究在我国已经起步，主要集中在高校和研究所，无论是聚酰胺6还是聚酰胺66，用于聚酰胺共聚改性的阻燃成分以磷系为主，如含磷的二元羧酸作为共聚单体参与聚酰胺的聚合，目前已有规模化阻燃聚酰胺纤维产品问世。

（三）阻燃再生纤维素纤维

国外阻燃纤维素纤维及其制品的研究领先，且已实现再生纤维素纤维的共混及后整理阻燃改性的产业化，例如瑞士Sandoz公司的生产了一种用于黏胶纤维的共混型阻燃剂–Sandoflame5060焦磷酸酯类有机化合物。该阻燃剂添加量大于15%，阻燃黏胶纤维的极限氧指数大于27%，并有良好的可纺性，且经多次水洗后仍能保持其阻燃性能。

奥地利Lenzing公司生产的Viscosa FR阻燃黏胶纤维是在纺前原液中加入含磷、氮阻燃元素的磷酸酯类阻燃剂后纺制的。该阻燃黏胶纤维在吸湿性、保温能力、手感和结构上与棉很相近，可以用作防护服、针织物及家用纺织品[23]。

芬兰Kemira公司生产的Visil系列复合阻燃黏胶纤维，是在黏胶原液中加入一定量的硅酸盐后制备的。硅酸盐在凝固浴中分解成硅酸，并进一步聚合成聚硅酸网络结构包覆于黏胶纤维中，纤维中硅酸盐含量在30%~33%时，其极限氧指数为28%~31%[23]。

日本旭化成公司以一种或一种以上的环状和直链状化合物作为阻燃剂，按纤维量的10%~40%添加到黏胶液中，制得了具有持久耐洗性的阻燃黏胶纤维。另一种是阻燃波里诺西克黏胶纤维，商品名为Tufban，它的吸湿性和染色性好，适合与其他纤维混纺制成阻燃纺织品[24]。

英国奥威公司开发的Proban工艺，利用四羟甲基氯化磷（THPC）与尿素的预缩体对纤维素纤维及其织物进行浸渍、干燥后，进而通过氨熏、氧化处理，制备耐久性阻燃产品，织物手感柔软，强力损失小，基本上保持了织物的舒适性和耐用性，适用于各类防化服、床上用品、装饰用品以及儿童睡衣等。

Pyrovates CP后整理工艺制备阻燃再生纤维素纤维制品，目前，国外一直致力于环保高效耐久的阻燃纤维素纤维的研究，相继开发了溶胶—凝胶、层层自组装、纳米粒子吸附、等离子体处理以及生物大分子沉积等新型阻燃改性技术，新型的阻燃工艺绿色环保，符合社会发展需求，但其阻燃耐久性有待提高，也成为国外的研究热点。

在1990年前后，国内出现过阻燃黏胶纤维研究开发的一个高潮。研究的重点是共混法阻燃黏胶纤维，所用阻燃剂均是瑞士Sandoz公司的Sandoflame5060焦磷酸酯类有机化合物。上海纺织科学研究院、南京化工学院等单位进行了焦磷酸酯类阻燃剂的合成研究、中试生产，保定天鹅化纤集团有限公司、丹东化纤公司、南京化纤股份有限公司、上海化纤三厂等厂家采用国产或者进口的阻燃剂试制或批量生产了阻燃黏胶纤维产品。但是，由于进口阻燃剂价格过高，而国内生产的阻燃剂存在粒径大、粒径分布宽及阻燃剂分散液稳定性差等质量问题，最终没有进行大规模生产[25]。同期进行的工作还有将THPC–酰胺缩聚物应用于涤棉布、将磷酰三氯苯胺应用于黏胶纤维阻燃，以及Pyrovatex CP的国产化阻燃剂、天津合成化学厂的TLC–512和上海农药厂的CFR–201。

近年来，在阻燃纤维素纤维开发方面，北京赛欧兰阻燃纤维有限公司率先研发出新型硅氮系阻燃再生纤维素纤维–SOL FR®，既环保、安全舒适，又有极高可纺性能，产品可应用与民用、军用等高端防护服。新乡市长弘化工有限公司研发出硅氮系黏胶纤维阻燃剂，并与新乡白鹭化纤集团联合开发出硅氮系阻燃黏胶纤维；河北唐山三友集团化纤有限公司采用磷系阻燃剂，利用纺前注射工艺开发出磷系阻燃黏胶纤维；吉林化纤股份有限公司采用焦磷酸酯类阻燃剂，利用纺前注射共混技术也进行了阻燃黏胶纤维的生产。山东海龙股份有限公司与青岛大学合作，2006年实现了无机阻燃黏胶纤维产业化生产。

随着科技进步，近几年无机阻燃纤维制备技术得到快速提升，产品质量得到大幅改进，但纤维强力偏低、耐碱性差等问题仍然制约着诸多领域的应用。有机类再生纤维素用阻燃剂仍然以焦磷酸酯类为主，虽有一些硅氮、磷氮类阻燃剂研究，但未能实现产业化应用。国内焦磷酸酯类阻燃剂尚存在纯度需进一步提升、粒径大小需进一步降低、粒径分布较宽等问题，致使纤维力学性能差，应用领域受限。因此，如何实现现有磷酸酯类阻燃剂的微纳米化、提高其在黏胶纤维纺丝液中的均匀分散性，以及开发新型纤维素纤维专用阻燃剂成为国内研究重点。

（四）阻燃维纶

维纶耐酸碱、耐磨、耐晒、耐腐蚀，吸湿性好，共混纺丝包容性强，资源丰富，成本较低，具备制作工装和防护服面料的潜在优势，普通维纶强度为4.5cN/dt。由于维纶加工中需要经受酸碱、高温和缩醛化加工，故能适应维纶的共混型阻燃剂和接枝型阻燃剂均较困难。

维纶目前只有我国、日本和朝鲜有工业化生产，但是日本和朝鲜均无阻燃维纶产品。我国的阻燃维纶主要是由四川大学在20世纪80年代承接地方政府项目后开始与四川维尼纶厂合作研发的，有制成阻燃帆布，但没有应用，原因包括强度不高、染整后有比较明显的沾并、着色性能也不好等问题[26]。21世纪初军需所开始组织川大和川维研制高强维纶，采用稍高分子量PVA、湿法加硼纺丝、通过施加硼离子对PVA解缠结在高牵伸下得到高取向度和高强度、控制凝固速率形成致密皮层提高耐磨性；创新开发长丝束醛化结合机械卷曲的高强维纶生产新技术，纤维可耐热水和染整加工，强度≥8cN/dtex。在此基础上，军需所继续组织四川大学和上海全宇生物科技遂平有限公司自主研发了集酸源、碳源和气源为一体的高效无卤低烟无毒的阻燃剂，开发纺前注射和超细粉体分散新技术生产阻燃维纶，解决了阻燃剂易团聚、纺丝液易堵孔等产业化技术难题；控制阻燃剂熔点与PVA晶区熔点相近且相容，纤维热处理时阻燃剂与PVA产生分子复合效应。阻燃剂含量≥20%、极限氧指数达29%时，纤维强度≥7.5cN/dtex，且可染色，生产成本远低于芳纶。目前已经开发溴锑协效、磷氮协效等不同阻燃体系的高强阻燃维纶。2006年开始将阻燃维纶与其他阻燃纤维复配形成阻燃协同效应，应用于二炮阻燃作战服面料。经不断改进，现在已经应用于武警雪豹突击队、猎鹰突击队、武警航空作战大队、武警救援部队、解放军维和部队、火箭军作战服；并研发了公安阻燃战训服即将装备，并为厂矿、外军提供了含高强阻燃维纶的阻燃面料。以武警阻燃作战服为例，在相近规格下，性能优于美国杜邦公司的NomexIIIA面料、可以印制迷彩图案且价格仅为其1/2~2/3[27]。

二、阻燃纤维市场需求及下游应用情况

纺织品是关系到国计民生的重要基础材料，应用范围已从人们的日常生活扩展到工业、农业、航天、交通运输、军事、医疗防卫等诸多领域。但随着纺织品应用领域的扩大，纤维制品也成为引发各类室内外火灾的主要隐患之一[28]。据统计，纺织品是建筑物火灾主要的引燃物，且由纺织品引起的火灾给人们的生命和财产安全带来了巨大的损失，已经成为严重的社会问题。国内外对阻燃纤维及其纺织品进行了大量的研究工作，欧盟、美国、日本等很多国家都已通过严格的法律、法规，要求在某些特定场所必须使用具有阻燃功能的纤维或织物。我国环保安全、阻燃法规和标准的颁布与强制实施，促进了环保无毒型和永久高阻燃性纤维及其制品的研究、开发与应用[23]。据行业专家保守估计，我国每年需要阻燃纤维超过1×10^6t，世界需求量则可能超过5×10^6t，且市场还在进一步扩大，而国内现有各种阻燃纤维的生产能力不到1×10^5t/年，且在技术与性能上良莠不齐，目前产品仍存在阻燃效能低、持久性差、发烟量大、熔滴烫伤及环保等严重问题，无法满足不同领域对阻燃纤维及制品日益提高的安全标准与等级要求，且关键技术仍被欧、美、日等发达国家所垄断。

目前阻燃聚酯、阻燃纤维素纤维主要应用于汽车、火车、飞机上的阻燃纺品，宾馆、饭店等公共场所的装饰纺织品、服用及阻燃家纺产品等，并实现了出口；阻燃维纶及其混纺织物已经应用于武警雪豹突击队、猎鹰突击队、武警航空作战大队、武警救援部队、解放军维和部队、火箭军作战服，并研发了公安阻燃战训

服即将装备，并为厂矿、外军提供了含高强阻燃维纶的阻燃面料；阻燃聚酰胺纤维还未实现规模化生产与应用。

三、阻燃纤维发展趋势

随着人类安全意识的不断提高和阻燃法规的不断完善，阻燃纺织品的开发力度不断增加，特别是永久性阻燃纺织品的开发将会成为市场的新热点。阻燃改性聚合物纤维的研究可能呈现出如下的发展趋势。

（一）长效环保高品质阻燃纤维

长效环保高品质阻燃纤维是未来的发展趋势，目前阻燃纤维阻燃效能、耐久性、发烟量、抗熔滴、环保等方面仍然是研发的热点[29]。因此，开发环保长效阻燃、抗熔滴、抑烟一体化的熔纺纤维及高强环保长效阻燃的湿法纺纤维是未来的发展趋势。阻燃聚合物可加工性、阻燃性、抗熔滴性、抑烟性及力学性能的平衡是未来阻燃纤维的重要研发方向。

（二）功能复合型阻燃纤维

功能复合型纤维是当今纤维发展的趋势。目前多数阻燃纤维仅具有阻燃功能，不能满足其他一些特殊要求，如阻燃拒污、阻燃拒水、阻燃抗静电等。随着阻燃剂功能复合化的发展，现在世界各国都正在开发具有双功能和多功能的阻燃剂，希望通过加入一种复合阻燃剂就可以达到阻燃抗菌、阻燃抗静电等性能[30]。例如用氟化物对阻燃纤维进行处理不仅有助于纤维的阻燃持久性，而且可以有效地改善纤维的防水性能。目前，欧美与日本等国家已生产出了氢氧化铝、二氧化硅、硼酸锌等具有阻燃、抑烟功能的无机复合型阻燃剂[31]。

（三）绿色环保型阻燃纤维

当今时代绿色环保的概念已深入人心，因此绿色环保型阻燃纤维不仅要具有阻燃性能，同时还要满足消耗原材料时不破坏生态环境、生产过程中不造成环境污染、使用期间对人体无毒害、废弃后可再生等要求。从环保和安全的角度出发，开发高效、无毒、无卤、无烟、无熔滴的阻燃纤维是未来的发展趋势。有机硅系阻燃剂因具有无毒、低烟、不熔滴等特点而被称为典型无卤阻燃剂，是未来阻燃剂发展的优先种类。碳纳米材料具有环境友好、来源丰富、制备方法多样等特点，同时在改善聚合物的成炭质量、热稳定性和力学性能等方面有着突出的表现。因此，碳纳米材料被广泛应用于聚合物的阻燃改性，其中碳纳米管[32-33]、石墨烯[34-35]、碳黑[36]、碳微球[37-38]均有应用于聚合物阻燃的报道，并取得了良好的效果。

（四）舒适防护型阻燃纤维

在高辐射、高温的特殊环境中，工作人员虽然穿着防热或阻燃防护服，但是仍然难以长时间保持正常的工作效率。因此对于阻燃防护服来说，还应该具有良好的舒适性。阻燃纤维应同时具有阻燃性、热湿舒适性、抗静电、防辐射等功能。

（五）高技术型阻燃纤维

高技术纤维是随着航空、航天、能源等产业的发展需求而研发出来的一系列高性能新型纤维。高技术型阻燃纤维分子结构独特，无须添加阻燃剂或进行改性，本身就具耐高温阻燃的性能，且具有良好的物理机械性能。

（六）阻燃新技术及工艺开发

采用传统的共聚、共混、复合纺以及后整理方法能够实现较好的阻燃效果，但是传统的成纤聚合物共聚或共混阻燃方法仍存在可共聚阻燃单体有限、共混加工成纤困难、阻燃改性纤维力学性能下降等诸多难点。因此，开发阻燃剂有效添加，多元素协效阻燃、阻燃剂含量和分布高效调控的新型绿色环保阻燃技术将会推动高品质阻燃纤维及制品的发展，包括一系列光诱导的可控聚合技术、纳米/聚合物复合阻燃技术等[39]。

四、发展建议

对于未来阻燃纺织品的发展，可以开发纤维专用阻燃剂；开发阻燃纤维新技术；制定相关类别阻燃纤维及纺织品的标准，加快推出阻燃纺织品的法规；加大阻燃纤维及阻燃纺织品在国内的推广应用力度。

参考文献

[1] 程士润，沈妍，王红.浅谈阻燃纤维的分类和发展 [J]. 中国纤检，2013，（1）：84–86.

[2] 孔庆岭，纪全，夏延致. 阻燃黏胶/Basofil混纺消防防护织物的研究 [J]. 科技信息（科学教研），2007，（19）：27–27.

[3] KAKVAN A, NAJAR S S, PSIKUTA A. Study on effect of blend ratio on thermal comfort properties of cotton/nylon–blended fabrics with high–performance Kermel fibre [J]. The Journal of The Textile Institute, 2015, 106（6）：674–682.

[4] 李振辉，李霞，于捍江，等.阻燃黏胶纤维研究进展 [J]. 高分子通报，2019，（4）：33–39.

[5] 雷四军.水暂溶性黏胶纤维用阻燃剂的合成及性能研究 [D]. 大连：大连理工大学，2008.

[6] 全凤玉，纪全，夏延致，等.阻燃黏胶纤维的研究及其进展 [J]. 纺织学报，2004，（1）：121–123.

[7] 王洋.有机磷系阻燃剂的合成与应用研究 [D]. 大连：大连理工大学，2007.

[8] 黄基锐，沙建昂，龚静华，等.高磷含量阻燃聚酯及其与聚对苯二甲酸乙二醇酯共混物的制备研究 [J]. 化工新型材料，2017，12（45）：128–131.

[9] 马萌，朱志国，魏丽菲，等.磷系阻燃剂/硼酸锌复合阻燃PET的制备及性能研究 [J]. 合成纤维工业，2016，（3）：21–25.

[10] 王可.耐高温阻燃硅-铝-纤维素共混黏胶纤维的研制与开发 [D]. 天津：天津工业大学，2017.

[11] 闫梦祥，张思源，王总帅，等.磷系阻燃剂阻燃PET的研究进展 [J]. 中国塑料，2017，31（10）：1–5.

[12] 李玉芳，李明.DOPO及其衍生物在聚合物中的阻燃应用研究进展 [J]. 精细与专用化学品，2021，29（2）：41–44.

[13] 王玉忠.四川大学王玉忠小组高分子材料无卤阻燃研究取得突破 [J]. 中国材料进展，2011，30（12）：39–39.

[14] 王玉忠，陈力.新型阻燃材料[J]. 新型工业化，2016，6（1）：38–61.

[15] 吴伟伟.高吸湿阻燃聚酯的制备及性能研究 [D]. 北京：北京服装学院，2012.

[16] 洪剑桥.阻燃-阳离子染料易染涤纶短纤维的研制 [J]. 聚酯工业，2001，14（2）：23–26.

[17] 司明明，郝建薇，徐利时，等.纳米三氧化二锑阻燃应用分析 [J]. 中国塑料，2013，27（8）：1–7.

[18] 吴茜，张琳萍，张璇，等.六（4-醛基苯氧基）环三磷腈的合成及其在PET阻燃中的应用 [J]. 化工新

型材料，2013，41（12）：171–173.

[19] 丁致家，齐鲁，高晓东.多功能阻燃聚酯纤维的纺丝工艺 [J].纺织学报，2013，34（1）：1–6.

[20] 王法.差别化黏胶纤维产业化生产管理—精细化生产管理 [D].天津：天津工业大学，2017.

[21] 丁致家，齐鲁，高晓东.Spinning process of multifunctional flame retardant polyester fibers [J].纺织学报，2013，034（1）：1–6.

[22] J·米切尔，D·加利.阻燃聚酰胺组合物：中国，CN03824116.1[P].2007.

[23] 孙晓霞.阻燃纤维：一丝一缕 织就安全屏障——访北京服装学院材料科学与工程学院院长王锐 [J].新材料产业，2019，（7）：6–9.

[24] 张强.新型侧基含磷阻燃共聚酯的合成、表征及阻燃机理研究 [D].武汉：武汉科技学院，2007.

[25] 陈培玉.阻燃用聚酰亚胺纤维混纺纱的开发与工艺研究 [D].上海：东华大学，2015.

[26] 苗同梦.维纶纤维增强剂的制备及其应用性能研究 [D].天津：天津工业大学，2020.

[27] 刘湖滨.纺织用品中阻燃纤维的阻燃机理及应用 [J].印染助剂，2020，37（9）：6–10.

[28] 李永和，彭大伟.纤维及织物的阻燃机理，技术及发展现状分析[C].开展消防科技创新 促进社会公共安全.2017.

[29] 陈咏，朱志国.共聚型磷系阻燃聚酯聚合反应动力学及其性能 [J].纺织学报，2019，40（10）：13–19.

[30] 姚江薇，沈国建，邹专勇，等.抗静电涤纶功能纤维制备技术研究进展 [J].合成纤维，2021，50（1）：14–19.

[31] 赵朴素，王红艳，宋洁.高效、环保的复合型阻燃剂的制备方法：中国，102010585B[P].2012.

[32] WANG Y C G, ZHU G, SUN Y. Enhanced Flame Retardant Efficiency of in–Situ Polymerizing Barium Phenolic Resin Modified with Carbon Nanotubes [J]. Materials Research Express, 2020, 7：85602–85602.

[33] LEE S K H, SEONG D, LEE D. Synergistic Improvement of Flame Retardant Properties of Expandable Graphite and Multi–Walled Carbon Nanotube Reinforced Intumescent Polyketone Nanocomposites [J]. Carbon, 2019, 143：650–759.

[34] ZHANG M, DING X, ZHAN Y, et al. Improving the flame retardancy of poly（lactic acid）using an efficient ternary hybrid flame retardant by dual modification of graphene oxide with phenylphosphinic acid and nano MOFs [J]. Journal of Hazardous Materials, 2020, 384：121260–12160.

[35] ZABIHI O, AHMADI M, LI Q, et al. A sustainable approach to scalable production of a graphene based flame retardant using waste fish deoxyribonucleic acid [J]. Journal of Cleaner Production, 2020, 247：119150–119150.

[36] YU R, LIU J, GAO D, et al. Striking effect of nanosized carbon black modified by grafting sodium sulfonate on improving the flame retardancy of polycarbonate [J]. Composites Communications, 2020, 20：100359–100359.

[37] XUE B, QIN R, WANG J, et al. Construction of Carbon Microspheres–Based Silane Melamine Phosphate Hybrids for Flame Retardant Poly（ethylene Terephthalate）[J]. Polymers, 2019, 11（3）：545–545.

[38] QIN R, SONG Y, NIU M, et al. Construction of flame retardant coating on polyester fabric with ammonium polyphosphate and carbon microspheres [J]. Polymer Degradation and Stability, 2020, 171：109028– 109028.

[39] 周颖雨，王锐，靳高岭，等.光诱导表面改性技术的织物阻燃应用研究进展 [J].纺织学报，2021，42（3）：181–189.

纺织废水深度处理及回用技术现状及前景

胡慧敏　沈忱思　李　方

（东华大学环境科学与工程学院　国家环境保护纺织工业污染防治工程技术中心）

近年来，由于排放标准日益严苛，不论是中和、混凝、气浮等常规物化技术，还是厌氧、好氧等生物技术手段都很难满足处理要求。多种深度处理技术由于具有良好的效能走进人们的视野并在纺织行业普遍使用，其中主要包括吸附法、膜法分离和高级氧化法等。本文对目前常用的几种深度处理技术进行分析论述，为今后工艺改进及新技术的开发提供参考。

一、纺织废水深度处理及回用技术

（一）物化法

1. 混凝法

混凝法是纺织废水处理的常用方法，可用于去除废水中的纤维、油脂、分散染料、悬浮颗粒等污染物。在纺织工业中的常用混凝剂有石灰、铁盐、铝盐及其无机聚合物混凝剂，常用助凝剂为聚丙烯酰胺（PAM）。近年来，混凝工艺有了一些新的突破。铝电极电混凝法在印染废水中可有效实现染料的脱色降解，去除率达94.9%。向海藻酸钠浆料投加氯化铁混凝剂，可实现海藻酸钠的有效凝聚。在纺织染整工业废水中，聚硫酸铁混凝剂中铁絮体的活性形态有利于锑（Ⅴ）的迁移与吸附，促进废水中锑的去除，去除率达97.4%。镁盐适用于含活性染料废水的混凝，水解产物具备一定的吸附性能，但其形成的絮体较细，仍需进一步优化。目前纺织工业中混凝法的总结和应用见表1。

表1　混凝法总结及处理效果

混凝工艺	技术参数	废水水质	污染物去除效果
电混凝[1]	单质铝电极，电流密度为25mA/cm²，pH为5，室温	高浓度纺织废水（实际废水） ρ（COD_{Cr}）为280~295mg/L，ρ（TOC）为220~260mg/L，色度为17.7~29.0倍	COD_{Cr}去除率为18.6% 色度去除率为92.6%
硫酸镁混凝[2]	硫酸镁投加量为3000mg/L，pH为11，室温	涤棉退浆/染料混合废水（实际废水） ρ（PVA）为2000~4724mg/L，ρ（COD_{Cr}）为6019~12076mg/L，色度为2~200倍	PVA去除率为75.6% COD_{Cr}去除率为76.1% 脱色率为79.1%
氯化铁混凝[3]	氯化铁投加量为30mg/L，pH为1~12，室温	退浆废水（模拟废水） ρ（COD_{Cr}）为6019~12076mg/L	ρ（COD_{Cr}）<50mg/L
聚硫酸铁混凝[4]	聚硫酸铁投加量为56mg/L，pH<6，室温	印染综合废水（实际废水） ρ［锑（Ⅴ）］为0.2×10⁻⁶mg/L	Sb（Ⅴ）去除率为97.4%

2. 吸附法

吸附法在纺织废水中多用于去除废水中残留的色度、溶解性有机污染物、无机污染物如锑、磷酸根等。吸附剂种类繁多，其中活性炭因孔隙率高、吸附容量大等优势，在纺织工业废水处理中得以广泛应用。二氧化钛修饰的碳纳米管，不仅可以实现锑（Ⅲ）的吸附去除（去除率在90%以上），同时在外加电场的作用下，三价锑能够被氧化为毒性较小的五价锑。此外，纺织印染废水中常用的吸附剂还有膨润土、粉煤灰、硅藻土等低值吸附材料。吸附法在废水深度处理中虽然短期内见效显著，但吸附饱和后吸附剂再生困难，一般仅限于量少、污染物浓度低的情况，且目前由于成本限制，实际仅活性炭和树脂应用较多，其余大部分吸附剂仍处于研究性应用状态。目前吸附法的研究及应用情况见表2。

表2　吸附法分类及治理效果

吸附法	技术参数	废水水质	污染物去除率
活性炭吸附[5]	活性炭投加量为3000mg/L，温度为556℃，pH为7	棉纺企业生化处理出水（实际废水）ρ（COD_{Cr}）为251.7mg/L，ρ（染料）为486.8mg/L	COD_{Cr}去除率为73.9%，脱色率为93.1%
废浮石吸附[6]	废浮石投加量为5000~350000mg/L，pH为7	牛仔布洗水废水（实际废水）ρ（COD_{Cr}）为1300mg/L，ρ（染料）为30mg/L	COD_{Cr}去除率为68%，脱色率为100%
类水滑石吸附[7]	类水滑石投加量为1000mg/L，温度80℃，pH为7	染料混合废水（模拟）ρ（P）为2mg/L，ρ（RhB）为10mg/L	脱色率为95.6%，磷吸附容量为16.7mg/g

3. 膜法分离

膜法分离能够去除纺织废水中的颗粒物、可溶性物质等多种污染物，工艺主要包括超滤—反渗透、超滤—纳滤和微滤—反渗透等。在用于印染废水的深度处理时多是用以提高水回用效率，常用手段主要有臭氧氧化—曝气生物滤池—超滤—反渗透—回用、多介质过滤—超滤—反渗透—回用以及超滤—反渗透联用技术等。以"臭氧氧化—曝气生物滤池—超滤—反渗透—回用流程"在纺织废水处理过程中的应用为例，前期的预处理技术能够有效保证后续膜处理的进水水质，对废水中色度、COD_{Cr}、氨氮、浊度都有很好的去除效果，去除率分别为89.3%、72.7%、78.8%、45.3%。经过前处理的废水再结合超滤—反渗透膜系统处理后，出水能够满足回用标准。此外，膜法分离还能够有效实现染料、盐分离。比如，纤维素/壳聚糖共混纳滤膜在静电作用和孔径筛分作用下，对活性染料具有90%的高截留率，而对NaCl的截留率只有10%以下，因此利用其对染料和盐的不同分离效率能够实现染料脱盐。

虽然分离膜因其高效的技术特点在纺织废水处理工艺中得以广泛应用，但若以进一步提高处理效率及降低处理成本为目标，组合工艺仍需不断地优化改进，使工艺技术更加成熟稳定。膜法分离的在纺织工业的应用和最新研究进展见表3。

表3　膜法分离分类及处理效果

膜技术	技术参数	废水水质	污染物去除率
纳滤（NF）[8]	陶氏NF270纳滤膜聚酰胺复合膜，压力4.1MPa，温度45℃	牛仔靛蓝染色废水（实际废水）ρ（COD_{Cr}）为520~3250mg/L，ρ（染料）为650~1000mg/L，ρ（TSS）为90~350mg/L，电导率为2.5~3mS/cm	COD_{Cr}去除率为97%，脱色率为99%、脱盐率为60%

膜技术	技术参数	废水水质	污染物去除率
膜蒸馏—超滤[9]	膜蒸馏：0.22μm聚四氟乙烯微滤膜，热侧温度45℃，冷侧温度20℃，流速0.25m/s；超滤：10万分子量聚偏氟乙烯超滤膜，压力0.4 MPa，温度70℃	PVA退浆废水（模拟废水）ρ（COD_{Cr}）为10000mg/L	COD_{Cr}去除率为95%，PVA浓缩7.2倍
微氧水解—MBR+NF[10]	微氧生物池和MBR的HRT之比为1:2.3；MBR中膜组件为中空纤维超滤膜；TMN_{10}纳滤膜，压力0.3MPa	成衣洗水废水（实际废水）ρ（COD_{Cr}）为845mg/L，电导率为912mS/cm，浊度为224NTU	出水ρ（COD_{Cr}）为10mg/L，浊度为0 NTU，可直接回用
电混凝+NF[11]	单质铝电极，电流密度为2mA/cm²，pH为7，室温；210~250μm聚醚砜（PES）纳滤膜，压力4MPa，pH为7	纺织综合废水（实际废水）ρ（COD_{Cr}）为2690mg/L，ρ（color）为2100mg/L，电导率为14.9mS/cm	COD_{Cr}去除率为64%，脱色率为94%，无机盐截留率在4%以下

4. 高级氧化法

高级氧化法在氧化过程中通过产生羟基自由基使水中许多有机分子转化为低分子物质，因其氧化能力强、反应彻底等优点被用于纺织废水的深度处理中。高级氧化法中依据羟基自由基产生方式的不同又可以分为不同的方法，其中主要包括Fenton氧化法、臭氧氧化法和超声波氧化法等。目前，Fenton氧化和臭氧氧化技术在纺织工业中应用得相对较多，废水的可生化性在经过预处理后显著提高，应用于深度处理时能够去除残留的有机污染物。臭氧氧化法对废水预氧化后能够明显提高废水的可生化性，再经过曝气生物滤池处理后的排放出水能够满足《城镇污水厂污染物排放标准》一级B排放标准 [ρ（COD_{Cr}）<60mg/L，色度<30度，ρ（$NH_3—N$）<8mg/L]，出水ρ（COD_{Cr}）稳定在50mg/L以下。臭氧氧化法通常会与其他技术结合来提高处理效率，常见的技术主要包括UV、超声、活性炭和过渡金属等，在催化作用下的臭氧对污染物的去除能够获得更好的效果。Fenton氧化法最明显的优点是氧化效率高和适用性广，但是也存在明显缺陷，比如对废水pH要求高、铁泥产生量大、废水中游离铁离子残留量高等，因此在纺织行业废水处理中很难产业化应用。因此，人们逐渐开始重视异相类Fenton催化剂的开发，其中包括黄铁矿、载铁沸石和载铁活性炭等。高级氧化法的分类及处理效果总结见表4。

表4　高级氧化法分类及处理效果

高级氧化法	技术参数	废水水质	污染物去除率
Fe_3O_4—超声—H_2O_2[12]	Fe_3O_4投加量为800mg/L，H_2O_2投加量为0.01mol/L，超声功率300W/L，pH为8.1	纺织实际废水（实际废水，含喹啉、γ-谷固醇和磷酸三丁酯）ρ（COD_{Cr}）为2360mg/L，ρ（BOD_5）为400mg/L，ρ（TOC）为1970mg/L	COD_{Cr}去除率为79.3%，TOC去除率为66.5%
臭氧—曝气生物滤池[13]	臭氧投加量为25mg/L，反应时间为42min；曝气生物滤池气冲强度为15L/（m²·s）	印染制革园区二级生化出水（实际废水）ρ（COD_{Cr}）为400~600mg/L，ρ（$NH_3–N$）为30~40mg/L，色度为500~600倍	COD_{Cr}去除率为63%，脱色率为96%
臭氧—UV—Fenton[14]	紫外照射功率为580W，H_2O_2投加量为0.6mol/L，pH为4.5，n（H_2O_2）/n（O_3）=0.85，n（H_2O_2）/n（Fe^{2+}）=25:1	染色废水（模拟废水）ρ（COD_{Cr}）为12000~15000mg/L，色度为20000~24000倍，pH为7.8~8.8	COD_{Cr}去除率为60%，脱色率为100%

续表

高级氧化法	技术参数	废水水质	污染物去除率
电混凝—臭氧催化[15]	单质铁电极，电流密度为0.5mA/cm²；臭氧投加量为500mg/L	棉织物染色废水（实际废水）ρ（COD_{Cr}）为3440mg/L，ρ（RB5）为842mg/L，ρ（TOC）为1790mg/L	COD_{Cr}去除率为64%，脱色率为100%
氧化锌/聚吡咯复合光催化[16]	氧化锌/聚吡咯投加量为2g/L，紫外灯125W	染色废水（模拟废水）ρ（直接黑）为50.9mg/L，ρ（TOC）为168.6mg/L	脱色率为83.6%，TOC去除率为88.4%

（二）生物法

生物法也是目前纺织印染行业废水处理过程中应用较为广泛的技术，但是纺织印染废水具有成分复杂、难降解污染物含量高等特点，仅使用水解酸化法、厌氧生物法和好氧生物法时很难达到理想的去除效果。目前大多数生物处理技术是将多种处理工艺联合使用，其中应用最多的就是"厌氧—好氧"的组合工艺。下面分别对常见的三种工艺进行阐述说明。

1. 水解酸化法

纺织废水中存在纤维素、染料、脂肪类、蛋白质类等大分子有机物时，废水的可生化性较低。水解酸化法不光能降解这些有机高分子，还能对二氧化氯等物质还原，有助于提高纺织印染废水的可生化性。水解酸化在使用时通常与多种处理工艺结合，比如，在以混凝沉淀—水解酸化—膜生物反应器（MBR）为处理工艺的流程中，废水经过水解酸化处理阶段后能够将ρ（COD_{Cr}）浓度为1200mg/L的印染废水B/C提高35%。水解酸化—缺氧/好氧（A/O）组合工艺在处理ρ（COD_{Cr}）浓度为400~600mg/L的含偶氮染料的印染废水时，废水中色度、ρ（COD_{Cr}）和氨氮的去除率分别能够达到71.0%、92.2%和83.5%。但是该工艺也存在明显的缺陷，如当废水中含有浓度较大的水合肼等有毒物质时，该种处理工艺就很可能失效。

2. 厌氧生物法

厌氧生物法所需能耗较低，常被用于纺织印染废水中的易生物降解有机物的去除，如退浆废水中的淀粉，碱减量废水中的对苯二甲酸、乙二醇等，但厌氧生物法不能完全降解有机物，且在处理含偶氮染料的废水时，期间易产生类似芳香胺化合物等具有潜在毒性的中间产物。厌氧反应器应用较多的主要有：升流式厌氧污泥床反应器（UASB）、内循环厌氧反应器（IC）、厌氧折流板（ABR）以及厌氧生物滤池（AF）等。2020年，厌氧氨氧化法也被尝试性应用于纺织废水中的高氮印花废水，在实验室条件下，将UASB与完全自养脱氮—膜生物反应器（MBR—CANON）串联，可将印花废水中的高浓度尿素[ρ（TN）约1000mg/L]有效转化为氨氮，并同时将ρ（COD_{Cr}）的浓度从1000mg/L降低为26mg/L。

3. 好氧生物法

与厌氧生物法不同的是，好氧生物处理法能够对纺织印染废水中经过厌氧生物去除后的小分子有机物、氨氮和部分染料中间体实现彻底降解。交替的好氧、缺氧能够实现生物脱氮除磷，典型工艺包括SBR、A/O和氧化沟等工艺。这类生物处理技术适用于处理氨氮、尿素等蛋白质类物质浓度较高的废水。好氧池反硝化需要脱氮吸磷，废水经过厌氧池后释放出的磷刚好可以为其提供碳源，MBR膜池排泥后最终可以实现脱氮除磷，出水中总氮、总磷的浓度均可达到纺织工业小于0.5mg/L的直接排放标准。近年来，MBR法被广泛应用于纺织工业废水的处理，该技术很好地将膜法分离和生物处理法的优点结合起来。其优点是出水质量高、抗冲击能力强和污泥产率系数低，但是膜污染问题一直并未得到有效解决，这就成为了制约其大规模投入使用的关键因素。生物处理的部分组合工艺见表5。

表5　生物处理组合技术分类及处理效果

生物工艺	技术参数	废水水质	污染物去除率
水解酸化—A/O组合[17]	水解酸化序批式反应器水力停留时间（HRT）为6h；A/O序批式缺氧段HRT为2h，好氧段HRT为3h	印染综合废水（实际废水）ρ（COD_{Cr}）为400mg/L，ρ（NH_3—N）为114.6mg/L，ρ（活性红2）为30mg/L	COD_{Cr}去除率为92.2%，脱色率为71%，NH_3—N去除率为83.5%
水解酸化/移动床生物床反应器（MBBR）[18]	水解酸化HRT为24h；MBBR反应器HRT为8.8h，采用聚氨酯类填料	印染综合废水（实际废水）ρ（COD_{Cr}）为1500mg/L，ρ（NH_3—N）为11mg/L，pH为8~14	COD_{Cr}去除率为85%，NH_3—N去除率为60%
厌氧流化床反应器[19]	HRT为24h，有机负荷（OLR）为3kg COD/（$m^3\cdot d$）	棉纺染色废水（实际废水）ρ（COD_{Cr}）为1029mg/L，色度20倍	COD_{Cr}去除率为82%，脱色率为59%
上流式厌氧复合反应器（UBF）+生物接触氧化池[20]	UBF复合厌氧反应器，一级HRT为24h，OLR为6.9kg COD/（$m^3\cdot d$）；二级HRT为24h，OLR为1.8kg COD/（$m^3\cdot d$）；两段式生物接触氧化池，第一段HRT为8h，OLR为0.8kg COD/（$m^3\cdot d$），第二段HRT为4h，OLR为0.5 kg COD/（$m^3\cdot d$）	整理废水（实际废水）ρ（COD_{Cr}）为12000mg/L，ρ（BOD_5）为6000mg/L，色度为500倍	COD_{Cr}去除率为99%，脱色率为93.8%
UASB/MBR—ANON[21]	UASB反应器HRT为72h，OLR为0.34kg COD/（$m^3\cdot d$）；MBR—CANON反应器HRT为24h，OLR为0.5kg NH_3—N/（$m^3\cdot d$）	高氮活性印花废水（模拟废水）ρ（COD_{Cr}）为500~1000mg/L，ρ（TN）为1000mg/L，色度为100~500倍	COD_{Cr}去除率为74%，TN去除率为72%，脱色率为82%
序批式活性污泥法（SBR）[22]	SBR反应器HRT为24h，OLR为1.1kg COD/（$m^3\cdot d$），污泥浓度（MLSS）为2600mg/L，污泥指数（SVI）为21g/mL	染色废水（实际废水）ρ（COD_{Cr}）为569mg/L，色度为46.7倍，pH为8.8	COD_{Cr}去除率为87%，脱色率为42%
UASB–缺氧好氧[23]	UASB水力负荷（HLR）为0.25m^3/（$m^2\cdot d$），HRT为12h；活性污泥反应器HLR为0.16m^3/（$m^2\cdot d$），HRT为12h；接触氧化反应池HLR为0.2m^3/（$m^2\cdot d$），HRT为12h	混纺染色废水（实际废水）ρ（COD_{Cr}）为713mg/L，ρ（NH_3—N）为31.6mg/L	COD_{Cr}去除率为93%，TN去除率为70%

二、纺织工业水污染治理技术发展趋势

（一）以分质处理和再生利用为先进理念

纺织印染废水在实际处理时存在污染物浓度高、混合处理困难等问题，需要先通过分质处理后再与其他废水混合。其实，废水深度处理的目的就在于回用，处理的程度与回用的目的有很大关系。比如盐析法可以将退浆废水中的聚乙烯醇（PVA）分离出来，不光可以提高废水的可生化性，还能将分离出来的PVA等高聚物资源化利用。膜蒸馏—超滤二级膜浓缩工艺在处理退浆废水时，能够利用其余热将PVA的浓度从1%浓缩到7.2%，浓缩后的PVA可作为抑尘剂等资源化材料。聚酯聚合物需要从涤纶碱减量废水中析出后才能加酸调节pH。还原沉淀法可用于含铬废水的单独处理，处理后的废水能够在车间实现达标排放。

染整行业的各类废水水质条件不同，具体的废水治理及再生工艺需要根据具体情况构建，具体流程如图1所示。

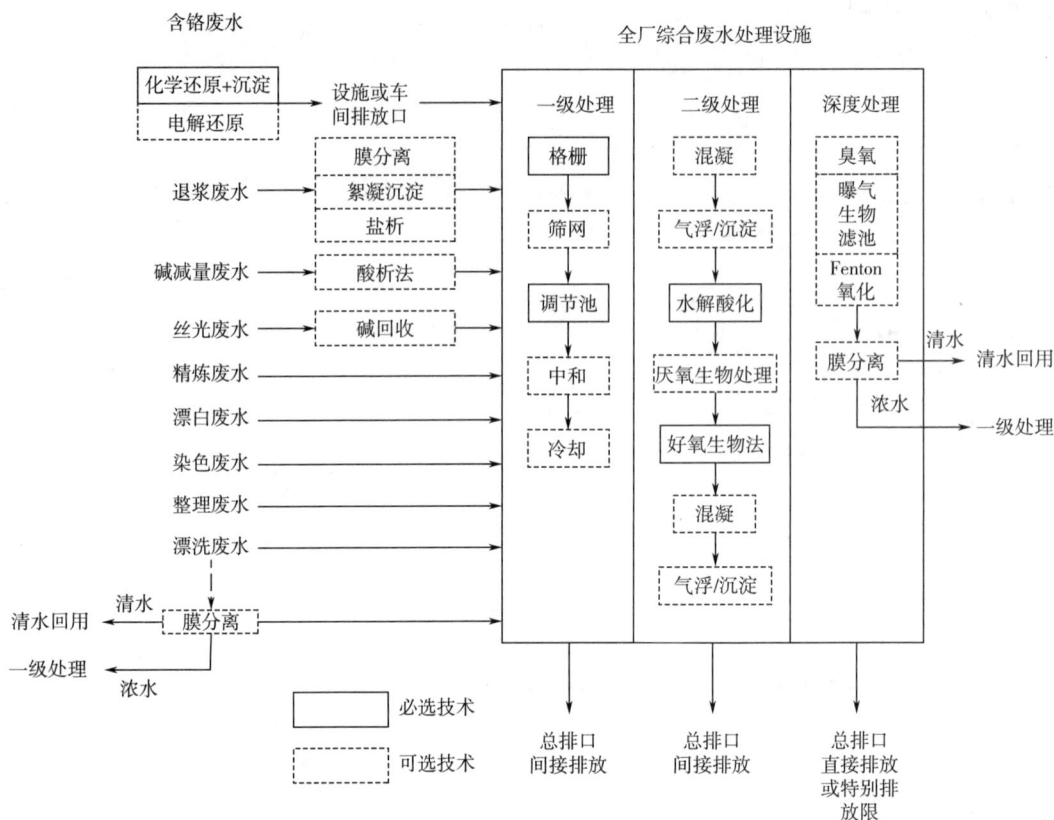

图1　染整废水处理可行技术路线图

（二）以清洁生产和全过程控制为核心手段

清洁生产技术不光能够减少污染物的排放及后续处理负荷，还可以提高资源回收率，这将成为纺织行业废水深度处理技术发展的趋势。纺织行业在推行清洁生产时可以从原料、工艺及管理等方面考虑。比如，真空渗透煮茧技术、羊毛脂组合回收技术和生物—化学联合脱胶技术，能够实现环境及经济效益的双提升并且已经广泛应用于纺织行业。采用生物酶前处理、冷轧堆一步法作为染整行业中印染前处理工段的清洁生产技术，能够有效降低能耗和废水排放量；小浴比染色技术、活性染料冷轧堆染色技术和无导布轮染色技术等清洁生产技术被应用于印染的染色及印花工段时可减少废水排放量达到20%；目前运用在整理工段的清洁生产技术主要有泡沫整理和水性聚氨酯涂层整理等。

（三）以纺织工业园废水集中处理为主流模式

纺织工业的主要特点是中小企业分散且较多，许多企业自身缺乏处理污染物的能力，因此可以考虑设立工业集聚区，这不光有利于印染产业合理布局，还能够集中处理污染问题，工业集聚区的设立将对我国控制纺织行业污染排放产生重要意义。工业聚集区集中治理后，企业可以不用自行处理，只需要将产生的工业废水直接交给专业的废水处理厂进行处理，这不光能减少企业的投资成本，还可以避免偷排乱放等问题，对当地环境质量的提升具有重要意义。同时工业集聚区还可有效缓解资源浪费的问题，产生的一些蒸汽、水等便于回收利用。环保部门对工业聚集区的管理监督工作效率也能明显提升，只需通过对集中处理厂的排污口进行直接检测即可。

三、总结

（一）产排污特征梳理分析

纺织印染工业废水具有色度大、含盐量高和可生化性差等特点，这是由于纺织印染废水中含有大量难降解的有机物或无机盐。通常纺织和染整会产生大量废水，包括纺织原材料棉、麻、丝等的纺前加工和织造以及染整加工。精准的水污染防治技术和措施的采取可以从生产过程产排污特征和对水污染物浓度进行量化分析等方面入手。

（二）废水处理的工程技术汇总分析

以纺织行业废水常规的物化法和生化法处理技术为基础，对目前存在的一些，如在混凝法上对电絮凝技术和硫酸镁混凝等深度处理工艺进行总结。通过结合染整行业实际废水的处理现状，总结出目前存在的一些生化工艺组合技术，提出了完整合理的废水处理及再生利用的可行技术路线，可为后续深度处理的发展提供参考。

（三）水污染治理技术发展预测与展望

今后纺织废水的处理应结合分质处理和资源回收利用的理念，在生产过程中应遵循清洁生产的要求实现全过程控制，纺织工业园区的废水可考虑集中处理，这样不仅可以为中小企业节约成本，还方便政府部门管理监督以此实现产业的优化升级。

参考文献

[1] BENER S, BULCAÖ, PALAS B, et al. Electrocoagulation process for the treatment of real textile wastewater: Effect of operative conditions on the organic carbon removal and kinetic study[J]. Process Safety & Environmental Protection, 2019（129）：47-54.

[2] SHEN C, PAN Y, WU D, et al. A crosslinking-induced precipitation process for the simultaneous removal of poly（vinyl alcohol）and reactive dye: The importance of covalent bond forming and magnesium coagulation[J]. Chemical Engineering Journal, 2019（374）：904-913.

[3] 董瑞欣，刘晓静.混凝沉淀对含海藻酸钠废水中COD的去除研究[J].资源节约与环保，2015（01）：47.

[4] 王文龙，胡洪营，刘玉红，等.混凝和强化混凝对印染废水中锑（Ⅴ）的去除特性[J].环境科学学报，2019，39（10）：3374-3380.

[5] AHMAD A A, HAMEED B H. Effect of preparation conditions of activated carbon from bamboo waste for real textile wastewater[J]. Journal of Hazardous Materials, 2010, 173（1-3）：487-493.

[6] YAPAR S. Dye removal from textile wastewater through the adsorption by pumice used in stone washing[J]. Autex Research Journal, 2015（15）：3.

[7] 杨烨鹏.改性Zn系类水滑石掺杂材料的制备及其吸附与光催化性能的研究[D].昆明：云南大学，2019.

[8] YUKSELER H, UZAL N, SAHINKAYA E, et al. Analysis of the best available techniques for wastewaters

from a denim manufacturing textile mill[J]. Journal of Environmental Management，2017（203）：1118–1125.

[9] 潘玉婷，李方，沈忱思，等. 退浆废水中聚乙烯醇的膜蒸馏–超滤二级膜浓缩[J]. 纺织学报，2018，39（11）：96–102.

[10] 肖羽堂，张永来. 膜集成技术处理纺织洗衣废水回用的研究[J]. 环境工程学报，2009，3（3）：427–431.

[11] TAVANGAR T，JALALI K，ALAEI SHAHMIRZADI M A，et al. Toward real textile wastewater treatment：Membrane fouling control and effective fractionation of dyes/inorganic salts using a hybrid electrocoagulation—Nanofiltration process[J]. Separation and Purification Technology，2019.

[12] JAAFARZADEH N，TAKDASTAN A，JORFI S，et al. The performance study on ultrasonic/Fe$_3$O$_4$/H$_2$O$_2$ for degradation of azo dye and real textile wastewater treatment[J]. Journal of Molecular Liquids，2018（256）：462–470.

[13] 余彬，刘锐，程家迪，等. 臭氧–曝气生物滤池深度处理印染制革园区废水[J]. 环境工程学报，2013，7（12）：4799–4804.

[14] 任健，马宏瑞，周杰，等. 不同高级氧化体系处理染料废水的效果研究[J]. 水处理技术，2011，37（4）：60–63.

[15] BILIŃSKA L，BLUS K，FOSZPAŃCZYK M，et al. Catalytic ozonation of textile wastewater as a polishing step after industrial scale electrocoagulation[J]. Journal of Environmental Management，2020（265）：110502.

[16] CERETTA M B，VIEIRA Y，WOLSKI E A，et al. Biological degradation coupled to photocatalysis by ZnO/polypyrrole composite for the treatment of real textile wastewater[J]. Journal of Water Process Engineering，2020（35）：101230.

[17] 顾梦琪，尹启东，刘爱科，等. 水解酸化/AO 组合工艺处理印染废水色度去除与脱氮性能[J]. 环境科学，2018，39（12）：264–271.

[18] 杨楠楠，刘永红，王宁，等. 水解酸化–MBBR生物处理印染废水工艺[J]. 西安工程大学学报，2020，34（4）：38–42.

[19] ŞEN S，DEMIRER G N. Anaerobic treatment of real textile wastewater with a fluidized bed reactor[J]. Water Research，2003，37（8）：1868–1878.

[20] 黄仕元，黄强，陈胜兵. UBF工艺处理超高浓度印染废水[J]. 中国给水排水，2012，28（2）：80–82.

[21] 唐政坤，王倩，季慕尧，等. UASB/MBR–CANON工艺处理高氮活性印花废水[J]. 环境工程学报，2020，14（3）：632–640.

[22] BASHIRI B，FALLAH N，BONAKDARPOUR B，et al. The development of aerobic granules from slaughterhouse wastewater in treating real dyeing wastewater by Sequencing Batch Reactor（SBR）[J]. Journal of Environmental Chemical Engineering，2018，6（4）：5536–5543.

[23] 赵健忠，刘峰，王学华，等. 基于UASB–缺氧好氧–混凝沉淀工艺处理印染废水的中试研究[J]. 环境工程学报，2017，11（3）：1515–1524.

纳米纤维加工技术研究及应用前景

丁　彬　　王先锋　　俞建勇

（东华大学纺织科技创新中心）

一、纳米纤维材料概述

科学技术的高速发展对材料性能的要求越来越高，纳米纤维材料已成为推动科学进步的重要支柱之一，纳米纤维及其复合材料的开发和应用研究也受到广泛重视。2016年全球纳米纤维市场规模达到4.77亿美元，预计2024年将跃升至28.9亿美元，复合年均增长率约为25%。纳米纤维是指直径在纳米尺度范围内的一维纳米材料，但从广义上讲，直径在1μm以下的纤维也被称作纳米纤维。纳米纤维不仅具有纳米材料所具有的表面效应、量子尺寸效应和小尺寸效应等效应，还具有优异的稳定性、机械性能、电子和光子传输性、光学性质和光电导性能等，在电子、军工、信息、光学、化工、生物和医药等领域具有广阔的应用前景。纳米纤维的广泛应用，对纳米纤维制备技术提出了新的要求，也为纳米纤维制备技术的发展提供了新的发展空间。目前，纳米纤维的制备技术主要有静电纺丝法、海岛法、生物法、拉伸法、熔喷法、闪蒸法、模板合成法、相分离法、离心纺丝法等，制备技术及其特点见表1。

表1　纳米纤维制备技术及其特点

制备技术	原料种类	结构可调性	直径/μm	技术成熟度
静电纺丝	除聚烯烃以外大部分聚合物	√	0.02~1	产业化
海岛法	聚烯烃	√	0.1~0.5	产业化
生物法	仅限于细菌纤维素	×	0.05~0.1	产业化
拉伸法	黏弹性高的高分子	×	0.1~1	基础研究
熔喷法	有熔点的聚合物	√	0.2~1	产业化
闪蒸法	线性高分子聚合物	×	0.1~1	产业化
模板合成法	仅限于共轭高分子	√	0.02~0.5	基础研究
相分离法	可溶聚合物	×	0.05~0.5	基础研究
离心纺丝法	部分热塑性聚合物	×	0.5~10	基础研究

资料来源：中国产业信息网。

二、纳米纤维加工技术研究进展

（一）静电纺丝技术

静电纺丝技术是利用高压静电作用使聚合物溶液或熔体带电并发生形变，在喷头末端处形成悬垂的锥状液滴，当液滴表面静电斥力大于表面张力时，液滴表面就会喷射出高速飞行的射流，经电场力拉伸、溶剂挥发或熔体冷却固化后形成纳米纤维。静电纺丝技术具有设备简单、可纺原料广、纤维结构可调性好、多元技术结合性强的优点，被广泛应用于制备有机、无机和有机/无机复合纳米纤维材料。但传统的单针头纺丝技术效率低，产量较小，难以实现产业化应用的需求。为了实现批量化制备纳米纤维，目前研究人员对静电纺丝装备的研究主要有多针头静电纺丝和无针静电纺丝设备两大类。

1. 多针头静电纺丝

多针头射流法是将一定数量的针头按照特定阵列图案排布，实现批量化制造纳米纤维，多针头的分布主要有直线式、矩阵式和圆环式三种。在多针头静电纺丝装置中，各针头之间的电场干扰是影响静电纺纳米纤维批量化稳定生产的关键因素。为此，研究者们通过改变针头排列方式、增加辅助装置、安装屏蔽装置等减少针头间的电场干扰。有研究人员公开了一种组合式针头自带放电尖端，可实现聚合物溶液在实心金属丝尖端进行拉伸出丝，在高电压的条件下保障多射流的稳定性，有效减少针头间的干扰。在此基础上，提出了一种电极辅助碟式多孔静电纺丝喷头组件，凸起的辅助电极所形成的电场呈四周发散状，适用于多个射流的电场增强，并且可以调控纺丝射流路径，获得不同直径的纳米纤维。Zheng等开发了一种气流辅助下多针头曲线排列的静电纺丝方法，使气流在针头周围形成均匀分布的鞘层，通过降低针头表面的电荷密度，减轻针头之间的电场干扰，并拉伸和约束射流，从而提高射流的稳定性和连续性（图1）。此外，天津工业大学刘延波教授提出了在纺针周围加金属套管的屏蔽措施对多针头静电场强大小及均匀度进行改进，有效控制并改善了场强分布的"边缘效应"现象。

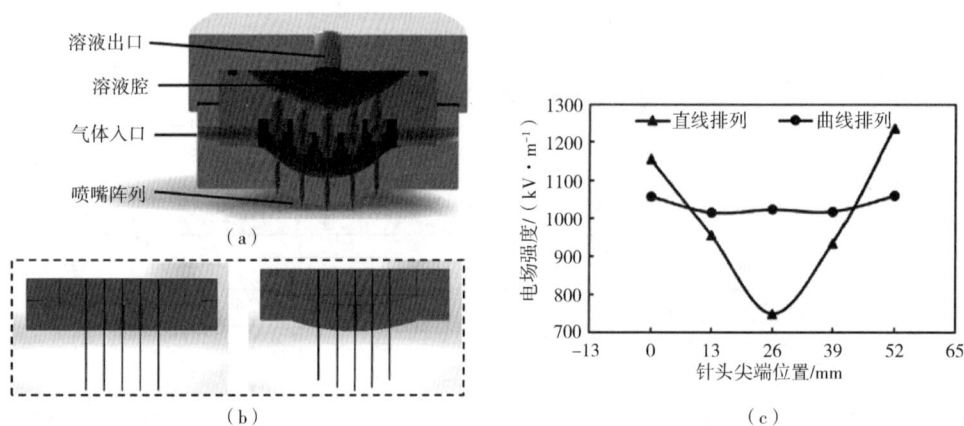

图1　多针头静电纺丝

（a）气流辅助下多针头曲线排列纺丝装置的三维剖面图；（b）针头直线排列和曲线排列示意图；
（c）直线排列和曲线排列下针头尖端不同位置的电场强度规律

2. 无针静电纺丝

无针静电纺丝过程中，喷射流在自由液体表面自发形成，根据射流的形成方式不同，无针静电纺丝喷丝头可分为静止式与旋转式两大类。静止喷丝头主要通过磁场力、重力和气泡等外力辅助形成纺丝射流；旋转喷丝头一般利用旋转来实现纺丝原液的不断供给，并通过机械振动的方式进一步促进射流形成。无针静电纺丝技术克服了传统单针头静电纺丝产率低和多针头静电纺丝电场分布不均匀、针头易堵、不易清洗等问题，有效地提高了产量，实现了纳米纤维的批量化生产。但无针静电纺丝需要施加较高的电压，纺丝过程中溶剂挥发会使得纺丝液浓度发生变化，纳米纤维成纤稳定性难以控制，要实现性能优异的纳米纤维的工业化制备还需要对其理论进一步研究。

捷克Elmarco公司2004年推出的Nanospider技术是一项获得专利的无针高压和自由液体表面电纺工艺，具有超高的均匀度和生产能力。目前全球已有研究机构和公司采用这种工艺安装了400多台机器，建立了数十条生产线，占全球纳米纤维总产量的很大一部分。苏州大学陈柔羲等提出一种新型气泡静电纺丝方法，该方法将旋转式喷头和气泡发生器相结合，气泡发生器不断旋转，产生的气泡破裂形成纺丝射流。北京化工大学杨卫民教授采用模块化设计理念，集成了熔体微分纺丝技术、电场均化技术、气流辅助技术及材料改性等多项关键技术，发明熔体微分电纺工业化生产工艺及装备，成功研制了世界首套熔体电纺纳米纤维生产线。在此基础上，杨卫民教授提出了一种新型狭缝式熔体微分电纺新装备及工艺，并系统验证了其宏量制造的可行性（图2）。

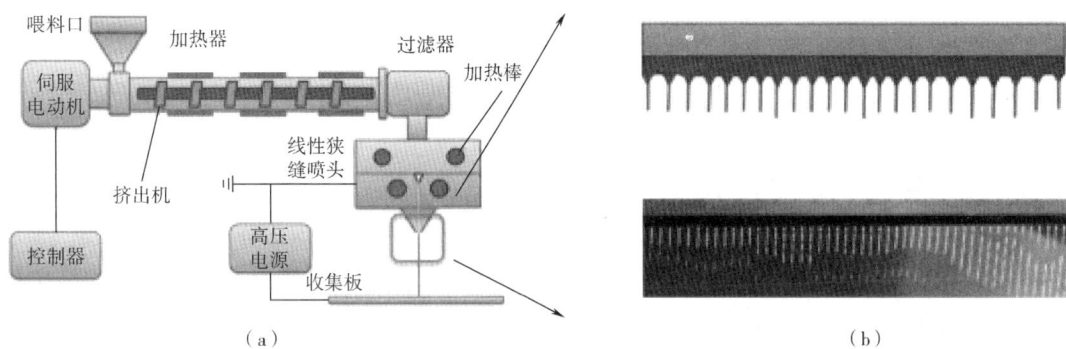

图2　无针静电纺丝
（a）直线狭缝熔体微分电纺设备示意简图；（b）微分多射流实物图

（二）海岛技术

海岛纺丝技术是由两种热力学不相容的聚合物进行复合纺丝或者共混纺丝的一种纺丝技术，制备的海岛纤维经溶剂抽取开纤除去连续相后，得到的分散相纤维可以达到纳米尺度（图3）。

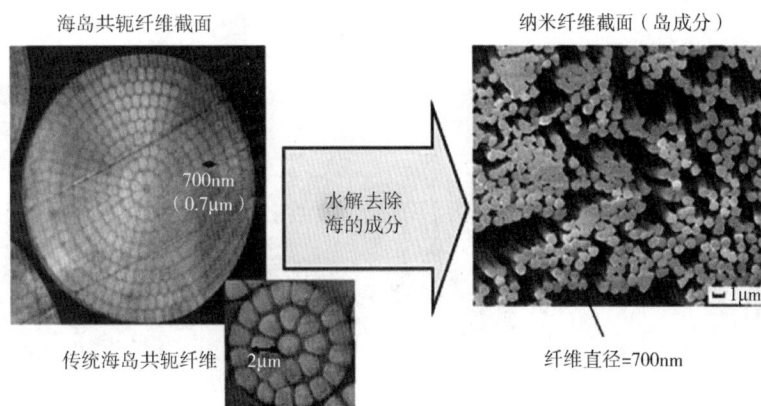

图3　海岛纳米纤维的SEM电镜照片

北京服装学院王锐教授利用海岛纺丝技术制备了PLLA/PE海岛纤维，去除PE后得到直径在119~153nm的PLLA纳米纤维，并研究了组分的比例和拉伸倍数对纳米纤维形貌、直径、结晶度和力学性能的影响规律。Zhang等制备了PTFE/PVA海岛纤维，去除PVA组分后得到最细纤维直径为50nm，长15μm的PTFE纳米纤维。海岛纺丝技术制备的微米级海岛纤维可直接用于传统纺织工艺，制备的纺织品经过后处理，微米级纤维可转变为纳米纤维长丝及短纤维纱线，具有一定的优势，但海岛纺丝机成本较高、较复杂，匹配的海岛纤维也不易寻找，还需要进一步研究。

（三）生物技术

生物法是利用细菌发酵合成天然纳米生物材料纳米细菌纤维素（BC），目前能合成纤维素的细菌主要有醋酸杆菌属、碱菌属、八叠球菌属、根瘤菌属、假单胞菌属、氮菌属和气杆菌属。其中木醋杆菌发现最早、研究最为透彻，它可以利用多种底物生长，是目前已知合成纤维素能力最强的微生物菌株。利用细菌合成的BC有独特的纳米多孔结构，同时具有高结晶度、高比表面积、高聚合度、优良渗透性、高孔隙度、优良机械特性、生物安全性等众多优点，在食品工业、造纸、光电材料、生物医用材料等领域有巨大的应用前景。

但是纤维素纳米纤维制备的宏观材料实测性能与其优异的理论值相差甚远，如何使细菌纤维素纳米纤维在实际应用中性能得到最大限度发挥是当前面临的挑战。近年来，科研人员通过纳米结构单元有序的组装，发现纳米结构单元的卓越性质在宏观材料中不仅能够保留，而且可以通过各个结构单元之间和协同作用，表现出多重性质与特殊功能。青岛生物能源与过程研究所开发了新型功能化纳米细菌纤维素的制备方法，利用微生物原位发酵产生具有非自然特征荧光功能性的纳米细菌纤维素，为生物法合成功能性BC材料提供新思路。中国科学技术大学俞书宏团队发展了一种通用的固态基底—气溶胶生物合成法，稳定了微生物合成BC的界面，并通过实时程序化沉积纳米单元气溶胶，实现了原位生长的纳米纤维素与不同纳米单元的均匀复合，可制备一系列由不同纳米材料与BC组成的宏观复合块材，有望实现高性能复合块材的工业化生产（图4）。

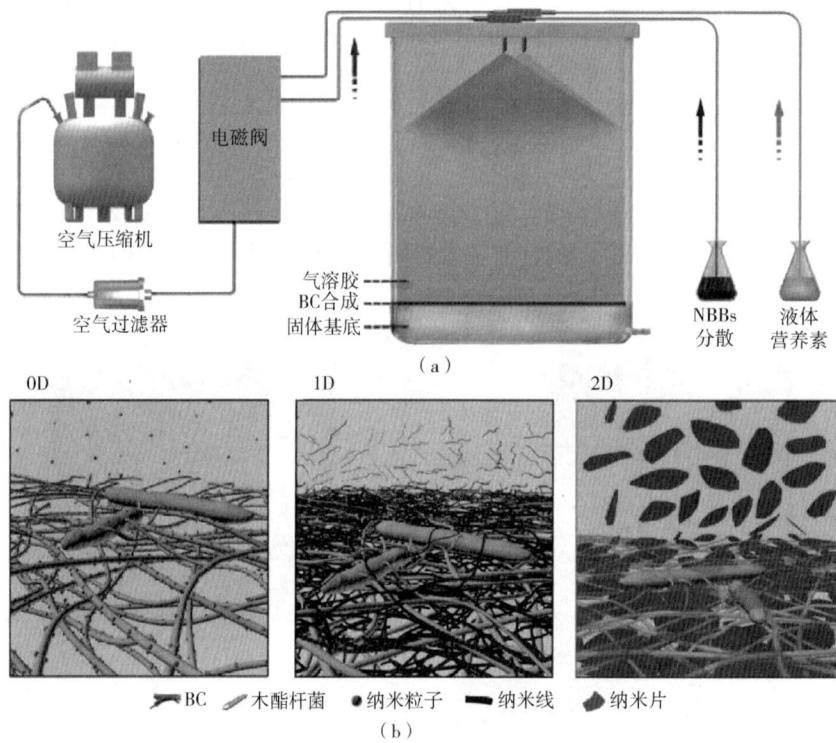

图4　生物技术合成方法及产物
（a）自动发酵反应器示意图；（b）纳米纤维素与零维、一维、二维纳米材料原位同步复合的示意图

（四）拉伸技术

拉伸法是指聚合物流体或者熔体在外力作用下伸长变形，由于拉伸过程中溶剂的挥发或熔体的冷凝固化而形成纳米纤维。CO_2激光超声波拉伸技术（图5）是由Suzuki首先提出，该技术是在超声波作用下采用CO_2激光照射纤维，并对其进行拉伸，可产生高达10^5的拉伸比，制备的纳米纤维为连续长丝，工艺简单易于操

作，可制备多种聚合物纳米纤维。Suzuki等利用CO_2激光超声波拉伸技术制备出一系列纳米纤维材料，如聚萘二甲酸乙二醇酯（PEN）、PLLA纳米纤维长丝及其加捻纱线等，系统地研究了激光功率和拉伸倍率等加工参数对纳米纤维直径、分子链取向和晶度等的影响规律。Yasoshima等利用激光拉伸技术对PET/PS海岛纤维进行拉伸，去除PET组分后得到平均直径为430nm的PS纤维。

（五）熔喷技术

熔喷法是将聚合物熔体从模头喷丝孔中挤出，高速的热气流从喷丝孔两侧通道吹出，对聚合物熔体起拉伸作用，随后聚合物熔体在冷空气的作用下冷却结晶，最终依靠网帘中的抽吸装置使纳米纤维随机沉积到接收基材上，并通过自身的热黏合作用形成非织造材料。熔喷纺丝工艺

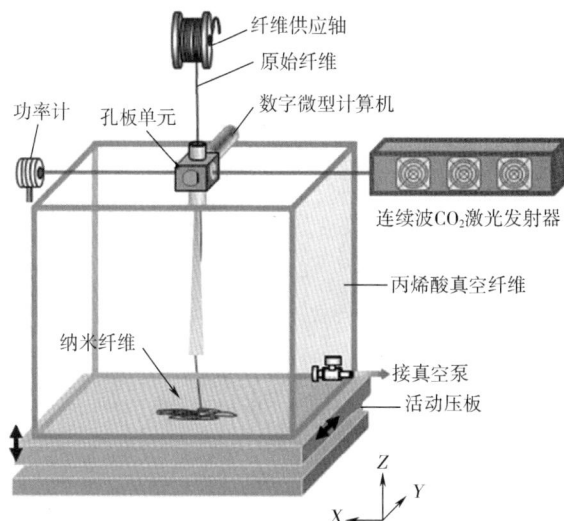

图5　CO_2激光超声波拉伸装置示意图

相对成熟，但所生产的纤维细度大多在微米级别（1~5μm），如何使熔喷纤维纳米化仍是一个技术难题。目前，研究人员主要通过选取不同原料、改进纺丝工艺及调整设备来降低纤维直径。

在原料方面，主要通过提高聚合物的熔融流动速率，何等采用聚苯乙烯（PS）和聚丙烯（PP）共混纺丝体系，研究共混体系的流变性能，结果表明共混体系可使纤维直径降低至1μm以下，但纤维直径分布宽。美国Nordson公司开发了双组分熔喷纤维技术，所制备的纤维直径为纳米级，与同等重量的产品相比，具有更加优异的过滤性和屏蔽性。在工艺方面，NTI公司采用比普通熔喷设备要细得多的喷丝孔，为提高产量，采取加大喷丝孔孔数，这样纺出的熔喷纤维直径大约为500nm，最细的单纤直径可小至200nm。东华大学王新厚教授对熔喷纳米纤维制备过程中存在的Rayleigh不确定现象建立数学建模，并设计熔喷实验对其进行验证，结果显示热空气压力、热空气温度的增加有利于纤维牵伸细化，所制备的纤维平均直径在600~800nm。在设备方面，苏州大学公开了一种应用于制备纳米纤维的熔喷喷嘴装置，使气流保持较高的温度和速度，聚合物熔体能够在较长时间内保持较低黏度，形成聚合物拉伸的有利条件，所制备的纤维达到了纳米级。

（六）闪蒸技术

闪蒸技术是由美国杜邦公司于1957年研发成功，该技术是将线性高分子聚合物在高温高压条件下溶于特定溶剂中制备成均一的纺丝溶液，当纺丝液从高压室喷出进入低压室时，均一的纺丝溶液变为两相分散溶液，并吸收大量的热量导致溶剂急剧挥发，聚合物冷却固化形成直径0.1~10μm的纤维，纤维网经过静电分丝直接铺网成为闪蒸非织造布（图6）。闪蒸非织造布强度较高，抗刺穿、抗撕裂、阻隔性能好，防水透气性好，且由连续长丝组成，表面平整光滑，被广泛应用于防护服、包装、印刷、建筑、农业等领域。但该项技术一直为杜邦等少数大公司所垄断，目前只有杜邦和日本旭化成实现了工业化生产。

近年来，为拓展溶剂和聚合物种类，提高非织造布阻隔性和透气性，改善纤网均匀性，杜邦公司一直致力于闪蒸纺非织造布技术的改进，已在全球范围内申请多项发明专利。在国内，厦门当盛新材料有限公司在闪蒸纺丝设备、闪蒸纺丝技术、闪蒸非织造产品后整理等方面申请了相关专利。天津工业大学团队研发出了一套单釜式闪蒸纺丝设备，所生产出的纤维直径在1μm以下，最细可达150nm、断裂强度≥4cN/dtex、断裂伸长率≥20%，而闪蒸纳微纤维非织造布的横向断裂强度≥25N/20cm，纵向断裂强度≥30N/20cm，横向断裂伸长率≥30%，纵向断裂伸长率≥250%，透气量≥300L·m^{-2}·s^{-1}，已与青岛华世洁环保科技有限公司联合建成了全套的中试试验线。

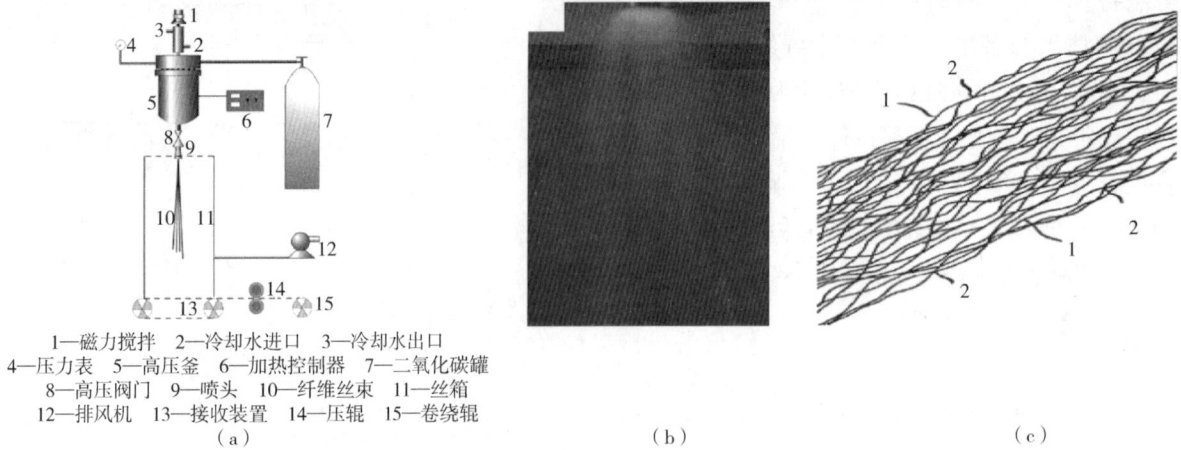

1—磁力搅拌 2—冷却水进口 3—冷却水出口
4—压力表 5—高压釜 6—加热控制器 7—二氧化碳罐
8—高压阀门 9—喷头 10—纤维丝束 11—丝箱
12—排风机 13—接收装置 14—压辊 15—卷绕辊
（a）   （b）   （c）

图6　闪蒸非织造布
（a）闪蒸纺丝设备示意图；（b）闪蒸纺丝过程；（c）纤维网

（七）模板合成技术

模板合成技术是一种简单的制备纳米纤维的技术，该技术首先采用电化学沉积、电化学聚合、化学聚合、熔胶—凝胶沉积和化学气相沉积等方法制备出纳米模板，然后将熔体或其溶液添加到模板中，模板移除后即可得到纳米纤维阵列。模板合成技术制备的纳米纤维制备过程简单，可以批量化生产纳米线、纳米管、纳米棒等纳米纤维，纤维几何尺寸可控，但纤维一般较短，应用受到一定限制。郑州大学李少音等采用聚碳酸酯为模板制备出了 $Li_{0.5}La_{0.5}TiO_3$（LLTO）纳米纤维阵列，并将其应用于锂离子电池。美国密歇根大学 Joerg Lahann 教授和康奈尔大学 Nicholas L. Abbott 教授研究团队以液晶为模板，采用化学气相聚合法实现了规整纳米纤维阵列的简便构筑（图7）。他们在基底表面涂覆液晶薄膜，基于实验参数的优化设计，低浓度气态的自由基单体渗透扩散到液晶模板中，使单体对液晶相的扰乱最小化，再经聚合反应除去液晶模板，得到结构及组成被精确控制的有取向纳米纤维阵列。

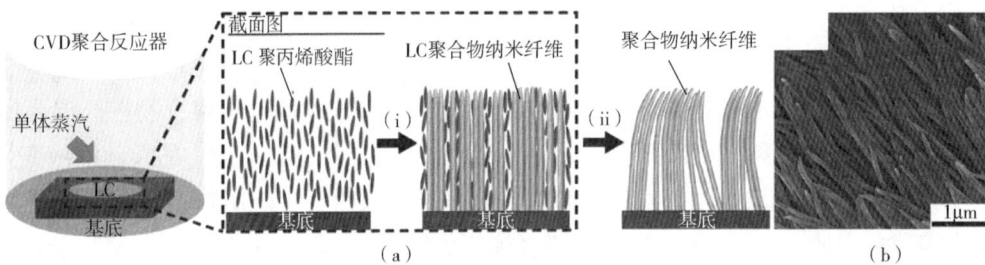

图7　液晶模板法制备聚合物纳米纤维阵列

（八）相分离技术

相分离技术所制备纳米纤维直径的大小主要与浓度、凝胶温度和溶剂比例有关，主要分为热致相分离和反应诱导相分离两种。热致相分离是将聚合物溶于沸点较高、挥发性较低的溶剂中，制备成均相溶液，在溶液冷却过程中，均相溶液体系会发生液液相分离形成纳米纤维结构。反应诱导相分离则是在固化反应开始之前或反应初期，将改性剂和低分子量的热固性树脂单体或预聚物混合均匀形成均相状态，随着固化反应的进行，热固性树脂的分子量逐渐增加，与改性剂之间的相容性逐渐变差，体系在热力学上不再相容，相分离开始发生，相结构逐步演化并粗大化形成纳米纤维。相分离技术可以制备出三维结构的纳米纤维支架，有利于细胞的生长繁殖及功能化，在组织工程支架领域有着广泛的应用前景。Ma等率先采用相分离法，以四氢呋喃为溶剂体系，制备出纤维直径在160~170nm之间的纳米纤维结构的三维支架，并发现凝胶是制备这种独特纳米纤维结构的关键步骤。Liu等将3D打印与热诱导相分离技术相结合，通过冷冻干燥方式除去溶剂，得到纳米纤维支架。

（九）离心纺丝技术

离心法是通过电动机带动纺丝熔体或溶液高速旋转，经离心力拉伸延展，最终细化成纳米纤维。离心纺丝法具有无高压、产量高、能耗少、污染小等特点，但所制备的纤维直径偏大，直径分布范围广。离心纺丝目前主要分为无喷嘴离心纺、有喷嘴离心纺、离心—静电纺三大类。有喷嘴离心纺纤维均匀度较好，纤网蓬松；无喷嘴离心纺生产效率极高，但纤维均匀度有待提高。结合静电纺和离心纺的优点，研究者们提出离心—静电纺丝的概念，不仅能够制备形貌可控的纳米纤维，而且能够提高纳米纤维的产量（图8）。北京化工大学刘勇课题组使用离心—静电纺丝法，制备了聚醚醚酮（PEEK）纳米纤维，并分析溶液浓度、电压、电动机转速对纤维形貌的影响，发现纺丝原液浓度对纤维形貌影响显著，并且适当增加纺丝盘转速和纺丝电压有利于减小纤维直径。Chang等采用溶液离心—静电纺丝法制备不相容的聚丙烯腈（PAN）和聚甲基丙烯酸甲酯（PMMA）经碳化后获得平均直径（28 ± 11）nm的碳纤维，应用于电池电容的恒流充放电，表现出优异的性能。离心纺丝目前还存在一些问题，如高速旋转对电动机的高要求以及轴承的质量、寿命、减震问题；当高速离心熔融纺时，对加热装置以及测温、控温系统的设计比较复杂等。

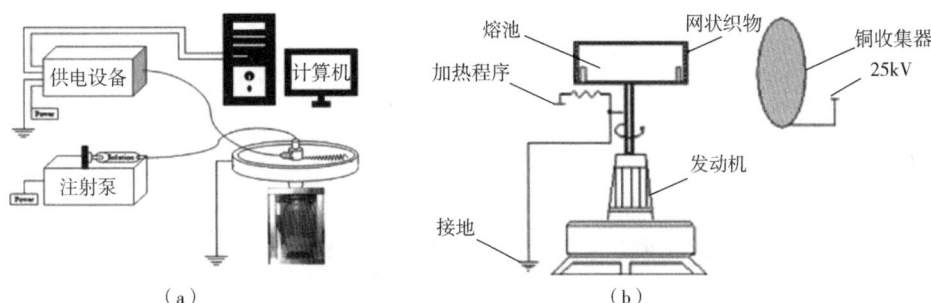

图8　离心—静电纺丝法

（a）离心—溶液静电纺丝系统；（b）离心—熔融静电纺丝系统

三、纳米纤维材料应用研究进展

（一）空气过滤

当前，空气过滤材料在个体防护、室内净化和工业除尘等领域的市场需求巨大。纳米纤维材料具有孔径小、孔隙率高、比表面积大的特点，已成为高效低阻、多功能化空气过滤材料的重要发展方向。在个体防护领域，优化颗粒捕集和气流输运的平衡关系，以实现高效低阻的过滤性能是当前的研究热点。研究人员主要通过加入纳米颗粒、驻极聚合物，制备串珠结构、多孔结构、蛛网结构等方式，来提高过滤效率，如Lin等提出了一种深阱电荷诱导的高密度全氟驻极体纳米纤维膜，纤维膜对PM0.3的过滤效率可达99.712%，压降仅为38.1Pa，品质因数为0.154Pa^{-1}，并且在相对湿度为100%RH、温度92℃条件下放置48h后，仍能维持稳定性能（图9）。

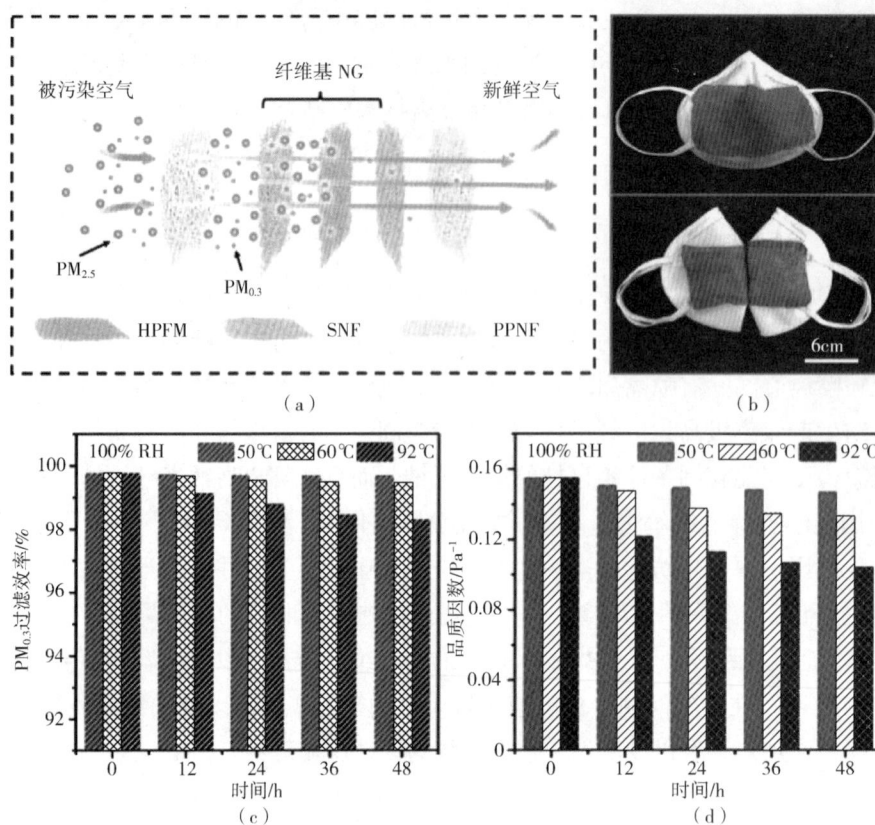

图9　口罩结构及其过滤性能

（a）口罩结构及工作机制示意图；（b）口罩实物图；（c）温度对口罩PM0.3过滤效率的影响；（d）品质因数的影响

在室内净化领域，为了避免室内空气污染给身体带来危害，开发出各种功能性纳米纤维空气过滤材料，课题组在静电纺丝原液中加入负离子粉（NIPs），基于空气滑移效应原理制备出具有负离子释放功能的PVDF/NIPs纳米纤维膜，有助于提高室内空气质量；通过引入防螨纳米颗粒（AMPs），构筑了PVDF/AMPs复合纳米纤维膜，使纤维膜在高效过滤同时具有良好的防螨性能。苏州大学李慧制备了聚乳酸（PLA）/壳聚糖（CS）纳米纤维材料，能有效拦截空气中的微细颗粒物，杀灭细菌病毒。在工业除尘领域，由于钢铁、冶金生产行业会产生大量高温烟尘，而传统纤维类空气过滤材料需要对高温粉尘降温处理才能使用，处理过程能耗大、耗时长。因此，Mao等通过静电纺丝和高温煅烧工艺获得柔性ZrO_2/Y_2O_3纳米纤维膜，所制备纤维膜具有400次抗弯折性能和优异的耐热性能，且对NaCl颗粒的过滤效率为99.996%；Xie等采用热诱导相分离法开发了具有特殊褶皱多孔结构的聚酰亚胺（PI）纳米纤维膜，在280℃下对$PM_{0.3}$的过滤效率为95.55%。

（二）液体过滤

随工业化进程的加速，工业三废、农药化肥和生活垃圾造成的水污染严重影响人们的生活和自然环境。因此，迫切需要开发新型多功能、高附加值的液体过滤材料来应对新兴的水污染挑战。纳米纤维材料由于其孔径可控性和表面物理化学特性，较传统过滤材料具有高过滤效率和渗透通量的特点，在液体过滤领域具有潜在的应用前景。近年来，研究者们对纳米纤维材料在重金属离子、有机污染物及细菌的过滤应用方面进行了积极探索。Zhao等采用回流法合成新型支化聚乙烯亚胺（bPEI），并接枝到静电纺聚丙烯腈（PAN）纤维膜上，接枝纤维膜提高了材料对重金属离子的吸附容量和吸附率，对Cr（Ⅵ）离子的吸附能力高达637.46mg/g，动态过滤下能使Cr（Ⅵ）浓度从10mg/L或5mg/L显著降低到WHO推荐饮用水标准0.05mg/L以下。

在有色染料过滤过程中，如何使染料分子吸附到材料表面而尽量减少堵塞材料孔隙，保持吸附效率稳定也是研究的难点。Xu等通过静电纺丝法制备了取向PAN/TiO$_2$纳米纤维膜，引入β-环糊精（β-CD）和对苯二甲酰氯（TC）在纤维膜界面交联聚合，所制备的pTC-β-CD/PAN/TiO$_2$纳米纤维膜可实现对阳离子染料的高效选择性和吸附性，同时在UV照射下，纤维上负载的TiO$_2$纳米粒子可原位降解所吸附的染料，实现自清洁功能，提高纤维材料的耐久性和使用寿命。除重金属离子和有色染料外，水体中其他物质和细菌的高效过滤也十分必要。Tang等通过非溶剂诱导相分离法构建了具有连续泰森多边形纳米蛛网结构的纤维素薄膜（图10），结果表明，在极低驱动压力（≤20kPa）下，该膜能够有效拦截亚微米颗粒（粒径约为0.3μm），截留效率高（＞99.80%），渗透通量高（最大为8834L·m^{-2}·h^{-1}）。更重要的是，纤维膜的过滤除菌效率以对数下降值（LRV）表示为8.0（克服了LRV＜7的限制）。纳米纤维材料在液体过滤领域取得了一些成果，但存在不少问题，如纳米纤维材料在水体中的机械稳定性较差，污水温度和pH等因素影响过滤性能的相关研究较少，仍需进一步完善。

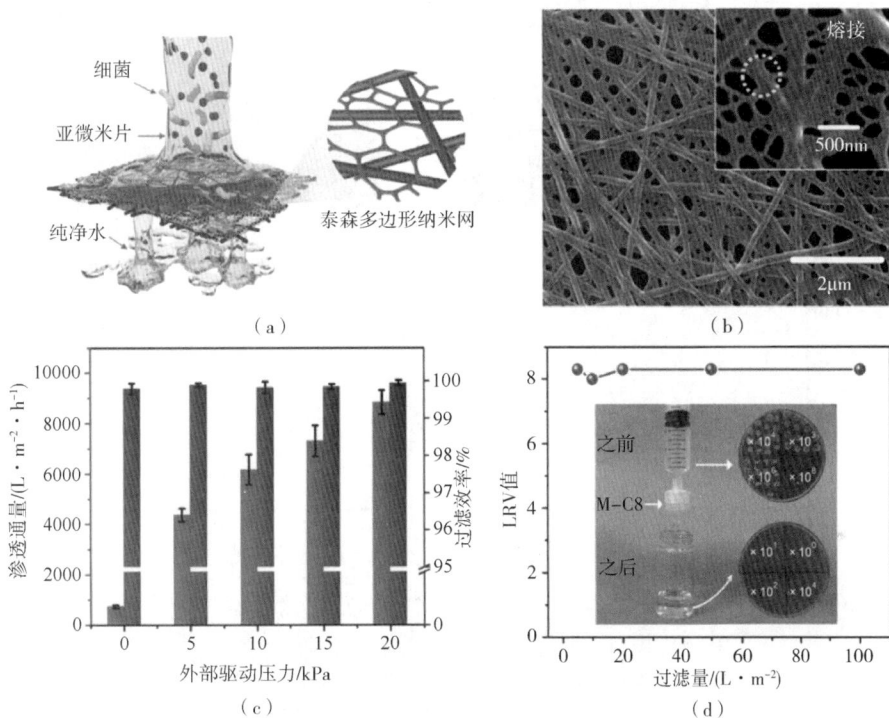

图10　泰森多边形纳米网的结构和性能

（a）泰森多边形纳米网结构纤维素薄膜示意图；（b）薄膜的SEM电镜照片；（c）不同外部驱动压力下，薄膜对颗粒物的
渗透通量和过滤效率；（d）薄膜对大肠杆菌混合液过滤的LRV值（插图是过滤前后大肠杆菌混合液的照片）

（三）油水分离

油水混合物或乳化液广泛存在于石油、化工、机械等行业中，而稳定存在的乳化液会对生产过程和资源回收产生不利影响。膜分离技术是根据油水乳化液类型（水包油型乳状液和油包水型乳状液），利用分离膜的选择润湿性实现油水混合物体系中油相和水相的分离，具有能耗低、分离效率高、操作无污染的优点。其中，纳米纤维膜材料因其高吸油倍率与高油水选择润湿性，在油水分离领域展现出巨大的优势。研究人员通过构建粗糙表面或低表面能物质修饰制备超疏水亲油纤维膜材料，可以过滤油而阻止水通过，如Zhang等通过静电纺制备PMI-1/POSS纳米纤维膜，聚倍半硅氧烷（POSS）本身的疏水性及其在纤维表面形成的亚微米级突起增加了纤维膜材料的表面粗糙度，使材料具有超疏水亲油效果，对油包水乳液的分离效率达到

99.95%，通量为1097L·m^{-2}·h^{-1}。

相反，超亲水疏油膜材料可以过滤水而阻止油通过，通过添加亲水性聚合物、涂层、沉积亲水性物质改善纤维膜的亲水性，如Wu等制备了类苦瓜状聚丙烯腈（PAN）超亲水/水下超疏油纳米纤维膜材料，所制备的纤维膜对水下原油具有良好的自清洁性能，避免了膜污染导致的分离效率和通量降低，对不同表面活性剂稳定的乳状液油水分离效率均高于99.6%，通量可达（1580±30）L·m^{-2}·h^{-1}，并且具有优异的机械性能和化学稳定性（图11）。此外，研究者们又开发了智能可切换亲水/亲油性能和阶跃润湿性能的油水分离膜，拓展了油水分离的应用范围，如Pornea等通过真空抽滤法将有机硅烷功能化的碳纳米管（f-CNT）单侧沉积到已交联聚乙烯醇（c-PVA）的电纺纳米纤维膜上。

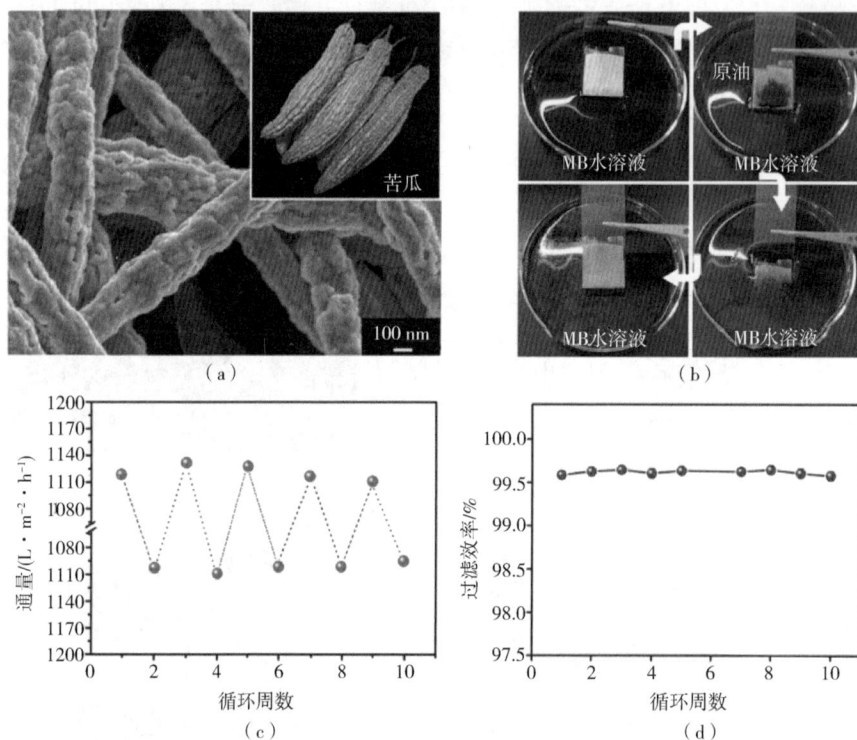

图11 类苦瓜状纤维膜的结构和性能

（a）类苦瓜状纤维膜的SEM电镜照片；（b）纤维膜对原油的自洁能力动态图；
（c）纤维膜的过滤通量；（d）纤维膜的过滤效率

（四）防水透湿

具有防水透湿功能的材料能够同时防止液体渗透和快速传导水蒸气，广泛应用于防寒服、冲锋衣、野战军服及医用防护等领域。纳米纤维膜因无规则堆砌形成具有三维连通的孔道结构，有利于水蒸气快速输运，且纤维表面可修饰性强，通过对纤维膜孔结构和表面润湿性的精准调控可实现其在防水透湿领域的应用。但随着人们对运动和健康的需求不断提高，防水透湿纺织品逐渐向环保化、多功能化、智能化方面发展。为了减少传统含氟纺织材料对人体与环境的危害，赵景等提出了无氟疏水后处理纳米纤维膜的新方法，采用封闭型异氰酸酯（BIC）为交联剂，通过热固化技术使超支化疏水大分子（ECO）在醋酸（CA）纤维表面稳定桥联，获得了具有"类皮肤"功能的无氟防水透湿纤维膜（TCA），透湿量12.3kg·m^{-2}·d^{-1}，耐水压高达102.9kPa，该涂层体系还可拓展到其他亲水性纤维膜或织物基材上，同样制备出良好导湿防水性能的功能性纺织品（图12）。

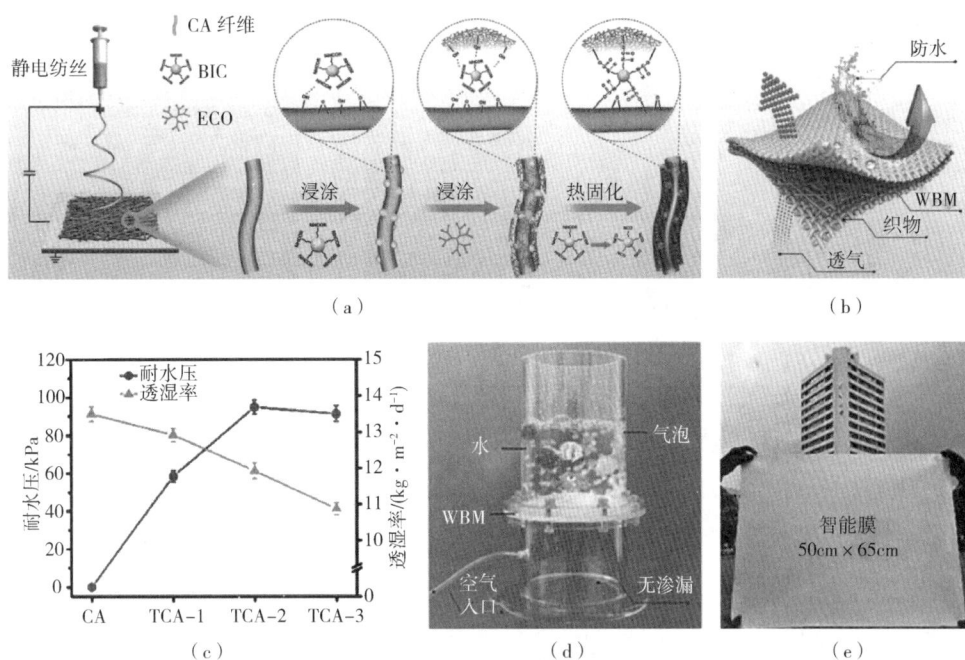

图12 导湿防水功能性纺织品

（a）无氟防水透湿纤维膜制备的流程图；（b）纤维膜防水透湿的示意图；（c）纤维膜的耐水压及透湿量性能；
（d）纤维膜防水透湿性能展示；（e）大尺寸纤维膜的光学照片

将多种功能整合到防水透湿纳米纤维膜材料中也成为纳米纤维膜重要的发展方向，本课题组在纳米纤维膜中引入AgNO₃，不仅显著降低了纤维膜的最大孔径，而且对于大肠杆菌和金黄色葡萄球菌的抗菌效果显著，有望实现医用防护服领域的应用。从智能面料角度出发，将高新技术与防水透湿纺织材料结合，开发智能化新型纺织材料，也是另一研究热点。如Yu等将正十八烷相变胶囊（PCCs）均匀稳定负载在聚氨酯纳米纤维上，制备了可蓄热调温的防水透湿纳米纤维膜，在50次加热/冷却循环后，相变焓为74J/g，在智能热管理服装领域有巨大的应用前景。

（五）单向导湿

单向导湿纺织品具有织物水分单向传导的特性，具体表现在服用领域为将人体的汗液快速传导到外界环境，而阻止外界液体渗透的性能。纳米纤维膜以其纤维直径小、孔径小、比表面积大、孔隙率高、孔连通性好以及结构可调性强等结构优势，在单向导湿材料领域展现出了广阔的应用前景。Babar等通过静电纺丝技术在疏水无纺布上沉积可浸润PAN/SiO₂纳米纤维膜，借助微纳米纤维层间的差动毛细效应使汗液一接触疏水层就被纳米纤维层导走，单向导湿指数为800%，水分管理能力为0.9，保持了皮肤的干爽舒适。缪东洋等制备了一种具有疏水层—导流层—亲水层结构的纳米纤维复合膜材料，由疏水层到亲水层的正向浸润只需1s，单向导湿指数为1021%，而在相反方向，由于导流层的阻隔作用，低渗透压下不会出现反渗（反向渗透压16.1cmH₂O）。

针对现有纤维膜吸放湿速度慢的问题，王先锋等通过构筑树状多级分叉网络及表面能梯度制备了仿生多孔纳米纤维膜，所得的材料具有优异的自驱动可逆重力单向导湿（单向导湿指数为1245%）与快速吸放湿性能（水分发速度为0.67g/h），有望应用于吸湿快干运动纺织品领域。随着研究的深入，研究人员发现当人体在运动时大量出汗的同时产生热量，因此纺织品在具备单向导湿功能的同时还应实现快速导热散热，因此，在此基础上缪东洋等引入纳米氮化硼（BNNS）填料构筑连通导热纤维网络，获得了具有优异吸湿凉爽功能的多层级聚氨酯/氮化硼PU/BNNS微纳米纤维面料，所制备的面料单向导湿指数为1072%，面向导热系数为0.182W·m⁻¹·K⁻¹，面内导热指数1.137W·m⁻¹·K⁻¹，面料两侧温差为1.5℃，较棉织物降低1.3℃，满足服装穿着的热湿舒适性（图13）。

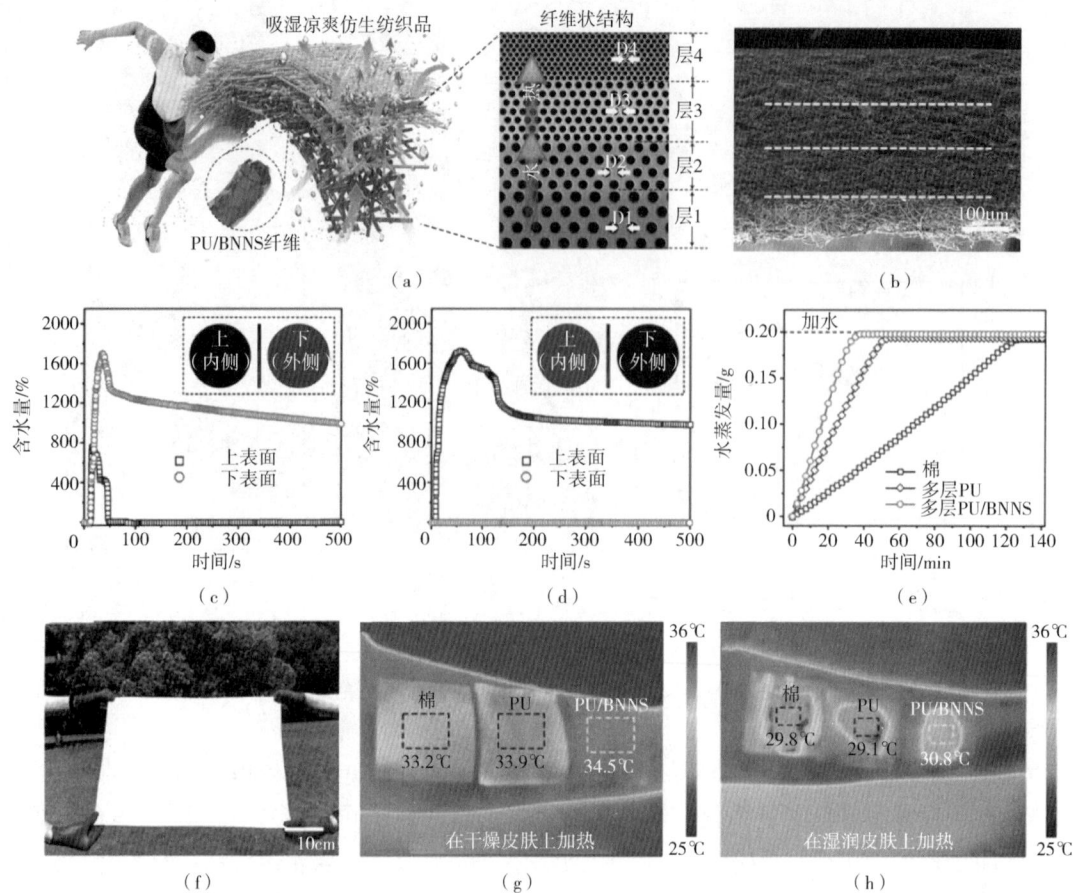

图13　吸湿凉爽仿生纺织品的结构和性能

（a）多层级纤维膜吸湿凉爽功能的示意图；（b）纤维膜横截面的SEM电镜照片；（c）从纤维膜内侧加水时，纤维膜的液态水分管理曲线与水分扩散面积云图；（d）从纤维膜外侧加水时，纤维膜的液态水分管理曲线与水分扩散面积云图；（e）纤维膜的水分蒸发速率；（f）大尺寸纤维膜的光学照片；（g）在干燥皮肤上的红外热图像；（h）在湿润皮肤上的红外热图像

（六）吸附与催化

目前，工业的发展速度不断提高、农业的运作方式不断转变以及城市化进程的加快，大量污染物排放到江河湖泊，水中难分解的有机污染物急剧增加，由此造成了经济损失，破坏了生态平衡甚至威胁人类身体健康，对有害物质的吸附和催化降解受到研究人员的关注。开发稳定性好、可循环利用的高效光催化剂是光降解废水中有机污染物的必要条件，宋俊等利用溶胶—凝胶静电纺丝技术与和连续离子层吸附反应相结合的方法，通过控制结晶良好的片层状BiOBr微晶化纳米粒子在TiO_2纳米纤维上的均匀生长，制备了分层结构的柔性TiO_2纳米纤维膜（BiOBr@TiO_2 NFM），纤维膜具有高比表面积和较高催化活性的可见光响应性，该纤维膜在可见光照射条件下对罗丹明B具有优异的光催化性能（图14）。

磺胺噻唑（STZ）等抗生素被广泛使用，当它们进入水环境时，对生态系统和人类造成了严重的威胁。中国科学院郑煜铭研究团队根据表面吸附—电催化氧化的策略，利用静电纺丝技术发展了多功能海绵铁复合纳米材料，该材料以比表面积和孔隙率高的体型纳米纤维网络为载体，原位合成了具有催化活性的纳米零价铁粒子，有效克服了电催化过程中纳米零价铁容易聚集的缺点，该三维电Fenton反应体系对去除水中的STZ方面具有显著的吸附和电催化氧化协同作用，5min内可实现STZ的100%去除。

（a）

（b）

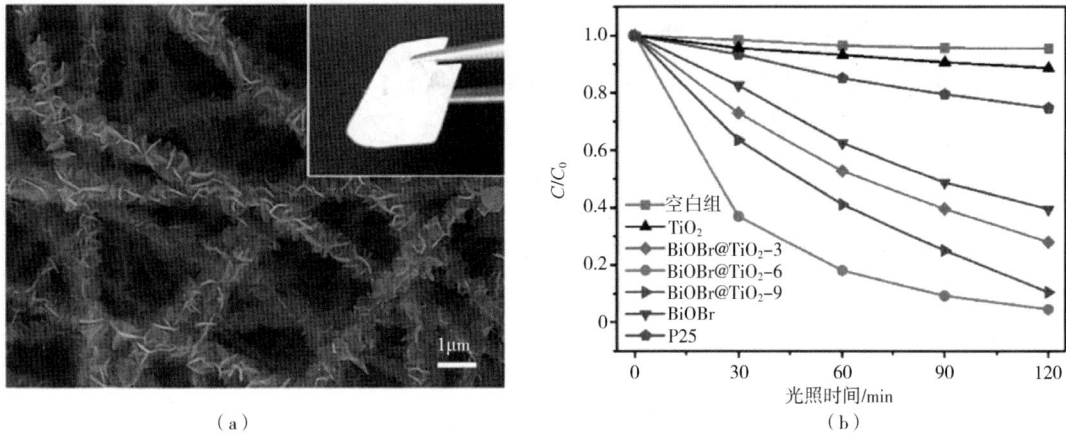

图14　BiOBr@TiO$_2$ NFM纳米纤维膜的结构和性能
（a）纳米纤维膜结构；（b）光催化降解性能

（七）吸音降噪

城市生活给人类带来了前所未有的便利，但也导致了严重的噪音污染（41%生活噪声、31%交通噪声、28%工业和其他噪声），长期接触噪音不仅会引起各种生理疾病（如神经系统疾病、心血管疾病、内分泌疾病等），还会引起精神烦恼，如注意力缺陷障碍、易愤怒等。Ji等受到猫头鹰羽毛表面的冠状空腔微结构的启发制备了纳米纤维膜和三聚氰胺泡沫衬底的复合吸声材料，系统分析了纳米纤维膜厚度、纤维直径和泡沫衬底厚度对吸音系数的影响。Takeshita等利用超临界二氧化碳干燥法制备了具有中孔纳米纤维结构的透明壳聚糖气凝胶，该材料表现出高度的频率依赖性，可以吸收特定频率的噪声。针对交通领域的低频噪声危害，曹雷涛等利用静电纺丝技术制备了一种具有层状波纹微结构的超轻聚苯乙烯（PS）超细纤维海绵（图15），该材料具有稳定的回弹性能和优异的低频吸音性能，解决了传统纤维材料易变形和对低频噪声防护效果差的难题。

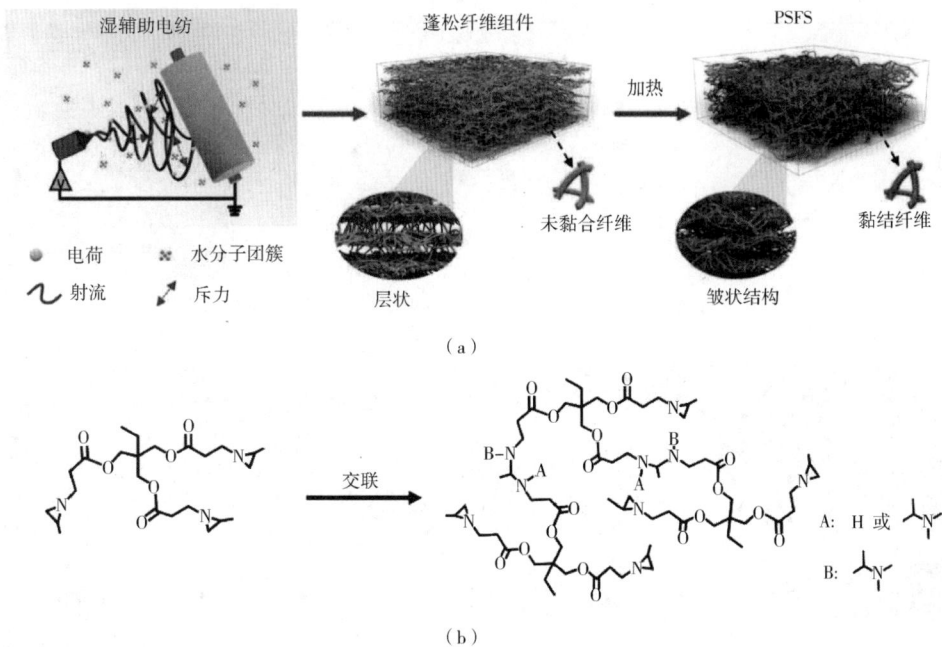

（a）

（b）

图15

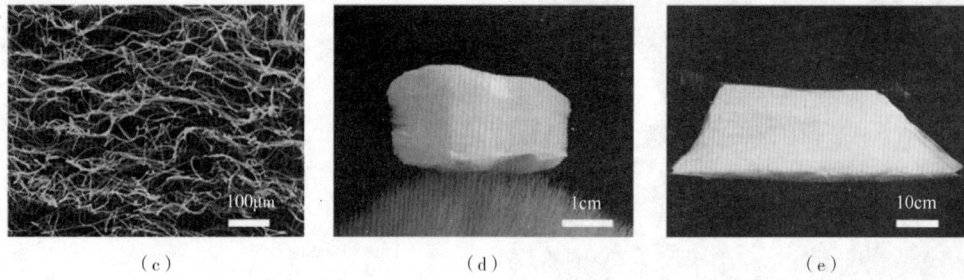

图15 超细纤维海绵制备流程及其形貌

纳米纤维基具有传统纤维材料不具备的吸音降噪优势，但其作用机理尚不清晰。Akasaka等以溶胶—凝胶为前驱体，采用静电纺丝法制备了纤维直径在微米和纳米范围的非织造布，基于传统声学模型，定量分析了纳米纤维材料和传统玻璃纤维吸音材料的结构和声学特征。研究表明随着纤维直径的减小，纤维片的吸声机理逐渐从典型的多孔型向多孔型和平板型中间过渡，该研究对高性能多孔薄膜吸声器的合理设计具有重要的指导意义。

（八）隔热保暖

由于工业的快速发展和化石能源的减少，能源消耗已成为一个至关重要的全球性问题，隔热保温是减少能源损失和提高全球能源效率的有效方法之一，优异的保温隔热材料在航空航天、建筑节能和体育设备等领域有着广泛的应用需求。陶瓷气凝胶由于其耐火性优异和导热率低受到研究人员的广泛关注，然而现有的陶瓷气凝胶机械强度差，在外力和高温作用下结构和性能稳定性差，为此，课题组将ZrO_2-Al_2O_3纳米纤维与$Al（H_2PO_4）_3$（AHP）基质相结合，制备了具有超强、超弹性和耐高温性能的层状结构陶瓷纳米纤维气凝胶（ZrAlNFAs），该材料具有超高温耐火性（1300℃）和极低的导热性（32.2mW·m^{-1}·K^{-1}），即便是受到90%应变仍可快速恢复，这些优异的性能表明该材料在超高温隔热领域有极为重要的应用前景（图16）。

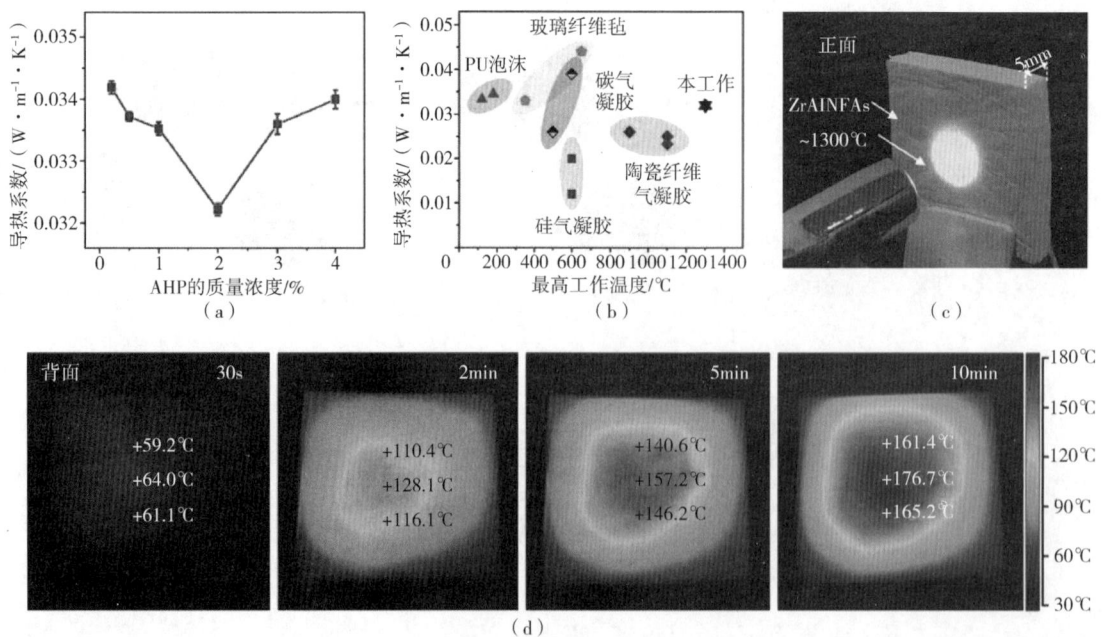

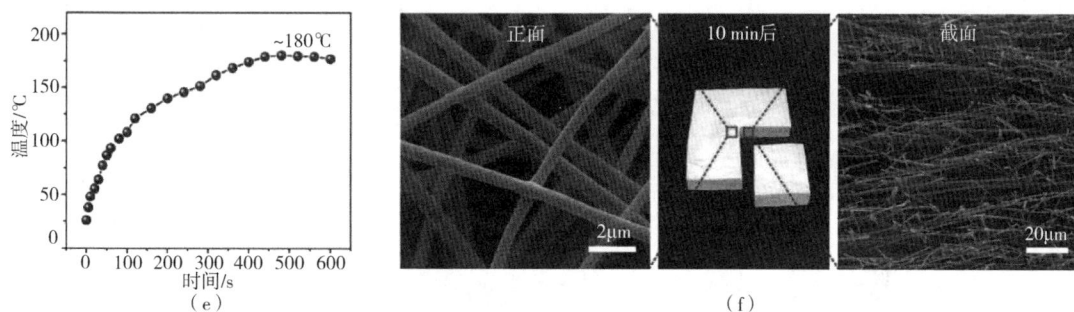

图16　ZrAlNFAs的保温性能

（a）ZrAlNFAs的导热系数；（b）气凝胶类材料在室温和最高工作温度下的导热系数；（c）正面受丁烷喷灯火焰照射的光学照片；（d）10min加热过程的背面红外图像；（e）背面中心点随时间变化的温度分布；（f）耐火性测试10min后，ZrAlNFAs的正面和截面的光学照片和SEM电镜照片

针对高温高湿条件下传统隔热材料性能恶化的问题，东华大学刘天西教授利用静电纺丝与冷冻干燥技术制备了超疏水、可压缩的聚偏氟乙烯/聚酰亚胺（PVDF/PI）纳米纤维气凝胶，该材料具有98.6%的高孔隙率，室温时热导率为$31.0mW \cdot m^{-1} \cdot K^{-1}$，在300℃高温下热导率为$58.2mW \cdot m^{-1} \cdot K^{-1}$。此外，其优异的超疏水性能（水接触角为152°）使得气凝胶在相对湿度为100%RH和温度为80℃条件下仍具有较低的导热率（$48.6mW \cdot m^{-1} \cdot K^{-1}$），该保温隔热材料在高温高湿环境下具有极大的应用前景。

（九）生物医用

纳米纤维材料可模拟细胞外基质的结构与生物功能，为细胞的黏附、增值及生长提供理想的模板，可负载多种药物并控制其缓释，在组织工程、伤口敷料和药物传递等领域的潜在应用。针对细菌感染导致的伤口愈合及皮肤组织再生的难题，西安交通大学雷波教授采用静电纺丝技术开发了一种具有光致发光和抗菌功能的弹性复合多肽基纳米纤维基组织工程支架，所制备的聚己内酯（PCL）-聚柠檬酸盐-ε-聚赖氨酸（PCE）复合纳米纤维基质具有仿生皮肤的组织弹性、高效的光谱抗菌活性和良好的生物相容性，该组织工程支架能够有效预防耐多药细菌引起的伤口感染，显著增强新生血管形成及胶原蛋白分泌。为解决人造血管内皮化的难题，中国科学院杜学敏副研究员将具有生物相容性的形状记忆聚合物和静电纺丝纳米纤维膜相结合，设计了新型形状变形支架（图17），使其能够从平面形状程序化变形到管状形状。内皮细胞可以很方便地被播种并附着在支架的二维表面，在生理温度（37℃）下自滚成三维组织，快速实现三维内皮化。

（十）传感

传感器是指能够感受到的信息，按一定规律变换成为电信号或其他所需形式的信息输出，以满足信息的传输、处理、存储、显示、记录和控制等要求。根据工作原理的不同，传感器可分为振频式传感器、电阻式传感器、安培式传感器和光电式传感器等。纳米纤维具有比表面积大、易功能化改性，可为目标检测物的吸附及反映提供丰富的活性位点，从而大幅度提高传感器的灵敏度、响应速率和检测极限，在传感器领域具有巨大的应用潜力。李召岭等利用静电纺丝技术并结合摩擦起电和压电效应设计了一种自供电电子皮肤（HES），压力范围为0~80kPa和80~240kPa时，HES的灵敏度分别达到54.37mV/kPa和9.80mV/kPa，即使经过14000次循环，HES仍然表现出优异的耐久性和稳定性（图18）。HES实现了接触式和非接触式感知，如点击感知、距离识别、呼吸检测、头部运动感知、声带振动识别，以及一些生理信号监测。作为一种组合传感器阵列，HES能够实时识别多点压力分布和单点触摸轨迹的可视化，有望用于智能机器人、智能假肢和医疗监控的关键部件。

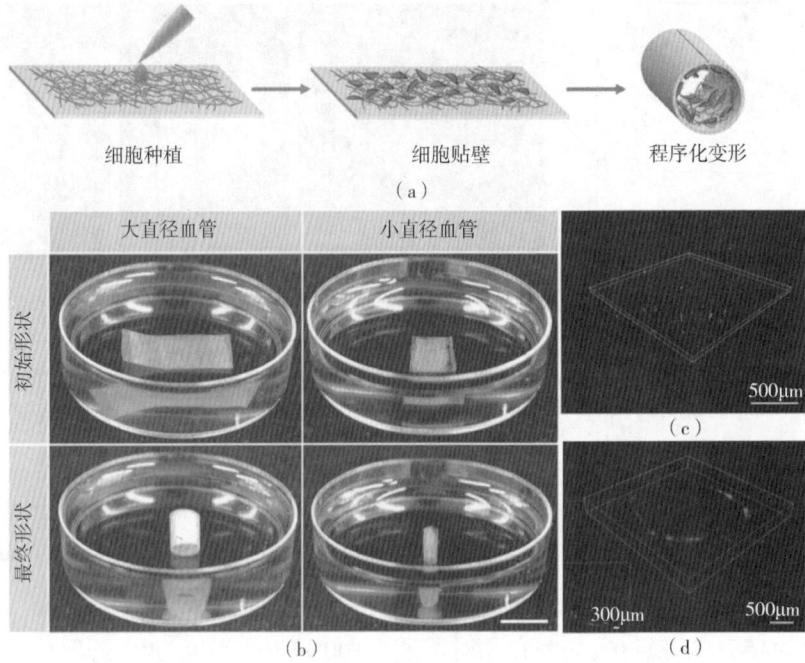

细胞种植　　　　　　细胞贴壁　　　　　　程序化变形

（a）

大直径血管　　　　　小直径血管

初始形状

最终形状

（b）　　　　　　　　　　　　　　（d）

图17　形状变形支架

（a）仿生形状记忆支架用于人工血管三维内皮化示意图；（b）黏附有内皮细胞的仿生形状
记忆支架初始平面形状（上）及在生理温度（37℃）触发下转变为终态三维管状图（下）；
（c）平面支架细胞黏附显微镜图；（d）三维管状支架细胞黏附显微镜图

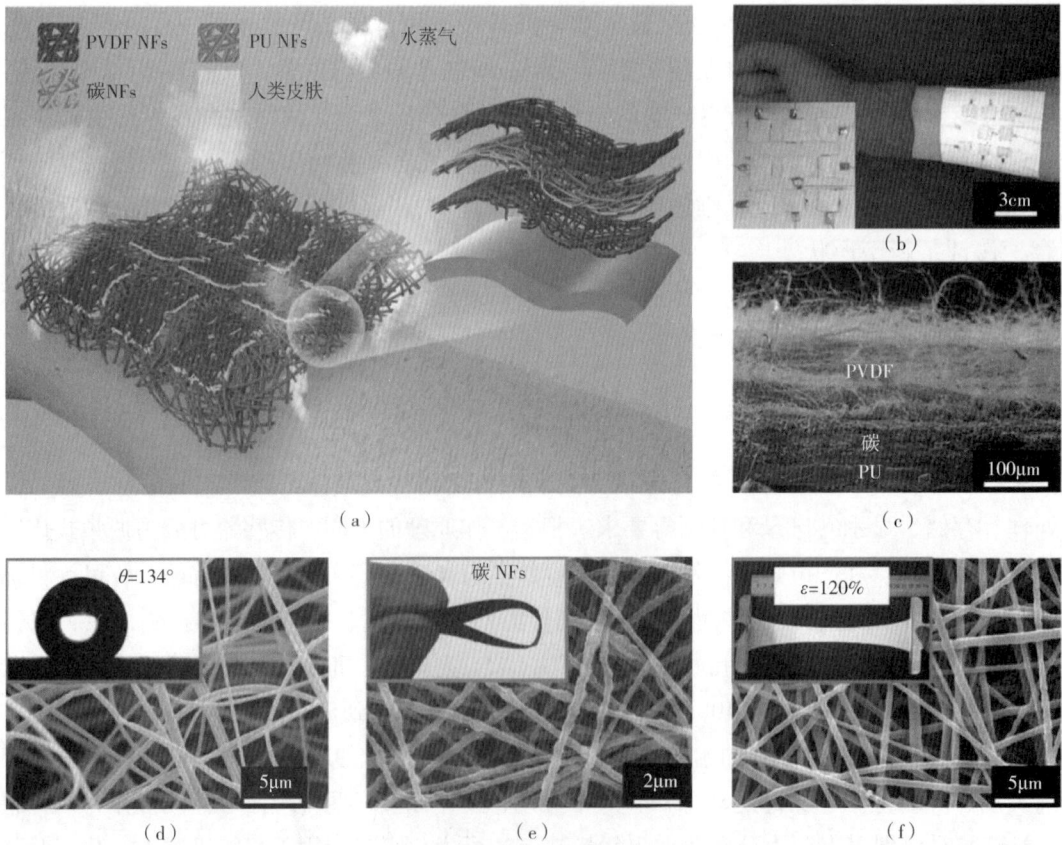

图18　具有传感功能的电子皮肤结构示意图及各功能层形貌图

（十一）能量存储与转换

随着现代化工业进程的快速发展和全球人口的急剧增长，地球能源消耗巨大，对太阳能、风能、潮汐能、地热能等新型清洁能源的开发和利用迫在眉睫，而对这些能源利用的关键是能量存储与转换技术。纳米纤维作为一维纳米材料，在光、热、电、磁等方面表现出诸多新特性，如热电效应、敏感效应、压电效应、线栅偏振效应等，广泛应用于锂离子电池隔膜、超级电容器电极材料、染料敏化太阳能电池材料及纳米发电动机等。锂金属阳极因具有最高的比容量和最低的阳极电位而成为锂金属电池（SSBs）的最佳选择。然而，由于锂金属的高活性，导致它会遭受严重的电解质腐蚀并有粗糙的枝晶生长问题。夏书会等提出了一种机电耦合策略，利用静电纺丝技术和高温烧结工艺开发了一种高铁电性与压电性的软钛酸钡陶瓷纳米纤维（BTO—NFs）膜（图19），将BTO—NFs膜与普通铜集电器连接，能够实现垂直枝晶生长过程的动态监测与调节，利用该材料组装的锂铜电池可进行200多次可逆电镀剥离，库仑效率高达98.3%。BTO的铁电性降低了集电极附近的锂离子浓度梯度，促进了其均匀沉积，而压电性改变了枝晶的生长路径，使其横向沉积同时没有枝晶产生。

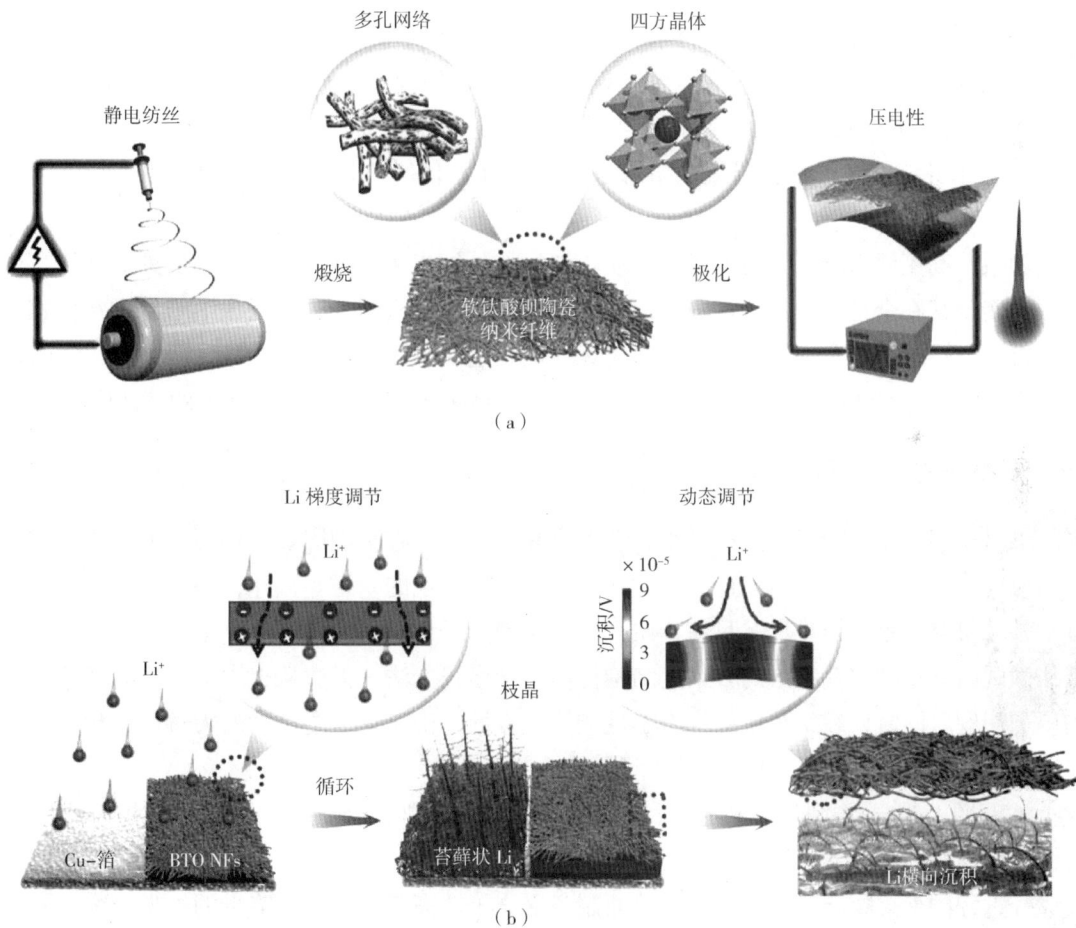

图19 材料合成和机理说明

（a）软钛酸钡陶瓷纳米纤维（BTO—NF）膜的制备流程；（b）使用BTO—NF膜动态调节铜电极枝晶生长的示意图

导电金属有机骨架（c-MOFs）具有较大的电导率和表面积，在电化学储能方面展现了极大的应用前景。Xu等报道了以纤维素纳米纤维（CNFs）为模板，在CNFs上通过界面作用形成c-MOF纳米层制备CNF@c-MOF，所制备的CNF@c-MOF杂化纳米纤维导电性高达100S/cm，具有多级微孔和优异的力学性能。

由该材料制备的超级电容器在10^4次连续充放电循环后仍表现出极高的循环稳定性，其电容保持率达99%。

四、纳米纤维材料研究方向展望

（一）纳米纤维应用领域的拓展

在环境领域，随着当今世界环境污染问题日益严重，膜分离科学与技术受到全球研究人员的高度重视。在前文中已分别介绍了纳米纤维材料在空气过滤、液体过滤及油水分离领域方面应用的研究进展，为过滤分离领域内微滤、超滤膜材料的开发和应用奠定了理论与技术基础。但目前，对纳米纤维纳滤膜和反渗透膜的研究相对较少，因此，结合纳米纤维制备技术和新型材料加工技术开发纳滤膜和反渗透膜将极大拓宽纳米纤维材料的应用领域，如海水淡化、病毒拦截、重金属离子拦截等。此外，在纳米纤维材料功能化应用发展过程中，在有机溶剂分离、气体分离、同素异构体分离等领域仍未得到深入研究，在未来研究工作中可扩展纳米纤维材料在功能化领域的应用。

在服用领域，新冠肺炎疫情的暴发给公共卫生带来了机遇与挑战，个人出行的安全防护措施成为常态。目前常规医用口罩为熔喷非织造布材料，易因静电消除导致防护作用劣化，无法实现重复使用导致大量消耗。利用纳米纤维膜材料的结构优点可制备可重复消毒使用口罩，在循环使用后仍能保持高效低阻的特性。此外，现有的防护服主要采用高密度聚乙烯经闪蒸法制备而成，防护作用高，但穿着闷热、不透气，结合上文纳米纤维材料的单向导湿、防水透湿功能有望制备热湿舒适性防护服并将其应用于医疗卫生安全防护。

在其他领域，利用纳米纤维独特的光学性质，通过红外纳米成像技术开发出中红外双曲线变面，有望控制光的偏振态实现其在全息影像等领域的应用；虚拟现实技术和机器人的发展为纳米纤维在传感领域的应用带来了新的机遇与挑战，如金属纳米纤维可作为无线微型透明电路应用于智能隐形眼镜中，实时监测眼部状态。以实际应用为导向，随着纳米纤维研究的不断深入，将会实现其在更多领域中的广泛应用。

（二）纳米纤维材料的力学增强

纳米纤维材料因其比表面积大、孔径小、孔隙率高等特点，在新型服装、环境、能源、生物医药等领域具有广泛的应用，但其力学性能与普通纤维材料相比仍存在一定的差距。因此，增强纳米纤维材料的力学性能一直是本领域研究的重点与难点。目前，研究人员对纳米纤维材料的增强主要集中于宏观形态下的结构调控，缺乏从微观高分子到宏观纤维的多尺度结构协同力学增强方法，无法从根本上解决纳米纤维应用力学性能不足的瓶颈问题。同时，在纳米单纤维力学性能测试方面，由于缺乏高精度的力学性能测试系统，测得的数据存在误差大、重复性差且无评价标准等问题。

针对上述问题，需根据不同领域的实际应用需求，从单纤维微观结构和集合体结构协同调控入手，增强静电纺纳米纤维材料的力学性能。对于一维纳米纤维材料而言，需研究聚合物性质与纺丝参数对纤维结构的影响及成纤过程中聚合物分子链的运动，从而制备出分子链高度取向、缺陷少的纳米纤维。同时，在纺丝液中添加力学增强纳米填料并利用外场牵伸方法以有效改善分子链的取向、结晶程度，从而获得具有高强度的一维纳米纤维材料。对于二维纳米纤维膜而言，其强度主要来源于纤维间的搭接和物理摩擦作用，一方面可以通过引入交联剂，引发纤维在搭接处发生物理或化学交联而使纤维间产生黏结作用，以提高纤维膜的强度；另一方面通过在纤维中添加纳米颗粒或调控成纤过程中聚合物溶液相分离程度，在纤维表面形成一定的粗糙度，达到增大纤维间摩擦力的目的。对于具有胞腔结构的三维纳米纤维体型材料而言，纳米纤维气凝胶虽具有优异的压缩回弹性，但其抗拉伸及剪切性能较差，难以满足实际应用需求，通过引入力学性能优异的微米纤维作为支架，将其贯穿在气凝胶内部形成连续的框架结构，进而实现材料抗拉伸、耐剪切和抗冲击性能的增强。最后，建立高精度的纳米材料力学性能测试系统，并制定纳米纤维材料力学性能测试的综合标准，确保实验数据的科学与准确性，为纳米纤维材料的发展奠定基础。

（三）纳米纤维材料的透明化

随着柔性智能材料研究的不断深入，兼具柔性和高光透过率的透明薄膜材料成为研究热点。目前，透明薄膜材料的研究主要集中在提高材料的力学性能和透明度方面。其中，材料透明度的实现主要基于纳米尺寸效应和折光指数匹配效应，纳米纤维由于其尺寸小，大部分在可见光的波长之下，用作增强相可以显著降低光的散射，是制备透明复合膜的理想材料。根据不同领域的实际应用需求，从单纤微观结构和集合体性能的协同调控入手，赋予纳米纤维材料优异性能的同时提高材料透明性是研究的难点。

随着物联网技术的快速发展和应用，要求增强包装防护性能的同时，提高对产品信息的智能化监控，可利用纳米纤维独特的光学性质扩展其在柔性电子标签、食品包装等领域的应用，使包装在运输、储存以及销售过程中能被实时检测识别并掌握产品的性状。目前，塑料薄膜作为柔性显示器的基底材料，具有热膨胀系数高，导热率低，力学性能差的缺点，使器件的透明度在使用过程中大大降低，缩短使用寿命，而结合先进的制造技术和纳米纤维材料质轻、优异的柔韧性、性能可控的优点，有望取代塑料薄膜成为下一代"绿色"电子器件，如柔性显示器、薄膜晶体管，柔性发光器件等。在家居建筑领域，利用纳米纤维膜材料高效低阻的特性，可以在有效阻断空气中细菌、$PM_{2.5}$、粉尘、花粉、汽车尾气颗粒等多种有毒有害物质的同时保持空气流通，并且增加抗紫外线等功能，改善空气环境，应用于透明窗纱。

（四）纳米纤维材料的宏量制备

得益于纳米纤维材料的广泛应用，纳米纤维的批量化制备技术也在不断发展，其中静电纺丝、海岛技术和熔喷技术在产业化制备纳米纤维方面具有较大优势。

为解决单针头静电纺丝生产效率低的问题，国内外研究人员在无针静电纺丝和多针头静电纺丝批量化制备纳米纤维方面取得了显著成果。在无针静电纺丝方面，Elmarco公司开发的NS8S1600U"纳米蜘蛛"生产线，每年的生产能力可以达到$2 \times 10^7 m^2$。上海云同纳米材料科技有限公司开发了VT-MC-1型静电纤维膜产业化生产线，生产的纳米纤维直径在100~300nm，纳米纤维膜克重在$0.03~3g/m^2$，年产达$3.4 \times 10^7 m^2$。在多针头静电纺丝方面，美国Donaldson是最早采用多针头静电纺丝技术批量化生产纳米纤维滤材的公司，开发的Ultra-Web纳米纤维滤清器具有更长的使用寿命。此外，日本MECC公司研发出EDEN系列的纳米纤维产业化设备，可以根据实际需求还可更换相应的喷头装置和接收装置，从而制备出多孔、珠状、中空等多种结构的纳米纤维制品。目前，国内采用多喷头静电纺设备生产纳米纤维的知名厂家有江西先材纳米纤维科技有限公司、嘉兴富瑞邦新材料科技有限公司、青岛聚纳达科技有限公司、深圳市通力微纳科技有限公司及三门峡兴邦特种膜科技发展有限公司等。

虽然静电纺纳米纤维的批量化制备已经取得了显著成果，但仍然存在以下问题亟待解决：一是在无针静电纺丝方面，进一步研究纺丝原液自由表面射流产生机理，分析泰勒锥形成过程，为无针静电纺丝设备的完善以及纤维的进一步细化提供理论指导。二是在多针头静电纺丝方面，通过对喷丝管进行结构设计，以实现纺丝溶液在流道内的均匀流动和在各针头处的同时等量供液；通过针头设计提升射流密度进一步提升纤维膜产量；通过针丝模块设计减弱射流之间的电场干扰以保证纤维膜的质量。三是在纺丝外场环境调控方面，通过开发溶剂蒸汽补偿单元以调控环境中的溶剂浓度，从而实现对射流固化成纤速度的控制；通过对纺丝区域中检测反馈装置的排布进行设计，以实现对纺丝区域温湿度的精密控制。

海岛技术制备超细纤维技术日趋成熟，国内外多家企业利用定岛海岛技术制备出纤维直径均匀可控的超细纤维，但纤维直径尚未达到纳米纤维尺度，这主要受限于定岛海岛纺丝技术对设备精度要求高，纺丝机成本高。而不定岛海岛纺丝技术具有设备精度要求低、纺丝速度低、牵伸倍率小、大部分热塑性聚合物均适用等优点，是纳米纤维产业化的一种有效方法。武汉纺织大学王栋团队利用不定岛海岛纺丝技术成功制备了纤维直径80~500nm，幅宽1.6m的纳米纤维膜，并实现了纳米纤维膜在液体分离领域的应用。

熔喷技术制备纳米纤维采用高熔融指数的聚合物为原料直接纺丝，具有生产效率高、成本低、易规模化制备等优势。基于传统微米级熔喷技术，美国Hills公司开发的熔喷技术制备的纳米纤维平均直径＜250nm，90%以上纤维直径＜400nm，单模头生产线产能达1.6kg/h。Nonwoven Technologies（NTI）公司采用喷丝孔为63.5μm的熔喷模头制备的纳米纤维直径为200~500nm，通过增加多排喷丝孔及喷丝板宽度（3m），该生产线产能与普通微米级熔喷纤维生产线相当。

静电纺丝、海岛技术和熔喷技术在产业化制备纳米纤维方面取得了一定进展，纳米纤维的产量得到相应提高，但仍然难以满足其在空气过滤、生物医用、吸附与催化和能量存储与转换等领域的巨大需求。目前，中国在纳米纤维的产业化生产关键技术方面的研究整体实力较强，随着"十四五"规划加快建设科技强国战略的实施，相信不久的将来势必会实现纳米纤维的产业化生产关键技术的重大突破。

海藻纤维的研究进展及前景

王兵兵　全凤玉　田　星　纪　全　夏延致
（青岛大学　青岛源海新材料科技有限公司）

一、概况

　　海藻纤维（海藻多糖纤维）是以天然海藻多糖为原料的海洋生物基化学纤维。以近海人工养殖或深海褐藻类（如海带、巨藻）为原料，经过分离和精加工得到海藻酸钠，再经专有纺丝技术与装备，生产出直径在10~30μm，短纤长度为38~51mm，具有本质阻燃性能、促进伤口愈合性能、高吸湿性能、优良的抑菌抗菌性能、防辐射性能等特殊性能和功能的新型纤维材料，可用于纺织服装、军工、生物医疗、卫生护理等众多领域（图1）。

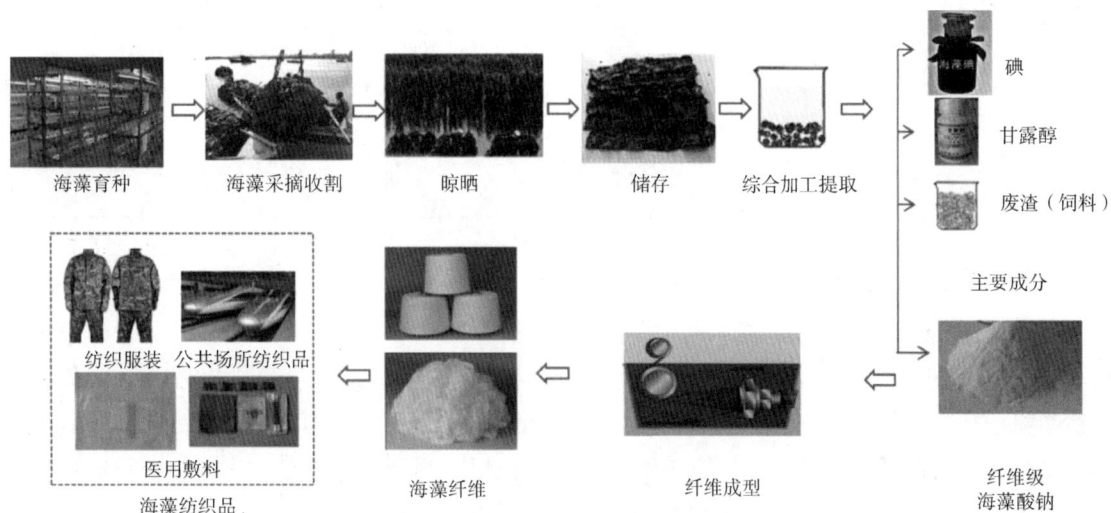

图1　海藻纤维制备流程示意图

　　向海洋要资源，发展蓝色经济，开发海藻纤维，是开拓石化资源（合成纤维）和土地资源（天然纤维）以外的纤维材料的第三来源，也是未来纤维纺织产业发展的必由之路。海洋占地球表面的70%，我国有三千多公里的海岸线，近海海域辽阔，仅大陆海岸线200m以内的近海可开发利用海域至少有$2.2 \times 10^6 km^2$，海洋中含有丰富资源，其中藻类资源是储量丰富并可再生的重要海洋生物资源。用海藻制取纤维，可以节约石油、解放土地、净化海洋、促进蓝色经济发展、带动上游海藻养殖加工业以及下游传统纺织行业的升级换代，为我国军工与国防事业做贡献，形成新的战略新兴产业链和新的经济增长点，意义十分重大。

二、海藻纤维的研究和发展历史

　　19世纪80年代，英国化学家E. C. C. Stanford首次介绍了海藻酸钠，发现其具有浓缩溶液、形成凝胶和成膜的能力。1944年，英国人Speakman等发表了海藻酸钙纤维制备的相关研究成果，也有研究者利用海藻酸盐纤维制备纺织品（袜子等）的技术及应用，但是海藻酸盐纤维的力学性能和耐酸碱性差，限制了海藻纤维的应用和发展。而合成纤维（聚酰胺纤维、聚酯纤维等）发明时期相近，具有优异的综合性能，得到高速工业化和商品化，并发展至今。20世纪60年代湿润性伤口愈合理论带动了现代医用敷料的发展。在湿法疗伤方面，海藻纤维敷料表现出优异的功能性，使其在生物医用材料领域的研发和应用进入快速发展阶段。国外对海藻纤维的研究开发包括：纯海藻医用纤维的开发，海藻酸盐与其他高聚物共混纺丝。表1列举了国外主要的海藻酸纤维生产厂家。

表1 国外主要的海藻纤维生产企业

制造商	产品	原料	纺丝方法	主要用途
Courtaulds（现Acordis）公司	海藻酸纤维	海藻酸钠	湿法纺丝	医用敷料
意大利Zegna Baruffa Lane Borgosesia公司	Thalassa长丝	海藻酸钠	湿法纺丝	医用敷料
日本Forest公司	海藻酸纤维	海藻酸钠	湿法纺丝	医用敷料
英国Steriseal公司	Sorbsan纤维	海藻酸钠	湿法纺丝	医用敷料
英国BritCair公司	Kaltostat纤维	海藻酸钠	湿法纺丝	医用敷料
英国ConvaTec公司	Kaltostat Wound Dressing（康复宝）	海藻酸钠/钙	湿法纺丝	医用敷料
英国Advanced MedicalSolutions公司	海藻酸纤维	海藻酸钠	湿法纺丝	医用敷料
波兰Lodz化纤研究所	海藻酸纤维	海藻酸钠	湿法纺丝	医用敷料
德国AlceruSchwarza（Zimmer）公司	SeaCell纤维	纤维素 海藻微粉	干—湿法纺丝	医用敷料

以上厂家对海藻纤维的研发主要集中于利用传统的湿法纺丝制备生物医用海藻纤维，以及研发医用非织造布制备医用敷料，其对于海藻纤维本身的力学性能、产能等要求不高。

我国海藻纤维的研究应用起步较晚，但后期发展迅速。1981年甘景镐等最早报道了海藻酸盐纤维的研究，中国纺织科学研究院孙玉山等从1990年开始研究海藻酸盐纤维的制备工艺技术及其生物医用材料应用。20世纪90年代尚处于对国外技术的跟踪研究阶段，进入21世纪，用于棉花种植的土地资源日趋紧缺、合成纤维原料的石油化石资源日渐枯竭，生物基化学纤维的研发越来越受到发达国家的重视，青岛大学夏延致提出"向海洋要纤维，开拓纤维的第三来源"，担任青岛市海藻纤维研究首席科学家，主持青岛市首批自然科学联合基金，开始研发纺织用海藻纤维及纺织品，带动了国内高校、科研院所、企业投入大量人力物力研发海藻纤维，并持续至今，推动了海藻纤维技术迅猛发展。2010年以来，我国相关专利公开数量出现爆发式增长，截至2017年8月，中国公开专利1965件居世界首位，表明我国对海藻纤维的研究已处于国际领先地位。

三、海藻纤维工程技术与产业化进展

海藻纤维制造工艺流程如图2所示。海藻纤维具有高吸湿性、生物相容性等优良特性，国内外学者对其性能及应用进行了大量研究。近30年来，海藻纤维敷料在伤口护理领域得到广泛应用，成为市场上广为认可的现代医用敷料。目前市场上主要的海藻酸盐纤维敷料品牌有Sorbsan、Kaltostat、Seasorb等。在生物医用领域，国内海藻纤维生产企业有稳健实业深圳有限公司、广东百合医疗科技有限公司、浙江越隆集团蓝海科技公司、青岛明月海藻集团等，它们陆续推出了各自的海藻纤维敷料品牌。

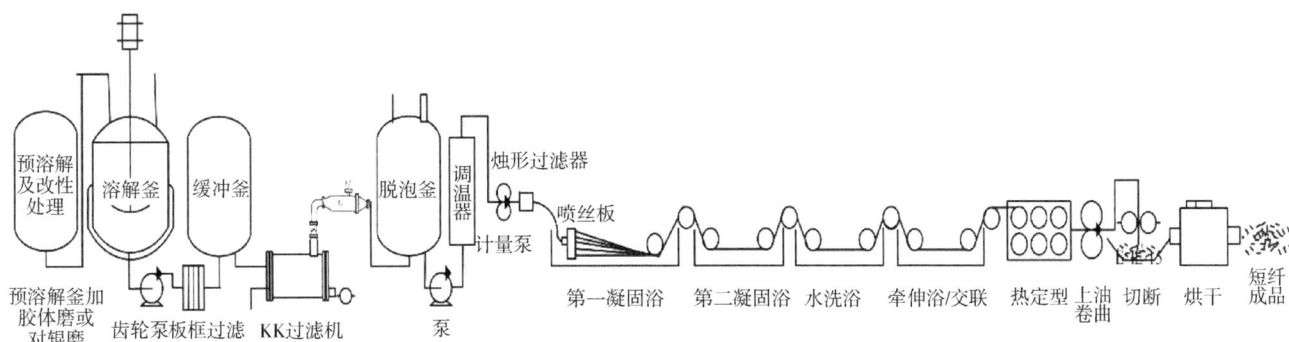

图2 海藻纤维制备流程

普通海藻纤维因存在强度低、耐酸碱性差、生产成本高等问题，在常规纺织品上的应用范围较窄，海藻纤维的规模化生产还受到应用和市场的限制。在国内，中国纺织科学研究院、青岛大学等单位积极开展海藻纤维相关研发。2012年，青岛大学的夏延致团队历经10余年的不懈探索，攻克了海藻纤维工业化生产的系列关键技术难题，建成年产量800t的海藻纤维专用生产线，生产规模和工业化水平居世界首位；2016年研发的"海藻纤维产业化成套技术及装备"集理论创新、工艺技术创新、装备集成创新为一体，建成了产业化纺织服装用海藻纤维生产线，技术达到国际领先水平，为海藻纤维在服用纺织品领域的发展打下了坚实基础。2019年建成国际上首条5000t级海藻纤维生产线并投产，为海藻纤维产业的进一步升级奠定了基础。在海藻纤维服装制品的应用上，我国纺织服装企业积极进行产业化探索。目前，国内市场上的海藻纤维制品大体上可分为纺织品、化妆品、卫生用品、医疗用品等类别，相关厂家主要分布在青岛、深圳、广州、厦门、上海、济南、佛山、温州等地（表2）。

表2 国内海藻纤维主要制造企业

序号	企业名称	所在地区	序号	企业名称	所在地区
1	青岛源海新材料科技有限公司	青岛	3	厦门百美特生物材料科技有限公司	厦门
2	青岛明月海藻集团有限公司	青岛	4	绍兴蓝海纤维科技有限公司	绍兴

四、海藻纤维产业发展前景分析

我国海藻资源丰富，占世界总产量的一半以上。2017年我国海藻产量2.2478×10^6t，其中养殖产量为1.48×10^6t，占世界养殖海带总产量的近9成。从生产区域来看，海带产量最高的三个省份是福建、山东、辽宁，产量分别占总产量的47.47%、36.51%、14.97%。从加工区域来看，山东半岛是国内海藻加工的主要地区，在全国52家"褐藻胶"相关制造企业中，山东就有43家，占全行业的82.7%。充足的海藻资源为海藻纤维产业发展提供了丰富的原材料。

目前海藻纤维的主要生产企业有青岛源海新材料科技有限公司、青岛明月海藻集团有限公司、厦门百美特生物科技有限公司和绍兴蓝海纤维科技有限公司。随着纺织服装用海藻纤维的面世，海藻纤维纺织服装领域的应用日益增多，大批企业加入到海藻纤维应用与制品的研制及技术开发当中，包括山东如意、德州恒丰等纺织界的上游企业，为海藻纤维的发展提供了源源不断的需求动力。

我国是世界上最大的化学纤维生产国，也是消耗化纤最多的国家。据国家统计局统计数据显示，2020年我国化学纤维产量达到6.1265×10^7t，同比增长4.1%。虽然总数庞大，但人均纤维消费量20kg，与发达国家人均30kg的水平相比，仍具有较大的增长空间。同时，在石油为原料的合成纤维和以土地为依存的天然纤维的生产与开发越来越受到制约的大背景下，2011年，中国化纤工业协会制定了"中国生物质纤维及生化原料科技与产业发展30年路线图"，提出化学纤维"原料、过程、产品"三替代目标。根据初步规划，到2020年纺织化纤行业使用生物质纤维替代化石原料达5%，2030年达10%，2040年将达20%。因此，海藻纤维的出现顺应了纤维行业向绿色环保方向转型的大趋势。此外，针对海藻纤维发展，化纤工业协会生物基纤维协会预期在2020年前后实现海藻纤维年产能1×10^4t，2025年实现化石原料替代率达2%，即海藻纤维产能达1×10^5t/年。根据这一预计，结合纺织服装用海藻纤维价格2×10^5~2.5×10^5元/t，2025年前后，海藻纤维行业有望实现产值2×10^{10}元，带动下游产业链企业总产值约6×10^{10}~1×10^{11}元，全产业链年利税约1.5×10^{10}元，带动就业约10000人。

五、山东省海藻纤维产业发展状况

（一）产业技术创新资源

山东省海藻纤维技术研发实力雄厚，拥有高校、国家重点实验室等研发机构，以及夏延致等一大批顶尖专家及创新团队。依托重点企业、高校院所建立有高端科研平台和创新创业平台，为我国海藻纤维产业发展提供了重要的技术支撑。目前我国开展海藻纤维研发创新工作的科研平台主要包括依托青岛大学的生物多糖纤维成形与生态纺织国家重点实验室、山东省海洋生物质纤维材料及纺织品协同创新中心、山东省海藻生物基纤维工程实验室，依托青岛明月海藻集团有限公司的海藻活性物质国家重点实验室、山东省海藻多糖提取与应用工程技术研究中心，依托山东洁晶集团有限公司的山东省海藻加工工程技术研究中心、山东省海藻精深加工工程研究中心。主要科研创新团队有青岛大学夏延致领军的长江学者团队以及青岛明月海藻集团有限公司科研团队。

（二）海藻纤维产业发展优势

1. 科技创新保障

青岛大学公布的相关专利和论文数量均位居世界首位，在全球排名前23位的专利申请人中，青岛有3家，青岛大学以57件专利列于榜首；在全球排名前25位的发明人中，青岛有10位，青岛大学以34件专利位居首位；从论文发表数量看，青岛大学以154篇论文排在国内首位，青岛大学的夏延致等位居前列。青岛大学夏延致研究团队致力于海藻纤维产业化成套技术及装备的研发，相关研究成果获得2016年度山东省技术发明一等奖、中国纺织工业联合会科技进步一等奖、2018年度青岛市自然科学一等奖。

2. 产业链支撑

褐藻（海带、巨藻等）是高品质海藻纤维的主要原料，包括野生和人工养殖。山东是中国传统的海藻产业大省，在海藻养殖、海藻化工等产业发展方面处于全国领先地位，在全国52家海藻酸钠相关制造企业中，山东省有43家，占82.7%。丰富的海藻资源及相关企业为海藻纤维产业发展提供了充足的原料和产业支撑。

山东省依托青岛源海新材料科技有限公司建成世界最大的海藻纤维生产基地，海藻纤维年产能达5×10^3t（一期产能1.5×10^3t），并形成了从海藻养殖、海藻化工、海藻纤维到海藻纺织品研发生产的完整创新链和产业链。海藻纤维产业链上下游代表性企业包括：青岛源海新材料科技有限公司（目前海藻纤维产能最高）、青岛明月海藻集团有限公司（海藻酸钠产量世界第一），山东洁晶集团股份有限公司（纤维用海藻酸钠主要研发生产商），如意集团、恒丰集团、青岛红妮集团有限公司（皆为海藻纤维服装产品重要开拓者）等重点企业。通过上下游产学研协同，逐步形成了海藻纤维战略性新兴产业链。

六、海藻纤维产业发展建议与对策

（一）纤维原料和产品质量技术标准化

加强标准化建设，海藻纤维上下游企业执行《纤维用海藻酸钠》（FZ/T 51018—2020）、《海藻酸盐短纤维》（FZ/T 52049—2018）等行业、团体技术标准，并争取国家标准、国际标准的制定，保证纤维原料、海藻纤维及制品质量的规范统一。

（二）拓展海藻纤维应用领域，完善产业链和市场

海藻纤维应用领域主要包括生物医用、服装服饰、卫生护理、阻燃防护四大领域，目前市场上的海藻纤维制品，主要还是以生物医用材料为主，海藻酸盐敷伤材料的生产技术成熟、应用市场相对规范完善，国内外市场稳定并有稳步提升。开发的其他产品主要有面膜、卫生巾、尿不湿等一次性用品及口罩、内衣服饰等，需要进一步开发系列化产品，并加强市场宣传和推广应用。

纺织服装是传统民生产业，市场巨大，也是海藻纤维产业大发展的基础和关键所在。纺织服装用海藻纤维发展需要创新链、产业链上下游产学研合作，建立海藻纤维产业联盟构建协同体，在工程上完善纺纱织造技术，研发新产品，推广海藻纤维服装服饰、家用纺织品和产业用纺织品的应用，通过原料替代、产品替代，发展海藻纤维产业，推动纺织产业供给侧结构性改革和新旧动能转换。

丝绸的高值化应用技术及前景

潘志娟　赵荟菁

（苏州大学纺织与服装工程学院）

一、引言

丝绸是中国的丝绸文化名片，我国的蚕桑丝绸业有5000多年的历史，丝绸文化历史悠久、底蕴深厚。丝绸面料具有柔软飘逸、华贵富丽、保健舒适、色彩鲜艳和珍珠般光泽等优良的特性，长期以来就是高档的服装面料。但是，随着各种新型化学纤维的涌现，丝绸面料及服装受到了巨大的冲击，丝绸产品的价值和利润也受到很大的影响，产品加工成本的不断提高更进一步影响了丝绸面料的设计与开发，大量蚕茧被加工成了蚕丝被，而蚕丝被市场的恶性竞争，又导致产品的利润空间被不断压缩。在中国纺织产业整体规模不断扩大、世界纺织业的地位不断提升的良好态势下，近年来，丝绸行业总体规模并没有显著改观，行业总体发展空间受限。因此，充分挖掘和利用丝绸产业链"农工贸"一体化的优势特色，研究和开发高值化的蚕桑丝绸产品，开拓丝绸产品的应用领域，已经成为行业关注的焦点。丝绸的高值化应用主要聚焦于蚕桑丝绸产品的综合利用、丝绸精品的设计开发、蚕丝生物医用材料以及废旧蚕丝的再利用等方面。

种桑、养蚕、缫丝、织造等蚕桑丝绸全产业链中的各种副产品，在食品、化妆品、生物医用材料等领域有广泛的应用，通过丝绸产品的综合开发利用，扩大了蚕桑丝绸产品的应用领域，提高了产品的附加值。中国丝绸工业有限公司、鑫缘茧丝绸集团股份有限公司等共同投资了中丝鑫缘生物科技有限公司，建立了以它为代表的桑蚕茧丝资源综合利用示范基地，开发功能性有机桑叶绿（红）茶、雄蚕蛾、蚕蛹油、蚕蛹食品、蚕丝护肤品、桑黄等产品。桑叶不仅用于养蚕，桑叶茶也已经成为丝绸产业向食品领域延伸的重要产品，目前，国内主要的丝绸企业大多具有生产桑叶绿茶、桑叶红茶等产品的生产技术；桑葚汁、桑葚酒、桑葚醋以及蚕蛹食品、蚕蛹等已经在相关市场上占据一席之地，生产技术也比较成熟；丝蛋白化妆品和洗护用品等已取得一定的市场占有率。

蚕丝生物医用材料是国内外材料领域研究人员长期关注的焦点，也是纺织行业向材料、医学等领域拓展的重要结合点，在生态、绿色、环保的发展理念下，在全社会关注"大健康"的良好态势下，研究与开发蚕丝生物医用材料并将相关研究成果推广应用，对于丝绸产业的发展具有十分重要的意义。因此本文将主要聚焦于蚕丝生物医用材料的研究现状与发展，同时简要介绍丝蛋白3D打印材料以及再生丝素纤维。

二、丝素蛋白生物医用材料的研究与应用

（一）丝素蛋白组织工程材料

蚕丝经脱胶—溶解—透析—离心的步骤可得到丝素蛋白（也称再生丝素蛋白，regenerated silk fibroin，RSF）溶液，丝素蛋白与其他材料复合可被制备为微纳米纤维、水凝胶、薄膜、三维多孔支架等形式（图1），广泛应用于人体各部位组织工程方面的研究，包括但不限于骨、软骨、韧带、血管、肌腱、神经、皮肤、心脏、眼角膜等（图2）。

微/纳米球　　　薄膜　　　微纳米纤维毡　　　多孔海绵　　　水凝胶

图1　丝素制备的各种不同形式的材料

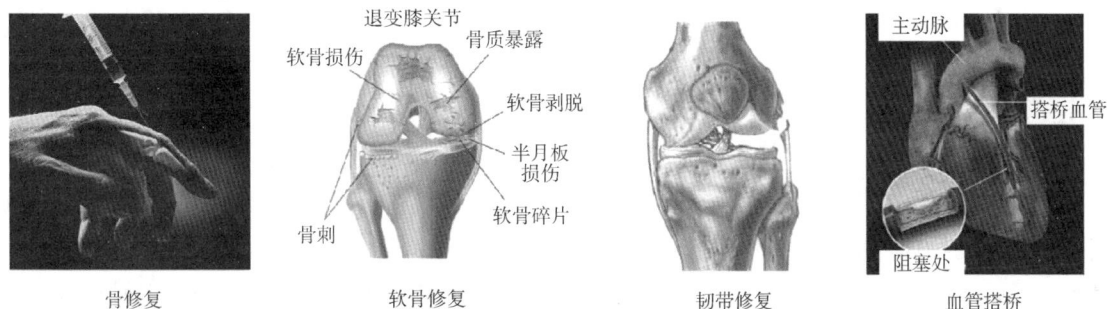

骨修复　　　　软骨修复　　　　韧带修复　　　　血管搭桥

图2　丝素用于组织修复及心脏搭桥

　　骨组织具有复杂的梯度结构，其生物力学环境特殊，目前临床上严重的骨组织创伤修复的挑战依然艰巨。有研究报道，将丝素蛋白/聚己内酯电纺制成纤维膜可模拟骨膜结构，将其用于骨组织修复研究取得了良好的效果。该纤维膜具有较好的力学性能，且能够显著增强前成骨细胞的细胞活力和成骨分化能力。体内试验证明，修复部位骨缺损体积变小，骨钙素表达显著增加，在加强膜内骨化和减少软骨内骨化的粉碎性骨折治疗方面表现出优良的特性。将丝素蛋白/聚对苯二甲酸乙二酯（PET）利用针织技术制备的三维支架材料具有仿生颅骨结构，用于颅面骨缺损修复研究取得了良好的实验结果。该三维支架材料中丝素蛋白双面紧致结构用来维持面部咀嚼或维持恒定的脑压力，PET材料作为中间隔层支撑上下丝素蛋白面层。与纯PET制备的相同结构支架相比，该复合三维支架不但具有良好的孔隙率和力学性能，还表现出更加优良的成骨分化与骨组织再生功能。同时，该复合支架可有效促进血管生成，基体排异反应小，可在植入体内长期稳定存在。

　　软骨组织是由胶原、少许细胞以及水分构成，成人的软骨组织中没有血管或神经，因此软骨组织受伤后自行修补的能力有限。将丝素蛋白制备成水凝胶作为软骨修复材料具有广阔的应用前景。有研究报道，将丝素蛋白和甲基丙烯酸酯明胶经超声和光交联法制备的互穿聚合物网络水凝胶用于软骨修复，取得了良好的试验结果。该水凝胶可作为包封细胞的载体，细胞在培养第三天后有较高的存活率和良好的增殖状态。以丝素蛋白和有机硅烷为原料，采用一步溶胶—凝胶杂交组装法制备三维气凝胶支架材料，进一步采用单向冷冻成型法和超临界干燥法制备复合凝胶。该复合凝胶是一种超轻二氧化硅—丝素蛋白气凝胶杂化体，在不同尺度下表现出蜂窝状微形貌和各向异性层级多孔结构，表现出良好的力学性能、细胞相容性、非溶血性以及多孔微环境，促进了成骨细胞在其表面的附着、生长和增殖。

　　韧带损伤治疗时，植入材料与骨界面的融合是目前存在的主要问题。利用丝素纤维和PET混织的方法，制备出以丝素蛋白为纬纱、PET为经纱的混织人工韧带，显著改善了纯PET韧带很难诱导自体组织生长的缺点。该复合韧带在生物体内修复6个月的结果表明，材料上含有丰富的成纤维细胞和胶原蛋白，且结构紧凑，具有良好的诱导自体组织向内生长的能力。

　　小口径人工血管（直径小于6 mm）植入后易产生血栓以及内膜增生等，至今没有真正应用于临床，丝素蛋白因其独特的性能而被广泛用于小口径人工血管的研究。通过结合双拉舍尔经编针织技术和表面涂覆技术获得了具有较好力学性能的丝素蛋白基小口径人工血管，多孔再生丝素蛋白涂层有效改善了该小口径人工血管的血液相容性、压缩弹性和透水性，丝素蛋白血管支架在植入动物体内一年后仍具有良好的开放性。利用传统纺织技术和静电纺技术构建多不同顺应性的多层结构丝素基小口径人工血管，来解决植入后内膜增生的问题。研究者们使用丝素蛋白或者丝素蛋白与其他可生物降解材料通过静电纺丝、冷冻干燥、纺织等不同方法，制备了具有不同结构和理化性能优势的小口径人工血管，通过在其内表面体外培养内皮细胞、接枝肝素、加入内皮细胞生长因子等方法来解决植入后易产生血栓及内膜增生的问题，并取得了良好的体外及体内试验结果。

（二）丝素蛋白药物递送材料

因某些药物通常存在毒副作用大、稳定性差、疗效低等突出问题，可以将药物包载在特定形状高聚物材料中，并使其在适合的环境和条件下进行可控释放，从而达到治疗疾病的目的。丝素蛋白具有诸多优良性能，国内外有很多关于丝素蛋白作为药物缓、控释载体的研究。

丝素蛋白被制备成微纳米球、凝胶、薄膜、多孔支架、微纳米纤维垫、微针等形式的材料，并在材料中负载各种抗菌、止血、抗凝药物以及各类活性因子。将药物包埋在上述丝素材料中不仅能够使药物缓慢释放，避免被人体或动物体内的各种酶降解，延长药物在体内的存留时间，而且通过改变材料的尺寸、孔径、纤维形貌等，可以适应不同的给药方式，提高药物的利用效率。装载各类活性因子的丝素材料可起到促进细胞黏附、生长、增殖、分化等作用，从小分子药物到大分子蛋白药物或细胞因子等都可以从丝素蛋白材料中缓慢释放，且丝素蛋白与药物之间的结合力以及丝素蛋白材料的二级结构会对药物的释放速率起调控作用。

（三）丝素蛋白伤口愈合材料

在伤口的治疗和护理过程中，敷料是必不可少的。理想的伤口敷料的设计应包括为伤口提供湿性愈合环境，无毒性，具有一定的柔韧性、透气性、抗菌性等。丝素含有包括乙氨酸、丙氨酸、丝氨酸、酪氨酸在内的18种氨基酸，对人体具有良好的亲和性，且其力学强度较高，所制成的材料具有良好的吸湿透气性以及促进细胞生长、增殖、迁移、分化等生物学性能，可加快伤口的愈合速度，因此丝素在医用敷料方面具有广泛的应用前景。

丝素蛋白作为医用敷料的形式多样，可通过多种方法制备成多孔海绵、水凝胶、薄膜、微纳米纤维垫、微球等材料。丝素蛋白还可以与海藻酸钠、壳聚糖、聚氨酯、聚乙烯醇、姜黄素、橄榄叶提取物、纳米银、纳米ZnO等共混复合，制备成各种医用敷料。这些敷料在抗菌、促进伤口愈合等方面各自具有其独特的优势。由丝素和海藻酸钠制备的多孔海绵可促进细胞的增殖，而将改性壳聚糖、银纳米粒子等与丝素共混制备的多孔海绵材料具有较高的抗菌活性，更有利于慢性伤口的恢复。丝素还可以与改性壳聚糖、聚氨酯、姜黄素、海藻酸钠等制成水凝胶并用于伤口敷料，在促进细胞黏附、增殖、提高伤口愈合能力方面均具有积极作用。此外，丝素与聚乙烯醇、聚氧化乙烯、甲壳素、壳聚糖等还可制备电纺膜材料，在其中负载橄榄叶、芦荟等天然提取物后，所制成的医用敷料具有促进伤口愈合等功能。将丝素与无机材料如纳米银、纳米二氧化钛复合，制成的纳米纤维基质材料在抗菌、力学性能、生物相容性等方面均有优异的表现。此外，丝素与上述材料还可制成具有优良的生物相容性、抗菌、止血等性能的复合薄膜，在促进细胞增殖、减少疤痕形成等方面具有积极作用（图3）。

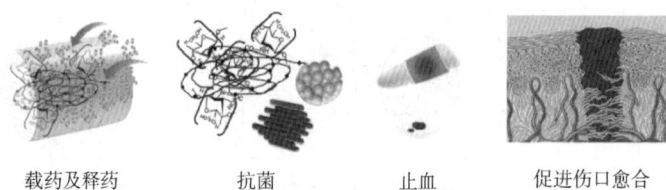

| 载药及释药 | 抗菌 | 止血 | 促进伤口愈合 |

图3　丝素材料所起的不同作用

三、丝胶蛋白材料的研究和应用

丝胶蛋白含有大量的羟基、羧基和氨基等极性基团，具有良好的水溶性、吸湿抗氧化性、抗紫外、抑菌活性、低免疫原性，在化妆品、制药、组织工程支架、医用敷料等领域具有广泛的应用。

丝胶蛋白的氨基酸组成与人体皮肤中的天然保湿因子相似，在化妆品领域得到广泛应用。丝胶蛋白中含有大量丝氨酸，可以提供有效的保湿抗皱功能，含丝胶蛋白的化妆品可以在皮肤表面形成一层光滑的薄膜，防止水分流失。丝胶蛋白常被用于面霜、水乳、香波等化妆品配方中，具有增强皮肤弹性、抗皱和抗衰老的作用。

丝胶蛋白可以降低肠道对胆固醇、甘油三酯等脂质的摄入，改善身体对葡萄糖的耐受性，起到降血糖、降血脂的作用。给高糖高脂喂养的小鼠添食丝胶，可以显著降低小鼠血清中的甘油三酯、胆固醇、磷脂和游离脂肪酸的水平。给小鼠注射葡萄糖后，喂食丝胶蛋白能够抑制血浆中葡萄糖和胰岛素含量的增加。另外，丝胶蛋白还可以通过降低血红素加氧酶-1的表达量，改善糖尿病引起的中枢神经系统问题，通过抑制酪氨酸酶活性而降低细胞中黑色素和活性氧的产生。此外，丝胶蛋白还可以改善肠胃功能，摄入含有丝胶蛋白的食物可以缓解便秘，抑制肠癌的发生，并加速矿物质的吸收。丝胶蛋白对酒精引起的肝脏和胃的损伤也有改善作用。丝胶蛋白还被用来研制抗肿瘤药物，给结肠癌模型小鼠添食30%丝胶蛋白的饲料，可以使结肠瘤的发病率降低至62%，饮食中的丝胶蛋白可以通过减少氧化应激、细胞增殖和一氧化氮的产生而抑制结肠癌的发展，且添加丝胶可使结肠异常隐窝灶的发生率呈剂量依赖性降低。

丝胶蛋白具有独特的性质，在组织工程材料中应用的研究也越来越广泛。丝胶蛋白易受体内的蛋白酶水解，并可被人体吸收，且丝胶蛋白分子中含有大量羟基、氨基、羧基，使其能够与其他聚合物交联和聚合，形成具有高度生物相容性的可降解材料。但丝胶蛋白的分子量分布范围较宽，不易保持稳定的机械性能，通常需与壳聚糖、纤维素、明胶等高分子材料混合制备为薄膜、水凝胶、多孔支架等。一般是通过添加交联剂、引发二级结构转变以及紫外光照射等方式进行制备，可显著增强材料的力学强度，提高整体结构的完整性。

丝胶蛋白可以通过缩短细胞生长的滞后期，使细胞快速进入生长对数期促进细胞生长。伤口产生后，细胞之间失去连接，此时成纤维细胞和角质细胞的增殖和迁移对伤口的愈合具有十分重要的作用。丝胶蛋白可以通过加速角质细胞和成纤维细胞的增殖和迁移而促进胶原蛋白的分泌，加快伤口收缩和表层皮肤形成，其作为促伤口愈合材料具有独特的优势。

四、蚕丝3D打印材料的研究和应用

3D打印属于快速成型技术的一种，它以数字模型文件为基础，运用树脂材料、金属/陶瓷粉末、塑料等可黏合材料，通过逐层堆叠积累的方式来构造物体，被誉为"第三次工业革命的重要标志之一"。随着3D打印技术的迅速发展，3D打印生物医用材料也得到了快速发展，将生物材料通过3D打印的方式制备组织工程支架、器官或者其他一些医疗产品的报道已屡见不鲜。如图4所示为3D打印从原料到组织工程支架的整个流程。在支架、组织或器官的3D打印中，不仅需要生物墨水具有良好的生物相容性、力学性能和生物功能性，而且要有利于打印加工。因此，找到合适的生物墨水是生物3D打印最大的挑战之一。蚕丝蛋白因具有优异的生物学性能，将其用作生物墨水的研究也越来越多。

（一）丝素生物墨水

丝素蛋白主要由甘氨酸、丙氨酸、丝氨酸三种简单的氨基酸组成，具有两亲性，其存在多种形态，有可溶于水的无规卷曲形式，也有不溶于水的β-折叠形式。丝素蛋白溶液在剪切力、醇溶液、高温、酸性溶液、

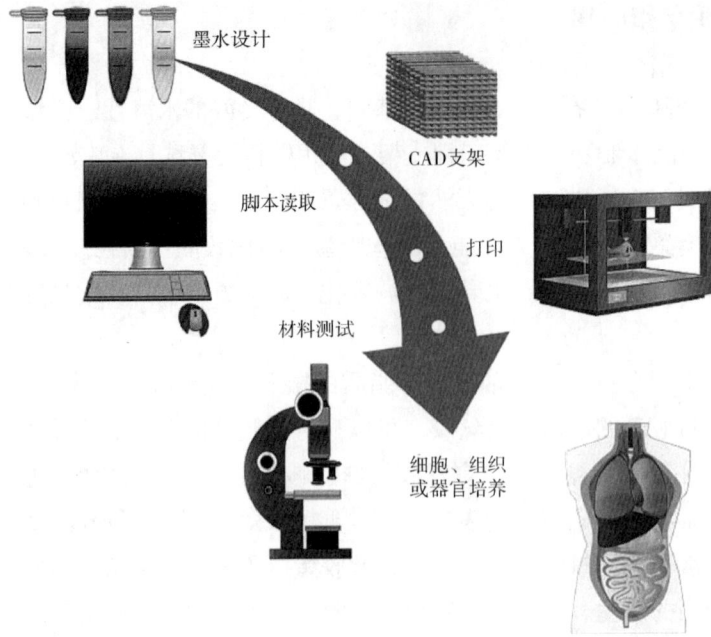

图4　3D打印组织工程支架的全流程示意图

电场、超声等条件作用下可发生溶胶—凝胶转变，最终获得丝素蛋白的3D结构形态。因此，丝素作为生物3D打印墨水具有理论可行性以及实用价值。

用丝素蛋白打印的一个关键步骤是交联，交联可使分散的水溶性丝素链连接成一个连续的不溶于水的网络。丝素蛋白的交联方法依赖于物理键或共价键，即促成β-折叠结构的形成，而盐、表面活性剂、温度、冷冻干燥和有机溶剂均可诱导β-折叠结构的形成，从而赋予材料良好的力学性能。丝素生物墨水采用盐浴、甲醇浴已成功用于3D打印。丝素蛋白也可被酶共价交联，包括辣根过氧化物酶（HRP）/H_2O_2和酪氨酸酶。酪氨酸酶的交联通常需要数小时，相比之下，HRP/H_2O_2交联速度相对较快，只需数十分钟。此外，还有一种交联机制为光交联，光交联为丝素生物墨水3D打印提供了独特的优势。通过调节距离、时间和光强可以方便地控制交联动力学，且打印分辨率较高，可较好地控制打印材料的复杂形状。紫外光具有比可见光更高的光能，通常具有较高的交联效率。然而，紫外线对细胞是有害的，因此，在打印含有活细胞的丝素生物墨水时，利用可见光对墨水进行交联更有意义。

目前，将丝素与其他材料（包括琼脂、羟丙基甲基纤维素、壳聚糖、明胶、聚乙二醇、甘油等）共混制备的生物墨水已成功打印出包括骨骼、皮肤、血管、软骨、心脏、脑组织等在内的仿生组织或支架（图5），制得的产品均被试验证明具有优良的力学性能、结构稳定性、细胞相容性。

（二）丝胶生物墨水

丝胶具有诸多优良的性能，若将其作为生物墨水应用于生物3D打印技术当中，将具有良好的经济、社会效益。与丝素基生物墨水相比，丝胶蛋白作为生物墨水的报道较少，最

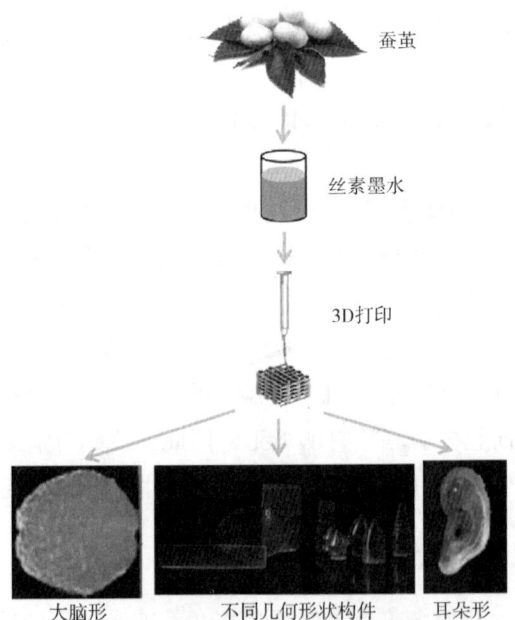

图5　不同形式丝素3D生物打印材料

近有报道利用纯丝胶蚕茧与甲基丙烯酸酐化明胶混合打印出一种可实时监测伤口的透明伤口敷料，还有研究者利用丝胶蛋白与丝素蛋白的混合配方改善壳聚糖水凝胶的力学性能和降解速率。将丝胶蛋白应用于生物打印的研究起步较晚，开发低成本的丝胶蛋白生物墨水对生物打印技术和蚕丝产业的可持续发展具有重要意义。

五、再生丝素纤维的研究与应用

以丝绸加工过程中的下脚料或者废旧丝绵被等为原料，研制与开发再生丝素纤维是丝绸及材料领域关注的焦点之一，但是由于再生丝素纤维的力学性能的限制，因此目前再生丝素纤维的应用尚未得到推广，可纺性优良的再生丝素溶液的制备及纺丝工艺技术尚待进一步研究与探索。

一般说来丝素纤维的溶解方法有溴化锂水溶液、氯化钙与乙醇和水构成的三元溶解体系，氯化钙、甲醇溶液体系，甲酸溶液体系等，因为所选择溶剂的不同，再生丝素溶液的分子量分布及可纺性有较大差异。将溴化锂水溶液、氯化钙与乙醇和水构成的三元溶解体系制备的再生丝素溶液经过透析后制成丝素膜，再溶解在甲酸、六氟异丙醇等溶剂中制备纺丝液也是常用的方法之一。再生丝素纤维的纺丝方法主要有湿法纺丝、静电纺丝、干—湿法纺丝等。近年来静电纺丝法制备再生丝素纤维广受关注，但是这种方法得到的产品形式通常为纤维膜，各国研究人员重点关注静电纺再生丝素纤维在生物医用材料领域的应用。对于再生丝素纤维长丝的连续纺制，早在20世纪60年代就开始了。

20世纪80年代，石板弘子使用正磷酸溶解丝素得到再生丝素蛋白溶液，再用湿法纺丝的方法制得再生丝素蛋白纤维；到了20世纪90年代，制备再生丝素蛋白纤维的研究已经取得了很大的进展，纺丝方法不仅限于传统的湿法纺丝，干法和干湿法都被运用于制备再生丝素蛋白纤维。Zhu J等通过干法纺丝方法成功制备出再生丝素蛋白纤维；Sohn S等以施加渗透应力的丝素蛋白LiBr水溶液进行湿法纺丝试验，可制备直径达20μm的再生丝素蛋白纤维，具有接近天然蚕丝的物理性能。Xu Y等将再生丝素蛋白膜溶解于N–甲基吗啉–N–氧化物（NMMO）溶液中，得到含量为20%（质量分数）的再生丝素蛋白溶液，通过干湿法纺丝工艺对高浓度的再生丝素蛋白溶液进行纺丝。以上研究所制得的再生丝素纤维通常均具有强度小、容易脆断的缺陷。张昕等以旧丝绵为原料，制备丝素蛋白水溶液，并与聚乙烯醇水溶液共混，通过调整丝素蛋白与聚乙烯醇的配比，选定相容性较为稳定的比例制备丝素/聚乙烯醇复合纺丝水溶液；以乙醇作为凝固浴，采用干喷湿法纺丝技术，制备丝素/聚乙烯醇复合纤维。丝素蛋白的β–折叠结构的含量在40%~42%，分子链取向度和结晶度高，同时纤维具有良好的柔韧性，断裂伸长率为300%~500%，该纺丝方法以再生丝素水溶液，绿色环保，所制纤维为连续长丝。同时，制得的连续长丝既克服了再生丝素纤维伸长能力差、易脆断的缺陷，又能够高值化回收利用旧丝绵材料。

六、目前已上市或临床试验的丝蛋白生物医用材料

丝素蛋白在1993年被美国食品药品管理局（FDA）认证为一种生物材料，其相关的产品陆续获得上市批准。目前，临床上使用的基于天然丝素蛋白的产品包括手术缝合线，韩国世丽（SERI）外科手术支架，用于唇部医疗美容的丝素基填充剂，用于治疗腹壁重建、乳房重建和伤口及皮肤病的丝素蛋白基敷料等。还有由Sofregen公司开发上市的基于丝素蛋白的3D可注射支架声带，这种声带可以提高音量并且能够在体内持续存在12个月以上，随着时间的推移被新生组织替代。

已上市的丝素蛋白创面敷料与传统的敷料相比，具有诸多明显的优点。一是丝素蛋白富集创面活性因子，可激发创面皮肤修复细胞的迁移、增殖，启动皮肤的自修复潜能，诱导皮肤的快速生长，具有显著促进

创面愈合的生物活性；二是特殊结构的蚕丝丝素微孔材料智能化调节与创面组织的相互作用，治疗过程中可显著减轻创面疼痛；三是丝素蛋白创面敷料覆盖创面后，能有效避免创面暴露、阻止微生物入侵，避免体液大量流失，抑制炎性细胞增殖和创面积液，可智能化调节创面微环境，防止创面感染；四是大多数创面能够一次治愈，直至丝素蛋白创面敷料从创面自行脱落，中途不需换药，降低医护人员的劳动强度，减轻患者的痛苦和经济负担；五是可抑制创面细胞的异常分化，使愈后的皮肤柔软、美观。

另外，以蚕丝蛋白为基质的许多产品还处于临床试验阶段，主要应用于组织修复、伤口治疗以及医美整形领域，包括软组织修复、乳房重建和唇部修整等，部分已上市或已完成临床试验的产品见表1。

表1　已上市或完成临床试验的丝素蛋白基生物医用材料

产品名称	用途	试验人数	试验时长	完成时间
SERI surgical scaffold（手术支架）	软组织支撑及修复	100	26个月	2013年8月
silk surgical mesh（手术网）	乳房重建	17	33个月	2016年3月
sericin scaffold（丝胶支架）	皮肤移植物，伤口愈合	30	24个月	2014年3月
restylane silk with Lidocaine（载利多卡因填充剂）	隆唇术，口周炎治疗	60	17个月	2016年8月
restylane silk（填充剂）	唇部重建	20	21个月	2017年6月
restylane silk（填充剂）	光老化造成的手部衰老	25	12个月	2016年10月
silk fibroin with bioactive coating layerdressing（生物活性涂层的丝素蛋白分层敷料）	断层皮肤移植物	29	14个月	2015年5月

七、结语

桑蚕丝绸产业作为中国的传统优势产业，因"传统"而受关注，并在国际上具有很强的影响力，同时，也因"传统"而导致创新活力不足，技术发展的速度和总体水平与棉纺、化纤、染整、服装产业相比有一定的差距。以"纤维皇后"著称的蚕丝，其产品的社会地位、利润及附加值并没有"皇后之尊"。因此，在进一步传承和发扬中国丝绸传统文化及产品的同时，亟须加强高附加值丝绸精品的研制与开发；亟须利用蚕丝作为天然丝蛋白材料的优势，将其与材料科学、生物技术、医疗器械、食品及药品等领域交叉融合，研发高值化的产业用丝绸产品，开拓丝绸产品的应用领域，为传统产业不断注入创新的活力，使桑蚕丝绸产业焕发出勃勃生机。

参考文献

[1] 陈晓敏. 基于丝素蛋白墨水材料的挤出式生物三维打印技术的研究[D]. 苏州：苏州大学，2020.

[2] 胡盛寿. 医用材料概论 [M]. 北京：人民卫生出版社，2017.

[3] KIM K H, JEONG L, PARK H N, et al. Biological efficacy of silk fibroin nanofiber membranes for guided bone regeneration [J]. Journal of biotechnology, 2005, 120（3）：327–339.

[4] LI G, LIU J, ZHENG Z Z, et al. Silk microfiber–reinforced silk composite scaffold: Fabrication, mechanical

properties, and cytocompatibility [J]. Journal of Materials Science, 2016（6）: 3025-3035.

[5] 李荷雷. 丝素小口径血管支架植入动物体内的组织再生的研究 [D]. 苏州: 苏州大学, 2019.

[6] 李静静, 朱海霖, 雷彩红, 等. 介孔生物玻璃/丝素蛋白复合多孔海绵的结构及止血性能研究 [J]. 功能材料, 2017（2）: 2096-2101.

[7] 李向顺. 小口径人工血管的制备及其在体外仿真环境下的性能研究[D]. 苏州: 苏州大学, 2018.

[8] LI X S, ZHAO H J. Mechanical and degradation properties of small-diameter vascular grafts in an in vitro biomimetic environment [J]. Journal of Biomaterials Applications, 2019, 33（8）: 1017-1034.

[9] LI X F, YOU R C, LUO Z W, et al. Silk fibroin scaffolds with micro/nano fibrous architecture for dermal regeneration [J]. Journal of Materials Chemistry B, 2016（4）: 2903-2912.

[10] MU X, SAHOO J K, CEBE P, et al. Photo-croslinked silk fibroin for 3D printing [J]. Polymers, 2020, 12（2936）: 1-18.

[11] MU X, AGOSTINACCHIO F, XIANG N, et al. Recent advances in 3D printing with protein-based inks [J]. Progress in Polymer Science 2021, 115: 101375.

[12] 任翔翔. 丝素/壳聚糖/埃洛石纳米管复合医用敷料的制备及性能研究 [D]. 苏州: 苏州大学, 2019.

[13] REN X X, XU Z P, WANG L B, et al. Silk fibroin/chitosan/halloysite composite medical dressing with antibacterial and rapid haemostatic properties [J]. Materials Research Express 2019, 6（12）: 125409.

[14] 裔婷婷. 动物丝蛋白/SWNTs复合纳米纤维的结构与性能[D]. 苏州: 苏州大学, 2012.

[15] 唐二妮. 丝素/壳聚糖复合智能水凝胶的制备及其应用 [D]. 苏州: 苏州大学, 2018.

[16] 王恒. 丝素蛋白基凝胶涂层敷料的制备及其评价研究[D]. 苏州: 苏州大学, 2019.

[17] WANG L B, REN X X, JIANG Z Y, et al. Silk fibroin/Poly-L-lactide lactone bi-layered membranes for guided bone regeneration[J]. Journal of Donghua Univeristy（Eng. Ed.）, 2019, 36（6）: 564-571.

[18] 王临博. 引导骨再生的丝素/PLCL膜的制备及其性能研究 [D]. 苏州: 苏州大学, 2019.

[19] 王璐, 关国平, 王富军, 等. 生物医用纺织材料及其器件研究进展 [J]. 纺织学报, 2016（2）: 133-140.

[20] 王璐, 金马汀. 生物医用纺织品 [M]. 北京: 中国纺织出版社, 2011: 69-78.

[21] 郗焕杰. 丝素电纺串珠材料的可控制备及其药物释放研究 [D]. 苏州: 苏州大学, 2018.

[22] 郗焕杰, 赵荟菁. 丝素蛋白/聚环氧乙烷电纺串珠纤维材料的可控制备 [J]. 东华大学学报（自然科学版）, 2019, 45（6）: 811-819+831.

[23] XI H J, ZHAO H J. Silk fibroin coaxial bead-on-string fiber materials and their drug release behaviors in different pH [J]. Journal of Materials Science 2019（54）: 4246-4258.

[24] XU Z P, TANG E N, ZHAO H J. An environmentally sensitive silk fibroin/chitosan hydrogel and its drug release behaviors [J]. Polymers, 2019, 11（12）: 1-14.

[25] PEI Y, WANG L, TANG K Y, et al. Biopolymer nanoscale assemblies as building blocks for new materials: a review [J]. Advanced Functional Materials, 2021, 2008552: 1-30.

[26] ZHANG Y, ZHANG Y, LI X S, et al. A compliant and biomimetic three-layered vascular graft for small blood vessels [J]. Biofabrication, 2017, 9（2）: 025010.

[27] 张迎梅. 以弹性和顺应性为导向的小口径人工血管的制备及性能研究 [D]. 苏州: 苏州大学, 2020.

[28] ZHANG Y M, LIU Y, JIANG Z Y, et al. Poly（glyceryl sebacate）/silk fibroin small-diameter artificial blood vessels with good elasticity and compliance[J]. Smart Materials in Medicine, 2021（2）: 74-86.

[29] 张玉金. 丝素蛋白复合止血材料的制备及其性能研究[D]. 苏州: 苏州大学, 2017.

[30] 赵亮. 丝素蛋白微针用于血糖浓度检测的研究[D]. 苏州: 苏州大学, 2020.

[31] 赵之林. 家蚕丝胶蛋白的分层绿色制备、理化特性与体外生物活性及其应用于生物墨水的探索[D]. 苏州：苏州大学, 2020.

[32] 朱明玫. 载胰岛素丝素蛋白微针的透皮释放[D]. 苏州：苏州大学, 2020.

[33] LEE K H, BAEK D H, KI C S, et al. Preparation and characterization of wet spun silk fibroin/poly（vinyl alcohol）blend filaments[J]. International Journal of Biological Macromolecules, 2007, 41（2）: 168-172.

[34] YOUNG J Y, UNG J K, IN C U. The Effect of Coagulant and Molecular Weight on the Wet Spinnability of Regenerated Silk Fibroin solution[J]. International Journal of Industrial Entomology 2010,21（1）: 145-150.

[35] ZHU J, ZHANG Y, SHAO H, et al. Effects of environment parameters on sol-gel transition and dry-spinnability of regenerated silk fibroin aqueous solution[J]. Fibers and Polymers, 2014, 15（3）: 540-546.

[36] SOHN S, GIDO S P. Wet-Spinning of Osmotically Stressed Silk Fibroin[J]. Biomacromolecules, 2009, 10（8）: 2086-2091.

[37] XU Y, SHAO H, ZHANG Y, et al. Studies on spinning and rheological behaviors of regenerated silk fibroin/N-methylmorpholine-N-oxide·H_2O solutions[J]. Journal of Materials Science, 2005, 40（20）: 5355-5358.

高效纺纱技术的研究进展

薛文良　和杉杉

（东华大学纺织学院）

"十三五"期间，纺纱技术延续高产、高速、自动化、信息化的发展方向，至2020年收官年，国内已基本建立数家初具雏形的智能纺纱工厂，如安徽华茂集团、江苏大生集团、山东华兴集团纺织有限公司、武汉裕大华纺织有限公司、山东魏桥纺织股份有限公司等，使得万锭用工人数降低为10~20人。在纺纱企业生产效率高速发展的浪潮中，除了信息、网络技术的快速发展，也离不开单机设备的高效化、自动化，桥接设备的连续化以及高效运维等纺纱技术的进步带来的强劲推动力。

一、前纺工序

（一）开清

抓棉工序以紧凑型宽机幅的结构设计来增加生产效率，最高速度已经逐渐由2000kg/h逐渐增长为3000kg/h。宽门幅的设计使高速获取混合纤维的同时，能够经济地安排空间，以2019年特吕茨勒展出的门架式抓棉机BO—P为例，其门幅可达3500mm，可省30%~45%的棉包排列空间；同时可使混棉均匀性提升25%~40%。此外，自动称量和精确混合技术，也为简化混纺和色纺工艺流程和降低劳动强度提供了快速高效的自动化控制方法。

随着计算机技术的进步，异纤检测技术也飞速变革。检测方式主要包括光电式检测、超声波检测以及光学CCD成像技术检测[1]。光源由荧光灯转变为高寿命紫外光LED光源，由单偏振光向多元偏振技术转变；针对机采棉中（半）透明膜等细小异物进行精准和稳定识别，通过异纤机串联的方式改善异纤检测中漏检的问题，可以综合实现彩色异物、带光泽异物、透明和半透明异物、荧光异物、最细小异物等的分离。近年来图像算法的应用也有效提高了异纤的检出率。

（二）梳理

1.设备结构

据报道，目前梳棉机最高产量可达280kg/h。作为梳棉机最大、最重要的核心部件，锡林及其周围回转件转速的提升、梳理区结构的优化以及表面梳理件的设计，是现阶段梳理工作效率和产量提升的主要方式。

锡林转速提升的主要手段是减小锡林直径，从而克服锡林高速运转带来的稳定性问题、能耗问题以及温度波动对锡林滚筒膨胀的影响；另外，较小锡林直径有利于离心力的增加，充分发挥除杂作用等。考虑到锡林负荷及道夫转移率，增加锡林幅宽也成为提速下各厂商在缩小锡林直径后维持产量的手段：立达自C60开始采用小锡林直径，立达C70、马佐里C701、朗维LC-636均采用较小锡林直径和1.5m梳理幅宽，国内青岛宏大JWF1215宽幅梳棉机同样采取1.5m梳理幅宽；特吕茨勒自TC11后梳理幅宽也调整至1.28 m，盐城金大KD-C68的梳理幅宽可达1.3 m。

梳理区结构的优化主要通过降低刺辊及道夫与锡林的相对位置，克罗斯罗尔MK7及特吕茨勒TC15梳棉机的工作弧度高达245°，几乎达到极限，立达C70的工作弧度也达到163°。同时为了匹配高速化的梳棉需求，三刺辊系统的渐强开松结构（如卓郎JSC328A梳棉机）也在近几年的纺纱生产中得以尝试，以降低纤维的损伤、增加杂质的离心抛离。双区活动盖板梳棉结构则通过正反传动、疏密组合，结杂降幅达40%~60%，减少踵趾面磨损，经验证[2]可大幅改善生条和成纱质量；固定盖板式梳理结构的优势在于可以精准控制整个梳理区内分梳强度，避免盖板花生成，提高纤维制成率[3]，近年来随着金属针布、清洁棉网技术的发展，该结构也重新出现于2017年纺织机械展的展出设备中。

近几年分梳元件的优化主要通过材质选择、特殊热处理工艺、齿形及特殊设计、表面处理等方式来实现（表1）。在目前新型金属针布"矮浅尖薄密小光"特征下，对梳理件各项参数进行进一步细化和优化：在提高整体针密的情况下，为降低过度梳理而设计较大齿距；为保证梳理效率而减小基部宽度；为提升锋利度，减小工作角及齿顶面积；此外，也通过后处理技术改善针齿表面。

表1 梳理代表性分梳元件

位置	品牌	齿形特征	效能
锡林	金轮	针尖错位排列[4]	降低横向相对间隙，梳理细小纤维束，提高分梳效率
		双峰针齿	显著提高一次分梳力，利于纤维分梳、交替和转移
		驼峰结构	托持纤维，增加纤维分梳
	白鲨	齿前、背直线，齿底圆弧，驼峰后平顶	增加纤维的梳理性能和转移效果，对纤维适应能力更强
锡林	格罗茨—贝克特	双驼峰结构	托持纤维，提高棉结、杂质去除效果，特殊几何形状具有自锐效应，显著减少维护需求
	特吕		齿背托持纤维，减少短绒、棉结 基本无保养
刺辊	金轮	针齿特定倾角[5]	锯齿迎锋面梳理，降低纤维损伤，避免锯齿侧角梳理
盖板	金轮	踵趾差固定盖板	固定盖板组合提高分梳效果
		高密度分梳元件	高效分梳，适纺高支纱
		齿面形成两条分梳线	增加固定盖板与锡林针面的分梳点

续表

位置	品牌	齿形特征	效能
盖板	格拉夫	Easy Top	优化隔距设置，减少纤维损伤，更换方便
		resist—O—top InLine—X—Top系列	使用寿命更长，产品质量更优
道夫	金轮		高转移，减轻锡林针面负荷
其他	金轮	特殊防锈材料、热处理；抗腐蚀、防锈	高湿度生产环境，含腐蚀性油剂纤维、牛皮再生纤维、医用卫生材料
	白鲨	超耐磨表面处理、锥齿化工艺	提高针布工作的稳定性，无磨合期

2. 工艺创新

在工艺方面，自调匀整技术也取得了进一步发展。相关学者通过对梳棉机关键回转件的功率测控，提出通过建立功率与梳理力的关系[6]，对锡林及刺辊分梳速度进行实时调控，实现基于变化棉流量（实时梳理需求）的"恒梳理力"的分梳；同时可通过分梳力在长时间维度上的变化为分梳元件周期维护或更换提供辅助决策信息[7]。

3. 高效维护

纺机制造商通过多独立变频电动机的使用，使梳棉机回转件的速度设置更灵活，能够快速适应不同品种不同工艺。分梳隔距及分梳元件的尺寸精度要求高，对分梳质量影响显著，是梳棉工序维护中的重点。在隔距设置方面，立达推出了可集中、高精确度地调节梳理隔距技术；特吕茨勒通过连续检测梳针对纤维的梳理效果和落棉量，实现持续自动地优化梳理隔距。在分梳元件的维护方面，立达的锡林自动磨针系统IGS-classic可确保锡林针布锋利度及生条质量。

（三）并条

并条机目前单眼生产速度可高达1200m/min，逐渐普及配置大直径高条筒。设备结构逐渐紧凑，双眼、双联成为主流配置。通过条筒排列、吸风箱位置等的调整，设备结构及占地更为紧凑，如德国特吕茨勒的TD10并条机，据称较同类设备占地可减少超过20%。连续化生产主要包括设备的电子断条、自动补换筒及自动剥棉等技术，提高机器自动化和连续化水平。除自动换筒之外，并条工序的成品质量指标较为单一，因此通过配置网络接口，配合在线检测系统，实现了并条机远程质量监控、条筒运输管理，有效降低了管理成本，使并条工序可以连续高效进行。在快速维护方面，启动自动生头、接头功能，更大限度地降低了人为因素对生产连续性的影响。

（四）精梳

精梳机目前最高产速约为115kg/h，可提供130°~135° 梳理面锡林。此外，根据不同品种，多角度的梳理面锡林（90°~135°）也逐渐应用，使精梳机落棉量更灵活。锡林多角度、大角度梳理技术对改善精梳质量、提高制成率都有明显的优势。东华大学有学者提出了一种单元式回转钳板精梳机控制系统，通过将梳理、分离、接合等多精梳内工序由顺序进行改为并行，实现精梳工序效率的提升[8]。

为与高速生产配合，直径1000mm及以上大圈条也逐渐应用在精梳设备中，特吕茨勒公司TCO12精梳机最大输出条筒直径可达1200mm。近年来棉卷自动运输系统逐渐得以推广应用，具有自动上卷、自动换管、筒管输送功能，可以在几十秒内完成棉卷的自动更换动作，大幅度提高生产效率，降低劳动强度。

（五）粗纱

粗纱机逐渐呈现多锭紧凑多品种的趋势，目前最长可达640锭，可以同时纺4个品种。采用全电子牵伸代替工艺齿轮，简化操作并提升产品稳定性；多品种纺制使空间使用更为高效。自动落纱粗纱机技术已经成熟，外置式自动落纱粗纱机成为主流方式。粗纱机采用单锭断纱检测技术，能够有效消除缠罗拉或皮辊而导致的摇架及皮辊损坏。从落纱、换管、生头、开车可全自动完成，整个过程约2min，实现了高效节能、高自动化、减少劳动用工和降低劳动强度。粗纱机通过配置CCD在线张力检测装置，可使粗纱实现恒张力生产，如天津宏大纺织机械有限公司JWF1457、赛特环球机械（青岛）有限公司HCP2025、意大利马佐里公司FT60D、西班牙ELECTRO-JET公司ADR等。按品种回收的废花回收系统，有效提高了废花的回用率，实现绿色、循环生产。

二、细纱工序

（一）环锭纺

1. 设备结构

环锭细纱机目前多可达2016锭，锭速最高可达到22000r/min。采用伺服电动机和电子凸轮代替机械式凸轮及齿轮箱，实现钢领板电子升降和数字卷绕及工艺快速下达及改换，确保精确的管纱卷绕和成形；无极调速消除迟钝和抖动现象，实现卷绕工序高速化。千锭以上细纱长车的广泛使用使集体落纱成为生产的必要条件，该技术减少了落纱的人工需求及手动插拔纱有可能导致的脱圈或者油污纱，并为细络联提供了必要的技术支持；在智能化车间的进程中，集体落纱可保证锭子、纱管及络筒位置高效匹配，实现产品质量、故障设备或锭子的快速、精准追踪。

2. 工艺创新

细纱环节的大牵伸可实现在前纺大定量条件下的高效纺纱。其主要工艺方式是在前纺产品均匀性的基础上，在细纱后牵伸区配置带压力棒上销，缩短纤维在后区的浮游距离，增强纤维控制；牵伸前区通过集棉器增强对须条的控制[9]。陆S纺纱工艺则通过采用增加粗纱捻系数，加大牵伸区长度及采用较小的后牵伸倍数来实现细纱大牵伸，目前在车间应用中已证明其在省电耗、省料耗、省工耗、升管理、升效率、升品质上具有优势[10]。东华大学提出环锭纺多元曲线牵伸技术[11]，改进上下销曲线形态，由网格圈与曲线下销实现对纤维须条的柔性控制，通过下销曲线集聚槽实现同步牵伸与集聚，以突破传统的牵伸控制模式，进一步提升纱线质量，并证明可显著改善条干、常发性纱疵及毛羽。

环锭纺高速纺纱产生的张力波动引发的断头限制了纺纱速度的进一步提升。基于此，西班牙Twistechnology公司提出了SPINHOLE®系统，该系统采用特殊的钢丝圈，重量仅为8g，同时配合超长纺纱段在纺纱段和气圈段形成多自由气圈，缓解纺纱张力波动的影响。据报道该技术可提高产能50%，降低能耗25%，锭速可达30000~34000r/min，纺纱速度最高可达37.8m/min。然而该新型环锭纺纱方法也受限于系列技术，阻碍其进一步完成产业化，如与之配套的钢丝圈仍然空缺，现行钢丝圈高速导致的飞圈、气圈波节不稳定、接头困难和断头飞花带断邻锭等问题仍有待解决。

此外，瑞士罗托卡夫特公司研发了NGS（下一代纺纱）细纱机样机，钢领板、导纱板固定不动，锭子做上下运动，使得气圈大小形态基本恒定，因此可实现纺纱张力恒定，断头数降低。

国内在环锭纺中增加预捻装置实现低捻高速生产的纺纱技术相关研究也逐渐展开。假捻装置可以分为机械式和气流式两大类。机械式包括机械中心旋转、搓捻和表面摩擦。香港理工大学研发的低扭矩纺纱技术已在国内外纺纱企业逐步推广：该技术是通过在环锭纺设备的前罗拉和导纱钩间增加机械式假捻装置[12-13]，使纱体内残余扭矩可以内部平衡，实现单纱低捻高强、低残余扭矩，纺纱生产效率有较大幅度的提高，成纱毛羽少、条干均匀。东华大学、绍兴文理学院的研究人员也提出并讨论[14-15]了基于罗拉的机械式预加捻装置，预加捻装置通过安装在前罗拉及附加罗拉之间，通过纤维头端的"被动式"包缠使纤维须条集聚而减小加捻三角区宽度。同时相关研究也提出，气流驱动的附加捻度装置[16, 17]也被证明能够在实验条件下已较高速度连续生产。

3. 高效维护

基于单锭检测的断纱报警，具有能够及时发现不良锭（弱捻、空锭、坏锭）、进行锭速监测、统计断头与落纱留头率、接头时间管理、电能监测等功能，有助于减少纺纱车间的用工成本、优化车间运营和管理方式。单锭检测结合粗纱停喂，可减少吸风花产生，提高制成率，同时也消除了因断头导致的绕皮辊或绕罗拉现象，避免对邻近锭子成纱产生干扰；另外，单锭检测系统还可与企业的ERP系统联网，统计并发现质量劣锭，可实现对设备的高效维护，并便于企业管理人员实时了解车间的运行状态。

环锭细纱机机器自动接头技术是纺纱领域中为数不多未能真正攻克产业化应用难题的自动化项目之一。2019年立达推出环锭细纱机的接头机械手ROBOspin，机器两侧各装有1只机械手。机械手从集成单锭监测系统（ISM）接收有关断头位置的信息，随后进行自动检测、引导接头装置自动定位、拔管寻找断头自动处理、插管引导生头等程序化运动，有效减少细纱空锭运行，提高效率。同年印度朗维也展示了细纱接头机械手，与ROBOspin相比，其不同之处在于采用了不拔纱管找头的方法。

（二）其他纺纱方法

紧密纺目前的最高转速约25000r/min，最长可配置2016锭。绪森EliTwist®倚丽赛络纺系统将紧密纺凝聚槽进行改进，进一步提高凝聚效果，减少毛羽、提升强力，适纺高支纱。

转杯纺设备锭数可达720锭，转速最高达1.8×10^5r/min。通过多道增加压缩空气自动清洁转杯、自动排杂系统及正压散热系统、缩小纺纱器高度、自动接头技术等手段，配合棉条筒容量的增大，增加了纺纱生产的连续化，显著降低纺纱的原料及维护成本。如立达AEROpiecing®的R66转杯纺中应用的无痕接头技术，接头处质量有限增加，使得纱线强度不降低，质量保持稳定。为进一步提升转杯纺纺纱速度，日发纺机目前正在研发转杯磁悬浮技术，通过特殊技术让轴承不接触，从而减少摩擦，提高产速。

喷气涡流纺目前速度能够达到550m/min，实现200倍以上的超大牵伸，可适应更长长度的纤维及更高支的纱线。2018年特吕茨勒与村田合作研发了IDF-喷气涡流纺，开发了新型的棉条预处理技术，缩短了并条工序。

另外，2019年丰田公司展出了离心纺纱装备，据报道其纺纱速度可达5×10^4r/min。该技术无纺纱钢丝圈，其纺纱过程在罐体中进行，牵伸后的粗纱通过吸纱管导入导纱管内，罐体高速回转，纱线卷绕与罐内壁上形成纱饼[18]。

三、数字化与高效工序连接

在设备进一步高速化、自动化的基础上，工序间纤维（半）成品的精准运输及配送也是提升纺纱效率的重要环节。

　　基于激光和视觉的AGV自动导航技术，可实现对棉条筒在梳棉设备、并条设备之间的高效精准运输。目前普遍采用的棉卷搬运系统在条并卷机和精梳机间自动匹配工序关系实现自动化运输；粗纱和细纱工序之间形成的粗细联，将满管和空管粗纱运输至粗纱纱库或细纱设备，避免粗纱在人工运输中产生疵点，并有利于实现问题纱锭的快速追溯；细纱与络筒之间采用细络联，环锭细纱长机采用集体自动落纱后，自动将细纱集体运送纱管到自动络筒机上，使细纱与络筒用工最多的两个工序成为用工最少的工序。此外，络筒设备在多品种管理方面，可同时对2~4色纱管进行分类识别、管理。络筒后的筒子纱经过基于视觉的外观检测（包括成型、纸筒颜色、表面光滑度等）及重量检测对产品质量进行保障；在筒纱的包装环节，通过机械手及袋口自动检测、推紧等功能，可以实现无人参与的全自动成品包装。同时，通过结合智能纺纱车间系统与细纱断头检测装置，使细纱车间的工人可以在远程控制中心的指导下以指定的高效路线代替挡车工的巡护路线进行接头。

　　上述各个设备及设备间的高效连续化、智能化运行，离不开数字系统作为技术支撑。在"工业4.0"的浪潮下，智能化纺纱工厂系统在不同纱线生产商及纺机制造商中逐渐推广开来。通过设备开放端口，远程数字数据中心可以实时采集数据并进行分析，显著降低用工，提高生产效率，实现精细化管理，相关系统包括棉纺生产智能管理的经纬e系统、纺织检测数据互联管理的长风e互联系统、信息化管理纺织生产过程数据的天启TIS系统、立达数字化套件ESSENTIAL以及特吕茨勒的T-Data等。

四、总结

　　综上，为克服纺纱车间对空间需求、重复性人工劳动需求的依赖，纺纱设备正在向结构紧凑、高效、高速化发展，设备内自动化程度进一步提升，如独立变频电动机的应用、精梳及转杯纺自动接头、细纱集体落纱等，此外还有对生产故障的快速发现及维护，如单锭检测及自动接头系统等；为进一步匹配各阶段高效的加工速度，工序间连接方式也已经基本由人工运输转向自动化运输转变，如普遍应用的棉卷自动运输系统、粗细联、细络联等，以及可通过远程智能控制的AGV机器人，上述转变也为产品质量、生产故障提供可追溯的物理基础。随着科技进步，曾经在纺纱发展中受制于时代技术限制的加工技术或方式也出现新进展，为纺纱加工进一步提速提质提供了更多可能。

参考文献

[1] 岳新. 基于神经网络的多参数优化异纤分拣机检出率研究 [D]. 天津：天津工业大学，2020.

[2] 孔宪生. 再论双区活动盖板梳棉机的优势[J/OL].[2021-04-07]. https://www.sohu.com/a/202263381_418233.

[3] 肖建明，曾一平，戴羡磊. 全固定盖板梳棉机的研发和试验 [J]. 棉纺织技术，2018，46（6）：67-73.

[4] HE S S, CHENG L D, XUE W L, et al. Three-dimensional numerical simulation of air flow and fiber dynamic in carding region in carding machine [J]. Textile Research Journal，2019，89（19-20）：3916-3926.

[5] HE S S, CHENG L D, XUE W L, et al. An improvement design of groove-wound clothing on the licker-in—Part Ⅱ. Application on the card machine [J]. Textile Research Journal，2018，89（4）：551-559.

[6] 和杉杉，程隆棣，薛文良，等. 基于在线梳理力的梳棉自调匀整方法及其装置：中国，201810371085.2 [P]. 2020-07-14.

[7] 张毅，陈玉峰. 梳棉机梳理力在线智能控制的探讨与实践 [J]. 辽东学院学报（自然科学版），2017，24（04）：229–234.

[8] 毛立民，费伯骁. 单元式回转钳板精梳机控制系统设计 [J]. 上海纺织科技，2016，44（12）：55–58+64.

[9] 王学元. 重定量、大牵伸工艺基本原理的探讨[J]. 现代纺织技术，2021，29（1）：31–35.

[10] 陆惠文，倪远. "陆s纺纱工艺"的细纱牵伸机理初探[J]. 辽东学院报，2016，23（2）：77–87.

[11] QUAN J, CHENG L D, XUE W L, et al. Comparative analysis of novel drafting devices and traditional roller drafting device in ring spinning on the acceleration point distribution and yarn properties [J]. The Journal of The Textile Institute，2020.

[12] 陶肖明，郭滢，冯杰，等. 低扭矩环锭纺纱原理及其单纱的结构和性能 [J]. 纺织学报，2013，34（6）：120–141.

[13] TAO X M, HUA T, XU B G, et al. Method and apparatus for reducing residual torque and neps in singles ring yarns：US, 8544252 [P]. 2013–10–01.

[14] 薛文良，周依嘉. 一种机械式预捻纺纱方法及其装置：中国，202010250218.8 [P/OL]. 2020–04–01.

[15] 邹专勇，虞美雅，方欣蓓，等. 基于罗拉式假捻的低扭矩环锭纱线开发与性能分析 [J]. 上海纺织科技，2018，46（05）：46–48.

[16] HE S S, XUE W L, CHEN G, et al. Experimental investigation and simulation of the performance of a pre-twister based on the jet vortex field used for the ring spinning frame [J]. Textile Research Journal，2019，89（21–22）：4647–4657.

[17] WANG K Y, XUE W L, CHENG L D. A Numerical and Experimental Study on a Pre-Twisted Ring Spinning System [J]. Polymers，2018，10（6）：671–682.

[18] 宫田康广，槌田大辅. 离心式细纱机：中国，201910221875.7 [P]. 2019–06–01.

功能性面料开发现状及思考

马　磊

（中国纺织信息中心）

一、功能性面料简介

（一）概念与分类

功能性面料，顾名思义，是指区别于常规面料的，运用新的纤维技术、织造技术、染整技术或综合几项新技术生产加工出的具有一定功能性的新型纺织品，使其具有原本所不具备或达不到的特殊作用或超强性能，以其特定的功能满足人们对自然、舒适、美观、健康、时尚等日益增长的生活需求的一类纺织品。

功能性面料按照加工方法可分为功能性机织物、功能性针织物和功能性非织造布等，按照终端用途可分为功能性服装面料、功能性家纺面料和功能性产业用面料三类，按照功能类型可分为舒适功能、卫生保健功能、安全防护功能、易护理功能以及智能纺织品等（图1）。

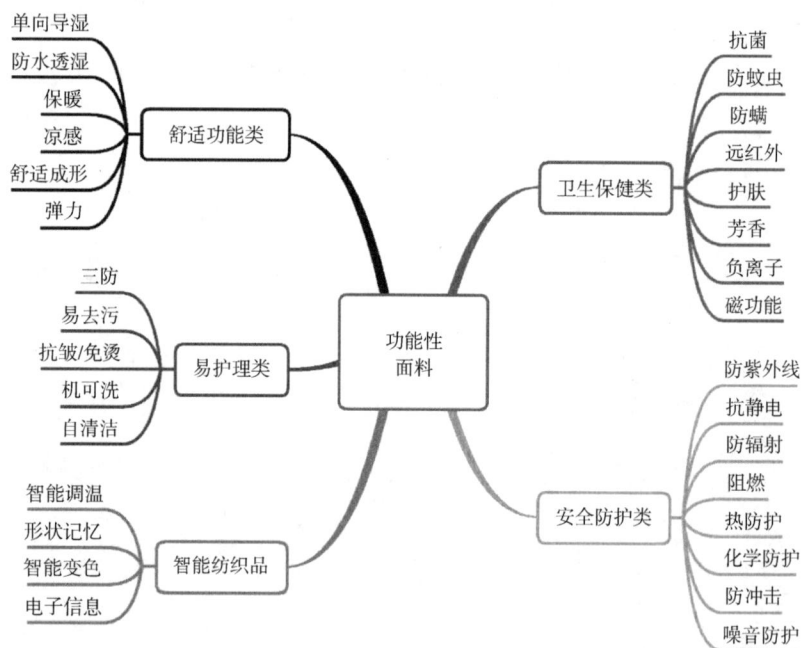

图1　功能性面料分类

（二）主要实现形式

功能性纺织品指赋予面料功能性，即使纺织品的某项或多项功能被强化或其他某项或多项功能被附加于纺织品中，可以通过不同的技术思路实现。一是直接利用功能性纤维，然后通过面料的成分组成设计、组织结构设计、外观形状设计等来开发功能性面料，可以全部使用功能性纤维，也可以采用功能性纤维与其他纺织纤维混纺或交织的方式；二是通过纱线的加工，控制混合、梳理、并和、牵伸、加捻、热定形等过程，改变纱线的结构特征和力学性质，使其面料具有功能特性；三是通过机织、针织、非织造等加工方法，改变织物的组织结构和力学性能，使面料具有功能特性；四是对常规面料进行染整加工，如采用浸渍、浸轧、喷淋、涂层、层压复合等工艺，赋予面料不同的功能性。

此外，现代高新技术如纳米技术、等离子体技术、超声波技术、微波技术、微胶囊技术、生物酶技术、石墨烯整理技术等在面料功能加工中也得到了广泛的应用。这些技术在缩短加工时间、降低环境污染及节省能源的同时，可以保持甚至提高了纺织品的功能性。如采用纳米粒子添加技术生产抗静电、防紫外线面料，利用等离子体技术进行抗皱、阻燃、抗菌和抗静电等功能整理，超声波技术用于织物柔软整理、含氟拒水整理、树脂抗皱整理、层压复合加工中的黏合等，微胶囊整理用于织物抗皱免烫、抗起毛起球、阻燃、抗静电、防水防油防污、防缩、防紫外线辐射、抗菌防臭、芳香等，采用生物酶整理技术对羊毛织物进行防毡缩加工、对丝织物进行桃皮绒加工等，以及石墨烯或氧化石墨烯可用于面料抗菌、抗静电、防紫外线、阻燃、防水、导热功能整理等。

二、功能性面料开发现状

（一）舒适功能面料

1. 单向导湿面料

面料单向导湿功能主要是通过织物内外两层不同的吸湿性能来实现的，即在内层织物疏水、外层织物亲水，汗液在差动毛细效应的作用下，被吸附到织物外表层并迅速挥发。因此，不同的纺纱方式、纤维原料、纤维横截面、纤维细度和织物结构对面料的吸湿性和放湿性能影响很大。

（1）吸湿导湿纤维的应用

通过改变纤维横截面形状和内部结构开发中空、十字、多叶、沟槽等异形纤维，可以提升纤维的比表面积，其表面沟槽形成的毛细管现象可将皮肤表面的汗液迅速吸收、转移和蒸发，达到快速导湿的目的。此外，通过改变纤维的形态结构，可使纤维的表面和内部具有微孔结构，从而增强其毛细效应，达到吸湿快干的目的。如英威达的COOLMAX®吸湿排汗聚酯纤维系列产品（图2），或采用带纵向转曲和细小微孔的螺旋桨形、十字、六叶或扇贝形截面纤维，或采用中空（O形）、C形、Y形截面的混纤丝，其面料可提供优越的湿气管理、透气和快干的综合性能；此外，还包括国内如仪征化纤的三叶形截面Coolbest聚酯纤维、上海德福伦的十字形截面抗菌导湿聚酯纤维、长乐力恒的微细沟槽异形截面Coolnylon锦纶6、台湾中兴纺织的多微孔异形截面Sofemax聚酯纤维等，同样可用于单向导湿面料的开发。

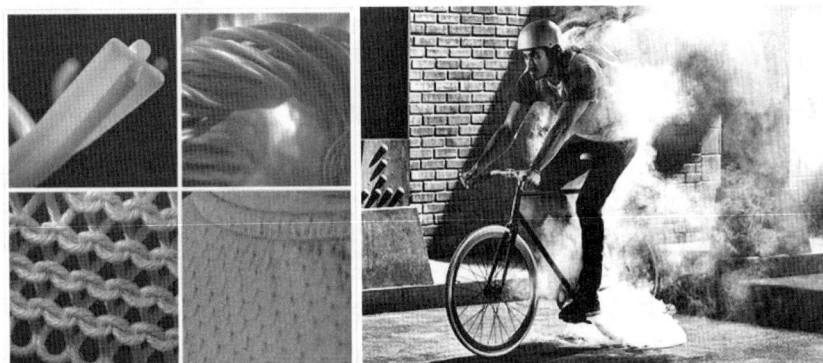

图2　COOLMAX®吸湿排汗聚酯纤维及其应用

通过复合纺丝技术以及混纤丝加工技术，引入高吸湿性高聚物或增加纤维毛细管芯吸能力，也可以开发吸湿导湿类功能产品。如日本尤尼吉可（UNITIKA）的"Hygra"是以高吸水性聚合物为芯层、聚酰胺纤维为皮层复合纺丝制成的皮芯型纤维，可乐丽（Kuraray）的Sophista为EVOH（乙烯–乙烯醇共聚物）和聚酯制成的双组分皮芯型复合纤维，其面料能够快速吸收气态汗或液态汗，具有优异的吸放湿能力和穿着舒适性；由江苏鑫博开发的PBT/PET双组分弹力复合纤维"鑫纶T—3000"、张家港美景荣主打的PTT/PET高弹双组分聚酯复合纤维"美弹丝"，除具有持久稳定的高弹性、柔软的手感外，异形纤维截面还可赋予织物良好的吸湿排汗性能。

通过引入亲水基团、异形截面纺丝方法制备改性聚酯类仿棉纤维，如仪征化纤的聚酰胺酯型仪纶®纤维、苏州金辉的"蕊棉"等，亲水基团吸着并转移水分，纤维内的空腔及纤维间孔隙通过毛细管芯吸作用传递液态水，因此其面料具有亲肤舒适、干爽透气、吸湿速干、抗起毛起球等特性。

（2）通过织物结构设计达到单向导湿

通过对不同亲疏水性纱线的适当搭配，可以制备单层单向导湿织物，如采用空调黏胶/棉的混纺纱线与导湿快干涤纶长丝以及大麻/棉混纺纱交织，开发的织物具有良好的导湿快干性；还可以采用结构法开发单向导湿双面针织面料，织物采用单面添纱提花组织、罗纹变化组织或双罗纹变化组织，内表面采用疏水性纤维如细旦涤纶、丙纶等编织蜂窝或网眼等点状组织结构，外表面采用亲水性纤维如棉、毛、黏胶等编织高密组织结构，增加内外层织物的差动毛细效应，从而实现单向导湿功能。目前，单层织物的研发主要以针织物为主，其最大的优点是质量，适合制备内衣和春夏季衣物。

多层单向导湿织物通常是指织物内层（接触皮肤面）选用疏水性材料，外层选用亲水性材料，通过内外层形成的润湿梯度促进织物的单向导湿。如，设计以优良吸湿性能NECDP纤维作为面层，以只导湿不吸湿的聚丙烯（PP）或细旦PET纤维为内层的，具有单向导湿功能的运动休闲服装。经检测，面料的液态水动态传递综合指数为最高级别的5级；泉州海天采用Cooldry®吸湿排汗聚酯长丝、细旦聚酯长丝与细旦弹性聚酯长丝交织，结合双罗纹针织组织结构，开发的超轻导湿快干运动面料，克重在100g/m²以内，具有双面凹凸外观效应、轻薄柔软以及良好的导湿快干性能和穿着舒适性。

（3）通过后整理实现单向导湿

通常可以通过单面疏水整理、单面亲水整理或亲疏水双面整理，使得织物两面形成吸湿性差异，从而实现单向导湿。如，采用泡沫整理技术对棉织物内层（紧贴皮肤的一面）进行局部疏水性整理，外层亲水层能够把汗液吸到服装的外表面，进而散湿并蒸发；还可采用等离子体处理、光催化处理等对纤维表面进行改性，改变纤维的表面自由能及其润湿性能，从而使织物内外表面产生润湿性梯度作用来达到单向导湿。此外，在采用亲/疏水整理使织物实现单向导湿的同时，也可以同时添加其他助剂来实现多种功能。如将防水剂以圆网印花的方式印制在棉织物的反面，形成带有"微孔"的防水表面层，通过焙烘后再浸轧吸湿排汗剂，可开发具有单面防水、单向导湿功能的棉针织面料；在使用该面料制成的服装时，与人体接触的里侧面有很多微小的吸水孔，呈内孔小、外孔大的形态，易于产生毛细管效应，人体产生的汗液扩散到织物外表面后，很难再返回，从而保持体表的干燥度，提高运动穿着者的舒适度。

2. 防水透湿面料

防水透湿面料的开发根据加工方法可分为高密织物、涂层织物和层压织物3类。其中，涂层织物和层压织物由于其可以达到很高的防水透湿性，又可按需要提供不同档次（如高防水、低透湿型，低防水、高透湿型等）、不同要求（如保温、迷彩、阻燃等）的产品而占据市场的主导地位；高密织物生产难度较大，染整加工困难，且无法达到很高的防水性，但其优越的手感、良好的透湿性和防风保暖性，使其在市场上仍占有一席之地。

实际应用方面，美国的第2代Gore—Tex织物、比利时的Ucecoat 2000织物及日本的Entrant GII织物均采用聚四氟乙烯（PTFE）微孔薄膜与聚氨酯无孔亲水薄膜复合的形式，实现了优良的防水透湿性能，解决了传统PTFE薄膜手感偏硬、易脱膜的问题。瑞士Schoeller公司推出"3X—dry"防水透湿技术，采用全曝光的加强高目数镍网将防水浆以点阵排列的形态施加于面料表面，要求处于半浸润状态，实现单面防水、单面导湿、透气、单面吸湿排汗功能，还具有一定的防风功能；该方法贴合效果类似PTFE薄膜，但在生产成本、持久耐用和质量稳定性上有较大的优势，面料适合于制作低烈度运动的面料。探路者公司的女式越野软壳外套产品采用TiEF™ SHELL防风可呼吸环保薄膜复合高密针织面料，三层面料贴合技术，表层使用经防泼水处理的尼龙四面弹力布，中间加入TiEF™ SHELL环保防风透湿薄膜，具有超强透湿、防风保温、防泼水的功能（图3）。

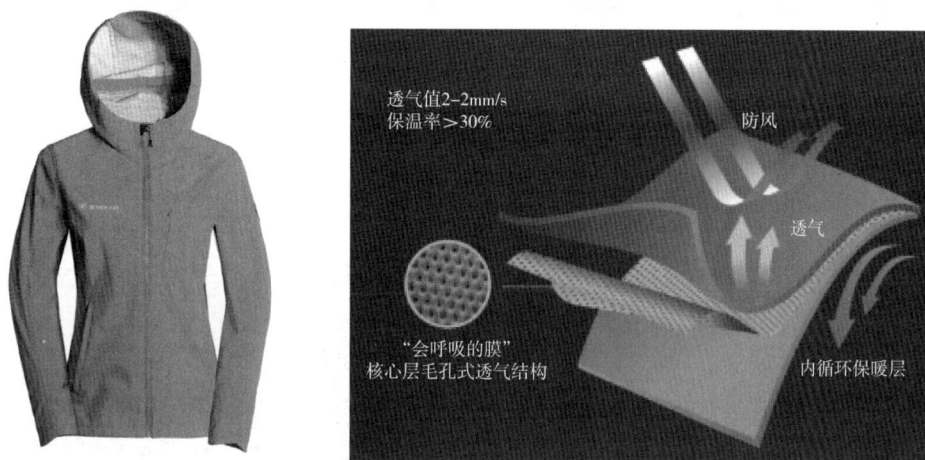

图3 探路者女式越野软壳外套产品

3. 保暖面料

保暖面料主要通过采用异形纤维增加织物的多孔设计，有效改善织物蓬松度，减少空气流通，降低热传导，从而达到良好的保温效果。如英威达公司推出的Thermolite®中空涤纶、Viloft®扁平锯齿黏胶以及帝人公司的异形卷曲纤维SOLOTEX® OCTA®等异形纤维，制成的功能面料具有优异的保暖功能。

各种发热保暖纤维也可在保暖面料领域使用，如日本小松精练公司将红外线吸收剂和玻璃微珠添加到聚合物中，制成了保温纤维DynaLive，该纤维制成的服装，其内部温度比一般织物高3~7℃；东洋纺集团旗下EXLAN工业公司生产的丙烯酸酯纤维"依克丝"、富士纺HD公司的ECOWARM吸湿发热纤维面料，通过吸收人体释放出的水蒸气等水分而使纤维发热；旭化成纺织公司的Stretch Energy聚氨酯/涤纶面料，拥有"伸缩发热"的专利，利用面料的伸缩能实现持久发热。

另外，采用多层织物结构，如针织空气层组织面料，表层是短纤纱，里层为超细聚酯纤维不倒绒，中间层是涤纶长丝或者短纤纱作为表里两层的连接线，在表里两层间还可添加无捻长丝束作为衬垫纱提高织物保暖性。这类产品价格相对较低，不倒绒覆盖于皮肤可以形成静止空气层，所以保暖效果尚可，但也因此在透气性和吸湿性方面稍差。

4. 凉感面料

凉感面料一方面主要利用凉感纤维良好的导热性，降低运动时人体的表面温度，给人以凉爽感；另一方面，在后整理工序中加入含有木糖醇、薄荷油等有吸热吸湿功能的助剂，面料也会产生清凉感，其水洗持久性以及做到天然、健康、舒适与凉爽的完美结合是重点。

在实际应用方面，泉州海天公司采用异形截面的凉感纱，将织物设计成具有毛细差动效应的双面网眼结构，面料具有优异的凉感和吸湿排汗功能，国标凉感测试值可达0.2以上，可满足夏季T恤、运动服、内衣等纺织品的需要；鲁泰公司通过提高纱线的捻度，改变纱线的形状及结构，减少纱线与皮肤的接触面积，扩大纱线与纱线之间的空隙，增大散湿散热表面积，同时减少纱线的热阻性，打造了Snow Cotton®面料纯棉清凉解决方案，可使肌肤表面温度比穿着其他同规格纯棉织物低0.5~2.0℃（图4）。

图4　鲁泰纯棉凉爽衬衫

（二）卫生保健功能面料

1. 抗菌面料

抗菌面料的开发可以直接采用具有抗菌功能的纤维如麻纤维、竹原纤维、金属纤维等天然抗菌纤维，甲壳素纤维、海藻酸盐纤维等本质抗菌化学纤维，以及其他功能改性化学纤维设计制成，也可以通过运用功能整理剂如天然抗菌剂、无机纳米抗菌剂、有机抗菌防霉剂对面料进行后整理获得。如日本帝人公司开发的TGS和CHEMITACM抗菌复合纤维，皮层系聚酯，芯材为内含天然木精油的聚合物材料，已在床上用品、室内装饰用品等领域得到了应用；美国Noble公司研发的镀银纤维X-Static面料，具有抗菌、抗静电、导热功能；日本关东天然瓦斯开发公司等开发了一种含碘的功能性纤维"ヨードアミセル"，可制成具有抗菌功能的面料产品。

通常抗菌整理是指在纺织品印染加工过程中，采用浸渍、浸轧、涂层或喷涂等方法将抗菌剂施加到纤维上，并使之固着在纺织品中的一种方法。抗菌整理剂主要分为有机季铵盐类、咪唑啉类或纳米银离子类，其中纳米银离子抗菌剂在无机抗菌剂中占有主导地位，其能在产品中均匀分散，对加工工艺没有特殊要求，抗菌效果持久，可广泛应用于各类面料产品中。

此外，运用磁控溅射和复合镀膜工艺开发的新型镀银纤维和面料，具有优异的抗菌性能，是用于烧伤等重症医用敷料的顶级材料，同时提高含银量，还可使面料具有隔离电磁辐射的功能；采用等离子体表面处理来获得抗菌效果是一种新兴的表面抗菌改性技术，与整体材料抗菌整理相比，表面处理抗菌更有优势，且不伤害本体材料的性能（图5）；采用吸附法、辐射交联法和化学交联法等将氧化石墨烯应用到棉织物上，可使其具有很强的抗菌性能，并且耐洗性较好；将艾蒿提取物和扁柏提取物封入微胶囊中，对内衣、运动衫进行抗菌整理，产品同样具有较高的抗菌性和耐洗性。

图5　比利时 Europlasma 公司Nanofics真空等离子体处理设备及其处理的抗菌面料产品

2. 防蚊虫面料

目前面料的防蚊虫功能整理主要采用气味驱避，对人体无毒害，即面料通过浸轧含有蚊虫厌恶的苄氯菊酯药剂，使用聚氨酯黏合剂增强其耐洗性，使面料在服用过程中能够持续地释放出苄氯菊酯的气味，从而达到驱避蚊虫的效果。例如，一方面可以直接利用防蚊整理助剂对织物进行后整理，如传化化工开发出一种防蚊整理助剂EULAN® SPA01，可以对服装面料进行防蚊整理，而且水洗50次后还能具有防蚊效果；另一方面还可通过微胶囊技术包覆易挥发的驱蚊剂液体，对织物进行整理，可达到长效缓释驱蚊的效果。此外，还可以利用驱蚊纤维开发防蚊虫面料，如连云港杜钟新奥神氨纶有限公司推出的缓释型芳香驱蚊氨纶，创新采用微胶囊缓释技术，所用驱蚊剂不含对人体有害的芳香胺，驱蚊效果可长久保持，经检测，含有该纤维的面料对白纹伊蚊的驱避率、对淡色库蚊的击倒率均达到国标A级水平。

3. 防螨面料

后整理法是一种较早的防螨面料常规处理技术，使用的化学防螨剂包括杀螨剂和驱螨剂，实施方法有喷淋、浸轧、涂层等。该技术生产工序简单且使用范围广，缺点是耐久性不佳，防螨性能随着使用和洗涤减弱。通过采用微胶囊技术、黏合技术、交联技术等新工艺，使防螨整理剂能在纤维表面形成一层弹性膜，可提高防螨织物的性能并具有较好的耐久性。近年来，防螨功能性纤维的应用也取得了较大进展。如天然的木棉纤维因表面含有一层蜡质而具有抗菌防螨功能，测试得到，木棉絮料的防螨率可达90%；再生竹浆纤维保留有竹子中的"竹琨"物质，具有天然的抑菌、防螨、防臭、防虫功能；合成纤维中，日本钟纺公司以腈纶为基材，在其处于凝胶状态时涂以防螨整理剂，使防螨整理剂渗入纤维表层之下，提高了防螨效果。

4. 远红外面料

赋予面料远红外性能，一般通过两种方法实现：一是向纤维基材中掺入氧化铝、氧化镁、氧化锆、二氧化钛、二氧化硅等远红外微粉，制备远红外纤维及其织物；二是采用后整理技术，将含有远红外物质的整理剂通过浸渍、浸轧、涂层或喷雾等方法与面料结合。

三菱人造丝公司的无色光热转换聚丙烯腈纤维Thermocatch，芯层含有能吸收近红外线的微细半导体粒子（氧化锡与氧化锑的复合物微粉），可将光能转化成热能，面料混纺10%以上的Thermocatch纤维就可以通过光能转化提高温度2~10℃；太极石股份有限公司开发的太极石锦纶短纤（1.67dtex×38mm），不仅保持了锦纶的优良特性，还具有远红外（远红外发射率≥93.36%）、抗菌（纤维抗菌率≥99%）、防紫外线（UPF$_{AV}$≥50）等多种功能，能够应用在如内衣、运动装、家用纺织品等领域（图6）。此外，还可将远红外陶瓷粉、黏合剂

图6 太极石纳米粉末及其应用过程

和交联剂等配制成整理剂，对面料进行涂层，再经烘干和焙烘处理，使纳米陶瓷粉附着于织物表面和纱线之间。此类整理剂可以发射出波长为8~14μm的远红外线，不仅具有保暖功能，还具有抑菌、防臭、促进血液循环等保健功能。

5. 芳香面料

赋予面料香味，一方面可以通过共混法、复合纺丝法、中空纤维法等，将芳香物质加到纤维上，制备芳香纤维，然后采用芳香纤维制成香味面料；另一方面还可以通过浸渍、涂覆的方法，将芳香物质整理到织物上制备香味纺织品。

对面料进行微胶囊芳香整理，将芳香剂做囊芯，芯材与外界环境隔绝，使其性质基本不变。开始时在微胶囊外层的香精散发香味，在穿着过程中，由于摩擦、受热等外力作用，微胶囊内部的香精缓缓地释放香味，起到长效缓释的作用，从而使纺织品具有相当持久的芳香功能，如传化智联已推出芳香整理的丝巾。

6. 护肤面料

护肤面料通过将与化妆品非常近似的护肤剂加工整理到织物上，使之具有化妆品般的滋润、调理、保湿、抗污染性、抗氧化性、清洁皮肤以及其他一些特殊功能，从而实现对人体皮肤的全面护理。目前使用的护肤剂多采用纯天然物质，如透明质酸（玻尿酸）、丝胶蛋白、胶原蛋白、牛奶蛋白、甲壳素等动物性成分，维生素E、芦荟、甘草、橄榄、灵芝等植物性成分，以及一些矿物质。除采用在线添加法制备护肤功能纤维外，通过后整理加工方式开发护肤面料是最常见的工业化手段，如可通过浸轧法、涂层法、微胶囊后整理法开发护肤棉、丝绸、涤纶、锦纶等面料。

在实际应用方面，浙江蚕缘家纺股份有限公司推出玻尿酸抑菌可机洗桑蚕丝被，产品经传化智联公司TASTEX HA美妆整理剂（主要成分透明质酸、深海鲛鱼油、深海鱼胶蛋白、十一碳烯酸甘油酯）后整理，具有持久保湿、改善皮肤弹性和增加肌肤平滑的新亮点；韩国Let's young推出了"玻尿酸恒温面膜衣"，该产品既能起到保暖作用，又能让皮肤持续湿润不干燥；此外，护肤面料还成为许多服装和家纺品牌的2020春夏新宠，如Cache Cache水光美肤玻尿酸T恤（图7）、韩都衣舍玻尿酸牛仔裤、斯得福玻尿酸天丝™床品系列等。

图7　Cache Cache水光美肤玻尿酸T恤

（三）安全防护功能面料

安全防护功能面料及其制品的开发则应包括以下四个方面：一是发展具有阻燃、隔热、防水、透气、抗静电等多种功能为一体的防护产品；二是防护功能更多地通过本源实现，即通过纤维原料的创新赋予产品本质防护性能，而非通过后整理技术附加；三是从过于强调防护性能向重视人体功效学特性与穿着舒适性转变，注重不同的应用场合下防护性能与穿着舒适性的平衡；四是注重与各领域的交叉融合，为满足更多新的防护理念和新需求提供保障。

1. 防紫外线面料

一方面，面料的防紫外效果与其纤维材料、织物紧密度、厚重度、透孔率、色泽深浅度等要素有非常大的关系，如天然纤维中棉、丝防紫外效果一般，毛稍好，亚麻最好，合成纤维涤纶最好；面料的紧密度越高、越厚重、透孔率越低，防紫外效果越好。另一方面，面料的防紫外效果还与其后整理有关，即通过在纺织品上施加一种能反射和/或有强烈选择性吸收紫外线，并能进行能量转换，以热量或其他无害低能辐射，将能量释放或消耗的物质，隔绝紫外线辐射，增强纺织品的防紫外效果，防止紫外线对人体和材料本身的损伤。

在实际应用方面，采用COLDBLACK（冷黑）整理技术可使面料经整理后具有防（吸收）紫外、防（反射）红外的功能，其加工时首先在染色方面选择对紫外线吸收较好的染料（Scholler公司指定染料），染色完成后，采用浸轧冷堆或浸轧汽蒸的方法使整理剂和纤维产生共价键结合，从而使面料获得吸收紫外线、反射红外线的功能，使在炎热夏季户外运动者即使着深色服装也能有凉爽的感觉。石墨烯可以吸收一定的紫外线，可在纺织品整理中作为紫外线吸收剂或者辅助使用。胡希丽等以石墨烯纳米片作为紫外线吸收剂，水溶性聚氨酯为黏合剂，对棉织物进行涂层整理，发现处理后棉织物的UPF值达到356.74，是未处理织物的10倍。

2. 抗静电面料

面料的抗静电方法通常有：方法1用抗静电整理剂整理织物；方法2纤维的亲水接枝改性以及和亲水性纤维的混纺和交织；方法3混纺或嵌织导电纤维。方法1和方法2的作用机理均属提高织物回潮率、降低绝缘性、加速静电泄漏，因此在干燥环境中或经多次洗涤后，加工效果或不耐久，或不显著；方法3可持久、高效地解决纺织品的静电问题，并可应用于抗静电工作服等特种功能性服装。

普通织物的抗静电剂整理通常有3种方法：浸轧法、涂层法和树脂法。如英国剑桥大学团队采用数码喷射技术将石墨烯喷涂到织物表面，赋予了织物导电性能，且具有良好的耐洗性；该技术具有可单面或双面异功能整理的优势，同时整理效果更加均匀，且能对面料特定区域进行整理，其节水节能效果也更为显著。此外，尚颂民等将制备的纳米石墨烯用湿涂层的方法涂覆在棉织物上，刑铁玲等采用环保型干法涂料成功地制备了大尺寸、功能性石墨烯基真丝织物，苗广远等用保险粉将浸轧到棉织物上的氧化石墨烯进行还原，使处理后的织物具有一定的抗静电性，同时热稳定性、阻燃性和力学性能也有显著提高。

在面料中用混纺或交织的方式混入少量导电性纤维，抗静电效果比较理想。用于面料的导电纤维应有适当的细度、长度、强度和柔曲性，能与其他普通纤维良好抱合，易于混纺或交织，具有良好的耐摩擦、耐屈曲、耐氧化及耐腐蚀能力，能耐受纺织加工，具有合适的手感和外观，导电性及耐久性良好。如日本TAYCA公司开发了可以自由控制其导电性范围（$10\sim10^8\Omega$）的导电纤维，由于其在纤维表面包覆了极薄的导电聚合物膜，因此既可保持纤维原有的柔软性和风格，还兼有优良的耐磨性、耐热性和耐湿性等，而且还可根据需要进行着色。

3. 阻燃防护面料

按照阻燃性能持久性从低到高，可以简单地将阻燃防护类产品分成5类：对面料进行表面整理（单面或双面）；通过功能化合物接枝进行表面化学改性或等离子诱导反应使表面活化；少量阻燃纤维与非阻燃纤维混纺形成织物；在预纺丝阶段或挤出阶段添加与纤维类型相匹配的阻燃剂，阻燃剂融入并在纤维分子链中分散，发挥其功效；在聚合过程中加入特殊的共聚单体形成改性聚合物，然后纺丝得到自阻燃纤维。其中织物阻燃整理后的综合性能相对纤维本体阻燃略差，尤其是在手感、物理机械性能和阻燃持久性等方面，但其综合加工成本仅为纤维本体阻燃的约35%。

在阻燃纤维应用方面，采用多种纤维混配的阻燃技术在面料强力、舒适性、性价比和阻燃性上具有显著优势。如DuPont（杜邦）公司开发出新一代阻燃面料DuPont™ Nomex® Nano，其将Nomex®纤维与Lenzing™ FR混纺用于消防服面料中，面料空气透过率6.4m³/（m²·min），LOI达40%，耐洗次数超过25次；PyroTex公司的阻燃腈纶PyroTex®，可与羊毛、棉或黏胶纤维等混织，混入30%该纤维便可有足够的阻燃性；郑州四棉纺织有限公司开发的多功能阻燃毯采用聚酰亚胺（甲纶）、阻燃腈纶、阻燃黏胶3种纤维混纺成纱线，利用提花织机织造而成，产品色泽自然、舒适亲肤、保暖耐磨，并具有阻燃、抗菌、耐高温、远红外保健等功能，可在260~300℃的环境中使用，满足人们在火灾初期逃生的防火需求（图8）。

图8　采用聚酰亚胺、阻燃腈纶、阻燃黏胶3种纤维混纺织造的阻燃毯

在阻燃功能整理方面，Huntsman（亨斯迈）公司推出了用于涤纶、棉和涤/棉混纺面料的新型磷氮系阻燃剂FLOVAN CWF，其性价比高，能够赋予处理后的织物柔软的手感；Thor GmbH（托尔化学）公司开发出反应型磷氮系阻燃剂Aflammit® SAP，非常适合聚酯纤维/棉、聚酯纤维/黏胶纤维等混纺织物；浙江理工大学研究人员将含水滑石（层状双金属氢氧化物）阻燃剂用于聚酯纤维织物PU涂层的优化工艺中，涂层后的织物阻燃性能达到国家B1级标准（损毁长度≤15cm），且具有一定防水透湿性能［耐静水压8.04kPa，透湿量4577g/（m²·24h）］。

阻燃面料技术的未来发展趋势将朝着以本质阻燃纤维为主要原料，产品兼顾强度、舒适性、外观和经济性的方向发展，且因为阻燃面料首先是工装面料，只有在小概率下才需要发挥阻燃作用，故强度仍然是最主要的性能要求。

4. 防电磁辐射面料

目前，采用金属纤维混纺纱织造电磁屏蔽织物是开发防电磁辐射面料的一种常用方法。电磁屏蔽面料中所含金属丝主要是不锈钢纤维和镍纤维，纤维直径约4~10μm，金属丝的混合比例在20%~30%。由于金属纤维存在手感较硬、摩擦因数大、密度大、刚性强以及纤维韧性、卷曲、弹性差、抱合力差等问题，一般适合于与普通纤维进行混纺，但可纺性比普通纤维难度要大很多，必须进一步探索生产工艺，改善纺纱质量，提高生产效率及成品率。

在金属化纤维与织物方面，采用化学镀工艺来生产电磁屏蔽面料，其导电率高，对电磁波多以反射损耗方式为主。但采用化学镀方法时，需对织物先经过退浆去油处理，再进行粗化、敏化和活化预处理；采用银基复合镀技术，即先将纯天然织物纱线进行真空溅射镀银处理，再经过一浴法复合镀亚金，制成的新一代防辐射服具有超强的电磁波反射性能和极好的银镜效果，能够满足300MHz~300GHz的多种复杂电磁环境需求，同时具有超强的耐摩擦、耐腐蚀性能，大大提升了多次洗涤后的屏蔽效能，也适用于酸碱盐等复杂环境。如天诺光电公司开发的多层复合防电磁辐射面料，面层为芳纶（或聚酰亚胺）原液着色纤维与导电银纤维长丝交织双层结构，其中导电银纤维长丝采用无电涂覆技术，屏蔽无线电波可达60dB以上，中间层为聚四氟乙烯膜，里层为芳纶（或聚酰亚胺）针织面料，产品具有良好的防电磁波效果，同时兼具防火阻燃、防水透湿等功能（图9）。

5. 其他安全防护功能面料

在化学防护面料开发方面，杜邦的Tychem®防化服面料经过第三方实验室测试，能防数百种有毒液体和蒸汽（从沙林毒气到氯气）的渗透；Kappler（开普勒）公司推出的Zytron® 500，结构强韧，采用专利技术制造，可实现在ASTM F1001（评价防护服材料用化学品的选择指南）成套测试8小时后仍没有破坏。

外力冲击防护面料通常采用芳纶、超高分子量聚乙烯纤维等高性能纤维，结合复合、涂层等加工工艺进行设计。例如，NASA采用4层芳香族聚酯液晶纤维Vectran®织物复合制成充气式柔性纺织材料气囊，用作火星探路者号（MESUR Pathfinder）探测车登陆缓冲装

图9　多层复合防电磁辐射面料服装

置；Warwick Mills公司开发的TurtleSkin系列防弹防刺面料，由于使用了Vectran®、Dyneema®和Twaron®等3种高强度纤维，且织物结构紧密，可很好地保护穿着者免受刀刃、钝器和枪击的伤害。

热防护设计可以通过纤维的筛选、表面涂层增加反射、减少损伤性热吸收、抗热老化和防脆化处理、改善织物结构等措施实现纺织品的热防护。如美国消防领域使用的2003型防火保护罩，其由外层铝箔/硅胶层合材料和内层铝箔/玻璃纤维面料层合材料制成，重量只有4.3磅，外部铝涂层可反射森林火灾中90%的辐射热量，内部隔热材料保护使用者免受热辐射或直接接触火焰，可以在短时间内保护消防员安全；深圳优普泰公司和北京邦维普泰联合开发的新型消防员防护服，采用阻燃外层、防水透气层、舒适里层三层结构，外层面料比传统消防服的阻燃性能提高1倍，强力提高1.5倍，防水透气层增强了空气隔热能力，舒适层在手感上更加平滑舒适（图10）。

图10　消防员热防护纺织品的应用

纺织品是纤维集合体，具有多孔隙结构，能够降低噪音的强度和改变其传播途径，起到吸音、隔音、降噪的效果。如厚实柔软的绒类织物、双层大提花织物等，具有隔音、不透光、保暖等效果，并对室内声音有

吸声净化作用；此外，超细玻璃纤维毡、石棉和麻纤维板等都是应用较广的隔音类纺织品。

（四）易护理功能面料

1. 防污易去污面料

防污一般指面料具有"三防"功能，即防水、防油、防污，易去污是指面料沾污后极易清洗。防污易去污功能面料可以通过改变织物组织、纤维的表面状态和纤维的表面性能来获得，前两者对减少固体污垢的积聚有一定的效果，而对于油性污垢必须采用化学整理方法来改变纤维的表面性能，以提高纤维的防油性和亲水性。提高防油性一般采用氟有机化合物进行拒油整理，使织物不易被油性污垢沾污；提高亲水性可以使织物上的污垢容易脱落，并防止洗涤过程中污垢重新沾污织物。

防污类面料的开发一般采用氟碳类防水剂和交联剂配合，采用浸轧、焙烘工艺进行整理，降低织物的表面张力；当整理后的织物表面张力低于油污的表面张力时，油污就很难渗入，从而达到防污的效果。易去污类面料也是采用氟碳树脂类进行浸轧、焙烘整理，整理后面料的亲水性得到改善，整理剂的非离子型亲水基团伸展在外，从而使织物在洗涤的过程中油污易于脱离，而且减少回沾。一般防污和易去污整理为同浴进行，称为"四防"整理。二者在作用机理上存在一定的矛盾，即"三防"降低织物的亲水性，而易去污需要增加织物的亲水性，因此在三防整理剂和易去污整理剂的选型及二者的用量上需要调配合理、适当，兼顾二者的指标需求。

2. 自清洁面料

自清洁面料技术是基于荷叶自洁作用原理，使面料具备与荷叶相似的自清洁效应，可有效防止生活中意外沾污，其核心技术在于具有"三防"功能的同时，毫不影响面料本身的吸湿透气性。获得自清洁功能的途径主要包括两类：一是形成超疏水化表面，二是形成光催化表面。

形成超疏水化表面基于仿生学原理构建材料表面结构，获得仿生超疏水表面，进而实现面料的自清洁功能，如利用碳纳米管（CNT）沉积在棉织物上形成粗糙表面产生"荷叶效应"，可达到超疏水目的。形成光催化表面主要利用TiO_2等光催化剂纳米粒子在光线辐射下所具备的极强的氧化–还原作用，对许多难降解的有机物污染物进行分解达到自清洁目的。如香港理工大学的研究显示，在涤纶及棉纤维织物表面制备出锐钛矿型纳米TiO_2薄膜，经光催化氧化后可降解织物表面的污渍，如红酒等；澳大利亚研究人员通过在棉纱线上沉积3D铜和银纳米结构，然后将其编织成织物，当该织物暴露在光线下时，纳米结构吸收能量使金属原子中的电子被激发，进而分解织物表面的污垢，可在大约6min内实现自清洁。

具有自清洁性能的纤维和织物在日常生活和工业中有着非常广泛的应用前景，但研究现状表明尚有许多关键问题有待进一步突破。比如超疏水自清洁表面制备方法大多需要复杂的设计、精细的控制技术或价格昂贵的氟硅化合物，光催化自清洁表面技术存在无机TiO_2颗粒与纤维结合牢度不够、易脱落，影响纤维手感以及难以在纤维表面均匀分散等问题。

3. 抗皱面料

天然纤维素纤维及再生纤维素纤维面料的抗皱整理，一般选用无甲醛的抗皱整理剂，通过整理剂中的活性官能团和纤维素分子链中的羟基形成共价交联，纤维素相邻的分子链互相链接起来，限制了纤维素分子链间产生相对滑移，从而提升织物的抗皱性能。目前研究应用较多的无甲醛抗皱整理剂有甲壳素及其衍生物、水溶性聚氨酯、有机硅类、多元羧酸类、液氨+树脂、二醛类、离子交联剂等。如对纯棉面料进行液氨整理与低温交联树脂定形相结合，首先进行液氨处理，然后在织物上涂布树脂，最后进行焙烘、堆置处理，在此基础上结合超柔软加工，可使棉织物性能大幅提高，不仅抗皱整理效果在3.5级以上，而且不影响穿着舒适度；还可以采用低温等离子体（主要应用点晕放电和辉光放电产生）技术对棉织物进行刻蚀、交联、聚合等化学作用的表面改性，提高纤维亲水性等性能，促进纤维同整理剂发生交联而提高织物的抗皱性能。

真丝面料在抗皱整理中，可以采用甲壳质、蚕丝蛋白等生物整理剂进行整理加工。这类生物整理剂分子中一般含有较多的活性基团，容易在真丝纤维分子中形成交联结构，提高真丝面料的抗皱性能。此外，环氧树脂、聚氨酯树脂、有机硅树脂、二醛类树脂以及丁烷四羧酸、柠檬酸、聚马来酸和衣康酸等多元羧酸也可以用于真丝织物的抗皱整理中。如多元羧酸用于真丝织物的抗皱整理时，羧基与真丝蛋白分子链上的氨基等基团产生交联作用，且真丝蛋白分子链间形成的氢键，分子间作用力较大，因此可以形成一个较稳固的网状结构，整理后真丝织物的抗皱性能较好。

未来，面料的抗皱功能整理需要综合多学科的知识内容，开发更加实用且能够大规模产业化的技术。开发中尽量采用对人体安全影响小的原材料，应用便捷的工艺技术，并适当考虑整理剂或整理工艺的多功能、多用途的效果，使得纺织品的抗皱整理加工向消费者期望的安全、绿色、健康、舒适及多功能性的方向发展。

4. 机可洗面料

机可洗面料一般指防毡缩整理的羊毛织物，相关整理技术主要包括氯化技术、氧化技术、树脂防缩绒技术、生物酶技术、等离子体技术等。应用方面，杭州贝嘟科技有限公司推出的全羊毛机可洗西服，选用100%天然优质的澳大利亚美丽诺羊毛，纺制$100^S \sim 110^S$高支纱，通过等离子体技术改变羊毛纤维表层鳞片组织的排列，使得羊毛更具回弹性；同时搭配特殊的可机洗辅料（如垫肩、驳领、袖笼条、胸衬）及下摆排水孔工艺，不损失全羊毛面料的悬垂感、光泽度、透气性，悬挂24h可自然恢复日常穿着产生的褶皱。山东南山智尚科技股份有限公司推出羊毛易护理抗菌衬衫，产品选用优质超细羊毛经过防毡缩技术处理，制成的成衣可以在家轻松洗涤；同时经抗菌剂后整理工艺赋予羊毛织物抗菌功能，兼具良好的卫生安全性。

三、功能性面料发展趋势

进行功能性面料产品开发，首先应以市场需求为导向，聚焦功能性产品本身，真正从工艺、技术、设计、材料等基础出发，针对不同终端应用领域、不同产品品类，生产消费者真正需要的产品，提供更好的生活方式解决方案；其次应以多学科、多领域的技术创新为支撑，善于统筹考虑各种影响因素，使纤维、纱线、织物的性能在产品中充分发挥，有助于功能性纺织品的顺利开发；继而在设计上融合时尚，应用最新权威发布的流行趋势，还可以从色彩、图案、外观造型进行创新设计，或着力于文化内涵与个性表达，契合当下生活方式的同时，起到引领消费需求的积极作用；最后在生产中坚持可持续标准，综合考量生态环境变量，将生态环保特性看作是提高产品市场竞争力的一个重要因素，生产出既对环境友好，又能满足人需求的功能性纺织品。

（一）功能复合化

随着新原料制备方法、织造技术及后整理技术的不断发展以及人们要求的提高，单一化功能产品向多功能复合化转变成为必然趋势。多功能复合化将使纺织产品向着深层次和高档次方向发展，不仅可以克服纺织品本身的缺点，还可以赋予纺织品多种功能性。例如一件夏季运动服面料，既要求具有良好的导湿快干性能，同时还能除臭杀菌，此外还具有一定的防晒功能，如此将满足穿着者的多种需求。

通过多功能复合整理技术将两种或多种功能复合于一种纺织品，可提高产品的档次和附加值。该技术已在棉、毛、丝、化纤及其混纺交织织物整理中得到越来越多的应用，例如：防皱免烫/酶洗复合整理、防皱免烫/易去污复合整理、防皱免烫/抗菌复合整理，可使面料在防皱免烫的基础上增加新的功能；兼具防紫外线和抗菌功能的纤维，可用作为泳装、登山服和T恤衫面料；具有防水、透湿、抗菌功能的纤维，可用于舒适性内衣面料；具有防紫外线、抗菌功能（凉爽、抗菌型）的纤维，可用于高性能的运动服、休闲服等。同时，应用纳米材料对纯棉或棉/化纤混纺织物进行多种功能的复合后整理，也是未来的一个发展趋势。

（二）加工生态化

可持续的环保面料和清洁生产工艺将会继续影响功能产品的设计与制作。天然纤维、生物基纤维、原液着色纤维、循环再利用纤维等绿色纤维正逐步受到功能类产品的青睐，采用污染少、能耗低的全新染整加工方法也是未来功能性产品开发的发展方向。对于功能性纺织品市场来说，对生态可持续运动产品的要求不仅仅局限于环保面料的采用，对其服装生产过程的清洁化也有着严格的要求，同时还需强调环保产品的穿着舒适性、复合功能性。

在环保功能面料开发方面，浙江美欣达推出防水抗菌复合功能的工装面料，其抗菌成分为纯天然植物提取，防水成分是C6环保防水剂，抗菌和防水效果优异；山东如意开发的抗皱旅行西服，面料优选无割尾羊毛原料，并采用低温染色工艺，兼具功能性、生态性和实用性；鲁丰织染有限公司的防污消臭易打理衬衫面料以再生涤纶/棉混纺纱为原料，采用无甲醛整理树脂、环保型无氟易去污助剂、经STANDARD 100 by OEKO-TEX®认证的高效银离子抗菌剂进行整理，实现了面料免烫、吸湿速干、易去污性、抗菌功能的生态化加工。

（三）设计时尚化

随着消费需求不断向多元化、差异化、个性化的方向发展，消费者在关注产品价格、品质的同时，开始注重消费体验与文化表达，市场对服务化、定制化、娱乐化的需求成为趋势。除了对纺织品功能性、实用性的追求外，时尚化的产品越来越受到人们的青睐。在这种趋势下，纺织产品的开发开始更加注重科技与时尚的结合，关注流行趋势对消费者的引导作用，通过综合运用提花织造、数码印花、荧光色彩、民族纹样等设计元素，对功能性面料的优异特性进行时尚创新设计，使功能性产品与舒适、休闲、时尚等紧密联系在一起。

魏桥纺织股份有限公司和山东向尚服饰文化有限公司共同开发的数码像景定位印花运动面料，原料选用石墨烯改性纤维，赋予服装远红外保健作用，可有效改善人体微循环，缓解运动酸胀不适；同时采用"数码像景大提花+定位印花"创意图案设计以及3D立体制版裁剪技术，使产品双面双色、廓形贴体、新颖时尚（图11）。达利丝绸（浙江）有限公司推出"锦绣"U-Sliver抗菌桑蚕丝口罩，产品外层采用时尚定位提花桑蚕丝面料，使口罩色彩不再单调；过滤层为U-Silver镀银纤维+PTFE覆膜聚烯烃，具有广谱抗菌性；内层采用全桑蚕丝素绉缎贴面，柔软亲肤（图12）。

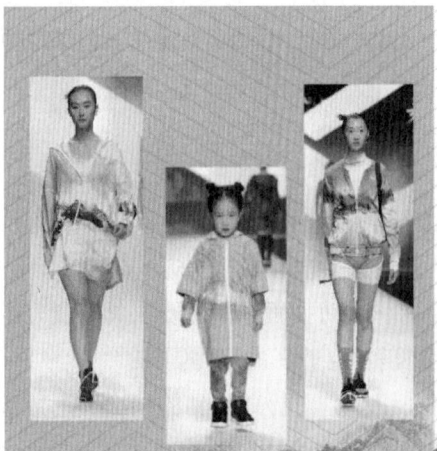

图11　"逍遥游"数码像景定位印花运动装　　　图12　"锦绣"U-Sliver抗菌桑蚕丝口罩

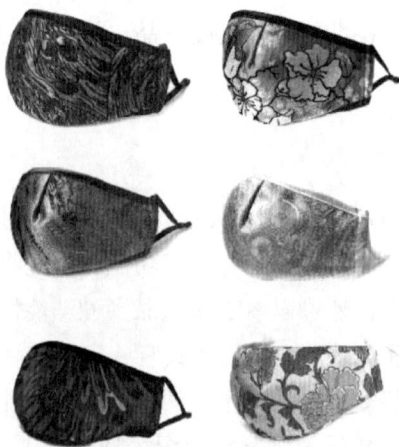

（四）产品标准化

标准是产业发展的技术基础支撑，是检测认证、计量和质量监督的重要技术依据之一。为推动功能性纺织品的高质量发展，需要进一步加强功能性纺织品标准的制修订，规范功能性纺织品性能评价、产品认证和标识管理，开展功能性产品国际标准对标和实物质量比对，进一步保证功能性产品质量安全，提高纺织品及衣着消费品供给体系的质量和效率。

功能性纺织品的评价和标识只有遵循标准和法规的要求，才能营造健康、各方信任的市场环境，也是行业发展的应有之义。对于功能性纺织品的评价应以功能性纺织品产品标准为依据，在缺少产品标准时，则应以相应功能性方法标准为依据。纺织品的功能性标识需言之有据，换言之，标识声明的功能性必须有相应标准的明确支持。如在防蚊功能整理领域，传化的EULAN® SPA01整理剂不仅通过了欧洲化学品管理署（ECHA）检测、纺织品有害物质检测Standard 100 by OEKO-TEX®认证以及欧盟生物杀灭剂法规BPR认证，还通过了SGS的急性经口毒性检测和皮肤刺激性测试，保证经过整理的服装面料穿着安全无刺激，实现了功能性与安全性的统一。

（五）应用智能化

近些年来，随着纳米技术、微胶囊技术、电子信息技术等在内的一些前沿技术的发展及应用，智能调温、智能变色、形状记忆、电子信息等智能纺织材料的不断涌现，助力功能性面料进一步朝着智能化的方向发展。如，智能调温面料主要采用了复合纺丝、相变微胶囊纺丝以及涂层整理技术，可对织物使用中的温度进行智能双向控制；智能变色面料通过采用变色纤维织造或变色染料染整的方式，使之随外界环境条件（如光、温度、压力等）的变化而显示不同色泽；智能形状记忆面料主要采用形状记忆合金纤维、形状记忆聚合物纤维和经整理剂加工的形状记忆功能纤维织造而成，其在一定条件下（应力、温度等）发生塑性变形后，在特定条件刺激下能够恢复初始形状；电子信息智能面料集合了电子、传感、通讯和人工智能等技术，除了数字化能力，经过设计还可以对温度、湿度、光致变色、（生物）化学或物理刺激作出智能反应。

未来，围绕当代人们生活、健康、人体功能拓展等需求，以及国家经济社会发展和国防建设需求，不断突破柔性传感器、智能调温、智能形状记忆、智能变色、微纳器件嵌入织物等智能纺织材料关键技术，并积极拓展智能纺织材料在可穿戴、家居用、产业用等纺织品领域中的产业化应用，将是功能性面料开发的重点方向。

服装个性化定制技术研究与应用

杜劲松

（东华大学服装与艺术设计学院）

伴随着我国消费水平的大幅度提升，原有的传统消费模式正逐步朝着满足消费者的个性化、小众化、多元化、本土化需求特征的方向发展。国内纺织服装业发生了巨大的变化和调整，企业迫切寻求差异化和个性化的市场需求，借助互联网、人工智能技术与传统制造业的深度融合，通过降低企业的生产成本和高效营销，实现纺织服装行业的全面转型升级[1]。智能化生产技术已经深度引发了产业变革，推动了"定制"市场规模的扩大，通过定制模式的发展解决了原有以生产驱动模式下的诸多弊端，推动了服装生产向柔性化、智能化、精细化转变，并从逻辑上改变现有商业运营模式和竞争态势。据工信部数据，截至2018年9月，企业数字化研发设计工具普及率和关键工序数控化率分别达到67.8%和48.5%，开展网络化协同、服务型制造、个性化定制的企业比例分别达33.7%、24.7%、7.6%。截至2016年底，中国服装定制市场规模达到1022亿元，同比增长18.01%。预测2022年我国服装定制市场规模将突破2600亿元。

目前，服装行业仍然是以零售成衣品牌为主体，服装定制市场则呈现依托技术为突破口的发展趋势。科学技术应用成为服装定制业务拓展的重要基础，如三维人体扫描技术、智慧门店、顾客画像、智能供应链、大规模个性化定制模式C2M、智能工厂等。随着服装定制市场规模的不断扩大，全球范围的服装定制市场涌现了一批知名案例，如国产温州报喜鸟、青岛酷特、衣邦人、宁波雅戈尔等，国际品牌J.Hilbum、CUTON YOURBIAS、PROPERCLOTH以及UNIQLQ旗下的UTme等。

一、服装个性化定制

（一）定制模式

在服装定制过程中，企业通过标准化、模块化的配置设计，来系统性地降低制造成本。在不同的制造阶段可以形成不同服装定制模式，如服装高级定制、服装全定制、服装简定制、服装微定制可以分别发生在订单设计阶段、订单制造阶段、订单组合阶段和订单销售阶段[2]。服装高级定制是企业根据客户的特殊需求，对服装款式和组成部分进行重新设计和生产，如w.w.chan、诗阁等高级服装定制。服装全定制模式是顾客通过线上、线下方式选择服装款式、面料、图样等进行产品模块化设计，必要时可以根据客户需求对部件进行变型设计，如报喜鸟、海澜圣凯诺等。服装简定制发生在产品的组合阶段，利用半成品或部件库存配置成客户需要的定制产品，如文化衫定制等。服装微定制发生在产品销售阶段，根据客户需求驱动按订单进行组合和销售，如T社、优T等。

不同服装定制模式具有不同的订单驱动方向，顾客需求直达制造商（C2M）的反向定制过程和顾客需求通过供应商（C2B）完成的聚定制过程，上述定制模式均以顾客为中心，但订单的驱动方向是不同的。反向定制实现了顾客订单驱动制造商，以C2M的大批量定制需求定产定销，这种模式能降低服装定制成本，提高生产效率。定制模式也改变了人们生活和生产方式，让客户个性化需求与生产制造无缝对接，实现顾客全过程的服务体验。聚定制通过顾客选购方式集合订单，商家按需生产有效地解决库存积压问题，通过减少中间环节实现款式的快速响应，如团体定制、电商定制等。

上述服装定制模式均从客户分析、市场营销、产品研发、供应链等环节出发，通过互联网技术和信息化技术实现消费者、电商、生产企业的融合，同时衍生出一批服务服装定制的科技型企业，如营销数据分析公司、管理软件（ERP、MES、APS）公司、物联网（IoT）科技公司、三维人体数据采集、三维服装设计公司等。

（二）定制系统架构

服装定制作为系统工程，是以个性化需求为驱动，通过数据标准化建设实现多异构信息系统的信息互联互通，完成定制系统的管理、运营、计划等活动。一般服装个性化定制系统分为数据交互层、数据管理层、产品实现层、客户服务层等见表1。

表1 服装个性化定制架构

个性化定制系统	内容
信息交互	线上定制、线下定制、O2O、C2M、C2B、新媒体、前台系统
数据管理	数据分析、订单数据管理、中台、3D设计
产品实现	数字化工厂、智能化设备、协同工厂、PDM、ERP、MES、WMS
客户服务	大数据分析、售后服务、标准、安全、工业互联网平台

数据交互层以线上和线下的形式为前端用户提供多种服务，如线上定制、线下定制、着装推荐、款式搭配、虚拟试衣、量体、交易、支付等，通过顾客需求信息采集来构建顾客群体画像的数据基础。

数据管理层作为个性化服装定制系统的子系统（中台），对个性化服装定制平台的多项活动进行智能决策，包括订单管理、人体尺寸分析、服装号型分析、CAD纸样生成、动态定价、款式模块化设计、智能搭配推荐、海量订单处理、计划调度决策、多方利益分配、交易支付管理、责任认定与仲裁等。

产品实现层是服装工厂完成定制服装的制造过程。数字化服装工厂借助物联网IoT技术实现设备的互联互通，通过工业互联网平台获取协同企业不同结构化的数据信息，实现服装订单的监控和追溯，包括生产执行系统（MES）、制造数据管理系统（PDM）、企业管理系统（ERP）、设备监控系统（SCADA）等（图1）。

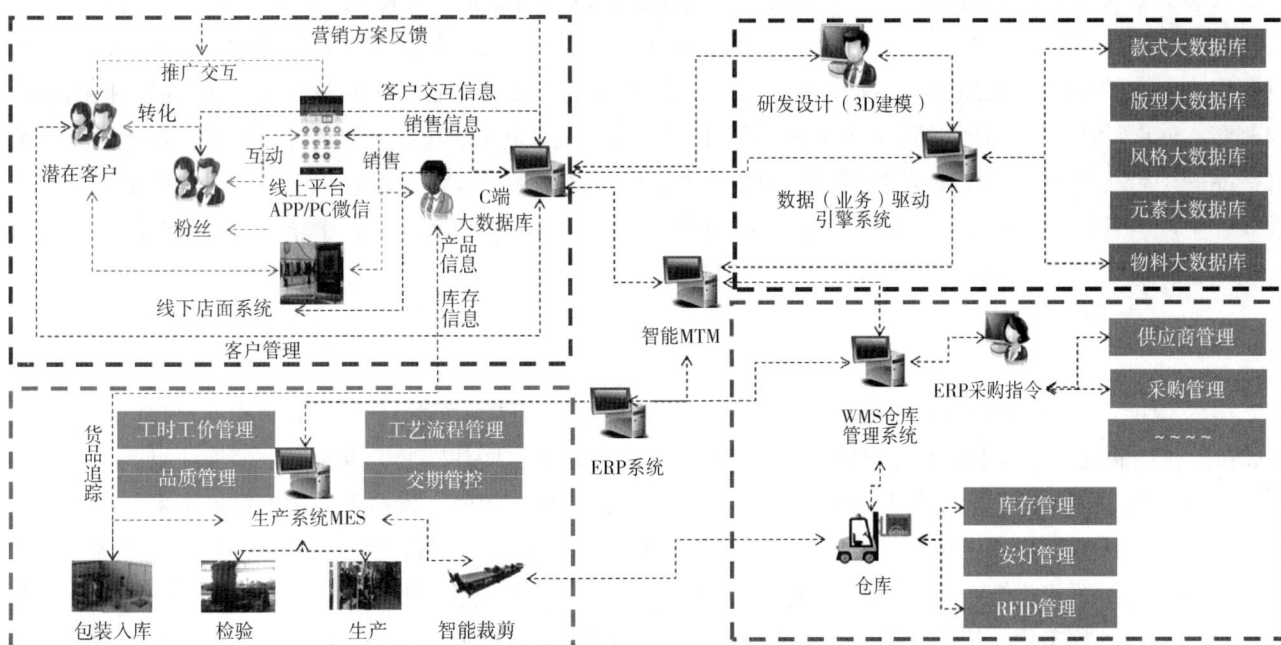

图1 产品实现

客户服务层建立在服装个性化定制系统的各数据分析和挖掘的基础上，将海量数据信息按照不同的类型划分为多个标准库、服务对象的信息库，将智慧决策应用到画像营销、服装合体性、服装设计开发、生产数据赋能、数据安全、智慧供应链等环节。

二、关键技术应用

（一）商业模式

服装品牌定制模式是以"品牌—线上平台—线下实体店—消费者"的电子商务形式，借助品牌企业的多年经验积累，通过量体技术、CAD/CAM、ERP/MES等软件技术基本解决了客户端消费体验差、量体误差、喜好认知、售后服务、多触点营销等技术需求，品牌企业如埃沃、衣邦人、报喜鸟、大杨创世、酷特云蓝等。另外，服装品牌的订购模式通过电商平台推出服装款式，代替消费者设计服装款式，让消费者提前预购，尤其在"双十一""双十二""三八节"等特殊节日的新款式预定模式。国外品牌CUT ON YOUR BIAS通过在线定制平台，让消费者以投票的方式参与设计，通过服装款式的限定数量、折扣价格有效地促进服装的销量。

（二）数据采集技术

量体师的接触式人体测量已经成为线下上门量体、门店量体的重要环节[3]，不同企业会根据各自的经验研发各自的人体测量方法和辅助测量工具，如测量腰带、电子测量尺等。非接触式人体测量技术已经在PC端、手机端和线下三维人体扫描中得到应用，根据人体拍照快速地获得虚拟人体模型或者人体尺寸，为顾客提供选购号型参考和虚拟试衣效果展示等。以大数据分析为基础的智能量体技术是通过人工智能算法、摄像捕捉等技术，构建人体三维模型，快速分析人体特征数据，结合神经网络算法或图像融合技术GAN实现2D、3D的试衣效果展示，如青岛红创智能量体系统等。

（三）数据业务中心

服装大规模个性化定制既能满足顾客的个性化需求，也能满足企业批量化生产的需求，实现了"个性化"与"规模化"的融合[4]。定制前端如顾客喜好分析、量体、试衣、配置设计等内容越来越丰富，后端的以制作为中心的供应链系统也变得越来越复杂，建立数据中台（业务中台）能有效促进两端多源数据的协同和兼容，使设计研发、制造、销售的全链路运行更加高效。品牌企业依托各自的数据优势和产业链优势分别打造品牌中台（系统），如青岛酷特借助CAD数据库、供应链体系、跨境定制电商、物联网等技术建立涵盖设计、生产、管理、客户关系的系统。山东鲁泰依托庞大的面料数据资源，实现了全产业链的管理，信息化管理覆盖纱线、面料、制造、生产协同、电商等环节。

（四）服装智能工厂

服装智能工厂有别于传统服装加工厂，由传统定制生产模式转变为智能化定制模式MTM（made to measure），以满足市场需求的快速响应。智能工厂建立在自动化工厂基础上，应具有电脑缝纫机、自动缝制单元、自动裁床、物流系统的信息物理技术；应具有纸样、工序、工时、人员等大数据挖掘技术；应具有三维试衣、生产线虚拟仿真、数字孪生等技术；应具有设备间、人员间、软硬件间、虚实体间的网络通信技术。实现生产线的智能排产、跨地区的智能生产协同、设备互联、资源智能管控、质量智能控制，并将智能决策功能通过数字化、智能化管理贯穿于服装面辅料采购、款式设计、生产追溯、智慧销售、售后服务等全生产周期[5]。如安徽红爱智能车间、温州报喜鸟西服定制车间、青岛酷特智能工厂、泉州九牧王智能物流等。

（五）智慧门店技术

智慧门店通过消费行为、消费习惯、消费需求等多维度数据分析构建客户画像，根据顾客偏好权重预测客户行为推荐和个性化产品需求，从而实现精准营销。通过RFID电子盘点、智能巡店等技术提升门店的运营效率。智慧门店赋能零售终端门店，通过门店入口、销售入口、支付入口三者共同构建数字化场景，通过AR穿衣镜、引流屏、试衣魔镜、扫码购物等，将购物、体验、娱乐融为一体，给顾客"浸入式"的情感体验。如山东如意智慧门店、马克华菲休闲男装店、无锡红豆男装店等。

三、关键技术发展方向

（一）提高顾客体验感

目前服装个性化定制系统提供的定制产品比较单一，为了满足消费者对独特个性的追求，需要拓展服装定制品类，包括非标的休闲品类、牛仔裤、时装、休闲裤、智能服装、鞋帽等。随着智能制作水平的提高，服装模块化设计水平将进一步完善，充分满足顾客的"完全个性化需求"，消费者根据需求改变服装款式的基础模块，实现模块间的自由组合，不仅局限模块的配置设计范畴，而是个性化设计不受限。为顾客提供更加个性化、更加自由的服装设计服务，不必拘泥于已有的服装款式模板和定制选项，自主地设计出最满意的个性化服装。

（二）完善人体尺寸标准

在服装定制过程中，对人体尺寸进行准确测量至关重要，为此国家制定了服装用人体测量相关的标准GB/T 16160—2017《服装用人体测量的尺寸定义与方法》，上述人体测量标准在企业应用中存在着问题，如随着服装定制企业的数量增加，许多企业在长期的实践中积累经验、总结方法，形成了适合自身的独特的测量规则。不同企业的测量规则不同，对服装用人体测量标准的统一性建立造成了困难。

现行的服装号型标准GB/T 1335—2008《服装号型》是根据1986~1988年间在11个省市地区测量调查的15605个人体样本基础上建立的。人体标准尺寸和服装号型是服装设计、制板、推板以及销售中主要规格尺寸依据。服装号型标准在企业应用中也存在问题，如企业号型设置会根据其实际面向的消费群体的不同而有所差异，不同服装企业号型标准也有较大差异；服装号型分档较少，合身性有待提高；标准人体的体型随着时间推移已经发生了较大的变化，有必要进一步修订服装用人体测量国家标准和服装号型国家标准。

（三）互联网+传统服装品牌

"互联网+服装"是服装行业深层次的模式创新、流程创新、技术创新、观念创新和管理创新。受疫情影响线下服装定制品牌纷纷转战线上经营，如大杨创世推出线上品牌YOUSOKU、乔治白创立"微信定制衬衫"等。具有传统文化特色的服装品牌需要通过互联网等先进技术重新构建产业链中的消费者、生产者和市场的关系，让传统品牌和传统文化得到进一步发扬光大，形成以消费者为中心的服装定制化供给体系，让传统文化的私人订制重新成为了一种新的时尚生活方式。

（四）个性化的智能服装

智能服装的学科交叉性和系统复杂性需要产品设计理念及产业化模式的不断完善，将科技与服装深度融合[6]。智能服装设计的"以人为本"理念将设计充分带入消费者的应用场景中，产品应符合穿着者所进行的社会活动。对于特殊需求的群体应该进一步加强需求调研，并做针对性的产品设计与研发，突显智能服装的人文关怀属性，更好地满足穿着者的情感需求。服装功能性设计是智能化设计的核心，如将GPS定位设计到衬衫或T恤衫中，为某些老人和小孩带来便利。智能服装的交互方式应具有便捷性和多元性，穿着者可以通过手势交互、眼球追踪等特殊方式与服装进行"沟通"，以提供消费者更好的操作体验。将个性化定制的理念融入产品设计中，打造出带有强烈个人风格标签的全新时尚潮流服饰，从而增加用户的黏度。

（五）纺织服装工业互联网平台

随着服装企业逐渐融入互联网经济中，为建立供需双向连接的工业互联网平台奠定了基础，从而解决服装行业的产品结构、产品质量提升的瓶颈问题。纺织服装工业互联网平台正在不断颠覆传统服装制造模式、生产组织方式和产业形态，推动传统服装产业加快转型升级[7]。工业互联网催生大规模个性化定制、网络协同制造、服务型制造、智能化生产等一系列新模式、新业态，推动产能优化、存量盘活、绿色生产，创造更多新兴经济增长点。借助工业互联网平台能够从根本上降低服装定制周期和定制成本，实现供应链最优分配，充分发挥服装大规模生产和个性化定制的优势，降低生产时间和产品成本，实现个性化需求的制造标准化，充分发挥精致的服装生产工艺，提高定制服装的性价比和品牌附加价值。

四、结论

疫情之下，全球产业链的不确定性与高度复杂性给各行各业带来了巨大的影响，全球产业链将面临着断链、变链和重构等复杂问题。"双循环"下的服装定制行业未来将发展高质量的战略路径，依托内需市场的潜力和先进技术加快我国服装产业的健康发展。服装个性化定制的个性化、快反能力、低成本、绿色环保、智能化将成为未来行业发展的主要趋势，服装大规模个性化定制从生产、消费环节实现双向驱动，实现规模化定制与个性化审美之间有机结合。通过工业互联网平台的资源整合、产品设计研发和智能制造，提高产业链数据转换能力，服装大规模个性化定制能力得到提升，以科技发展作为竞争动力，积极拓展外需市场，促进我国服装品牌的国际化。

参考文献

[1] 杨向宇，杜劲松，凌军. 服装智能制造能力成熟度的影响因素[J]. 纺织高校基础科学学报，2019，32（4）：378-384.

[2] 朱伟明，彭卉. 中国定制服装品牌格局与运营模式研究[J]. 丝绸，2016，53（12）：36-42.

[3] 刘琴，尚笑梅. 服装人体测量技术研究进展[J]. 现代丝绸科学与技术，2019，34（6）：32-34.

[4] 戴玉芳，李依璇，杜劲松，等. 服装C2M定制模式中的关键技术[J]. 服装学报，2018，3（5）：390-394.

[5] 杜劲松，闻力生. 服装超柔性制造模式的构建[J]. 纺织高校基础科学学报，2018，31（3）：311-316.

[6] 杜劲松，李司琪，余雅芸，等. 智能化服装设计与研发[J]. 纺织高校基础科学学报，2020，33（3）：58-63.

[7] 戴玉芳，杜岩冰，凌军，等. 服装工业化定制中的信息交互[J]. 纺织高校基础科学学报，2019，32（1）：30-36.

化纤长丝生产卷装作业全流程智能生产成套装备与系统

王 勇　徐 慧

[北自所（北京）科技发展有限公司]

聚合、纺丝和卷装作业是化纤长丝生产的主要工序，聚合、纺丝两个工序属于流程型生产模式，已经实现了复杂条件下的自动化、数字化和信息化。卷装作业是化纤生产的最后一个环节，全流程主要包括丝饼卷绕成型后落卷、转运、外检、包装、仓储和发货等工艺环节。化纤长丝生产卷装作业全流程智能生产成套装备与系统的研制彻底改变了此工艺环节完全依赖人工作业的情况，实现了卷装作业的自动化、数字化和智能化。

一、前言

（一）研究背景

工信部、发改委发布的《化纤工业"十三五"发展指导意见》指出，化纤是我国具有国际竞争优势的产业，也是我国纺织工业的重要支柱产业。2019年，我国化纤产量占全球总产量的71.71%。近十年，随着国内生产规模不断扩大，市场对产品质量和差别化要求不断提高。

卷装作业各个工艺环节所涉及的产品物流和信息流流程长、影响因素多，对产品品质一致性要求高。传统的人工作业特点是：工人劳动强度大、作业效率低；产品损耗大、信息错误率高、质量及评定稳定性差、各车间缺乏产品与装备的实时信息采集及数据处理，生产缺乏统一协调管理。而人工成本持续攀升，不断挤压企业利润空间，成为制约行业高质量发展的瓶颈。因此亟须开展化纤长丝智能化生产关键技术与装备研究，打破化纤生产智能制造的最后一个壁垒。

化纤长丝卷绕成一定规格的卷装后，经落卷、转运、外观检测、包装、仓储和发货等工序，完成卷装全流程作业。传统卷装作业存在工人劳动强度大、效率低、技能要求高、产品质量评定稳定性差，各工序作业信息采集、传递和数据汇总困难，产品缺乏完整实时信息和数据可追溯性等弊端，常规自动化设备难以替代人工作业，成为了化纤行业进一步转型升级瓶颈。

（二）研究目的

近年来，在劳动力短缺、劳动力成本和单线产能的快速提高的压力下，行业对化纤长丝卷装作业自动化装备的需求不断攀升。但是仅德国、意大利和中国台湾几家公司可以提供装备，且只能解决个别工艺段的问题，尚无完整的解决方案。进口装备和服务价格高昂，且售后不及时，无法在行业进行广泛推广。国内装备与系统的研发，就是为了替代进口装备对市场的垄断，促进整个化纤行业进一步转型升级。

（三）研制过程

北自所（北京）科技发展有限公司、东华大学、福建百宏、江苏盛虹等部分化纤龙头企业组成了产、学、研、用一体，涉及机械、自动化、计算机、材料等多个学科交叉融合的项目团队，承担了国家智能制造装备发展专项"化纤生产智能物流系统研究"和智能制造新模式应用项目"涤纶长丝熔体直纺智能制造数字化车间"。经过十余年技术攻关，通过开展工艺研究，建立了装工艺和装备的数字模型并开展仿真，建立工艺数据库，实现信息的感知、采集和融通，形成数字化作业工艺；开发专用自动化装备替代人工作业；采用信息化管理模式替代原有的人工区块管理和手工信息传递；研制的智能检测装备可代替人工经验判断产品质量；实时智能管控系统可对生产进行整体协调管控并可实现远程运维。装备与系统通过在合作单位生产线上持续的工程实践和不断的改进迭代，最终突破了化纤长丝卷装作业工艺数字化技术、研制了化纤长丝卷装作业智能化关键技术装备与系统，实现了卷装作业自动化，产品的优等品率提升，生产成本降低和生产集中管控水平提升；实现了化纤长丝卷装作业的自动化、数字化、智能化，可完全替代进口装备与系统，促进了国内行业技术装备升级。

二、研究内容

项目围绕卷装作业生产工艺、产品信息管理和车间管理，对卷装的全流程作业从自动化、数字化和智能化三个方面展开了研究。通过构建基于卷装作业工艺全流程多任务均衡生产模型，开发化纤长丝智能化生产工艺数据库系统，研制出成套的适用化纤长丝卷装作业的全流程数字化工艺，实现了卷装作业、物流、信息流从生产到用户全覆盖和协同，彻底改变了人工作业和区块化管理方式。

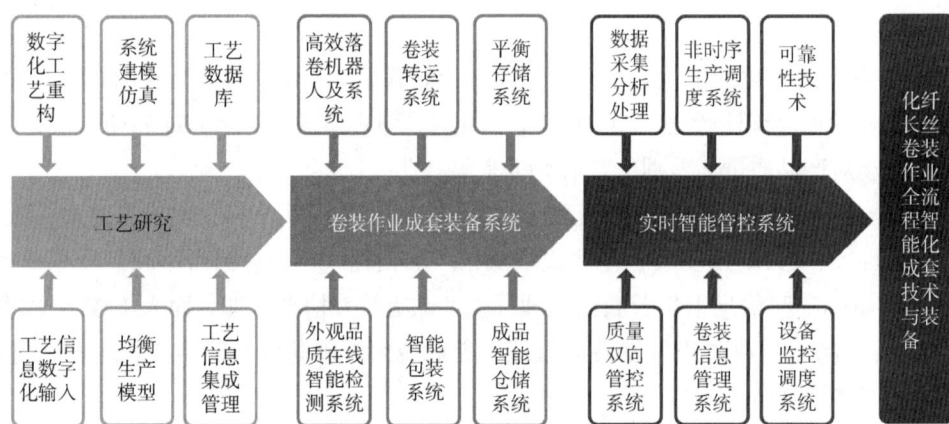

图1 化纤长丝卷装作业全流程智能化成套装备与系统

（一）自动化

研发了化纤长丝卷装作业自动化成套装备与系统，为构建贯穿化纤长丝卷装作业的全流程智能化系统奠定了基础，研制的落卷机器人、智能包装系统等14种高端自动化装备与系统，打破了国外技术装备垄断。

通过开发的专用装备全自动落丝机、转运存储设备、自动装车设备及相关接口软件、信息处理、排产、落丝机智能调度软件，发明了化纤长丝卷装自动落卷及地面输送方法，建立了在线动态位姿误差模型和补偿修正算法，开发了大惯量负荷下空间位姿在线高效动态定位技术和多机器人最优路径规划技术，研制了地面和空中两系列落卷机器人系统，重复定位精度可达±1mm；实现了受限空间内单线多机器人协同，实现多批号产品自动排产、自动落卷、装运、分批存储、装车、自动生成并传递卷装信息、实时采集设备运行信息和产品生产信息进行存储、分析实现质量控制。彻底解决了工人劳动环境恶劣、强度大、生产损耗高的问题；解决了产品的生产信息由人工产生、传递，存在准确性差、效率低的问题以及设备独立运行，无法及时得到产品生产信息，不能进行统一的生产运行管理，产品质量无法得到有效控制的企业管理难题。

可为用户提供具备模块化、标准化的产品方案（图2）。核心装备全自动落丝系统分为两个系列：地面式（图3）和悬挂式（图4）。目前分为2大系列8个模块，用户可以根据自己的产品品种、产能、场地条件进行自主选择。每个模块中的落丝机机械设计、程序设计，功能设计、MES系统同各个设备间的接口均实现了标准化。不同模块间的差异化主要体现在设备数量、设备形式、设备数量上，及因此产生的调度、自主决策原则的区别。

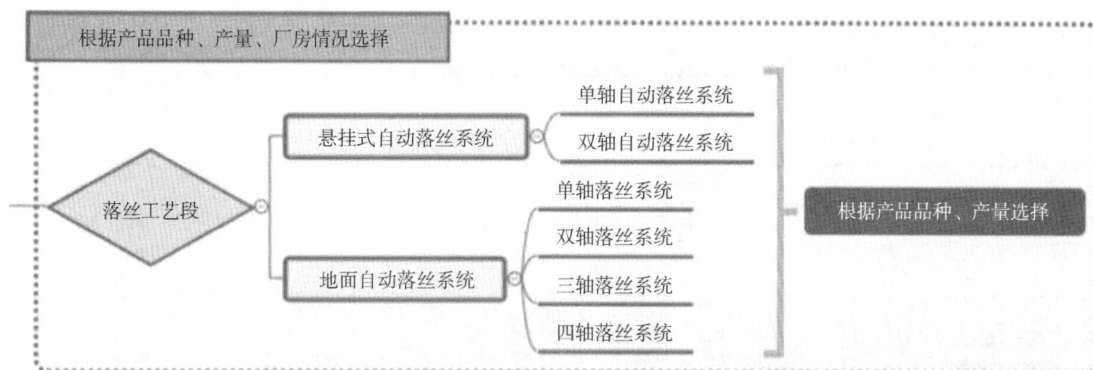

图2　产品方案

图3　地面落卷机器人系统

图4　空中落卷机器人系统

研发了应用于化纤长丝生产的包装数字化车间解决方案，针对化纤长丝卷装多品种、多批号、多等级、多任务协同、产品信息全程可追溯的包装要求，发明了包装换批时未满垛卷装的自动处理方法，开发出卷装信息多点绑定和多重校验技术，研制出卷装智能化数字化输送与识别装置、裹膜机、直角坐标码垛机器人、柔性化技能机器人末端执行器等系列核心装备，实现了丝车自动化运输以及卷装的包括外检、剥丝、染色、判等在内的质检及包装等全过程的工艺流程自动化、数字化运行。实现了对产品按批号和等级自动输送、全流程信息追溯管理、人工操作造成降等损失等难题；自主研发的搬运机器人系统，替代人工作业，实现了装载卷装的丝车自动分拣和搬运功能，实现了按批号、按等级准确无误地进行输送。采用定制开发的自动化仓储系统，成功解决卷装成品的存储占地面积大，损耗严重的问题。本方案的成功使用，大大减少操作工人需求量，降低工人劳动强度，有效产品质量，减少存储场地占用面积。包装能力达到28000锭/天，节省人工约50%。

可以提供具备模块化，标准化的产品方案。目前可以为用户提供7个模块（图5）。根据用户的产品种类、包装产量和功能选择单一模块或者多个模块的组合，形成解决方案，化纤长丝卷装智能包装系统如图6所示。每个模块从工艺布局、机械设备、控制系统、控制程序、调度子系统以及它们同MES的接口均实现了标准化。不同模块间的差异化主要体现在处理产品对象的不同上。MES系统具备自动排程、卷装信息管理、设备监控、设备调度、信息接口等标准化模块在后台运行，实现对车间生产运行的管理、监控和调度。

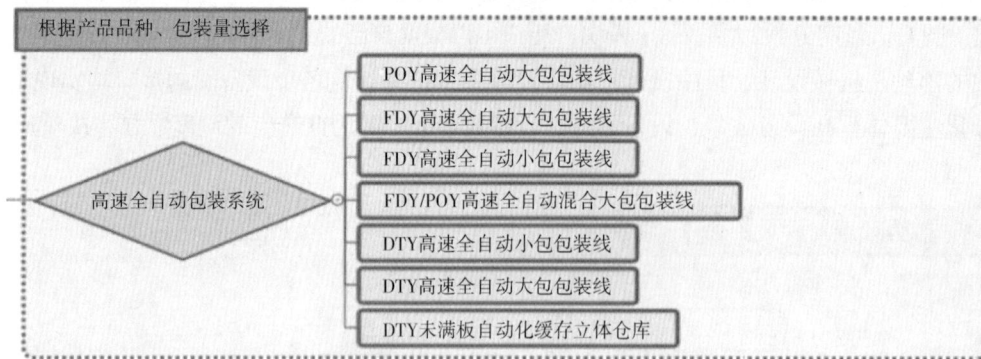

图5　高速全自动包装系统

图6　化纤长丝卷装智能包装系统

（二）数字化

1. 工艺数字化研究

研制了适用于化纤长丝卷装作业全流程数字化成套工艺，实现化纤长丝卷装作业全流程数字化生产。在分析传统化纤长丝卷装作业工艺流程及工艺参数基础上，研究了化纤长丝生产落卷、转运、检验、包装和仓储等典型工序工段与生产纲领之间的影响及匹配关系。采用卷装作业工艺信息数字化输入、作业过程数字化决策和工艺信息集成管理技术，研制出了适用于化纤长丝卷装作业的全流程数字化工艺。实现了卷装作业过程中从柔性体落卷、分类存储、转运、外检、包装、仓储和发货的全流程数字化高效精确作业。

构建了基于卷装作业工艺全流程多任务多参数均衡生产模型。针对现有卷装作业自动化工艺的需求，提出了卷装作业物流模块化设计方法，根据多节点物流节拍、路径、卷装分级分批原则与作业批号、品种、质量、分拣流向和物流量间的关系，构建了卷装作业全流程多任务多参数的均衡生产模型，研究出单线可日处理2万~10万锭卷装作业全流程最优化方案，可实现化纤卷装落卷、转运、分批、平衡、分级包装、仓储全流程少人化生产。

开发了化纤长丝智能化生产工艺数据库系统。针对卷装作业流程长工艺环节多，工艺参数信息多类型复杂，信息准确度要求高关联度强等难题，通过研究各工艺环节数据生产、存储、分析、处理、使用和销毁流程，研究了多维度智能标签技术，对卷装作业多源异构数据进行语义关联表示和重构解析，开发出化纤长丝智能化生产工艺数据库系统，包括卷装作业物流数据库，卷装作业过程数据库、质量检测专家库、设备运维专家库等7个数据库模块（图7）。解决了卷装作业海量多源异构信息分析、处理和校验的难题，通过进一步对数据库数据的挖掘，实现了数字化生产过程的近万组数据信息高速、准确地自适应匹配，从而为每一锭卷装建立了覆盖作业全流程的数字化档案，打破了不同工序间的数据壁垒，实现了卷装作业、物流和信息流的互联互通和快速准确的协同（图8）。

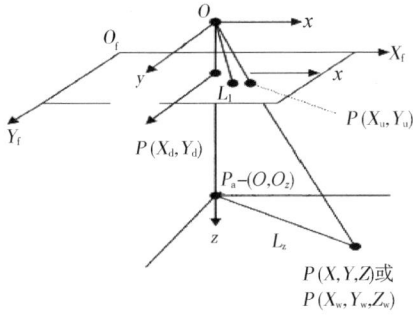

卷装三维几何外形建模

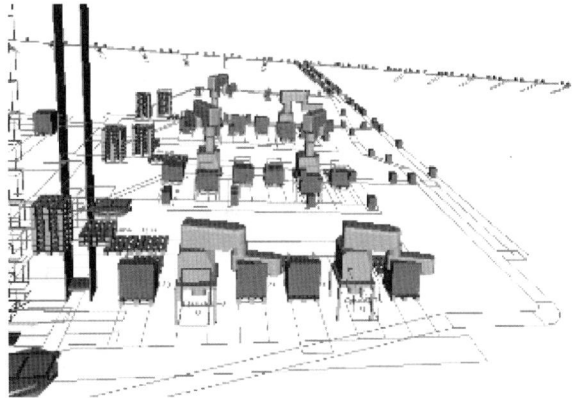

图7　卷装、系统建模

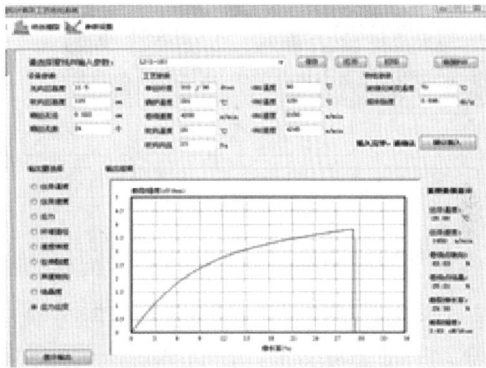

图8　生产工艺仿真与参数优化平台

2. 装备数字化研究

化纤卷装作业全流程过程涉及卷绕车间、平衡间、包装车间、仓储车间等工艺装备、检测装备、物流装备等装备参数数据以及MES、ERP等生产、工艺、质量数据，生产数据庞杂多源异构。在对卷装作业态势分析以及任务解析基础上，研究出化纤长丝卷装作业全流程生产运行监测、工艺参数采集规约及处理技术、多源异构的瞬态生产数据分析处理技术，建立了数据融合处理模型，研制了数据同步机制技术、研究了任务调度框架，开发出化纤长丝卷装作业生产全流程信息采集分析处理系统，解决了化纤长丝全流程智能化生产多参数在线检测、补偿反馈、协同控制等技术难题。通过多源异构数据信息采集分析数据共享技术，能有效打破各系统间的隔离、信息孤岛等问题，实现了生产全过程数据共享。

研制了适应化纤卷装柔性作业非时序生产数字化调度系统。针对化纤卷装作业长流程离散制造模式，研究了基于计划调度、库存实态等约束的卷装作业防呆机制，基于设备效率、资源使用的改产换批自适应优化策略，突破了物流实时智能调度与产品质量双向智能管控技术，通过建立产线多目标描述和生产模型，开发出适应长丝卷装作业多品种、多批号、小批量、全流程的生产特点，解决多设备多工序人机物高效协同的非时序调度算法及软件，完成了产线各系统间互联互通、协同控制、智能决策的分布式协同调度，实现了卷装作业全流程一体化集成运行管控，满足产线高效低成本运行及数字化柔性生产需求。

（三）智能化

创新研制化纤长丝卷装外观品质在线智能检测系统（图9）。针对化纤长丝卷装三维曲面空间上外观瑕疵特征尺度范围大、种类复杂、位置随机的特点，探明了化纤长丝卷装表面瑕疵特征的多样性、多尺度与多维度特征规律，提出了多焦面图像捕获融合和多策略检测方法，建立了检测参数可自适应调节的在线检测方法，攻克了面向卷装三维空间立体外观的机器视觉检测技术难题；探明了卷装表面瑕疵的随机性与不确定性分布特征，建立了具有自学习功能的瑕疵特征库，攻克了卷装与纸管全表面图像自分区与瑕疵特征自适应匹配技术；研发了模块化及嵌入式卷装智能检测系统，完成了与长丝生产线的互联互通与协调控制，实现了检测数据的监控与可追溯功能，突破了长丝卷装全流程自动化与智能化生产的瓶颈。解决了化纤长丝连续化生产中卷装高效全检与品质保障问题。检测时间≤4.4s/锭，疵点卷装在线正确检出率达到99.2%。

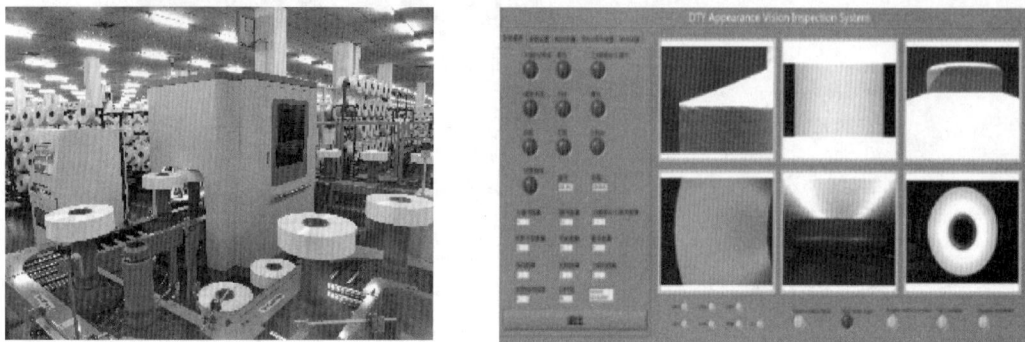

图9　化纤长丝卷装外观品质在线智能检测系统

开发了具有多源异构特征的卷装作业全流程的实时智能管控系统。针对化纤长丝生产多品种多规格，工艺繁杂流程长、全流程检测控制及可靠运行要求高等难题，建立了基于产品交期的多工序、多装备、多参数的实时数据驱动的动态均衡生产控制模型。开发出多源异构信息采集分析处理系统、生产管控与安全可靠运行系统，解决了卷装作业全流程多装备多参数协同控制、联动设备安全互锁等技术难题。首次实现了落卷、转运、检测、包装、仓储等全流程均衡协同作业和智能调度，以及生产对象、装备和信息智能管控的高效生产运行等，填补了行业空白。

研制了保障系统24h连续运行可靠性技术。针对化纤卷装24h，365天连续生产的特点，要求全系统生产无歇、工艺参数准确、高可靠性的难题，研究出设备状态监控、动态设备平衡、系统运行安全互锁、设备联动冗余、工艺数据的反馈及补偿、设备预测性运维、数据多重校验及冗余和管控系统智能记忆技术等生产线安全运行可靠性技术，开发出具有实时监控及反馈、专家系统就地维护指导、预测性维护、远程运维四级维护的安全可靠性体系，解决了化纤卷装生产全流程工艺参数准确执行、系统运行可靠等难题，是化纤卷装不间断生产的重要系统保障。

三、社会和经济效益

化纤长丝生产卷装作业全流程智能生产成套装备与系统实现人均生产效率提高29.78%，运营成本降低22.13%，产品不良品率降低70.22%，人均产值提高99.91%。经鉴定，项目整体技术水平达到国际先进水平，外观在线智能检测技术达到国际领先水平，填补了国内外空白，获得2019年度纺织工业联合会科技进步一等奖。本成套装备与系统已在国外43家化纤骨干生产企业得到推广应用，应用单位经济效益显著增加。首创的化纤长丝卷装智能化作业模式，促进了产业升级，树立了化纤智能制造的标杆，提升了我国化纤行业的国际竞争力。核心成果现已开始获得海外市场订单，并在棉纺、毛纺、印染及非织造等典型纺织行业展开应用，努力为我国先进制造装备产业发展做出贡献。

附 录

附录一 纺织行业"十四五"科技发展指导意见

中国纺织工业联合会

2021年6月11日

"十四五"时期是开启全面建设社会主义现代化国家新征程的第一个五年。《中华人民共和国国民经济和社会发展第十四个五年规划和2035年远景目标纲要》绘制了我国"十四五"乃至更长时期发展的宏伟蓝图，坚持创新在我国现代化建设全局中的核心地位，把科技自立自强作为国家发展的战略支撑，对科技创新发展和科技支撑高质量发展做出了重点部署。"十四五"时期，我国纺织科技将在创新能力和产出水平均实现较大跨越的基础上，坚持创新驱动发展，全面塑造行业发展新优势。围绕科技创新引领行业高质量发展，实现纺织科技高水平自立自强，编制本指导意见。

一、"十三五"纺织行业科技进步情况

（一）科技发展取得的成就

"十三五"时期，在以习近平同志为核心的党中央坚强领导下，创新驱动发展战略在行业深入实施，科技发展取得显著成效，创新能力稳步提升，创新成果竞相涌现，纺织科技实力正在从量的积累迈向质的飞跃，从点的突破迈向系统能力提升。2016~2019年，我国纺织行业规模以上工业企业科学研究与试验发展（R&D）经费支出从410.7亿元增长到495.2亿元，研发投入强度从0.57%增长到1%；行业科技成果丰硕，全行业共有11项成果获得国家科学技术奖，其中"干喷湿纺千吨级高强/百吨级中模碳纤维产业化关键技术及应用"荣获国家科技进步一等奖，398项成果获得"纺织之光"中国纺织工业联合会科学技术奖；行业发明专利授权量保持快速增长，共授权有效发明专利近4万件，较"十二五"期间授权发明专利增加60%以上。

1. 纤维材料技术进步成效显著

先进基础纤维材料在高效柔性化和差别化、功能性方面持续提升。涤纶、锦纶大容量、柔性化及高效制备工艺技术总体达到国际先进水平，通用纤维的功能改性向双功能、多功能复合改性发展，拓展了应用领域，提高了产品附加值。

关键战略纤维新材料技术稳步提升，不断满足航空航天、国防军工、环境保护、医疗卫生等领域发展需求。碳纤维干喷湿纺和湿法纺丝工艺技术逐渐完善，生产效率进一步提升，高端产品品种逐步丰富，T1000级、M40、M40J、M55J等碳纤维已具备工程化制备能力，25K大丝束碳纤维实现产业化生产；千吨级对位芳纶工程化关键技术和装备取得突破，高强型、高模型对位芳纶产品实现国产化；高强高模聚酰亚胺纤维、间位芳纶、聚苯硫醚纤维、连续玄武岩纤维等实现快速发展。生物基纤维材料技术取得新进展，莱赛尔纤维产业化技术实现全国产化；生物基聚酰胺（PA56）纤维突破生物法戊二胺技术瓶颈，建立了万吨级生产线；聚乳酸纤维突破乳酸—丙交酯—聚乳酸技术，形成全产业链制备技术；PTT纤维产业化技术成熟，产品形成品牌效应；海藻纤维规模化制备技术取得突破，实现5000t级产业化生产；纯壳聚糖纤维原料技术进一步优化，产品在高端敷料、战创急救、修复膜材、药物载体、组织器官等多领域应用。

2.先进纺织制品开发持续强化

健康防护、舒适易护理等功能纺织品开发取得显著成效，产品功能日益多样化，应用领域不断拓展。长效阻燃、抗熔滴、抑烟等阻燃纤维及制品实现规模化制备，满足了相关领域阻燃防护要求；导湿快干、凉感、发热保暖等系列热湿舒适功能纤维及织物实现产业化制备，进一步提升纺织面料穿着舒适性，满足人们在不同环境下的穿着需求；棉、羊毛等天然纤维面料高保形技术取得突破，提高了纺织制品抗皱性能和品质，降低了清洗与护理要求；高效低阻熔喷、纳米纤维材料和三拒一抗医用材料，大量应用于防护口罩、防护服、隔离服等，为抗击新冠肺炎的医护人员提供了高效防护的手段。

随着成型、复合、功能后整理等关键共性技术和装备取得长足进步，产业用纺织品在应急救援、抗洪抢险、海上溢油处置等安全防护领域，天宫、北斗系列卫星、神舟飞船、运载火箭、天问一号等航空航天领域，机场、高速公路等基础设施建设领域，均发挥了重要的战略支撑和物资保障作用。超低排放过滤材料助力环境保护工程；智能土工格栅实现工程主体的监测和预警，粗旦聚丙烯长丝土工布的拓展应用提高了基础设施质量；极细金属丝经编、自润滑织物、多功能飞行服和个体防护装备等军民两用产品和技术，在航空航天和国防建设中发挥了重要作用；双组分纺粘水刺、多射流静电纺等技术突破，进一步提升了我国医疗卫生用纺织品的产业实力。

3.绿色制造工艺技术稳步提升

新型纺织绿色加工技术不断涌现，在行业内稳步推广应用。"十三五"期间，印染行业单位产品水耗下降17%，水重复利用率从30%提高到40%。纺织行业废水排放量、主要污染物排放量累计下降幅度均超过10%。针织物连续平幅前处理、化纤机织物连续平幅前处理、低盐低碱活性染料染色、冷轧堆染色、泡沫整理、无氟防水整理等技术应用面进一步扩大；活性染料无盐染色、液态分散染料染色、低尿素活性染料印花等关键技术实现产业化应用；超临界二氧化碳流体染色、张力敏感织物全流程平幅轧染、涤纶织物少水连续式染色等关键技术研发取得重要进展。

我国循环再利用化学纤维科技创新能力明显提升，废旧纺织品资源化利用水平进一步提高。循环再利用涤纶关键技术与装备形成多项创新成果，物理法连续干燥、多级过滤技术，物理化学法的液相增黏、在线全色谱补色调色技术、高效差别化技术，化学法的解聚、过滤分离、脱色、精制、缩聚及功能改性等技术进步明显。

4.行业智能升级改造效果显著

纺织加工过程智能化及装备技术水平取得明显进展，化纤、纺纱、印染、服装、家纺等智能化生产线建设取得明显成效，棉纺梳并联合机、高性能特种编织装备、全自动电脑针织横机等一批关键单机、装备实现突破。化纤智能示范工厂和智能车间实现了送配切片、卷绕自动落丝、在线检测、自动包装、智能仓储等全流程自动化生产；棉纺新一代数控技术广泛应用，新建了多条自动化、数字化纺纱生产线，减少用工至万锭15人；印染自动化和数字化不断升级，筒子纱数字化自动染色向智能化工厂方向发展；服装智能制造发展速度明显加快，已初步形成了包含测体、设计、试衣、加工的自动化生产流程及检验、储运、信息追溯、门店管理等在内的信息化集成管理体系，大规模个性化定制整体解决方案日趋成熟，涌现出一批先进的服装大规模个性化定制智能化系统平台。家纺床品、毛巾、窗帘自动化生产线超过300条，生产效率和品质得到显著提升。

5.行业标准体系建设持续完善

纺织标准体系进一步优化，政府主导制定的标准与市场自主制定的标准协同发展、协调配套的新型标准体系已具雏形。纺织强制性标准由46项精简为2项，制修订推荐性国家标准、行业标准800项，纺织品安全、功能性纺织品、生态纺织品、高性能产业用纺织品、绿色设计产品与节能减排以及纺织装备等领域一批重点标准发布实施；纺织团体标准快速发展，在全国团体标准信息平台注册的纺织类社会团体50余家，发布纺织类团体标准600余项，其中中国纺联团体标准78项；积极推进国际标准共商共建共享，国际标准化能力不断增强，主导提出国际标准（ISO）提案16项，牵头制定并经ISO发布实施国际标准15项；完成40余项国家标准外文版的翻译工作，助力"一带一路"沿线国家标准互联互通。

6.科技创新平台建设稳步推进

"十三五"期间，行业不断增加的科技投入使科研基础条件大为改善，形成了包括国家制造业创新中心、国家重点实验室、国家工程研究中心（国家工程实验室）、国家企业技术中心以及纺织行业重点实验室、纺织行业技术创新中心等较完备的科研条件。截至2020年底，纺织行业拥有国家制造业创新中心2个、国家重点实验室6个、国家工程研究中心2个、国家企业技术中心81家（含5家分中心）；中国纺织工业联合会认定的行业重点实验室59个、技术创新中心37家，基本涵盖了纺织行业未来发展的重点领域，纺织行业的科研硬件设施得到持续改善。

（二）科技发展存在的主要问题

当前，我国纺织行业已进入高质量发展阶段，科技创新能力水平与新发展格局的要求相比仍显不足，自主创新能力、研发投入强度、成果转化实效、人才队伍建设、创新体制机制等方面仍存在一些待解决的问题，主要表现在：关键领域创新能力不强，一些关键核心技术受制于人；科研投入强度不够，重大原始创新偏少；研发应用产业链协同效率低，成果转化产业化进程慢；政府主导制定标准与市场自主制定标准的边界不明晰，部分团体标准同质化；科技领军人才少，人才激励机制不足；创新体制机制不够完善，创新效率亟待提高等。要解决这些问题，需要进一步优化纺织科技创新生态，对基础性、战略性领域的关键核心技术展开攻关，培养造就一大批具有先进水平的科技人才队伍，畅通科技成果转化链条，利用国际创新资源，从而实现纺织行业科技创新能力的系统提升。

二、"十四五"科技工作指导思想和发展目标

（一）指导思想

以习近平新时代中国特色社会主义思想为指导，全面贯彻落实党的十九大和十九届二中、三中、四中、五中全会精神，深入实施创新驱动发展战略，面向世界科技前沿、国家重大需求、国民经济主战场和人民生命健康，以增强原始创新能力为核心，加强协同创新，把握行业科技创新发展的新态势，全面提升科技创新供给能力、质量和效率，推动纺织行业高质量发展。

（二）发展目标

"十四五"期间，纺织工业科技发展将实现以下主要目标：

（1）规模以上企业研究与试验发展经费支出占主营业务收入比重达到1.3%。

（2）纺织行业认定重点实验室达到70家，技术创新中心达到50家，科技成果转化中心达到3~5家。

（3）国产高性能纤维自给率超过60%；生物可降解绿色纤维产量年均增长10%；产业用纺织品纤维加工量占全行业比重达到35%。

（4）印染行业单位产值能耗较"十三五"末降低13.5%，水耗降低10%，水重复利用率达到45%以上；循环再利用纤维年加工量占纤维加工总量的比重达到15%。

（5）形成行业重点领域示范智能车间/工厂，主要设备和工业软件实现自主研发；大规模个性化定制产品占同类产品达到20%，培育40个以上行业智能制造系统解决方案供应商。两化融合发展水平指数大于60。

（6）规模以上企业每亿元主营业务收入有效发明专利数1.6件。

（7）新制定重点与基础通用标准100项以上，标龄5年以内标准占比达到95%，牵头制定国际标准累计突破40项，重点领域国际标准转化率达到90%，团体标准品牌效应增强。

三、"十四五"科技发展重点任务

（一）加快共性关键技术攻关，破解创新发展难题

积极推进纤维新材料、先进纺织制品、绿色制造、智能制造等关键共性技术及装备的研发与应用，解决行业关键技术难题，在持续加大对基础研究长期稳定的支持力度基础上，加快形成行业关键技术攻关的综合支撑体系。逐步完善政产学研用一体化的合作机制，汇聚人才、技术、资本等创新要素，大力推动创新链和产业链的精准对接。深化企业主导的产学研合作体系，鼓励骨干企业牵头协同产业链企业、高校、科研院所形成协作攻关组，集中实施"卡脖子"项目攻关行动。

（二）促进纺织科技成果转化，打造行业发展新引擎

推进创新供给与创新需求的有效对接，促进科技成果转移转化市场化服务，完善从基础研究、小试、中试、成果到产业化技术的中间平台建设。充分利用国家有关促进科技成果转移转化政策，建立纺织科技成果评估评价体系，完善纺织科技成果转移转化机构建设，加强纺织科技转移转化人才培养，搭建市场化纺织科技成果交易平台。集聚市场力量、科技力量、资本力量和人才力量，以市场需求为导向，构建纺织行业科技成果转化新机制、新模式、新体系。健全知识产权综合管理体系，打通知识产权创造、运用、保护、管理、服务全链条，提升专利质量和转化率，营造知识产权保护的良好环境。

（三）推进科技创新平台建设，凝聚科技创新力量

积极推进纺织行业国家重点实验室、国家制造业创新中心等国家级创新平台以及行业重点实验室和技术创新中心、产业技术创新联盟、产学研用联合体等创新平台建设，加强交叉学科、跨领域合作创新平台建设，建立创新平台协同机制，推进骨干企业、科研院所、高等院校科研力量优化配置和资源共享，增强科技创新平台建设对集聚创新要素、激活创新资源、培养创新人才、转化创新成果的引领作用。

（四）强化行业标准体系建设，引领行业规范发展

加强纺织标准化技术机构建设，优化标准化技术组织体系。加大现行标准整合力度，加强基础通用和产业共性技术标准的制修订，鼓励新型纺织纤维材料、功能性纺织品、智能纺织品、高技术产业用纺织品、消费体验、传统文化元素以及低碳绿色制造、智能制造等重点领域的标准制定，推动产业高质量转型发展。加强标准国际化支持力度，推动我国标准走出去，为国际标准建设贡献"中国智慧"。

（五）提升科技人才建设水平，筑牢行业创新之基

培育行业领军人才和专业技术人才队伍，发挥行业科技创新领军人才作用，建立具有国际领先水平的科技创新团队。发展高水平研究型纺织学科，培养基础研究人才。强化职业教育、继续教育、普通教育的有机衔接，扩大纺织专业性和复合型人才的培养规模。完善科技评价体系，优化创新环境。

（六）加强纺织科技国际合作，提高科技创新水平

聚焦前沿基础研究、关键技术领域和标准体系建设等，加强与国外高校、科研机构、企业深度交流合作，在技术研发、资本、人才等创新资源领域加大开放合作，打造国际创新资源开放合作平台，促进关键技术国际化发展；深度参与全球纺织科技创新管理，全面提高我国纺织科技创新的全球化水平和国际影响力。

四、"十四五"重点突破的关键共性技术

重点突破四大类30项关键共性技术，其中纤维新材料4项，先进纺织制品11项，绿色制造5项，智能制造与先进装备10项。

（一）纤维新材料

1. 化学纤维高效柔性制备技术

研究聚酰胺6熔体直纺、氨纶熔融纺丝等关键技术，突破聚酯高效生态催化剂合成及产业化技术，开发新型环保高洁净聚酯纤维及制品。

2. 基础纤维功能化制备技术

通过共聚、共混、复合纺丝等技术，进一步提升差别化、功能性水平，实现纤维高品质、高效生产和低成本。开发智能化、高仿真、高保形、舒适易护理、阻燃、抗静电、抗紫外、抗菌、相变储能、光致变色、原液着色、生物可降解等功能及复合多功能化学纤维。研究开发PLA、PBS、PBSA、PESA、PHA等人体亲和、生物可降解高性能脂肪族聚酯纤维。

3. 高性能纤维一体化制备技术

重点攻克碳纤维、对位芳纶、超高分子量聚乙烯纤维、聚酰亚胺纤维等高性能纤维及其复合材料设计、加工、制造一体化技术，突破材料设计和应用瓶颈。研发高性能纤维高端产品、差别化产品关键技术，实现T1100和M60J等高级别碳纤维产业化，超高分子量聚乙烯纤维高品质、差别化、高效环保制备，高性能对位芳纶规模化制备，系列化高性能聚酰亚胺纤维、高性能液晶聚芳酯纤维关键技术突破，部分高性能无机纤维实现批量生产。

4. 生物基化学纤维规模化加工技术

突破莱赛尔纤维专用浆粕和溶剂、纤维级1，3-丙二醇、呋喃二甲酸、高光纯丙交酯等生物基单体和原料高效制备技术，研究聚乳酸纤维、莱赛尔纤维、生物基聚酰胺纤维、聚对苯二甲酸丙二醇酯纤维、聚呋喃二甲酸乙二醇酯纤维、海藻纤维和壳聚糖纤维等生物基化学纤维规模化生产关键技术，开发高品质差别化产品，加强应用技术开发。

2025年，聚酯、聚酰胺等基础纤维材料高效柔性制备技术达到国际先进水平；高性能纤维、生物基化学纤维及其原料规模化制备技术达到国际先进水平，高性能纤维产能达到2.4×10^4t，生物基化学纤维产能达到2×10^6t。

（二）先进纺织制品

1. 功能纺织品加工技术

研究采用新型纤维材料、新型纱布加工技术、多功能整理技术等，开发出保暖、弹性、抗菌、导湿速干、防紫外、防异味等功能产品。

2. 高品质天然纤维制品加工技术

针对工厂化养蚕蚕丝和改良山羊绒纤维，研究其原料处理、纺织、印染等关键技术，建立高品质加工生产体系；开发全成形针织、细支羊毛高端经编技术和羊毛、羊绒抗起球、易机可洗产品等。

3. 智能纺织品研发技术

研发适用于可穿着电子设备的自供电及储能纺织纤维及制品，感知人体与环境信号的智能纺织品，智能纺织品的柔性集成、封装、成型技术及其评价体系等。

4. 多功能非织造布加工技术

加快实现闪蒸法、静电纺、熔喷等非织造加工关键技术的突破，研发长效低阻的水驻极熔喷技术，研究微纳米纤维、防水透湿纳米纤维膜等高效规模化制备关键技术，开发出高品质口罩用熔喷布、医卫用PLA双组分纺熔非织造布、纺粘热风非织造布、高强粗旦丙纶长丝非织造布等制品。

5. 高性能医疗卫生用纺织品加工技术

研究防水透气、杀菌杀病毒、可重复使用等医卫防护材料；研发纺织基医用人体器官管道材料、手术缝合线和功能敷料等高端医用纺织材料及制品。

6. 高精度过滤用纺织品加工技术

研究高精度过滤材料、纤维基高性能微孔过滤材料等关键技术及相关产品；开发高效脱硝除尘一体化过滤材料。

7. 应急与防护用纺织品加工技术

研究化学毒剂降解型防护、核生化防护、热防护、保暖隔热和软质防刺防割等防护类纺织制品；开发气柱式应急救援帐篷、高性能救援绳索及安全应急逃生系统等应急救援产品。

8. 高性能纤维复合材料加工技术

研究碳纤维多轴向高速经编技术、碳纤织物复杂异型材拉挤成型技术、多向编织预制体制造技术及相关装备。

9. 高性能土工用纺织品加工技术

研究双组分长丝复合多功能土工材料、高性能土工格栅、矿用柔性加固网等产品和加工技术。

10. 柔性复合材料加工技术

研究大口径增强软管、软体储/运油囊、高强柔性膜材料、气柱式柔性复合材料、三维充气结构等纺织柔性复合材料及加工技术。

11. 海洋用特种绳缆网加工技术

研究编织、绞编、封边等绳缆成型和无结网成型工艺，开发海洋用高性能特种绳缆网等产品；开展特种绳缆网产品的深海深空实验验证、应用验证及大规模产业化应用研究。

2025年，高品质、功能纺织消费品和个体防护医卫用纺织品将基本满足不断升级的居民消费和健康需求，高性能工业用纺织品基本满足下游高端应用需求。

（三）绿色制造

1. 绿色化学品开发及应用技术

重点研究绿色纤维油剂助剂及催化剂、替代PVA的环保型纺织浆料、高牢度纳米涂料印花、低尿素活性染料印花、分散染料碱性染色、液态分散染料印染及生物基纺织化学品等关键技术。

2. 少水印染及高效低成本处理技术

重点研究多组分纤维面料短流程印染、针织物平幅连续染色、涤纶织物少水连续式染色、活性染料无盐染色等关键技术；实现了印染废水高效低成本深度处理及回用技术的突破。

3.非水介质染色技术

重点研究超临界二氧化碳流体染色、活性染料非水介质染色等关键技术。

4.高速数码印花加工技术

重点研究开发稳定可靠、分辨率高的压电式喷头，圆网/平网+数码喷墨印花，高速数码喷墨印花等关键技术。

5.废旧纺织品高值化利用技术

重点开展废旧纺织品成分识别以及分离相关基础研究；研究废旧聚酰胺6再聚合及纤维成形技术、细旦再生丙纶加工技术；突破废旧聚酯、聚酰胺纺织品化学法循环再生，废旧腈纶、氨纶的循环再利用，废旧棉等纤维素纤维纺织品清洁再生与高值化利用，废旧滤材绿色回收等关键技术。

2025年，多组分纤维面料短流程印染、针织物平幅连续染色、超临界二氧化碳流体染色、活性染料非水介质染色、数码喷墨印花喷头等技术取得突破；废旧纺织品产业化技术取得显著进步，废旧纺织品资源化分级分类标准评价体系构建完成。

（四）智能制造与先进装备

1.智能制造关键共性技术

研发工业互联网、大数据、人工智能、工业机器人、区块链等一批面向纺织行业应用的智能制造关键共性技术。

2.智能制造示范生产线集成技术

进一步提升化纤、纺纱、织造、非织造、印染、服装和家纺等智能制造产业化技术研发及应用水平，实现关键软硬件系统突破，形成一体化解决方案和全流程智能制造技术集成，建设数字化、智能化示范车间或工厂。

3.化学纤维关键装备加工技术

研发大容量莱赛尔纤维、高性能碳纤维、万吨级对位芳纶、超高分子量聚乙烯纤维和循环再利用化学纤维等成套装备，重点突破高速精密卷绕系统、基于人工智能的化纤生产在线检测和染判系统，集约式高速精密卷绕装备和全自动高速节能假捻变形机等关键单机，关键工艺环节机器人，研制复合纺、高性能纤维及产业用纤维高精度纺丝组件和高速假捻装置等基础零部件。

4.纺纱智能装备加工技术

研发环锭纺纱智能成套装备和短流程纺纱智能成套装备，重点突破自动络筒机、全自动转杯纺纱机和喷气涡流纺纱机等关键单机，纺纱质量在线检测系统，棉条、细纱等自动接头机器人，研制自动络筒机、转杯纺纱机、喷气涡流纺纱机的关键基础零部件等。

5.织造关键装备加工技术

研发数字化高速无梭织机、自动穿经机、智能纱架和物料自动更换与输送装备等机织关键单机，重点突破织机智能控制系统，研制高速开口装置、电子多臂等关键零部件，开发织造协同制造系统。研发数字化、网络化和智能化针织装备，重点突破立体成形装备，高速经编机等关键单机，多针床编织技术、全成形编织（织可穿）技术与复合针技术，基于虚拟现实（VR）技术的横机制版系统，研制织针等关键零部件。

6.高效环保印染装备加工技术

研发连续式针织物和连续式纯涤纶织物平幅印染生产线，重点突破低浴比间歇式染色装备、高速数码直喷印花机、低能耗双层拉幅定形机等关键单机，织物生产加工在线质量检测系统，攻关针织物和涤纶长丝织物染色工艺与质量数控关键技术，多种织物数码喷墨技术，印染生产物料智能化输送关键技术，开发印染设备通信模型与网关转换装置，物料自动导航、运输、抓取装备和软件，实现印染装备互联互通与互操作。

7. 高速宽幅非织造布装备加工技术

研发宽幅高速水刺、针刺、纺粘、熔喷等非织造布成套装备，重点突破宽幅高速梳理机、交叉铺网机、针刺机和高速自动分切机等关键设备，非织造布生产加工在线质量检测系统，研制纺丝模头等基础零部件。

8. 智能化服装和家纺装备加工技术

研发三维量体、三维设计、服装增强现实/虚拟现实（AR/VR）系统、智能自动裁剪、吊挂输送、自动模板缝制和成衣物流智能配送系统与装备，开发自动识别、自动抓取、立体缝制和织物拼接缝合等服装家纺专用机器人等。

9. 先进纺织仪器制备技术

研发自动络筒机电子清纱器、并条机自调匀整系统、新一代锭子动态虚拟功率测试仪、高速锭子动态虚拟振动测试分析系统等；研发高端检测仪器，如单纤维分析系统、出汗暖体假人测试系统、纱线干湿状态下耐磨性能试验仪；研发重大工程、工业装备、生命科学、新能源、海洋工程、轨道交通等产业用领域各类纺织品相关检测仪器。

10. 纺织机械智能化加工技术

研发纺织机械和专用基础件智能生产线，重点突破高精度、高效率、高适应性的纺织机械专用加工装备、智能检测设备、专用新型传感器和机器人等；研发应用纺织装备全生命周期数字化设计及制造技术、纺织装备智能制造过程信息物理系统（CPS）关键技术、纺织装备制造智能供应链管理技术，建设纺织机械企业的数字化工厂（车间）。

2025年，基于大数据、人工智能和工业互联网平台等新一代信息技术，实现纺织生产的自动化、数字化和网络化制造；国产纺织装备国内市场占有率稳定在80%左右；国产纺织装备出口金额全球占比保持在20%以上。

五、"十四五"推动实施的重点工程

围绕30项关键共性技术，"十四五"时期纺织行业将推动实施八大重点工程。

（一）纺织消费品多功能化开发重点工程

重点发展高品质、多功能纺织消费品，突破核心关键技术，形成从纺织品整体设计、纤维开发到纺纱、织造、印染、后整理和应用全产业链的加工制造体系。开发出抗皱易护理、高仿真、耐污易清洗、高效阻燃抗熔滴等功能及复合多功能聚酯纤维纺织品；耐低温、高强、弹性、低熔点等功能聚酰胺纤维纺织品；有色、抗菌、高强阻燃等功能性再生纤维素纤维及纺织制品；抗菌防螨、阻燃、抗紫外、抗静电、导湿、抗皱、发热等系列化高品质天然纤维纺织品；柔性可穿戴、环境自适应等智能纺织品，不断提升产业化应用技术水平，拓展应用领域。

通过增品种、提品质、创品牌"三品"战略深入实施，不断提高个性化、时尚化、品质化纺织消费品的供给质量和效率，加快促进产业向价值链高端延伸；实施国际化发展战略，以科技、绿色、时尚的高标准要求，打造具有国际竞争优势的高品质与功能性纺织消费品产业链。

（二）高性能纤维及制品协同创新工程

围绕高性能纤维及制品产业链安全与高质量发展，加强高性能纤维高效低成本化生产技术，提高已实现工程化、产业化的高性能纤维技术成熟度，提升现有产品质量的稳定性和均一性，满足下游应用需求；实现更高性能纤维品种产业化生产，满足高端领域应用需求；发展全芳族聚酯液晶纤维、芳杂环纤维、聚对苯撑苯并二噁唑纤维等高性能纤维，保障关键原材料自主供应；加大油剂、上浆剂、树脂、模具等产品的研发力度，不断完善高性能纤维行业上下游产业链体系；提高高性能纤维国产关键装备设计、制造、优化提升，提高技术装备自主配套能力。加快推进大尺寸及复杂结构纺织复合材料预制件研制，开发出复杂喷管预制体、大尺寸发动机包容环、大型风力叶片等结构件和产品，形成样件试制及验证技术。

大力推动国家级碳纤维及复合材料创新中心建设，通过重点领域、重大需求、重大专项，加强产业链联合创新，形成产学研用协同创新机制，打造高性能纤维及复合材料行业多层次、网络化制造业创新体系，实现关键品种和产品的规模化制备及应用，部分品种达到世界先进水平。

（三）绿色纤维及制品产业化推广工程

重点推进生物基、可降解、循环再利用、原液着色等绿色纤维及纺织品研发应用，促进纺织行业的绿色低碳循环发展。加快生物基单体、原料高效制备及生物基化学纤维重点品种规模化制备，实现生物基纤维及制品的高品质化、功能化、低成本化；不断提升可降解纤维加工技术水平，开展可降解纤维全生命周期评价；深入推进废旧纺织品循环再生体系构建，建立废旧纺织品分级利用机制，提升废旧纺织品再利用效率。

加快绿色纤维及制品全产业链发展，保障高品质原料自主供应，防范产业链风险，推动关键装备国产化，扩大重点品种生产规模和应用开发，实现低成本生产，拓展应用领域，不断完善绿色纤维及制品标准体系。

（四）生态印染加工与清洁生产工程

围绕印染高效低碳绿色加工，加快原创先进技术研发及应用，形成系列解决方案。加强清洁生产、污染防治和资源综合利用，围绕重点污染物开展清洁生产技术改造，加大节能减排工艺、技术和装备的研发和推广力度，加快推进绿色环保上浆工艺，发展应用自动化、数字化、智能化印染装备，进一步推广热能、水资源、染化料等的回收循环利用技术，提高资源利用效率。通过生态印染加工，提高纺织品功能属性，赋予产品价值再造，提升中高端产品供给能力。

全面推进印染绿色制造体系建设，强化产品全生命周期绿色管理，推进产业链协同治理，打造绿色供应链、生态产业链。加快完善清洁生产评价指标体系；推动高水平的质量控制和技术评价实验室、检测机构建设；强化绿色科技国际合作。逐步建立基于技术进步的清洁生产高效推行模式，有效削减企业的排污总量和单位产品能耗、水耗指标，提高印染全过程绿色低碳发展水平。

（五）高性能工程用纺织品拓展应用工程

大力发展土工建筑、应急救援、海洋、环境保护等领域的高性能工程用纺织品，不断满足国家在相关领域的重大需求。进一步加强高端工程用纺织品自主研发，加快提升材料整体技术性能和应用水平，实现关键工程用纺织材料自主生产和应用。开发出高性能土工格栅、矿用假顶网、土工管袋等土工材料，纺织基柔性路面、高强度大通量给排水软管、气柱式应急帐篷等应急救援用产品，特种绳缆网等海洋工程用产品，超低排放、高效低阻高精度工业过滤等环境保护产品。

加强重点工程领域创新平台建设，建立与主要工程应用领域的合作对接机制，创新合作模式；加大智能制造、绿色制造升级改造力度；加快推进重点领域、重点产品标准化研究和标准制修订；推进国产化装备、纤维和重点产品的推广应用。

（六）高端健康防护用纺织品研发推广工程

聚焦安全防护和生物医用纺织品全产业链高端化发展的薄弱环节，积极推进产业链基础再造和产业链提升工程，调整优化产业结构、拓展新应用。

加快发展医卫防护纺织材料，开发阻隔性能好、服用舒适、耐久防护及可重复利用的口罩、防护服等医用防护纺织品，满足不同场景个体防护需要；发展高性能经济型阻燃防护、舒适性防割、防弹、防机械伤害、软质防刺、核生化防护、电离辐射防护等安全防护纺织产品和相关技术。发展高端生物医用纤维，实现宽降解周期的可降解医用纤维材料及高生物安全性医用纤维的国产化，设计与制备可诱导组织定向再生的纺织基生物材料；发展对组织再生原位调控的食道支架、胆道支架、输尿管支架、运动损伤修复材料等响应性人工腔道材料及一体化成型成套装备；推进高端生物医用纺织品的工程化开发，实现关键产品的临床应用。

（七）高端纺织装备制造工程

发展重点纤维品种、纺纱制线、织造、印染、非织造布、特种织物等先进成套装备，提高纺织高端装备相关基础理论和跨领域交叉研究能力，进一步提升高端装备的国产化率和质量。重点发展纺织绿色生产装备、智能加工装备，包括生物基纤维、可降解纤维、再生纤维等化纤生产机械，绿色印染装备和纺织装备能源管理系统；纺织短流程和自动化装备、纺织专用机器人、纺织智能系统与检测、纺织集聚区智能化改造等。

加强纺织机械行业全产业链协同创新，建立先进纺织装备联盟，共同推进纺织重大技术装备和关键技术等创新与突破，鼓励和推动新技术、新装备在纺织行业示范应用。完善纺织机械智能制造标准体系建设，加大纺机行业标准的整合优化力度，推进标准化工作的国际化进程。在"双循环"新发展格局下，以技术引领发展，充分开拓国际国内两个市场，为国内纺织产业升级改造和高质量发展提供装备支撑。

（八）纺织行业智能制造示范工程

推进智能制造关键技术研发与应用，建设纺织生产全流程数字化、智能化车间，加强设计研发、生产制造、企业管理、市场营销、经营决策各环节在智能环境下的综合集成，形成智能化工厂。以纺织装备数字化与信息互联互通为基础，结合国家智能制造标准在纺织行业，建立新一代纺织产业智能制造标准体系，优先完成纺织物联标识、纺织设备与系统、工业控制网、纺织工业云平台、纺织大数据平台等相关标准的编制，聚焦纺织智能制造特色技术和模式，构建纺织智能车间/工厂标准体系。

积极推动纺织企业利用新一代信息技术，开展定制化服务和远程运维服务，增强定制设计和协同制造能力，实现生产制造与市场需求的高度协同。加快发展纺织领域智能制造系统集成商，组建产学研用联合体或产业创新联盟，推动装备、自动化、软件、信息技术等不同领域及产业链各环节企业协同创新，逐步形成各领域龙头企业先行推进、细分领域"专精特"企业深度参与的智能制造发展生态。

纺织行业"十四五"科技攻关及产业化项目见附件。

附件：纺织行业"十四五"科技攻关及产业化项目

一、纤维新材料

1. 化纤高效柔性制备技术

编号	技术名称	类别	意义及研究内容	2025年目标
1	聚酰胺6熔体直纺技术	关键技术	聚酰胺6熔体直接纺丝，可缩短生产流程，降低生产成本 研究内容：降低低聚物含量，提升脱挥效果；在快速反应中实现反应的均匀化，熔体品质的稳定；实现快速高效冷凝和低聚物稳定输送回用；完善整个聚合过程环状低聚物含量、分子量及分布变化规律研究，建立聚合工艺与熔体品质之间的全流程关系，实现高效准确的工艺优化	实现千吨级熔体直纺
2	氨纶熔融纺丝技术	产业化	氨纶熔融纺丝生产过程清洁环保、能耗低，纤维无溶剂残留，用于生产内衣及国际高端品牌服装，对增强我国氨纶产业的竞争力具有重要意义。目前国内已经突破熔纺氨纶切片技术，打破国外产品垄断 研究内容：研究提高熔纺氨纶切片的稳定性和可纺性	实现熔融纺氨纶年产能$3×10^5t$
3	单甬道120丝饼氨纶纺丝技术	产业化	氨纶生产存在聚合物均匀差、细旦氨纶生产效率低以及生产过程不稳定等瓶颈，该技术在品质控制、工艺安全、绿色生产、节能降耗、智能制造等方面有新进展和突破，可使细旦丝生产效率提升2~3倍。目前在氨纶聚合物制备技术及装备、整体式纺丝组件、高效率纺丝甬道、智能化生产控制等方面已有技术基础 研究内容：提升细旦氨纶加工稳定性和生产效率	新增产能$1×10^5t$
4	钛系催化聚酯纤维制备技术	关键技术	PET合成过程主要采用锑系催化剂，在织造、染整过程部分锑会析出，对环境和人体造成负面影响，国际上对含锑的聚酯纤维实施限定。钛系催化剂相对安全和环保，效率提升是锑系催化剂的10倍，可有效降低酯化、缩聚温度，提高酯化率，使分子量分布更均匀，减少副产物以及提升纤维洁净度；间接降低了纤维加工成本 研究内容：高效钛系催化剂合成与产业化，钛系或多元金属新型催化剂聚合技术。通过新型催化剂聚合装置进行专业化设计和加入点的选择，改善熔体热稳定性与色相的助剂体系研发。开发聚酯合成、直接纺丝、后拉伸成套技术，织造、染整等后续应用加工过程的工艺优化等，推动聚酯纤维产业绿色发展	部分重点企业实现100%钛系催化聚酯熔体直纺，相对锑系催化剂短纤维的能耗降低5%~10%
5	高洁净聚酯纤维及制品制备技术	关键技术	通过多重技术实施，制备的纤维本身不含有重金属、低含量有机挥发物（VOC），具有高耐磨与柔韧特性，在洗涤过程中不易产生纤维微塑料，同时纤维表面具有良好的抗污性能，有效降低洗涤次数 研究内容：形成高洁净功能纤维材料及纺织制品制备体系	实现万吨级产业化生产

2. 基础纤维功能化制备技术

编号	技术名称	类别	意义及研究内容	2025年目标
1	熔融纺制备高强高模聚乙烯醇纤维技术	关键技术	国内高强高模聚乙烯醇纤维生产多采用硼交联湿法纺丝技术，而熔融纺制备高强高模聚乙烯醇纤维，只发生熔体细流与周围介质的热交换，没有传质过程，纤维成形时收缩小、纺速高、无三废污染。目前已在实验室通过熔融纺丝技术制得水溶性聚乙烯醇纤维及聚乙烯醇粗旦纤维 研究内容：增塑剂的选择，通过实验找出改性效果佳、价格便宜、环保无污染的改性剂或改性剂组合，实现聚乙烯醇的热塑加工；增塑剂的回收，纺丝成型后增塑剂残留在纤维丝束上，需回收继续使用，可通过萃取、蒸馏的方式进行分离；纤维干燥及加热方式的优化，改进传统的石英管热辐射加热方式	建立中试生产线
2	聚酯仿棉加工技术	产业化	改善亲水性、导湿性的聚酯短纤维可部分取代天然棉花。相对于共混法，采用共聚合成法，聚合物降解程度低，更容易得到适合纺丝的线性大分子结构；直接纺丝相对于切片纺丝，能耗低，大分子降解程度可控，更容易得到织造加工能力优异的纤维，具有规模效应，有利于大幅降低生产成本 研究内容：通过引入羟基、醚键、酰胺键等亲水性基团，优化共聚改性聚酯工艺（包括改性单体、非重金属催化剂等），进一步提高改性熔体性能稳定性，减少副产物，结合纤维的异形截面技术，优化纺丝工艺，提高改性纤维的物理机械性能；采用更环保的纤维表面改性技术；混纺、纯纺的织造、染整、后加工过程技术优化，建立产业链品牌体系	形成系列化产品，取代市场上5%的棉制品；申请系列化专利、并制定完成相关应用标准（规范）
3	纤维表面亲水化改性技术	产业化	相对共聚、共混技术，纤维表面亲水处理技术具有简单、高效、成本低的优势；纤维异形截面或微细旦化可有效增加纤维表面积，有益于人体汗液的导出，提高穿着舒适性；在纺丝成型过程和/或拉伸后处理采用表面接枝共聚方法，在纤维表面接枝含富羟基的聚合物；可减少纺织品洗涤过程的亲水整理剂用量、减少磷系化合物对水体的负面影响 研究内容：不含APEO，适合非织造布加工和应用的聚酯亲水接枝改性剂产业化以及表面改性工艺优化；不含APEO，织造纺织品的耐久性亲水化接枝共聚剂（整理剂）产业化以及表面改性工艺优化；提高接枝共聚剂耐温性（在210℃时不分解）以及纤维后加工过程的结合牢度	在非织造布和纤维织造相关领域实现产业化推广与应用
4	聚酯纤维染色改性直接纺丝工程化技术	产业化	聚酯纤维及织物分散染料染色需要较高温度和压力条件，采用聚酯共聚改性，可降低染色所需温度至100℃以下，以降低染色能耗；采用原位聚合、纺前共混染色，可以节约水资源，缓解环境压力 研究内容：醇改性共聚酯单体的选择以及单体合成产业化，降低单体成本；共聚酯合成技术优化以及直接纺丝的稳定性并兼顾抗静电、亲水等其他功能；纤维产品在织造染整过程的工艺优化；熔体染色色谱以及产业化	染色改性及混合其他功能开发技术实现产业化应用
5	聚酯纤维阻燃直接纺丝工程化技术	产业化	现有聚酯纤维阻燃产品在效能、抗熔滴、耐久性、发烟量、环保等方面无法满足防护要求。磷系阻燃（主链DDP型、侧链CEPPA型）共聚相对织物表面阻燃整理具有持续有效性、耐洗性，能耗低，不影响织物手感等优势；阻燃共聚直接纺丝相对切片纺具有聚合物降解少、生产工艺相对简单、能耗低、纤维物理机械性能损失少等优势；纺前共混磷、氮系有机和无机阻燃适合特大型聚合装置的直接纺生产线 研究内容：优化阻燃剂单体、共混单体产业化技术，减少单体合成对环境的负面影响，并有效降低成本；优化共聚酯合成以及直接纺丝工艺，提高纤维的力学性能；优化纺前共混技术，提高共混效果，以利于在大型聚合装置后续直接纺丝生产阻燃产品；形成产业链加工配套技术，开拓应用领域	基本淘汰卤素类、无机锑系阻燃剂；纤维阻燃成本与织物整理阻燃成本差缩小30%；建立阻燃短纤维产品和技术标准；替代超过5%的纯聚酯织物整理阻燃市场

续表

编号	技术名称	类别	意义及研究内容	2025年目标
6	聚酯纤维抗菌直接纺丝工程化技术	关键技术	聚酯纤维不易滋生细菌，但不具有抗菌性，由于细菌的繁殖会引起纺织品穿着不卫生，且可能产生异味；传统解决方案是采用织物表面整理的方法，但产品不耐洗涤；采用原位聚合无机抗菌剂的分散性技术并直接纺丝，可避免抗菌剂分散不匀造成的纤维力学性能降低；采用在纺丝—后拉伸过程表面改性处理具有更高的效率以及适合应用加工所需的不同抗菌类型 研究内容：适合原位聚合无机纳米级抗菌剂的制备；原位聚合无机抗菌剂（微米—纳米级）的分散性技术，直接纺丝、后拉伸工艺优化；适合纺丝—后拉伸工艺的表面改性抗菌剂（无机/有机接枝改性）的产业化及应用技术；适合最终应用的抗菌剂产业化技术	实现抗菌纤维产业化，形成抗菌纤维—织造—染整产业链优化技术，开拓产业用纺织品应用市场
7	多功能聚酯短纤维产业化技术	产业化	功能性纤维主要包括：保暖、远红外发射、阻隔电磁波、抗紫外线、负离子发生、吸附尘埃、过滤空气、皮芯复合纺丝芳香系列（提神、安眠、驱虫、去螨）等，主要采用原位聚合、纺前共混改性直接纺丝、非对称纺丝冷却成型、复合纺丝等技术 研究内容：适合原位聚合以及纺前共混的附加功能性化合物开发及生产；优化原位聚合工艺（包括母粒生产工艺）以及纺丝—后拉伸优化工艺；针对性完善相关功能性技术标准和检验检测方法、标准；优化复合纺丝生产工艺，降低生产成本	直接纺丝三维卷曲中空短纤维（保暖类）形成系列品牌；原位聚合功能性短纤维实现批量产业化；相对普通短纤维效益增加超过10%
8	芳香族PET基生物可降解聚酯制备技术	产业化	由于一次性非织造布制品（卫生用品、清洁布、面膜等）不可生物降解，不适合填埋处理，只能采用焚烧法处理，增加社会成本。现阶段采用共聚和共混技术可以得到生物可降解的聚酯短纤维。共聚法主要是在大分子链段中引入脂肪族链段，共混法主要采用聚乳酸熔体与PET熔体进行反应性共混；不添加扩链剂（某些扩链剂具有生物毒性） 研究内容：共聚单体的产业化生产，大幅度降低成本；优化共聚工艺，完善副产物回收再生技术；优化直接纺丝—后拉伸生产工艺；优化短纤维非织造加工工艺；形成直纺PET熔体与PLA切片熔融反应性共混直接纺丝（包括直接熔喷）成套技术；实现纤维生物降解性能（降解速率）与物理机械性能的平衡	建立相关产品和方法标准；共聚成本控制在常规短纤维的150%以内；共混成本控制在常规短纤维的120%以内。在部分直接纺丝企业实现批量化生产
9	高性能医用人体亲和、生物可降解短纤维	产业化	脂肪族聚酯的PLA、PBS、PBSA、PESA、PHA具有优良的人体亲和以及生物可降解性，由于熔点普遍低，聚合物熔融纺丝过程降解非常严重，因此纤维的力学性能不能满足医用要求；与部分芳香族进行共聚并采用直接纺丝是解决以上问题的重点 研究内容：降低单体的生产成本；提高线性聚合物的分子量（不使用扩链剂）；研制熔体直接纺装备和成套技术；提高熔点至125℃以上；提高短纤维的力学性能，改善脆性，提高强度	建立相关的产品标准和方法标准；建设直接纺丝短纤维生产装备；实现医用领域临床试用，完善纤维性能
10	原位聚合多色系聚酰胺6切片的研发及产业化	产业化	聚酰胺6母粒法原液着色生产色丝存在色差大、组件周期短、毛丝断头高、断裂强度低等问题，目前已建成有色聚酰胺6切片连续原位聚合研发平台 研究内容：耐高温颜料或染料，不产生影响品质的副反应；耐高温的无机染料分散剂、湿润剂、包覆剂等；防止各种颜料助剂和添加剂在聚酰胺6高聚体中的扩散，阻止在聚酰胺6切片萃取和单体回收中对整个生产体系的污染；各种颜色聚酰胺6切片的产业化生产集成技术；建立有色切片纺丝的色卡和布面颜色深度、色相的大型数据库，建立自动配色系统	实现产业化生产

编号	技术名称	类别	意义及研究内容	2025年目标
11	海岛复合纺丝法超细纤维	产业化	海岛法超细短纤维主要用于非织造布仿天然动物皮革，在运动鞋、交通载具、家居座椅等领域具有广阔前景，其综合性能优于动物皮革；纤维还可以用于超级过滤（例如，医疗、卫生、食品加工等领域）。海岛法超细是采用共聚法得到水溶性的改性PET，采用特殊的纺丝组件复合纺丝得到单根水溶性纤维内含有多根普通涤纶纤维的"海岛"纤维，在非织造布加工整理过程中，用热水溶解"海"，得到超细纤维 研究内容：易水解聚酯合成；两种熔体均采用直接纺丝，避免热降解；优化纺丝组件，特殊设计的熔体分配以及更多的"岛"；优化纺丝拉伸工艺，保持完整的海成分；优化非织造布开纤技术	采用钛系催化剂用于水溶性聚酯的生产；降低海岛法超细纤维的成本，拓展应用领域
12	新型分散染料常压可深染聚酯（NEDDP）连续聚合直接纺丝产业化技术	产业化	分散染料常压可染聚酯（EDDP）虽早有研究，但因染色牢度等多项指标不能满足要求，至今未见生产。项目对PET从源头进行共聚化学改性合成NEDDP，实现了对原涤纶的迭代升级。该纤维的回潮率提升到1.4%，具有自亲水性；初始模量比同规格常规涤纶降低了25%，手感柔软舒适；点对点电阻为$10^{10}\Omega$，电荷面密度为$0.7\mu C/m^2$，抗起球性能达4~5级。该纤维使用市售染料可在100℃及以下温度染深黑色及其他全色系，上染率提高2%~3%，各项色牢度在4级及以上。对比高温染色可节能50%以上，缩短染色时间25%，大大降低碳排放量；常压染色为涤纶平幅连续染色的实施提供了更好的基础条件。该纤维已被用于与羊毛、棉、锦纶及氨纶等不耐高温染色的纤维混纺或交织，应用领域不断拓展 研发内容：实现连续聚合—熔体直纺产业化，提高NEDDP及其纤维的生产稳定性及质量的稳定性，大幅提高生产能力，降低生产成本。制定合理的工艺流程、确定改性剂及辅助材料的添加量、添加方式及时间点等；制定NEDDP及相关纤维（POY、DTY、FDY）标准	实现NEDDP连续聚合—熔体直纺产业化，完成标准制定

3.高性能纤维一体化制备技术

编号	技术名称	类别	意义及研究内容	2025年目标
1	T1100级碳纤维研发及产业化	关键技术	T1100级产品强度7000MPa，模量320GPa，是最新一代高强中模型碳纤维产品，可广泛应用于航空、航天等领域，大幅度提升现有产品增强减重效果 研究内容：重点解决高致密、高取向和高规整原丝制备技术和保持纤维高强度的纳米缺陷控制技术等关键工艺点，完善超高强度碳纤维配套的助剂、树脂和成型工艺技术体系	实现千吨级生产线稳定生产，在航空、航天领域部分取代干喷湿纺工艺中性能相对低的碳纤维产品
2	M40X级碳纤维研发及工程化	关键技术	M40X级产品强度5700MPa，模量370GPa，是最新一代高强高模高韧型碳纤维产品，可广泛应用于航天器件、航空薄壁结构等高端领域。产品兼顾了高强中模T800级碳纤维的强度和高强高模M40J级碳纤维的模量，具有广泛的应用市场空间 研究内容：采用湿法纺丝工艺，需要在高温高黏聚合体系、均质预氧化技术、石墨微晶结构调控即高模化技术以及针对高模量碳纤维的表面处理工艺技术等方面开展进一步研发和工程化验证	实现百吨级生产线稳定生产，获得航天器件、航空薄壁结构件方面的应用验证和批量使用

编号	技术名称	类别	意义及研究内容	2025年目标
3	国产M60J级碳纤维工程化制备技术研究	产业化	M60J级高强高模碳纤维复合材料可以同时赋予结构高刚度、高强度的性能，并使结构具有更高的耐温特性，是降低航空航天武器型号结构重量、提高结构效率的首选先进复合材料。该技术实现产业化能够满足国内航空航天和民用领域对高性能碳纤维的大量需求，摆脱我国高性能碳纤维及其复合材料受制于人的被动局面，实现高性能碳纤维及其复合料的自给自足，更好满足我国先进复合材料发展对新一代高性能材料的迫切需求 研究内容：专用原丝制备技术；均质预氧化技术；碳纤维微晶结构调控技术；石墨化过程中纤维径向结构调控技术；碳纤维高惰性表面处理技术；配套上浆剂研制；高强高模碳纤维工程化稳定批量制备技术	突破M60J级高强高模型碳纤维产业化生产关键技术，在航空、航天、交通等领域进行应用推广
4	中间相沥青基碳纤维产业化制备技术	产业化	中间相沥青基碳纤维（石墨纤维）具有高模量、强度适中、高导热、低电阻、极低热膨胀系数等众多优异性能，是航空航天、高端装备制造、工业机器人、5G设备热管理及电磁屏蔽等领域的重要材料。中间相沥青基碳纤维采用丰富廉价的重质芳烃为原料，具有极大的低成本化潜力，符合碳纤维低成本化发展方向。中间相沥青基碳纤维技术及产品一直由美国和日本垄断，对中国实施禁运。中间相沥青基碳纤维实现产业化，将打破美日封锁，助力航空航天、5G产业升级的发展。目前已经建设了60t/年高洁净度、高可纺中间相沥青合成技术验证装置，40t/年中间相沥青原丝纺丝技术验证装置，20t/年中间相沥青基碳纤维（石墨纤维）技术验证线，所生产的中间相沥青基碳纤维主要技术指标已达到国外同类产品的中高端水平 研究内容：百吨级中间相碳纤维（石墨纤维）生产线的设计制造及系统集成，以及配套的中间相沥青产业化合成技术、中间相沥青原丝纺丝产业化制备技术；百吨级3000℃连续石墨化炉设计制造；专用上浆剂的研发及生产；专用编织设备的设计制造；预浸料专用树脂及设备的开发制造	实现百吨级中间相沥青基碳纤维的产业化突破；中间相沥青基碳纤维产品性能指标达到世界先进水平；实现中间相沥青基碳纤维复合材料相关技术与装备的配套体系建设；实现国产中间相沥青基碳纤维在航空航天、5G热管理、机器人制造等高端制造领域的应用，形成中间相沥青基碳纤维及复合材料产业链
5	超高分子量聚乙烯纤维高效环保制备技术	关键技术	UHMWPE纤维在我国已实现规模化生产，但现有干法纺丝工艺使用十氢萘作为溶剂，毒性大且成本高；凝胶纺丝工艺使用碳氢萃取剂易燃易爆挥发，安全隐患大、环境负荷高，亟待采用清洁无害的溶剂、萃取剂，解决生产过程中有毒、易燃、易爆等问题，同时提高溶剂、萃取剂的分离率、回收率，减少环境污染、降低成本，实现生产全流程的绿色化、低成本化 研究内容：采用环保、安全溶剂和萃取剂，大幅减少溶剂、萃取剂的用量及排放，消除生产过程中主要安全隐患，开发专用设备及工艺，对现有纺丝工艺全流程改造升级，实现UHMWPE纤维生产的低成本化，低环境负荷化	突破关键工艺技术，大幅减少三废排放，消除生产过程中主要安全隐患
6	超高强超高分子量聚乙烯纤维制备技术	关键技术	超高强超高分子量聚乙烯纤维与国际品牌还有很大差距，高端市场为国外公司垄断。国外企业针对防弹轻量化的需求在2014年前后推出了强度大于40cN/dtex的超高强度UHMWPE纤维，国内HMWPE纤维强度在36cN/dtex左右，强度在40cN/dtex以上的产品很少且稳定性差，迫切需要通过自主研发，突破超高强UHMWPE纤维制备的技术瓶颈 研究内容：开发出质量稳定超高强UHMWPE纤维（断裂强度≥40cN/dtex，断裂伸长率≤3.5%，弹性模量≥1500cN/dtex）	实现高品质UHMWPE规模化稳定化生产，开发出超轻质长寿命防弹制品

编号	技术名称	类别	意义及研究内容	2025年目标
7	耐热抗蠕变超高分子量聚乙烯纤维制备技术	产业化	随着我国海洋产业发展战略及国防安全战略的推进，耐热抗蠕变聚乙烯纤维的需求变得越来越迫切，但相关关键制备技术被国外垄断。该技术制备的纤维可用于光缆和电缆增强、坦克和装甲防护、航母阻拦索、舰艇及远洋船舶缆绳、海洋平台以及大型雷达罩、空中预警飞艇、风力发电叶片增强材料等，对海洋工程、国防安全极具战略意义，市场前景十分广阔。目前国内已打通中试工艺路线，已完成生产线大部分设备的研制，但配料、干燥、萃取和辐照等核心部件仍需攻关 研究内容：萃取过程中孔洞结构的控制与分析；干燥过程中孔洞介入技术的研究与控制；牵伸过程中助剂迁移行为的控制与分析；辐照过程中工艺分配及结晶状态控制	成功开发适合耐热抗蠕变超高分子量聚乙烯纤维生产的技术和成套装备，抗蠕变性能达到国际先进水平
8	对位芳纶复合材料产业化加工技术	产业化	我国高强复合材料、航天航空和无人机等领域对芳纶复合材料的需求日益加剧。对位芳纶复合材料刚刚起步，纤维与树脂的黏合性和层间剪切强度还未完全解决，尚需在复合材料领域深入研究 研究内容：在线对位芳纶纤维表面改性技术；不同复合材料应用领域树脂选型及制备；芳纶纤维复合材料的界面设计、形成、演变及破坏机理；芳纶纤维增强复合材料界面的宏微观力学失效机制	解决在线对位芳纶纤维表面改性技术和树脂选型难题；进行复合材料制备及界面强度测试
9	高强、高模对位芳纶蜂窝国产化制备技术	产业化	我国已实现间位芳纶蜂窝产业化，但高强、高模的对位芳纶蜂窝产品的工业化制备技术尚处于中试生产阶段，严重制约了相关产业的发展。针对航空飞机内饰地板、特种无人机的机翼、雷达罩等技术需求，开发高强型和高模型对位芳纶蜂窝产业化技术，具备航空要求的批量供应能力，并开展相关应用技术开发和应用验证。现已突破常规规格对位芳纶蜂窝工程化制备关键技术，建成十吨级连续生产线，产品力学性能指标与国外水平一致，并在特种无人机机翼及雷达罩等领域初步应用 研究内容：高密度（≥80kg/m³）浸渍技术；高密度（≥80kg/m³）拉伸技术；高温热定型制备技术	突破产业化技术，开展在航空飞机内饰板领域典型应用验证
10	高伸长低模量对位芳纶制备关键技术	产业化	高伸长低模量对位芳纶纤维具有比常规纤维更高的韧性和耐疲劳性，在橡胶及防护领域有广泛的应用需求。目前国产对位芳纶还没有稳定批量的高伸长低模量纤维供应。现已突破对位芳纶工程化制备关键技术，建成千吨级连续生产线，产品性能接近或达到国外同类产品水平，已实现在橡胶、光缆和防滑等领域的应用 研究内容：重点要解决聚合分子量分布不均匀性问题，控制纤维取向度及初生纤维力学性能，控制纤维拉伸过程中纤维结晶，提升产品性能	突破产业化技术，形成1500t/年的高伸长低模量的生产能力，实现在特种防护、橡胶等领域的应用
11	间位芳纶长丝干喷湿纺工艺研究及产业化技术开发	产业化	干喷湿纺纺丝方法结合了干法和湿法纺丝的优点，不但拥有干法纺丝高速、高浓度及高牵伸倍率纺丝的特点，同时保留了湿法纺丝工艺利用控制凝固浴各项参数来调节纤维结构的能力，可有效地完善纤维结构，提高纤维性能。目前，国内外尚未成功开发出间位芳纶干喷湿纺工艺。现已突破间位芳纶长丝湿法纺丝产业化技术，实现在个体防护以及橡胶领域应用 研究内容：干喷湿纺间位芳纶聚合物溶液制备及干喷湿纺纺丝技术；设计开发干喷湿纺关键装备，形成干喷湿纺间位芳纶长丝的规模化生产能力	突破产业化技术，形成500t/年的间位芳纶长丝的生产能力，产品实现在个体防护以及橡胶领域应用

续表

编号	技术名称	类别	意义及研究内容	2025年目标
12	高性能液晶聚芳酯纤维制备关键技术	关键技术	液晶聚芳酯纤维具有高强高模、耐高温、耐化学试剂、耐辐射、尺寸稳定性优异等性能，采用熔融聚合和熔融纺丝方法制备，不存在溶剂回收问题，绿色环保，在宇航和军事、海洋开发、电子电器、高性能缆绳应用等领域广泛应用。目前相关技术产品长期受国外管制，自主开发聚芳酯及其纤维产品迫在眉睫 　　研究内容：纤维级切片的国产化；聚芳酯纤维成型的产业化；热处理成套设备和工艺的优化设计；聚芳酯纤维增强复合材料的研发	突破关键技术，实现液晶聚芳酯纤维的细旦化，纤维品质的稳定化，加工的高效化，使纤维达到更高的力学性能、阻燃性能、抗紫外性能等
13	高强聚酰亚胺纤维规模化制备技术	产业化	量产高强型聚酰亚胺纤维，可依据应用场景进行模量、耐磨、耐折弯等性能调控，满足航空航天、海洋工程等方面的应用需求；在耐高低温、耐辐照、阻燃、保暖方面远超芳纶1414纤维，为高性能防护产品升级换代提供支撑。已完成常规高强高模聚酰亚胺纤维的产业化 　　研究内容：根据应用场景需求进行纤维指标的调控技术；进行原料单体优化，实现低成本高强型聚酰亚胺纤维产业化；高品质一致性控制技术	强度性能指标达到或超过芳纶1414，耐磨、耐折弯等性能达到或超过国外类似产品的技术指标。完成低成本原料筛选及聚合物结构设计，实现低成本聚酰亚胺纤维产业化
14	可染聚酰亚胺纤维制备技术	产业化	聚酰亚胺纤维具备耐高低温、耐紫外、阻燃、隔热等优良性能，但不易着色，颜色单一，限制了其应用领域的拓展。可染纤维的批量化生产对我国特种防护应用领域的材料升级换代具备重要意义。目前已具备常规及原液着色聚酰亚胺纤维生产能力 　　研究内容：聚酰亚胺分子结构设计与微结构调控技术，染料单元与聚合物大分子链相互作用调控技术；纤维在热处理中聚合物分子链及染料分子结构变化对纤维颜色的影响，纤维着色性与其力学性能、耐热性能和阻燃性能协同调控技术等；聚酰亚胺纤维后染技术	纤维强力>3.0cN/dtex，完成橘红、藏青、黑色、火焰蓝等颜色的染色工艺研究，形成工业化染色工艺包
15	超耐高温聚酰亚胺纤维制备技术	产业化	开发耐热性能和阻燃性能达到甚至超过PBO的聚酰亚胺纤维，拓展聚酰亚胺纤维在高温特种防护、高温隔热、超高温过滤等领域的应用 　　研究内容：超耐高温聚酰亚胺分子结构调控技术；特殊分子结构与其可纺性和后纺可操作性间的相互关系；超耐高温聚酰亚胺纤维高温场中分子链热降解阻滞技术	解决超耐高温聚酰亚胺稳定合成及纺丝；纤维成形及热处理关键成套设备研发；纤维批量生产，纤维耐高温性能接近PBO纤维
16	高模量、高可靠连续玄武岩纤维生产制造技术	产业化	连续玄武岩纤维（CBF）除了具有高性能纤维高强度、高模量的特点外，还具有耐高温、抗氧化、抗辐射、绝热隔热、化学稳定性好等优异性能，且性价比好，CBF及其复合材料可以较好地满足国防建设、交通运输、建筑、石油化工、环保、电子、航空、航天等领域结构材料的需求，具有广阔应用前景 　　研究内容：CBF（原丝）离散度大，难以有效开展材料设计和产品开发的问题，需着力攻关并掌握高模量、高可靠连续玄武岩纤维生产制造技术，是充分发挥CBF性能优势的关键	连续玄武岩纤维（13μm）的拉伸弹性模量大于105GPa，离散度小于5%

编号	技术名称	类别	意义及研究内容	2025年目标
17	细旦聚苯硫醚纤维制备及应用技术开发	产业化	我国正在实施全球范围内最为严格的排放标准，需要细化并扩大以袋式除尘为代表的高效除尘产业化应用技术，并发挥其在多污染物协同治理方面的优势。我国在高效除尘滤袋的设计和生产方面，技术水平尚有欠缺，缺乏高标准规范，在适应超净排放标准的设计应对上还有较大提升空间。细旦、超细旦纤维开发的高效滤料已经成为袋式除尘新一代技术的代表，1.0dtex左右的细旦聚苯硫醚纤维已经在电力烟尘超净排放中得到实际应用，效果获得业内认可 研究内容：细旦高强型聚苯硫醚纤维的产业化制备；非电行业烟尘超净排放高效低阻滤料的开发；高效节能布袋除尘器的设计；应用于水泥、钢铁行业的滤袋及袋式除尘器的标准化	实现细旦高强聚苯硫醚纤维的产业化生产，产品性能达到国际先进水平；开发出高效低阻过滤材料及布袋除尘器；实现水泥、钢铁全行业的超净排放应用

4. 生物基化学纤维规模化加工技术

编号	技术名称	类别	意义及研究内容	2025年目标
1	生物基化学纤维用单体和原料制备关键技术	产业化	关键单体和原料是制约我国生物基化学纤维产业化进程的重要因素。我国在生物基化学纤维用关键单体、原料和溶剂等加工和制造方面与国外有一定的差距，亟须突破关键技术瓶颈，提升单体及原料的纯度和稳定性，实现原料的规模化、低成本化生产 研究内容：Lyocell纤维的专用浆粕和NMMO溶剂、1，3-丙二醇、2，5-呋喃二甲酸、丙交酯等规模化制备技术；新型天然植物资源三素（纤维素、半纤维素、木质素）分离技术；竹、麻、芦苇、秸秆、甘蔗渣等新原料基差别化Lyocell纤维及通用纤维素纤维制备技术；高光纯乳酸、丙交酯等重要原料国产化低成本制备技术；离子液法、氨基甲酸酯法（CC法）、TBAH/DMSO混合溶剂法纤维素纤维新技术	建立产业化示范生产线
2	聚乳酸纤维高效制备技术	产业化	聚乳酸纤维（包括PHBV/PLA复合纤维）具有亲肤抑菌、生物可降解性，纤维性能接近于聚酯纤维，国内在纤维加工及产品应用方面比较成熟，产品广泛应用于服装、非织造布、卫生材料。但目前原料丙交酯受制于国外，生产规模较小，突破丙交酯原料的规模化制备，实现聚乳酸纤维规模化生产具有重要意义 研究内容：十万吨级L-乳酸→丙交酯→聚合→聚乳酸（含熔体直纺）纤维规模化高效制备技术，降低生产成本；L/D乳酸立构复合技术；聚乳酸纤维耐热、阻燃、异型、易染、轻柔、耐高温、抗水解等差别化技术。农业废弃物为原料的乳酸及纺丝级聚乳酸关键技术研究及产业化	年产量达到3×10^5t
3	农业废弃物为原料的乳酸及纺丝级聚乳酸关键技术及产业化	关键技术、产业化	在温室效应、碳减排和碳中和的压力下，减少化石原料的开采和使用成为必然。在"不与人争粮、不与粮争地"的基本原则下，如何利用非粮可再生资源，尤其是农业废弃物替代粮食用于高附加值材料和能源制造再次受到关注。利用农作物茎秆等废弃物加工生产大宗化学品，不仅可提炼高附加值产品，在碳排放、能耗、转化效率、经济性、可循环性等各项可量化指标上具有现实意义 研究内容：开发干法预处理、脱毒、菌种改造和发酵、可发酵单糖制备和发酵技术；研究农业废弃物高效率生产乳酸和聚乳酸制备技术；发展优化聚乳酸纺丝工艺技术；推广应用乳酸和聚乳酸及其产业化	3.5t秸秆产生1t乳酸；万吨级乳酸和聚乳酸产业化

编号	技术名称	类别	意义及研究内容	2025年目标
4	PTT纤维高效制备技术	产业化	生物基PTT纤维及PTT/PET纤维双组分复合纤维具有亲肤、舒适等性能，在女装、休闲服、运动服领域得到广泛应用，开发PTT新型差别化、功能性产品，推动PTT纤维在高端纺织品领域的应用 研究内容：生物基PTT催化剂和PTT高效连续聚合制备技术，形成单线十万吨级生物基PTT连续聚合、纺丝生产线；实现甘油法生产PDO副产物BDO高值化利用	年产能达到2×10^5t
5	聚酰胺56纤维高效制备技术	产业化	聚酰胺56纤维具有较好的力学性能和染色性能，同时具有一定的本质阻燃性，在军民两用材料方面应用前景广阔 研究内容：突破聚酰胺56纤维高效连续聚合、熔体直纺技术；突破生物基差别化纤维柔性化制备及产业化技术、实现低成本生产	年产能达到2×10^5t
6	半芳香族生物基聚酰胺纤维制备技术	关键技术、产业化	国内半芳香族聚酰胺成本高，市场价格约是PA66的三倍以上，严重限制了半芳香族聚酰胺的应用。传统半芳香族聚酰胺由于熔点高，流动性低，在纺织类产品的应用几乎不可行。降低半芳香族的纺丝成本，需要在半芳香族聚酰胺的材料和纺丝工艺方面寻求突破，使其商业上具有可行性，充分体现半芳香族尼龙纤维的价值 研究内容：围绕用于纺织的半芳香族生物基聚酰胺的研发和应用，重点开展半芳香族生物基聚酰胺的聚合机理研究，建立动力学和热力学研究模型；开发高效绿色提取纯化关键技术、高效聚合装备技术；解决强度与高熔点以及纺丝技术问题，并实施产业化	建立万吨级示范线，半芳香族生物基聚酰胺熔点超过270℃
7	生物基聚酰胺弹性体制备关键技术	关键技术	利用生物基聚酰胺制造弹性体，可以替代化学法长链弹性尼龙及氨纶，进而填补行业空白。现有的聚酰胺弹性体生产主要由法国、德国、日本等国外企业控制，其硬段主要为PA11、PA12，其他企业无法稳定获取单体，因此也不能进行规模化生产。国内企业通过生物制造技术开发了生物基单体戊二胺，由此可大规模制备一系列长链聚酰胺PA5X，为聚酰胺弹性体国产化奠定基础，为制备聚酰胺弹性体提供了丰富的硬段种类 研究内容：通过聚合平台系统利用高通量实验探索多种反应条件，确认制备生物基聚酰胺弹性体的可行性；改善优化聚酰胺弹性体熔融后的黏度和熔体强度；调节弹性体结晶度，改进其模量、拉伸强度和断裂伸长率；弹性体加工工艺及设备开发	建立千吨级示范线，生物基聚酰胺弹性体断裂伸长率达到300%
8	莱赛尔纤维规模化制备技术	产业化	已经突破了莱赛尔纤维大型国产化装备制造技术、低成本原纤化控制技术、溶剂高效回收技术，研究了细旦、异形、抗原纤化、原液着色、阻燃、抗菌等差异化纤维的纺丝成形关键技术 研究内容：≥5×10^4t/年高品质莱赛尔纤维工艺装备；原材料木浆及NMMO溶剂国产化；攻克新资源型（竹、麻、秸秆）纤维素纤维的绿色高效制浆技术，竹、麻莱赛尔纤维制备技术，拓宽纤维素纤维原料资源	建立单线纺丝能力$5 \times 10^4 \sim 1 \times 10^5$t/年Lyocell纤维生产线；竹麻浆lyocell纤维万吨级生产线
9	海藻酸纤维产业化关键技术	产业化	充分利用我国丰富的海藻资源，提纯的海藻酸盐经纺丝制得海藻酸纤维，纤维具有绿色、天然阻燃、良好的生物相容性，可广泛用于生物医用、卫生防护、高档保健服装、家用纺织品等 研究内容：万吨级海藻纤维产业化成套技术及装备；高浓度海藻纺丝液制备及清洁纺丝技术；解决纤维遇盐水/洗涤剂溶解问题，提高纤维力学性能	建立万吨级生产线

编号	技术名称	类别	意义及研究内容	2025年目标
10	壳聚糖纤维制备技术	产业化	壳聚糖纤维以国产虾蟹为原料，资源丰富，纤维具有天然抗菌抑菌功能，在医疗卫生、医用敷料、口罩、防护服、消防服等领域应用 研究内容：高效低成本壳聚糖提取关键技术及高效清洁化纺丝技术，降低生产成本，扩大应用领域	建立万吨级生产线
11	离子液体法纤维素纤维制备关键技术	关键技术	采用绿色环保的离子液体来溶解天然纤维素，可制备出不同规格的再生纤维素纤维，推进我国自主开发的离子液体溶剂法纤维素纤维发展 研究内容：离子液体溶剂的规模化制备技术；纤维素纺丝液的规模化制备、输送技术与关键设备；离子液体的高效回收技术	建立万吨级生产线
12	PEF纤维制备关键技术	关键技术	PEF以2，5-呋喃二甲酸为原料，以果糖或半纤维素等自然资源提取制备。PEF具有优异的耐热、阻隔和力学性能，在新型聚酯和包装材料方面有广泛用途 研究内容：高纯度2，5-FDCA（2，5-呋喃二甲酸）制备及PEF聚合技术，解决聚合物FEF（聚呋喃二甲酸乙二醇酯）颜色问题	建立20吨级中试生产线
13	医用人体亲和、生物可降解短纤维制备技术	产业化	脂肪族聚酯的PLA、PBS、PBSA、PESA、PHA具有优良的人体亲和以及生物可降解性，由于熔点普遍低，聚合物熔融纺丝过程降解非常严重，因此纤维的力学性能不能满足医用要求；与部分芳香族进行共聚并采用直接纺丝是解决以上问题的重点 研究内容：降低单体的生产成本；提高线性聚合物的分子量（不使用扩链剂）；研制熔体直接纺装备和成套技术；提高熔点至125℃以上；提高短纤维的力学性能，改善脆性，提高强度	建设直接纺丝短纤维生产装备；在医用领域进行临床试用；建立相关的产品和检测方法标准

二、先进纺织制品

5. 功能纺织品加工技术

编号	技术名称	类别	意义及研究内容	2025年目标
1	新型纱布生产加工技术	产业化	采用新型纱布生产加工技术，可生产风格各异、多功能的纱布新品种，产品附加值高 研究内容：多纤维复合混纺和新结构纺纱、织布加工技术，开发出系列新型功能纱布新品种	新型纱布占比显著提升
2	微纳米纤维嵌入型纺织品制备关键技术	关键技术	纺织品功能化是提高传统纺织品档次和附加值、拓展纺织品应用领域的重要途径。天然纤维具有安全、环保、舒适等优势，然而功能单一是限制其发展的瓶颈问题 研究内容：微纳米纤维低比例电离镶嵌制备技术成套装置开发；微纳米纤维低比例电离镶嵌纺纱线的形态结构表征与调控；微纳米纤维低比例电离镶嵌导湿纱线制备关键技术；微纳米纤维低比例电离镶嵌抗菌纱线制备关键技术；低掺比、高功效、多功能集成并兼顾服用舒适性的功能性天然纤维纺织品开发	开发出抗菌、导湿速干、防紫外、防异味等纱线产品，功能助剂使用量降低50%

编号	技术名称	类别	意义及研究内容	2025年目标
3	3D胶合充气服装产业化关键技术	关键技术	充气保暖服装是通过气泵向衣服内充气，调整气囊厚薄而调节保暖性能的服装。以生态空气替代羽绒、棉等填充物，能很好地避免冬季服装厚重的缺点，使得使用者运动轻便、穿着舒适，而且可实现防风、防水、保暖、透气、便携、时尚、环保、自由调节温度等功能。目前国内已开展相关研究，系统评价了此类服装的调温性能，初步形成相关装备和企业标准 研究内容：解决气密性与透气性的矛盾、面料通道内粘黏与剥离牢度的矛盾、人体局部保暖需求差异性与服装均匀充气的矛盾等瓶颈技术	形成20万件/年的生产规模
4	多功能复合整理关键技术	关键技术	多功能整理技术是提升纺织品性能，实现纺织品功能化、智能化，制备高附加值、高技术含量纺织品的重要途径。多功能整理技术是新型整理技术的发展方向，多种方法与加工形式的复合是实现纺织品多功能化的有效途径。目前对于如何实现两种及以上功能的整理，已有初步探索 研究内容：多种功能在纺织品上实现机理及功能间拮抗作用；开发纺织品复合整理加工方法及多种功能实现途径；研发与制备多功能整理剂	重点实现户外运动用防水透湿面料、多功能床上用品、高舒适内衣等产品性能的大幅提升

6.高品质天然纤维制品加工技术

编号	技术名称	类别	意义及研究内容	2025年目标
1	面向大规模工厂化养蚕的蚕丝加工关键技术	产业化	传统蚕茧生产受季节、地域、气候的限制，属间歇性生产模式，产量、质量波动性大，劳动力和土地资源紧缺，造成茧、丝价格波动大。工厂化养蚕革新了传统养蚕模式，实现"蚕""桑"分离，为传统农业转型升级、推进产业跨界发展探索出了一条全新之路 研究内容：研究人工饲养蚕茧的理化性质和工艺性能，开发体现人工养蚕丝特点的丝绸新品种；研究鲜茧微波干燥机理，研发鲜茧高效绿色烘茧装备和工艺；缫丝小篓直接成筒的蚕丝加工短流程关键技术；质量稳定的丝蛋白纳米纤维原液规模化制备技术	研发出高效绿色烘茧装备，建立短程化生丝生产线和丝蛋白纳米纤维原液示范生产线
2	超细长山羊绒全产业链加工关键技术	产业化	山羊绒产业是我国具有显著竞争优势的特色产业之一。近年来，高品质山羊绒纺织品存在原料品质下降、生产效率低、生产成本高等问题 研究内容：研究洗剂与洗绒技术，解决超细长纤维毡并问题，并降低纤维潜在损伤与废液处理费用；设计并优化分梳部件组合，开发新型分梳装备，减低分梳过程长度损伤，并明显改善分梳环境；设计优化梳理机针布结构，控制超细绒断裂与棉结的形成；优化组合各种纺纱装备，开发适于超细长山羊绒成条、纺纱的装备与方法；建立山羊绒织物手感风格评价体系；利用整套研发技术开发高品质羊绒产品	形成完整的超细长山羊绒纤维的纺纱、织造、染色与后整理工艺方法与技术，并开发相关高品质纺织产品，建立山羊绒产品手感风格及评价体系
3	智能化全成形针织毛衫生产技术	关键技术	国内全成形针织毛衫生产装备和工艺技术跟国际先进水平尚有较大差距，限制了针织毛衫产业向成形化、智能化方向发展 研究内容：四针床装备、编织工艺和设计软件；E14及以上较细针距全成形装备	实现全成形智能化毛衫生产技术的国产化

编号	技术名称	类别	意义及研究内容	2025年目标
4	细支羊毛经编加工关键技术	关键技术	国内经编产品仍然以化纤长丝类为主，羊毛、棉等短纤类产品研究较少，轻薄高端羊毛经编产品几乎空白，而国外已经有商业化的高端羊毛经编产品 研究内容：围绕羊毛经编加工的难点，开展细支羊毛高端经编技术研究和产品研发	高端羊毛经编产品具备产业化推广条件，生产工艺稳定，产品织疵低、品质高
5	羊毛、羊绒针织品抗起球性能研究	关键技术	起球一直是影响羊毛、羊绒类针织产品外观和服用性能的难题，在不影响产品的手感、颜色和色牢度等指标的前提下研究该类产品不起球或提高抗起球性能 研究内容：羊毛、山羊绒技术特征指标和品质分析；纺纱和织造新工艺新技术；特殊整理设备和环保抗起球助剂等	解决大部分羊毛、羊绒类产品的起球问题
6	机可洗羊绒针织纱线生产关键技术	关键技术	羊绒针织衫经过机洗后尺寸变化率和毡化尺寸变化率过大，达不到机可洗要求 研究内容：开发一种新型纤维处理剂；开发出一套机可洗羊绒针织纱线生产优化工艺；研发出机可洗羊绒针织纱线新产品	形成年产百吨机可洗羊绒针织纱生产示范线
7	粗纺呢绒定型整理关键技术	关键技术	国内粗纺呢绒产品的定型效果不好，其表现为面料的汽蒸尺寸变化率、干洗尺寸变化率不稳定，面料的表面绒毛肤伏的定型效果不好，服装公司在缝制过程中进行熨烫后绒毛变得乱而杂、并失去光泽 研究内容：围绕粗纺呢绒的定型生产技术、定型设备研发、专业助剂研发等问题开展联合攻关，进一步优化工艺技术，提高面料的服用性能	开发出高品质的羊毛、羊绒粗纺面料，实现批量化生产

7. 智能纺织品研发技术

编号	技术名称	类别	意义及研究内容	2025年目标
1	智能纤维与可穿戴智能纺织品制备技术	关键技术	新能源、信息、生物、医疗、电子和纺织技术的跨界融合，有助于发展能捕获与存储能量、感应外界刺激并作出响应的智能纺织品。同时，随着传统医疗模式向以预防为主的现代医学模式的变革，远程健康监测也对可穿戴智能纺织品提出了更高的要求。然而，我国智能纺织品领域的研究多数仍处于实验室阶段，需要大力推进智能纺织纤维材料及制品关键技术的研发及产业化 研究内容：适用于可穿着电子设备的自供电及储能纺织纤维及制品，实现可穿戴智能纺织品的舒适性、可穿性和实用性；感知人体与环境信号的智能纺织品，推进相关技术在类人机器人、生物医用、生命健康等领域的应用；智能纺织品的柔性集成、封装及成型技术，实现各类能量转换与存储、传感、无线通信等功能在纺织品上的有机融合，并建立标准化评价体系。研究开发具有GPS定位、外部环境监测、穿着者生命体征监测功能的实时定位消防防护服、智能单兵装备等	实现关键技术突破，建立产品标准，建立智能纺织品生产示范线
2	智能家居用纺织品加工制备技术	产业化	智能家居用纺织品可以满足客户多元化的需求，提升家居用纺织品附加值，赋予产品更多功能性特征 研究内容：研发生产具有感知和调节功能的智能化家居用纺织产品，能根据环境、季节、气候等因素的变化，自主调节产品的色彩、温度等功能，实现对居室环境的改善和风格的多样化	智能家居用纺织品市场占有率达到10%

续表

编号	技术名称	类别	意义及研究内容	2025年目标
3	环境自适应性智能热防护服装	关键技术	热防护性与热湿舒适性之间的矛盾是制约热防护服装发展的瓶颈问题。目前国内已开展形状记忆材料相关研究，可有效提升热防护和舒适性能，为热防护材料的结构设计提供了新思路 研究内容：形状记忆合金丝的制备方法，通过经纬交织构建一种具有环境自适应性结构的动态热防护面料系统；研制出兼顾防护和舒适性能的环境自适应性动态热防护服，改善防护服厚重、隔热性能单一固定的现状	年产量达到2万件

8. 多功能非织造布加工技术

编号	技术名称	类别	意义及研究内容	2025年目标
1	闪蒸法非织造布制备技术	关键技术	医卫防护材料是应对疫情、灾害的重要战略物资和民生健康产业急需的关键材料。加快研究闪蒸非织造材料与其他非织造材料复合技术，能实现非织造医卫防护材料性能从单一向多功能化转变 研究内容：高温高压下"高分子材料溶解过程""超临界流体性质""相平衡原理"等基础科学问题；闪蒸纺过程中溶剂与成纤聚合物迅速分离，原纤化成形原理、高取向纳微纤维结构与性能等关系；设计开发相应装置	掌握闪蒸法非织造布产业化生产技术，形成千吨级年产能
2	高品质微纳米纤维产业化制备技术	关键技术	静电纺丝纺制微纳米纤维，工艺流程短、装置简单，其制品具有较高的比表面积、较大孔隙率及超细尺寸的优异特性。但传统单针头静电纺丝制备纳米纤维产量较低，只有 0.1~1.0g/h，在静电纺丝过程中，针头直径较小，容易堵塞，利用单针头实现规模化制备纳米纤维存在较大困难，亟须开展静电纺微纳米纤维宏量制备、微纳米纤维产业化应用关键技术研究 研究内容：高曲率液面静电纺微纳米纤维的高效规模化制备技术；静电气喷纺微纳米纤维的高效规模化制备技术；微纳米纤维的多维度成型技术与应用；新型微纳米纤维非织造材料的制备与应用；卫生防护用微纳米非织造材料的制备技术	实现细度分布可控微纳米纤维的高效规模化制备
3	防水透湿纳米纤维膜产业化制备技术	关键技术	目前市售的防水透湿材料主要包括热塑性聚氨酯（TPU）亲水无孔膜和聚四氟乙烯（PTFE）双向拉伸膜。其中，TPU亲水无孔膜透湿量小、结构稳定性差；PTFE双向拉伸膜价格昂贵且制备技术被美国GORE等国外公司垄断。静电纺纳米纤维膜材料是一种新兴的防水透湿材料，其与TPU亲水无孔膜相比，透湿性能优异、结构稳定性好；与PTFE双向拉伸膜相比，生产成本大幅降低。目前，防水透湿纳米纤维膜已完成小试阶段研究，但仍存在材料均一性差、制备速度慢等问题 研究内容：防水透湿纳米纤维材料专用纺丝液配方研发；高耐水压、高透湿量纳米纤维膜材料的制备技术开发；防水透湿纳米纤维膜材料的中试生产设备开发	建成中试生产线，产品性能达到国际先进水平

编号	技术名称	类别	意义及研究内容	2025年目标
4	长效水驻极非织造材料的产业化制备技术	产业化	目前熔喷驻极纤维材料的主要制备方法是电晕驻极法，该方法制备出的产品压阻偏大、驻极易失效。水驻极技术是一种新兴的纤维驻极技术，其通过高速水流与熔喷布间的高速摩擦完成电荷的深能级注入，可有效提升驻极电荷密度、大幅提升材料的驻极稳定性，其高效制备技术长期被美国3M、日本东丽等公司垄断。长效水驻极非织造材料已进入产业化生产阶段，但仍存在国产驻极母粒品质差、生产工艺稳定性差等问题 研究内容：水驻极专用的高流动性驻极母粒开发；静电驻极关键工艺开发；熔喷–水驻极配套集成化生产装备研发	开发长效水驻极母粒及水驻极非织造生产技术和装备，实现产品过滤效率＞99.97%时、过滤阻力＜30Pa（EN779：2012）
5	高品质口罩用熔喷布制备技术	产业化	目前高品质口罩用熔喷布制备技术及应用仍有不足 研究内容：运用先进熔喷生产技术，结合独特纺丝技巧，让纤维随机分布排列，使熔喷布比表面积大、空隙小、空隙率高的特点更突出；运用独特纤维后整理技术，使熔喷布具有高效性、持久性、稳定性的静电吸附能力，掌握深层长效驻极技术；实现阻力低、过滤效率高、驻极保持时间长的产品的产业化生产	过滤效率≥99.97%，通气阻力≤200Pa；产品放置2年后，仍符合上述指标要求
6	高强粗旦丙纶长丝非织造布产业化加工技术	产业化	高强粗旦丙纶长丝非织造布具有轻薄、硬挺、抗拉强力高、撕裂强力大，特别是初始模量高等特性，在延伸率5%时的应变强力可达到其最大抗拉强力的近50%，主要用作高端土工增强材料、高端排水板膜材料、建筑物包覆增强材料、运动鞋补强材料等 研究内容：纺丝及牵伸过程中控制粗旦长丝纤维分子链产生不同程度的结晶，利用不同结晶度导致的软化温度差异，经过分丝铺网形成纤维网	实现高强粗旦抗老化纺粘丙纶长丝非织造布产业化制备
7	医卫用PLA双组分纺熔非织造布制备关键技术	产业化	传统非织造布产品多采用PP、PE等材料，不可降解，环境压力大。PLA非织造布受原料特殊纺丝工艺限制，现有产品手感差、质地硬、产能低、售价高，无法满足医卫领域应用要求 研究内容：医卫用PLA双组分纺粘熔喷复合生产线开发；突破PLA纺丝工艺成套关键技术，生产手感柔软、产能高的PLA双组分纺熔复合非织造布	年产能达到3000t，产品性能满足医卫用要求
8	高蓬松、超柔软纺粘热风非织造布及装备加工技术	产业化	高端卫生用品对非织造布卷材的蓬松性、柔软性有很高要求，目前产品无法满足需求 研究内容：实现高蓬松、超柔软纺粘热风非织造布产品与装备的国产化	年产能达到3000t，纤维细度达到1.2旦，蓬松性和柔软性满足高端卫生用品需求
9	双组分纺粘水刺长丝超细纤维革基布产业化技术	产业化	高强度、超柔软、轻定量、小厚度超纤革，尤其是超纤服装革是目前市场的空白。桔瓣型双组分纺粘水刺技术可填补空白 研究内容：优化16瓣双组份纺粘水刺长丝超纤维革基布生产装备与技术	实现16瓣（8+8型）双组分纺粘水刺超细纤维非织造材料的稳定生产，建立水性/无溶剂超纤贴面革生产示范线
10	生物基聚酰胺非织造布关键技术及产业化	关键技术、产业化	利用生物基聚酰胺高流动性制造的非织造布具有高强、耐磨和亲肤等特点，可拓展非织造布的应用领域 研究内容：研究生物基聚酰胺纤维网络结构，改善和优化非织造布性能特点；优化生物基聚酰胺生产加工工艺	实现生物基聚酰胺千吨级非织造布示范生产线

9. 高性能医疗卫生用纺织品加工技术

编号	技术名称	类别	意义及研究内容	2025年目标
1	环境友好型高效低阻空气滤材制备技术	关键技术	市售防霾口罩用滤材主要是驻极化聚丙烯熔喷非织造材料，聚丙烯来源于石油，且不能生物降解，开发环境友好型高效低阻舒适性空气过滤材料具有重要意义和市场前景 研究内容：水刺Lyocell短纤维原料制备口罩迎尘面材料，以梯度结构PLA非织造材料为支撑层，通过复合制得环境友好型空气过滤材料	开发出可市场化的环境友好型口罩用空气滤材，滤料的颗粒物过滤效率达到99.5%，阻力小于150Pa
2	可重复使用医卫防护产品产业化制备技术	产业化	当前医卫防护产品如防护口罩、防护服等仅能单次使用，导致防护材料消耗量大幅增加，给环境造成巨大压力。开发可重复使用耐水洗防护材料可有效缓解医卫防护产品紧缺和环境污染压力。目前，可重复使用耐水洗产品进入产业化生产阶段，但仍存在材料结构稳定性差、生产速度慢等问题 研究内容：低溶胀纳米纤维专用纺丝液配方研发；自支撑、高耐洗纳米纤维膜制备技术研发；耐水洗空气过滤材料连续化生产装备开发；复用型防护服专用纤维研制；复用型防护服专用面料研发；复用防护服批量化生产技术研究	研制可重复使用的医卫防护产品的生产技术及设备，实现防护口罩水洗20次后，过滤性能仍达N90标准；防护服洗涤20次后，防护性能仍符合GB 19082—2009要求
3	新型医用防护面料制备技术	产业化	现有医用防护面料存在透气性和舒适性较差，且不具备杀菌、杀病毒功能，易导致交叉感染和二次感染。亟须研发兼具优异防水透气性能和高效细菌病毒杀灭功能的防护材料，以满足医用防护领域的应用需求。新型医用防护面料已进入产业化生产阶段，但仍存在生产成本高、杀菌杀病毒效率低等问题 研究内容：防水透气复合多功能整理技术开发、低成本高性能复合层压技术研究；新型活性氧、活性氯杀菌杀病毒防护面料的后整理技术研发；新型防护面料规模化生产装备开发	建立高性能复合层压生产线，实现PTFE微孔膜复合材料的稳定生产；建立活性氯、活性氧杀菌杀病毒防护面料后整理生产线，实现产品30min内细菌杀灭率＞99.9%、病毒杀灭率＞99%
4	高端功能性敷料加工关键技术	产业化	高端介入护理材料是应用量大、覆盖面广的医疗卫材产品，其需求量随着个性化治疗的发展具有巨大的空间。主要包括：体内可吸收护理敷垫、慢性难愈合伤口护理敷料、组织工程人工皮肤支架等，在国内仍无理想的自主品牌产品，尤其在慢性伤口护理敷料方面，国际上尚无理想的设计方案 研究内容：突破护理介入材料关键技术，实现规模化量产	解决高端介入护理卫材的设计和复合成型关键技术，实现1~3个产品的审批注册
5	特需功能性组织缝线制备关键技术	产业化	特种缝合线是腹腔镜、妇科、医美及骨科等手术中最为主要的功能性缝合材料，但国内并无自主品牌产品，且缝线纤维基材严重依赖进口 研究内容：可吸收、不可吸收生物医用纤维加工成型技术，结合先进纺织结构成型工艺，根据适配手术所需缝线使用周期及形态（单股缝线、编织缝线、锯齿缝线等）调控纤维材料及成型工艺参数，联合精准选择性后整理技术获得抗菌、抑疤、诱导组织再生多重功能活性，实现系列可吸收、不可吸收缝线的精准、可控、规模化生产	建立特需功能性组织缝线生产线，替代进口产品，实现1~3个产品的审批注册
6	医用人体管道器官制备关键技术	关键技术	植入材料是生物医用材料中创新性最强、科技含量最高的类别，植入管道类主要指人造的血管、食管、胆管、输尿管、气管、喉管等，国际上已实现商业化生产，但在国内并无真正的自主品牌产品 研究内容：突破医用人体管道器官自动化生产技术，开发出管状无缝结构医用管道，建成医用人体管道器官生产线	解决医用人体管道器官的产业化过程中的关键核心技术，成功实现1~3个产品并通过型式检验

10. 高精度过滤用纺织品加工技术

编号	技术名称	类别	意义及研究内容	2025年目标
1	脱硝除尘一体化功能过滤材料制备技术	基础研究	过滤材料作为捕集空气中颗粒物、减少烟尘排放、改善大气质量的核心材料，燃烧过程是目前中国大气污染物的重要来源，目前的处理方法是对其建立独立的脱硝、除尘、脱硫净化装置，不仅增加投资，而且脱硝与除尘工艺独立，为提高脱硝效率过量喷氨引发的氨逃逸，对后续滤袋的碱性腐蚀和阻力提高已经成为行业的焦点，研发脱硝除尘双效协同过滤材料迫在眉睫 研究内容：低于200℃的高效脱硝除尘一体化滤料	突破脱硝除尘一体化滤料生产技术，产品除尘效率≥99.99%，脱硝效率≥90%，阻力≤100Pa
2	液体过滤分离用非织造微孔过滤材料产业化技术	产业化	微孔过滤材料已经广泛地应用于反渗透膜前处理、电子制造及生物医药过滤等领域，且发展迅速，规模巨大。非织造微孔过滤材料存在过滤精度较低、均匀度不高及通量低系列技术难题，难以满足产业发展需求，高性能非织造过滤材料技术被欧美日等企业垄断 研究内容：通过纤维结构及过滤材料结构共性调控技术及非织造材料生产关键设备组件研制，实现过滤材料孔径分布集中，得到过滤精度、液体通量、耐污性及性能稳定性优异的液体过滤分离用非织造微孔过滤材料	材料微孔孔径分布集中，接触角<20%，通量、过滤效率、耐污性及强度等指标，达到国际先进水平
3	工业用高效高精度过滤材料加工技术	产业化	过滤材料是解决环境污染、原料提纯等必不可少的产品技术，在环境保护、食品、医药、半导体、电子等工业领域广泛使用，该类过滤材料的高端产品基本被国外公司垄断 研究内容：实现纳米纤维微孔结构精准控制，制备过滤精度高、阻力小的高端过滤材料	突破直径50~200nm的纤维加工技术，开发出U15级过滤材料，过滤精度大于99.9995%，阻力低于250Pa

11. 应急与防护用纺织品加工技术

编号	技术名称	类别	意义及研究内容	2025年目标
1	化学毒剂降解型防护面料制备技术	基础研究	现有化学防护材料主要包括隔绝式防护材料和选择透过式防护材料，其在接触化学战剂后都需要通过喷淋解毒剂的方式进行全面洗消，易导致交叉污染和二次污染。化学毒剂降解型防护面料是一种兼具隔绝、吸附、降解化学战剂功能的新型防护材料，在突发的化学品安全事故和化学战争中，可有效保证军民的生命安全，大幅提升防护效率。目前，化学毒剂降解型防护面料已完成实验室阶段的制备方法探索，但仍存在材料力学性能不足、化学战剂降解半衰期长等问题 研究内容：化学毒剂降解型金属氢氧化物纤维的成型工艺研发；金属氢氧化物催化纤维的力学性能优化研究；金属氢氧化物纤维防护面料的复合工艺开发	突破洗消一体化化学防护面料的可控制备，实现金属氢氧化物核心功能层柔软度≤30mN、拉伸强度≥3MPa，材料对化学战剂及其模拟剂降解半衰期≤5min
2	核生化防护服制备和检测技术	产业化	核生化防护服（NBC防护服）是一种能够使人体受到核的、生物的、化学的武器攻击时使威胁降至最低，并使防护效力在短时间内发挥作用的功能性服装，NBC防护服最核心的性能指标就是其自身的防护性能，检测方法包括材料检测和整体服装检测 研究内容：对NBC防护检测评价系统进行模块化设计，对测试内容差异小的部分采用兼容性广的装置设备，对差异较大的部分采用模块替换的方法实现。在满足国家标准测试方法的基础上，充分吸收国外标准的优势，并同时实现二者的兼容评价	实现NBC防护服对至少19种危化品实现120min以上的防护；加强舒适性设计，减小人员热负荷，提高穿着舒适度；建立防护装备测试平台

编号	技术名称	类别	意义及研究内容	2025年目标
3	无铅核辐射防护材料加工技术	基础研究	核辐射防护在军事和民用领域都具有重要作用，从基础研究到医用诊疗，从核能发电到战略武器，核能应用无处不在，各类设核工作场景现场设施的应急防护，以及所有设核作业人员的个体防护已成为越来越重要的课题 研究内容：针对不同辐射环境下对个体及设施防护的要求，纤维、织物及功能层性能和结构等对X/γ射线防护性能影响规律；突破无铅环保型辐射防护柔性复合材料及装备关键技术；制定低能核辐射环境下柔性防护装备对X/γ射线防护效果的评价方法。	突破无铅环保型辐射防护柔性复合材料及装备关键技术，满足不同辐射环境下个体及设施防护要求
4	高分子及陶瓷超细纤维气凝胶制备技术	关键技术	气凝胶作为世界最轻的固体材料，具有高孔隙率、低热导率等特性，是环境、能源、航空航天等领域中的关键性基础材料。传统气凝胶主要由凝胶纳米颗粒组成，存在脆性大、易粉化的缺陷，严重限制了其实际应用。利用纤维为构筑基元制备的纤维气凝胶材料具有连续性好、力学性能优异等特点，克服了传统气凝胶的力学性能缺陷，有效提升了其应用性能，拓宽了应用领域。其中，高分子纤维气凝胶可用于军民防寒保暖服装、高铁/飞机的轻质吸音材料等，陶瓷纤维气凝胶可用于飞行器/导弹的高温隔热材料、单兵热防护装备核心隔热层等，纤维气凝胶对国防军工、航空航天、个体防护等领域具有重要战略意义，市场前景十分广阔。纤维气凝胶目前已完成实验室阶段的制备方法探索，但仍存在纤维直径粗、制备过程不连续、制备速度慢、成本高等问题 研究内容：超细纤维气凝胶专用的均质稳定纺丝液配方研发；静电直喷连续化生产技术开发；气凝胶的稳定化、陶瓷化工艺研究；气凝胶的连续化中试生产设备开发	成功开发适用于高分子/陶瓷超细纤维气凝胶材料的连续化制备技术和成套中试生产装备，使高分子超细纤维气凝胶产能达1000m²/天、陶瓷超细纤维气凝胶产能达500m²/天
5	柔性陶瓷纳米纤维产业化制备技术	关键技术	陶瓷纤维具有耐高温、化学稳定性好等优点，是热防护装备中不可或缺的关键材料。目前商品化陶瓷纤维的直径多在微米级，存在脆性大、易断裂、导系系数较高的问题，严重限制了其实际应用。而当陶瓷纤维的直径降低至纳米级时，其兼具优异的力学性能和低导热系数，可大幅提升陶瓷纤维的应用性能，可应用于消防服、防火门和军用帐篷等应急防护装备中。目前，陶瓷纳米纤维已完成小试阶段的制备研究，但仍存在生产工艺不连续、生产速度慢等问题 研究内容：无模板纺丝液配方设计和成纤工艺开发；低温陶瓷化煅烧工艺研发；陶瓷纳米纤维的中试生产设备开发	突破无模板陶瓷纳米纤维的产业化技术，实现中试装备开发；获得直径分布均匀的陶瓷纳米纤维（纤维直径偏差值<30%），实现纤维膜柔软度≤20mN、拉伸断裂强度≥3MPa；生产线产能达2000m²/天
6	高性能软质防刺材料制备技术	产业化	枪械使用在我国受到了严格管制，而近年来匕首、刺刀等锐器威胁却时有发生，因此，有必要研发高性能软质防刺材料来保护人民生命安全 研究内容：针对现有防刺材料重量大、舒适性差、防刺效果差等问题，通过防刺机理、纱线与织物结构设计、织造工艺、复合成型、性能测试与评价等研究，开发出轻质、柔软、防刺效果好的高性能软质防刺材料	实现高性能软质防刺材料的产业化生产，产品具有良好透气性和柔软性，并在-20~55℃条件下能满足防刺要求
7	气柱式应急救援帐篷制备技术	产业化	气柱式帐篷常采用PVC涂层聚酯交织布、牛津布等为阻气材料，帐篷重量偏重、易撕裂、易老化，并且气阻性不足，使得帐篷保压保气的耐久性差，气柱泄气塌陷 研究内容：开发高强度、高保压、低克重和优异耐候性的柔性复合材料，提高气柱式帐篷气密性、保压性	优化产业化设备和工艺，提高生产效率、稳定产品质量、降低产品成本，产品质量接近同期欧美产品水平

编号	技术名称	类别	意义及研究内容	2025年目标
8	高性能救援绳索及安全应急逃生系统开发技术	产业化	应急救援关乎人身生命安全，高性能绳索是高危环境中应急救援的重要装备。绳索性能与质量、选择标准与应用技术，都会直接影响到使用者安全甚至生命 研究内容：救援绳索"皮芯合一"、匀张力控制、高缓弹性、低延伸微缓弹等技术，掌握应急救援绳索的关键制造技术，生产出质量优异、性能优良，满足应急救援场景需求的高性能救援绳索。针对众多应急场景下高空坠落和转移等情况以及探洞、攀岩、建筑绳缆施工等工况，开发满足多场景的绳索安全技术系统；以多物理量指标传感器为依托，开发具有张力、温度、强度、速度等自感知和自反馈性能的智能应急装备，满足不同场景下逃生要求等	高强低延伸静力绳、耐高温消防安全绳、高缓冲吸能防水动力绳等产品的性能指标达到欧洲或北美相关标准要求

12. 高性能纤维复合材料加工技术

编号	技术名称	类别	意义及研究内容	2025年目标
1	碳纤维多轴向高速经编技术及装备	关键技术	经编材料独特的编织方式有利于保持碳纤维平直，且织物整体性好、铺层效率高，在航空航天、国防工业、风力发电、交通工具等具有良好应用前景，碳纤维经编织造装备技术是各国争相发展的前沿技术。德国卡尔迈耶掌握并垄断该核心技术，机器转速高达600r/min，损耗<95mm，国产装备在转速、损耗等关键技术指标上与国外相比仍有一定差距 研究内容：针对机器生产适应性，如可变幅宽、可变铺纬系统、在线展纤、在线状态感知及质量检测等进行攻关提升	空机最高速度600r/min，双边总长损耗<95mm，装备实现自适应可变幅宽生产、铺纬自由度可调、碳纤维在线展纤、生产全过程状态感知及在线质量检测
2	碳纤织物复杂异型材拉挤成型技术	关键技术	拉挤成型是适用于大批量、长尺寸、定截面型材生产的重要成型方法，具备高纤维含量、快速低成本、制品质量稳定等显著优点。目前，市场应用以几何结构简单的类直线产品为主，国际上在航空和风电领域均开发出了碳纤维C形、H形、T形等简单异型材拉挤成型技术，并成功产业化应用，国内只能生产纱线拉挤产品，工艺简单 研究内容：解决微张力同步放卷、精确变形预成型、大壁厚充分浸润等技术难题	产品直线度≤1‰，成品率≥93%，最大拉挤宽度1m，满足风电、轨道交通等领域复杂工况使用要求
3	多向编织预制体制造技术及装备	关键技术	以多向编织预制体为增强结构的树脂基、碳碳、陶瓷基等复合材料是航空航天飞行器主承力结构、热防护结构、发动机系统、刹车系统等高性能、一体化的关键材料，受到世界各国的高度重视，其核心装备被技术封锁 研究内容：围绕国家重大战略需求，重点开展高性能纤维多向编织预制体的编织工艺数字化设计、智能化成套装备、物料自动配送、智能控制系统集成等关键技术攻关，构建多向编织预制体智能化超柔性制造系统，实现复杂异形编织预制体的高效定制加工	实现编织工艺虚拟设计与模拟验证，建成智能化仿形编织生产示范，实现复杂结构多向编织预制体柔性高效制造，生产效率提高1倍

13. 高性能土工用纺织品加工技术

编号	技术名称	类别	意义及研究内容	2025年目标
1	双组分长丝复合多功能非织造材料加工技术与装备	关键技术	双组分长丝复合多功能非织造材料具有优异的抗拉强力、致密性、表面平滑性、硬挺度、可折叠性及尺寸稳定性，突出的透气透水性能，目前国内技术水平、生产规模及产品品质，距离相关应用领域要求尚有一定差距，需大量进口 研究内容：双组分复合精密纺丝、复合纤维冷却、高效管式气流牵伸、机械热辊牵伸、静电分丝、精密布丝均匀成网、未固结纤维网预定型、热风黏合固结等技术及装备	产品及装备达到国际先进水平，年产能达到 5×10^4 t
2	高性能土工格栅制备关键技术	产业化	随着基础设施建设范围加大，在高寒冻土、软土地基加固、长桥长隧、海洋工程等工程难题中，对加筋加固材料提出了更高要求，研发兼具高强度、轻量化、实时监测预警、融雪抑冰等功能的复合高性能土工格栅成为行业迫切需求 研究内容：突破基体纤维复合编织、协同变形、复合封装等技术，实现产品加筋加固与其他功能的集成	产品的融雪温度为0~2℃，应变监测精度≤2με，定位精度≤0.8m，综合性能达到国际先进水平
3	矿用柔性加固网制备关键技术	产业化	矿用柔性加固网是以聚酯纤维长丝为原料，通过经编技术制成经编向结构的网格坯布，再经过功能浸渍，制得的具有高强、阻燃、抗静电等功能的柔性网，用于煤矿综采工作面回撤整体支护顶板、巷道工作面临时支护、应急支护等领域 研究内容：以高强涤纶工业长丝为原料，利用双轴向经编技术，并采用阻燃抗静电涂层整理，研制出矿用超高强度高阻燃抗静电整体回撤假顶网	产品经纬向断裂强度≥1200kN/m，结点强度≥6kN，阻燃抗静电指标超行业标准要求

14. 柔性复合材料加工技术

编号	技术名称	类别	意义及研究内容	2025年目标
1	平流层飞艇用关键材料制备技术	关键技术	飞行于大气平流层的飞艇，主要依靠静升力驻空工作，由于平流层飞艇在军事侦察、空间预警、通信中继和空间探测等领域的应用优势，近些年来越来越受到人们的关注。平流层工作环境昼夜温差大、紫外辐射强、臭氧作用强烈，在这种环境下长期工作，对飞艇性能，特别是对飞艇蒙皮材料要求十分高 研究内容：针对平流层飞艇蒙皮材料涉及的高性能纤维织物、功能薄膜、黏合剂、涂层等特殊材料开发，以及涂层和层压复合等技术进行研发攻关	开发出满足平流层飞艇应用的蒙皮材料及生产装备，并提高其耐候性
2	柔性防热纺织复合材料制备技术	基础研究	随着航天技术的发展，飞行器用热防护系统为了减重并获得更佳耐高温和防隔热性能，逐步采用了柔性纺织材料，与传统刚体舱相比，它可以显著地降低弹道系数、热流密度、过载等，具有明显热防护优势。我国现有柔性防热材料耐烧蚀性能差、防隔热效率低、曲挠折叠后材料性能不稳定等问题 研究内容：突破柔性防热复合材料制备关键技术，研制出新型多层可折叠柔性防热材料，以满足新型武器型号对柔性防热材料的要求	材料整体厚度<10mm；400kW/m²热流冲击115s，撤离热源后，织物仍保持良好的态和强力，材料背面最高温度低于600℃

续表

编号	技术名称	类别	意义及研究内容	2025年目标
3	软体储/运油囊制备技术	产业化	军队装备机械化水平提高后，作战耗油量大幅度增加，大容积的油料运输容器以及快速有效的油料储存系统成为软体储、运油囊亟待解决的需求；民用方面，软体储油囊还广泛用于雨水收集储存、城市供水应急保障系统、发电厂及油田等的油料输送供给、消防储供水等领域 研究内容：研发1000m³及以上容积软体储/运油囊产品	突破产业化关键技术，大幅缩短野战油库开设时间，减少开设成本，降低维护保养费用
4	高强输送软管制备关键技术	产业化	可扁平输送软管在军事供给、建筑消防灭火、城市矿山应急输水、石油管道应急维修、页岩气开采供水、埋地管道不动土更换等领域广泛应用。高强输送软管具有更好的承压性能，高压输送下能够提升流量。行业对于大流量输送的需求也越来越强烈，主要包括快速安装与展开、大流量输水、适应特殊地形和安全可靠运行等 研究内容：开发阻燃、耐磨损、耐腐蚀等功能性高分子涂层材料；研发大口径高强纤维增强体成型与复合一体化连续生产技术，实现软体输送管一体化连续生产	研发阻燃、耐酸、耐碱、吸能等功能型软管，ϕ300软管的最大工作压力提升至1.3MPa
5	超大宽隔距经编间隔织物加工技术与装备	产业化	超大宽隔距经编间隔织物可用于制造军用气垫船、充气式飞机、充气结构太空舱、巨型海上军用平台、海上太阳能发电站平台等；在建筑领域，该类产品有结构轻、保暖降噪等突出优点，可解决传统建筑中温度传导带来的冷桥问题；民用领域，该类产品可有效地降低气垫产品重量，减少PVC用量，提高产品寿命 研究内容：突破超大宽隔距经编间隔织物装备、稳定织造技术、多层复合成型方法等，建立稳定量产生产线，实现产业化应用	实现隔距≥300mm经编间隔织物的稳定生产，建立高端功能性充气结构纺织柔性复合材料研发制造全流程产业链
6	轻量柔性纺织基防爆材料研发技术	基础研究	爆炸产生的冲击波瞬时转变为高温高压爆炸产物，在极短时间内释放大量能量，且以正弦模式传播，极易引起火灾、二次爆炸及碎片飞溅，严重威胁着社会公共安全与人民生命财产安全 研究内容：针对工事及人员防护需求，依托纺织基材料，研究构建高性能轻量化柔性防爆隔爆材料设计与计算理论；开展制备关键技术攻关，建立高性能轻量化防爆隔爆材料性能综合评价；开发出数字化/模型化/模块化/柔性化轻量防爆隔爆材料及装具	同等条件下，与传统砖砌墙相比，产品重量减轻70%，衰减系数提升65%，抗压强度提升2.5倍，在工程爆破、消防等领域形成应用示范
7	航空救生装备及关键部件研发技术	关键技术	民航客机充气救生装备如应急滑梯、滑梯救生筏、救生船和救生衣等，是人员安全的有力保障。目前，国内民航系统救生衣所采用气密材料基本上还是依赖于具有资质的国外进口材料。国外多用TPU热压方式生产救生滑梯，受技术和成本限制，国内救生滑梯/筏产品上还没普遍采用TPU，但随着国内日益重视环保要求，TPU产品必将得到发展 研究内容：研制气胀式救生衣以及救生滑梯，解决纺织品和气密性膜材之间高强度结合、复合材料功能化等难题	相比现有产品，滑梯、救生筏、救生衣等产品更加环保、轻薄、高强、阻燃、气密、防静电、耐候性更佳

15. 海洋用特种绳缆网加工技术

编号	技术名称	类别	意义及研究内容	2025年目标
1	海洋工程绳缆加工关键技术及装备	产业化	海洋工程绳缆主要起到海洋工程装备系泊和锚定作用，目前高端产品主要依靠进口，产品成本贵、维护费用高。近年来，随着海洋战略的实施，海洋勘探开发中，对系泊、锚定等装备的轻量化提出更高要求 研究内容：专门用于大型海工缆生产的编织机（包覆机），实现外皮结构编织（包覆）与纺纱层缠绕以及内芯子绳张力控制一体的成套设备，提高单点系泊缆、平台系泊缆等海洋工程装备用品的质量和水平	突破单点系泊缆关键技术，实现国内大型采油船单点系泊缆的国产化，满足百万吨大型海上设施的单点系泊要求
2	深远海洋牧场养殖平台用网箱和绳缆加工技术	关键技术	蓝色粮仓海洋牧场大型养殖平台海洋装备及相关配件是开发深远海渔业资源的重要基础，对增强提升人民高蛋白粮食安全和保护近海环境具有重要意义 研究内容：针对深远海大型养殖平台高性能纤维复合网箱和绳缆的耐久、防污等性能进行攻关，包括关键材料与装备、编织形式与工艺等，提高产品的耐污、耐载荷疲劳、高压防沙、抗超级风浪等性能	产品载荷疲劳性能耐久性能达到国际先进水平，提高耐海水、耐老化、耐污等性能，建立国际先进水平的生产线
3	特种绳缆及其自动化编织装备制造技术	产业化	特种绳缆主要指用于航空航天、国防军工、海洋工程等具有特殊功能和性能的绳缆，主要包括大型重载绳缆、深海通讯缆、无接头吊装缆、多层海工绳缆等 研究内容：针对绳缆性能与纤维材料、结构、成型工艺参数等关系，多层绳缆复合编织、多种材料混编过程中延伸率调控机理，自动化编织方法及装备技术等进行攻关，优化大型重载绳缆力学性能与成型方法，研发其自动化装备，实现特种绳缆自动化生产	形成特种绳缆自动化编织装备样机，可制备多种材料混编、多层交编、大型重载等特种绳缆
4	编织/绞编无结网及其自动化编织装备制造技术	产业化	编织和绞编无结网在海洋国土围栏、海上救援、军工伪装、反恐防护、远洋捕捞、深海养殖、运动用品等领域都有广泛需求，由于装备技术制约，我国编织和绞编无结网应用较少且绝大部分依赖进口 研究内容：针对编织无结网与绞织无结网数字化设计方法，自动变网目编织与绞编、网片编织与绞编、网片封边、封闭网编织与绞编等技术进行攻关，形成编织无结网工艺与装备样机，实现编织/绞编无结网自动化生产	产品载荷疲劳性能、耐久性能、载荷疲劳次数等性能指标及相关装备达到国际先进水平

三、绿色制造

16. 绿色化学品开发及应用技术

编号	技术名称	类别	意义及研究内容	2025年目标
1	绿色纤维油剂助剂及催化剂研发及应用关键技术	关键技术	目前我国无论是在涤纶POY、FDY、工业丝及锦纶等常规产品，还是碳纤维、芳纶等高性能纤维产品，国产油剂助剂产品质量尚不能完全满足中高端化纤产品生产要求 研究内容：纺丝油剂的油膜均匀性研究，纺丝油剂在纤维上的分布模型研究，油剂重点应用评价方法的建立及在油剂开发中的应用和验证	纤维高速前纺油剂助剂产品质量进一步提升，通用纤维油剂助剂产品进口依存度降低至30%左右，碳纤维、芳纶及超高分子聚乙烯产品用油剂助剂实现突破

编号	技术名称	类别	意义及研究内容	2025年目标
2	完全替代PVA的环保型纺织浆料研发及应用技术	产业化	PVA（聚乙烯醇）难以生化降解，含有PVA等成分的印染废水COD值很高，不易处理。完全替代PVA的环保型浆料研发及应用将有助于提升织物品质，减轻下游印染产业排放及环境污染压力，助推纺织产业绿色、健康、可持续发展 研究内容：替代PVA环保浆料与装备制备技术；新型环保浆纱工艺理论与应用技术	完全替代PVA的环保型纺织浆料制备技术，提升浆纱性能，并在行业内推广应用
3	纳米涂料及染色印花应用关键技术	关键技术	涂料印染工艺因工艺简单、仿色准确、无需水洗等特点，具有很好的推广应用前景。目前国内已开展了纳米涂料表面结构和性能调控关键技术研究，开发了高稳定性和高黏附性纳米涂料，并在喷墨印花墨水和纺织品印染中得到应用。但纳米涂料染色印花产品的手感、牢度还需进一步提升 研究内容：高稳定性、高黏附性的新型纳米涂料及其印染应用中的关键技术；新型纳米涂料印染配套助剂；新型纳米涂料喷墨印花墨水及应用技术；新型纳米涂料纺织品连续轧染关键技术及装备	建立新型纳米涂料纺织品连续轧染生产示范线，成功开发与活性染料染色和印花效果相当，透气、柔软、高色牢度和高色深性的印染织物
4	低尿素活性染料印花技术	产业化	传统活性印花工艺中大量使用的助溶剂尿素，是大部分印染企业污水中氨氮、总氮不能达标的一个重要原因。印染企业要实现绿色环保生产，必须大幅降低尿素的使用量，因此，活性低尿素印花工艺是亟须攻克的难题。目前主要通过以下几点实现低尿素印花：在染料商品化过程中，通过添加电解质、分散剂、助溶剂等，提高染料的溶解性；在现有活性染料中筛选出适用于低尿素或者无尿素印花工艺的活性染料；在印花色浆中加入尿素代用剂替代部分尿素；在蒸化过程中提高布面含湿量。两相法印花是无尿素和低尿素印花的关键，已提出多年，但未进行深入研究 研究内容：尿素替代品；突破两相法印花；优化固色工艺和设备	实现低尿素活性染料印花技术产业化生产，优化固色工艺和设备
5	分散染料碱性染色技术	产业化	分散染料碱性染色成本比酸性条件染色成本降低约15%，节省染色时间，减少污水排放，并可避免因前处理或碱减量后水洗不充分，经酸性条件染色后出现染色重现性差、色光不准等问题。目前已研发筛选出部分耐碱性分散染料，探索出涤纶织物碱性染色工艺 研究内容：分散染料结构、聚集态对其耐碱性的影响规律；提升分散染料耐碱助剂结构的设计与合成；耐碱性分散染料的短流程染色技术	优化分散染料碱性染色工艺，并在行业内推广应用
6	液态分散染料制备技术	产业化	液态分散染料的分散性好、化料简单、计量准确、使用方便，可提高染料上染和固色率，在少水洗条件下仍具备颜色鲜艳度好、牢度高等优点。液态分散染料用于印花时，可降低印花糊料的用量。目前生态型胶状体分散染料颗粒达到了纳米级，商品染料中含有极少的表面活性剂，染色残液COD显著下降，该染料适合自动配料及管道输送 研究内容：高效高分子分散剂的开发及筛选；纳米级染料加工技术的改进；液体染料配料计量、输送技术的研发及推广；高效织物去油剂的开发	完善液态分散染料制备技术，并在行业内推广应用

编号	技术名称	类别	意义及研究内容	2025年目标
7	生物基纺织化学品开发及应用技术	关键技术	在纺织品加工过程中，合成染料和助剂的使用增加了废水处理难度、加重对生态环境造成的污染，也影响到纺织产品的生态性，成为纺织行业可持续发展的难点问题。基于天然生物资源制备的纺织化学品（表面活性剂、生物质色素、功能性化合物）具有较好的生物可降解性、较高的环境相容性、特殊的功能性。开发生物基纺织化学品及其应用技术，是提高纺织品加工环节生态性的关键所在。目前使用的生物质资源品种、开发的生物基纺织化学品较少，不能满足生态纺织品以及生态染整加工技术开发的需求 研究内容：生物基纺织化学品的制备技术、作用机理和构效关系；生物基纺织化学品的鉴别技术；生物基纺织化学品产业化应用关键技术	突破生物基纺织化学品制备技术，丰富产品种类

17. 少水印染及高效低成本废水处理技术

编号	技术名称	类别	意义及研究内容	2025年目标
1	多组分纤维面料短流程印染加工技术	关键技术	多组分纤维面料是充分利用不同纤维特性、提升面料力学性能和穿着舒适性的重要手段，是新型面料开发方向。多纤维组分纺织品印染加工要用多种染料以及更多的工序才能完成生产过程，导致化学品消耗多、能耗、水耗高，废水排放量大，一次成功率低。目前多纤维组分纺织品的染色仍然以多浴多步法为主 研究内容：分散活性一浴一步染色；分散染料/活性连续浸轧染色；染料印花关键技术等	实现多组分纤维面料印染加工流程缩短40%、节水减排30%以上
2	针织物平幅连续染色技术	关键技术	针织物的染整加工大多为溢流机绳状间歇式加工，耗能高、耗水大、费时费工、成本高。技术含量高（弹性织物）、附加值高的针织产品难以加工。目前张力敏感织物全流程平幅轧染设备已经有实际应用，但工艺控制的稳定性和可靠性方面有所欠缺 研究内容：优化轧染固色设备；筛选适合的高配伍性染料，研究完善有关染色工艺；降低设备的投资成本	解决工艺控制的稳定性和可靠性
3	涤纶织物少水连续式染色技术及装备	关键技术	涤纶织物传统染色加工一般采用高温高压间歇式染色，存在耗水量大、工艺时间长、生产效率低、电气消耗大、污水排放等缺陷，亟须研究开发涤纶织物少水连续加工新技术。目前国内对免还原清洗分散染料连续轧染染色涉及的基础科学问题、工艺技术和设备开展了相关研究，但存在一定局限性：并非所有的涤纶织物都适合；需对分散染料进行筛选并作超细化加工；目前主要用于低端产品，手感偏硬，针织物产品会失去部分原有风格。设备方面存在真空（负压）技术带液量不稳定、难以控制和清洗等问题 研究内容：探讨纳米分散染料、相关助剂、工艺和生产设备的整体技术路线；研发适合产业化应用的低带液量压轧技术；研发与高温浸染类似风格的涤纶针织物少水连续染色设备与工艺	设计出高温连续预缩装置，实现涤纶针织物少水连续染色，改善产品手感

编号	技术名称	类别	意义及研究内容	2025年目标
4	活性染料无盐染色技术	产业化	活性染料无盐染色技术完全消除了纤维素纤维、纱线和织物活性染料染色过程中盐的使用，显著降低了废水含盐量和污染物排放量，大幅度提高了废水再生回用率，从源头上防治了污染，具有显著的节能减排效果。目前已研发出纤维、纱线和织物的活性染料连续无盐轧染技术，但纤维经过阳离子改性后，绝大部分染料分子仅上染在纤维表面，导致日晒牢度等指标降低，无法满足要求，而且增加了生产成本，目前难在印染生产中实现工业化应用 研究内容：间歇式浸染方式的无盐染色；阳离子改性的工业化应用技术	间歇式无盐染色取得中试
5	印染废水低成本深度处理及回用技术	产业化	印染废水排放量占纺织业的70%左右，随着对水循环过程与水资源可持续利用的深入研究及印染废水处理技术的发展，大力发展印染废水低成本深度处理及回用技术已经成为印染行业的迫切需求。目前高盐、高COD印染废水的高效低成本差别化深度处理技术等已有一定研究基础，但反渗透尾水处理成本高，尚没有特别有效的解决方法 研究内容：基于水回用的印染废水低成本深度处理技术；难降解有机物低成本处理技术；低成本反渗透浓缩处理技术	反渗透浓缩水得到经济有效处理
6	"先织后染"常压同浴染多色织物技术	产业化	多种颜色构成的条纹状、格子状或提花织物通常采用色织或色纺工艺，先染后织制成。若织造同一花型、不同颜色组成的多种色织物，需要预先准备多种不同颜色纱线或短纤，难以做到快速反应。该项目通过选用有限几种白色纤维为原料，织造出预先设计花型的"白胚布"存放于库，而后按照客户需求，选择不同种类和颜色的染料，调整染料浓度，通过常压同浴染色染出所需要的不同颜色组合花型织物。可涵盖绝大部分色织或色纺产品，是对色织或色纺工艺技术的补充与拓展，同时还可赋予织物"吸湿—排汗—速干"或"单向导汗"功能。通过选择适宜的纤维组合以及染料配伍，上染率在99%以上，染后残液可多次循环再利用 研究内容：合理且适宜的纤维组合选择；合理的染料配伍及染料浓度配伍选择；依据纤维特性的染色及后处理工艺制定；相关助剂的遴选；规模生产染色残液的多次循环再利用	实现产业化并推广应用

18. 非水介质染色技术

编号	技术名称	类别	意义及研究内容	2025年目标
1	超临界二氧化碳流体染色技术	关键技术	超临界二氧化碳对纤维有很强的增塑作用，可以降低纤维的玻璃化温度，增加纤维分子链的活动性和自由体积扩散，因此能在较低温度下染色并大大减少染色时间，匀染和透染性能好，染色重现性好，染色后无需烘干，缩短工艺流程，节省能源，无废水产生。CO_2稳定性好，易得且可重复使用。超临界二氧化碳流体染色研究已开展多年，目前处于中试生产阶段 研究内容：筛选适用的染料品种；研究和优化有关染色工艺；对天然纤维改性、流体改性或染料改性	筒子纱超临界二氧化碳流体染色技术实现产业化生产

编号	技术名称	类别	意义及研究内容	2025年目标
2	活性染料非水介质染色技术	关键技术	活性染料在非水介质中的稳定性更好，避免了染料的无效水解，染料利用率更高，染色过程无需使用大量无机盐来促进纤维对染料的吸附，降低了染色废水的处理难度，减少了水洗用水，节能减排效果显著。但目前非水介质大部分是非极性介质，难以有效溶胀棉纤维，染料上染纤维较困难；溶剂的安全性、环保性需要重视，溶剂的回收和重复利用率等方面还有待提高 研究内容：活性染料混合溶剂染色工艺；极性溶剂取代部分水进行染色；极性与非极性溶剂混合染色	活性染料非水介质染色技术实现中试生产

19. 高速数码印花加工技术

编号	技术名称	类别	意义及研究内容	2025年目标
1	数码打印喷头（压电喷头）制备技术	基础研究	数码打印喷头是数码印花设备的核心部件，长期以来打印喷头的生产、销售一直被国外公司垄断，导致价格居高不下，严重影响国内数码印花产业的发展，开发稳定可靠、分辨率高的压电式喷头是喷头发展的主要趋势。国内有少数几家企业在尝试研发、生产打印喷头，但目前尚未有适用于纺织品印花的产业化产品 研究内容：研究压电喷头、MEMS技术+薄膜压电喷头的基础科学问题；针对生产喷头的面板、压电陶瓷、胶水等核心部件进行研究；研究墨腔结构设计、喷孔结构设计和开孔技术，研究控制芯片及墨点喷射控制技术	突破数码打印喷头核心技术，完成墨腔结构设计、喷孔结构设计和开孔技术，控制芯片及墨点喷射控制技术
2	圆网/平网+数码喷墨印花技术与装备	产业化	采用在圆网/平网印花机上增加数码印花单元的方式，将喷墨数码印花和圆网/平网结合在一起，充分发挥数码印花丰富的颜色表现、印花精细度高、无花回套色限制等优点，利用圆网/平网印制花形图案的深色、版色以及专色部分，生产出目前圆网/平网印花或数码喷墨印花均无法单独完成的全新风格产品。目前国内企业已经在传统平网及圆网机+数码印花（扫描及组成）改造方面取得一定进展，并研发了4色喷墨与2专色圆网相结合的全幅宽喷头固定式高速喷墨印花装备 研究内容：圆网/平网+数码喷墨印花装备和技术；（圆网+数码）全幅宽固定式高速喷墨印花装备和技术	进一步推广（圆网+数码）全幅宽固定式高速喷墨印花；全面提升纺织品印花质量、精细度、品种风格
3	高速数码喷墨印花关键技术	产业化	数码喷墨印花工艺简单流程短，印花精度高，能满足多品种、个性化订单需求，具有巨大的发展潜力。目前数码喷墨印花用活性、分散和酸性墨水已经成熟，部分品种实现国产化，而涂料墨水数码喷墨印花中的关键技术仍未彻底解决。高能射线处理、等离子体处理、上浆或者阳离子改性可显著降低墨水的渗化性能，提升数码喷墨印花图案的精细度和鲜艳度。高速数码喷墨印花机，以及与之配套的前处理和后整理设备也将随着人们消费观念的变化得到提升 研究内容：喷墨印花墨水专用染料、涂料及关键助剂；高品质涂料墨水和直喷式分散墨水；针对数码喷墨印花技术织物前处理和后处理设备与工艺	开发满足高速数码喷墨印花性能的涂料墨水；成功研制定量低给液前处理设备，温湿度智能调控蒸化机

20. 废旧纺织品高值化利用技术

编号	技术名称	类别	意义及研究内容	2025年目标
1	废旧纺织品成分识别及分离技术	基础研究	废旧纺织品成分复杂，混纺纺织品包括2种甚至几种纤维，技术处理难度极大。目前废旧纺织品的鉴别技术手段缺乏，自动化控制水平较低，混纺纺织品有效分离困难 研究内容：废旧纺织品成分的快速识别及分离技术，建立聚酯、棉、聚酰胺以及混纺废旧纤维制品的分级分类标准评价体系	突破废旧纺织品有效分离关键技术，建立自动识别分拣生产线
2	废旧棉制品高效脱色、清洁制浆及纺丝关键技术	关键技术	我国废旧棉纺织品1×10^7t以上，再生利用率不足。废旧棉浆粕制备包括直接溶解法及蒸煮制浆法，溶解法存在聚合度不可控、杂质含量高且分离难度大等问题。蒸煮法过程可控、杂质易分离且成本低，产业化前景广，但存在纤维素降聚机制、非纤维素杂质脱除机理不明晰且脱除不完全等问题，缺乏与废旧棉性质相匹配的专用技术。废旧棉再生浆粕制备再生纤维素纤维的技术路线主要有黏胶法和新型溶剂法。Lyocell工艺成熟度最高，纤维综合性能优异，但仅限于采用专用的Lyocell原浆。国内开展了再生棉浆粕制备Lyocell的纺丝探索研究，但仍需解决相关影响机理及调控手段不明确、纺丝难度大、纤维性能差等问题 研究内容：废旧棉降聚机理；废旧棉纺织品中非纤维素杂质一体化脱除技术；废旧棉纺织品的梯度磨浆解离与纤维表面微结构调控技术；废旧棉再生浆粕的清洁短流程漂白和纯化技术；废旧棉纺织品制浆工程技术；废旧棉再生浆粕制备高品质纺丝液及清洁纺丝技术等	建成千吨级废旧棉制品清洁高效制粕示范线
3	化学法废旧聚酯制品生产循环再利用聚酯切片技术	关键技术	我国废旧纺织品存量及增量数额巨大，对其加以妥善处理，可以成为循环再利用化学纤维的重要原料，其中物理法和物理化学法聚酯涤纶的回收利用技术已经比较成熟；而化学法处理废旧纺织品，通过降解、再聚合路线，生产高品质循环再利用涤纶原料的路线已经完成中试，该路线可以实现废旧纺织品高值化处理和资源的循环使用 研究内容：以乙二醇为醇解液的高纯度BHET制备技术，攻克了醇解废液的提纯及废水处理技术；高效催化醇解—酯交换制备DMT单体；新型非重金属催化体系，建立绿色高效解聚技术；解聚单体高效分离纯化技术，建立全过程绿色清洁生产体系和污染控制技术；废旧涤其他组分的分离回收利用技术，建立以改性和复配相结合的高值化利用技术；高效催化绿色制备纤维级再生聚酯关键技术；纤维级再生聚酯切片工程技术等	建立化学法废旧聚酯制品高效解聚及高品质纤维级再生聚酯切片示范生产线
4	废旧PET瓶片熔体直纺涤纶长丝技术	关键技术	通过研究改进废旧PET瓶片熔体黏度均匀生产循环再利用涤纶长丝，既可以实现废旧PET资源的循环再利用，也可以首创再生PET瓶片直纺涤纶长丝工艺路线，进一步巩固我国循环再利用化纤行业的优势地位 研究内容：多原料混合复配技术；改进单体抽滤、醇解平衡工艺，实现熔体均匀稳定；研发设计专业生产装备，完成中试生产线，打通瓶片直纺再生涤纶长丝工艺路线	建立年产3×10^4t产业化生产线，稳定生产高品质长丝产品
5	废旧腈纶再利用生产腈纶短纤维成套工艺技术	关键技术	再生腈纶生产过程采用将废旧腈纶织物溶解后进行再生的技术，将腈纶生产过程中的废丝、废料循环再利用，利用创新脱色、高效溶解技术，开发再生腈纶短纤维生产技术，实现产业化。再生腈纶手感柔软、色泽柔和，断裂强度与常规腈纶纤维接近，吸湿性较常规腈纶有所提高 研究内容：两次脱色技术去除再生原料中显色物质；活化剂高效溶解技术提高再生废料溶解性；高温真空蒸馏技术提高再生胶料的纯度等再生腈纶制备技术	扩大再生腈纶纤维的生产规模，建立再生腈纶国家标准

编号	技术名称	类别	意义及研究内容	2025年目标
6	以废旧纺织品为原料生产再生黏胶短纤维成套工艺技术	关键技术	构建稳定的废旧纺织品回收产业链，稳定供给再生浆粕。探索浆粕加工、纤维生产相关关键技术参数，实现自动化、智能化控制，实现千吨级高品质再生黏胶短纤维生产，打造以再生黏胶短纤维为源头的纺织绿色产业链具有非常重要的意义 研究内容：废旧纤维素纺织品制浆粕工艺研究及品质优化；浆粕在线调控技术；高品质再生黏胶短纤维制备技术；可追溯再生黏胶短纤维产业链构建	研究浆粕分子调控技术，控制浆粕黏度、色度等关键参数，生产高质量再生黏胶纤维
7	聚酰胺纤维化学法再生技术	关键技术	我国聚酰胺纤维是仅次于聚酯纤维的第二大纤维品种，每年产量接近$4 \times 10^6 t$，但是其废旧纺织品基本没有得到回收利用。通过对聚酰胺进行化学解聚后，直接回收单体，可以重新用于聚酰胺聚合，产品质量基本可以达到原生聚酰胺的质量，实现对废旧聚酰胺纤维纺织品高值循环利用的目的 研究内容：废旧聚酰胺纺织品高效分类分离处理技术；聚酰胺化学解聚，己内酰胺单体制备及提纯技术等	初步建立废旧聚酰胺6制品回收系统，建立中试生产线，实现稳定生产
8	氨纶熔纺循环再利用技术	产业化	再生熔纺氨纶，主要解决熔纺氨纶在加工过程中废料和纺织品回收后提取的废弃氨纶丝经过二次熔纺加工，实现有限资源循环再利用，促进经济可持续高质量发展 研究内容：解决回收熔纺氨纶杂质残留问题，以及废丝降解严重，需开发新型交连剂，增强再生氨纶的弹性恢复率	再生熔纺氨纶年产能达到$2 \times 10^4 t$
9	丙纶循环再利用加工技术	关键技术	丙纶循环再利用对于废旧丙纶制品资源再生利用有着重要意义，我国目前丙纶产量超过$4 \times 10^5 t$，基本应用于产业用纺织品领域，由于丙纶强度较高、化学稳定性好，以废丝、废旧丙纶制品为原料生产丙纶是其高值化利用的重要途径。通过高温熔融、过滤、铸带、切粒，再经纺丝成丙纶短纤维，产品品质接近原生丙纶，以实现废旧丙纶、丙纶制品高值循环利用 研究内容：废旧丙纶制品高效分类分离处理技术；大容量、稳定性再生丙纶切片加工技术，细旦、功能性循环再利用丙纶短纤维生产技术等	建立丙纶制品回收体系，建成年产$2 \times 10^4 t$产业化生产线，研制相应的行业标准或团体标准
10	再生羊绒（毛）角蛋白复合纳米纤维膜制备技术	基础研究	我国作为世界主要的羊绒（毛）制品加工和消费国，每年将产生大量毛纺副产品、不可纺的短纤维、粗纤维和加工损伤的残次羊绒（毛）和下脚料，废旧羊绒（毛）纺织品。目前，国内外羊绒（毛）角蛋白再生制备方法主要有氧化法、金属盐法、生物酶法、碱性法、离子液体法等，利用上述方法再生提取的角蛋白中含有大量的化学试剂，工艺复杂，再生角蛋白分子量均一性较差，规模化生产关键技术还未得到完全解决，限制了其应用领域，导致涉及再生羊绒（毛）角蛋白的纺织产品尚未得到产业化应用 研究内容：研究再生羊绒（毛）角蛋白复合纳米纤维膜制备技术；研究利用角蛋白无毒和良好的亲肤性能，对织物进行功能性整理技术，解决废弃羊绒（毛）循环利用的共性技术难题	突破再生羊绒（毛）角蛋白复合纳米纤维膜制备关键技术，纤维平均细度（直径）$\leq 300 nm$；断裂应力$\geq 4 MPa$；杨氏模量$\geq 9 MPa$

编号	技术名称	类别	意义及研究内容	2025年目标
11	高温烟气除尘滤袋固废回收及高值循环利用技术	关键技术	为减少高温烟尘颗粒物的排放，由芳纶、聚苯硫醚、聚酰亚胺、聚四氟乙烯等高性能纤维制备的耐高温滤袋除尘技术被广泛应用在煤电、水泥、冶金等行业，废旧滤袋大量堆积已成为当前突出的环境问题，也是高性能纤维资源的极大浪费，因此高温废旧滤袋进行回收与循环再利用刻不容缓 研究内容：针对煤电、水泥、垃圾焚烧、冶金等行业产生的废旧滤袋固废，开展废旧滤袋物质特性、物质迁移规律及生态环境影响效应研究；滤袋吸附颗粒物特性及其无害化处理与回收利用技术；废旧滤袋中高性能纤维分类与提取技术；废旧滤袋中高性能纤维在多种工况条件下的老化与损伤机制；废旧滤袋再生纤维加工高性能复合材料技术及成套装备；构建废旧滤袋高效转化高值工业品成套技术；建立基于废旧滤袋高性能纤维复合材料及制品质量控制体系	建成废旧滤袋回收利用工程示范线

四、智能制造与先进装备

21.智能制造关键共性技术

编号	技术名称	类别	意义及研究内容	2025年目标
1	工业大数据应用技术	关键技术	大数据已经成为智能制造的核心资源和企业智能化升级决策的重要依据 研究内容：利用大数据技术对用户的个性化消费需求数据进行挖掘，逐步完善企业产品数据库和知识库，为大规模个性化定制提供有力支撑；建设基于工业大数据的快速故障诊断及预测性维护系统；与物联网、云计算等密切结合，开展建模分析，开展产品跟踪和追溯，优化客户服务；系统推进整个纺织行业的大数据资源管理体系建设，发挥数据的基础资源作用	初步建成行业大数据资源管理体系
2	人工智能应用技术	关键技术	人工智能技术是纺织智能制造的核心技术，也是下一阶段智能化提升的重点 研究内容：在智能化生产线方面，重点研发生产过程特征提取、生产工艺优化、生产计划调度、设备排产算法、生产过程优化控制、质量巡回检测和管理、生产作业和搬运智能化衔接、设备故障定位和诊断等；在智能化管理方面，充分利用知识获取、知识库建设、深度学习、优化决策等智能化功能，优化企业决策	在行业重点领域推广应用
3	工业机器人应用技术	关键技术	工业机器人对于纺织工业实现自动化、精细化、柔性化、智能化加工制造，实现生产作业和物流自动化衔接作用明显，有大规模推广的价值。通用类型可以选用国内外成熟可靠产品，专用类型需要自主开发研制 研究内容：研究并推广定位、移动（AGV）、专用等各类工业机器人在纺织工业的应用，特别在专用加工环节、物流运输、特殊岗位等领域，重点提高自动识别、路径优化、深度学习等智能化水平	提升行业专用工业机器人自动识别、路径优化、深度学习等智能化水平

编号	技术名称	类别	意义及研究内容	2025年目标
4	虚拟现实应用技术	关键技术	虚拟现实（VR）技术结合纺织服装产品作为终端消费品的特点，可以提升虚拟现实环境中对象行为的复杂性、多样性场景仿真和交互逼真性，实现与人工智能等技术的有机结合和高效互动。国内有若干单位目前已基本实现服装三维设计、三维试衣、CAD+CAM、三维虚拟供应链平台的系统集成 研究内容：通过3D虚拟技术在设计、研发、生产、销售展示的集成应用，实现服装等终端产品设计、试衣、生产、供应链的全链路数字化体系，建立PDM数据库，实现智能制造中设计研发新模式	初步建立服装等行业重点领域全链路数字化体系
5	区块链应用技术	关键技术	区块链应用技术目前处于起步阶段，相关应用很少 研究内容：探索利用工业区块链技术的阻碍，打破信息不对称的阻碍，降低信任成本，优化资源配置，形成分布式智能生产网络，促进工业的服务化转型。与工业互联网、大数据、人工智能有机融合，产学研结合，开展纺织供应链管理、产品全生命周期管理的区块链应用研究	全生命周期管理的区块链应用研究取得阶段性成果

22. 智能制造示范生产线集成技术

编号	技术名称	类别	意义及研究内容	2025年目标
1	化纤长丝全流程智能制造集成技术	产业化	化纤长丝生产在化纤行业具有重要地位，实现化纤长丝全流程智能制造技术的集成将大大提高现有系统的智能化水平 研究内容：开发智能原料配送技术、智能丝饼管理技术、生产数据分析技术、智能立体仓库技术、模拟仿真技术等；建设和推广自动物流与仓储系统、MES、产品质量追溯、生产远程监控与设备远程运维、能耗诊断与节能降耗系统；建立快速客户定制研发、模拟仿真体系和支撑平台	在重点骨干企业推广应用
2	棉纺全流程智能制造集成技术	产业化	在各类智能化纺纱生产线的基础上，进一步提高自动化、智能化水平，达到纺纱全流程智能制造技术的集成，逐步实现夜间无人值守 研究内容：开发推广清梳联、并条、精梳、粗细联、细络联、包装物料等智能化系统并实现综合集成，实现与WHS、MES、ERP、远程运维系统的集成。提高在线质量监控的智能化水平，实现智能配棉和质量预测、生产智能排单、生产工艺优化等功能	在重点骨干企业推广应用
3	高速织造智能化加工技术	产业化	针对织造生产工艺特点，研究开发自动化、智能化技术，织造车间数字化生产管理系统，开发各生产环节的自动衔接控制技术，节约用工，降低劳动强度，提高产品质量 研究内容：研究并推广应用整经自动上筒、自动穿经机、浆纱自动调浆、自动穿综、高速剑杆、喷气织机等新型机织及关键技术，以及相应的联网监测系统和管理系统。在长丝织造领域，研发织轴下布条码管理系统等更贴近织造企业生产实际的管理系统；实现各类设备的联网在线监测，重点提高织物疵点在线检测的智能化水平	在重点骨干企业推广应用

编号	技术名称	类别	意义及研究内容	2025年目标
4	毛纺智能制造集成技术	产业化	毛纺行业的智能改造有助于提升生产效率，降低用工成本 研究内容：持续改进毛纺行业智能化装备技术与数字化生产工艺，开展专业化设备创新和研发；研究智能开混梳生产线、毛纺细纱机的数字化和自动化、纺纱工艺过程信息化管理、柔性机器人技术、智能化毛纺车间建设等	在重点骨干企业推广应用
5	智能化缫丝生产系统集成技术	产业化	实现缫丝生产系统的智能化可大幅缩短缫丝工艺流程，提高生产效率、降低能耗、节省用工 研究内容：缫丝全流程的关键设备和工艺技术，包括机器人选茧、智能化煮茧、自动化缫丝、生丝电子检测等系统	在重点骨干企业推广应用
6	印染全流程智能化集成技术	产业化	通过印染数字化设备改造，优化生产流程的管理，构建印染全流程智能化系统，实现智能化管控，降低成本，提高生产力 研究内容：构建连续化印染、数字间歇式染色和连续化后整理的在线采集及设备智能对接、智能化颜色及工艺管理、染化料中央配送、生产流程管理、半制品快速检测等系统；建立覆盖全流程的信息系统和物流系统；建立企业工业大数据平台	实现生产线数据自动采集系统、智能控制系统和印染信息集成管理系统的集成；实现企业工业大数据平台的建立
7	印染传感器制备技术	关键技术	印染行业是技术密集型产业，工艺复杂，参数多，生产、管理控制要素多，开发工艺参数传感器很有必要。目前双氧水浓度检测传感器、轧余率检测传感器、定形机布面温度检测传感器等国内已经有企业生产相关产品，但需进一步进行可靠性研究和系统开发。织物颜色检测传感器通过技术攻关，初步具备织物颜色检测识别能力 研究内容：开发织物颜色检测传感器、双氧水浓度检测传感器、轧余率检测传感器、定形机布面温度检测传感器等	对传感器进行可靠性研究和系统开发，进一步提升传感器的稳定性
8	测色配色仪器加工技术	关键技术	测色配色是纺织印染的重要环节，是大生产之间颜色数字化传递的基础，同时也是品牌商、贸易商和印染厂沟通的重要环节。使用测色配色仪器，可以加快配色效率、减少原料损耗、降低废品率、减少排污，且数字化配方易追溯，还可以提升颜色配方管理效率。国内的测色配色仪与国外相比，测色时间较久、效率较低；配色效率、准确率相对不高，颜色接近时计算机不能修色，还需要人工改动配方；双组分的双色效果不能进行电脑配色。测色技术方面已经有相对成熟的国产仪器，配色方面还需要有各行业专业的研究人员配合 研究内容：优化测色技术；开发配色技术；建立我国的产业标准，测量评价体系以及标准机（纺织印染行业颜色管理的母机），并在产业应用中获得基础数据	打破印染行业颜色管理对于进口设备和技术的垄断
9	印染MES系统开发技术	关键技术	MES系统把企业的决策管理层、生产执行层和设备的运作层整合在一起，实现了资源的统一利用和无缝对接，大幅提高企业核心竞争力。国内企业开发的MES系统还不能完全取代国外系统，通用性和可配置性存在差距，和其他系统集成性不好，实时响应性能不强 研究内容：生产计划与调度一体化，计划与反馈相结合的智能调度技术；以节能减排为目标的能源流和物流综合平衡和协调控制技术；以安全为目标的故障预警和设备智能维护技术；各种异构系统、仪表、plc、传感器搭建快速响应的控制和反馈系统集成技术	将MES系统与SFC系统、ERP系统联通，推进印染行业的智能化进程

编号	技术名称	类别	意义及研究内容	2025年目标
10	印染废水处理智能在线监测系统开发技术	产业化	人工智能技术的发展和拓展应用，将智能环保推向更高的发展层次，将人的经验与工业大数据信息深入融合，通过知识发现与迁移、人机协同，实现环保处理复杂过程的自主决策和优化控制，以满足各类不确定性情况下环保治理系统运行的全局最优性将是环保领域智能化发展的核心趋势。当前，印染行业废水处理通过升级改造，自动化水平已显著提升，在人工投入、作业强度、过程调控精度和时效性方面获得改善，随着物联网、云计算等技术的应用，为环保产业与互联网的融合提供了优质条件，正在不断提升环保处理信息化管控水平，为环保智能管控的深入发展打下基础 研究内容：构建"智能感知—知识发现与融合—自主决策—协同控制"四层次研究体系；建立基于工业互联网的印染废水处理智能管控云平台	形成基于工业互联网的印染废水处理智能管控云平台，为印染企业、集团、工业园区提供废水处理远程集约化智能管控新模式
11	智能输送（配送）系统开发技术	产业化	智能输送（配送）系统避免了人工作业的疏忽和错漏，系统智能、高效、精准，节省了助剂，减少了污染，降低了成本，改善了环境，使产品质量稳定性得到了大幅提高。虽然智能输送（配送）系统发展迅速，但设备稳定性、关键技术仍需突破 研究内容：开发成品和在制品智能化输送系统，包括匹布自动缝纫接头设备、布卷、布车、浆料桶 AGV 运送设备和定位系统，优化升级染化料智能化配送系统	完成系列化智能输送（配送）系统的开发，提高设备稳定性
12	物联网在针织生产管理应用技术开发	关键技术	物联网技术的普及和推广在针织行业也逐步深度应用，目前主要用于设备的远程监控，对于设备运行中可能出现的问题及时修复或预警 研究内容：针织生产全流程物联网管理系统，实现全流程的物联网覆盖，每一个工序都有数据导入、视频监控、订单管理等信息，客户可以通过手机看到自己订单在定制工厂的生产状况，包括生产计划、某工序实际状况、产品检验状况等，通过视频监控订单在线状况	技术与管理软件应用成熟，向全行业推广
13	针织大圆机纱线张力智能调控系统开发技术	关键技术	大圆机纱线张力调节精准不足问题没有解决，将难以判断纱线的张力一致，影响高效生产 研究内容：研究针织大圆机纱线张力自动检测和智能调控系统，重新设计三角及安装定位装置，提高关键零部件的制造精度，增加纱线张力的自动检测装置和控制系统，实现纱线张力的智能控制，提高纱线张力调节效率，提高织物品质	大圆机纱线张力智能调控系统实现批量化生产
14	袜厂智能化改造技术	产业化	国内袜厂以小微企业为主，同类企业集聚度高。现有袜厂设备普遍落后，数字化程度低，实现智能化改造势在必行 研究内容：研究、推广织缝翻一体袜机，解决现有熟练技术工人长期短缺的问题，降低产品损耗；实现袜厂智能化改造，实现经营、订单实时有效管理，进一步提升生产效率	重点袜厂实现智能化改造
15	非织造布智能生产线技术	产业化	通过智能制造技术提升非织造布行业质量、降低成本，进而提升行业竞争力具有重要意义 研究内容：研究开发非织造布质量智能检测系统，非织造布智能物流系统；非织造布生产线数据字典，非织造布生产执行系统。通过整机生产企业、核心部件企业和工业软件企业协作攻关，解决技术短板，提高我国非织造布装备的整体水平	在重点骨干企业推广应用

编号	技术名称	类别	意义及研究内容	2025年目标
16	大规模服装定制产业平台技术	产业化	大规模服装定制生产近年来快速发展，但是单一企业单一产品无法满足个性化的服装消费需求。因此，建立从客户到生产的C2M服装消费和生产的产业平台能够以低成本、高质量、快交付方式满足客户多样化的需求。客户定制端平台具有聚集客户，提供丰富服装定制产品的能力；服装生产端平台具有聚集服装定制生产企业和快速完成定制生产能力，形成从客户订单，到定制生产，再到物流，最终将定制产品送达客户手中的闭环 研究内容：开发适应多品类服装的可适配定制的MES系统，将多品类服装生产流程进行一体化描述；建立专业化的大类服装的底层数据库，支撑标准化产品生产的数据库共享；扩展产品的柔性和包容性，以满足服装大规模定制中企业协同生产的需要	初步完成服装定制端产业平台和服装生产端产业平台的构建；完成可适配定制的柔性MES系统，在全行业推广应用

23. 化学纤维关键装备加工技术

编号	技术名称	类别	意义及研究内容	2025年目标
1	大容量莱赛尔纤维成套装备加工技术	产业化	莱赛尔纤维与传统黏胶相比，生产流程短，绿色环保，市场潜力巨大。研究大容量莱赛尔纤维关键技术与装备，打破国外技术封锁，建设高效低耗莱赛尔纤维生产线。国内已建成单釜2×10^4t莱赛尔纤维生产线 研究内容：单釜3×10^4t大容量莱赛尔纤维成套装备，大容量干湿法纺丝机、蒸发溶解机、高黏度齿轮泵、喷丝板等关键单机及零部件，非原纤化新溶剂法纤维素纤维成套装备、卷曲机、长丝束烘干机和切断机等关键单机，实现产业化应用；新溶剂法纤维素长丝成套装备	实现单釜3×10^4t单线6×10^4t大容量莱赛尔纤维示范生产线
2	大丝束高性能宽幅碳纤维成套装备及产业化应用技术	产业化	高性能大丝束碳纤维技术装备长期被国外封锁，突破大丝束高性能碳纤维短板和"卡脖子"装备，提质增效，降低单位能耗，提升我国碳纤维装备的水平。国内已有千吨级碳纤维生产线，但在单线产量、运行稳定性和产品质量等方面还需进一步提升 研究内容：原丝纺丝机、蒸汽牵伸机、退丝机、宽幅预氧化炉和高低温碳化炉、高精度卷绕机等关键单机	实现大丝束高性能碳纤维示范生产线，碳纤维K数≥25K，碳丝≥1.8×10^7t/年，实现纺丝稳定运行
3	废旧聚酯制品化学法连续再生成套装备加工技术	产业化	目前废旧聚酯回收成套装备以回收短纤为主，基本使用物理法和半化学法，废旧聚酯化学法连续再生技术装备国内外均属空白 研究内容：真空连续除氧干燥设备、连续离心机、多相高温氧化装置、高速卷绕头、节能假捻变形机等关键单机，产品质量力争达到原生聚酯纤维水平	实现十万吨废旧聚酯制品化学法连续再生生产线示范应用
4	超高分子量聚乙烯纤维成套装备加工技术	产业化	超高分子量聚乙烯纤维及其制品具有高强高模、耐磨等特点，在航空航天、海洋工程等领域都有广泛应用。国内已建成单线年产百吨超高分子量聚乙烯纤维生产线 研究内容：高性能超高分子量聚乙烯纤维生产成套装备，突破高精度原丝纺丝机、超宽均匀浸渍设备、高效在线辐照系统等，提高溶剂回收率；耐热抗蠕变超高分子量聚乙烯纤维关键装备	建成单线年产200t超高分子量聚乙烯纤维示范应用生产线

编号	技术名称	类别	意义及研究内容	2025年目标
5	高速化纤长丝卷绕头制备技术	产业化	国内可生产4500m/min及以下的可适应生产POY的卷绕头，但控制系统仍主要依赖进口 研究内容：变质量、变刚度、变转速的高速柔性卷绕转子系统等关键技术，突破高速卷绕系统设计与制造瓶颈；解决含丝线的多体耦合系统动力学问题；掌握丝线高速卷绕机理，实现卷绕头控制系统自主研制并产业化应用	研制卷绕线速度6000m/min可适应FDY乃至HOY生产的高速卷绕头；建设可适应自动化生产的高可靠性POY、FDY长丝生产示范线
6	节能型数字化高速假捻变形机加工技术	产业化	国内外高速弹力丝机目前采用高温或联苯加热单元、多锭位单锭电动机，整机能耗较高 研究内容：研制节能型数字化高速弹力丝机，对加热单元、电动机等高能耗关键部件进行攻关，降低能耗；研究加热单元、高效节能电动机关键零部件，提升加热效率，降低能耗5%~10%；优化整机丝路，采用超柔握持系统，减少对纱线的损伤，提高纺丝速度	研制节能型数字化高速弹力丝机，实现产业化生产
7	智能化帘子线直捻机/玻捻机加工技术	产业化	在我国汽车轮胎帘子线企业、玻纤企业，车间自动化智能化程度低，主要依靠人工，工人劳动强度大 研究内容：单机自动化智能化水平提升，研发自动上纱技术、自动卸纱技术；研发拉丝设备与捻织车间的连接技术，加捻机与布机连接技术；开展玻捻智能成套装备研发	形成2条以上智能化帘子线直捻机/玻捻机.
8	新溶剂法纤维素纤维专用齿轮泵开发技术	产业化	熔体齿轮泵是新溶剂法纤维（Lyocell）纤维核心输送设备，需要研制自主可控的国产熔体齿轮泵，满足新溶剂法纤维（Lyocell）纤维加工需求 研究内容：研发生产Lyocell装置专用25000~50000cc/r规格的熔体齿轮泵	实现新溶剂法纤维（Lyocell）纤维专用熔体齿轮泵的国产化
9	高聚物在线动态混合装备开发技术	关键技术	在线添加、高效动态混合是制备高品质原液着色纤维的先进技术，这种在线添加方式可以在大容量装置的侧线或单个纺位上实施，装置污染少、颜色更换灵活方便，不通过造粒工序，直接做成聚合物改性制品，缩短流程，降低能耗 研究内容：研发适合于高聚物动态混合的核心装备，开发动态混合系统的性能测试试验装置	开发出高聚物动态混合的核心装备，满足制备高品质原液着色纤维需求

24. 纺纱智能装备加工技术

编号	技术名称	类别	意义及研究内容	2025年目标
1	智能化、柔性化环锭纺纱成套装备加工技术	关键技术、产业化	国内环锭纺成套设备已部分实现纺纱工艺流程中各环节间的无人化衔接，如清梳联、粗细络联、棉卷自动输送、筒纱自动包装系统、在线监控和智能化管理、数据分析及远程诊断等，逐步实现无人化智能纺纱车间，使生产更加高产、高效、优质、节能。国内外设备总体差距不大，部分技术已经成熟并产业化应用，仍有一些关键技术需要突破 研究内容：突破并条机自调匀整、络筒机电子清纱装置；开发清梳并联装备的在线识别检测和智能控制技术，棉条自动接头、圈条成型、棉条翻转和工艺配置技术，细纱自动接头技术，棉纺各工序智能物流输送系统，优化精梳机棉卷自动生头技术，纺纱全流程质量在线检测技术，优化订单管理、自动配棉、生产运行、质量实时追溯、包装储运等环节的数据处理，形成工业互联网大数据平台。解决智能化成套设备对差别化、多组分，小批量、多品种的适应性问题，打造更加灵活智能的柔性化生产线	突破关键技术，完成智能化单机设备的提升以及大部分工序间的连接，实现产业化应用

编号	技术名称	类别	意义及研究内容	2025年目标
2	自动化、连续化短流程纺纱成套装备加工技术	关键技术、产业化	短流程设备具有纺纱工艺流程短、产量高、能耗低、用工少等特点，随着短流程设备适纺品种、纱支范围的不断扩大，部分替代环锭纺趋势明显，具有极大市场潜力。目前，短流程纺纱智能输送系统还处于起步阶段。短流程纺纱设备国内企业主要生产1×10^5r/min左右（国外可达1.5×10^5r/min以上）转杯纺纱机，纺纱速度为500m/min喷气涡流纺纱机国内还在研究阶段 研究内容：短流程纺纱关键技术与成套装备，开发短流程纺纱的智能输送系统及云平台在线诊断系统，突破高速转杯纺单锭驱动、卷绕、磁悬浮轴承、微电动机驱动与控制技术及智能高速数字化接头技术，涡流纺卷绕凸轮换向、纤维搭接、双排下喂上卷以及适用涡流纺的电子清纱器技术等	突破关键技术，完成高速转杯纺纱机和高速喷气涡流纺纱机国产化小批量生产；建成数字化、网络化、部分连续化的短流程纺纱生产线
3	缫丝成套装备加工技术	关键技术、产业化	目前，减少用工、提高生产力仍然是制丝发展的关键。目前国内外的相关技术研究均没有重大突破 研究内容：研制智能化缫丝机，开发新型纤度感知系统，实现新型成套缫丝设备的连续化、智能化	突破关键技术，完成智能化缫丝设备的研发，人均产丝达到1500kg
4	黄麻纺纱成套装备加工技术	产业化	黄麻是仅次于棉纤维的第二大天然纤维素纤维，具有产量大、成本低的特点，主要供制作麻袋、麻布用，还可用于造纸、制绳索、织地毯和窗帘等，在纺织工业中扮演着重要角色。目前，国内外的黄麻设备主要由国内企业生产 研究内容：优化黄麻并条机、纺纱机纺纱结构，提高产量≥30%；提高黄麻络筒机、黄麻延展机的自动化程度，减少用工；新的纺纱方式以及各种化学和生物的整理加工，改善织物风格，提高抗皱性和弹性回复能力	突破关键技术，建立新型黄麻纺纱成套装备的纺纱示范生产线
5	亚麻自调匀整成条机加工技术	关键技术、产业化	成条机作为并条前道的输出工序，其输出麻条的重量不匀率对后道工序及成纱质量都有着很大影响 研究内容：栉成联合机，开发自调匀整成条机技术，减少并合次数、提升输出条质量、降低成本，填补技术空白	突破关键技术，完成试生产设备的制造
6	自动落纱雪尼尔机加工技术	关键技术、产业化	雪尼尔机自动化程度低，用工多，且纱线经过切割容易产生较多的废纱，没有吸尘装置导致生产环境较差，影响纱线质量。单锭高速电动机驱动的雪尼尔机已经在市场广泛使用，但还需要通过实现全自动、吸尘和检测技术才能节约用工，提高生产效率，保证纱线在生产过程中的质量，实现高速、高产的要求，为打造智能无人化车间打好基础 研究内容：雪尼尔机集体落纱装置，实现集体落纱的拔管、插管率达100%、留头率达98.5%、落纱时间3min；自动吸尘装置，实现废纱的处理；在线检测装置，实现生产过程的自动检测	突破关键技术，实现全自动落纱雪尼尔机小批量生产
7	高速卷绕无槽筒络筒机加工技术	产业化	目前国际上实现了无槽筒精密卷绕的自动络筒机的开发和推广应用，国内也取得突破 研究内容：研究精密数码卷绕技术，节省一道倒筒工序，通过软件控制，实现全无重叠和松紧适度的筒纱生产，适应中高档产品和新兴化纤的生产需求	无槽筒速度在1200~1300m/min；定长精度为1%以下；纺出圆柱形直边及圆边筒子

编号	技术名称	类别	意义及研究内容	2025年目标
8	全自动摇绞机加工技术	关键技术、产业化	国内现有的摇绞机市场需求量大，实现全自动摇绞机还需要通过自动高速摇绞、绑绞打结、辅助落纱、调节绞长绞宽来适应不同纱线成绞，实现减少人工，提高设备自动化水平的目标。目前国外使用的自动化摇绞工序，由于成本和效率问题，无法实现大规模应用。国内的摇绞工序仍采用人工扎绞方式，一些纺织企业也做了一些研究，但始终无法实现产业化 研究内容：可靠性高的自动打结装置，实现多条纱线同时打结；自动生头、摇绞、绑绞打结和落沙的全过程联动，实现摇绞速度≥600r/min	突破关键技术，实现全自动摇绞机小批量生产
9	金属针布研发技术	产业化	目前金属针布冲齿技术为多刀冲齿，冲齿效率低，操作要求较高 研究内容：整体刀盘的快换技术，实现重复更换精度达到≤0.003mm；研究整体刀盘的制造技术，大幅提升生产效率和产品质量稳定性	突破刀盘快换的关键技术及加工技术，实现小批量生产
10	钢丝圈、钢领加工技术	产业化	锭子、钢领、钢丝圈是细纱机重要的核心零部件，对发挥细纱机主机设备综合效能起到至关重要的作用 研究内容：改进钢丝圈、钢领跑道几何形状；开发新型表面处理工艺，保证钢丝圈、钢领具有耐磨润滑功能；开发新型抛光技术及工艺，减少表面粗糙度；在纺纱速度≥1.8×10^4r/min时，钢丝圈使用寿命15天以上，钢领6~10年；锭子纺纱速度≥2×10^4r/min	突破关键技术，实现关键零部件国产化，80%取代进口
11	环锭纺磁悬浮电锭制备技术	关键技术	国内还未对环锭纺无磁悬浮电锭进行系统研究 研究内容：研究基于无位置传感器的锭子磁悬浮、电动机集成控制技术及性能综合测试系统，研制锭速可达3×10^4r/min磁悬浮电锭，突破现有锭子的技术瓶颈	突破关键技术，完成磁悬浮电锭样机的研发，并制作一台48锭的模块化示范样机

25. 织造关键装备加工技术

编号	技术名称	类别	意义及研究内容	2025年目标
1	织造连续化、自动化成套装备加工技术	关键技术、产业化	织造各工序的自动化、连续化能够提高生产效率，降低工人劳动强度，具有广阔的市场空间和应用价值。目前整经、浆纱及织造等各工序之间自动化关联程度不高，整经机自动上落筒子已有研究应用，但成本高、技术不成熟，自动上落经轴、自动上落织轴、AGV小车均处于在研阶段 研究内容：提高整经机上落筒子的准确度及效率；浆纱机自动上落经轴和自动上落织轴的安全性和可靠性；织造各工序间的信息化和自动化衔接；织布车间物联网系统以及AGV自动上轴车及自动落布车等关键设备开发	突破关键技术，实现车间内上下轴的自动化，在此基础上进行织布车间上下道工序的自动衔接
2	智能化高速剑杆织机加工技术	产业化	国产高速剑杆织机与进口产品相比，存在稳定性和可靠性不高、产品适应性差等问题 研究内容：纤维、纤维束、织物、机械零件之间的摩擦特性，探寻量化关系；探索特种产业用纤维织物的成型和构造机理，提炼织物成型工艺参数量化指标；根据纤维、织物特点研发、改进送经、引纬、打纬及织口移动机构，实现特种纤维织造或成型织造。研究织机无废边装置、高速纬纱剪切装置等	突破关键技术，实现高速化（650r/min）、智能化，设备可靠性一致性等环节达到国际高端品牌水平

编号	技术名称	类别	意义及研究内容	2025年目标
3	特种织物刚性剑杆织机加工技术	产业化	特种织物刚性剑杆织机目前处于起步阶段，仍有一些关键技术需要重点突破 研究内容：高精度引纬共轭凸轮和打纬共轭凸轮、墙板、胸梁、主齿轮箱等关键零部件；攻关引纬部分关键件，如剑轮、剑带、剑头等；攻关主电动机控制系统、主机电控系统的稳定控制；电子纬纱张力器的精准控制；不同幅宽的单台成套设备	建立2家以上产业用布（玻纤、碳纤维、阳光面料、厚重滤布）或其他织物的示范生产线
4	高速织机开口装置加工技术	产业化	高速织机开口装置作为织造装备的重要组件之一，仍有一些关键技术需要重点突破 研究内容：高速电子多臂装置与积极式凸轮开口机构和连杆机构，高精密共轭凸轮、高速连杆的设计与制造；提花选针模组生产线建设，动铁、电磁铁铁芯等关键零部件表面处理技术，耐磨塑料和金属摩擦润滑技术	进一步提高装置的可靠性，高速多臂装置、凸轮开口和连杆机构等达到国际先进水平
5	喷气织机异形筘制备技术	关键技术	喷气织机异形筘生产装备及检测仪器不具备智能、环保等功能，生产产品精度、可靠性较差；表面强化目前均采用镀硬铬处理，已不能适应智能化织机的生产需要和环保要求，也不能适应用户个性化需求，需要探索新型表面强化技术，提高产品性能 研究内容：节能筘4.5/5.5m轨速精准测量机及修正仪，异形筘片$\phi 7.1 \times 57$辊高精度校平机；高效、节能新型离心智能筘片抛磨生产线，Ti/Cr/CN异形筘片表面涂层技术	突破关键制备技术，建成筘片智能生产线
6	织造纱线识别智能视觉系统研发技术	产业化	视觉系统在纱线上的引入将会越来越重要，特别是在细纱、色织等领域，和相应的机械设备结合，将会在速度、效率、质量和结果上远超人工。目前，纱线（化纤、棉线）的视觉识别系统主要由欧洲厂家在主导 研究内容：织造纱线识别智能视觉系统工作原理和关键零部件	突破关键技术，在织造准备领域全系列引入纱线识别全自动化系统
7	高速磁悬浮双向引纬片梭织机机理研究及应用技术	基础研究	高速磁悬浮双向引纬片梭织机目前尚未有系统性的研究 研究内容：研究引纬器梭体在任意位置上高速运动时磁场和电涡流的分布规律，建立引纬器径向基点模型，确定和优化电磁力推进参数；建立多级式电磁投/制梭双向引纬运动模型，建立不同引纬运动状态下引纬梭体在电磁推进系统中的受力、位移、速度和加速度运动方程；依据纱线张力动态载荷及双向引纬工艺原理，确定磁悬浮式引纬梭体结构动态稳定性指标；完成新型双侧张力补偿、递纬、剪断等辅助装置设计与测试	突破关键技术并完成小试
8	全成形电脑横机制备技术	产业化	随着劳动力成本的提高和劳动力短缺的加剧，毛衫缝合加工面临着无人可用的局面，严重影响了行业的发展。全成形技术是解决毛衫缝合自动化的有效手段，也是国产电脑横机解决市场饱和、低成本竞争的一条途径。已研发了可独立控制、可弹跳的纱嘴结构设计，完成可穿、嵌纱、同行超难结构以及嵌花等组织结构的编织 研究内容：全成形编织技术无裁剪、无缝制三维立体全成形，开发全成型制版软件、恒张力送纱控制技术、织物密度控制技术、实时纱线长度检测技术、织物张力检测控制技术、伺服起底板控制技术、单段选针控制技术	实现全成形电脑横机产业化应用

编号	技术名称	类别	意义及研究内容	2025年目标
9	高速特里科经编机加工技术	产业化	经编装备在各类针织装备中具备最高的生产效率，经编产品具有独特的服用与产业应用特性，使得经编针织这种生产手段成为针织物生产降低成本与提高附加值的首选。 研究内容：攻克少梳经编机型长期持续性微距离重载高频往复运动的横移机械系统；解决伺服闭环系统在高动态响应下的高频加减速运动与高精度定位之间的矛盾；攻克高速经编装备机电系统在不同工艺与纱线扰度等变负载条件下高动态稳定生产的系统鲁棒性	突破关键机构的设计加工、核心控制算法等关键技术，实现关键机构与核心控制国产化，实现少梳经编装备最高生产速度≥2000r/min
10	全流程自动化针织圆纬机辅助装备研发技术	产业化	针织圆纬机目前国内外的自动化水平较低，劳动操作强度高，品质受人为操作影响因素大。全流程自动化圆纬机可提高织物质量，降低原材料损耗，减少用工并减轻人工劳动强度 研究内容：全数字化自动捕捉捻接机器人等关键单机；自适应自清洁的纱疵传感器等关键零件，无结头捻接；桁架机械手等关键单机，实现上纱、快换装置自动头及筒子架清洁除絮功能；研究无辊成卷自动落布装备对接、坯布运送等物流输送系统	突破关键技术，实现关键装备国产化，建立圆纬机全流程自动化的产业化示范生产线
11	新型积极式输纱器研发技术	产业化	针织圆纬机用输纱器作为编织过程中重要的一环，通过程控积极式输纱器运行采集处理分析获得纱线材料的品质数据和自身状况，圆纬机的运行信息，优化机器运行速度，提供纱线采购的参考依据，对影响织物品质的纱线采取限制措施，识别异常转速的输纱器或是操作者不按规定储存的圈数 研究内容：设计高性能集成电路的硬件以及编写软件程序，与操作控制面板的通讯协议数据进行交互对接，圆纬机运维信息，预防性技术及扩展远程云端物联网数据接口	新型积极式输纱器实现产业化推广
12	智能电磁选针器研发技术	产业化	智能电磁选针器采用电磁铁的电磁力作为驱动力，实现实时检测，提高选针器工作可靠性，解决针织机械提花的错花问题 研究内容：刀头加工工艺和成套部件；提高刀头端面硬度和一致性	智能电磁选针器实现产业化推广，市场使用率超过35%
13	高速多轴向经编机制备技术	关键技术	国防军工、航空航天、轨道交通、风电叶片等领域对碳纤维复合材料的需求与日俱增，这也对低成本、高效率的碳纤维多轴向织物经编生产提出了更高要求。针对大丝束碳纤维多轴向织物编织生产效率低、生产门幅窄、柔性生产适应性差的难题，开展高效编织、收幅等技术研究 研究内容：研发高速智能化多轴向经编机，编织效率提升1倍以上，空机最高转速800r/min，满足不同行业对门幅宽度的应用需求	突破离线递轨式铺纬等关键核心技术，实现设备的中试

26. 高效环保印染装备加工技术

编号	技术名称	类别	意义及研究内容	2025年目标
1	数控印染机械信息互联互通系统研发技术	产业化	数字化技术与印染机械的深度融合，实现设备间的信息互联互通，为管理系统和运维系统软件提供底层实时动态数据 研究内容：研究制定印染设备信息互联互通标准，开发基于国产数控印染机械、覆盖全流程的装备信息互联互通系统，实现印染机械动态信息的实时采集与传输	设备实现印染设备信息互联互通

编号	技术名称	类别	意义及研究内容	2025年目标
2	印染厂物料智能化输送装备与系统研发技术	关键技术	印染厂物料输送量大，工人劳动强度大，影响生产效率的提高 研究内容：开展印染厂物料输送流程研究，开发印染厂物料智能化输送系统，包括布匹自动缝纫接头设备、布卷与布车AGV运输设备和定位系统，成品包装与自动仓储系统，以及浆料桶AGV运送设备与装卸机构；实现印染生产物料的自动运输，大幅降低工人劳动强度	建立印染厂物料输送流程智能化示范应用项目
3	粉体印染化学品精确称量与配送系统研发技术	关键技术	目前液体染化料和助剂配送系统已开始产业化应用，粉体化学品由于自身物性参数的不同，导致粉体流动性存在较大差异，其精确称量、精准输送、均匀供给等问题一直以来是粉体应用行业的技术难点和行业难题 研究内容：研发流动性适应广、称量范围大且精度高（相对精度达到0.1%）、称量速度快（速率可跨数量级连续调节）的精准称量装备、均匀输送设备及系统，实现粉体染化料和助剂自动称量和溶解，并自动密封锁闭，避免粉尘飞扬，减少化学品的环境污染	突破关键技术，完成常用粉体化学品精确称量与配送设备样机试制
4	棉针织物平幅连续染色生产线加工技术	关键技术	目前棉针织物的染色过程均在间歇式染色机中进行，存在能耗高、耗水量大、生产周期长的问题。棉针织物平幅连续染色设备节能减排效果好，生产效率较高 研究内容：研究棉针织物连续染色工艺、张力控制、展边和工艺参数在线监控等关键技术，开发平幅连续染色设备，保证棉针织物连续染色时低张力稳定运行。织物运行速度不低于30m/min	建立棉针织物平幅连续染色示范生产线
5	涤纶机织物与针织物连续染色生产线加工技术	关键技术	目前涤纶机织物与针织物大多在间歇式染色机中进行染色，能耗高、用水量大。连续染色工艺流程短，具有低能耗、生产效率高等优点 研究内容：开发适合涤纶机织物与针织物分散染料染色工艺、张力控制和工艺参数在线监控等关键技术，分别开发两类织物的连续染色设备，解决织物染色过程中色差、张力、收缩等问题，提高生产效率，降低耗水量。织物运行速度不低于50m/min	完成涤纶机织物与针织物连续染色生产线样机的开发
6	柔版印花设备加工技术	关键技术	与传统印花原理不同，凸版印花技术可实现混色印花，花型相比传统印花更加立体，花型精细度高，染化料消耗少，更节水节能 研究内容：研发柔版印花工艺技术和激光雕刻制版技术，开发设计全新的柔版印花机构和控制系统，制定印花工艺流程和操作方法，生产过程实现数字化监控	完成柔版印花设备样机试制
7	机器视觉自动验布机加工技术	关键技术	验布一直是由人工完成，工人劳动强度大、漏检率高、效率低，面料种类繁多，机器取代人工难度较大 研究内容：解决面料疵点的采集、分类、判断、算法等难题，建立疵点识别数学模型，开发基于机器视觉技术、具有自学习功能的验布机	突破关键技术，完成机器视觉自动验布机样机试制
8	间歇式染色机全自动进出布装置研发技术	关键技术	染色车间工作环境恶劣，且织物进出染色机的人工操作劳动强度大 研究内容：探索自动进出布方式，研发自动联接布头系统，自动找布头并松解布头系统等。解决目前间歇式染色机进出布过程中必须人工操作的问题，减轻工人劳动强度，提高生产效率	突破关键技术，完成间歇式染色机全自动进出布装置样机试制
9	高速连续式棉型机织物印染全流程装备制造技术	产业化	研究内容：发展高端、高速连续式棉型机织物印染全流程装备，进一步提高装备的可靠性，设备运行速度在80~100m/min；开发高速下的前处理、连续染色等联合机张力控制系统，保证织物稳定运行；开发高速下的高给液单元机，实现均匀、透芯给液；提升汽蒸、水洗、轧液、烘干等单元机高速运行的适应性，保证织物加工质量。优化工艺参数在线监控系统，数据采样频率不低于50次/s	建立高速连续式棉型机织物印染全流程装备示范应用生产线

27. 高速宽幅非织造布装备加工技术

编号	技术名称	类别	意义及研究内容	2025年目标
1	高速水刺非织造布成套装备加工技术	产业化	更高速度的水刺非织造布成套装备有助于进一步提高生产效率，降低成本 研究内容：研究全流程高速自动化水刺法非织造布成套装备，消除技术壁垒，提高成网质量、生产速度和产品加工精度。攻关宽幅高速梳理机、铺网机、高精度水刺机、自动分切机、全自动非织造包装系统、高性能碳纤维辊轴等	实现单线年产万吨全流程国产水刺生产线
2	多模头宽幅纺粘熔喷非织造布成套设备加工技术	产业化	我国熔喷纺粘非织造布产品与装备不及国际领先水平，研究高速、高产、智能化的多模头纺熔非织造布成套设备，可打破国外技术垄断 研究内容：在线与离线复合及功能性后整理技术；高精度熔喷模头，提高单位面积孔数；高速成网机网帘单位平方米透气量 $\geq 1 \times 10^4 m^3/h$；热轧机轧辊线压力均匀度 $\leq 5\%$	实现3.2m以上宽幅高速多模头纺粘熔喷示范生产线
3	丙纶长丝纺粘针刺非织造布成套装备加工技术	关键技术	针刺法非织造布主要应用于过滤材料、防水卷材、汽车内饰、土工布和革基布等领域，突破再生纤维和在线增强涤纶等纺粘针刺关键技术装备，缩小与国际先进水平的差距 研究内容：以废丝、废旧纺织品为再生原料的非织造布成套设备，实现生产线自动化、数字化、信息化生产；在线增强涤纶纺粘针刺非织造布成套设备，优化纺丝箱体、侧吹风冷却装置、气流牵伸装置、摆丝装置和铺网装置	建立中试生产线
4	宽幅高效热风法非织造布成套装备加工技术	产业化	我国高端热风法非织造布产品在舒适柔软性能、疵点率、生产效率等方面均不及进口产品，市场占有率低，工艺与装备是制约产品质量和高效生产的瓶颈 研究内容：适用于ES纤维的易清洁、宽幅高速梳理机，开发自匀整监测及控制系统；研发短板设备宽幅高效热风黏结机	建立入网幅宽3500mm，生产速度 $\geq 150m/min$ 高端热风非织造布示范生产线
5	多工艺复合水刺非织造布生产线成套装备和产业化应用技术	产业化	随着新工艺、新材料、复合和深加工技术的发展，具有新功能和多功能的新产品不断涌现，如"纤网+木浆→水刺""纤网+木浆+纤网→水刺""针刺+水刺""纺粘+水刺"等复合工艺将进一步得到推广应用 研究内容：湿法成网非织造布成套设备与工艺技术，提升产能和应用领域，拓展高端革基布、过滤材料等应用领域；根据多种目标产品要求，对单机的相互匹配度的系统性研究	突破关键技术，实现多工艺复合水刺非织造布生产线成套装国产化
6	宽幅高速针刺机制备技术	产业化	国产宽幅针刺机针刺频率低，影响针刺非织造布生产线效率，研究超高频针刺机，填补国内技术空白 研究内容：研究宽幅高速针刺机振动与噪音分析技术；研究运动件的轻量化，关键旋转部位的润滑与冷却，出入料线速度匹配；研制椭圆针刺机	突破宽幅高速针刺机关键技术，针频达到2400次/min
7	高速热轧机制备技术	产业化	高速非织造布热轧机是生产纺熔PP、PLA、PE及PET等无纺制品的关键装备 研究内容：收卷机疵点自动快速检测技术，解决分切时通过收卷机所记忆的疵点位置自动定点停机剔除疵点，进一步提高产品成品率；研究大直径热轧辊制造工艺，提高热轧机线压力和运行速度	实现高速热轧机产业化，装备运行速度达到1200m/min

28.智能化服装和家纺装备加工技术

编号	技术名称	类别	意义及研究内容	2025年目标
1	智能模块化缝制单元研发技术	产业化	随着自动缝制单元、信息化管理软件、机器人的快速发展，服装的生产方式也发生了巨大变化，研究以人或自动缝制单元为中心的模块化生产方式越来越重要。基于信息物理系统CPS的人机协同生产能够显著提高生产效率，实时追溯生产质量，也是未来服装智能制造的底层建造模式 研究内容：研究设备的物联网功能，统一设备接口协议标准；基于人机工程和人机协同理念的缝制设备单元，实现一人多机，多机位的模块化组装等模块化生产方式；基于精益生产理念的服装部件生产单元，以多机位缝制单元为中心，以无人化或人工为辅助的方式可迅速完成服装部件的单元化生产	形成示范生产线

29.先进纺织仪器制备技术

编号	技术名称	类别	意义及研究内容	2025年目标
1	新型异纤分捡机制备技术	产业化	国内对异纤分拣设备需求量大，60%的棉纺生产线需配异纤机。随着技术进步，市场存量异纤机存在巨大的升级需求 研究内容：研究全新的智能、分布式硬件计算平台，通过修订核心算法，减少常用算法参数，增加检出稳定性和易用性；研究联网功能，提高远程维护能力；研究运算引擎与人机界面的剥离；研究全LED光源组成的全新光路，提高光路系统的一致性	突破关键技术，实现异纤分捡机的更新换代，并拓展到毛纺等其他行业领域
2	电子清纱器制备技术	产业化	电子清纱器是自动络筒机关键零部件之一，用于检测各种有害纱疵、有色异纤、同色异纤、塑料薄膜等，具有纱疵分级、在线CV检测、统计等功能。国外电子清纱产品技术成熟，在自动络筒机上得到广泛应用。国内企业研发生产的产品与国外同类产品在功能和稳定性方面还有差距，市场占有率低。目前配套自动络筒机的电子清纱器大部分靠进口 研究内容：研究电子清纱器的异纤灵敏度等关键技术问题	突破关键技术，实现与国产自动络筒机的批量配套
3	出汗暖体假人测试系统研发技术	基础研究	出汗暖体假人测试系统是服装科学与人体仿生学、生物物理学等交叉的国际前沿技术，能够客观评价服装整体热阻和湿阻性能，广泛应用于服装、航空航天、消防、石油、交通安全、职业健康等领域，尤其在服装保暖性能评价、服装保暖机理研究和职业防护服装开发中发挥了重要作用，是服装工效学研究中必不可少的先进设备。服装的热湿性能不仅与面料有关，还与服装的设计、结构、加工等工艺过程有关，而且真实人体各部分的出汗程度也不相同 研究内容：突破关键技术，实现关键装备的国产化，研究建立自主测试体系	完成自主出汗暖体假人测试系统的开发
4	纱线干湿状态下耐磨性能试验仪器研发技术	基础研究	研制一种用于纱线及各种绳线干湿状态下耐磨性能试验仪，探索研究纱线耐磨性能检测关键技术，为各种线绳综合耐磨性提供一种专用测试仪器 研究内容：偏心曲柄往复运动机构的研制；纱线捻度控制机构的研制；能够精准测量摩擦次数的非接触式信号采集处理系统的研制；专用数据采集处理与自动控制系统的研制	突破关键技术，形成纱线耐磨性能测试系统的研究及产业化示范基地

30. 纺织机械智能化加工技术

编号	技术名称	类别	意义及研究内容	2025年目标
1	纺织设备健康管控与智能运维系统研发技术	关键技术	纺织设备健康管控与智能运维系统对与实现纺织行业智能转型升级至关重要 研究内容：纺织装备数字化设计、仿真优化与验证集成的全生命周期生产技术；研究应用涵盖智能物流系统、智能加工系统、自动化装配、装备健康管控、整机智能测试与质量控制系统的纺织装备智能制造（车间）工厂技术；研究纺织装备数字孪生数据构建与管理技术，实现虚实数据的高效融合与智能化管理	初步构建纺织设备健康管控与智能运维系统，并实现应用

附录二 纺织行业主要创新平台

表1 纺织行业国家制造业创新中心（截至2020年）

序号	平台名称	依托单位	年份
1	国家先进功能纤维创新中心	江苏新视界先进功能纤维创新中心有限公司	2019
2	国家先进印染技术创新中心	山东中康国创先进印染技术研究院有限公司	2020

数据来源：工业和信息化部。

表2 纺织行业国家重点实验室（截至2021年4月）

序号	平台名称	依托单位	平台类型
1	纤维材料改性国家重点实验室	东华大学	国家重点实验室
2	生物源纤维制造技术国家重点实验室	中国纺织科学研究院	企业国家重点实验室
3	特种纤维复合材料国家重点实验室	中材科技股份有限公司	企业国家重点实验室
4	膜材料与膜应用国家重点实验室	天津膜天膜科技股份有限公司	企业国家重点实验室
5	省部共建分离膜与膜过程国家重点实验室材料	天津工业大学	省部共建国家重点实验室
6	省部共建生物多糖纤维成形与生态纺织国家重点实验室	青岛大学	省部共建国家重点实验室
7	纺织新材料与先进加工技术国家重点实验室	武汉纺织大学	省部共建国家重点实验室培育基地

数据来源：科学技术部。

表3 纺织行业国家工程研究中心、国家工程实验室（截至2020年）

序号	平台名称	依托单位	平台类型
1	纤维基复合材料国家工程研究中心	中国纺织科学研究院	工程研究中心
2	现代丝绸国家工程实验室	苏州大学	工程实验室

数据来源：国家发展和改革委员会。

表4　纺织行业国家企业技术中心（截至2020年）

序号	企业	平台名称
1	天津天纺投资控股有限公司	天津天纺投资控股有限公司技术中心
2	新兴际华集团有限公司	新兴际华集团有限公司技术中心
3	石家庄常山北明科技股份有限公司	石家庄常山北明科技股份有限公司技术中心
4	江苏联发纺织股份有限公司	江苏联发纺织股份有限公司技术中心
5	安徽中天纺织科技股份有限公司	安徽中天纺织科技股份有限公司技术中心
6	安徽华茂集团有限公司	安徽华茂集团有限公司技术中心
7	鲁泰纺织股份有限公司	鲁泰纺织股份有限公司技术中心
8	山东兰雁纺织服装有限公司	山东兰雁纺织服装有限公司技术中心
9	广东溢达纺织有限公司	广东溢达纺织有限公司技术中心
10	内蒙古鹿王羊绒有限公司	内蒙古鹿王羊绒有限公司技术中心
11	内蒙古鄂尔多斯羊绒（集团）有限责任公司	内蒙古鄂尔多斯羊绒（集团）有限责任公司技术中心
12	江苏阳光股份有限公司	江苏阳光股份有限公司技术中心
13	山东如意科技集团有限公司	山东如意科技集团有限公司技术中心
14	南山集团有限公司	南山集团有限公司技术中心
15	辽宁柞蚕丝绸科学研究院有限责任公司	辽宁柞蚕丝绸科学研究院有限责任公司技术中心
16	万事利集团有限公司	万事利集团有限公司技术中心
17	淄博大染坊丝绸集团有限公司	淄博大染坊丝绸集团有限公司技术中心
18	湖南华升集团有限公司	湖南华升集团有限公司技术中心
19	恒天纤维集团有限公司	恒天纤维集团有限公司技术中心
20	唐山三友集团有限公司	唐山三友集团有限公司技术中心
21	辽宁银珠化纺集团有限公司	辽宁银珠化纺集团有限公司技术中心
22	吉林化纤集团有限责任公司	吉林化纤集团有限责任公司技术中心
23	中国石化仪征化纤有限责任公司	中国石化仪征化纤有限责任公司技术中心
24	江苏国望高科纤维有限公司	江苏国望高科纤维有限公司技术中心
25	江苏江南高纤股份有限公司	江苏江南高纤股份有限公司技术中心
26	江苏恒力化纤股份有限公司	江苏恒力化纤股份有限公司技术中心
27	浙江恒逸集团有限公司	浙江恒逸集团有限公司技术中心
28	华峰集团有限公司	华峰集团有限公司技术中心

续表

序号	企业	平台名称
29	桐昆集团股份有限公司	桐昆集团股份有限公司技术中心
30	安徽皖维高新材料股份有限公司	安徽皖维高新材料股份有限公司技术中心
31	福建百宏聚纤科技实业有限公司	福建百宏聚纤科技实业有限公司技术中心
32	福建永荣锦江股份有限公司	福建永荣锦江股份有限公司技术中心
33	厦门翔鹭化纤股份有限公司	厦门翔鹭化纤股份有限公司技术中心
34	恒天海龙（潍坊）新材料有限责任公司	恒天海龙（潍坊）新材料有限责任公司技术中心
35	烟台泰和新材集团有限公司	烟台泰和新材集团有限公司技术中心
36	济南圣泉集团股份有限公司	济南圣泉集团股份有限公司技术中心
37	威海光威复合材料股份有限公司	威海光威复合材料股份有限公司技术中心
38	神马实业股份有限公司	神马实业股份有限公司技术中心
39	广东新会美达锦纶股份有限公司	广东新会美达锦纶股份有限公司技术中心
40	宜宾丝丽雅集团有限公司	宜宾丝丽雅集团有限公司技术中心
41	四川省宜宾惠美线业有限责任公司	四川省宜宾惠美线业有限责任公司技术中心
42	新疆中泰化学股份有限公司	新疆中泰化学股份有限公司技术中心
43	天津膜天膜科技股份有限公司	天津膜天膜科技股份有限公司技术中心
44	中材科技股份有限公司	中材科技股份有限公司技术中心
45	福建恒安集团有限公司	福建恒安集团有限公司技术中心
46	天守（福建）超纤科技股份有限公司	天守（福建）超纤科技股份有限公司技术中心
47	青岛明月海藻集团有限公司	青岛明月海藻集团有限公司技术中心
48	红豆集团有限公司	红豆集团有限公司技术中心
49	江苏AB集团股份有限公司	江苏AB集团股份有限公司技术中心
50	福建凤竹集团有限公司	福建凤竹集团有限公司技术中心
51	即发集团有限公司	即发集团有限公司技术中心
52	青岛雪达集团有限公司	青岛雪达集团有限公司技术中心
53	恒源祥（集团）有限公司	恒源祥（集团）有限公司技术中心
54	江苏梦兰集团有限公司	江苏梦兰集团有限公司技术中心
55	山东滨州亚光毛巾有限公司	山东滨州亚光毛巾有限公司技术中心
56	孚日集团股份有限公司	孚日集团股份有限公司技术中心

序号	企业	平台名称
57	好孩子儿童用品有限公司	好孩子儿童用品有限公司技术中心
58	雅戈尔集团股份有限公司	雅戈尔集团股份有限公司技术中心
59	福建七匹狼集团有限公司	福建七匹狼集团有限公司技术中心
60	安踏（中国）有限公司	安踏（中国）有限公司技术中心
61	福建华峰新材料有限公司	福建华峰新材料有限公司技术中心
62	湖北美尔雅集团有限公司	湖北美尔雅集团有限公司技术中心
63	浙江美欣达纺织印染科技有限公司	浙江美欣达纺织印染科技有限公司技术中心
64	山东康平纳集团有限公司	山东康平纳集团有限公司技术中心
65	华纺股份有限公司	华纺股份有限公司技术中心
66	广东德美精细化工集团股份有限公司	广东德美精细化工集团股份有限公司技术中心
67	经纬纺织机械股份有限公司	经纬纺织机械股份有限公司技术中心
68	杰克缝纫机股份有限公司	杰克缝纫机股份有限公司技术中心
69	青岛东佳纺机（集团）有限公司	青岛东佳纺机（集团）有限公司技术中心
70	青岛环球集团股份有限公司	青岛环球集团股份有限公司技术中心
71	恒天重工股份有限公司	恒天重工股份有限公司技术中心
72	河南金丹乳酸科技股份有限公司	河南金丹乳酸科技股份有限公司技术中心
73	重庆国际复合材料股份有限公司	重庆国际复合材料股份有限公司技术中心
74	浙江美欣达纺织印染科技有限公司	浙江美欣达纺织印染科技有限公司技术中心
75	福建永荣锦江股份有限公司	福建永荣锦江股份有限公司技术中心
76	新凤鸣集团股份有限公司	新凤鸣集团股份有限公司技术中心
77*	连云港中复连众复合材料集团有限公司	连云港中复连众复合材料集团有限公司技术中心
78*	际华三五四二纺织有限公司	际华三五四二纺织有限公司技术中心
79*	际华三五零二职业装有限公司	际华三五零二职业装有限公司技术中心
80*	鲁丰织染有限公司	鲁丰织染有限公司技术中心
81*	青岛宏大纺织机械有限责任公司	青岛宏大纺织机械有限责任公司技术中心

* 为国家企业技术中心分中心。

数据来源：国家发展和改革委员会。

表5　纺织行业重点实验室（截至2020年）

序号	实验室名称	依托单位	年份
1	纺织行业牛仔服装先进制造重点实验室	武汉纺织大学	2018
2	纺织行业现代染整技术重点实验室	东华大学	2018
3	纺织行业喷墨印花技术重点实验室	江南大学	2018
4	纺织行业天然染料重点实验室	苏州大学	2018
5	纺织行业生态纺织化学品重点实验室	浙江理工大学	2018
6	纺织行业印染降解催化剂重点实验室	中原工学院	2018
7	纺织行业新型聚酯纤维设计与制备重点实验室	东华大学	2018
8	纺织行业纤维素纤维重点实验室	东华大学	2018
9	纺织行业聚乳酸纤维重点实验室	恒天纤维集团有限公司	2018
10	纺织行业熔纺成套装备制造技术重点实验室	北京中丽制机工程技术有限公司	2018
11	纺织行业功能性聚酯纤维重点实验室	新凤鸣集团股份有限公司	2018
12	纺织行业涤纶工业丝重点实验室	浙江理工大学	2018
13	纺织行业新溶剂法纤维素纤维制造技术重点实验室	中国纺织科学研究院有限公司	2018
14	纺织行业纤维过滤与防护材料重点实验室	天津工业大学	2018
15	纺织行业生物医用纺织材料与技术重点实验室	东华大学	2018
16	纺织行业先进纺织复合材料重点实验室	东华大学	2018
17	纺织行业土壤治理用纺织材料重点实验室	天津工业大学	2018
18	纺织行业三维纺织复合材料重点实验室	天津工业大学	2018
19	纺织行业纱线及其功能化重点实验室	武汉纺织大学	2018
20	纺织行业纺织品设计与技术重点实验室	东华大学	2018
21	纺织行业智能制造与机器人重点实验室	东华大学	2018
22	纺织行业人体工效与功能服装重点实验室	上海工程技术大学	2018
23	纺织行业精梳技术及装备重点实验室	中原工学院	2019
24	纺织行业纳米纤维纱线技术重点实验室	中原工学院	2019
25	纺织行业纺纱技术重点实验室	江南大学	2019
26	纺织行业汉麻综合利用重点实验室	军事科学院系统工程研究院军需工程技术研究所	2019
27	纺织行业丝绸功能材料与技术重点实验室	苏州大学	2019
28	纺织行业智能纤维技术与制品重点实验室	东华大学	2019
29	纺织行业功能聚酰胺纤维重点实验室	东华大学	2019
30	纺织行业功能感知纤维及异型织造技术重点实验室	西安工程大学	2019
31	纺织行业弹性聚酯纤维重点实验室	四川大学	2019

序号	实验室名称	依托单位	年份
32	纺织行业海洋生物质纤维及医卫纺织品重点实验室	青岛大学	2019
33	纺织行业碳纤维重点实验室	吉林富博纤维研究院有限公司	2019
34	纺织行业安全与防护用纺织品重点实验室	南通大学	2019
35	纺织行业风电叶片用纺织复合材料重点实验室	内蒙古工业大学	2019
36	纺织行业人因材料与防护服装重点实验室	军事科学院系统工程研究院军需工程技术研究所	2019
37	纺织行业先进等离子体技术与应用重点实验室	东华大学	2019
38	纺织行业污染治理与减排技术重点实验室	东华大学	2019
39	纺织行业染整节能减排重点实验室	浙江理工大学	2019
40	纺织行业抗菌纺织品重点实验室	江南大学	2019
41	纺织行业色织染整重点实验室	广东溢达纺织有限公司	2019
42	纺织行业健康功能新材料重点实验室	愉悦家纺有限公司	2019
43	纺织行业加捻成形技术与装备重点实验室	武汉纺织大学	2019
44	纺织行业蒸发冷却空调技术重点实验室	西安工程大学	2019
45	纺织行业筒纱智能包装物流装备重点实验室	赛特环球机械（青岛）有限公司	2019
46	纺织行业工业互联网及大数据重点实验室	天津工业大学	2019
47	纺织行业感知互联与数据智能重点实验室	浙江理工大学	2019
48	纺织行业纺纱生产质量控制与信息感知重点实验室	西安工程大学	2019
49	纺织行业纺织品测试数字化重点实验室	天津工业大学	2019
50	纺织行业医用防护产品质量研究与评价重点实验室	广州检验检测认证集团有限公司	2020
51	纺织行业碳纤维增强复合材料重点实验室	上海大学	2020
52	纺织行业智能纺织服装柔性器件重点实验室	苏州大学	2020
53	纺织行业非织造过滤与分离材料重点实验室	武汉纺织大学	2020
54	纺织行业电磁防护技术重点实验室	西安工程大学	2020
55	纺织行业聚四氟乙烯过滤材料重点实验室	浙江理工大学	2020
56	纺织行业聚苯硫醚纤维及应用重点实验室	武汉纺织大学	2020
57	纺织行业医疗健康用蚕丝制品重点实验室	苏州大学	2020
58	纺织行业纺织材料阻燃整理重点实验室	苏州大学	2020
59	纺织行业数字化创意与协同设计重点实验室	中国纺织信息中心	2020

数据来源：中国纺织工业联合会科技发展部。

表6 纺织行业技术创新中心（截至2020年）

序号	中心名称	依托单位	年份
1	纺织行业功能涂层面料研发技术创新中心	丹东优耐特纺织品有限公司	2018
2	纺织行业面料防水剂技术创新中心	北京中纺化工股份有限公司	2018
3	纺织行业生态家纺技术创新中心	愉悦家纺有限公司	2018
4	纺织行业差别化聚酯纤维技术创新中心	上海德福伦化纤有限公司	2018
5	纺织行业再生聚酯纤维技术创新中心	宁波大发化纤有限公司	2018
6	纺织行业化纤助剂技术创新中心	天津工大纺织助剂有限公司	2018
7	纺织行业成人失禁护理产品技术创新中心	杭州可靠护理用品股份有限公司	2018
8	纺织行业降落伞用纺织材料技术创新中心	成都海蓉特种纺织品有限公司	2018
9	纺织行业针刺非织造机械技术创新中心	江苏迎阳无纺机械有限公司	2018
10	纺织行业环锭纺纱技术创新中心	安徽华茂集团有限公司	2018
11	纺织行业全棉色织面料及衬衣技术创新中心	广东溢达纺织有限公司	2018
12	纺织行业丝绸织造染整技术创新中心	浙江丝绸科技有限公司	2018
13	纺织行业非织造布装备技术创新中心	恒天重工股份有限公司	2018
14	纺织行业粗细联装备技术创新中心	青岛环球集团股份有限公司	2018
15	纺织行业智能化纺纱技术创新中心	武汉裕大华纺织服装集团有限公司	2019
16	纺织行业新型纤维纺纱技术创新中心	南通双弘纺织有限公司	2019
17	纺织行业鞋面先进织造技术创新中心	信泰（福建）科技有限公司	2019
18	纺织行业针织时尚内衣技术创新中心	上海三枪（集团）有限公司	2019
19	纺织行业功能性聚酰胺纤维技术创新中心	福建锦江科技有限公司	2019
20	纺织行业氨基甲酸酯法纤维素纤维技术创新中心	山东银鹰化纤有限公司	2019
21	纺织行业新溶剂法纤维素纤维技术创新中心	山东英利实业有限公司	2019
22	纺织行业石墨烯改性聚酰胺6纤维技术创新中心	常州恒利宝纳米新材料科技有限公司	2019
23	纺织行业水刺非织造材料应用技术创新中心	福建福能南纺新材料有限公司	2019
24	纺织行业土工格栅技术创新中心	山东路德新材料股份有限公司	2019
25	纺织行业功能性防护面料技术创新中心	际华三五四二纺织有限公司	2019
26	纺织行业数码喷墨印花技术创新中心	鲁丰织染有限公司	2019
27	纺织行业绒类织物染整装备技术创新中心	江苏鹰游纺机有限公司	2019

序号	中心名称	依托单位	年份
28	纺织行业特高支纱技术创新中心	无锡一棉纺织集团有限公司	2020
29	纺织行业色纺纱技术创新中心	百隆东方股份有限公司	2020
30	纺织行业差别化纺纱技术创新中心	天虹纺织集团有限公司	2020
31	纺织行业功能性家纺面料技术创新中心	江苏悦达纺织集团有限公司	2020
32	纺织行业功能性毛精纺面料技术创新中心	山东南山智尚科技股份有限公司	2020
33	纺织行业聚酰亚胺纤维技术创新中心	江苏奥神新材料股份有限公司	2020
34	纺织行业聚酰胺工业丝技术创新中心	神马实业股份有限公司	2020
35	纺织行业热湿舒适功能材料及制品技术创新中心	吉祥三宝高科纺织有限公司	2020
36	纺织行业聚酯纺粘法非织造布技术创新中心	大连华阳新材料科技股份有限公司	2020
37	纺织行业先进印染技术创新中心	山东中康国创先进印染技术研究院有限公司	2020

数据来源：中国纺织工业联合会科技发展部。

表7 纺织行业科技成果转化中心（截至2020年）

序号	科技成果转化中心名称	依托单位	年份
1	纺织行业军民两用技术成果转化中心	青岛中纺亿联时尚产业投资集团有限公司	2020

数据来源：中国纺织工业联合会科技发展部。

附录三 "十三五"纺织行业国家科技奖励获奖项目

国家科学技术奖获奖纺织项目（2016～2020年）

序号	项目名称	主要完成单位/主要完成人	奖项类别
1	管外降膜式液相增黏反应器创制及熔体直纺涤纶工业丝新技术	陈文兴(浙江理工大学)，金革(浙江古纤道新材料股份有限公司)，严旭明(扬州惠通化工技术有限公司)，刘雄(浙江古纤道新材料股份有限公司)，王建辉(浙江古纤道新材料股份有限公司)，张先明(浙江理工大学)	2016年度国家技术发明奖二等奖
2	苎麻生态高效纺织加工关键技术及产业化	湖南华升集团公司、东华大学、湖南农业大学	2016年度国家科技进步奖二等奖
3	干法纺聚酰亚胺纤维制备关键技术及产业化	东华大学、江苏奥神新材料股份有限公司、江苏奥神集团有限公司	2016年度国家科技进步奖二等奖
4	支持工业互联网的全自动电脑针织横机装备关键技术及产业化	浙江师范大学，宁波慈星股份有限公司，固高科技（深圳）有限公司	2016年度国家科技进步奖二等奖
5	超高速数码喷印设备关键技术研究及应用	陈耀武（浙江大学）、汪鹏君（宁波大学）、周华（浙江理工大学）、葛晨文（杭州宏华数码科技股份有限公司）、田翔（浙江大学）、周凡（浙江大学）	2017年度国家技术发明奖二等奖
6	干喷湿纺千吨级高强/百吨级中模碳纤维产业化关键技术及应用	中复神鹰碳纤维有限责任公司、东华大学、江苏鹰游纺机有限公司	2017年度国家科技进步奖一等奖
7	工业排放烟气聚四氟乙烯基过滤材料关键技术及产业化	浙江理工大学、浙江格尔泰斯环保特材科技股份有限公司、西安工程大学、天津工业大学、浙江宇邦滤材科技有限公司	2017年度国家科技进步奖二等奖
8	废旧聚酯高效再生及纤维制备产业化集成技术	宁波大发化纤有限公司、东华大学、海盐海利环保纤维有限公司、优彩环保资源科技股份有限公司、中国纺织科学研究院有限公司、中原工学院	2018年度国家科技进步奖二等奖
9	高性能特种编织物编织技术与装备及其产业化	东华大学、徐州恒辉编织机械有限公司、鲁普耐特集团有限公司、青岛海丽雅集团有限公司	2018年度国家科技进步奖二等奖
10	纺织面料颜色数字化关键技术及产业化	鲁泰纺织股份有限公司、东华大学、香港理工大学、中原工学院、浙江大学	2019年度国家科技进步奖二等奖
11	高性能工业丝线节能加捻制备技术与装备及其产业化	宜昌经纬纺机有限公司、武汉纺织大学、中国纺织机械(集团)有限公司、北京经纬纺机新技术有限公司	2019年度国家科技进步奖二等奖
12	高曲率液面静电纺非织造材料宏量制备关键技术与产业化	覃小红（东华大学）、王荣武（东华大学）、何建新（中原工学院）、刘玉军（北京钧毅微纳新材料科技有限公司）、王浦国（苏州九一高科无纺设备有限公司）、费传军（中材科技股份有限公司）	2020年度国家技术发明奖二等奖（待颁奖）
13	有机无机原位杂化构筑高感性多功能纤维的关键技术	朱美芳（东华大学）、孙宾（东华大学）、周哲（东华大学）、相恒学（东华大学）、成艳华（东华大学）、杨卫忠（上海德福伦化纤有限公司）	2020年度国家技术发明奖二等奖（待颁奖）
14	固相共混热致聚合物基麻纤维复合材料制备技术与应用	长春博超汽车零部件股份有限公司、军事科学院系统工程研究院军需工程技术研究所、吉林大学、天津工业大学	2020年度国家科技进步奖二等奖（待颁奖）
15	高性能无缝纬编智能装备创制及产业化	浙江理工大学、浙江恒强科技股份有限公司、浙江日发纺机技术有限公司、泉州佰源机械科技有限公司	2020年度国家科技进步奖二等奖（待颁奖）

数据来源：国家科学技术奖励工作办公室。

附录四 "纺织之光"中国纺织工业联合会应用基础研究项目

"纺织之光"中国纺织工业联合会应用基础研究项目（2011~2020年）

序号	立项年份	项目名称	承担单位	起止年限
1	2011	低成本碳纤维制备的关键科学问题	东华大学	2011.09~2014.08
2	2011	熔体纺丝法制备纤维素纤维的关键科学问题	东华大学	2011.09~2014.09
3	2011	高产率对喷电纺丝技术制造纳米纤维的基础研究	北京服装学院	2012.01~2014.12
4	2011	熔融纺丝法高性能全氟聚合物中空纤维膜研究	天津工业大学	2012.01~2014.12
5	2011	环境催化纤维降解染料的基础研究	浙江理工大学	2012.01~2014.12
6	2012	粒子流原位染色技术及其装备的基础研究	武汉纺织大学	2012.01~2015.12
7	2012	精梳工艺仿真分析及精梳机数字化设计研究	天津工业大学	2011.11~2014.06
8	2012	仿棉聚酯纤维分子设计、合成及其性能研究	东华大学	2012.06~2014.12
9	2012	家蚕丝素蛋白细胞相容性机理及其应用研究	苏州大学现代丝绸国家工程实验室	2011.05~2013.12
10	2012	基于贝叶斯网络的智能无循环提花织造方法研究	浙江理工大学	2012.07~2013.12
11	2012	还原染料电化学还原及其染色技术研究	西安工程大学	2013.01~2015.12
12	2012	天然纤维晶变改性机理研究	东华大学	2012.01~2013.12
13	2012	纤维的抗菌功能设计及结构与性能关系研究	天津工业大学	2012.04~2014.04
14	2013	涤纶工业丝的应用特性与精细微观结构的关系研究	东华大学	2013.10~2015.09
15	2013	基于纤维与气流耦合作用特性的高速喷气涡流纺纱机关键技术研究	东华大学	2013.01~2015.12
16	2013	新型液氨筒子纱丝光染色技术研究	武汉纺织大学	2013.01~2014.12
17	2013	稀土废渣催化氧化处理印染高浓度有机废水的应用研究	东华大学	2013.01~2015.12
18	2013	纺织计量重要基础技术的研究	中纺标（北京）检验认证中心有限公司、国家纺织计量站	2013.03~2016.03

序号	立项年份	项目名称	承担单位	起止年限
19	2014	高强度聚酰亚胺纤维结构性能与制备技术研究	长春高琦聚酰亚胺材料有限公司	2014.01~2017.12
20	2014	新型聚酰胺酯合成及性能研究	东华大学	2014.06~2016.12
21	2014	纺织用纳米TiO_2材料的毒理学研究	绍兴中纺院江南分院有限公司	2014.01~2016.12
22	2014	活性纳米纤维神经导管用于长距离神经修复的研究	东华大学	2014.09~2016.08
23	2014	仿生丝素蛋白材料重建口腔黏膜的研究	苏州大学	2014.07~2017.07
24	2014	中空纤维膜用聚苯硫醚基树脂制备、结构调控及其膜应用研究	天津工业大学	2015.01~2017.12
25	2014	低湿度低上浆率条件下织造技术的机理与应用	西安工程大学	2014.06~2016.06
26	2014	自动缫丝高效集束技术及对生丝品质影响的研究	浙江理工大学	2014.05~2016.12
27	2015	聚乙交酯（PGA）纤维的聚集态结构对其降解性能的影响	中国纺织科学研究院	2015.04~2017.12
28	2015	活性染料无盐低碱高固色率染色关键技术研究	东华大学 江苏联发纺织股份有限公司	2015.05~2017.12
29	2015	固定化多酶溶胞印染污泥减量技术及其污染物抑制作用研究	东华大学	2015.06~2018.06
30	2015	全周期生产过程中参数频变高速卷绕机动态特性研究	东华大学	2015.05~2017.12
31	2015	主从式控制环锭细纱机电锭系统若干关键技术研究	东华大学	2015.06~2017.12
32	2015	基于异步牵伸纺制多色数码纱的相关基础问题研究	江南大学	2015.07~2017.12
33	2015	纺织柔性复合材料球形移动充气天线制备及关键技术	东华大学	2015.01~2018.06
34	2015	基于海量数据的纺织过程质量在线检测系统理论与技术研究	西安工程大学	2015.06~2017.12
35	2015	基于图像处理的织物组织结构分析方法	天津工业大学	2015.04~2018.04
36	2016	通过表面形态结构构建智能纤维材料	北京服装学院	2017.01~2019.12
37	2016	透波复合材料用聚酰亚胺纤维的结构调控及性能研究	东华大学	2017.01~2019.12
38	2016	应用于过滤分离领域的功能性纳米纤维基非织造材料的研究	武汉纺织大学	2017.01~2019.12
39	2016	负泊松比效应针织结构材料制备与性能研究	江南大学	2016.09~2019.09
40	2016	天然纤维织物干法转移印花中转移底物的改性及其构效关系	苏州大学	2016.08~2019.07
41	2016	面向服装智能设计的服装样板设计模型构建方法研究	西安工程大学	2016.10~2018.09
42	2016	高速经编机用的钢片复合钩针的表面处理技术研究	清华大学天津高端装备研究院	2016.08~2018.07

序号	立项年份	项目名称	承担单位	起止年限
43	2016	用声表面波器件实现纱线张力传感器的研究	东华大学	2017.01~2019.12
44	2017	尼龙6熔体直纺工程原理及应用研究	东华大学	2017.09~2019.12
45	2017	连续式染整加工中织物的传导与介质摩擦规律研究	杭州集美印染有限公司	2017.07~2019.08
46	2017	改性聚烯烃双组份纺熔低阻过滤材料制备技术与机理研究	东华大学	2017.07~2019.07
47	2017	络筒机无槽筒数字卷绕技术研究	北京经纬纺机新技术有限公司	2017.02~2019.12
48	2017	针布耐磨涂层制备技术研究	金轮针布（江苏）有限公司	2017.03~2019.12
49	2018	高性能钙钛矿太阳电池基于织物构建的可穿戴光伏智能纺织品研究	浙江理工大学	2018.01~2022.12
50	2018	提花织物智能设计关键技术及设计系统研发	浙江理工大学	2018.01~2022.12
51	2018	芳纶表面纳米界面相的可控构筑及其对纤维界面强化和抗光降解机制研究	东华大学	2018.01~2022.12
52	2018	生物可降解聚酯纤维的功能修饰及其对染料吸附研究	东华大学	2018.01~2021.12
53	2018	基于热防护要求的人体–服装–环境的生理学模型研究	天津工业大学	2018.10~2022.09
54	2018	超高速小能耗锭子优化设计及减振降噪机理研究	天津工业大学	2018.05~2022.10
55	2018	新型高效环锭纺纱技术及其基础理论研究	东华大学	2018.01~2022.12
56	2020	高性能微纳米纤维防水透湿面料加工关键技术研究	东华大学	2019.01~2023.12
57	2020	天然长效抗菌功能医用缝合线材料的关键技术	苏州大学	2018.12~2023.12
58	2020	高速旋转多臂机构可靠性分析与动力学优化	天津工业大学 江苏金龙科技股份有限公司	2019.01~2023.12
59	2020	纬编间隔织物的非线性振动特性研究	青岛大学	2019.01~2023.12
60	2020	杂环偶氮染料分子结构与光谱性能的量子化学计算及在染色织物上的分子稳定性研究	东华大学	2019.01~2023.12
61	2020	基于图像处理的织物检索关键技术研究	江南大学	2019.01~2023.12
62	2020	丝绸特征驱动的个体化服装样板定制实现研究	浙江理工大学	2019.01~2023.12
63	2020	宽加工窗口高纤维体积含量聚乳酸自增强复合材料的制备及凝聚态结构的研究	江南大学	2018.12~2023.12

数据来源：中国纺织工业联合会科技发展部。

附录五　智能制造标杆企业（纺织）

智能制造标杆企业（纺织）

序号	单位名称	批次
1	新凤鸣集团股份有限公司	第二批
2	广东溢达纺织有限公司	第二批

数据来源：中国智能制造系统解决方案供应商联盟。

纺织领域标准化技术机构

序号	技术机构编号	技术机构名称	负责标准化领域	秘书处承担单位
1	SAC/TC209	全国纺织品标准化技术委员会	纺织品	纺织工业标准化研究所
2	SAC/TC209/SC1	全国纺织品标准化技术委员会基础分技术委员会	纺织品基础	纺织工业标准化研究所
3	SAC/TC209/SC3	全国纺织品标准化技术委员会毛纺织品分技术委员会	毛纺织品	上海纺织集团检测标准有限公司/北京毛纺织科学研究所检验中心
4	SAC/TC209/SC4	全国纺织品标准化技术委员会麻纺织品分技术委员会	麻纺织品	中纺标（深圳）检测有限公司/湖南省纺织科学研究院有限责任公司
5	SAC/TC209/SC6	全国纺织品标准化技术委员会针织品分技术委员会	针织品	天纺标检测科技有限公司
6	SAC/TC209/SC7	全国纺织品标准化技术委员会产业用纺织品分技术委员会	产业用纺织品	纺织工业标准化研究所
7	SAC/TC209/SC8	全国纺织品标准化技术委员会毛精纺分技术委员会	毛精纺	江苏阳光集团有限公司
8	SAC/TC209/SC9	全国纺织品标准化技术委员会羊绒制品分技术委员会	羊绒制品	内蒙古鄂尔多斯羊绒集团有限责任公司（国家羊绒制品工程技术研究中心）
9	SAC/TC209/SC10	全国纺织品标准化技术委员会棉纺织品分技术委员会	棉纺织品	上海市纺织工业技术监督所
10	SAC/TC209/SC11	全国纺织品标准化技术委员会印染制品分技术委员会	印染制品	上海市纺织工业技术监督所
11	SAC/TC215	全国纺织机械与附件标准化技术委员会	纺织机械与附件	中国纺织机械协会
12	SAC/TC215/SC1	全国纺织机械与附件标准化技术委员会纺纱、染整机械分技术委员会	纺纱、染整机械	国家纺织机械质量监督检验中心
13	SAC/TC215/SC2	全国纺织机械与附件标准化技术委员会纺织器材分技术委员会	纺织器材	陕西纺织器材研究所

序号	技术机构编号	技术机构名称	负责标准化领域	秘书处承担单位
14	SAC/TC215/SC3	全国纺织机械与附件标准化技术委员会非织造布机械分技术委员会	非织造布机械	恒天重工股份有限公司
15	SAC/TC231/SC1	全国工业机械电气系统标委会纺织机械电气系统分会	纺织机械电气系统	中国纺织机械（集团）有限公司
16	SAC/TC219	全国服装标准化技术委员会	机织类服装	上海纺织集团检测标准有限公司
17	SAC/TC219/SC1	全国服装标准化技术委员会羽绒服装分技术委员会	羽绒服装	波司登股份有限公司
18	SAC/TC219/SC2	全国服装标准化技术委员会衬衫分技术委员会	衬衫	雅戈尔集团股份有限公司
19	SAC/TC291/SC1	全国体育用品标准化技术委员会运动服装分技术委员会	各类运动服装，防护用品及运动器材用纺织面料	天纺标检测科技有限公司
20	SAC/TC302	全国家用纺织品标准化技术委员会	家用纺织品	江苏省纺织产品质量监督检验研究院
21	SAC/TC302/SC1	全国家用纺织品标准化技术委员会床上用品分技术委员会	床上用品	罗莱生活科技股份有限公司/苏州市纤维检验院
22	SAC/TC302/SC2	全国家用纺织品标准化技术委员会线带分技术委员会	线带与绳索的产品、方法等	上海市纺织工业技术监督所
23	SAC/TC302/SC3	全国家用纺织品标准化技术委员会毛巾分技术委员会	毛巾	山东滨州亚光毛巾有限公司
24	SAC/TC401	全国丝绸标准化技术委员会	丝、绸缎、蚕丝制品	浙江丝绸科技有限公司
25	SAC/TC586	全国化学纤维标准化技术委员会	化学纤维［不包括碳纤维、玻璃纤维、陶瓷纤维、玄武岩纤维等无机纤维材料和增强纤维、纤维增强塑料（复合材料）及其制品］	中国化学纤维工业协会
26		纺织服装物联网标准应用工作组		中纺网络信息技术有限责任公司
27		纺织行业节水标准化工作组		中国纺织工业联合会

数据来源：中国纺织工业联合会科技发展部。

纺织领域国家质检中心

序号	机构名称	承担单位
1	国家纺织制品质量监督检验中心	中纺标检验认证股份有限公司
2	国家毛纺织产品质量监督检验中心（北京）	北京毛纺织科学研究所检验中心［国家毛纺织产品质量监督检验中心（北京）］
3	国家纺织器材质量监督检验中心	国家纺织器材质量监督检验中心
4	国家丝绸及服装产品质量监督检验中心	苏州市纤维检验院
5	国家服装质量监督检验中心（天津）	天纺标检测认证股份有限公司
6	国家纤维纺织服装产品质量监督检验中心	中国纤维检验局
7	国家毛纺织产品质量监督检验中心（上海）	上海纺织集团检测标准有限公司
8	国家棉印染产品质量监督检验中心	上海纺织集团检测标准有限公司
9	国家服装质量监督检验中心（上海）	上海纺织集团检测标准有限公司
10	国家纺织机械质量监督检验中心	无锡纺织机械质量监督检验中心
11	国家特种防护服装质量监督检验中心	军事科学院系统工程研究院军需工程技术研究所
12	国家纺织品服装服饰产品质量检验中心（广州）	广州检验检测认证集团有限公司
13	国家纺织服装产品质量监督检验中心（浙江）	浙江省轻工业品质量检验研究院/宁波市纤维检验所
14	国家羊绒产品质量监督检验中心	国家羊绒产品质量监督检验中心
15	国家羽绒制品质量监督检验中心（萧山）	萧山区质量计量监测中心
16	国家纺织服装产品质量监督检验中心（福建）	福建省纤维检验中心
17	国家羽绒制品质量监督检验中心（成都）	四川省纤维检验局
18	国家生态纺织品质量监督检验中心	青岛市产品质量监督检验研究院/滨州市纺织纤维检验所

序号	机构名称	承担单位
19	国家纺织产品质量监督检验中心（江阴）	江阴市纤维检验所
20	国家絮用纤维制品质量监督检验中心	天津市纺织纤维检验所
21	国家纺织及皮革产品质量监督检验中心	北京市产品质量监督检验院
22	国家茧丝绸产品质量监督检验中心（山东）	山东省纤维检验局
23	国家茧丝绸产品质量监督检验中心（柳州）	广西壮族自治区产品质量检验研究院（广西壮族自治区纤维检验所）
24	国家棉花及纺织服装产品质量监督检验中心	河南省纺织产品质量监督检验院
25	国家纺织服装产品质量监督检验中心（湖北）	武汉产品质量监督检验所
26	国家羊绒及其制品质量监督检验中心（宁夏）	宁夏回族自治区纺织纤维检验局
27	国家服装辅料产品质量监督检验中心（浙江）	嘉兴市产品质量检验检测院
28	国家功能纤维及纺织产品质量监督检验中心（安徽）	安徽省纤维检验局
29	国家纺织机械产品质量监督检验中心（山西）	晋中市纺织机械产品质量监督检验中心
30	国家服装及家用纺织产品质量监督检验中心（重庆）	重庆市纤维检验局
31	国家羽绒制品质量监督检验中心（江西）	江西省纤维检验局
32	国家服饰及布艺产品质量监督检验中心（江苏）	江苏省纺织产品质量监督检验研究院
33	国家服装产品质量监督检验中心（广东）	广东省揭阳市质量计量监督检测所
34	国家服装服饰质量监督检验中心（福建）	福建省纤维检验中心
35	国家生态及功能纺织品服装质量监督检验中心	中纺协（北京）检验技术服务有限公司
36	国家棉纺织品质量监督检验中心（新疆）	阿克苏地区纤维检验所

数据来源：全国认证认可信息公共服务平台。

表1 纺织工程专业本科高校

序号	院校名称	序号	院校名称
1	四川大学	24	嘉兴学院
2	苏州大学	25	盐城工学院
3	江南大学	26	五邑大学
4	西南大学	27	河南工程学院
5	东华大学	28	湖南工程学院
6	青岛大学	29	闽江学院
7	浙江理工大学	30	广西科技大学
8	太原理工大学	31	齐齐哈尔大学
9	南通大学	32	泉州师范学院
10	天津工业大学	33	河北科技大学理工学院
11	新疆大学	34	辽东学院
12	安徽农业大学	35	塔里木大学
13	武汉纺织大学	36	烟台南山学院
14	上海工程技术大学	37	南通大学杏林学院
15	河北科技大学	38	嘉兴学院南湖学院
16	大连工业大学	39	新疆工程学院
17	兰州理工大学	40	浙江理工大学科技与艺术学院
18	山东理工大学	41	绍兴文理学院元培学院
19	西安工程大学	42	新疆科技学院
20	内蒙古工业大学	43	江西服装学院
21	绍兴文理学院	44	石河子大学
22	中原工学院	45	德州学院
23	安徽工程大学		

表2　服装设计与工程专业本科高校

序号	院校名称	序号	院校名称
1	苏州大学	31	河南科技学院
2	江南大学	32	闽江学院
3	东华大学	33	德州学院
4	华南农业大学	34	南阳师范学院
5	青岛大学	35	湖北理工学院
6	浙江理工大学	36	泉州师范学院
7	温州大学	37	北京服装学院
8	南通大学	38	金陵科技学院
9	天津工业大学	39	惠州学院
10	新疆大学	40	广东白云学院
11	安徽农业大学	41	湖南涉外经济学院
12	武汉纺织大学	42	郑州经贸学院
13	上海工程技术大学	43	辽东学院
14	河北科技大学	44	常熟理工学院
15	大连工业大学	45	东北师范大学人文学院
16	重庆师范大学	46	陕西科技大学镐京学院
17	西安工程大学	47	闽南理工学院
18	内蒙古工业大学	48	苏州大学文正学院
19	绍兴文理学院	49	吉林工程技术师范学院
20	长春工业大学	50	烟台南山学院
21	中原工学院	51	广东科技学院
22	安徽工程大学	53	苏州大学应用技术学院
23	浙江科技学院	54	长春理工大学光电信息学院
24	广东技术师范大学	55	广东海洋大学寸金学院
25	嘉兴学院	56	河北美术学院
26	盐城工学院	57	柳州工学院
27	五邑大学	58	南通大学杏林学院
28	四川轻化工大学	59	南昌大学共青学院
29	河南工程学院	60	陕西国际商贸学院
30	湖南工程学院	61	嘉兴学院南湖学院

续表

序号	院校名称	序号	院校名称
62	广东理工学院	72	山东工艺美术学院
63	温州大学瓯江学院	73	重庆文理学院
64	哈尔滨华德学院	74	南京艺术学院
65	浙江理工大学科技与艺术学院	75	陕西科技大学
66	绍兴文理学院元培学院	76	长春工程学院
67	江西服装学院	77	泰山学院
68	陕西服装工程学院	78	广州美术学院
69	北海艺术设计学院	79	济南大学
70	太原理工大学	80	福建师范大学闽南科技学院
71	西南大学	81	四川理工学院

表3　非织造材料与工程专业本科高校

序号	院校名称	序号	院校名称
1	苏州大学	7	西安工程大学
2	东华大学	8	中原工学院
3	浙江理工大学	9	嘉兴学院
4	南通大学	10	河南工程学院
5	天津工业大学	11	陕西科技大学
6	武汉纺织大学	12	安徽工程大学

表4　服装设计与工艺教育专业本科高校

序号	院校名称
1	河南科技学院
2	江西服装学院
3	湖南师范大学树达学院

表5　丝绸设计与工程专业本科高校

序号	院校名称
1	浙江理工大学

数据来源：中国纺织工业联合会科技发展部，中国纺织服装教育学会。

附录九　科技类有关政策

科技类有关政策

项目名称	政策依据	政策介绍
科技计划		
国家自然科学基金	《国家自然科学基金资助项目资金管理办法》（财教〔2015〕15号） 《财政部 国家自然科学基金委员关于国家自然科学基金资助项目基金管理有关问题的补充通知》（财科教〔2016〕19号） 《国家自然科学基金委员会关于国家自然科学基金资助项目资金管理的补充通知》（国科金发财〔2018〕88号） 《国家自然科学基金委员会 财政部关于进一步完善科学基金项目和资金管理的通知》（国科金发财〔2019〕31号）	主要用于资助科学技术人员开展基础研究和科学前沿探索，支持人才和团队建设；实行定额补助资助方式，对于重大项目、国家重大科研仪器研制项目等研究目标明确、资金需求量大、应按照实际需要给予保障，实行成本补偿资助
国家科技重大专项	《国家科技重大专项（民口）管理规定》（国科发专〔2017〕145号） 《国家科技重大专项（民口）资金管理办法》（财科教〔2017〕74号）	主要为实现国家目标，通过核心技术突破和资源继承，完成重大战略产品和关键技术和重大工程；采取定向委托、择优委托、招标等方式遴选项目承担单位；财政支持方式分为前补助、后补助
国家重点研发计划	《国家重点研发计划资金管理办法》（财科教〔2016〕113号） 《国家重点研发计划管理暂行办法》（国科发资〔2017〕152号） 《科技部关于印发〈国家重点研发计划资金管理办法〉配套实施细则的通知》（国科发资〔2017〕261号） 《科技部 财政部关于进一步优化国家重点研发计划项目和资金管理的通知》（国科发资〔2019〕45号）	主要面向世界科技前沿、经济主战场、国家重大需求，重点资助国计民生得农业、能源资源、生态环境、健康等领域；实行多元化投入方式，包括中央财政、地方财政、单位自筹和其他渠道获得的资金
科技基础性工作专项	《中央级科研院所科技基础性工作专项资金管理暂行办法》（国科发财字〔2000〕176号） 《国家重点研发计划项目综合绩效评价工作规范（试行）》（国科办资〔2018〕107号） 《关于开展科技基础性工作专项项目综合绩效评价工作的通知》（国科基函〔2019〕4号）	主要指围绕国民经济社会发展和科学研究的需求而开展的获取自然本底情况和基础科学数据、系统编研或共享科技资料和科学数据、采集保存自然科技资源、制定科学标准规范、研制标准物质等科学活动；专项基金主要支持中央级科研院所科技基础性工作，采取一次性补助的支持方式，支持额度为30万~500万元
创新方法工作专项	《科技部关于发布创新方法工作专项2019年度项目申报指南的通知》（国科发区〔2019〕291号）	是一项基础性、长期性的科技工作，主要以实施创新驱动发展战略和建设创新型国家的重大需求为导向，重点开展提升科研与企业创新效率和质量的方法研究、工具平台开发、试点示范与应用推广；本项目以项目为单元组织申报，不直接支持具体的技术开发活动，项目执行期2~3年

项目名称	政策依据	政策介绍
创新创业		
科技企业孵化器	《科技企业孵化器管理办法》（国科发区〔2018〕300号） 《关于科技企业孵化器大学科技园和众创空间政策的通知》（财税〔2018〕120号） 《科技企业孵化器评价指标体系》（国科火字〔2019〕239号）	主要以促进科技成果转化，培育科技企业和企业家精神为宗旨，提供物理空间、共享设施和专业化服务的科技创业服务机构，是国家创新体系的重要组成部分、创新创业人才的培养基地、大众创新创业的支撑平台
众创空间	《发展众创空间工作指引》（国科发火〔2015〕297号） 《专业化众创空间建设工作指引》（国科发高〔2016〕231号） 《国家众创空间备案暂行规定》（国科发高〔2017〕120号） 《财政部税务总局 科技部 教育部关于科技企业孵化器大学科技园和众创空间税收政策的通知》（财税〔2018〕120号）	主要指为满足大众创新创业需求，提供工作空间、网络空间、社交空间和资源共享空间，利用众筹、众扶、众包等手段，实现低成本、便利化、全要素、开放式运营的创新平台；经备案的众创空间纳入国家级科技企业孵化器管理服务体系，依法享受税收优惠政策
大众创业万众创新示范基地	《关于建设大众创业万众创新示范基地的实施意见》（国办发〔2016〕35号） 《关于建设第二批大众创业万众创新示范基地的实施意见》（国办发〔2017〕54号）	旨在更大范围、更高层次、更深程度上推进大众创业万众创新，加快发展新经济、培育发展新动能、打造发展新引擎，建设一批双创示范基地、扶持一批双创支撑平台、突破一批阻碍双创发展的政策障碍、形成一批可复制可推广的双创模式和典型经验，重点围绕创业创新重点改革领域开展试点示范
全国创业孵化示范基地	《人力资源和社会保障部关于推进孵化基地建设进一步落实创业帮扶政策的通知》（人社部函〔2012〕108号） 《人力资源社会保障部办公厅关于开展全国创业孵化示范基地复评和推荐工作的通知》（人社厅函〔2018〕135号）	可在土地利用总体规划确定的城镇建设用地范围内经审批立项新建，也可利用符合条件的现有经济技术开发区、工业园区、高新技术园区、大学科技园区、小企业孵化园等通过挂牌、共建等方式认定；复评和推荐工作由人力资源社会保障部开展实行，确保政策落实到实体上
中国创新创业大赛	《国务院关于推动创新创业高质量发展打造"双创"升级版的意见》（国发〔2018〕32号） 《科技部 财政部关于支持中国创新创业大赛有关工作的通知》（国科发〔2016〕186号） 《科技部关于举办第九届中国创新创业大赛的通知》（国科发火〔2020〕137号）	由科技部、财政部、教育部和全国工商联等部门和单位共同举办的中国创新创业大赛是贯彻落实党中央、国务院工作部署，丰富双创平台服务功能，引导社会资源支持双创的重要举措
中国创新挑战赛	《国务院关于强化实施创新驱动发展战略进一步推进大众万众创新深入发展的意见》（国发〔2017〕37号） 《科技部关于举办第五届中国创新挑战赛的通知》（国科发火〔2020〕145号）	是针对具体技术创新需求，通过"揭榜比拼"方式面向社会空开征集解决方案的创新众包服务活动

项目名称	政策依据	政策介绍
成果转化		
科技成果"三权"下放	《关于开展深化中央级事业单位科技成果使用、处置和收益管理改革试点的通知》（财教〔2014〕233号） 《关于加快推动国家科技成果转移转化示范区建设发展的通知》（国科办区〔2020〕50号）	2011年经国务院批准，财政部在中关村国家自主创新示范区开展中央级事业单位科技成果处置和收益权管理改革试点；2013年，改革试点实施范围从中关村扩大到东湖、张江国家自主创新示范区和合芜蚌自主创新综合试验区。内容包括以下条款：转化自主权、市场化定价机制、收益管理、收入分配、对科技人员的奖励制度、监督、对相关职能部门要求、试点时间
科技成果转化人员收益激励	《国务院关于印发实施〈中华人民共和国促进科技成果转化法〉若干规定的通知》（国发〔2016〕16号） 《国有科技型企业股权和分红激励暂行办法》（财资〔2016〕4号）	国家设立的研究开发机构、高等院校制定转化科技成果收益分配制度时，要按照规定充分听取本单位科技人员的意见，并在本单位公开相关制度，依法对职务科技成果完成人和为成果转化做出重要贡献的其他人员给予奖励；对于担任领导职务的科技人员，按照分类管理原则执行
科技成果转化免责机制	《国务院关于印发实施〈中华人民共和国促进科技成果转化法〉若干规定的通知》（国发〔2016〕16号）	科技成果转化过程中，通过技术交易市场挂牌交易、拍卖等方式确定价格的，或者通过协议定价并在本单位及技术交易市场公示拟交易价格的，单位领导在履行勤勉尽责义务、没有谋取非法利益的前提下，免除其在科技成果定价中因科技成果转化后续价值变化产生的决策责任
科技成果直通车	《关于开展科技成果直通车工作的通知》（国科火字〔2019〕73号） 《关于启动2019年科技成果直通车工作及科技成果项目征集的通知》（国科火字〔2019〕107号）	主要针对科技成果转化"供给质量不高、受众企业不优、对接渠道不畅"等实际问题，充分调动地方工作积极性，搭建高效、院所高水平科技成果与高质量科技企业的精准对接平台，促进国家科技计划形成的重大研发成果及科研能力在地方落地转化为新产品、新产业、新动能，打造具有全国影响力的科技成果转化公共服务品牌
向国外申请专利专项资金	《关于印发资助向国外申请专利专项资金管理办法的通知》（财建〔2012〕147号） 《资助向国外申请专利专项资金申报细则（暂行）》（国知发管字〔2012〕67号）	专项资金主要用于资助国内申请人向国外申请专利时向有关专利审查机构缴纳的在申请阶段和授予专利权当年起3年内的官方规定费用、向专利检索机构支付的检索费用及向代理机构支付的服务费；每个专利项目最多支持向5个国家申请，总额不超过10万元
企业专利费用减免	《专利收费减缴办法》（财税〔2016〕78号） 《国家知识产权局关于调整专利收费减缴条件和商标注册收费标准的公告》（国家知识产权局公告第三一六号）	减免对象包括个人、企业、事业单位、社会团体、非营利性科研机构

项目名称	政策依据	政策介绍
专利优先审查	《专利优先审查管理办法》（国家知识产权局第七十六号）	国家知识产权局同意进行优先审查的，应当自同意之日起，在以下期限内结案：1. 发明专利申请在四十五日内发出第一次审查意见通知书，并在一年内结案；2.实用新型和外观设计专利申请在两个月内结案；3.专利复审案件在七个月内结案；4.发明和实用新型专利无效宣告案件在五个月内结案，外观设计专利无效宣告案件在四个月内结案
技术转移示范机构	《国家技术转移示范机构管理办法》（国科发火字〔2007〕565号）关于印发《国家技术转移示范机构评价指标体系（修订稿）》的通知（国科火字〔2016〕12号）	指制造某种产品、应用某种工艺火提供某种服务的系统知识，通过各种途径从技术供给方向技术需求方转移的过程；技术转移机构指实现和加速上述过程提供各类服务的机构，包括技术经纪、技术集成与经营、技术投融资服务机构等
由国家级、省部级及国际组织对科技人员颁发的科技奖金免征个人所得税	《中华人民共和国个人所得税法》第四条第一项	省级人民政府、国务院部委和中国人民解放军军以上单位以及外国组织、国际组织办法的科学、技术方面的奖金，免征个人所得税
职务科技成果转化现金奖励减免个人所得税	《财政部 税务总局 科技部关于科技人员取得职务科技成果转化现金奖励有关个人所得税政策的通知》（财税〔2018〕58号）	依法批准设立的非营利性研究开发机构和高等学校根据《中华人民共和国促进科技成果转化法》规定，从职务科技成果转化收入中给予科技人的现金奖励，可减按50%计入科技人员当月"工资、薪金所得"，依法缴纳个人所得税
人才激励		
国家海外高层次人才引进计划	《中央组织部关于印发〈国家海外高层次人才引进计划管理办法〉〈国家高层次人才特殊支持计划管理办法〉的通知》（组通字〔2017〕9号）	旨在围绕国家发展战略目标，重点引进一批自然科学、工程技术、哲学社会科学等领域高层次创新创业人才，包括创新人才长期项目、创新人才短期项目、创业人才项目、青年项目、外国专家项目、顶尖人才与创新团队项目、新疆西藏项目、文化艺术人才项目
国家高层次人才特殊支持计划	《中央组织部关于印发〈国家海外高层次人才引进计划管理办法〉〈国家高层次人才特殊支持计划管理办法〉的通知》（组通字〔2017〕9号）	是国家层面的重大人才工程，旨在重点遴选一批自然科学、工程技术和哲学社会科学领域的杰出人才、领军人才和青年拔尖人才。第一层次为杰出人才；第二层次为领军人才；第三层次为青年拔尖人才
高端外国专家引进计划	《科技部办公厅关于申报2019年度高端外国专家引进计划的通知》（国科办专〔2019〕6号）	支持外国科学家参与国家科技计划，充分发挥高端外国专家在培育发展战略性新兴产业、促进经济提质增效升级、塑造引领型发展、推动国际创新合作、助力高校"双一流"建设等方面的重要作用，为国家创新发展提供强大智力支撑。重点从4个领域申报：战略科技发展类、产业技术创新类、社会与生态建设类、农业与乡村振兴类

项目名称	政策依据	政策介绍
高层次留学人才回国资助计划	《人力资源社会保障部办公厅关于开战2020年度高层次留学人才回国资助试点工作的通知》（人社厅函〔2020〕26号）	聚焦创新驱动发展战略，着眼"高精尖缺"、坚持需求导向，围绕国家发展战略和先进制造、人工智能、大数据、区块链等重点领域，重点引进关键共性技术、前言引领技术、现代工程技术、颠覆性创新人才，加大对基础科学研究人才的支持，加大对西部和东北地区引才的支持
创新人才推进计划	《科技部 人力资源和社会保障部 财政部 教育部 中国科学院 中国工程院 国家自然科学基金委员会 中国科学技术协会关于印发创新人才推进计划实施方案的通知》（国科发政〔2011〕538号） 《科技部关于开展2020年创新人才推进计划组织推荐工作的通知》（国科发政〔2020〕467号）	旨在通过创新体制机制、优化政策环境、强化保障措施，培养和造就一批具有世界水平的科学家、高水平的科技领军人才和工程师、优秀创新团队和创业人才，打造一批创新人才培养示范基地，加强高层次创新型科技人才队伍建设，引领和带动各类科技人才的发展，为提高自主创新能力、建设创新型国家提供有力的人才支撑
专业技术人才知识更新工程	《专业技术人才知识更新工程实施方案》	围绕我国经济结构调整、高新技术产业发展和自主创新能力的提高，在装备制造、信息、生物技术、新材料、海洋、金融财会、生态环境保护、能源资源、防火减灾、现代交通运输、农业科技、社会工作等12个重点领域，开展大规模的知识更新继续教育，每年培训100万名高层次、急需紧缺和骨干专业技术人才
国家科学技术奖	《国家科学技术奖励条例》及其实施细则(2019年修订） 《国家科学技术奖提名制实施办法（试行）》（2019年修订版） 《科技部 财政部关于跳着国家科学技术奖奖金标准的通知》（国科发奖〔2019〕7号） 国家科学技术奖励条例（国务院令第731号第三次修订）中华人民共和国国务院令第731号	国家科学技术奖主要奖励在科学技术进步活动中做出突出贡献的公民、组织，调动科学及工作者的积极性和创造性，加速科学技术事业的发展，提高综合国力
全国创新争先奖	《人力资源社会保障部 中国科协 科技部 国务院国资委关于评选第二届全国创新争先奖的通知》（人社部函〔2020〕27号）	先进个人300名，奖励在工作一线做出突出贡献的优秀科技工作者，颁发全国创新争先奖状，对其中30名做出重大贡献的科技工作者颁发全国创新争先奖章；先进集体10个，奖励科技工作者团队，颁发全国创新争先奖牌
中国青年科技奖	《中共中央组织部 人力资源社会保障部 中国科协 共青团中央关于开展第十六届中国青年科技候选人推荐与评选工作的通知》（科协发组字〔2019〕43号）	中国青年科技奖是中共中央组织部、人力资源社会保障部、中国科协、共青团中央共同设立并组织实施，面向全国广大青年科技工作者的奖项
中国专利奖	《中国专利奖评奖办法》（知办发管字〔2018〕20号） 《国家知识产权局关于评选第二十一届中国专利奖的通知》（国知发运字〔2019〕20号）	中国专利奖主要鼓励和表彰专利权人和发明人（设计人）对技术（设计）创新及经济社会发展做出的突出贡献。国家知识产权局与世界知识产权组织共同开展中国专利奖评选工作，每年举办一届

续表

项目名称	政策依据	政策介绍
创新平台		
新型研发机构	《科技部印发关于促进新型研发机构发展的指导意见的通知》（国科发政〔2019〕313号）	指聚焦科技创新需求，主要从事科学研究、技术创新和研发服务，投资主体多元化、管理制度现代化、运行机制市场化、用人机制灵活的独立法人机构，可依法注册为科技类民办非企业单位、事业单位和企业
国家工程研究中心	《国家工程研究中心管理办法》（中华人民共和国国家发展和改革委员会令第34号）	指国家发展改革委根据建设现代化经济体系的重大战略需求，以服务国家重大战略任务和重点工程实施为目标，组织具有较强研究开发和综合实力的企业、科研单位、高等院校等建设的研究开发实体，是国家创新体系的重要组成部分
国家技术创新中心	《科技部印发关于推进国家技术创新中心建设的总体方案（暂行）的通知》（国科发区〔2020〕70号） 《国家技术创新中心建设运行管理办法（暂行）》（国科发区〔2021〕17号） 《关于推进国家技术创新中心建设的总体方案（暂行）》（国科发区〔2020〕93号）	定位：1. 实现从科学到技术的转化，促进重大基础研究成果产业化；2. 既要靠近创新源头，充分依托高校、科研院所的优势学科和科研资源，加强科技成果辐射供给和源头支撑，又要靠近市场需求，紧密对接企业，切实解决企业和产业的实际技术难题；3. 将研发作为产业、将技术作为产品，致力源头技术创新，应用技术开发升值，引领带动重点产业和区域实现创新发展
国家企业技术中心	《国家企业技术中心认定管理办法》（国家发展改革委 科技部 财政部 海关总署 税务总局2016年第34号令） 《国家企业技术中心认定评价工作指南（试行）》（发改办高技〔2016〕937号） 《关于组织开展2020年（第27批）国家企业技术认定工作的通知》（发改办高技〔2020〕235号）	指企业根据市场竞争需要设立的技术研发与创新机构，负责制定企业技术创新规划、开展产业技术研发、创造运用知识产权、建立技术标准体系、凝聚培养创新人才、构建协同创新网络、推进技术创新全过程实施
院士专家工作站	《关于开展2018年度院士专家工作站认证建设工作的通知》（科协企函〔2018〕77号）	院士专家工作站实施认证管理，认证范围为经地方各级院士专家工作站建设管理单位审核批准的院士专家工作站
企业国家重点实验室	《依托企业建设国家重点实验室管理暂行办法》（国科发基〔2012〕716号）	根据国家需求和企业国家重点实验室建设规划，科技部从部门和地方重点实验室中有计划、有重点地择优遴选建设企业国家重点实验室，并优先支持创新型企业好产业技术创新战略联盟建设企业国家重点实验室，保持适度建设规模，发挥其引领、示范和辐射带动作用

数据来源：《国家支持企业技术创新政策汇编》，中国纺织工业联合会科技发展部。

附录十　世界主要国家或经济体创新指数

2020年世界主要国家或经济体创新指数排名

国家/经济体	得分（0~100）	排名	收入	排名	地区	排名
瑞士	66.08	1	高	1	中欧	1
瑞典	62.47	2	高	2	北欧	2
美国	60.56	3	高	3	北美	1
英国	59.78	4	高	4	西欧	3
荷兰	58.76	5	高	5	西欧	4
丹麦	57.53	6	高	6	北欧	5
芬兰	57.02	7	高	7	北欧	6
新加坡	56.61	8	高	8	东南亚	1
德国	56.55	9	高	9	中欧	7
韩国	56.11	10	高	10	东亚	2
中国香港	54.24	11	高	11	东亚	3
法国	53.66	12	高	12	西欧	8
以色列	53.55	13	高	13	西亚	1
中国内地	53.28	14	中高	1	东亚	4
爱尔兰	53.05	15	高	14	西欧	9
日本	52.7	16	高	15	东亚	5
加拿大	52.26	17	高	16	北美	2
卢森堡	50.84	18	高	17	西欧	10
奥地利	50.13	19	高	18	中欧	11
挪威	49.29	20	高	19	北欧	12
冰岛	49.23	21	高	20	北欧	13
比利时	49.13	22	高	21	西欧	14
澳大利亚	48.35	23	高	22	大洋洲	6
捷克	48.34	24	高	23	中欧	15

国家/经济体	得分 （0~100）	排名	收入	排名	地区	排名
爱沙尼亚	48.28	25	高	24	东欧	16
新西兰	47.01	26	高	25	东南亚	7
马耳他	46.39	27	高	26	南欧	17
意大利	45.74	28	高	27	南欧	18
塞浦路斯	45.67	29	高	28	亚洲	2
西班牙	45.6	30	高	29	南欧	19
葡萄牙	43.51	31	高	30	南欧	20
斯洛文尼亚	42.91	32	高	31	南欧	21
马来西亚	42.42	33	中高	2	东南亚	8
阿拉伯联合酋长国	41.79	34	高	32	西亚	3
匈牙利	41.53	35	高	33	中欧	22
拉脱维亚	41.11	36	高	34	东欧	23
保加利亚	39.98	37	中高	3	南欧	24
波兰	39.95	38	高	35	中欧	25
斯洛伐克	39.7	39	高	36	中欧	26
立陶宛	39.18	40	高	37	东欧	27
克罗地亚	37.27	41	高	38	南欧	28
越南	37.12	42	中低	1	东南亚	9
希腊	36.79	43	高	39	南欧	29
泰国	36.68	44	中高	4	东南亚	10
乌克兰	36.32	45	中低	2	东欧	30
罗马尼亚	35.95	46	中高	5	南欧	31
俄罗斯	35.63	47	中高	6	东欧	32
印度	35.59	48	中低	3	南亚	1
黑山	35.39	49	中高	7	南欧	33
菲律宾	35.19	50	中低	4	东南亚	11
土耳其	34.9	51	中高	8	西亚	4
毛里求斯	34.35	52	中高	9	南非	1
塞尔维亚	34.33	53	中高	10	南欧	34
智利	33.86	54	高	40	南美	1

国家/经济体	得分 （0~100）	排名	收入	排名	地区	排名
墨西哥	33.6	55	中高	11	北美	2
哥斯达黎加	33.51	56	中高	12	拉美加	3
北马其顿	33.43	57	中高	13	南欧	35
蒙古	33.41	58	中低	5	东亚	12
摩尔多瓦	32.98	59	中低	6	东欧	36
南非	32.67	60	中高	14	南非	2
亚美尼亚	32.64	61	中高	15	亚洲	5
巴西	31.94	62	中高	16	美洲	4
格鲁吉亚	31.78	63	中高	17	亚洲	6
白俄罗斯	31.27	64	中高	18	欧洲	37
突尼斯	31.21	65	中低	7	非洲	7
沙特阿拉伯	30.94	66	高	41	亚洲	8
伊朗	30.89	67	中高	19	亚洲	2
哥伦比亚	30.84	68	中高	20	美洲	5
乌拉圭	30.84	69	高	42	美洲	6
卡塔尔	30.81	70	高	43	亚洲	9
文莱	29.82	71	高	44	亚洲	13
牙买加	29.1	72	中高	21	美洲	7
巴拿马	29.04	73	高	45	美洲	8
波斯尼亚和黑塞哥维那	28.99	74	中高	22	欧洲	38
摩洛哥	28.97	75	中低	8	非洲	10
秘鲁	28.79	76	中高	23	美洲	9
哈萨克斯坦	28.56	77	中高	24	亚洲	3
科威特	28.4	78	高	46	亚洲	11
巴林	28.37	79	高	47	亚洲	12
阿根廷	28.33	80	中高	25	美洲	10
约旦	27.79	81	中高	26	亚洲	13
阿塞拜疆	27.23	82	中高	27	亚洲	14
阿尔巴尼亚	27.12	83	中高	28	欧洲	39
阿曼	26.5	84	高	48	亚洲	15

国家/经济体	得分 （0~100）	排名	收入	排名	地区	排名
印度尼西亚	26.49	85	中低	9	亚洲	14
肯尼亚	26.13	86	中低	10	非洲	3
黎巴嫩	26.02	87	中高	29	亚洲	16
坦桑尼亚联合共和国	25.57	88	低	1	非洲	4
博茨瓦纳	25.43	89	中高	30	非洲	5
多米尼加	25.1	90	中高	31	美洲	11
卢旺达	25.06	91	低	2	非洲	6
萨尔瓦多	24.85	92	中低	11	美洲	12
乌兹别克斯坦	24.54	93	中低	12	亚洲	4
吉尔吉斯斯坦	24.51	94	中低	13	亚洲	5
尼泊尔	24.35	95	低	3	亚洲	6
埃及	24.23	96	中低	14	非洲	17
巴拉圭	24.14	97	中高	32	美洲	13
特立尼达和多巴哥	24.14	98	高	49	美洲	14
厄瓜多尔	24.11	99	中高	33	美洲	15
佛得角	23.86	100	中低	15	非洲	7

数据来源：*GLOBAL INNOVATION INDEX* 2020。

注 全球创新指数（global innovation index，GII）是世界知识产权组织、康奈尔大学、欧洲工商管理学院于2007年共同创立的年度排名，衡量全球近130个经济体在创新能力的表现，是全球政策制定者、企业管理执行者等人士的主要基准工具。

GII主要由总体全球创新指数、创新投入子指数和创新产出子指数三个指数构成。其中：

1. GII总得分是创新投入子指数和创新产出子指数得分的平均值。

2. 创新投入子指数由五大支柱组成，这些支柱反映了可促进创新活动的国民经济要素：（1）制度，（2）人力资本和研究，（3）基础设施，（4）市场成熟度和（5）企业成熟度。

3. 创新产出子指数主要提供了经济体创新活动的产出信息。主要有两个产出支柱：（6）知识和技术产出和（7）创造性产出。

附录十一 世界主要国家或经济体研发投入指标

2020年世界主要国家或经济体研发投入指标

国家/经济体	得分（0~100）	排名	收入	排名	地区	排名	研究人员数/百万人口	排名	研究总支出在GDP中占比/%	排名	研究人才在企业中占比/%	排名
新加坡	70.20	1	高	1	亚洲	1	6802.5	6	1.9	17	49.9	23
瑞士	69.42	2	高	2	欧洲	1	5450.5	12	3.3	4	49.7	24
瑞典	69.19	3	高	3	欧洲	2	7536.5	4	3.3	3	72.8	5
美国	68.84	4	高	4	美洲	1	4412.4	23	2.8	9	71.3	6
丹麦	66.77	5	高	5	欧洲	3	8065.9	2	3.1	8	60.5	14
英国	65.97	6	高	6	欧洲	4	4603.3	20	1.7	21	40.6	33
中国香港	65.79	7	高	7	亚洲	2	4026.5	25	0.9	42	35.6	36
芬兰	65.57	8	高	8	欧洲	5	6861.1	5	2.8	11	56.3	17
加拿大	64.84	9	高	9	美洲	2	4263.8	24	1.5	23	56.7	16
韩国	64.83	10	高	10	亚洲	3	7980.4	3	4.5	2	82.0	2
荷兰	64.45	11	高	11	欧洲	6	5604.5	10	2.2	14	70.0	7
日本	63.59	12	高	12	亚洲	4	5331.2	13	3.3	5	74.4	4
澳大利亚	62.86	13	高	13	大洋洲	5	4532.4	22	1.8	20	27.9	44
德国	62.71	14	高	14	欧洲	7	5211.9	15	3.1	7	60.4	15
挪威	62.67	15	高	15	欧洲	8	6466.7	7	2.1	15	48.9	25
法国	61.43	16	高	16	欧洲	9	4715.3	19	2.2	12	62.3	10
以色列	61.36	17	高	17	亚洲	1	8341.7	1	4.9	1	83.7	1
奥地利	61.15	18	高	18	欧洲	10	5733.1	9	3.2	6	63.0	9
新西兰	60.95	19	高	19	大洋洲	6	5529.5	11	1.4	27	31.2	41
爱尔兰	59.72	20	高	20	欧洲	11	5243.1	14	1.1	35	48.3	27
比利时	59.62	21	高	21	欧洲	12	5023.3	16	2.8	10	56.3	18
阿拉伯联合酋长国	58.29	22	高	22	亚洲	2	2378.9	36	1.3	29	77.9	3

续表

国家/经济体	得分（0~100）	排名	收入	排名	地区	排名	研究人员数/百万人口	排名	研究总支出在GDP中占比/%	排名	研究人才在企业中占比/%	排名
冰岛	57.27	23	高	23	欧洲	13	6088.3	8	2.0	16	42.7	32
卢森堡	57.23	24	高	24	欧洲	14	4941.7	17	1.2	32	43.9	30
爱沙尼亚	56.11	25	高	25	欧洲	15	3755.3	27	1.4	25	33.3	39
中国内地	55.51	26	中高	1	亚洲	7	1307.1	48	2.2	13	61.3	12
西班牙	54.85	27	高	26	欧洲	16	3000.9	32	1.2	31	38.8	34
捷克	54.74	28	高	27	欧洲	17	3862.7	26	1.9	19	51.3	22
斯洛文尼亚	54.09	29	高	28	欧洲	18	4854.6	18	1.9	18	62.1	11
塞浦路斯	53.17	30	高	29	亚洲	3	1255.9	49	0.6	59	27.3	46
马耳他	52.63	31	高	30	欧洲	19	1937.4	40	0.6	60	52.6	20
葡萄牙	52.52	32	高	31	欧洲	20	4537.6	21	1.4	28	34.1	37
意大利	52.41	33	高	32	欧洲	21	2306.8	38	1.4	26	43.6	31
马来西亚	52.23	34	中高	2	亚洲	8	2396.5	35	1.4	24	21.9	55
拉脱维亚	49.60	35	高	33	欧洲	22	1912.9	42	0.6	54	18.5	58
立陶宛	49.38	36	高	34	欧洲	23	3131.8	30	0.9	41	30.4	42
匈牙利	49.25	37	高	35	欧洲	24	3237.7	29	1.6	22	63.7	8
波兰	49.09	38	高	36	欧洲	25	3106.1	31	1.2	33	48.2	28
文莱	48.16	39	高	37	亚洲	9						
希腊	48.04	40	高	38	欧洲	26	3482.7	28	1.2	34	27.4	45
智利	46.97	41	高	39	美洲	1	493.3	68	0.4	75	29.0	43
俄罗斯	46.64	42	中高	3	欧洲	27	2784.3	34	1.0	37	44.2	29
斯洛伐克	46.54	43	高	40	欧洲	28	2996.0	33	0.8	43	24.0	52
克罗地亚	46.30	44	高	41	欧洲	29	1921.1	41	1.0	38	22.7	53
保加利亚	45.98	45	中高	4	欧洲	30	2339.8	37	0.8	48	48.5	26
北马其顿	45.90	46	中高	5	欧洲	31	799.3	56	0.4	74	24.1	50
毛里求斯	45.77	47	中高	6	非洲	1	288.1	77	0.3	78	2.2	77
泰国	45.45	48	中高	7	亚洲	10	1350.3	47	1.0	36	60.8	13
南非	44.85	49	中高	8	非洲	2	492.0	69	0.8	45	17.3	59
沙特阿拉伯	44.49	50	高	42	亚洲	4	n/a	n/a	0.8	46	n/a	n/a

国家/经济体	得分（0~100）	排名	收入	排名	地区	排名	研究人员数/百万人口	排名	研究总支出在GDP中占比/%	排名	研究人才在企业中占比/%	排名
罗马尼亚	44.44	51	中高	9	欧洲	32	882.4	54	0.5	67	27.0	48
土耳其	44.36	52	中高	10	亚洲	5	1379.4	46	1.0	39	55.7	19
黑山	44.17	53	中高	11	欧洲	33	734.3	57	0.4	73	11.1	62
格鲁吉亚	43.89	54	中高	12	亚洲	6	1463.8	45	0.3	80	n/a	n/a
秘鲁	43.82	55	中高	13	美洲	2	n/a	n/a	0.1	100	n/a	n/a
哥伦比亚	43.67	56	中高	14	美洲	3	88.0	90	0.2	87	2.4	75
印度	43.51	57	中低	1	亚洲	1	252.7	78	0.6	57	34.0	38
塞尔维亚	43.41	58	中高	15	欧洲	34	2087.2	39	0.9	40	8.2	65
巴西	42.94	59	中高	16	美洲	4	887.7	53	1.3	30	26.6	49
哈萨克斯坦	42.78	60	中高	17	亚洲	2	666.9	62	0.1	101	n/a	n/a
墨西哥	42.40	61	中高	18	美洲	5	315.3	76	0.3	79	37.3	35
越南	42.08	62	中低	2	亚洲	11	707.7	58	0.5	64	24.1	51
巴林	42.05	63	高	43	亚洲	7	369.0	74	0.1	106	0.4	83
卡塔尔	42.00	64	高	44	亚洲	8	584.0	64	0.5	65	18.6	57
蒙古	41.47	65	中低	3	亚洲	12	n/a	n/a	0.1	105	n/a	n/a
哥斯达黎加	41.40	66	中高	19	美洲	6	380.4	73	0.4	71		
白俄罗斯	41.32	67	中高	20	欧洲	35			0.6	55		
阿曼	41.15	68	高	45	亚洲	9	236.0	79	0.2	89	0.3	86
乌拉圭	40.75	69	高	46	美洲	7	696.4	59	0.5	68	0.6	81
菲律宾	40.75	70	中低	4	亚洲	13	105.7	87	0.2	95	51.8	21
乌克兰	40.14	71	中低	5	欧洲	36	988.1	52	0.5	69	27.3	47
波斯尼亚和黑塞哥维那	39.98	72	中高	21	欧洲	37	471.3	71	0.2	90	8.4	63
科威特	39.63	73	高	47	亚洲	10	513.9	67	0.1	111		
阿尔巴尼亚	39.62	74	中高	22	欧洲	38						
摩尔多瓦共和国	39.18	75	中低	6	欧洲	39	696.1	60	0.3	86	6.2	71
阿塞拜疆	39.17	76	中高	23	亚洲	11			0.2	92		

国家/经济体	得分（0~100）	排名	收入	排名	地区	排名	研究人员数/百万人口	排名	研究总支出在GDP中占比/%	排名	研究人才在企业中占比/%	排名
约旦	39.01	77	中高	24	亚洲	12	596.0	63	0.7	51		
突尼斯	38.98	78	中低	7	非洲	13	1771.6	43	0.6	56	5.2	72
卢旺达	38.59	79	低	1	非洲	3	12.4	107	0.7	53	6.2	70
阿根廷	38.26	80	中高	25	美洲	8	1192.2	50	0.5	62	8.3	64
乌兹别克斯坦	38.24	81	中低	8	亚洲	3	476.2	70	0.1	99	12.9	60
巴拿马	38.13	82	高	48	美洲	9	39.1	96	0.1	98		
亚美尼亚	38.13	83	中高	26	亚洲	14			0.2	91		
博茨瓦纳	38.09	84	中高	27	非洲	4	185.2	82	0.5	63	1.0	79
摩洛哥	37.52	85	中低	9	非洲	15	1073.5	51	0.7	50	7.0	67
牙买加	37.19	86	中高	28	美洲	10						
特立尼达和多巴哥	36.67	87	高	49	美洲	11	517.3	66	0.1	109	1.1	78
吉尔吉斯斯坦	36.62	88	中低	10	亚洲	4			0.1	104		
尼泊尔	36.17	89	低	2	亚洲	5			0.3	81		
伊朗	35.92	90	中高	29	亚洲	6	1474.9	44	0.8	44	19.2	56
印度尼西亚	35.13	91	中低	11	亚洲	14	216.0	81	0.3	85	7.5	66
肯尼亚	35.03	92	中低	12	非洲	5	221.4	80	0.8	47	11.4	61
黎巴嫩	34.96	93	中高	30	亚洲	16						
多米尼加	34.75	94	中高	31	美洲	12						
萨尔瓦多	34.45	95	中低	13	美洲	13	63.7	91	0.2	93		
厄瓜多尔	34.27	96	中高	32	美洲	14	399.5	72	0.4	70		
多民族玻利维亚国	33.87	97	中低	14	美洲	15	163.8	82	0.2	96	0.4	84
巴拉圭	33.82	98	中高	33	美洲	16	135.1	85	0.1	97		
佛得角	33.09	99	中低	15	非洲	6	50.1	93	0.1	110		
洪都拉斯	32.92	100	中低	16	美洲	17	34.7	99	0.0	112		

数据来源：*GLOBAL INNOVATION INDEX* 2020。

附录十二 世界主要国家或经济体知识产权指标

2020年世界主要国家或经济体知识产权指标

国家/经济体	知识创造		专利/十亿美元购买力平价GDP		PCT专利/十亿美元购买力平价GDP		知识产权收入占贸易总额的百分比/%	排名	知识产权支付占贸易总额的百分比/%	排名
	得分(0~100)	排名	得分(0~100)	排名	得分(0~100)	排名				
瑞士	87.9	1	16.7	1	8.2	3	5.6	1	3.0	5
瑞典	76.0	2	10.7	9	7.4	4	3.3	6	1.5	22
美国	72.8	3	13.9	1	2.7	12	4.9	1	1.9	14
中国内地	70.4	4	55.1	1	2.2	15	0.2	44	1.2	28
德国	68.0	5	16.9	1	4.4	9	1.3	17	0.8	49
英国	66.2	6	6.1	15	1.8	18	2.5	8	1.5	21
韩国	65.8	7	72.7	1	8.2	2	1.1	18	1.5	20
荷兰	65.7	8	9.5	10	4.0	10	7.2	1	7.9	1
芬兰	64.2	9	12.1	7	6.3	5	3.4	1	1.0	35
丹麦	62.0	10	12.1	8	4.6	8	1.8	13	0.9	40
日本	57.2	11	45.3	1	9.2	1	4.9	1	2.5	9
以色列	52.9	12	4.5	25	5.7	6	1.8	14	0.5	65
比利时	52.6	13	5.9	18	2.4	14	0.8	21	0.8	52
加拿大	49.3	14	2.4	35	1.4	22	0.8	20	2.2	10
奥地利	48.5	15	9.3	12	3.0	11	0.6	24	0.8	51
冰岛	48.0	16	4.6	24	2.1	16	2.1	10	1.1	31
新西兰	47.5	17	5.1	22	1.2	26	0.7	23	1.6	18
法国	46.8	18	8.3	13	2.6	13	1.9	11	1.8	15
卢森堡	43.7	19	9.4	11	5.3	7	1.9	12	4.4	1
挪威	42.6	20	4.3	26	1.9	17	0.3	28	0.5	69
澳大利亚	42.5	21	2.1	39	1.3	24	0.3	29	1.2	30
意大利	41.9	22	5.6	19	1.4	23	0.7	22	0.8	44

国家/经济体	知识创造		专利/十亿美元购买力平价GDP		PCT专利/十亿美元购买力平价GDP		知识产权收入占贸易总额的百分比/%	排名	知识产权支付占贸易总额的百分比/%	排名
	得分（0~100）	排名	得分（0~100）	排名	得分（0~100）	排名				
乌克兰	41.6	23	5.4	20	0.5	36	0.1	46	0.8	48
捷克	39.5	24	2.3	36	0.5	35	0.3	31	0.8	50
伊朗	39.3	25	7.5	14	0.2	53	0.0	86	0.2	94
斯洛文尼亚	37.9	26	4.7	23	1.1	27	0.2	41	0.6	60
西班牙	37.1	27	1.8	41	0.8	30	0.5	26	1.3	25
新加坡	35.8	28	2.8	32	1.8	19	1.5	16	2.9	6
葡萄牙	33.2	29	2.6	33	0.6	32	0.1	47	0.9	39
俄罗斯	32.7	30	6.0	17	0.3	45	0.2	39	1.6	17
塞浦路斯	32.4	31	1.6	49	1.2	25	0.0	85	0.9	42
摩尔多瓦	31.7	32	3.6	28	0.3	46	0.1	49	0.5	63
爱沙尼亚	29.6	33	1.6	50	0.8	29	0.1	63	0.3	79
蒙古	29.3	34	1.9	40	0.0	100	0.0	79	0.3	81
波兰	28.9	35	3.9	27	0.3	44	0.2	38	1.1	32
塞尔维亚	27.8	36	1.4	53	0.3	41	0.2	36	1.0	36
亚美尼亚	27.2	37	3.4	29	0.1	62				
突尼斯	25.8	38	1.2	60	0.1	70	0.1	55	0.1	103
马耳他	25.5	39	5.1	21	1.7	20	2.1	9	3.3	4
土耳其	24.9	40	3.4	30	0.9	28	0.0	90	0.3	76
爱尔兰	24.6	41	2.3	37	1.6	21	3.1	7	21.9	1
希腊	24.5	42	1.8	43	0.4	37	0.1	53	0.5	68
克罗地亚	24.3	43	1.3	59	0.4	38	0.0	91	0.0	115
匈牙利	23.2	44	1.7	46	0.5	33	1.5	15	1.3	26
斯洛伐克	23.0	45	1.4	54	0.2	47	0.0	69	0.8	53
立陶宛	22.4	46	1.2	61	0.3	40	0.1	61	0.2	91
中国香港	20.9	47	0.7	77			0.1	56	0.3	77
巴西	20.6	48	1.5	52	0.2	50	0.1	48	1.5	52
南非	20.4	49	0.8	70	0.4	39	0.1	52	2.0	13

续表

国家/经济体	知识创造		专利/十亿美元购买力平价GDP		PCT专利/十亿美元购买力平价GDP		知识产权收入占贸易总额的百分比/%	排名	知识产权支付占贸易总额的百分比/%	排名
	得分(0~100)	排名	得分(0~100)	排名	得分(0~100)	排名				
保加利亚	19.9	50	1.3	57	0.3	43	0.2	43	0.5	64
印度	19.8	51	1.6	51	0.2	51	0.1	50	1.3	27
格鲁吉亚	19.5	52	2.4	34	0.1	56	0.3	30	2.2	11
黎巴嫩	18.3	53	1.3	56			1.2	62	0.1	101
泰国	18.1	54	0.7	76	0.1	60	0.0	71	1.6	16
拉脱维亚	17.5	56	1.7	47	0.6	31	0.0	67	0.3	85
智利	17.4	57	0.8	69	0.5	34	0.1	65	2.1	12
白俄罗斯	17.2	58	3.0	31	0.1	66	0.1	54	0.4	72
吉尔吉斯斯坦	16.9	59	6.0	16	0.1	68	0.0	68	0.2	92
约旦	16.8	60	0.3	91	0.2	48	0.1	45	0.1	100
黑山	15.9	61	0.3	94	0.1	67	0.0	81	0.2	86
罗马尼亚	15.3	62	2.2	38	0.1	65	0.1	58	1.0	37
沙特阿拉伯	14.9	64	0.9	67	0.3	42				
菲律宾	14.9	65	0.6	81	0.0	91	0.0	78	0.7	55
肯尼亚	13.8	67	1.4	55	0.0	83	0.6	25	1.2	29
阿根廷	12.9	68	0.5	83			0.3	32	2.7	8
埃及	12.7	69	0.8	72	0.0	86			0.4	71
马来西亚	12.1	70	1.1	63	0.2	49	0.1	57	0.8	47
北马其顿	12.0	71	1.6	48	0.1	58	0.1	48	1.4	23
哈萨克斯坦	11.7	72	1.7	44	0.1	79	0.0	99	0.3	80
乌拉圭	11.7	73	0.3	89	n/a	n/a	0.2	33	0.8	46
墨西哥	11.4	74	0.6	78	0.1	64	0.0	102	0.1	108
越南	11.1	75	0.9	66	0.0	82				
波斯尼亚和黑塞哥维那	11.0	76	1.8	42	0.0	84	0.2	40	0.1	102
摩洛哥	10.3	77	0.6	79	0.1	61	0.0	84	0.3	78
哥伦比亚	9.4	78	0.6	80	0.2	52	0.1	51	0.9	43
尼泊尔	8.6	80	0.3	92						

国家/经济体	知识创造		专利/十亿美元购买力平价GDP		PCT专利/十亿美元购买力平价GDP		知识产权收入占贸易总额的百分比/%	排名	知识产权支付占贸易总额的百分比/%	排名
	得分（0~100）	排名	得分（0~100）	排名	得分（0~100）	排名				
乌兹别克斯坦	7.3	84	1.7	45	0.0	97	0.0	95	0.2	90
巴拿马	7.3	85	1.3	58	0.2	54	0.0	73	0.2	93
厄瓜多尔	7.2	86	0.2	107	0.1	63			0.2	95
毛里求斯	7.1	88	0.5	82			0.0	77	0.3	82
哥斯达黎加	6.8	91	0.1	120	0.1	57	0.0	75	2.8	7
秘鲁	6.7	92	0.2	103	0.1	78	0.0	74	0.7	56
卡塔尔	6.5	93	0.1	119	0.1	71				
牙买加	6.4	94	1.0	65			0.1	59	0.8	45
阿塞拜疆	6.0	98	1.0	64	0.1	74	0.0	106	0.1	105
博茨瓦纳	5.7	100	0.1	121	0.0	100	0.0	92	0.1	96
印度尼西亚	5.7	101	0.4	85	0.0	98	0.0	76	0.9	38
佛得角	5.7	102	0.7	73			0.0	96	0.6	61
文莱达鲁萨兰国	5.6	103	0.7	75	0.1	77			0.5	70
阿拉伯联合酋长国	5.6	104	0.1	112	0.1	55	1.0	19	0.8	54
卢旺达	5.1	106	0.2	97	0.0	100				
阿曼	5.0	107	0.1	117	0.0	81				
科威特	4.6	109	0.0	127	0.0	93				
坦桑尼亚	4.4	113	0.1	110	0.0	100	0.0	101	0.0	114
阿尔巴尼亚	3.4	120	0.4	86	0.1	69	0.2	42	0.4	73
特立尼达和多巴哥	3.1	122	0.1	116	0.1	72	0.0	83	0.5	62
巴林	3.0	123	0.2	102	0.0	87				
巴拉圭	2.7	124	0.3	88					0.1	97
多米尼加	1.3	130	0.1	115	0.1	73			0.6	59
萨尔瓦多	1.1	131	0.1	125	0.0	85	0.5	27	1.3	24

数据来源：*GLOBAL INNOVATION INDEX* 2020。

2020年世界主要国家或经济体高校/产业研究合作排名

国家/经济体	高校/产业研究合作		国家/经济体	高校/产业研究合作	
	得分（0~100)	排名		得分（0~100)	排名
以色列	78.5	1	法国	58.5	26
瑞士	77.5	2	菲律宾	57.5	27
芬兰	75.8	3	韩国	57.4	28
美国	75.7	4	中国内地	56.5	29
荷兰	74.4	5	南非	54.7	30
新加坡	71.3	6	泰国	54.1	31
瑞典	71.0	7	葡萄牙	53.6	32
德国	70.7	8	印度尼西亚	53.5	33
卢森堡	69.4	9	立陶宛	53.4	34
丹麦	69.1	10	沙特阿拉伯	52.8	35
英国	69.0	11	肯尼亚	51.5	36
比利时	68.7	12	捷克	51.0	37
马来西亚	68.3	14	阿曼	50.7	38
爱尔兰	67.3	15	澳大利亚	50.4	39
卡塔尔	66.1	16	意大利	50.0	40
加拿大	65.9	17	拉脱维亚	49.5	41
中国香港	65.8	18	斯洛文尼亚	49.1	42
奥地利	64.1	19	印度	47.7	45
日本	62.4	20	坦桑尼亚联合	47.7	47
挪威	61.7	21	爱沙尼亚	47.6	48
阿拉伯联合酋长国	59.9	22	俄罗斯	46.8	49
阿塞拜疆	59.5	23	乌克兰	45.5	50
新西兰	59.5	24	黑山	45.3	51
冰岛	59.1	25	马耳他	45.1	52

国家/经济体	高校/产业研究合作		国家/经济体	高校/产业研究合作	
	得分（0~100)	排名		得分（0~100)	排名
牙买加	44.8	53	巴林	36.8	90
科威特	44.6	54	巴拿马	36.6	92
约旦	44.5	55	乌拉圭	36.2	93
匈牙利	44.2	57	斯洛伐克	36.0	94
黎巴嫩	43.2	58	突尼斯	35.7	95
哥伦比亚	42.6	61	亚美尼亚	35.5	97
哥斯达黎加	42.5	62	多米尼加	35.2	98
保加利亚	42.3	63	厄瓜多尔	34.7	99
墨西哥	42.1	64	尼泊尔	32.8	101
越南	42.0	65	特立尼达和多巴哥	32.3	103
智利	41.2	66	格鲁吉亚	32.0	104
西班牙	41.0	67	秘鲁	30.9	106
哈萨克斯坦	40.9	68	毛里求斯	30.8	107
罗马尼亚	40.9	69	蒙古	30.4	109
土耳其	40.6	70	北马其顿	30.2	112
巴西	40.0	74	摩洛哥	29.2	113
塞浦路斯	39.7	75	吉尔吉斯斯坦	28.9	115
塞尔维亚	39.6	77	摩尔多瓦	28.7	116
文莱	39.4	78	伊朗	28.7	117
埃及	38.5	79	克罗地亚	28.3	118
阿尔巴尼亚	38.2	80	希腊	27.9	119
卢旺达	38.1	81	萨尔瓦多	27.2	120
佛得角	37.9	82	波斯尼亚和黑塞哥维那	23.7	124
阿根廷	37.4	86	巴拉圭	23.3	125
波兰	37.2	87	白俄罗斯		
博茨瓦纳	36.9	89	乌兹别克斯坦		

数据来源：*GLOBAL INNOVATION INDEX* 2020。

2020年世界主要国家生态可持续性指标

国家/经济体	环境绩效		单位能耗GDP	
	得分 （0~100）	排名	得分 （0~100）	排名
丹麦	82.5	1	15.9	11
卢森堡	82.3	2	13.5	19
瑞士	81.5	3	20.0	5
英国	81.3	4	14.9	13
法国	80.0	5	10.5	48
奥地利	79.6	6	12.0	33
芬兰	78.9	7	6.6	95
瑞典	78.7	8	9.7	61
挪威	77.7	9	11.0	44
德国	77.2	10	12.3	32
荷兰	75.3	11	11.6	37
新西兰	75.3	11	11.6	37
日本	75.1	12	11.4	40
澳大利亚	74.9	13	9.2	66
西班牙	74.3	14	13.0	24
比利时	73.3	15	9.2	66
爱尔兰	72.8	16	25.0	2
冰岛	72.3	17	2.9	121
斯洛文尼亚	72.0	18	9.5	63
加拿大	71.0	20	5.4	105
捷克	71.0	20	8.0	78
意大利	71.0	20	13.9	16
马耳他	70.7	23	24.4	3
美国	69.3	24	8.0	78

国家/经济体	环境绩效		单位能耗GDP	
	得分 （0~100）	排名	得分 （0~100）	排名
希腊	69.1	25	11.6	37
斯洛伐克	68.3	26	9.8	58
葡萄牙	67.0	27	13.5	19
韩国	66.5	28	6.6	95
以色列	65.8	29	12.8	26
爱沙尼亚	65.3	30	6.9	90
塞浦路斯	64.8	31	12.5	29
罗马尼亚	64.7	32	13.3	23
匈牙利	63.7	33	10.1	53
立陶宛	62.9	35	10.5	48
拉脱维亚	61.6	36	10.5	48
波兰	60.9	37	10.0	55
新加坡	58.1	38	12.8	26
保加利亚	57.0	39	6.8	92
阿拉伯联合酋长国	55.6	40	9.2	66
北马其顿	55.4	41	10.0	55
智利	55.3	42	10.2	52
塞尔维亚	55.2	43	6.0	101
文莱	54.8	44	8.3	75
科威特	53.6	45	7.8	83
约旦	53.4	46	8.5	73
白俄罗斯	53.0	47	6.3	99
哥伦比亚	52.9	48	16.4	10
墨西哥	52.6	49	11.8	36
哥斯达黎加	52.5	50	14.9	13
亚美尼亚	52.3	51	7.9	81
阿根廷	52.2	52	9.6	62
巴西	51.2	53	10.0	55
巴林	51.0	54	4.5	113

国家/经济体	环境绩效		单位能耗GDP	
	得分 （0~100）	排名	得分 （0~100）	排名
厄瓜多尔	51.0	54	11.9	34
俄罗斯	50.5	56	4.4	115
乌克兰	49.5	57	3.7	117
乌拉圭	49.1	58	13.5	19
阿尔巴尼亚	49.0	59	13.9	16
牙买加	48.2	60	8.6	71
伊朗	48.0	61	5.8	104
特立尼达和多巴哥	47.5	63	2.3	122
黑山	46.3	68	9.8	58
马来西亚	47.9	62	9.8	58
巴拿马	47.3	64	19.2	7
突尼斯	46.7	65	10.9	45
阿塞拜疆	46.5	66	10.6	47
巴拉圭	46.4	67	11.2	42
多米尼加	46.3	68	17.5	9
波斯尼亚和黑塞哥维那	45.4	70	5.8	103
泰国	45.4	70	8.0	78
黎巴嫩	45.4	70	8.7	70
毛里求斯	45.1	73	17.9	8
摩尔多瓦	44.4	76	4.7	112
乌兹别克斯坦	44.3	77	5.9	102
沙特阿拉伯	44.0	79	7.5	84
秘鲁	44.0	79	15.6	12
埃及	43.3	81	10.9	45
南非	43.1	82	5.2	109
萨尔瓦多	43.1	82	11.1	43
土耳其	42.6	84	13.9	16
摩洛哥	42.3	85	13.0	24
格鲁吉亚	41.3	86	7.4	86

续表

国家/经济体	环境绩效		单位能耗GDP	
	得分（0~100）	排名	得分（0~100）	排名
博茨瓦纳	40.4	87	12.5	31
哈萨克斯坦	39.8	89	5.4	105
吉尔吉斯斯坦	39.8	89	5.4	105
阿曼	38.5	91	6.5	97
菲律宾	38.4	92	13.5	19
印度尼西亚	37.8	96	11.9	34
中国内地	37.3	98	6.8	94
卡塔尔	37.1	99	7.0	89
肯尼亚	34.7	103	5.4	105
卢旺达	33.8	107		
越南	33.4	110	7.4	85
佛得角	32.8	112		
尼泊尔	32.7	113	5.2	108
蒙古	32.2	114	6.9	90
坦桑尼亚	31.1	116	7.1	87
印度	27.6	124	9.5	63
克罗地亚	25.8	128	8.2	77
中国香港	n/a	n/a	28.6	1

数据来源：*GLOBAL INNOVATION INDEX* 2020。

特别鸣谢：

纺织之光科技教育基金会

中国纺织信息中心

江苏新视界先进功能纤维创新中心有限公司

山东中康国创先进印染技术研究院有限公司

东华大学

浙江理工大学

苏州大学

武汉纺织大学

青岛大学

中国纺织科学研究院有限公司

宏大研究院有限公司

北京邦维高科特种纺织品有限责任公司

北自所（北京）科技发展有限公司

北京中丽制机工程技术有限公司

成都海蓉特种纺织品有限公司

华阳新材™ HUAYANG NEW MATERIALS	大连华阳新材料科技股份有限公司
rejoin	杭州锐健马斯汀医疗器材有限公司
	江苏阳光股份有限公司
吉祥三宝 Geely Sambo	吉祥三宝高科纺织有限公司
F 富瑞邦 FURUIBANG	嘉兴富瑞邦新材料科技有限公司
	青岛源海新材料科技有限公司
SHEN MA	神马实业股份有限公司
	山东如意科技集团有限公司
TUE HI-TECH 九一高科无纺设备	苏州九一高科无纺设备有限公司
世名SUNMUN	苏州世名科技股份有限公司
TONGKUN	桐昆集团股份有限公司
GW 光威复材 GW COMPOS	威海光威复合材料股份有限公司
新凤鸣集团 XIN FENG MING GROUP 股票代码：603225	新凤鸣集团股份有限公司
白鹭 Bailu	新乡白鹭投资集团有限公司
中国建材 中复神鹰	中复神鹰碳纤维股份有限公司
郑州中远企业集团 ZHENGZHOU ZHONGYUAN ENTERPRISE GROUP	郑州中远氨纶工程技术有限公司
浙江恒澜科技有限公司 ZHEJIANG HENGLAN SCIENCE & TECHNOLOGY CO., LTD.	浙江恒澜科技有限公司

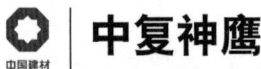